U0943214

盾构隧道列车振动响应与疲劳损伤

晏启祥　著

科学出版社

北　京

内 容 简 介

本书针对列车荷载作用下盾构隧道结构及周围岩土体的动力响应、能量传递和累积损伤等动力学问题，介绍了盾构隧道列车振动动力学特性及其分析方法。全书共11章，内容包括：绪论、列车振动荷载下盾构隧道的精细化与等效刚度模拟、基于振动荷载列车行驶效应的盾构隧道动力响应、基于室内试验的结构交叉盾构隧道动力响应、基于室内试验的空间交叉盾构隧道动力响应、基于装配式建模的结构交叉盾构隧道动力响应、基于装配式建模的空间交叉盾构隧道动力响应、基于无机盐侵蚀作用的交叉盾构隧道动力响应、管片衬砌混凝土损伤理论与改进疲劳本构模型、结构交叉盾构隧道动力响应与累积损伤、空间交叉盾构隧道动力响应与累积损伤。

本书可作为隧道与地下工程领域相关研究人员的指导用书，也可作为相关工程技术人员的学习参考用书。

图书在版编目(CIP)数据

盾构隧道列车振动响应与疲劳损伤 / 晏启祥著. —北京：科学出版社，2020.1

ISBN 978-7-03-061468-1

Ⅰ. ①盾…　Ⅱ. ①晏…　Ⅲ. ①列车振动　Ⅳ. ①U260.11

中国版本图书馆CIP数据核字（2019）第108843号

责任编辑：刘莉莉 / 责任校对：彭　映
责任印制：罗　科 / 封面设计：墨创文化

科学出版社出版
北京东黄城根北街16号
邮政编码：100717
http://www.sciencep.com

四川煤田地质制图印刷厂印刷
科学出版社发行　各地新华书店经销

*

2020年1月第　一　版　　开本：787×1092　1/16
2020年1月第一次印刷　　印张：21 1/2
字数：500 000

定价：179.00元

（如有印装质量问题，我社负责调换）

前　言

随着我国城市化进程的加快，各大城市都在竭力打造立体的现代交通体系。以城市地铁为代表的城市轨道交通在其中占有重要地位，且大多以盾构隧道的方式进行建设。由于城市轨道交通线网密度的增加，地铁盾构隧道之间出现近距离空间交叉（平行可视为交叉的特例）的情形越来越多。同时，为满足地铁区间隧道消防救援的需要，隧道之间每隔一定距离必须设置联络横通道，因此，地铁区间还会出现相互连接的大量结构交叉隧道。近距离空间交叉盾构隧道和结构交叉盾构隧道是地铁区间隧道列车振动相互影响的特殊部位，其在长期列车振动荷载作用下的结构响应与疲劳损伤，历来受到学术界和工程界的高度关注。

本书针对城市地铁区间盾构隧道列车振动响应与疲劳损伤，在国内外研究成果的基础上，探讨列车振动下盾构隧道的动力学特征和累积损伤。首先，在绪论部分总结概述盾构隧道动力响应、混凝土结构损伤与疲劳、无机盐侵蚀对结构的影响等方面的研究现状；其次，介绍列车振动动力学的基本理论与分析方法，探讨盾构隧道管片衬砌的精细化模拟、等效刚度模拟以及列车振动行驶效应的模拟；随后，基于室内试验和数值模拟，对结构交叉盾构隧道和空间交叉盾构隧道进行动力响应分析，并研究无机盐侵蚀对隧道振动动力响应的影响，获得交叉盾构隧道的动力响应特性及其传递规律；最后，基于混凝土损伤理论与改进的疲劳本构模型，研究结构交叉和空间交叉盾构隧道不同运营年限的累积损伤，并对隧道结构的疲劳寿命进行预测。

本书是国家自然科学基金项目“列车振动荷载下海底盾构隧道交叉结构动力特性及车致损伤机理研究”（项目号：51278425）多年研究成果的总结。本书主要由晏启祥编著，参加本书撰写工作的还有段景川、陈诚、黄希、吴聪、刘曦睿、陈行、张君臣、陈文宇、文彦鑫、青松勇等。

本书图文并茂，内容全面，可参考性强，可供城市轨道交通建设管理、设计施工等相关工程技术人员参考，也可作为隧道与地下工程相关研究人员的指导用书。

目　录

第1章　绪　　论

随着我国城市化进程的加快，我国的大中城市越来越多，各城市都在竭力打造立体的现代化交通体系。于是，城市地铁盾构隧道成为重要的选择并呈急速增长之势。为实现高铁和城市其他综合交通方式的零距离衔接，高铁车站进入城区越来越普遍，且很多采用盾构隧道方式接入，因而不可避免地出现了城市地铁盾构隧道之间、地铁盾构隧道与高铁盾构隧道之间出现下穿或者上跨的空间交叉盾构隧道情形。根据铁路和城市轨道交通相关设计规范，两条或多条主隧道之间必须设置一定数量的用于防灾救援的联络横通道，且规定主隧道之间联络横通道的设置间距不得超过特定的距离。这样，对于铁路盾构隧道和城市地铁区间盾构隧道左右线之间都有可能出现联络横通道，这里把左右线与联络横通道交叉部位并称为结构交叉盾构隧道。空间交叉盾构隧道和结构交叉盾构隧道作为特殊的隧道结构或部位，无论是工程建设期还是正常营运期，都是工程界关心的重点，尤其是在营运期长期列车振动荷载作用下的结构响应及其疲劳损伤，更是被极大地关注。

1.1　问题的提出

现有研究表明，列车振动主要来源于三个方面：①列车行驶时，众多车辆与钢轨同时发生作用产生的作用力，造成车辆与钢轨结构间的振动；②车轮驶过钢轨接头处，增强车辆与钢轨结构间的振动；③车轮与钢轨接触之间的不平整或微小的不平度会加强结构上的振动。列车振动荷载不同于爆破荷载等其他动力荷载，列车振动荷载导致的振动响应曲线表现为连续振源耦合衰减，而工程爆破荷载引起的振动响应曲线为单点振源逐步衰减。换句话说，列车振动荷载表现出相当长时段的交变振动特征。一方面，列车振动荷载通过轨道传导到盾构隧道结构，进而直接由联络横通道传递给邻近隧道结构；另一方面，振动荷载将通过隧道周边围岩传递给邻近隧道结构。前一种途径通过结构直接传递，后一种途径通过围岩间接传递。对于结构交叉盾构隧道，这两种传播途径都存在，而对于空间交叉盾构隧道，主要以后一种传播途径为主。

由于混凝土管片在浇筑和成形过程中不可避免地会产生毛细孔、孔隙及材料裂隙等缺陷，在列车振动荷载的作用下，隧道交叉结构极易出现应力集中和振动损伤现象。由于自身形态和刚度的突变，交叉连接部位是隧道中对列车振动荷载反应最为敏感的薄弱部位。随着盾构隧道运营年限的增加，混凝土管片损伤不断增大，自身缺陷逐渐扩展发育，形成混凝土体中的微裂纹。混凝土管片中微裂纹的汇集，会逐渐形成宏观裂缝。同时，由于出现应力集中，宏观裂缝的端部又会出现新的微裂纹甚至微裂纹区，这些新的微裂纹或微裂纹区又将发展成新的宏观裂缝。如此反复交替，宏观裂缝最后将沿着一条最薄弱的路径逐渐扩展，进而导致整个盾构隧道体系的承载力和耐久性下降，严重危及行车安全和隧道使用寿命。此外，硫酸盐和氯盐等一些无机盐的侵蚀作用也会严重影响管片中钢筋和混凝土的协同作用，导致盾构隧道结构交叉部位在列车振动荷载作用下出现损伤和裂缝。

众所周知，振动波在多种介质中存在透射、反射以及相互干涉等现象，因此，交叉盾构隧道在列车振动荷载作用下的动力响应机理及传递规律十分复杂。目前国内外对列车运行过程中所诱发的隧道振动问题的研究，大多集中在常规隧道结构的动力瞬态响应上，且主要依托列车荷载-平面隧道结构-围岩二维模型，在列车振动频谱特性及其影响、列车振动荷载行驶效应、空间交叉结构刚度引起的隧道结构动力响应变异、盾构隧道拼装方式和螺栓形式等拼装效应对交叉结构动力响应的影响，能够反映隧道线下道床结构、线上主体结构和交叉结构特点的车辆-轨道-空间交叉结构三维动力分析模型以及列车循环振动荷载下的结构累积损伤特性等方面的研究尚不深入，目前还难以有效地指导空间交叉盾构隧道的设计、施工及后期运营。因此，需要系统研究带联络横通道结构交叉盾构隧道和近距离空间交叉盾构隧道在列车振动荷载作用下的动力响应与疲劳损伤特性。

1.2 国内外研究现状

由于后文主要讨论交叉盾构隧道的列车振动响应与疲劳损伤，这些内容将涉及列车振动荷载下的结构动力响应、结构疲劳损伤和无机盐侵蚀劣化作用，因此，下面将重点阐述盾构隧道动力响应、管片衬砌混凝土结构损伤、钢筋混凝土结构疲劳以及无机盐侵蚀效应等四个方面的研究现状。

1.2.1 盾构隧道动力响应

1. 列车振动荷载

目前，已有较多国内外学者研究了列车振动荷载问题。张玉娥和白宝鸿[1]利用频谱分析法分析了现场试验数据，得到了轨道振动加速度的数定表达式，并推导出地铁列车振动荷载。胡宗允和李晶晶[2]对比分析了用数定表达式和人工数定激励力确定的地铁列车荷载特点，通过建立列车-轨道系统动力分析模型最终确定了列车振动荷载。王启云等[3]提出了列车振动荷载模拟装置，并采用作动器联动加载模拟列车动力荷载。王祥秋等[4]现场测试了京广线朱亭隧道的动力响应，确定了列车振动荷载的数定表达式。梁波和蔡英[5]考虑影响振动荷载的两大因素：车辆因素和轨下基础因素，对已有的列车荷载表达式进行了修正和完善。

2. 隧道-围岩-列车二维模型

基于获得的列车振动荷载，国内外学者开展了列车振动荷载作用下隧道结构和围岩的动力响应研究。Dawn[6]研究了重载列车通过隧道时产生的围岩振动效应与隧道衬砌厚度的相互关系。Vrouwenvelder [7]基于隧道-围岩平面动力相互作用模型，研究了高速列车振动荷载下层状地基的动力响应规律。Vrouwenvelder[8]采用隧道-围岩平面动力相互作用模型，利用有限元分析软件，分析了高速列车振动下道床、隧道侧墙和地表的动力响应。丁伯阳等[9]推导了集中冲击荷载与简谐荷载圆形断面隧道内振动位移反应表达式，并求得了隧道在地震荷载作用下的动力反应。

3. 隧道-围岩-列车三维模型

随着研究的深入，国内外学者正在从隧道-围岩平面动力相互作用模型，转移到隧道结构和围岩动力相互作用三维模型。白冰和李春峰[10]利用有限元分析软件，研究了左右平行隧道过渡到上下交叠隧道时地铁列车振动荷载引起的三维弹性动力响应。陈卫军和张璞[11]现场实测了上海地铁某区间隧道的振动加速度，计算了列车振动荷载下近距离交叠隧道南浦大桥的动力响应。高峰等[12]针对上行动载、下行动载和上下交会动载 3 种情况，研究了深圳地铁近距离重叠隧道的动力响应。李亮等[13]采用弹塑性有限元方法，研究了大断面隧道结构不同断面形式、车速和阻尼比系数等对列车振动响应的影响。段景川[14]针对广深港客运专线狮子洋隧道，研究了不同车速的列车振动荷载作用下，不同围岩级别联络横通道交叉盾构隧道的动力响应特性。晏启祥等[15]在前进的列车轮轴上施加对应的振动力时程曲线模拟列车行驶效应，研究了盾构隧道与横通道交叉结构的动力特性。

除了对隧道结构的振动响应研究，国内外学者还开展了列车振动荷载作用下地层响应规律的研究。张厚贵等[16]研究了复杂空间三线交叠隧道在列车振动荷载下的动力响应，并分析了其在地层中的振动传播规律。徐海清等[17]建立了不同净距的四孔垂直隧道模型，分析了紧邻多孔交叠隧道在不同净距、不同埋深以及不同列车数量作用下的环境振动，确定了环境振动影响范围。于艳丽等[18]建立了不同净距的四孔平行隧道模型，分析了隧道与地层在不同条件下的振动及其频谱特性。张曦等[19]对上海地铁振动荷载作用下饱和软黏土的响应频率、土体响应应力幅值随距离和深度的变化规律进行了研究。张波等[20]采用有限元方法建立了青岛地铁三号线环境振动分析模型，研究了不同参数对环境振动响应的影响规律。马龙祥[21]建立了基于无限-周期结构理论的分析方法，分析了地铁列车运行引起的轨道、隧道及周围自由场地层的振动响应。莫海鸿等[22]考虑接缝、管片分块和软土地层等因素，建立了广州地铁四号线某段盾构隧道三维动力有限差分模型，分析了隧道在地铁营运期间的动力响应。

从上述研究可以发现，目前国内外对列车运行过程中所诱发的振动问题的研究，大多集中在常规隧道结构的动力瞬态响应上，振动荷载一般采用荷载数定法确定，较少考虑列车行驶效应。

1.2.2 管片衬砌混凝土结构损伤

隧道衬砌混凝土是由水泥、砂、石与水(可含外加剂和掺合料)按一定比例配合形成的工程复合材料，它广泛地用于土木工程之中。由于混凝土在浇筑、成形过程中不可避免地存在着毛细孔、孔隙及材料裂隙等缺陷，因此在列车振动荷载反复作用下容易出现损伤。目前，国内外对混凝土结构损伤开展了大量研究。

1. 现场监测和模型试验

Bigaj 和 Kooiman [23]在 Green Heart 隧道的混凝土管片上安装了一个监测系统，基于荷兰 PRSLD 框架原理，评估了运营隧道结构的损伤。Lee 等[24]针对隧道用高性能喷射混凝土，进行了冻融循环、快速碳化、氯离子侵蚀以及现场暴露试验，证明了高性能喷射混凝土抗损伤能力优于传统喷射混凝土。曹茂森等[25]在物理模型试验中分析了混凝土结构的损伤演化分形行为，揭示了混凝土结构的裂缝生长及表面裂缝分布特性。单仁亮等[26]利用模型试验模拟了巷道的爆破掘进，对井下结构进行了声波测试，研究了喷射混凝土在多次爆破动载作用下的累积损伤效应。

2. 理论分析和数值模拟

根据大量的现场监测和模型试验结果，国内外学者提出了诸多损伤本构模型。Burlion 等[27]提出了将损伤与塑性相互耦合的材料本构方程。村上澄男等[28]研究了多轴应力状态下混凝土的损伤及其性能。Loland [29]根据混凝土单轴实验，提出了 Loland 损伤模型。Mazars[30]根据 Terrien 的混凝土拉伸实验曲线，建立了指数型损伤模型。Sidoroff[31]提出了一种描述各向异性损伤的模型，并基于能量等价假定，导出了受损材料的应力、应变和损伤能量释放率。余天庆 [32]改进了损伤模型，提出了分段线性损伤模型和分段曲线损伤模型。李淑春等[33]提出了混凝土受拉软化段损伤变量模型和混凝土受压损伤变量模型。王中强和余志武[34]提出了一种可运用辛普森积分方法进行计算的混凝土损伤模型，从而得到了混凝土损伤变量通用计算公式。

从上述研究成果可以看出，目前对隧道结构损伤的研究主要考虑静载作用或爆破作用，并考虑自然环境诱发因素，对在列车振动荷载作用下盾构隧道交叉结构形式的动力损伤研究相对较少。

1.2.3 钢筋混凝土结构疲劳

钢筋混凝土结构中，钢筋承受拉力，混凝土承受压力，有效解决了混凝土抗拉性能较弱的缺点，具有坚固、耐久、防火性好等优点，因此广泛地应用于土木工程当中。由于钢筋混凝土结构设计寿命较长，因此需充分考虑结构承受周期性荷载下的疲劳性能。

1. 结构疲劳试验

由于钢筋混凝土设计寿命较长，结构疲劳往往属于高周疲劳。为了研究钢筋混凝土的疲劳性能，国外学者开展了较多的结构疲劳试验。Chang 等[35]对小型钢筋混凝土梁(4 英寸×6 英寸×64 英寸)进行了疲劳试验，得出了循环荷载幅值决定结构失效模式的结论。Aas-Jakobsen [36]基于试验数据，提出了一个对数寿命与循环应力间的相互关系。Tepfers 和 Kutti [37]基于普通素混凝土和轻骨料混凝土疲劳试验数据，给出了其对数寿命与循环应力间一般形式使用参数的建议值。Holmen[38]基于 462 个圆柱体试件(Φ120mm×300mm)的疲劳试验数据，分析了等幅、变幅疲劳荷载作用下混凝土的受压疲劳性能。Tepfers[39]利用标准混凝土立方体试件的劈拉疲劳试验数据，获得了混凝土拉伸疲劳方程和劈拉疲劳剩余强度折减系数。Zielinski 等[40]研究了重复荷载对混凝土冲击疲劳强度的影响，给出了最大应力与对数疲劳寿命的关系。Tepfers[41]研究了素混凝土承受拉-压波动应力下的疲劳性能，获得了单轴受拉、受压 S-N 方程也能适用于预测拉-压交变荷载下混凝土疲劳强度的结论。Cornelissen 和 Reinhardt[42]基于混凝土轴心拉-压疲劳性能试验数据，认为反向压应力能较大程度影响混凝土的疲劳寿命。Hanson[43]基于疲劳试验结果，得出了综合考虑多种因素下变形钢筋的 S-N 曲线。

近几年，国内学者也开始了大量的钢筋混凝土结构疲劳性能试验。李永强和车惠民[44]通过室内混凝土试件弯曲疲劳试验，研究了素混凝土受弯试件在等幅重复荷载作用下的弯曲疲劳性能。王瑞敏等[45]研究了加荷顺序对混凝土疲劳性能的影响，表明可以不考虑加荷顺序的影响，采用变形“唯一性”假设即可计算纵向总变形和纵向残余变形。王瑞敏等[46]通过对棱柱体(100mm×100mm×300mm)试件进行混凝土单轴受压疲劳试验，认为利用应变可表示混凝土疲劳 S-N 曲线。李朝阳等[47]基于试验数据，给出了比较实用的两阶段疲劳变形方程。王时越等[48]对 C15 混凝土进行了静载及等幅循环荷载疲劳试验，揭示了混凝土刚度随疲劳加载次数的变化规律。赵光仪等[49]研究了高强混凝土的劈拉、轴拉、弯拉疲劳性能，得出了高强混凝土的 S-N 曲线。曾志斌等[50]回归分析了 19 个有效试验样本，总结了用于钢筋疲劳寿命评估的 S-N 曲线。朱红兵[51]对钢筋混凝土梁桥剩余寿命进行了理论和试验研究。吴瑾等[52]基于 8 根锈蚀钢筋混凝土梁弯曲疲劳试验数据，研究了疲劳荷载下锈蚀钢筋混凝土梁疲劳强度与疲劳寿命，得到了锈蚀钢筋混凝土梁的 S-N 曲线。

2. 结构疲劳数值方法

疲劳试验能较为准确地表述材料的疲劳性能，但由于试验非常耗时，难以进行足尺试验，国内外学者开始尝试使用数值方法研究复杂结构的疲劳损伤问题，如基于不可逆热力学本构模型、以塑性和损伤理论为基础的本构模型、边界面模型等。Teng 和 Wang[53]结合相关疲劳试验，提出了钢筋混凝土结构的二维损伤本构模型，并应用于钢筋混凝土梁。Petryna 和 Krätzig[54]提出了钢筋混凝土结构损伤累积下长期性能评估方法，并对桥墩进行了可靠性分析。Zhang 和 Shi[55]利用有限单元法，研究了 RC 梁在疲劳荷载作用下，钢筋与混凝土的界面剥离应力及其影响因素。朱劲松和朱先存[56]提出了钢筋混凝土桥梁在运营荷载下疲劳失效全过程数值模拟简化方法，并应用于简支梁的疲劳分析。王青等[57]提出了一种混凝土构件疲劳累积损伤过程的等效静力分析方法，并采用该方法对混凝土试验梁进行疲劳性能分析，验证了该方法的有效性和实用性。黄娟[58]研究了列车振动荷载作用下衬砌结构的动力响应和损伤特性，深入探讨了高速铁路隧道衬砌结构的疲劳寿命和破坏机理。晏伟光[59]采用理论分析和数值模拟相结合的方法，研究了不同结构型式、不同基底状况下重载铁路隧道底部结构动力响应特性及疲劳寿命。刘强[60]研究了盾构隧道管片及接头动力响应规律，对不同埋深、不同基底脱空条件下，盾构隧道的疲劳危险部位进行了寿命预测。刘宁等[61]通过引入重载列车振动荷载函数和 Miner 线性累积损伤理论，建立了考虑基底软化的隧道仰拱结构疲劳寿命预测方法，研究了列车振动荷载下基底软化因素对铁路隧道底部结构疲劳寿命的影响。

上述研究可以发现，现有疲劳试验难以模拟结构的高周疲劳，也无法模拟实际工程中常见的大型结构。目前大多数方法和理论比较复杂，无法模拟混凝土结构在高周循环荷载作用下的疲劳损伤行为。因此，研究复杂交叉盾构隧道结构在列车振动荷载作用下的疲劳性能非常重要。

1.2.4 无机盐侵蚀效应

1. 硫酸盐腐蚀作用

硫酸盐对混凝土的侵蚀破坏是引起混凝土材料失效的重要因素之一。目前，研究硫酸盐侵蚀混凝土材料的方法主要分为两种：一种是进行现场实测，另一种是通过加速试验的方式。对于现场测试方面，由于大多数自然环境下硫酸盐在土中或者地下水中的含量都比较少，浓度比较低，硫酸盐腐蚀比较缓慢，从而使得现场测试需要很长的时间周期。所以现在大多数的硫酸盐侵蚀混凝土的研究主要通过室内加速试验进行。其主要的室内加速试验方法包括：①增加试件的反应面积；②增加侵蚀溶液的浓度；③增大结晶压力；④采用干湿循环交替；⑤升高侵蚀溶液的温度；⑥增加试验试件的渗透性。

国内外学者通过大量的试验方法研究了硫酸盐侵蚀破坏混凝土的现象。Cefis 等[62]利用硫酸盐在混凝土中的扩散和反应过程，建立了相关的硫酸盐腐蚀模型。Niu 等[63]通过分析喷射混凝土在干湿循环和硫酸盐腐蚀共同作用情况下的破坏机理和过程，发现由于喷射混凝土的不均匀性，硫酸盐侵蚀在混凝土密实区域和缺陷区域表现不同。Huang 等[64]采用加速试验方式，通过对放有混凝土试件的硫酸盐溶液施加电脉冲从而实现加速腐蚀，结果表明，电脉冲能有效地加快硫酸根的侵蚀，从而加速了混凝土试件的腐蚀劣化过程。孙迎召等[65]通过干湿循环加速试验，采用超声评测法得到了混凝土的损伤层厚度，从而评估混凝土的损伤。袁晓露等[66]采用干湿循环加速试验法，分析了高性能混凝土抗压强度的经时变化规律，并使用最小二乘法，建立了高性能混凝土在硫酸盐侵蚀环境下抗压强度的经时变化函数模型。梁咏宁等[67]对硫酸盐腐蚀后的混凝土试件进行试验，研究了其应力、应变以及弹性模量随腐蚀程度的变化规律，得到混凝土弹性模量随腐蚀程度呈现先增大后减小的趋势。

从上述研究可见，目前关于硫酸盐侵蚀混凝土的研究主要通过室内试验，然而，对于硫酸盐侵蚀盾构隧道衬砌结构性能影响的研究还不多。同时，列车振动荷载下硫酸盐侵蚀的作用还有待探明。

2. 氯盐侵蚀作用

氯离子侵蚀劣化是钢筋混凝土结构破坏的另一个重要原因。钢筋的锈蚀速率、粘结力下降和混凝土开裂等对隧道运营维护及安全评估至关重要，国内外学者对此也开展了大量的研究。

准确预测钢筋的锈蚀速率，建立适用的锈蚀速率模型对研究氯离子对钢筋混凝土的侵蚀作用非常重要。Ahmad 等[68]针对氯盐侵蚀钢筋早期的情况开展了统计实验，建立了锈蚀速率同水灰比和氯盐含量的经验算式，但因没有考虑温度、相对湿度等因素的影响，且只限于氯盐侵蚀早期的情形，相关算式可适用范围较窄。Liu 等[69]在五年的时间内对 44 块室外环境下的桥梁面板进行了跟踪研究，给出了一种非线性回归模型，该回归模型考虑桥梁面板锈蚀与氯离子浓度、温度、混凝土电阻的关系，分析了锈蚀速率随时间的变化；由于未考虑氧气的影响，该模型无法预测氧气扩散控制下的桥梁面板锈蚀速率。姬永生等[70]基于加速锈蚀实验和微观测试技术，分析了氯盐导致混凝土钢筋锈蚀电流强度的时变过程，得出了氯盐侵蚀钢筋的时变关系，但由于该研究基于不变的环境条件，适用面较窄。耿欧等[71]通过分析锈蚀产物的时变关系和对钢筋的影响，建立了混凝土钢筋锈蚀速率时间变化模型，与试验结果基本一致，具有一定的可靠性。

在氯盐侵蚀导致钢筋和混凝土之间粘结性能退化方面，Al-Sulaimani[72]利用电化学加速腐蚀试验，采用拔出试件和梁式试件分别模拟了混凝土钢筋腐蚀的全过程，其中对拔出试件，腐蚀率在 0.5%以内时钢筋和混凝土之间粘结性能有所提升。李斌等[73]研究了腐蚀对粘结性能的影响原理，提出了粘结性能与钢筋握裹力的关系式，并分析了握裹力和粘结性能同钢筋表面坑蚀深度的关系。张国学等[74]将米兰工业大学的试验结果同有限元方法建立的数值模型进行分析对比，并引入热膨胀模型，模拟了腐蚀导致钢筋混凝土粘结性能退化的过程。

以上研究主要集中于分析氯盐锈蚀钢筋的某个阶段，且主要针对钢筋混凝土试件本身开展研究，对盾构隧道氯盐侵蚀下其列车振动特性研究较少。

1.3 本书内容

本书基于国内外研究现状，采用资料调研、室内试验、理论分析和数值模拟的研究方法，具体开展了振动荷载下盾构隧道的精细化与等效刚度模拟、交叉盾构隧道振动动力响应、交叉盾构隧道振动累积损伤、无机盐侵蚀对交叉盾构隧道动力响应的影响等四部分的研究工作。全书共分 11 章：第 1 章：绪论；第 2 章：列车振动荷载下盾构隧道的精细化与等效刚度模拟；第 3 章：基于振动荷载列车行驶效应的盾构隧道动力响应；第 4 章：基于室内试验的结构交叉盾构隧道动力响应；第 5 章：基于室内试验的空间交叉盾构隧道动力响应；第 6 章：基于装配式建模的结构交叉盾构隧道动力响应；第 7 章：基于装配式建模的空间交叉盾构隧道动力响应；第 8 章：基于无机盐侵蚀作用的交叉盾构隧道动力响应；第 9 章：管片衬砌混凝土损伤理论与改进疲劳本构模型；第 10 章：结构交叉盾构隧道动力响应与累积损伤；第 11 章：空间交叉盾构隧道动力响应与累积损伤。

第 2 章　列车振动荷载下盾构隧道的精细化与等效刚度模拟

本章首先阐述列车-轨道-路基耦合动力学理论和列车振动动力学基本方程，其次阐述盾构隧道精细化模拟方法和等效刚度模拟方法，最后建立交叉盾构隧道局部精细化模拟和其他等效刚度模拟的三维列车振动动力学模型，开展列车振动荷载作用下盾构隧道管片衬砌的动力响应特性研究。主要分析列车行驶过程中隧道衬砌的动力响应时程曲线、管片衬砌内力、衬砌接缝张开与错动变形、接头螺栓与钢筋受力等。主要工作包括：通过对列车振动荷载施加速度场，模拟列车振动荷载在时间、空间上的变化过程，有效考虑列车振动荷载作用位置的改变；在隧道交叉部位实施装配式管片衬砌模拟，通过合理的构件模拟表征管片接头力学性能，研究列车振动荷载下的隧道衬砌接缝变形响应特性；通过对比静载与动载作用下隧道衬砌采用均质圆环等效刚度模型与采用模拟接头效应的装配式管片衬砌模型的管片衬砌内力分布，研究衬砌接头对结构内力的影响；讨论列车振动荷载作用下隧道衬砌接头螺栓与管片内置钢筋的动力响应特性。

2.1　列车-轨道-路基耦合动力学理论

动力学主要是利用牛顿运动定律，分析运动的物体和作用在物体上的力，适用于分析常见的动力学行为，如振动特性、载荷随时间变化的效应、周期载荷激励等。因此列车振动动力学问题可以通过动力学分析理论来解决。地铁轨道一般采用板式轨道，钢轨通过扣件固定在轨道结构上，故扣件结构是荷载传递的重要结构，当列车通过时，在一定的假设下，可以将列车作用在轨道结构上的连续荷载等效成作用于各扣件处的点式荷载。Song 等[75]基于平面结构假设，建立了一种列车-轨道-路基耦合分析模型，如图 2-1 所示。其中，轨道由钢轨、轨道板和底座组成，扣件系统离散分布，在此基础上构建列车-轨道-路基耦合分析模型的系统微分方程组，采用模态分解和 Newmark 法求解各平衡方程。

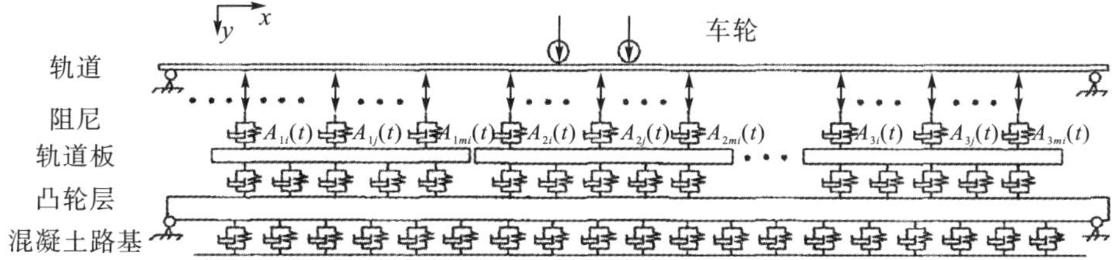

图 2-1　列车-轨道-路基耦合分析模型

其中，钢轨平衡方程如下[75]：

$$E_r I_r \frac{\partial^4 u_r(x,t)}{\partial^4 x} = \rho_r \frac{\partial^2 u_r(x,t)}{\partial^2 t} = P(t) - \sum_{i=1}^{n_s}\sum_{j=1}^{n_t}\delta(x - x_{tij})A_{ij}(t) \tag{2-1}$$

式中，E_rI_r 为钢轨抗弯刚度；ρ_r 为钢轨单位长度的质量；u_r 为钢轨竖向位移；$A_{ij}(t)$ 为扣件竖向支撑力；n_s 为轨道板数；n_t 为每个轨道板中的扣件数；$\delta(x)$ 为冲击函数；$P(t)$ 为列车荷载。

轨道板平衡方程如下[75]：

$$E_s I_s \frac{\partial^4 u_{si}(x,t)}{\partial^4 x} = \rho_s \frac{\partial^2 u_{si}(x,t)}{\partial^2 t} + f_{sih}(x,t) = \sum_{j=1}^{n_t}\delta\left[x - \left(x_{tij} - x_{si}\right)\right]A_{ij}(t) \tag{2-2}$$

式中，E_sI_s 为轨道板抗弯刚度；ρ_s 为轨道板单位长度的质量；u_{si} 为轨道板竖向位移；$f_{sih}(x,t)$ 为 CA 砂浆分布荷载；t 为时间；x 为钢轨某点横坐标；x_{tij} 为扣件横坐标。

底座平衡方程如下[75]：

$$E_h I_h \frac{\partial^4 u_h(x,t)}{\partial^4 x} = \rho_h \frac{\partial^2 u_h(x,t)}{\partial^2 t} + f_g(x,t) = \sum_{i=1}^{n_s}\left[H(x - x_{si}) - H\left(x - x_{s(i+1)}\right)\right]f_{sih}(x,t) \tag{2-3}$$

式中，E_hI_h 为底座抗弯刚度；ρ_h 为底座单位长度的质量；u_h 为底座竖向位移；$f_g(x,t)$ 为路基分布荷载；$H(x)$ 为阶跃函数；x_{si} 为轨道板横坐标；$x_{s(i+1)}$ 为下一个轨道板横坐标。

2.1.1 列车振动动力学基本方程

根据达朗贝尔原理，考虑结构的惯性力、弹性力、阻尼力和外力的相互平衡，可以得到动力学平衡微分方程如下式所示：

$$[M]\left\{\ddot{\delta}\right\} + [C]\left\{\dot{\delta}\right\} + [K]\{\delta\} = [F(t)] \tag{2-4}$$

其中，$[M]$、$[C]$、$[K]$ 分别为结构的质量矩阵、阻尼矩阵和刚度矩阵；δ、$\dot{\delta}$、$\ddot{\delta}$ 分别为结构位移、速度和加速度；$[F(t)]$ 为施加在结构上的荷载矩阵。

目前，对于式(2-4)动力学平衡微分方程，中心差分法、线性加速度法、Wilson-θ 积分法、Newmark 积分法是求解此类二阶微分方程的主要方法。本节主要介绍 Wilson-θ 积分法和 Newmark 积分法这两种最常用的求解结构振动响应的方法。

1. Wilson-θ 积分法

线性加速度法经过改进可以得到 Wilson-θ 积分法，该积分法假定在时间区间 t 到 $t+\theta\Delta t$ 内，加速度是线性变化的。其中，Wilson-θ 积分法要求 $\theta \geqslant 1.0$，当 $\theta = 1.0$ 时，Wilson-θ 积分法就退化为线性加速度法；当 $\theta \geqslant 1.37$ 时，Wilson-θ 积分法达到无条件稳定，因此该方法中的参数通常采用 $\theta = 1.4$。

基于 Wilson-θ 积分法的假定，可以得到在间隔内的任意时刻 $t+\tau$ 加速度的数学表达式为

$$\left\{\ddot{\delta}(t+\tau)\right\} = \left\{\ddot{\delta}(t)\right\} + \frac{\tau}{\theta\Delta t}(\left\{\ddot{\delta}(t+\theta\Delta t) - \{\ddot{\delta}\}(t)\right\}) \tag{2-5}$$

式中，τ 为时间的增量，且 $0 \leqslant \tau \leqslant \theta\Delta t$ 。

将式(2-5)两边分别积分，可以得到结构的速度表达式：

$$\{\dot{\delta}(t+\tau)\} = \{\dot{\delta}(t)\} + \{\ddot{\delta}(t)\}\tau + \frac{\tau^2}{2\theta\Delta t}(\{\ddot{\delta}\}(t+\theta\Delta t) - \{\ddot{\delta}(t)\}) \tag{2-6}$$

将式(2-6)两边再次积分，可以得到结构的位移表达式：

$$\left\{\delta(t+\tau)\right\} = \left\{\delta(t)\right\} + \left\{\dot{\delta}(t)\right\}\tau + \frac{1}{2}\left\{\ddot{\delta}(t)\right\}\tau^2 + \frac{\tau^3}{6\theta\Delta t}\left(\left\{\ddot{\delta}(t+\theta\Delta t)\right\} - \left\{\ddot{\delta}(t)\right\}\right) \tag{2-7}$$

令 $\tau = \theta\Delta t$ ，并代入式(2-6)及式(2-7)，可以得到 $t+\theta\Delta t$ 时刻的速度、位移计算式分别如下式所示：

$$\{\dot{\delta}(t+\theta\Delta t)\} = \{\dot{\delta}(t)\} + \frac{1}{2}\theta\Delta t(\{\ddot{\delta}(t+\theta\Delta t)\} + \{\ddot{\delta}(t)\}) \tag{2-8}$$

$$\{\delta(t+\theta\Delta t)\} = \{\delta(t)\} + \theta\Delta t\{\dot{\delta}(t)\} + \frac{1}{6}\theta^2\Delta t^2(\{\ddot{\delta}(t+\theta\Delta t)\} + 2\{\ddot{\delta}(t)\}) \tag{2-9}$$

选择 $\{\delta(t+\theta\Delta t)\}$ 为基本未知量，由式(2-8)和式(2-9)，可以得到用 $\{\delta(t+\theta\Delta t)\}$ 表示的 $\{\ddot{\delta}(t+\theta\Delta t)\}$ 及 $\{\dot{\delta}(t+\theta\Delta t)\}$ 的算式，即

$$\left\{\ddot{\delta}(t+\theta\Delta t)\right\} = \frac{6}{\theta^2\Delta t^2}(\{\delta(t+\theta\Delta t)\} - \{\delta(t)\}) - \frac{6}{\theta\Delta t}\{\dot{\delta}(t)\} - 2\{\ddot{\delta}(t)\} \tag{2-10}$$

$$\left\{\dot{\delta}(t+\theta\Delta t)\right\} = \frac{3}{\theta\Delta t}(\{\delta(t+\theta\Delta t)\} - \{\delta(t)\}) - 2\{\dot{\delta}(t)\} - \frac{\theta\Delta t}{2}\{\ddot{\delta}(t)\} \tag{2-11}$$

由上可知，$t+\theta\Delta t$ 时刻的运动方程可按下式表示：

$$[M]\left\{\ddot{\delta}(t+\theta\Delta t)\right\} + [C]\{\dot{\delta}(t+\theta\Delta t)\} + [K]\{\delta(t+\theta\Delta t)\} = \{\bar{F}(t+\theta\Delta t)\} \tag{2-12}$$

式中，$\{\bar{F}(t+\theta\Delta t)\}$ 是 $t+\theta\Delta t$ 时刻的总体载荷向量。由于只知道 t 时刻和 $t+\Delta t$ 时刻的总体载荷向量 $\{F(t)\}$ 和 $\{F(t+\Delta t)\}$ ，可用线性外推法求出 $\{\bar{F}(t+\theta\Delta t)\}$ 为

$$\{\bar{F}(t+\theta\Delta t)\} = \{F(t)\} + \theta(\{F(t+\Delta t)\} - \{F(t)\}) \tag{2-13}$$

将式(2-10)、式(2-11)代入式(2-12)，得到只有一个未知量 $\{\delta(t+\theta\Delta t)\}$ 的方程组：

$$[\hat{K}]\{\delta(t+\theta\Delta t)\} = \{\hat{F}(t+\theta\Delta t)\} \tag{2-14}$$

$$[\hat{K}] = [K] + \frac{6}{(\theta\Delta t)^2}[M] + \frac{3}{\theta\Delta t}[C] \tag{2-15}$$

$$\begin{aligned}\{\hat{F}(t+\theta\Delta t)\} = {} & \{F(t)\} + \theta(\{F(t+\Delta t)\} - \{F(t)\}) + [M](\frac{6}{(\theta\Delta t)^2}\{\delta(t)\} + \frac{6}{\theta\Delta t}\{\dot{\delta}(t)\} + 2\{\ddot{\delta}(t)\}) \\ & + [C](\frac{3}{\theta\Delta t}\{\delta(t)\} + 2\{\dot{\delta}(t)\} + \frac{\theta\Delta t}{2}\{\ddot{\delta}(t)\})\end{aligned} \tag{2-16}$$

求解式(2-14)，可以得到 $\{\delta(t+\theta\Delta t)\}$ 。将 $\{\delta(t+\theta\Delta t)\}$ 表达式代入式(2-11)和式(2-12)可得到 $\{\dot{\delta}(t+\theta\Delta t)\}$ 和 $\{\ddot{\delta}(t+\theta\Delta t)\}$ 。

将 $\tau = \Delta t$ 代入式(2-5)～式(2-7)，得到 $\{\ddot{\delta}(t+\Delta t)\}$ 、$\{\dot{\delta}(t+\Delta t)\}$ 和 $\{\delta(t+\Delta t)\}$ 为

$$\{\ddot{\delta}(t+\Delta t)\} = \{\ddot{\delta}(t)\} + \frac{1}{\theta}(\{\ddot{\delta}(t+\theta\Delta t)\} - \{\ddot{\delta}(t)\}) \tag{2-17}$$

$$\{\dot{\delta}(t+\Delta t)\}=\{\dot{\delta}(t)\}+\{\ddot{\delta}(t)\}\Delta t+\frac{\Delta t}{2\theta}(\{\ddot{\delta}(t+\theta\Delta t)\}-\{\ddot{\delta}(t)\}) \tag{2-18}$$

$$\{\delta(t+\Delta t)\}=\{\delta(t)\}+\Delta t\{\dot{\delta}(t)\}+\frac{1}{2}\Delta t^2\{\ddot{\delta}(t)\}+\frac{\Delta t^2}{6\theta}(\{\ddot{\delta}(t+\theta\Delta t)\}-\{\ddot{\delta}(t)\}) \tag{2-19}$$

为进一步简化上述运算过程，将式(2-10)代入(2-17)得

$$\{\ddot{\delta}(t+\Delta t)\}=\frac{6}{\theta^2\Delta t^2}\{\delta(t+\theta\Delta t)\}-\{\delta(t)\}-\frac{6}{\theta^2\Delta t^2}\{\dot{\delta}(t)\}+(1-\frac{3}{\theta})\{\ddot{\delta}(t)\} \tag{2-20}$$

由式(2-17)得 $\frac{1}{\theta}(\{\ddot{\delta}(t+\theta\Delta t)\}-\{\ddot{\delta}(t)\})=\{\ddot{\delta}(t+\Delta t)\}-\{\ddot{\delta}(t)\}$，将此式代入式(2-18)和式(2-19)得

$$\{\dot{\delta}(t+\Delta t)\}=\{\dot{\delta}(t)\}+\frac{\Delta t}{2}(\{\ddot{\delta}(t+\Delta t)\}+\{\ddot{\delta}(t)\}) \tag{2-21}$$

$$\{\delta(t+\Delta t)\}=\{\delta(t)\}+\Delta t\{\dot{\delta}(t)\}+\frac{\Delta t^2}{6}(\{\ddot{\delta}(t+\Delta t)\}+2\{\ddot{\delta}(t)\}) \tag{2-22}$$

2. Newmark 积分法

与 Wilson-θ 积分法一样，Newmark 积分法也是求解结构振动响应的常用方法，其中 Newmark 隐式积分求解动力学平衡微分方程具体形式为

$$M_{ij}\ddot{u}_j(t)+C_{ij}\dot{u}_j(t)+K_{ij}u_j(t)=P_i(t) \tag{2-23}$$

因此，可得显式积分的运动方程为

$$M_{ij}\ddot{u}_j(t+\Delta t)+C_{ij}\dot{u}_j(t+\Delta t)+K_{ij}u_j(t+\Delta t)=P_i(t+\Delta t) \tag{2-24}$$

隐式积分采用的方法实际是线性加速度法的一种推广，它采用以下假设[76]:

$$\dot{u}_{t+\Delta t}=\dot{u}_t+\left[(1-\delta)\ddot{u}_t+\delta\ddot{u}_{t+\Delta t}\right]\Delta t \tag{2-25}$$

$$u_{t+\Delta t}=u_t+\dot{u}_t\Delta t+\left[\left(\frac{1}{2}-a\right)\ddot{u}_t+a\ddot{u}_{t+\Delta t}\right]\Delta t^2 \tag{2-26}$$

其中，a 和 δ 是考虑积分精度要求及计算稳定性综合确定的参数。当 $a=\frac{1}{6}$ 和 $\delta=\frac{1}{2}$ 时，Newmark 积分法退化为线性加速度法；当 $\delta\geqslant 0.5$，$a\geqslant 0.25(0.5+\delta)^2$ 时，Newmark 积分法变为无条件稳定。

从式(2-25)和式(2-26)可以得到用 $\{u\}_{t+\Delta t}$ 及 $\{\dot{u}\}_t$、$\{\dot{u}\}_t$ 和 $\{u\}_t$ 表示的 $\{\ddot{u}\}_{t+\Delta t}$ 和 $\{\dot{u}\}_{t+\Delta t}$ 的表达式分别如下所示：

$$\{\ddot{u}\}_{t+\Delta t}=\frac{1}{\alpha\Delta t^2}\left(\{u\}_{t+\Delta t}-\{u\}_t\right)-\frac{1}{\alpha\Delta t}\{\dot{u}\}_t-\left(\frac{1}{2\alpha}-1\right)\{\ddot{u}\}_t \tag{2-27}$$

$$\{\dot{u}\}_{t+\Delta t}=\frac{\delta}{\alpha\Delta t}\left(\{u\}_{t+\Delta t}-\{u\}_t\right)+\left(1-\frac{\delta}{\alpha}\right)\{\dot{u}\}_t+\left(1-\frac{\delta}{2\alpha}\right)\Delta t\{\ddot{u}\}_t \tag{2-28}$$

考虑 $t+\Delta t$ 时刻的动力方程，有

$$[M]\{\ddot{u}\}_{t+\Delta t}+[C]\{\dot{u}\}_{t+\Delta t}+[K]\{u\}_{t+\Delta t}=\{F\}_{t+\Delta t} \tag{2-29}$$

将式(2-27)和式(2-28)代入式(2-29)，就得到关于 $\{u\}_{t+\Delta t}$ 的方程为

$$[\tilde{K}]\{u\}_{t+\Delta t}=\{F\}_{t+\Delta t} \tag{2-30}$$

其中，

$$[\tilde{K}]=[K]+\frac{1}{\alpha\Delta t^2}[M]+\frac{\delta}{\alpha\Delta t}[C]$$

$$\begin{aligned}\{\tilde{F}\}_{t+\Delta t}=&\{F\}_{t+\Delta t}+[M](\frac{1}{\alpha\Delta t^2}\{u\}_t+\frac{1}{\alpha\Delta t}\{\dot{u}\}_t+\left(\frac{1}{2\alpha}-1\right)\{\ddot{u}\}_t)\\&+[C][\frac{\delta}{\alpha\Delta t}\{\dot{u}\}_t+\left(\frac{\delta}{\alpha}-1\right)\{\dot{u}\}_t+\left(\frac{\delta}{2\alpha}-1\right)\Delta t\{\ddot{u}\}_t]\end{aligned}$$

求解方程(2-30)，就可得到$\{u\}_{t+\Delta t}$，然后，根据式(2-27)和式(2-28)可解出$\{\dot{u}\}_{t+\Delta t}$和$\{\ddot{u}\}_{t+\Delta t}$。

2.1.2　动力学计算方法

通过上述介绍求解运动微分方程的 Wilson-θ 积分法、Newmark 积分法基本原理，可以大致总结这两种积分法的计算步骤如下所示。

2.1.2.1　Wilson-θ 积分法计算步骤

1) 初始计算

(1) 计算结构总刚度矩阵$[K]$、总质量矩阵$[M]$，利用总刚度矩阵和总质量矩阵可以计算得到总阻尼矩阵$[C]=\alpha[M]+\beta[K]$。

(2) 计算位移和速度初始值$\{\delta(0)\},\{\dot{\delta}(0)\}$，并通过基本公式计算$\{\ddot{\delta}(0)\}$。

(3) 选取时间步长Δt和θ，其中θ通常取 1.4，计算积分常数：

$$\begin{cases}\alpha_0=\dfrac{6}{(\theta\Delta t)^2},\alpha_1=\dfrac{3}{\theta\Delta t},\alpha_2=2\alpha_1,\alpha_3=\dfrac{\theta\Delta t}{2},\alpha_4=\dfrac{\alpha_0}{\theta}\\\alpha_5=-\dfrac{\alpha_2}{\theta},\alpha_6=1-\dfrac{3}{\theta},\alpha_7=\dfrac{\Delta t}{2},\alpha_8=\dfrac{1}{6}\Delta t^2\end{cases} \tag{2-31}$$

(4) 形成有效刚度矩阵：

$$[\hat{K}]=[K]+\alpha_0[M]+\alpha_1[C] \tag{2-32}$$

(5) 对$[\hat{K}]$进行三角分解：

$$[\hat{K}]=[L]^{\mathrm{T}}[D][L] \tag{2-33}$$

2) 每个时间分别计算

(1) 计算$t+\theta\Delta t$时刻的有效载荷向量：

$$\begin{aligned}\{\hat{F}(t+\theta\Delta t)\}=&\{F(t)\}+\theta(\{F(t+\theta\Delta t)\}-\{F(t)\})+[M](\alpha_0\{\delta(t)\}+\alpha_2\{\dot{\delta}(t)\}+2\{\ddot{\delta}(t)\})\\&+[C](\alpha_1\{\delta(t)\}+2\{\dot{\delta}(t)\}+\alpha_3\{\ddot{\delta}(t)\})\end{aligned} \tag{2-34}$$

(2) 求解 $t+\theta\Delta t$ 时刻的位移向量 $\{\delta(t+\theta\Delta t)\}$：

$$[L]^{\mathrm{T}}[D][L]\{\delta(t+\theta\Delta t)\}=\{\hat{F}(t+\theta\Delta t)\} \tag{2-35}$$

(3) 计算 $t+\Delta t$ 时刻的加速度、速度和位移向量：

$$\{\ddot{\delta}(t+\Delta t)\}=\alpha_4(\{\delta(t+\theta\Delta t)-\{\delta(t)\})+\alpha_5\{\dot{\delta}(t)\}+\alpha_6\{\ddot{\delta}(t)\} \tag{2-36}$$

$$\{\dot{\delta}(t+\Delta t)\}=\{\dot{\delta}(t)\}+\alpha_7(\{\ddot{\delta}(t+\Delta t)\}+\{\ddot{\delta}(t)\}) \tag{2-37}$$

$$\{\delta(t+\Delta t)\}=\{\delta(t)\}+\Delta t\{\dot{\delta}(t)\}+\alpha_8(\{\ddot{\delta}(t+\Delta t)\}+2\{\ddot{\delta}(t)\}) \tag{2-38}$$

2.1.2.2 Newmark 积分法计算步骤

(1) 根据结构特点计算结构质量矩阵 $[M]$、刚度矩阵 $[K]$ 和阻尼矩阵 $[C]$。

(2) 给定初始位移、初始速度及初始加速度。

(3) 确定时间步长，计算参数 a 和 δ，计算相应的积分参数：

$$\begin{cases} C_0=\dfrac{1}{a\Delta t^2},C_1=\dfrac{\delta}{a\Delta t},C_2=\dfrac{1}{a\Delta t},C_3=\dfrac{1}{2a}-1 \\ C_4=\dfrac{\delta}{a}-1,C_5=\dfrac{\Delta t}{2}\left(\dfrac{\delta}{a}-2\right),C_6=\Delta t(1-\delta),C_7=\delta\Delta t \end{cases} \tag{2-39}$$

(4) 建立有效刚度矩阵并进行三角分解。

(5) 针对每个时间步长，计算结构在 $t+\Delta t$ 时间点处的位移、速度、加速度等。

2.2 列车振动荷载

2.2.1 列车振动荷载机理分析

列车振动荷载的产生，是由于车辆与轨道两方面因素所共同造成的。车辆方面的因素主要包括：车轮扁疤、车轮偏心、车轮擦伤及车轮踏面几何不圆顺等。而轨道方面的因素主要包括：轨道几何不平顺、钢轨接头状态不良及轨下基础缺陷等。由最近几年的资料可知：现有的铁路线路多采用的是无缝线路与整体道床，因而轨道不平顺和轨面波形磨耗效应，尤其是轨道的随机不平顺性，是列车振动荷载产生的最直接原因。

2.2.2 列车振动荷载幅值分析

上述为列车振动荷载产生机理的理论分析，要对其进行具体数值模拟分析时，需对其值进行量化处理。列车荷载是通过钢轨传递到枕木再传递下去的，因此，通常可采用一激振力函数来表达由列车振动所产生的竖向激振荷载。

那么，此处用一与振动荷载高、中、低频相应的，反映不平顺、附加动载和轨面波形磨耗效应的激振力函数来模拟轮轨之间的相互作用力，即列车荷载。其表达式为

$$F(t) = P_0 + P_1\sin\omega_1 t + P_2\sin\omega_2 t + P_3\sin\omega_3 t \tag{2-40}$$

式中，P_0 为车轮自重载荷；P_1、P_2、P_3 均为振动荷载。令列车簧下质量为 M_0，相应的振动荷载幅值为

$$P_i = M_0 a_i \omega_i^2 \qquad (i=1,2,3) \tag{2-41}$$

式中，a_i 为典型矢高，其值根据英国轨道几何不平顺管理值来取，如表 2-1 所示；ω_i 为对应车速下不平顺振动波长的圆频率，分别根据表 2-1 中条件①,②,③来计算，其计算式为

$$\omega_i = 2\pi v / L_i \qquad (i=1,2,3) \tag{2-42}$$

式中，v 为列车的运行速度；L_i 为典型波长，相对应于表 2-1 中①,②,③三种情况。

表 2-1　英国轨道几何不平顺管理值

控制条件	波长/m	正矢/mm
按行车平顺性①	50.00	16.000
	20.00	9.000
	10.00	5.000
按作用到线路上的动力附加荷载②	5.00	2.500
	2.00	0.600
	1.00	0.300
波形磨耗③	0.50	0.100
	0.05	0.005

2.3　管片衬砌精细化模拟

在进行盾构隧道的振动响应分析时，由于盾构隧道为装配式衬砌结构，因此，准确模拟其特性必须建立考虑接头及其接触面在内的精细化模型，对重点关注并研究的若干环管片衬砌实施精细化模拟，否则不能揭示列车振动荷载下衬砌接缝张开与错动变形、接头螺栓与钢筋受力等动力响应现象。然而，若模型范围所有盾构隧道管片衬砌都采用精细化模拟，势必将因管片衬砌非线性接缝面太多而降低计算效率，为此，本章后面还将阐述盾构隧道管片衬砌的等效刚度模拟。

2.3.1　管片接头模拟方法

管片衬砌接头主要由接缝面混凝土和接头螺栓构成，从结构力学视角来看，接缝面混凝土和接头螺栓可视为管片衬砌接头的两个组成构件，见图 2-2。因此，若在数值分析中分别采用两个构件模拟接缝面混凝土的接触效应和螺栓的连接效应，则可表征管片衬砌接头抗拉、抗剪、抗弯等整体力学特性。实际工程中，管片衬砌接头的抗拉由接头螺栓承担，抗压和抗剪由接缝面混凝土承担，螺栓不承受压力；当接缝面切向力超过混凝土自身摩擦力时，未失效的螺栓也将承受部分剪切力；接头抗弯能力由接缝面混凝土和螺栓共同决定，

螺栓对抗弯刚度的贡献主要通过改变中性轴的位置来体现。因此，正确选择能够体现接缝面混凝土和接头螺栓两个构件力学效应的模拟单元非常关键。

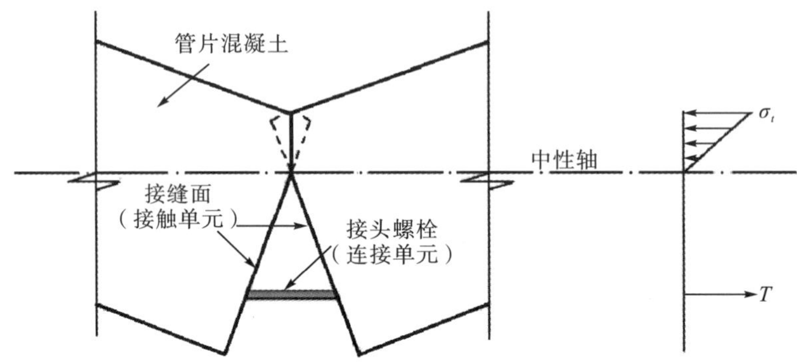

图 2-2 接头的组成构件及其模拟单元

ABAQUS 提供的连接单元可用来描述变形体的物理运动。连接单元具有局部坐标下的相对位移和相对转角。三维连接单元运用了 12 个节点自由度来定义单元在局部坐标下的 6 个相对运动：3 个相对平移和 3 个相对旋转。ABAQUS 为可用的相对运动提供了一个复杂的连接单元类型库，包括基本连接、组合连接、复杂连接类型。基本连接中一个连接单元包括一个平移自由度和一个旋转自由度，而组合连接和复杂连接是由多个基本连接所构成的。

盾构隧道衬砌系统主要由混凝土管片和螺栓组成，相邻管片之间由于螺栓的连接作用而具有一定的约束关系和相对运动关系。本章采用有限元软件 ABAQUS 建立盾构隧道三维模型，通过设置具有抗拉、抗剪、抗弯三种刚度组合，并能表征螺栓失效状态的连接单元，近似模拟螺栓连接效应，通过根据螺栓的力学属性定义连接单元刚度，并将连接单元的两个节点分别与对应管片耦合，两节点连接单元可以用来描述两个管片间的物理连接作用和约束作用。连接单元[77]具有两个节点，其中第二个节点的位置和运动方式依据第一个节点得出，当连接单元两节点发生相对运动时，连接单元中将产生相应的力或者弯矩。在连接单元类型库中，在“衬套”连接方式[77]下，连接单元可实现两节点在任意方向的相对平移和相对旋转，“衬套”连接方式如图 2-3 所示。“衬套”连接方式用 12 节点自由度来定义 u1、u2、u3、ur1、ur2、ur3 六个方向的相对运动：三个平移运动和三个旋转运动。当连接单元两节点间发生沿管片张开方向的相对运动时，连接单元产生拉力；当连接单元两节点间发生沿管片错动方向的相对运动时，连接单元产生剪力；当两节点间产生各方向相对转动运动时，连接单元产生相应的弯矩。基于以上叙述，管片衬砌接缝面混凝土之间的相互作用可采用接触面单元模拟。接触面单元的法向接触采用“硬接触”，可以传递混凝土之间的接触压力，接触面单元的切向接触采用带有摩擦参量的“罚函数”，以此来模拟接缝面混凝土之间的相对摩擦。

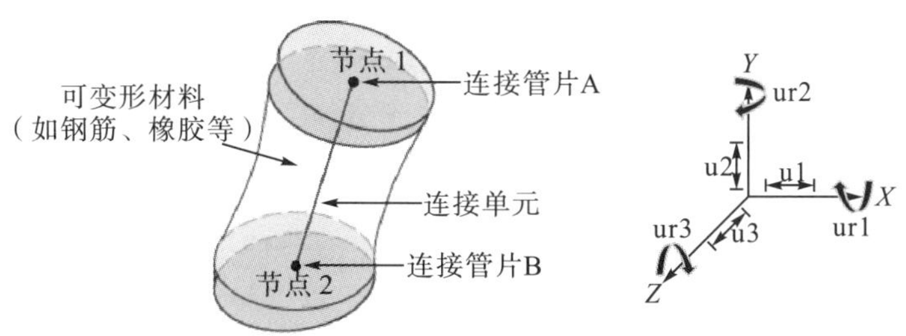

图 2-3　连接单元示意图及连接点相对运动方式

接头螺栓采用连接单元模拟，通过将连接单元两端的两个参考点分别与对应的管片接缝面进行“节点和面耦合”以传递螺栓与管片间的合力和合力矩，图 2-4 为参考点与管片接缝面耦合示意图。为模拟螺栓的抗拉、抗剪、抗弯刚度，连接单元采用可模拟上述三种刚度的“衬套”连接方式，该连接方式可实现任意方向连接节点之间的相对平移和转动。当螺栓拉力或剪力中任意一个参量达到各自对应的极限承载力时，即可视为螺栓失效，ABAQUS 软件会自动将其从网格中删除，不再承担任何荷载。

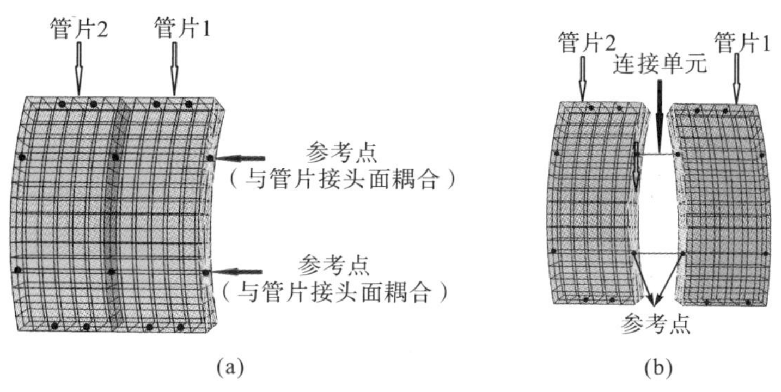

图 2-4　点面耦合示意图及参考点布置图

2.3.2　连接单元失效准则

连接单元类型“衬套”不约束任何相对运动，所以可以实现连接节点之间在任意方向的相对平移和转动。ABAQUS 提供了全面的动力学行为来模拟连接单元的行为，其中包含弹簧、阻尼器、摩擦、塑性作用、损伤以及失效等。

连接行为包括相对运动中力与位移的线性或者非线性关系，也是复杂的损伤机制和各种损伤演化规律等。如果在一个连接中的相对力或者运动超过了临界值，连接单元将开始发生不可逆的损伤(退化)。当持续加载时，进一步的损伤演化将导致最终的失效。如果损伤发生，连接单元力的响应一般将按照以下的形式变化：

$$F_i=(1-d_i)F_{eff_i}, \qquad 0\leqslant d_i\leqslant 1 \tag{2-43}$$

其中，d_i 是损伤变量的标量；F_{eff_i} 是当损伤未发生时相对运动的有效响应。

定义一个连接单元损伤机制，需要指定一个损伤开始的标准和损伤变量发展的损伤演化规律。损伤开始前，$d=0$。如果指定了损伤演化，一旦损伤开始，损伤变量将单调递增至最大值 1，当$d=1$时，损伤演化将停止，连接单元完全失效，连接单元也将从网格中删除。

连接单元的损伤失效准则可用图 2-5 所示的力-位移响应本构关系加以说明，图中，E为连接单元弹性模量，U_I、U_C、U_M分别为I点、C点、M点对应本构关系中的位移，F_I、F_C、F_M分别为I点、C点、M点对应本构关系中力的响应，$F_C=(1-d)F_A$，d为连接单元损伤变量因子。若指定损伤，假设在I点损伤开始，在这一点相应的本构关系是u_0，如果持续加载，相应的本构关系将增加至u_C，在C点，连接力的响应变成F_C，与无损伤的线弹性响应相比，C点力的响应减小，此时$F_C=(1-d)F_A$。如果在C点发生卸载，卸载的坡度曲线为$(1-d)E$。只要本构关系不超过u_C，损伤变量d将保持为C点第一次达到的常数。如果继续加载，损伤将会进一步开展，直到达到最终失效状态u_f，若连接单元不发生损伤失效，则连接响应是线弹性的，其本构关系为$O\to A$直线；若连接单元发生渐进损伤失效，则其本构关系为折线$O\to I\to M$；若连接单元出现瞬时完全损伤失效，则本构关系为折线$O\to I\to D$，即当本构关系到达I点(初始损伤点)时，本构关系中的位移不再增加，连接单元的力响应降为 0，此时连接单元发生瞬时失效。由于高速列车脱轨撞击速度快、能量大，本章接头螺栓连接单元的失效模式采用瞬时完全损伤失效。即当螺栓拉力或剪力中任意一个参量达到各自对应的极限承载力时，即视为螺栓失效，在软件中，模拟该螺栓的连接单元将被自动删除，从而不再承担荷载。

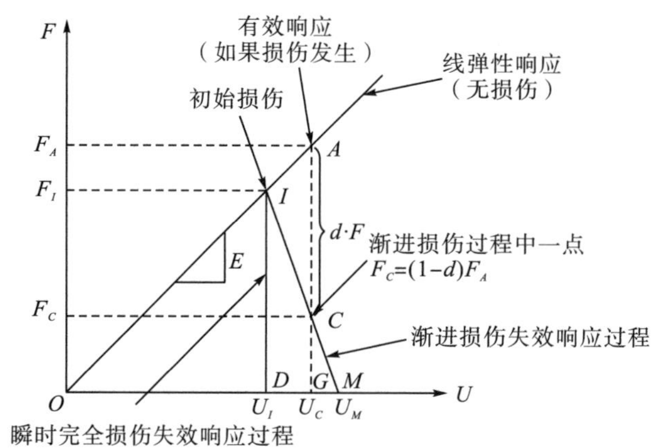

图 2-5　连接单元损伤演化规律

2.4　管片衬砌等效刚度模拟

若盾构隧道管片衬砌全部采用精细化模拟将显著降低计算效率，因此，在数值分析中我们一般对有限环管片衬砌进行精细化模拟，而考虑到边际递减效应可对其余部分衬砌进行刚度等效模拟。下面将探究基于地层-结构法采用正交各向异性混凝土材料实现盾构隧道横纵向刚度等效的一种方式。

2.4.1 数值分析模型

以某城市地铁区间盾构隧道为例，盾构管片采用 C50 钢筋混凝土，衬砌环外径 6.0m，内径 5.4m，厚度 30cm，幅宽 1.5m。管片衬砌环采用“3+2+1”的分块方式，由封顶块、邻接块与标准块构成，其所对应的圆心角分别为 15.0°、64.5° 和 72.0°，如图 2-6 所示。衬砌接缝处采用 10 个纵向弯螺栓和 12 个环向弯螺栓进行连接(性能等级 8.8 级)。接头螺栓横截面直径为 24mm，密度 7850 kg/m^3，泊松比 0.17，弹性模量 200.0GPa。

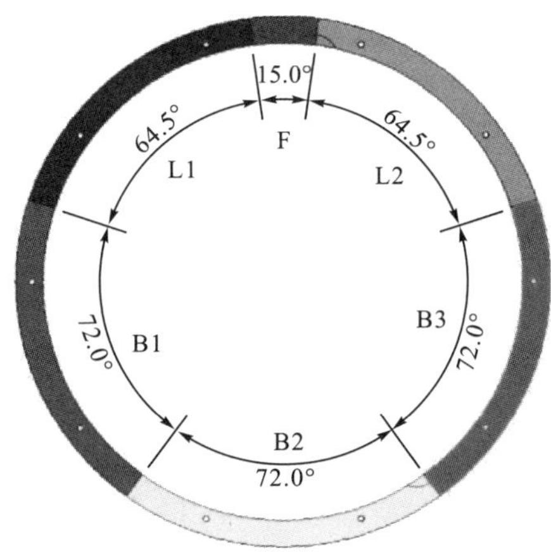

图 2-6　管片分块示意图

每一衬砌环由 6 块管片错缝拼装而成，管片采用实体单元模拟，使用六面体划分网格。为简化建模与计算，不考虑钢筋影响。管片弯螺栓同样采用实体单元模拟，忽略螺母和垫圈，长度取螺栓的实际长度。有限元数值模型见图 2-7，其中(a)为管片标准块网格，(b)为弯螺栓网格，(c)为管片错缝拼装。

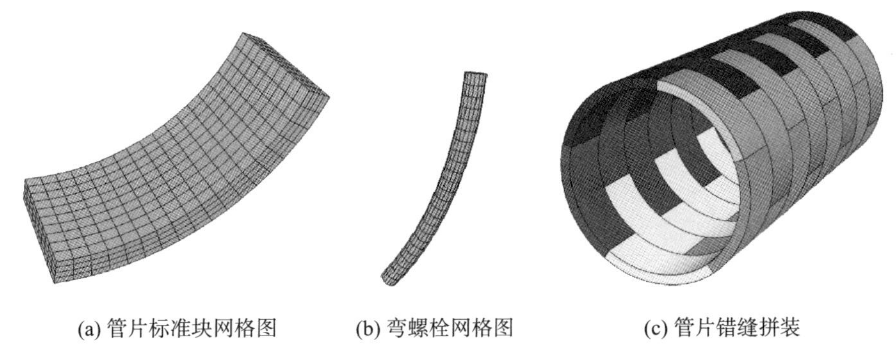

(a) 管片标准块网格图　(b) 弯螺栓网格图　(c) 管片错缝拼装

图 2-7　装配式管片衬砌模型

管片接头作为结构受力薄弱部位，对隧道整体变形影响很大，合理模拟接头结构的力学性能十分重要。管片接头主要由接缝面混凝土和接头螺栓构成，在数值模型中分别采用这两个构件来模拟接缝面混凝土的接触效应和螺栓的连接效应。现实结构中，管片接头的抗拉由螺栓承担，抗压和抗剪主要由接缝面混凝土承担，抗弯则由接缝面混凝土和螺栓共同决定。本次分析中通过将螺栓两端分别嵌入到相应管片中，并在接缝面混凝土间设置接触作用，来表征管片衬砌接头的抗拉、抗剪、抗弯等力学特性。模型中接头构造如图 2-8 所示。

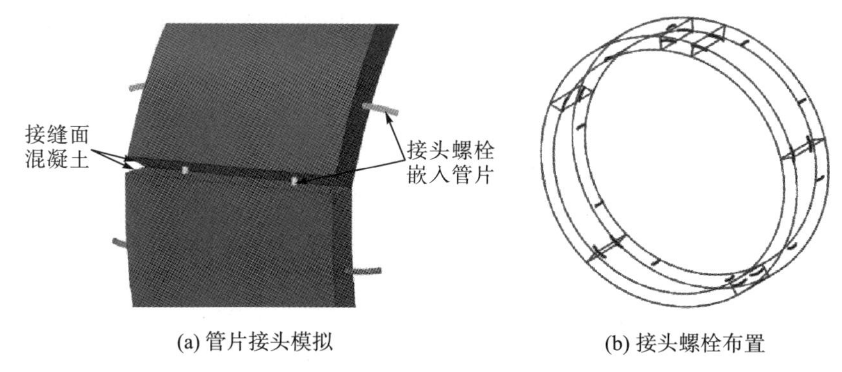

(a) 管片接头模拟　　(b) 接头螺栓布置

图 2-8　管片接头模型

盾构隧道埋置于地层中由土体支撑，隧道衬砌的表观单位体积质量比周边土体的单位体积质量要小，所以合理表征土体和衬砌的相互作用尤为重要。具体来说，隧道的变形特性主要依赖周边土体行为。在目前的振动响应分析中，对隧道与土体的相互作用一般简化为绑定约束，假定二者共同受力、协调变形。但实际情况中隧道衬砌与周围土体的力学作用是通过二者间的接触实现的(图 2-9)。振动波首先引起土体的挤压、剪切变形，再通过二者间的接触作用于隧道衬砌，由于刚度差异其变形非完全协调，振动中会出现隧道与土体界面脱离的情况。因此，将隧道与土体的相互作用简单考虑为绑定是不合理的。

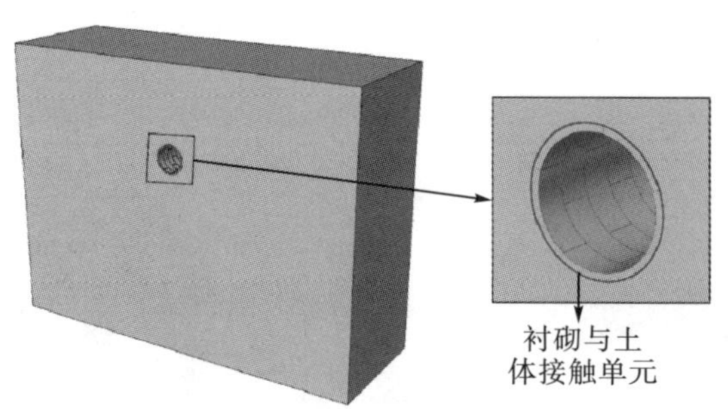

图 2-9　隧道-围岩接触作用

本章中管片混凝土之间及管片衬砌与围岩之间的相互作用通过摩擦与挤压的接触关系来模拟。接触关系中的法向接触采用“硬接触”模拟，它可以传递混凝土之间任意大小的接触压力，并允许接触后分离；接触关系中的切向接触采用基于罚函数的库仑摩擦模型模拟，在切向应力达到临界切应力前，不会发生相对滑动，其公式为：$\tau=\mu P$，式中τ是临界切应力，μ是摩擦系数，P是法向接触压力。

本章采用 ABAQUS 中的表面与表面接触作用模拟上述接触行为。接触作用设置关键在于主从面的定义，一般选择刚度较大的面作为主面，同时将从面的网格划分精细一些；模型中接触属性采用有限滑移公式，并调整从面结点与主面关系为删除过盈，且将几何表面做平滑处理以优化接触关系，有利于提高计算收敛性。

2.4.2　衬砌刚度等效数值

关于盾构隧道横向弯曲刚度的等效问题，国内外学者进行了大量研究。Lee 等[78,79]提出了基于水平或竖向直径变化量为评价指标的隧道横向设计法，并据此给出了通缝拼装时横向刚度有效率的拟合公式，认为软土地区的横向刚度有效率为 0.1～0.6。钟小春等[80]以最大水平位移作为评价指标，在修正惯用法与梁-弹簧模型基础上提出了盾构隧道横向刚度有效率的一个拟合公式，其数学表达式为

$$\eta=0.492\log(\lambda)+0.6644 \tag{2-44}$$

式中，η为刚度有效率；λ为接头弯曲刚度与管片弯曲刚度之比。

日本学者通过对错缝拼装管片环的加载试验得到横向刚度有效率取值范围大致为 0.6～0.8。黄宏伟等[81]利用二环管片进行相似模型结构试验得到了通缝拼装时隧道的横向刚度有效率为 0.67，错缝拼装时则取 0.75。

在纵向刚度等效研究方面，曾东洋[82]采用纵向梁-弹簧模型针对多环管片拼装而成的盾构隧道展开研究，利用拉压、剪切、弯曲弹簧模拟接头螺栓，将衬砌环折减为抗拉(压)、抗剪、抗弯刚度分别为$\alpha_N E_1 A_1$、$\alpha_Q G_1 A_1$、$\alpha_M E_1 I_1$的等效均值圆环，根据等效前后纵向变形量相等进而求得纵向刚度折减系数α_N、α_Q、α_M。然而，上述刚度折减系数的取值需要考虑螺栓尺寸、数量及材料力学特性，受人为影响较大。叶飞等[83]通过引入横向刚度有效率推导出了考虑横向性能的纵向抗弯刚度计算公式，实例分析表明纵向抗弯刚度随横向抗弯刚度的增大而增大。

实际上盾构隧道的横、纵向性能是相互影响的，研究单一方向的刚度有效率难以全面反映衬砌结构的力学性能。目前研究中较少考虑横向与纵向等效刚度互相关联的情况，或虽考虑了横向刚度的影响但多为理论分析，在有限元数值模型中的应用还不够完善。

混凝土是由粗骨料、细骨料和水泥砂浆构成的非均匀性多相复合工程材料，其力学性能复杂。一般学者在模拟盾构隧道时为了方便通常赋予各向同性材料并通过折减衬砌刚度来等效，但是实际上衬砌混凝土并不是严格意义上的各向同性材料。在用连续的均质圆环衬砌模拟盾构隧道时若采用各向同性材料则计算结果差异较大。因此本节将阐述基于地层-结构法采用正交各向异性材料等效圆环衬砌实现刚度等效的一种数值计算方法。

2.4.2.1 正交各向异性

由于管片接头效应，盾构衬砌在横、纵方向上的刚度不一致。采用各向同性混凝土材料的均质圆环衬砌模拟盾构隧道时无法反映原有衬砌的力学性能，因此本节建立采用正交各向异性混凝土材料的等效圆环衬砌模型，通过改变材料特性来反映结构的宏观力学特性。

正交各向异性材料是指有三个相互垂直的弹性对称面的各向异性材料。混凝土作为工程复合材料，应用在等效圆环衬砌时材料的三个弹性对称面与隧道衬砌的三个对称方向一致。在数值模型中应用正交各向异性混凝土材料时需要设置与之对应的局部坐标系，考虑到圆环衬砌的构造特点，其材料坐标系可设置为柱坐标系。柱坐标系与模型的全局坐标系对应关系如图 2-10 所示。

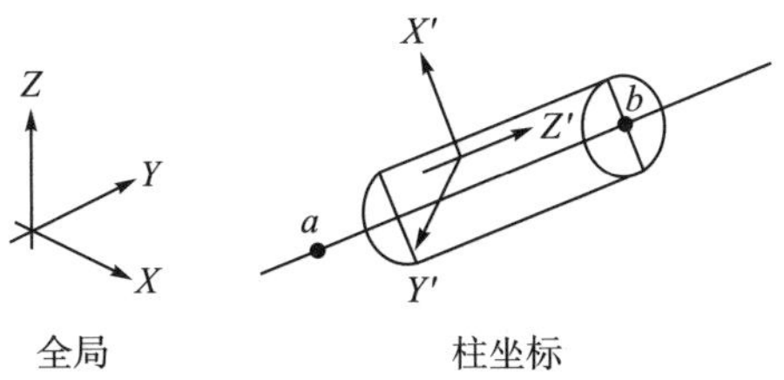

图 2-10 柱坐标系与全局坐标系

柱坐标系中 X'、Y'、Z'分别表示隧道衬砌的径向(radial)、环向(tangential)和纵向(axial)。混凝土材料纵向、环向以及径向的弹性模量 E 和剪切模量 G 不相同，而是符合公式(2-45)，材料单元的应力分布见图 2-11。图中，r、θ、z 表示衬砌局部坐标系中的径向、环向和纵向三个方向。

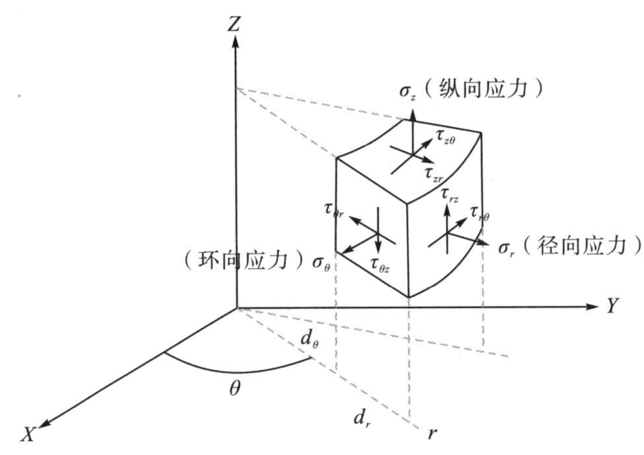

图 2-11 正交各向异性单元应力

这些定义弹性柔度的系数符合下式关系：

$$\begin{Bmatrix} \varepsilon_{11} \\ \varepsilon_{22} \\ \varepsilon_{33} \\ \gamma_{12} \\ \gamma_{13} \\ \gamma_{23} \end{Bmatrix} = \begin{bmatrix} 1/E_1 & -v_{21}/E_2 & -v_{31}/E_3 & 0 & 0 & 0 \\ -v_{12}/E_1 & 1/E_2 & -v_{32}/E_3 & 0 & 0 & 0 \\ -v_{13}/E_1 & -v_{23}/E_2 & 1/E_3 & 0 & 0 & 0 \\ 0 & 0 & 0 & 1/G_{12} & 0 & 0 \\ 0 & 0 & 0 & 0 & 1/G_{13} & 0 \\ 0 & 0 & 0 & 0 & 0 & 1/G_{23} \end{bmatrix} \begin{Bmatrix} \sigma_{11} \\ \sigma_{22} \\ \sigma_{33} \\ \sigma_{12} \\ \sigma_{13} \\ \sigma_{23} \end{Bmatrix} \tag{2-45}$$

式中，v_{ij} 为材料泊松比，表示材料在 i 方向受力时在 j 方向上的横向应变特性；E_1、E_2、E_3 分别为材料主方向上的弹性模量；G_{12}、G_{13}、G_{23} 为材料在不同方向上的剪切模量；σ_{ij} 为材料不同方向的应力；ε_{ij} 为相应应力下材料产生的应变；γ_{ij} 为材料产生的剪应变。数值 1、2、3 分别代表衬砌材料局部坐标系中的径向、环向和纵向，与全局坐标系中的 X、Y、Z 三个方向对应。实际中 v_{ij} 并不等于 v_{ji}，而是存在以下关系：

$$\frac{v_{12}}{E_1} = \frac{v_{21}}{E_2}, \quad \frac{v_{13}}{E_1} = \frac{v_{31}}{E_3}, \quad \frac{v_{23}}{E_2} = \frac{v_{32}}{E_3} \tag{2-46}$$

根据上式由任意 3 个已知变量即可求得第 4 个变量。因此混凝土正交各向异性材料仅需要定义 9 个刚度系数即可。

在 ABAQUS 软件中[77]，正交各向异性混凝土材料通过定义“工程常数(engineering nstants)”实现：3 个弹性模量系数 E_1、E_2、E_3；v_{12}、v_{13}、v_{23} 泊松比；3 个剪切模量系数 G_{12}、G_{13}、G_{23}，这些参数与材料方向有关。

另外，材料稳定性需满足：

$$E_1, E_2, E_3, G_{12}, G_{13}, G_{23} > 0 \tag{2-47}$$

$$\begin{cases} |v_{12}| < (E_1/E_2)^{1/2} \\ |v_{13}| < (E_1/E_3)^{1/2} \\ |v_{23}| < (E_2/E_3)^{1/2} \end{cases} \tag{2-48}$$

$$1 - v_{12}v_{21} - v_{23}v_{32} - v_{13}v_{31} - 2v_{21}v_{32}v_{13} > 0 \tag{2-49}$$

2.4.2.2　刚度等效试验原理

一般工程应用中采用修正惯用计算法进行管片的截面内力计算。修正惯用法中将管片接头刚度的影响考虑为整环弯曲刚度的降低，假定为具有 ηEI（弯曲刚度有效率 $\eta \leqslant 1$，EI 为管片主截面抗弯刚度）弯曲刚度均匀的环。进一步考虑到管片错缝拼装时接头和主截面弯矩的重分配，主截面弯矩增加，接头弯矩降低。故引入弯矩提高率 ζ，把由刚度等效环推算出来的截面弯矩再增减 ζ。该方法可将管片环的力学特性简单而有效地进行模拟。其中，η、ζ 的取值对结果有很大影响。但实际中，对于这两个参数的确定往往依据实验结果以及经验判断，存在较大随机性。

但是上述修正惯用法多用于隧道横截面二维内力分析，仅考虑了弹性模量的折减对横向刚度的等效，而未考虑接缝存在对隧道纵向刚度的影响，无法较为真实地反映隧道结构的三维受力变形状态。因此对于等效衬砌而言，本节将隧道的整体刚度折减系数分为横向和纵向两个方向上的刚度折减系数η_h、η_z。

在隧道横截面上，认为等效衬砌具有$\eta_h EI$的弯曲刚度（$\eta_h \leqslant 1$），由于横向刚度等效数值试验中等效衬砌的截面尺寸与管片衬砌相同，故横向刚度的等效反映为弹性模量的折减，可表示为

$$E_1 = E_2 = \eta_h E \tag{2-50}$$

式中，E为装配式管片衬砌混凝土的弹性模量。

在纵向上，将盾构隧道等效为连续隧道，为考虑接缝存在对整体刚度的影响，对隧道纵向刚度进行折减，其等效刚度可表示为$\eta_z EI$。与横向刚度等效相同，认为隧道纵向弯曲刚度的折减反映在纵向弹性模量上，可表示为

$$E_3 = \eta_z E \tag{2-51}$$

混凝土泊松比可根据规范取值为

$$v_{12} = v_{13} = v_{23} = 0.2 \tag{2-52}$$

根据混凝土结构设计规范[84]，混凝土的剪切模量可取为弹性模量的 40%，则衬砌混凝土的剪切弹性模量为$G = 0.4E$。由于等效衬砌横向与纵向的弹性模量不同，因此需要分别考虑。横截面上的剪切模量G_{12}与横截面上的等效弹性模量E_1、E_2有关，可表示为

$$G_{12} = \eta_h G_h \tag{2-53}$$

$$G_h = 0.4E_1 = 0.4E_2 \tag{2-54}$$

同样纵向上的剪切弹性模量可采用纵向上的刚度折减系数进行折减：

$$G_{13} = G_{23} = \eta_z G_z \tag{2-55}$$

$$G_z = 0.4E_3 \tag{2-56}$$

2.4.3 横向刚度等效

2.4.3.1 数值试验模型

纵向均匀地层中的盾构隧道在围岩荷载作用下主要产生横截面变形。本节基于地层-结构法建立两种不同模拟方式的盾构隧道模型（管片拼装衬砌模型和等效圆环衬砌模型），在相同埋深下进行静力加载试验。对于由构造形式不同造成的结构刚度差异通过改变材料特性来实现等效，其中管片衬砌采用各向同性混凝土材料，等效圆环衬砌采用正交各向异性混凝土材料。在确定η_h取值的过程中，一般可选用等效衬砌的水平或竖向收敛变形与对应的管片衬砌的收敛变形相等作为依据。

基于上述精细化建模方法，在一定错缝拼装方式下采用分离式管片模拟管片拼装衬砌，取相同长度的等效圆环衬砌作为对照组进行横向刚度等效数值试验。为减小地层边界

影响，模型宽度为 80m，高度为 60m，沿隧道纵向长度为 15m，隧道-围岩数值分析模型如图 2-12 所示。本节盾构隧道所处区间地质较为复杂，计算中采用简化的软硬不均的水平多层土体，由地表至底部基岩依次为回填土、粉质黏土、风化岩，具有由软弱土层向较硬土层变化的特征。

在有限元模型中，地层采用摩尔-库仑弹塑性本构关系，衬砌混凝土、螺栓采用弹性本构模型。地层、管片、螺栓等材料的物理参数见表 2-2。

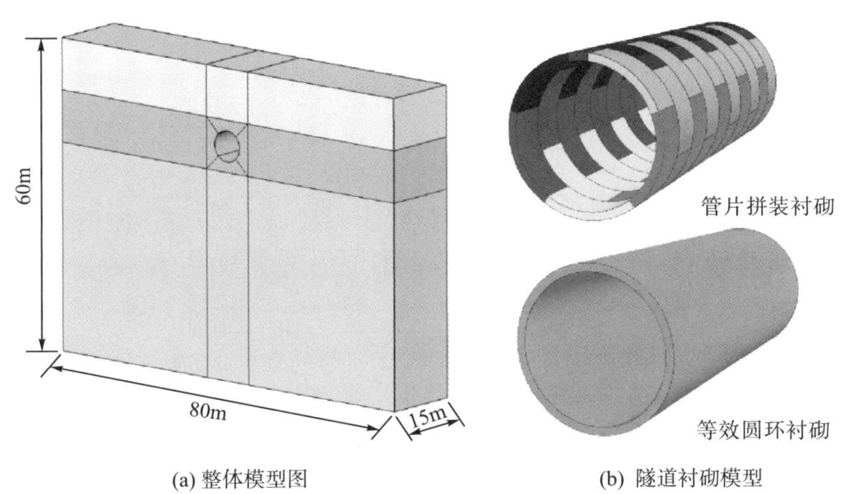

(a) 整体模型图　　(b) 隧道衬砌模型

图 2-12　隧道-围岩有限元分析模型

表 2-2　物理力学参数

材料型号	密度/(kg/m^3)	泊松比	弹性模量/MPa	摩擦角/(°)	黏聚力/MPa
管片混凝土	2500	0.2	3.45×10^4	—	—
回填土	1900	0.35	70.0	33.0	0.12
粉质黏土	2000	0.32	100.0	30.0	0.3
风化岩	2100	0.28	200.0	34.0	1.0
接头螺栓	7850	0.17	2.0×10^6	—	—

横向刚度等效数值试验中隧道埋深固定为 12m。模型上边界为自由地面，底部为全约束，四周边界设置法向约束，沿竖向施加重力荷载进行计算。

2.4.3.2　结果分析

横向刚度折减系数计算原理流程如图 2-13 所示。

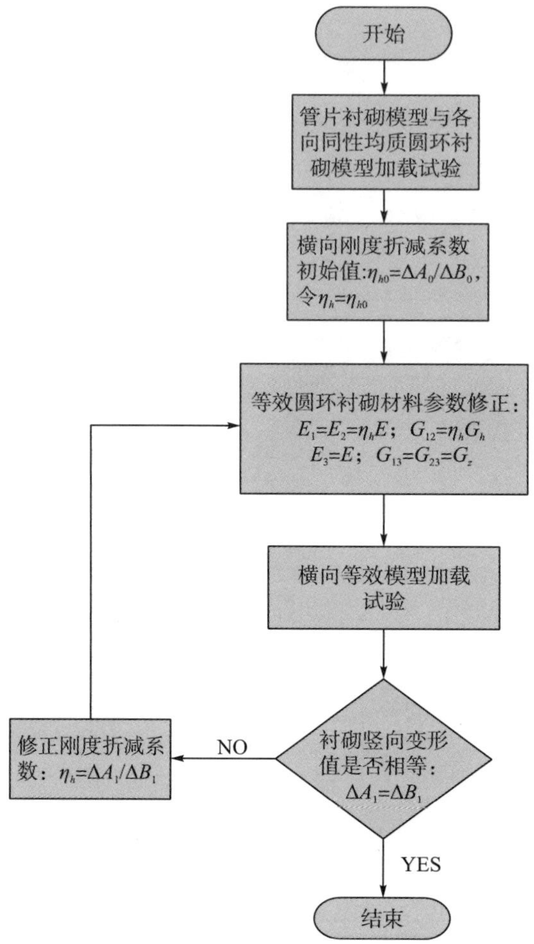

图 2-13　横向刚度折减系数计算原理流程图

如上述原理图所示横向刚度折减系数η_h的确定方法如下。

首先基于地层-结构法对管片衬砌模型和均质圆环衬砌模型(各向同性材料)进行相同荷载加载试验，得到横向刚度折减系数初始值：

$$\eta_{h0}=\frac{\Delta A_0}{\Delta B_0} \tag{2-57}$$

式中，ΔA_0、ΔB_0分别为地层荷载作用下管片衬砌和均质圆环衬砌的竖向直径变化量(以管片竖向变形收敛值作为隧道横向刚度的评价指标)。其中，管片衬砌以每环竖向收敛值的平均值作为最终变形值。然后，根据公式(2-53)、式(2-54)进行正交各向异性混凝土材料参数的修正(纵向变形基本一致，不考虑纵向刚度折减)，建立采用正交各向异性混凝土材料的等效衬砌模型，保持埋深不变再次进行加载试验，对结果进行比较，判断等效衬砌的竖向变形收敛值是否与管片衬砌一致，若不一致修正材料参数后再次进行计算。通过不断优化刚度折减系数最终使得等效衬砌的横向变形与管片衬砌一致，完成横向刚度折减数值等效试验。

地层荷载作用下隧道衬砌位移云图如图 2-14(彩图见附录)、图 2-15 所示。

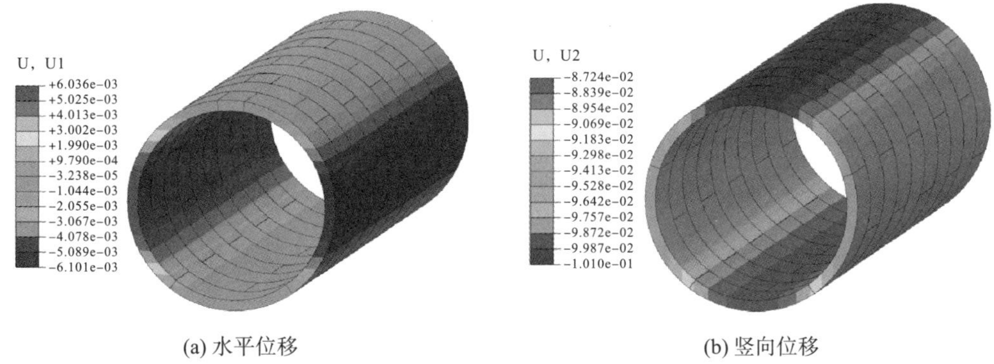

(a) 水平位移　　(b) 竖向位移

图 2-14　管片衬砌位移云图(m)

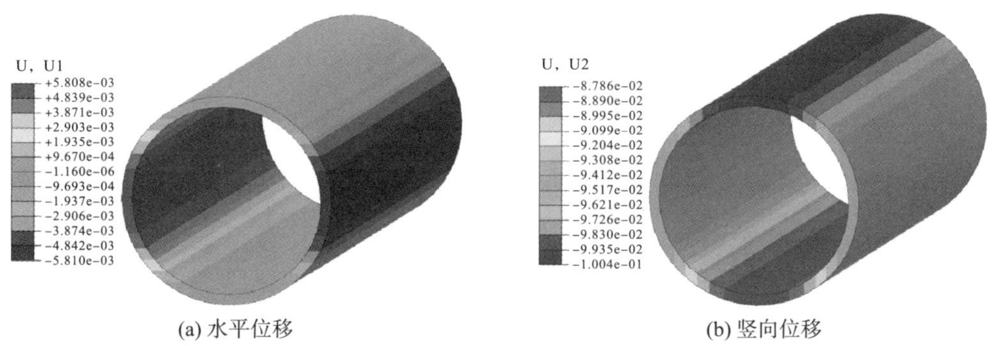

(a) 水平位移　　(b) 竖向位移

图 2-15　各向同性均质圆环衬砌位移云图(m)

由衬砌位移云图可知，在相同地层荷载作用下各向同性均质圆环衬砌和管片衬砌的变形规律基本一致。但从变形收敛值上看，管片衬砌的变形值要大于均质圆环衬砌。原因是盾构隧道由预制管片通过环向与环间螺栓相互连接而成，含有大量接缝，管片接头部分的刚度小于管片主截面的刚度，与均匀刚度的环相比更容易变形。根据式(2-56)，横向刚度折减系数初始值可得

$$\eta_{h0}=\frac{\Delta A_0}{\Delta B_0}=0.911 \tag{2-58}$$

再根据公式(2-52)、式(2-53)可得横向刚度初次折减后等效衬砌的正交各向异性混凝土材料参数如表 2-3 所示。

表 2-3　横向刚度初次折减后混凝土材料参数

型号	ρ	ν_{12}	ν_{13}	ν_{23}	E_1	E_2	E_3	G_{12}	G_{13}	G_{23}
C50	2400	0.2	0.2	0.2	3.14e-10	3.14e-10	3.45e-10	1.26e-10	1.38e-10	1.38e-10

注：ρ 的单位为 kg/m^3，E 的单位为 N/m^2。

将初次折减后的正交各向异性混凝土材料赋予圆环衬砌建立等效圆环衬砌数值模型进行静力加载试验。通过判断等效衬砌与管片衬砌的竖向变形收敛值，不断优化刚度折减系数修正混凝土材料直至等效衬砌的横截面变形与管片衬砌基本一致。正交各向异性材料坐标方向的指定如图 2-16 所示。优化后等效衬砌位移云图如图 2-17 所示。

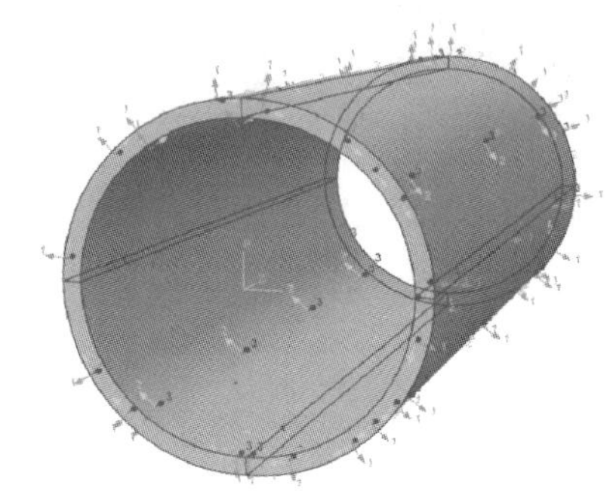

图 2-16　正交各向异性材料坐标方向指定

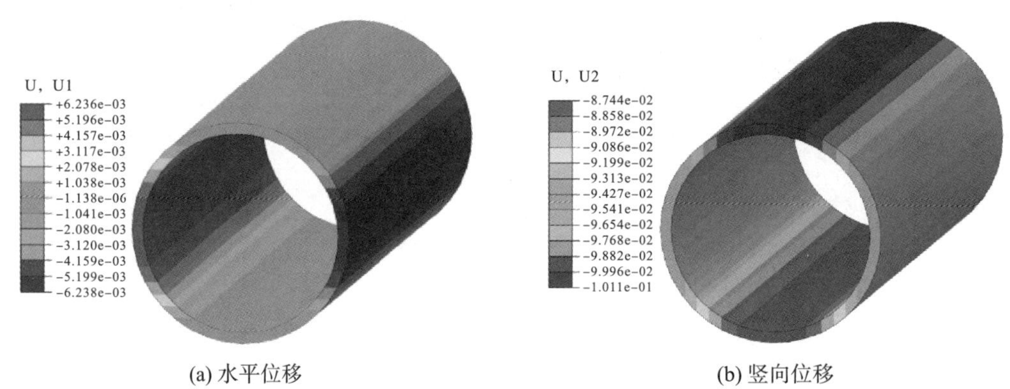

(a) 水平位移　　(b) 竖向位移

图 2-17　等效衬砌位移云图(m)

由位移云图可知，相同埋深情况下等效衬砌和管片衬砌的变形规律一致，且横向与竖向的位移值也基本相等，说明管片的横截面变形收敛值相等，所以可认为等效衬砌的横向刚度折减达到要求。

横向刚度折减完成后衬砌的收敛变形值如表 2-4 所示。

表 2-4　横向刚度折减数值试验结果

计算结果	管片衬砌	均质圆环衬砌	等效衬砌
水平收敛值/mm	12.137	11.618	12.474
竖向收敛值/mm	13.760	12.540	13.660

由表 2-4 可知，相同荷载作用下等效衬砌的横截面变形量与管片衬砌非常接近，而采用各向同性混凝土材料的均质圆环衬砌则相差较大。显然，采用正交各向异性材料的横向

刚度折减是有效的。等效衬砌的横向刚度折减系数最终值为：$\eta_h = 0.768$，折减后等效衬砌混凝土参数见表 2-5。

表 2-5　横向刚度折减后混凝土材料参数

型号	ρ	ν_{12}	ν_{13}	ν_{23}	E_1	E_2	E_3	G_{12}	G_{13}	G_{23}
C50	2400	0.2	0.2	0.2	2.65e-10	2.65e-10	3.45e-10	1.05e-10	1.38e-10	1.38e-10

2.4.4　纵向刚度等效

2.4.4.1　数值试验模型

基于横向刚度等效试验，采用表 2-5 混凝土材料参数进行纵向刚度折减数值计算。为更好地模拟隧道衬砌的纵向弯曲效果，本节延长隧道长度，管片衬砌纵向取 18 环模拟。同一埋深下，在地表沿隧道纵向施加渐变的均布荷载模拟实际中侧向不均匀土压导致的隧道纵向弯曲。鉴于横向刚度等效时衬砌横截面的水平和竖向位移基本一致，在侧向不均匀土压下隧道的纵向弯曲变形可由衬砌纵向位移来反映。因此在确定 η_z 取值时，以等效衬砌的纵向位移与管片衬砌的纵向位移相等为依据。

与横向等效试验相同，纵向刚度等效试验基于地层-结构法建立隧道-围岩数值模型。等效衬砌模型整体宽度为 80m，高度为 60m，沿纵向长度 27m，隧道埋深为 12m，如图 2-18 所示。计算中仍采用简化的软硬不均的水平多层土体，地层、管片、螺栓等材料的物理参数见表 2-2。在有限元模型中，地层围岩采用摩尔-库仑弹塑性本构关系，衬砌混凝土、螺栓采用弹性本构模型。

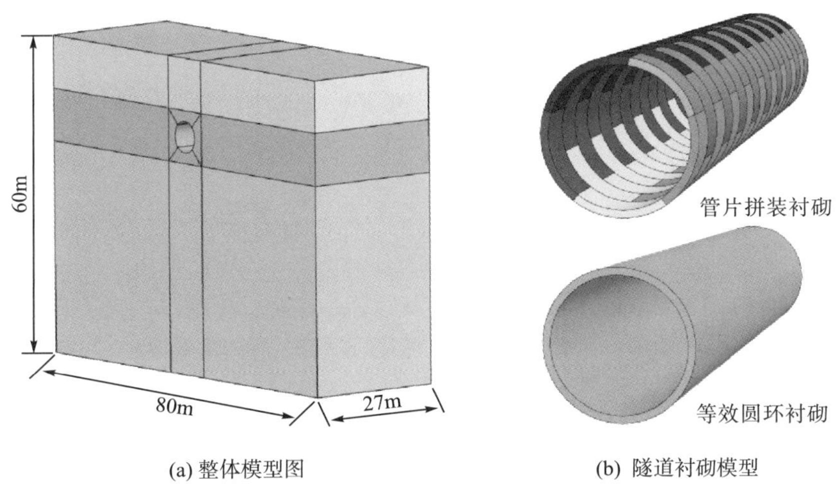

(a) 整体模型图　　(b) 隧道衬砌模型

图 2-18　隧道-围岩有限元分析模型

上边界为自由地面，底部为固定约束，四周边界设置法向约束，并沿竖向施加重力荷载。本节在地表沿隧道纵向施加渐变的均布荷载(荷载表达式为 $P=4z$, 单位 kPa，z 为模型纵向坐标[0, 27])，加载示意图见图 2-19。

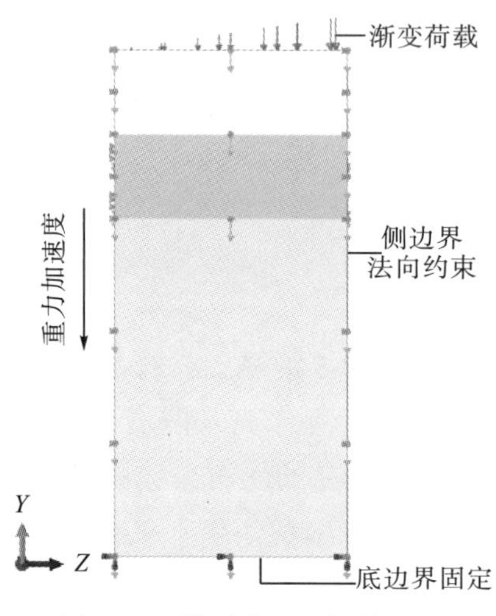

图 2-19 模型边界及加载方式

2.4.4.2 结果分析

纵向刚度折减系数计算原理如图 2-20 所示，纵向刚度折减系数 η_z 的确定方法如下。

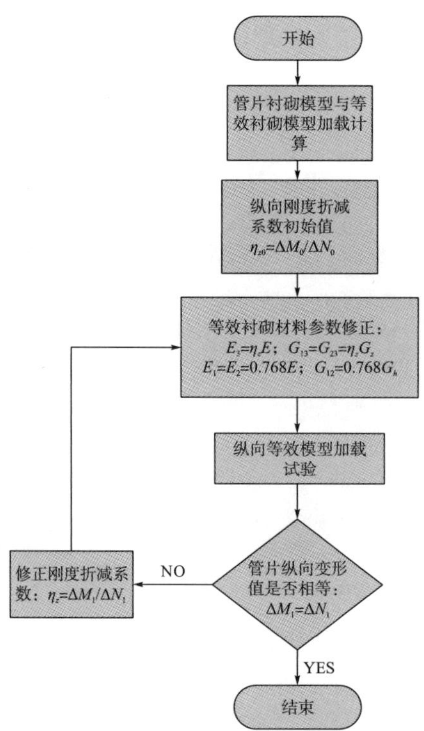

图 2-20 纵向刚度折减系数计算原理流程图

首先，对管片衬砌和等效衬砌(已横向折减)进行相同荷载加载分析，得到隧道衬砌的纵向变形值(以衬砌的纵向位移作为隧道弯曲变形的评价指标) M_0 和 N_0。其中 M_0 为正交各向异性等效衬砌的最大纵向位移值，N_0 为管片衬砌的最大纵向位移值。然后计算得到纵向刚度折减系数初始值 η_{z0}，根据公式(2-55)、式(2-56)修正混凝土材料参数，保持埋深及地表渐变荷载不变再次进行计算，对结果进行比较，判断等效衬砌模型的纵向位移值是否与管片衬砌模型一致，若不一致修正材料参数后再次进行计算。不断优化可得当纵向刚度折减系数 $\eta_z = 0.65$ 时，等效衬砌的纵向变形与管片衬砌大致相等。

渐变荷载下管片衬砌和等效衬砌的位移云图如图 2-21～图 2-23(彩图见附录)所示。

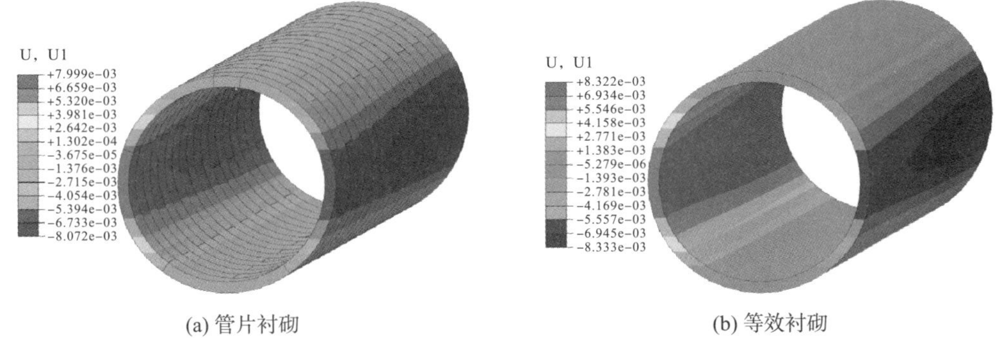

(a) 管片衬砌　　(b) 等效衬砌

图 2-21　渐变荷载下隧道衬砌水平位移云图(m)

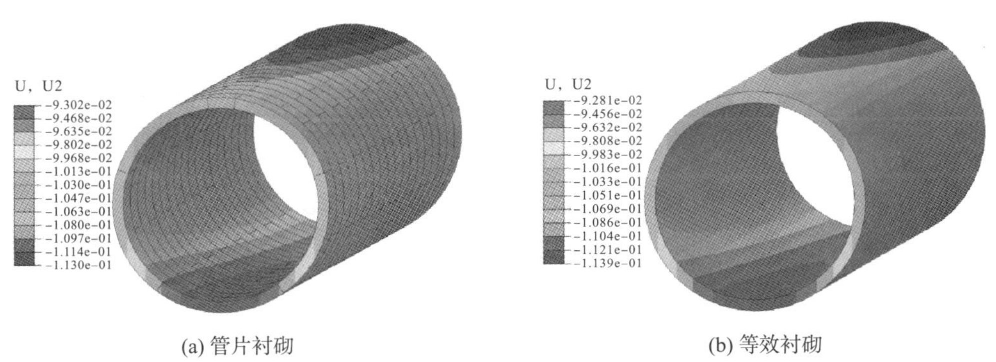

(a) 管片衬砌　　(b) 等效衬砌

图 2-22　渐变荷载下隧道衬砌竖向位移云图(m)

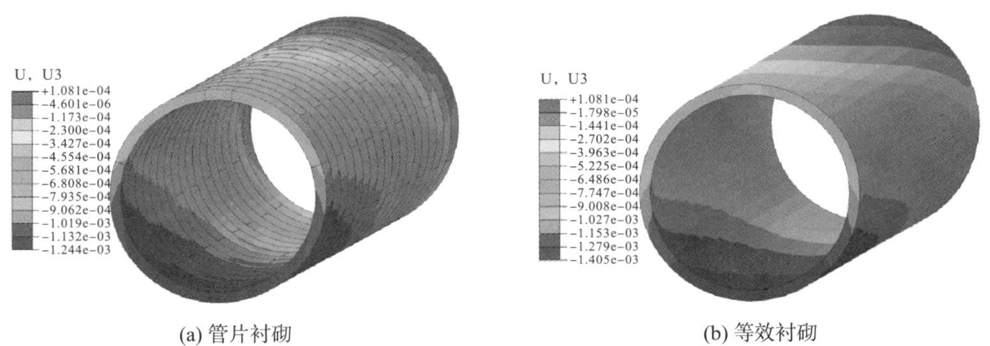

(a) 管片衬砌　　(b) 等效衬砌

图 2-23　渐变荷载下隧道衬砌纵向位移云图(m)

从上述位移云图可以看出，渐变荷载下管片衬砌和等效衬砌的位移值基本一致，且变形规律也基本一致，所以等效试验模型纵向刚度折减系数取 0.65 是合理的。盾构隧道衬砌刚度等效试验结果如表 2-6 所示。

表 2-6 盾构隧道衬砌刚度等效试验结果

计算结果	管片衬砌	等效衬砌
水平位移值/mm	7.999	8.322
	−8.072	−8.333
竖向位移值/mm	−93.02	−92.81
	−113.0	−113.9
纵向位移值/mm	0.108	0.108
	−1.244	−1.405

由表可知，相同荷载下等效衬砌各方向的变形与管片衬砌非常接近。显然，采用正交各向异性材料的刚度折减是有效的。所以本章中等效衬砌的刚度折减(横向刚度折减系数$\eta_h = 0.768$，纵向刚度折减系数$\eta_z = 0.65$)是合理的。在 ABAQUS 中，等效衬砌的混凝土材料正交各向异性参数见表 2-7。

表 2-7 ABAQUS 中等效衬砌混凝土材料输入参数

型号	ρ	v_{12}	v_{13}	v_{23}	E_1	E_2	E_3	G_{12}	G_{13}	G_{23}
C50	2400	0.2	0.2	0.2	2.65e-10	2.65e-10	2.24e-10	1.05e-10	0.88e-10	0.88e-10

注: ρ 的单位为 kg/m^3，E 的单位为 N/m^2。

2.5 管片衬砌精细化和等效刚度模型的应用

以武汉地铁交叉盾构隧道为研究对象，分析列车运行引起的管片衬砌动力响应。空间交叉隧道主要处于粉质黏土层中，计算时等效为均匀地层，其参数见表 2-8。武汉地铁 2、6 号线盾构隧道均采用 C50 钢筋混凝土管片，衬砌环外径 6.0m，内径 5.4m，厚度 0.3m，幅宽 1.5m。管片衬砌环采用“3+2+1”的分块方式，由封顶块、邻接块与标准块构成，其所对应的圆心角分别为 21.5°、68.0°和 67.5°。衬砌接缝处采用 16 个纵向弯螺栓和 12 个环向弯螺栓进行连接，螺栓直径为 27.0mm，密度为 7850.0kg/m^3，泊松比为 0.17。有限元数值模型见图 2-24(彩图见附录)，其中，(a)为整体模型，(b)为空间交叉盾构隧道模型，(c)为局部装配式管片衬砌模型。

整体模型长、宽、高分别为 100.0m、80.0m、60.0m，上下交叉隧道净距 2.0m，上部隧道埋深 7.5m，地层围岩及隧道衬砌均采用实体单元(C3D8R)模拟，见图 2-24(a)。模型上部为自由边界，周边及底部均采用黏弹性人工边界，用连续分布的并联弹簧-阻尼器系统进行模拟。根据文献[85]中公式，其切向与法向的弹簧刚度和阻尼系数经计算分别取值

1.44×10^6kN·m、2.85×10^6kN·m 和 3.64×10^5m/s、7.78×10^5m/s。

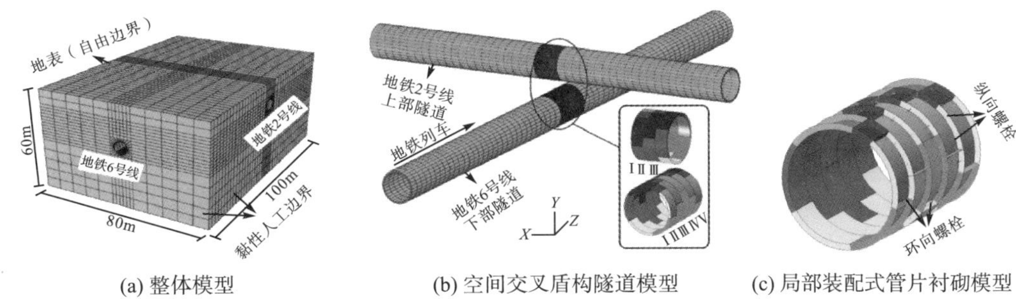

(a) 整体模型　(b) 空间交叉盾构隧道模型　(c) 局部装配式管片衬砌模型

图 2-24　数值模型

在有限元模型中，地层围岩与道床采用摩尔-库仑弹塑性本构关系，管片衬砌混凝土、轨道、钢轨采用弹性本构模型。地层、管片、道床、钢轨等材料的物理参数见表 2-8。

表 2-8　物理力学参数

材料名称	密度/(kg/m^3)	弹性模量/MPa	泊松比	摩擦角/(°)	黏聚力/MPa
地层	1 900.0	50.0	0.35	22.0	0.03
管片	2 500.0	34 500.0	0.20	—	—
道床	2 200.0	19 800.0	0.24	40	1.1
钢轨	7 800.0	210 000.0	0.17	—	—

2.5.1　管片衬砌模拟

本次分析中管片混凝土和接头螺栓两个构件均采用实体单元(C3D8R)模拟，并将螺栓两端分别嵌入到管片混凝土当中以模拟接头。接头螺栓弹性模量为 210.0GPa，抗拉强度为 800.0MPa，并视其为弹性构件。管片衬砌之间设置接触面单元模拟接缝面混凝土之间的相互作用。

管片衬砌与周围地层之间的相互作用也采用接触面单元来模拟。接触面单元的法向接触采用“硬接触”模拟，它可以传递混凝土之间任意大小的接触压力，并允许接触后分离；接触面单元的切向接触采用基于罚函数的库仑摩擦模型模拟，在切向应力达到临界切应力前，不会发生相对滑动，其公式为：$\tau=\mu P$，式中 τ 是临界切应力，μ 是摩擦系数，这里取值为 0.70，P 是法向接触压力。道床与管片衬砌及轨道之间的相互作用采用绑定(tie)约束，以模拟两者的共同受力和变形。

衬砌管片钢筋采用 Truss 单元模拟，通过将钢筋嵌入管片混凝土以模拟钢筋混凝土结构，以邻接块管片构造为例，其钢筋模拟如图 2-25 所示。

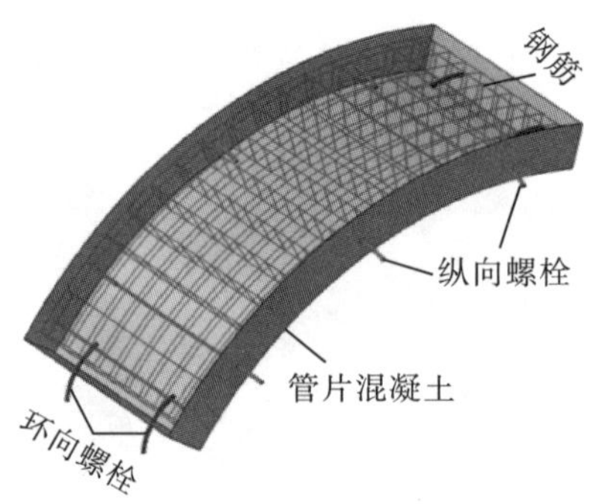

图 2-25 邻接块管片钢筋模拟图

外侧主筋为 8Φ22mm+8Φ18mm，内侧主筋为 16Φ32mm，密度为 7800.0kg/m^3，泊松比为 0.17，弹性模量为 206.0GPa。为反映钢筋加载时的屈服、硬化和软化现象，采用 Esmaeily 和 Xiao 模型[86]，该模型能考虑钢筋的屈服点、硬化起点、应力峰值和极限点，与钢材的材料试验结果吻合良好，其本构关系如下：

$$\sigma=\begin{cases}E_s\varepsilon & (\varepsilon\leqslant\varepsilon_y)\\ f_y & (\varepsilon_y<\varepsilon\leqslant k_1\varepsilon_y)\\ k_3f_y+\dfrac{E_s}{\varepsilon_y(k_2-k_1)^2}(\varepsilon-k_2\varepsilon_y)^2 & (k_1\varepsilon_y<\varepsilon)\end{cases} \tag{2-59}$$

式中，σ、ε 分别为钢筋的应力和应变；E_s 为钢筋弹性模量；f_y、ε_y 分别为钢筋屈服强度和屈服应变，取值为 300.0MPa、0.0015；k_1 为钢筋硬化段起点应变与屈服应变比值，取值 4.0；k_2 为钢筋峰值应变与屈服应变比值，取值 30.0；k_3 为钢筋峰值应力与屈服强度比值，取值 1.4。图 2-26 为 HPB300 钢筋应力-应变曲线。

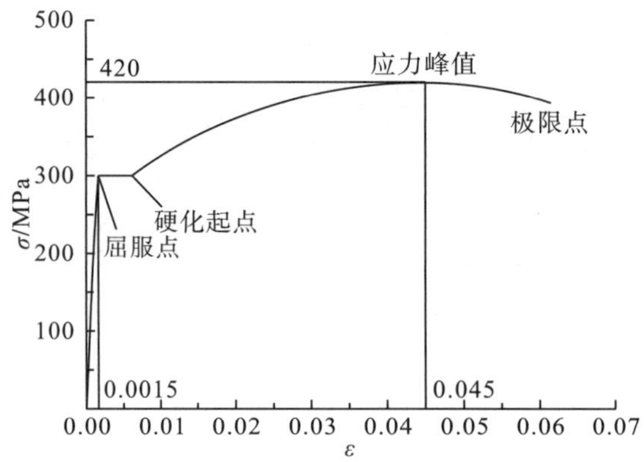

图 2-26 HPB300 钢筋应力-应变曲线

为了不因非线性接缝面太多降低计算效率，只在隧道交叉部位局部进行了装配式管片拼装模拟，其中 2 号线隧道(以下简称 U 隧道)中部设置 3 环管片(Ⅰ～Ⅲ)，6 号线隧道(以下简称 L 隧道)中部设置 5 环管片(Ⅰ～Ⅴ)，见图 2-24(b)。隧道其余管片基于上一节抗弯刚度等效模拟方法，通过折减结构整体的抗弯刚度来近似模拟管片接头效应，或采用下面等效抗弯刚度计算公式进行刚度等效：

$$(EI)_{eq}=\frac{\cos^3\varphi}{\cos\varphi+\left(\dfrac{\pi}{2}+\varphi\right)\sin\varphi}E_sI_s \tag{2-60}$$

$$\varphi+\cot\varphi=\pi\left(0.5+\frac{K_J}{E_sA_s/l_s}\right) \tag{2-61}$$

式中，φ为中性轴与隧道中心水平线的夹角；E_s、A_s分别为衬砌弹性模量及隧道圆环截面面积，$A_s=\pi\left(D^2-d^2\right)/4$，$D$、$d$ 分别为盾构隧道外径和内径；圆环截面惯性矩 $I_s=\dfrac{\pi\left(D^4-d^4\right)}{64}$；螺栓抗拉刚度$K_J=n\times k_j$，$k_j$为单个螺栓的抗拉刚度，$n$为衬砌环间纵向螺栓个数；$l_s$为衬砌环幅宽。经计算，隧道衬砌的等效抗弯刚度取值为$4.3\times10^7\text{kN}\cdot\text{m}^2$。本模型中的阻尼采用动态分析系统中常用的 Rayleigh 阻尼。阻尼矩阵与质量和刚度矩阵呈比例关系，其表达式为

$$[C]=\alpha[M]+\beta[K] \tag{2-62}$$

式中，$[M]$、$[C]$和$[K]$分别为模型的质量矩阵、阻尼矩阵和刚度矩阵；α为质量相关阻尼系数；β为刚度相关阻尼系数。相关待定系数和阻尼比之间的关系满足：

$$\xi_k=\frac{\alpha}{2\omega_k}+\frac{\beta\omega_k}{2}\qquad(k=1,2,3,\cdots,n) \tag{2-63}$$

式中，ξ_k为阻尼比；ω_k为自由频率。通过模型的频率分析，可求出 2 个固有频率 ω_1和 ω_2，假定相应的阻尼比都为常数，即$\xi_1=\xi_2=\xi=0.05$，则可得

$$\alpha=0.05\times\frac{2\omega_1\omega_2}{\omega_1+\omega_2},\quad \beta=0.05\times\frac{2}{\omega_1+\omega_2} \tag{2-64}$$

由频率分析得$\omega_1=5.56\text{rad/s}$，$\omega_2=5.60\text{rad/s}$，从而可求得 α=0.279、β=0.009，根据公式(2-62)Rayleigh 阻尼公式可表示为

$$[C]=0.279[M]+0.009[K] \tag{2-65}$$

武汉地铁 2、6 号线运营列车均为 B 型车，采用 6 节车厢编组，每节车厢长度为 19.0m，轴距为 2.2m，前后转向架间距 12.6m，采用标准轨距 1435mm。列车设计最高速度为 80km/h，这里取列车常时运行速度 72km/h，其振动荷载相对位置分布如图 2-27 所示。

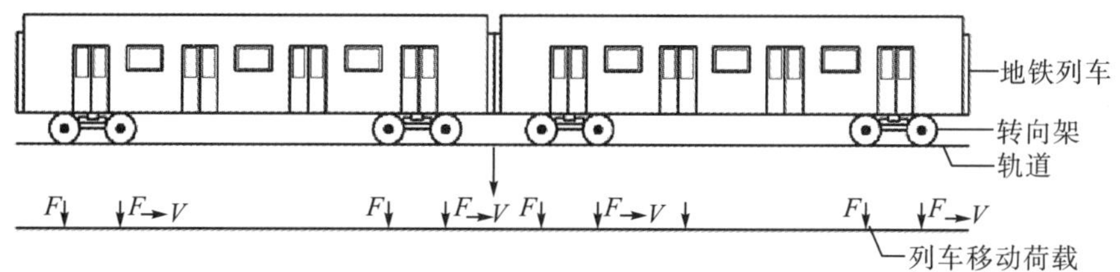

图 2-27　地铁列车移动荷载相对位置示意

研究表明，影响列车荷载的主要因素是轮轨相互作用和动力效应。目前，数值计算中一般采用列车荷载时程拟合公式(2-40)。列车不平顺振动波长和矢高为：$L_1=10.0\text{m}$，$a_1=3.5\text{mm}$；$L_2=2.0\text{m}$，$a_2=0.4\text{mm}$；$L_3=0.5\text{m}$，$a_3=0.08\text{mm}$。图 2-28 为列车振动荷载的时程曲线。

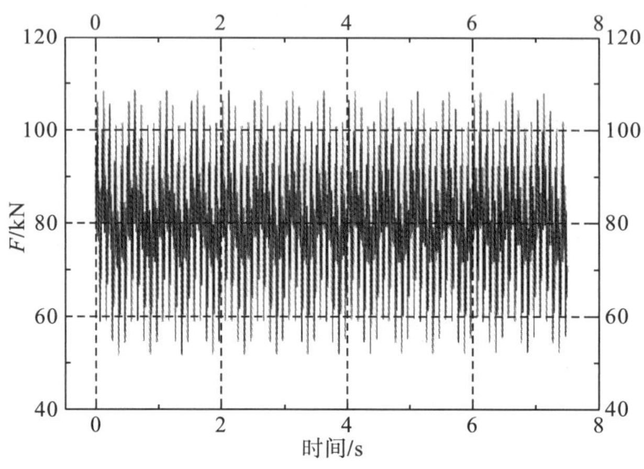

图 2-28　列车振动荷载曲线图(72km/h)

实际情况中，车轨耦合作用产生的列车振动荷载由车轮经轨道传递并扩散至管片衬砌，并且在时间和空间上是连续变化的，为较为真实地表征这一过程，以直接在车轮处施加列车行进速度场，并在轮轴上作用竖向激振力的方式近似模拟列车振动荷载作用。

为揭示列车运行对邻近交叉隧道的影响，避免列车在上下行线同时运行对计算结果的干扰，本次计算只考虑地铁列车在 6 号线(下部隧道)运行。

由于盾构隧道装配式管片衬砌含有大量接缝，是非连续结构，其整体刚度相对较小，结构稳定性较差。当列车通过隧道交叉段时，交叉中心区域管片衬砌的振动响应较大，其受力与变形显著。为方便后续讨论，对隧道管片环和接缝进行编号，见图 2-29(彩图见附录)。沿列车行进方向对交叉段管片环进行编号，其中上部隧道各管片环依次编号为 U-Ⅰ～Ⅲ，下部隧道各管片环依次编号为 L-Ⅰ～Ⅴ。对于每环管片的纵向接缝则自封顶块起沿逆时针方向进行编号①～⑥，如 U-Ⅱ-①表示上部隧道第二环管片的①号纵缝部位。

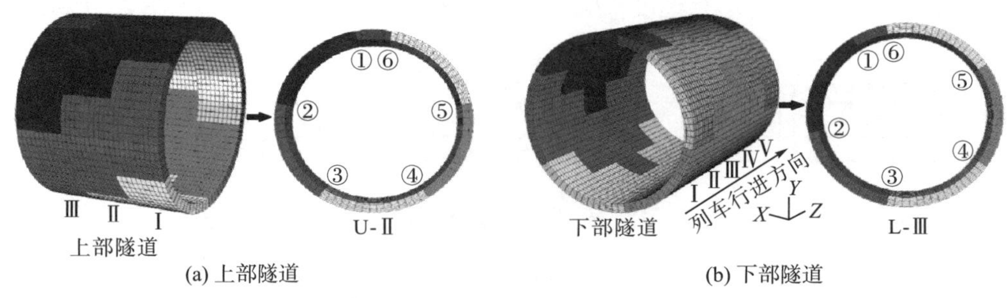

(a) 上部隧道　　(b) 下部隧道

图 2-29　管片环及接头编号示意图

2.5.2　结果分析

通过建立列车-隧道-地层整体分析模型，进行列车振动荷载作用下交叉隧道动力响应研究。为揭示列车荷载对运行所在隧道及其邻近交叉隧道的影响，仅考虑列车在下部隧道运行的情况，并从管片衬砌动力响应时程、管片内力分布、接缝变形响应、螺栓及钢筋受力等方面进行分析。

2.5.2.1　管片衬砌动力响应时程

运行过程中列车荷载主要引起隧道衬砌的竖向振动，其动力响应特性可由竖向加速度、速度、位移等指标反映。现分别提取交叉隧道 U-Ⅱ、L-Ⅲ管片环拱底纵向中央内表面点的竖向加速度、速度、位移值时程反应曲线进行分析，如图 2-30、图 2-31 所示。

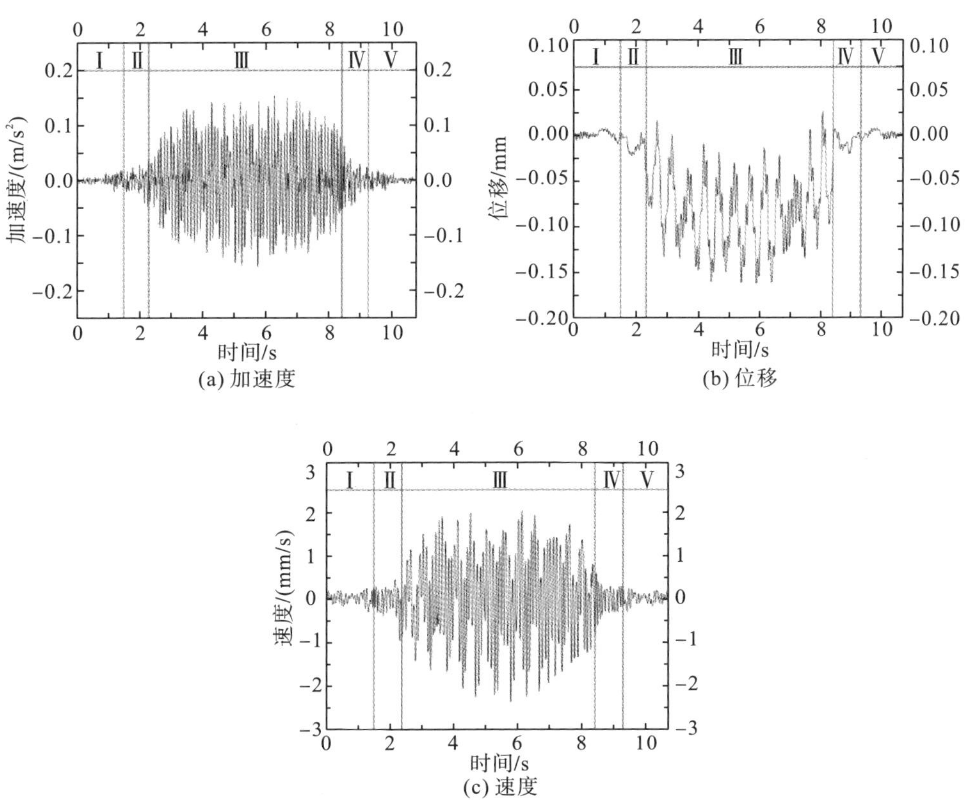

(a) 加速度　(b) 位移　(c) 速度

图 2-30　隧道 U-Ⅱ断面拱底中点动力响应时程曲线

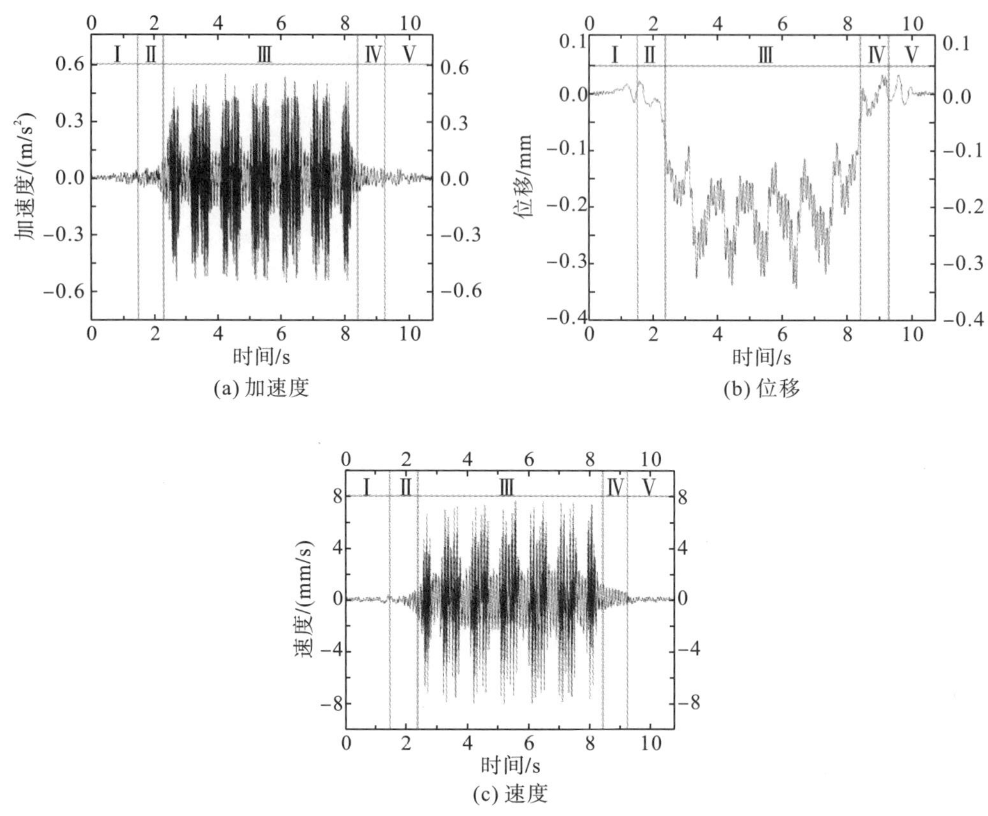

(a) 加速度

(b) 位移

(c) 速度

图 2-31 隧道 L-III断面拱底中点动力响应时程曲线

图 2-30、图 2-31 为交叉隧道管片衬砌的动力响应时程曲线。由图可知其振动响应分 5 个阶段且与列车运行过程密切相关。忽略车厢间的连接长度，列车完全通过 L 隧道需要 10.7s，根据列车在隧道内所处位置及其引起的管片衬砌的振动响应可划分为 5 个阶段（Ⅰ～Ⅴ）。

其中，Ⅰ为接近段(close period)，列车运行时间范围为(0, 1.5s)，在此期间加速度、速度的数值趋于 0，变化较小；位移值在 0 附近波动，有向负方向逐渐增加的趋势。Ⅱ为上升段(rising period)，运行时间范围为(1.5s, 2.3s)，加速度、速度及位移值均开始逐渐增大，波动幅度较为明显。Ⅲ为稳定段(stable period)，列车到达并通过交叉管片衬砌运行时间为(2.3s, 8.4s)，在此期间加速度及速度值变化幅度较大并在持续波动中形成相对稳定的状态；位移逐渐增加到最大，并在一定范围内波动。Ⅳ为下降段(declining period)，在(8.4s, 9.2s)的时间内列车继续行进逐渐远离交叉区域，加速度、速度及位移值逐渐减小，波动幅度也变小。Ⅴ为远离段(leaving period)，随列车进一步远离交叉区域，加速度、速度及位移值再次减小并趋于 0。

上述分析表明交叉隧道管片衬砌的动力响应与列车行驶相对位置密切相关，但上部隧道所受振动影响相对较小。另外从Ⅲ阶段看，由于车厢连接处前后两组转向架分布较近，运行中列车荷载产生的振动响应更显著。下部隧道由于受列车荷载直接作用，其加速度、速度、位移数值波动变化显著，但其最大值均低于振动控制的结构安全标准值。

2.5.2.2　交叉段管片衬砌内力

图2-32(彩图见附录)为列车运行至5.4s时交叉隧道管片衬砌的环向应力云图。由图2-32可知，U-Ⅱ、L-Ⅲ管片环应力状态一致，其中拱顶和拱底处内侧分布拉应力，外侧受压应力作用，而两侧拱腰处则内侧分布压应力，外侧受拉应力作用。L-Ⅲ管片环应力响应值较大，最大拉、压应力发生在内侧拱底、拱腰位置。

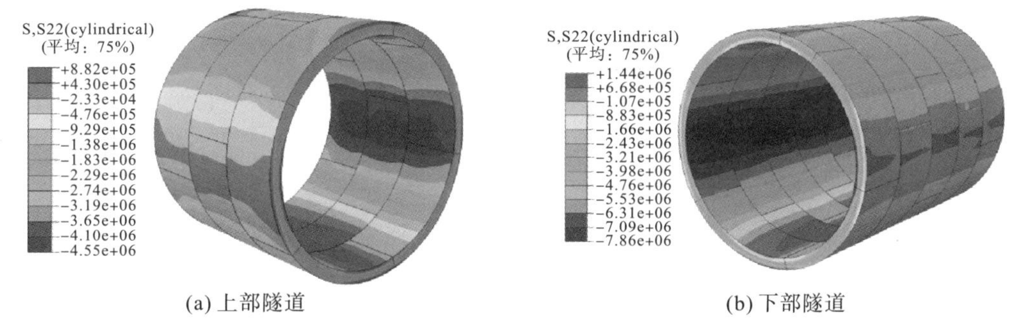

(a) 上部隧道　(b) 下部隧道

图2-32　交叉隧道衬砌环向应力云图(Pa)

假定管片衬砌处于弹性阶段，且变形符合平面应变假定。根据材料力学，对管片应力分布向截面中心位置进行积分，即可得到管片横截面的轴力及弯矩，内力计算公式如下：

$$N=\frac{1}{2}\left(\sigma_{\theta1}+\sigma_{\theta2}\right)S \tag{2-66}$$

$$M=\frac{1}{2}\left(\sigma_{\theta1}-\sigma_{\theta2}\right)\times\frac{I}{y} \tag{2-67}$$

式中，$\sigma_{\theta1}$、$\sigma_{\theta2}$分别为管片截面内外侧的环向应力；S为管片截面面积；I为管片截面关于隧道轴向(Z轴)的惯性矩；y为截面内外缘距截面形心的距离。为研究管片接头对内力分布形态的影响，这里对有无接头建模两种情况下(均质圆环等效刚度模型和装配式管片衬砌模型)交叉隧道的附加内力响应进行分析。以隧道拱顶截面起，沿顺时针方向，每9°取一截面提取其管片内力。

图2-33、图2-34为静力荷载作用下考虑接头与否对交叉隧道管片内力分布的影响，静力荷载包括垂直和水平土压力、水压力、衬砌自重、地基抗力等，其中上部隧道竖向荷载按实际覆土厚度考虑，下部隧道按太沙基竖向土压力公式计算，土体侧压力系数为0.42，地层弹性抗力系数为25MN/m^3。

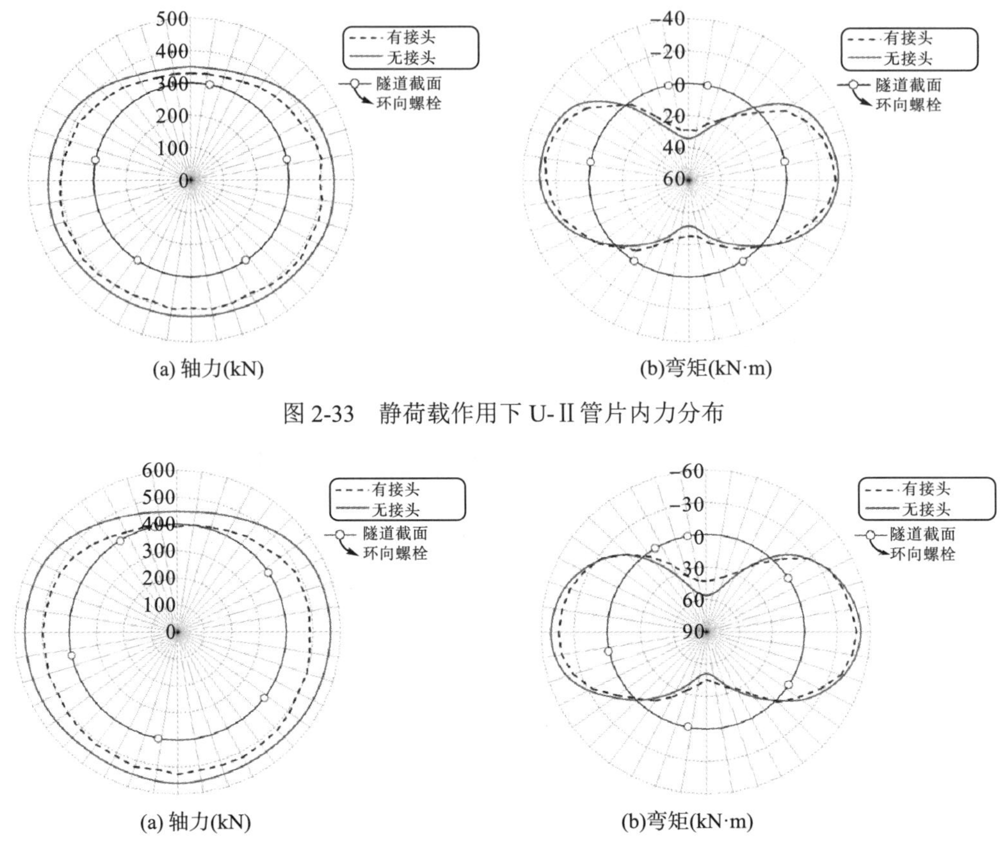

图 2-33　静荷载作用下 U-Ⅱ管片内力分布

图 2-34　静荷载作用下 L-Ⅲ管片内力分布

由图 2-33、图 2-34 可知，静力荷载作用下交叉隧道管片衬砌内力分布状态大致相同。管片所受轴力均为压力，隧道衬砌处于受压状态；隧道拱顶、拱底处受正弯矩作用，而两侧拱腰受负弯矩作用。下部隧道由于埋深较大，其管片内力值大于上部隧道。通过对比静力荷载作用下无接头衬砌受力情况，考虑接头时管片衬砌内力整体相对较小。这表明由于管片纵缝及环向螺栓的存在，管片整体刚度相对较小。地铁运营阶段，列车振动荷载将引起管片衬砌出现附加的内力。图 2-35、图 2-36 为列车动载引起的管片附加弯矩及轴力峰值雷达图。

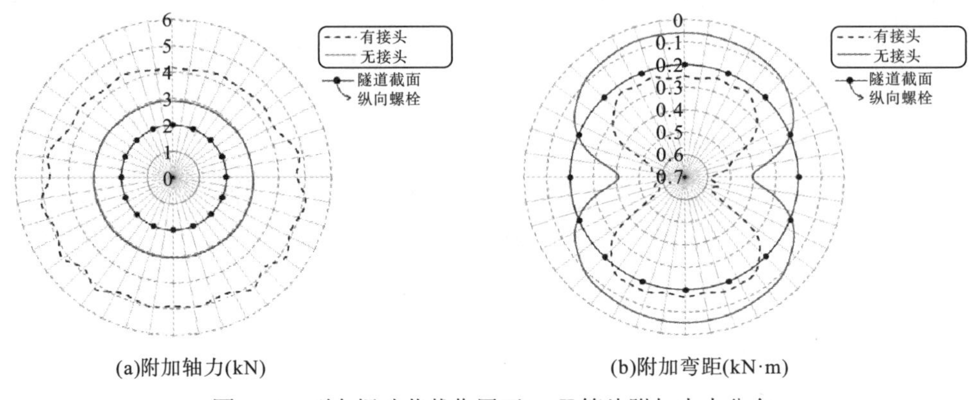

图 2-35　列车振动荷载作用下 U-Ⅱ管片附加内力分布

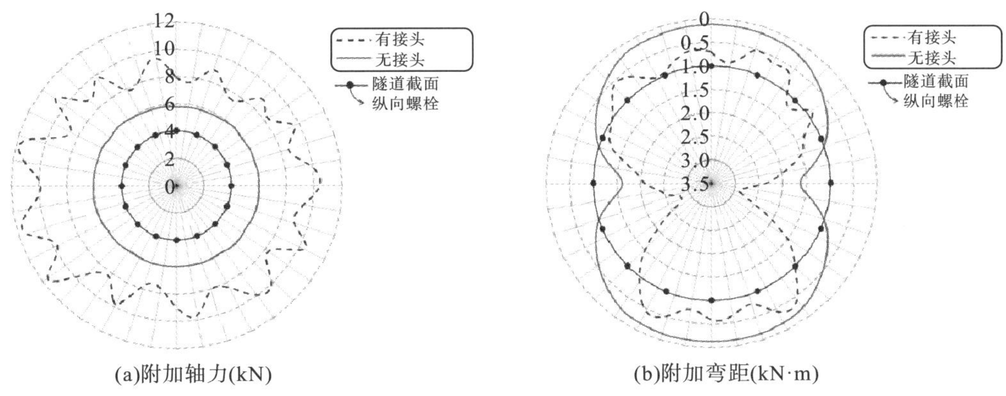

(a)附加轴力(kN)　(b)附加弯距(kN·m)

图 2-36　列车振动荷载作用下 L-Ⅲ管片附加内力分布

由图 2-35、图 2-36 可以看出，由列车振动荷载引起的交叉隧道管片衬砌内力分布形态趋势基本一致。U-Ⅱ管片环内力对称分布，动力响应较小，而 L-Ⅲ管片环因为受到列车振动荷载直接作用，故其附加内力相对显著。由是否考虑接头时的管片附加内力分布对比可知：考虑接头时，管片环不同位置轴力、弯矩差异明显，且内力变化较大截面与纵缝和纵向螺栓的位置有直接关系；不考虑接头时，管片环整体轴力、弯矩分布曲线较为平缓。同时从数值上看，考虑接头模拟时管片环的内力响应明显大于无接头情况，为后者的 2～3 倍。上述分析说明，考虑衬砌接头时，隧道整体刚度相对较小，受接缝及连接螺栓位置的影响，衬砌内力的分布差异较大。因而在今后盾构隧道的数值分析中，应当充分考虑衬砌结构的接头效应。

2.5.2.3　交叉段管片衬砌接缝面张开与错台

下部隧道由于埋深大且受列车动载直接作用，其管片接头部位的变形响应更明显。为分析列车动荷载作用下下部隧道衬砌接头的张开与错动变形响应，以 L-Ⅲ-③接头为对象进行分析。图 2-37(彩图见附录)为下部隧道竖向位移及接头变形图。

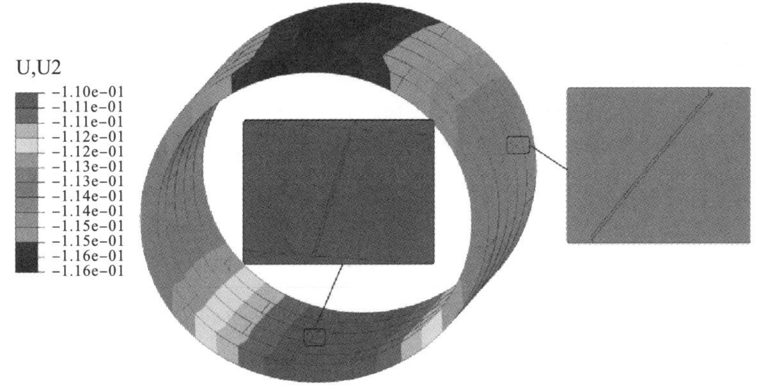

图 2-37　L 隧道竖向位移及接头变形图(单位：m)

由图 2-37 可知，下部隧道衬砌主要发生横截面变形，且呈椭圆形变化趋势。管片接头部位变形较大，其中拱顶与拱底处接头呈向内张开趋势，拱腰处接头有向外张开趋势，并伴有一定的错台发生。

首先对 L-Ⅲ-③接头部位的管片混凝土面接触状态进行分析，其接头接触状态见图2-38(彩图见附录)。在图 2-38 中，靠近隧道内侧区域为打开状态(open)，接触对(contact pairs)分离，接缝(segment joints)张开；靠近隧道外侧区域为闭合状态(sticking)，接触对黏结，接缝紧闭；中间区域为滑移状态(slipping)，接触对存在分离错动趋势，接缝相对变形处于发展当中。

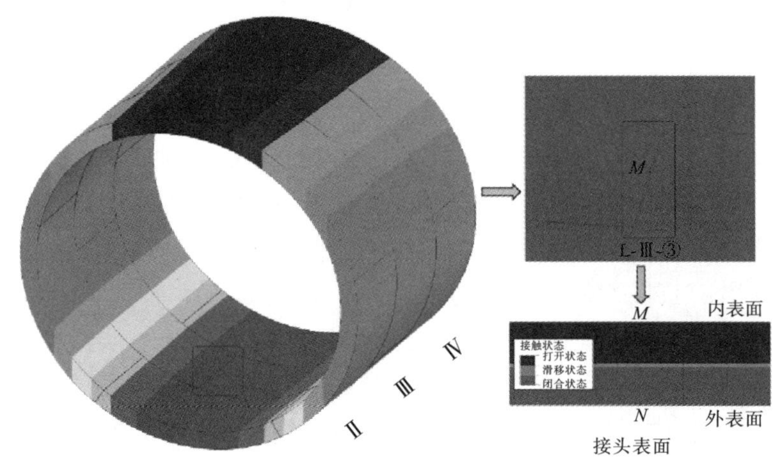

图 2-38 L-Ⅲ-③接缝面接触状态

根据上述分析已知管片衬砌在列车运行Ⅲ阶段振动响应显著，因此，为研究接头变形响应，分别选取Ⅲ-③接缝面中线上内、外缘各一点为控制点 M、N(图 2-38)，进行其张开与错动变形的时程分析，见图 2-39。

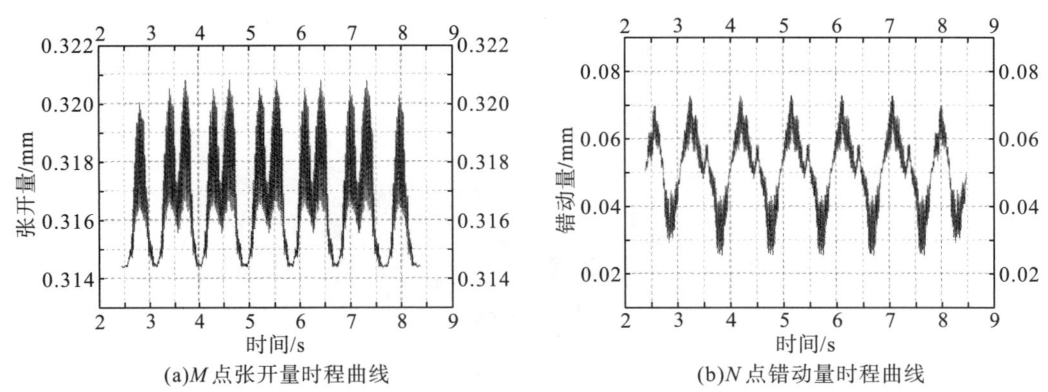

图 2-39 接头位置点变形时程分析

由图 2-39 可知，M 点初始张开量约为 0.314mm，运行过程中在列车振动荷载作用下其张开量发生波动并逐步增长，最大达到 0.321mm，相比初始状态增加 0.007mm，涨幅不大。从列车的行驶过程分析：III-③接头的张开变形量在运行初期变化较小，随列车行进，当第一组转向架到达该环管片时，接头张开量迅速增大，转向架离开后其张开量又逐渐减小至初始值，直至下一组转向架到达。车厢连接处距离较近的两组转向架引起的接头张开效应出现局部叠加。

N 点初始错动量为 0.053mm。由于接头的存在，运行过程中接缝处相邻两管片振动响应不一致，产生相对错动变形。接头的错动变形响应同样与列车行驶位置变化有关，随列车行进产生相应变化。由此可知，运行过程中列车荷载产生的行驶效应对管片衬砌接头的张开和错动变形有一定影响。

根据上述分析，以运行过程中衬砌接头的最大变形量作为分析指标，对交叉隧道 U-Ⅱ、L-III管片环的各接头变形响应进行对比研究。图 2-40(a)、(b)分别为交叉隧道衬砌接头变形的最大张开量、错动量统计柱状图，为方便观察，上部隧道 U-Ⅱ所在中间截面逆时针旋转了 90°。

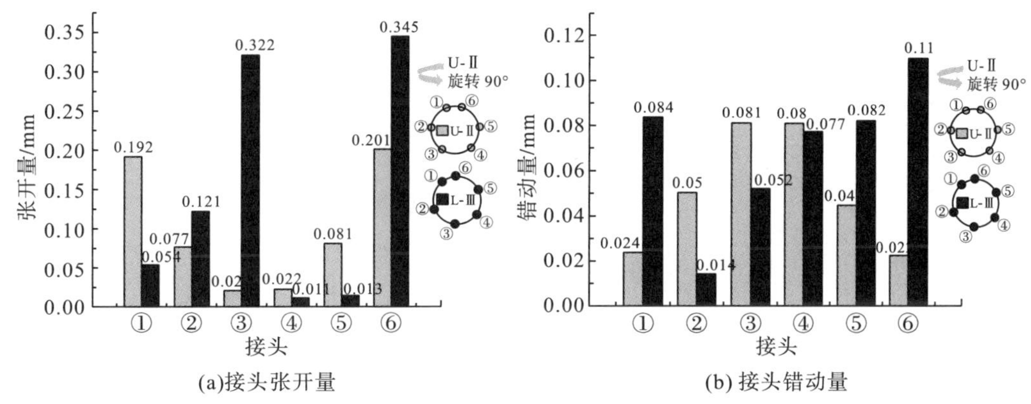

图 2-40　管片接头变形最大值

由图 2-40 可知，U-Ⅱ管片接头张开量由拱顶至拱底逐渐减小且对称分布，拱顶接头张开量最大，约为 0.20mm。而 L-III管片接头变形响应差异较大，其中拱顶及拱底位置接头张开显著，最大张开量达 0.345mm。从接头错动变形看，U-Ⅱ管片接头错动量自拱顶至拱底逐渐增大，最大错动量为 0.081mm。L-III管片接头错动变形相对较大，最大错动量发生在拱顶III-⑥位置。

由上可知，列车运行中 L-III管片接头的张开与错动变形响应相对明显，且各接头变形量并不均匀，差异较大。这表明除荷载因素外，装配式衬砌错缝拼装时由管片接头非对称分布而造成的环向刚度差异对接头部位的变形也有影响。因此进行数值分析时，需要详细考虑管片衬砌接头的分布位置。

2.5.2.4 管片衬砌接头螺栓与钢筋受力

列车荷载作用下管片衬砌受力变形，其内部钢筋与接缝面接头螺栓也随之发生响应，但不同位置的钢筋和螺栓的动力响应也存在差异。为便于分析，对接头螺栓进行编号，根据其所在位置接头位置依次标记为 B-Ⅱ-①～⑥、B-Ⅲ-①～⑥。如 B-Ⅱ-①表示上部隧道第二环管片第一接头位置连接螺栓。

图 2-41（彩图见附录）为交叉隧道管片衬砌环在列车运行第 5.4s 时的钢筋应力云图。从图 2-41 可知，交叉隧道 U-Ⅱ、L-Ⅲ环管片钢筋应力分布状态基本一致，与隧道变形相关，管片变形较大处钢筋应力响应也较大。其中，拱腰处内侧主筋受力最大，拱顶、拱底位置则外侧主筋受力明显。L-Ⅲ环管片钢筋应力响应值大于 U-Ⅱ环，其最大值分别为 59.1MPa、34.7MPa，相差约 70%，较为明显，但未超过钢筋屈服强度，钢筋受力变形未进入屈服阶段。这表明列车运行过程中管片内置钢筋与混凝土协调变形、共同受力，钢筋受列车振动影响不大。

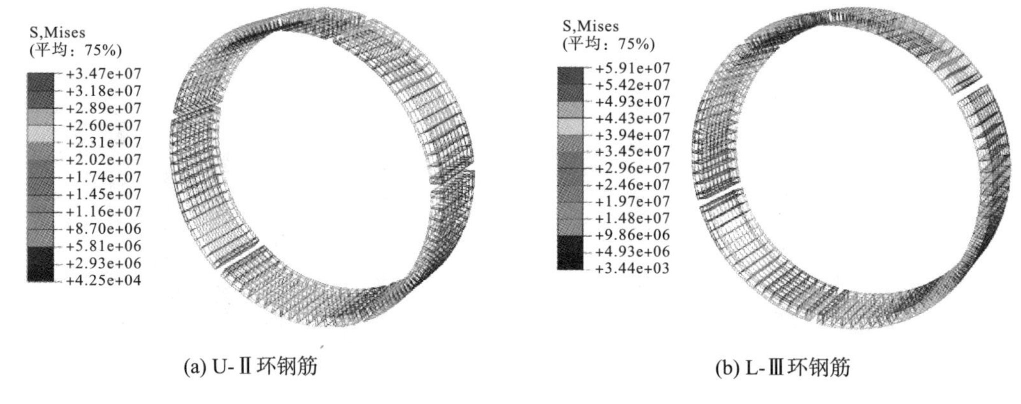

(a) U-Ⅱ环钢筋　　(b) L-Ⅲ环钢筋

图 2-41　管片衬砌环钢筋应力云图（Pa）

运行中列车振动产生的接头张开和错动变形也会对螺栓产生附加内力。因此，以每颗螺栓的中截面为分析截面，提取 U-Ⅱ、L-Ⅲ管片环各螺栓的附加主应力和内力进行振动响应分析，见图 2-42、图 2-43。图中各接头螺栓内力指每环接缝面环向两颗螺栓截面内力的平均值。

图 2-42（彩图见附录）为运行过程中交叉隧道接头螺栓的附加主应力响应时程曲线。从图 2-42 可知，下部隧道接头螺栓的主应力响应较明显且符合列车振动荷载作用产生的波动变化趋势，而上部隧道螺栓的应力变化则相对不明显。这是因为列车运行所在下部隧道由于受列车荷载直接作用，所以其振动响应显著，由于振动波在岩体中传播，能量耗散后到达上部邻近交叉隧道，其引起的振动响应相对较小。由图 2-43 可知，结合前述接头变形响应分析可知，各接头螺栓内力的变化与其所在位置管片接头的变形响应有关，接头张开与错动变形较大处，附加轴力、剪力同样较大。其中，L-Ⅲ管片接头螺栓最大附加轴力、

剪力值分别为 5.24kN、3.42kN，出现在变形较大的拱顶位置。

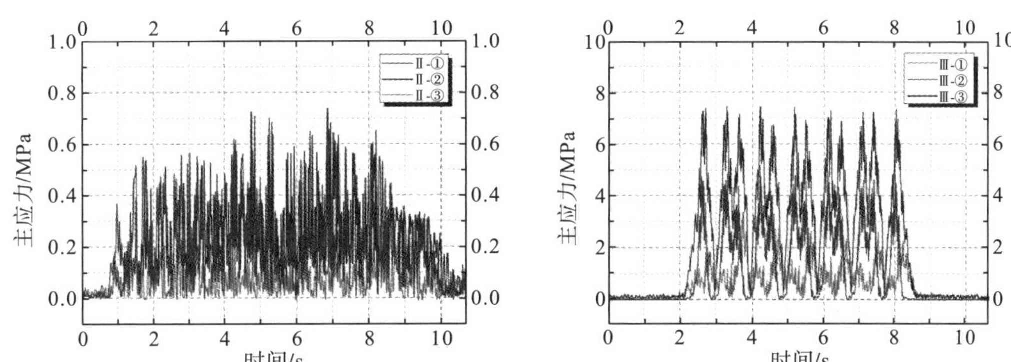

(a) U-Ⅱ　(b) L-Ⅲ

图 2-42　螺栓附加主应力响应

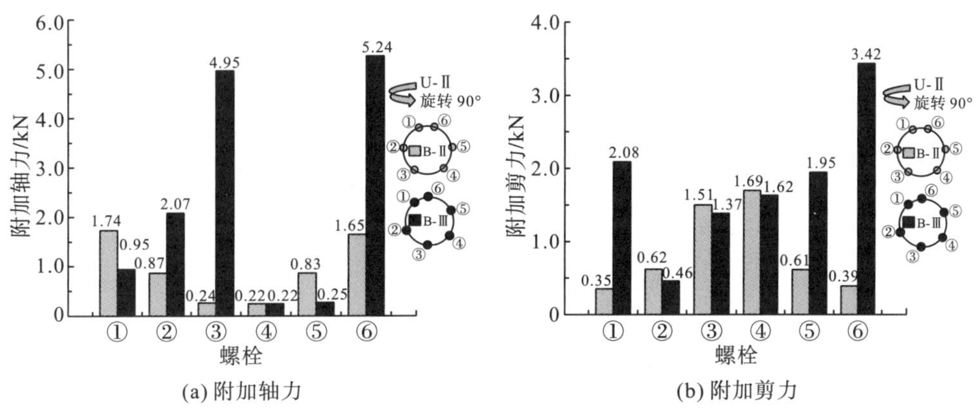

(a) 附加轴力　(b) 附加剪力

图 2-43　典型螺栓附加内力最大值

2.6　本章小结

本章介绍了有关动力学分析的基本理论与分析方法，对管片衬砌精细化模拟方法进行了理论分析，并建立了有关管片衬砌的等效刚度模型，通过模拟盾构隧道装配式衬砌的接头力学性能和建立列车荷载-隧道-地层耦合作用模型，对地铁列车振动荷载作用下的管片衬砌动力响应特性进行了研究，得到以下结论：

(1) 详细给出了直接积分法中的中心差分法、Wilson-θ 积分法、Newmark 积分法的原理和计算步骤。最后介绍了动力学分析中材料的阻尼以及时间步长的选取，并对动力学边界条件进行了设置，为下文的数值模拟提供依据。

(2) 列车振动荷载作用下盾构隧道动力分析时，需要建立重点区域盾构隧道管片衬砌的精细化模拟模型，同时为了提高计算效率，对非重点区域位置可以采用等效刚度模拟。提出并建立了盾构隧道精细化构件模拟模型，该模型将管片接头视为由衬砌混凝土和接头螺栓两个构件构成，分别建立这两个构件的数值模型来模拟衬砌混凝土的接触效应和螺栓的连接效应。现实工程中，管片接头的抗拉能力由螺栓承担，抗压和抗剪能力主要由衬砌混凝土承担；接头抗弯则由衬砌混凝土和螺栓共同决定，因此，这种构件模拟方法具有较好的合理性。

(3) 针对盾构隧道衬砌刚度等效模拟问题，提出了采用正交各向异性混凝土材料的刚度等效试验原理。采用 ABAQUS 软件中的“工程常数”表征混凝土的正交各向异性，并基于修正惯用法根据衬砌横、纵向刚度折减系数推导出了相应的材料参数。并且基于地层-结构法建立管片拼装衬砌和等效圆环衬砌模型，在一定埋深下和错缝拼装条件下进行数值加载试验(分别以竖向变形收敛值和衬砌纵向变形值作为评价指标)，不断优化刚度折减系数，得到了考虑整体性能的横向刚度折减系数为 0.768，纵向刚度折减系数为 0.65。

(4) 交叉隧道管片衬砌的动力响应受列车运行过程中振动荷载时空变化的影响，列车振动行驶效应表现为接近段、上升段、稳定段、下降段、远离段等五个阶段。从数值上看，列车行驶所在隧道振动响应显著，而邻近交叉隧道受影响较小。由于地铁列车车厢连接处前后两组转向架分布较近，两组转向架列车振动荷载对结构将产生明显的振动叠加效应。

(5) 与不考虑接头的均质圆环等效刚度盾构隧道模型相比，考虑接头影响的装配式管片衬砌环盾构隧道模型获得的列车振动荷载下衬砌附加内力响应更加显著，且管片衬砌纵缝与纵向螺栓位置对其内力分布有直接影响，这与静力荷载分析时，接头存在对其内力分布和量值影响不大有明显区别，因此，开展盾构隧道振动动力学分析应尽量考虑衬砌结构的接头效应。

(6) 管片衬砌环接头处发生张开与错动变形，拱顶、拱底接头呈向内部张开趋势，拱腰接头呈向外张开趋势，其变形响应与列车行驶过程中荷载的时空变化有关。装配式管片衬砌在错缝拼装时因管片接头非对称分布，会因环向刚度差异对接头的变形响应带来一定影响。

(7) 地铁列车振动荷载作用下，管片衬砌内钢筋与管片混凝土协调受力，钢筋应力较小，一般不会进入屈服阶段。接头螺栓的内力响应与其所在位置接头的变形响应有关，接头张开与错动变形较大处，螺栓内力也较大。

第3章　基于振动荷载列车行驶效应的盾构隧道动力响应

本章阐述了动力响应相关的分析方法和基本方程，讲述了列车振动荷载产生机理及其拟合计算方式，并分析了空间交叉隧道和结构交叉盾构隧道在不同隧道净距、不同围岩级别、不同运营速度等组合工况下，列车振动荷载作用对隧道的影响。主要分析了隧道的应力、加速度、速度等多个特性，考虑了列车在隧道内运行时振动荷载的空间变化和时间变化，分析了列车行驶效应下隧道结构主要部位的动力响应，并对多种工况下隧道的力学特性进行了对比分析。

3.1　动力响应分析方法

在实际工程测量中，所得到的试验数据基本都是连续性变化的动态信号，可以将这些信号分为以下四类：随机信号、非周期性信号、准周期性信号和周期性信号。而对于列车振动所产生的复杂的周围性振动数据而言，单一地对其进行时域上的分析不能够完全描述其结构的动态响应特征，因此有必要进一步从频域上进行分析。

3.1.1　傅里叶变换法

傅里叶变换是工程实际中常用的频谱分析手段，通过傅里叶变换后的结果是由实部和虚部组成的傅氏谱。其中傅里叶变换可以分为连续傅里叶变换和离散傅里叶变换，实际工程所得到的结构振动响应数据都是离散的，所以一般分析都采用离散傅里叶变换（discrete Fourier transformation，DFT）及其快速算法（fast Fourier transfarmation，FFT）。并且使用快速傅里叶变换（FFT）进行分析时所采集结构振动信号的采用频率应为振动本身所需采样频率的两倍以上。其中傅里叶变换的形式有很多种。以下介绍两种傅里叶变换形式：

（1）傅里叶级数的表达式：

$$\begin{aligned} x(t) &= \frac{a_0}{2} + \sum_{n=1}^{\infty}[a_n \cos(2\pi n f_1 t) + b_n \sin(2\pi n f_1 t)] \\ &= \frac{x_0}{2} + \sum_{n=1} x_n \sin(2\pi n f_1 t + \theta_n) \end{aligned} \tag{3-1}$$

式中，$f_1 = \dfrac{1}{T}$ 为基频；$x_n = \sqrt{a_n^2 + b_n^2}$；$\theta_n = \arctan\left(\dfrac{b_n}{a_n}\right)$。而对于傅里叶系数 a_n 和 b_n，则分

别有

$$a_n = \frac{2}{T}\int_0^T X(t)\cos 2\pi f_1 t\mathrm{d}t\text{，}\quad b_n = \frac{2}{T}\int_0^T X(t)\sin 2\pi f_1 t\mathrm{d}t \tag{3-2}$$

(2)离散傅里叶变化表达式：

$$x(t) = \frac{a_0}{2} + \sum_{n=1}^{\frac{N}{2}} a_n \cos 2\pi n f_1 t + \sum_{n=1}^{\frac{N}{2}-1} b_n \sin 2\pi n f_1 t \tag{3-3}$$

在点 $t = k\Delta t$ 时，则有

$$x(k\Delta t) = \frac{a_0}{2} + \sum_{n=1}^{\frac{N}{2}} a_n \cos\frac{2\pi kn}{N} + \sum_{n=1}^{\frac{N}{2}-1} b_n \sin\frac{2\pi kn}{N} \tag{3-4}$$

其中，$a_n = \frac{2}{N}\sum_{k=0}^{N-1} x_k \cos\frac{2\pi kn}{N}$；$b_n = \frac{2}{N}\sum_{k=0}^{N-1} x_k \cos\frac{2\pi kn}{N}$。

3.1.2 频响函数法

列车运行引发的振动荷载一般来说属于小振幅荷载，且盾构隧道衬砌及围岩在列车振动荷载的作用下一般仅发生弹性形变。基于此，可以采用频响函数(FRF)对列车振动荷载动力响应的情况进行分析，以考察隧道和围岩在不同频率的激振荷载作用下的动力响应特征。FRF是傅里叶变换后的输出信号和输入信号的比值，具体到这里就是结构的加速度响应与所施加的激振力的比值，如下式[87]：

$$\mathrm{FRF}(\omega) = \frac{R(\omega)}{F(\omega)} \tag{3-5}$$

式中，$R(\omega)$为加速度响应；$F(\omega)$为激振力。

列车振动荷载具有随机性，同时也有噪声和干扰的存在，考虑到这些因素，当$R(\omega)$信号中的噪声较其他干扰因素相对偏大时，可以采用如下的第一估算式[87]：

$$\mathrm{FRF}_1(\omega) = \frac{S_{FA}(\omega)}{S_{FF}(\omega)} \tag{3-6}$$

其中，

$$S_{FA}(\omega) = \frac{1}{N_S^2}\left(\sum_{n=0}^{N_S-1} F(t)_n \mathrm{e}^{-\frac{2\pi imn}{N_S}}\right)\left(\sum_{n=0}^{N_S-1} A(t)_n \mathrm{e}^{-\frac{2\pi imn}{N_S}}\right) \tag{3-7}$$

$$S_{FF}(\omega) = \frac{1}{N_S^2}\left(\sum_{n=0}^{N_S-1} F(t)_n \mathrm{e}^{-\frac{2\pi imn}{N_S}}\right)^2 \tag{3-8}$$

式中，$S_{FA}(\omega)$为激振力和加速度的互谱密度；$S_{FF}(\omega)$为激振力功率谱密度；$m = 1,2,\cdots,N_S - 1$。

当$F(\omega)$信号中噪声较其他干扰因素相对偏大时，可以采用如下的第二估算式[87]：

$$\mathrm{FRF}_2(\omega) = \frac{S_{AA}(\omega)}{S_{AF}(\omega)} \tag{3-9}$$

其中，

$$S_{AF}(\omega)=\frac{1}{N_S^2}(\sum_{n=0}^{N_S-1}F(t)_n \mathrm{e}^{\frac{2\pi imn}{N_S}})(\sum_{n=0}^{N_S-1}A(t)_n \mathrm{e}^{\frac{2\pi imn}{N_S}}) \tag{3-10}$$

$$S_{AA}(\omega)=\frac{1}{N_S^2}(\sum_{n=0}^{N_S-1}A(t)_n \mathrm{e}^{\frac{2\pi imn}{N_S}})^2 \tag{3-11}$$

式中，$S_{AA}(\omega)$为加速度功率谱密度；$S_{AF}(\omega)$为加速度和激振力的互谱密度。

3.1.3　三分之一倍频程分析

倍频程是指将一个离散的振动响应谱转化为多个频段，然后分别计算每频段范围内的幅值的平均幅值。将下限频率记为f_1，上限频率记为f_2，则有频宽为

$$\Delta f=f_1-f_2 \tag{3-12}$$

而三分之一倍频段为倍频程的一种，在频带内存在中心频域，记为f_0，根据经验三分之一倍频程的中心频率一般为：1Hz，1.25Hz，1.6Hz，…。三分之一倍频程的上下限与中心频程之间存在关系：

$$\frac{f_2}{f_1}=2^{\frac{1}{3}},\quad \frac{f_2}{f_0}=2^{\frac{1}{3}},\quad \frac{f_0}{f_1}=2^{\frac{1}{3}} \tag{3-13}$$

因此三分之一倍频程法具有频带宽、谱线少的特点，其主要是用于分析振动响应信号在各个频段上的分布特征。

在国际上其大小常采用振动加速度级来描述振动的强度，单位为 dB，表达式为[88]

$$\mathrm{VAL}=20\lg\left(a_{rms}/a_0\right) \tag{3-14}$$

$$a_{rms}=\sqrt{\frac{1}{N}\sum_{i=1}^{n}x_i^2(f)} \tag{3-15}$$

其中，a_0为基准加速度，通常取$10^{-6}\mathrm{m/s^2}$；a_{rms}为振动有效值；N为第i个频段内的频率个数；$x_i(f)$为第i个频段内的功率谱密度。

3.1.4　传递率函数

对振动的传递过程，在信号源处输入F_1的激振力，结构 1 产生动力响应R_1，结构 1 和相邻结构 2 之间产生作用力F_2，进一步引起结构 2 产生动力响应R_2，以此类推，如图 3-1 所示[89,90]。

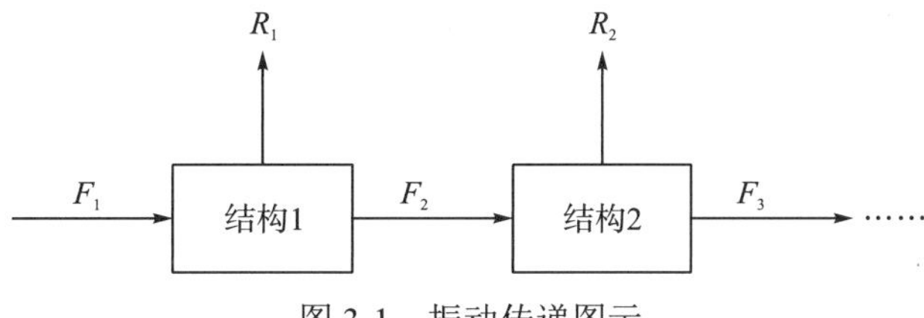

图 3-1　振动传递图示

对于列车经过上隧道的空间交叉盾构隧道结构，扣件系统将激振力传递给仰拱结构，仰拱再将动力响应传递给上隧道，上隧道传递给周围土体，土体传递给下隧道。该系统中，任意结构 i 到结构 j 间的动力响应传递率函数为[90]

$$I_{ij}(\omega)=\frac{R_j(\omega)}{R_i(\omega)} \tag{3-16}$$

3.1.5 动力系数

为了反映隧道结构在列车振动作用下的响应，设计时常采用动力系数来考虑动载对结构的影响。当动力系数在有充分依据的条件下，可按照在静态下结构所受的荷载乘以一个大于 1.0 的动力系数来反映结构的这种放大效应。

基于振动力学理论，一个结构的动力系数 $(1+\mu)$ 可以按照下列公式进行计算：

$$1+\mu=\frac{\varepsilon_{d\max}}{\varepsilon_j}=\frac{\sigma_{d\max}}{\sigma_j} \tag{3-17}$$

式中，$\varepsilon_{d\max}$ 为动应变峰值；ε_j 为静态应变；$\sigma_{d\max}$ 为动应力峰值；σ_j 为静态应力。

3.2 列车振动荷载

3.2.1 列车振动荷载取值

列车荷载是通过钢轨传递到枕木再传递下去的，因此，通常可采用前述的一激振力函数来表达由列车振动所产生的竖向激振荷载(相关公式见第 2 章 2.2 节)。国内外所研制的高速列车轴重一般在 16～17t 之间，本章取列车轴重为 17t，簧下质量 M_0=750kg。另外根据高速铁路隧道的运行标准，对应于三种控制条件(表 2-1)下的不平顺振动波长和矢高分别取为：$L_1=10.0\text{m}$，$a_1=3.5\text{mm}$；$L_2=2.0\text{m}$，$a_2=0.4\text{mm}$；$L_3=0.5\text{m}$，$a_3=0.08\text{mm}$ 。由公式(2-40)～式(2-42)计算出各种参数，得出列车在 200km/h 和 350km/h 车速时车轮轴的振动荷载时程曲线，见图 3-2 和图 3-3。

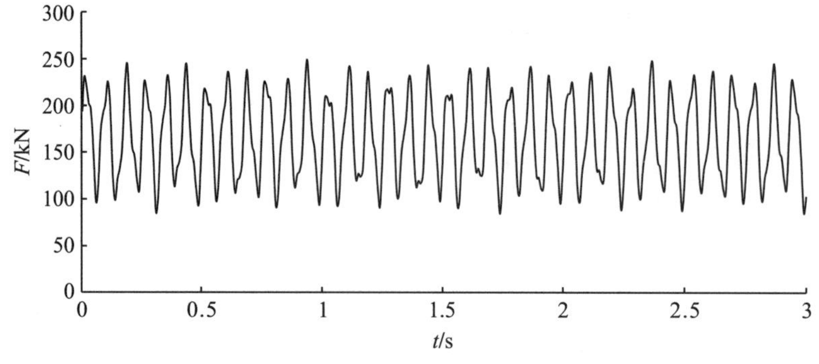

图 3-2 列车 200km/h 车速时车轮轴的振动荷载时程曲线

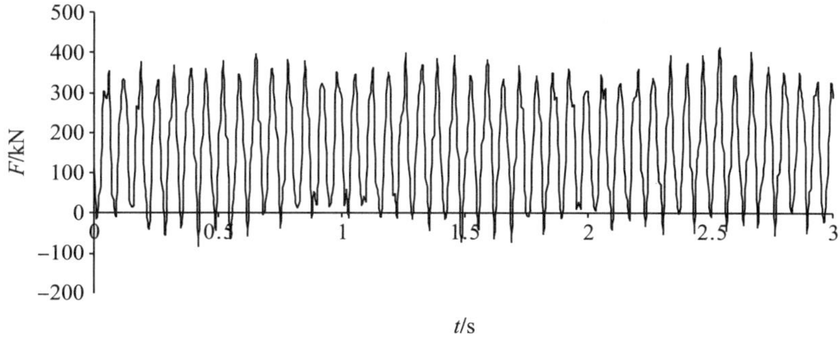

图 3-3　列车 350km/h 车速时车轮轴振动荷载时程曲线

3.2.2　荷载行驶效应模拟

由于在实际情况中，列车振动荷载是通过车轮传递给钢轨，再由钢轨传递给隧道结构，显然该过程为一空间和时间上的连续过程，因此，后文为了能更为真实地模拟出列车振动荷载在空间和时间上的变化，以直接在列车车轮上施加列车前进方向的速度场的新方式，在轮轴上施加随空间移动和时间变化的振动荷载，代替仅在轨道特定区段固定施加随时间变化振动荷载的传统方式。

3.3　空间交叉盾构隧道动力特性

本节详细分析空间交叉盾构隧道在不同隧道净距、不同围岩级别、不同运营速度等组合工况下，列车振动荷载作用对空间交叉隧道的影响，主要分析隧道的应力、加速度、速度等多个特性，考虑列车在隧道内运行的空间变化、列车振动荷载的时间变化，分析隧道内主要部位力学特性，对多种工况下隧道的力学特性进行对比分析。

3.3.1　空间交叉有限元模型

选择以广深港客运专线狮子洋铁路水下隧道断面和地质作为虚拟工况，模拟两条呈90°正交的空间垂直交叉隧道，上、下两条隧道的长度分别为 500.0m、80.0m。分析模型宽×高为 80.0m×80.0m，长度为 500.0m，模型四周设置人工黏弹性边界。为方便分析列车振动荷载对交叉隧道衬砌所造成的影响，在衬砌上取若干单元环进行分析。为了较精确地模拟出列车振动荷载的特点，模型还模拟了隧道轨道板以及一列长度为 8 节 25.0m 车厢的荷载，模拟列车在上部隧道以不同速度前进时振动荷载作用空间位置和大小的时间变化特性，以直接在列车车轮上施加振动荷载的新方式，代替之前仅在轨道上按一定间距、离散地布置振动点荷载的传统施加荷载模拟方式。此新方法克服了传统施加振动荷载与实际情况出现偏差较大的情况。计算模型划分的单元数见表 3-1。

表 3-1 模型单元数

垂直间距/m	2.0	3.0	4.0
划分单元数/个	36 829	36 701	31 648

模型中铁路隧道、衬砌以及围岩地层都采用弹塑性实体单元模拟，岩土体本构方程采用摩尔库仑弹塑性非线性本构模型，计算模型见图 3-4、图 3-5 和图 3-6。

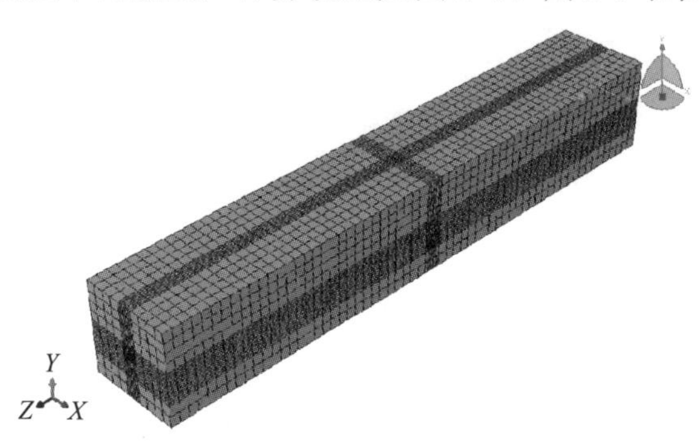

图 3-4 总体模型

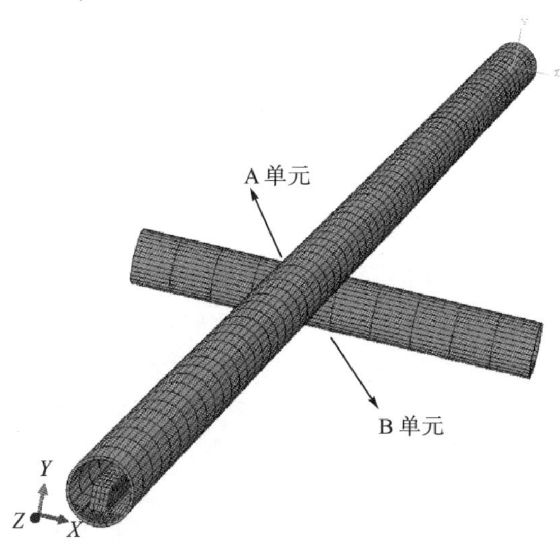

图 3-5 局部模型

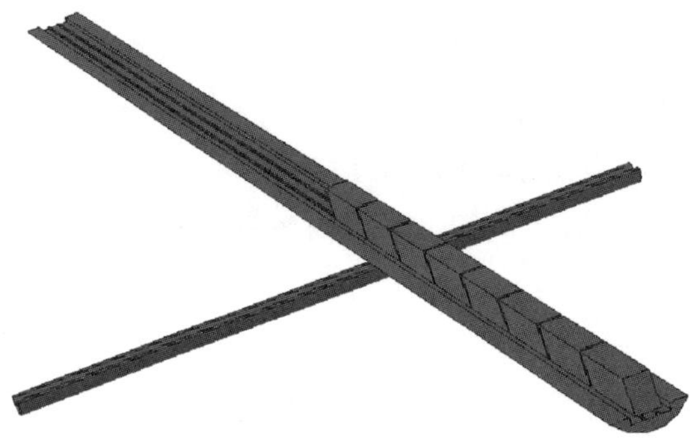

图 3-6 轨道与列车相互关系

围岩和衬砌混凝土的物理力学参数如表 3-2 所示。

表 3-2　材料参数表

材料参数	密度/(kg/m^3)	弹性模量/Pa	泊松比	摩擦角/(°)	膨胀角/(°)	黏聚力/Pa
III级围岩	2400	13×10^9	0.275	44.5	42.0	1.1×10^6
IV级围岩	2000	3.65×10^9	0.325	33.0	30.0	4.5×10^5
V级围岩	1700	1.5×10^9	0.4	23.5	22.0	1.25×10^5
衬砌	2500	35.5×10^9	0.2	—	—	—

模型中所考虑的计算荷载包括：地层的自重应力、混凝土衬砌的重力，以及作用于轨道上的列车振动荷载。列车振动荷载是由车辆与轨道两方面因素所共同产生的。

为了能更为真实地模拟出列车振动荷载在空间上、时间上的变化，以直接在列车车轮上施加振动荷载且在列车车轮上施加列车前进方向的速度场的新方式，代替之前仅在轨道上按一定间距、离散地布置振动点荷载的传统方式。

采用一激振力函数来表达由列车振动所产生的竖向激振荷载，竖向振动荷载施加于列车轮轴，由轮轴传递到轨道。给列车一个特定速度，让列车在轨道上运行。不同时刻列车荷载的作用位置示意图见图 3-7、图 3-8、图 3-9。

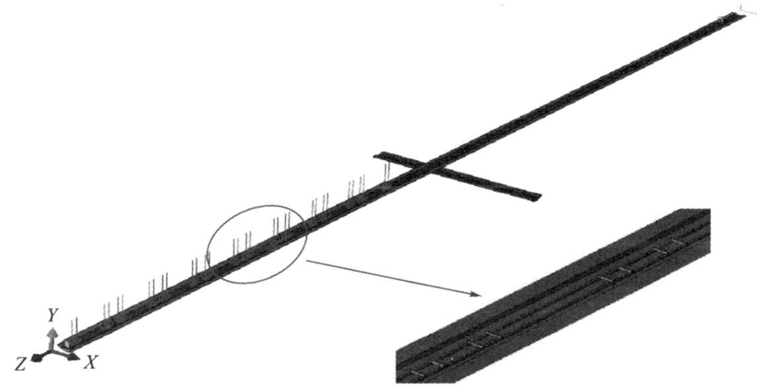

图 3-7　列车在特定时刻 1 的荷载位置

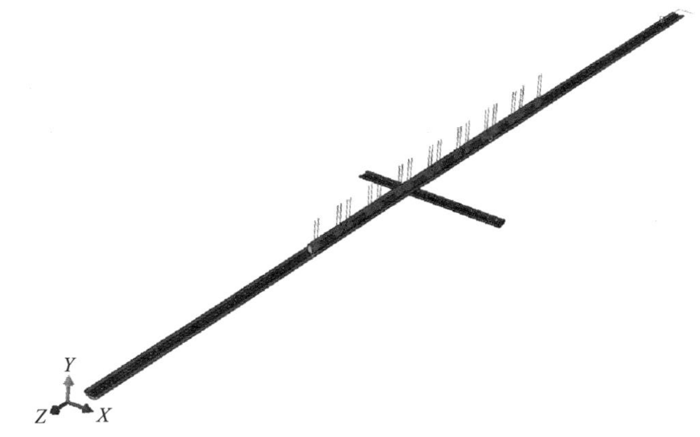

图 3-8　列车在特定时刻 2 的荷载位置

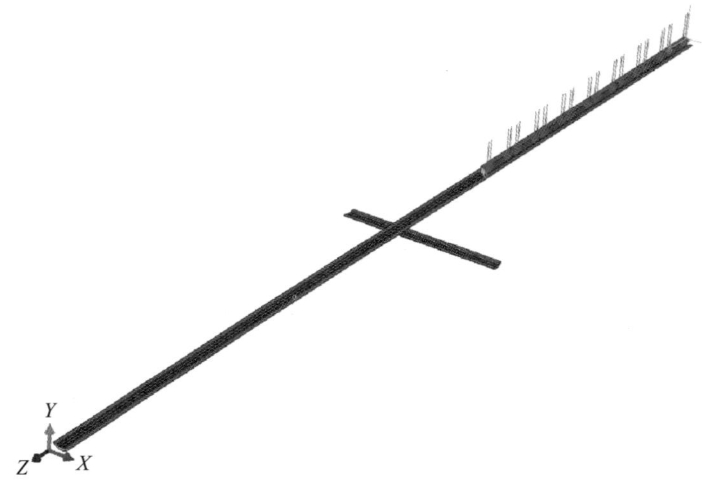

图 3-9 列车在特定时刻 3 的荷载位置

由上图可知，此新方法能真实地模拟出列车振动荷载空间位置上的动态变化和时间上的连续性，克服了以往方法中振动荷载固化在特定位置段上的缺点。

3.3.2 不同净距

对于空间交叉隧道，它们之间的净距对隧道的力学特征有着很大影响。本节主要讨论在特定的围岩级别和特定的列车行驶速度下，交叉隧道的净距对隧道的影响。相关参数取值如表 3-3 所示。

表 3-3 工况列表

工况	隧道净距/m	围岩级别	车速/(km/h)
1	2.0	Ⅲ级	350
2	3.0	Ⅲ级	350
3	4.0	Ⅲ级	350

为了有效地分析隧道净距对上下隧道各力学特征的影响，分别取上下隧道交叉处衬砌单元环作为研究对象，也就是上下隧道的中间环，对其最大主应力、最小主应力、最大速度和最小加速度进行分析。

3.3.2.1 不同净距对上部隧道 A 环的影响

取上部隧道交叉处 A 单元环作为研究对象，对其进行最大主应力、最小主应力、最大速度和最大加速度的分析，计算结果如表 3-4 所示。

表 3-4　不同净距对交叉隧道上部隧道 A 环的影响

类别	净距					
	2.0m		3.0m		4.0m	
	最大值	最小值	最大值	最小值	最大值	最小值
最大主应力/Pa	26 191	624	22 035	561	11 336	198
最小主应力/Pa	−30 412	−1 222	−25 029	−948	−22 910	−442
最大加速度/($\times10^{-3}$ m/s^2)	71.73	1.75	47.66	1.81	25.73	2.23
最大速度/($\times10^{-4}$ m/s)	5.11	1.19	4.39	1.23	3.93	1.70

1. 最大主应力

管片最大主应力大致沿竖向对称，其最大值均出现在拱脚处，最小值均出现在拱顶部位，最大主应力从拱脚到拱底有明显的先减小再增大的过程。三种不同净距情况下，2.0m 净距时，其最大值和最小值分别为 26 191Pa、624Pa；3.0m 净距时，其最大值和最小值分别为 22 035Pa、561Pa；4.0m 净距时，其最大值和最小值分别为 11 336Pa、198Pa。比较发现，管片最大主应力随着交叉隧道净距的增加而呈减小的趋势，且随着净距的进一步增大，最大主应力值的减小幅度也进一步增大。

2. 最小主应力

管片最小主应力大致沿竖向对称，且其最小主应力沿管片分布比较均匀。三种不同净距情况下，2.0m 净距时，其最大值和最小值分别为−30 412Pa、−1 222Pa；3.0m 净距时，其最大值和最小值分别为−25 029Pa、−948Pa；4.0m 净距时，其最大值和最小值分别为−22 910Pa、−442Pa。比较发现，管片最小主应力随着交叉隧道净距的增加而呈减小的趋势。

3. 最大加速度

管片最大加速度大致沿竖向对称，在拱底处最大加速度增大比较明显。三种不同净距情况下，2.0m 净距时，其最大值和最小值分别为 71.73×10^{-3} m/s^2、1.75×10^{-3} m/s^2；3.0m 净距时，其最大值和最小值分别为 47.66×10^{-3} m/s^2、1.81×10^{-3} m/s^2；4.0m 净距时，其最大值和最小值分别为 25.73×10^{-3}m/s^2、2.23×10^{-3}m/s^2。比较发现，管片最大加速度的最大值随着净距的增大而减小。

4. 最大速度

管片最大速度大致沿竖向对称，在拱底处增大比较明显。三种不同净距情况下，2.0m 净距时，其最大值和最小值分别为 5.11×10^{-4} m/s、1.19×10^{-4} m/s；3.0m 净距时，其最大值和最小值分别为 4.39×10^{-4} m/s、1.23×10^{-4} m/s；4.0m 净距时，其最大值和最小值分别为 3.93×10^{-4}m/s、1.70×10^{-4}m/s。比较发现，管片最大速度的最大值随着净距的增大而减小。

3.3.2.2 不同净距对下部隧道 B 环的影响

取下部隧道交叉处离上部隧道最近的 B 单元环作为研究对象，对其进行最大主应力、最小主应力、最大速度和最大加速度的分析，计算结果如表 3-5 所示。

表 3-5 不同净距对交叉隧道下部隧道 B 环的影响

类别	净距					
	2.0m		3.0m		4.0m	
	最大值	最小值	最大值	最小值	最大值	最小值
最大主应力/Pa	5 665	150	4 424	194	3 548	324
最小主应力/Pa	−19 804	−610	−15 038	−793	−12 531	−927
最大加速度/($\times10^{-3}$ m/s^2)	40.0	1.15	28.4	1.49	9.61	1.51
最大速度/($\times10^{-4}$ m/s)	213.0	13.9	32.7	1.17	19.5	1.12

1. 最大主应力

下部隧道管片的最大主应力的最大值均出现在拱顶处，最小值均出现在拱腰部位，最大主应力从拱顶到拱底呈明显的先减小再增大的过程，管片最大主应力呈现出以拱腰为分界线，其上下最大应力的取值都较大。三种不同净距下，可以看出，净距 2.0m 时其最大值最大，净距 4.0m 时，其最大值最小，最大值随着净距增大呈减小趋势。

2. 最小主应力

管片的最小主应力值大致沿竖向对称，其最小值均出现在拱底处，最大值出现在距拱顶左右两侧 45°处，拱顶处也出现一个较大值。对比三种不同净距情况可以看到，管片上分布的最小主应力的取值随着净距不同也有明显的变化，拱底最小值随着净距的增大而呈逐渐增大的趋势，而拱顶及拱顶左右 45°处的最大值却随着净距增大而逐渐减小。

3. 最大加速度

下部隧道管片的最大加速度的最大值均出现在拱顶处，最小值均出现在拱底处，且管片上的最大加速度的取值以拱顶为中心，大致向两侧均匀减小，直至拱底达到最小值。对比三种不同净距的最大加速度分布可以看到，拱顶的最大值随着净距的增大而减小，且减小的幅度随着净距增大而逐渐增大。

4. 最大速度

下部隧道管片的最大速度最大值出现在拱顶处，3.0m 净距时，最大值在拱顶左侧 10°左右，而 4.0m 净距时，其最大值在拱顶左侧 30°左右出现。对比三种情况可见，最大速度的最大值随着净距的增大都呈减小的趋势。

3.3.3　不同列车速度

前面小节分析了不同净距下交叉隧道力学特征，本节主要讨论不同列车速度对空间交叉隧道的影响，分别对表 3-6 中的两种工况做了计算分析。

表 3-6　工况列表

工况	隧道垂直净距/m	围岩级别	车速/(km/h)
1	3.0	III级	200
2	3.0	III级	350

两空间交叉隧道的垂直净距为 3.0m，围岩级别确定为III级，改变列车的行驶速度，分别为 200km/h 和 350km/h。

3.3.3.1　不同车速对上部隧道 A 环的影响

取 A 单元环作为研究对象，对其进行最大主应力、最小主应力、最大速度和最大加速度的分析，计算结果如表 3-7 所示。

表 3-7　不同列车速度对交叉隧道上部隧道 A 环的影响

类别	车速			
	200km/h		350km/h	
	最大值	最小值	最大值	最小值
最大主应力/Pa	14 437	271	22 035	561
最小主应力/Pa	−18 165	−959	−30 412	−1 222
最大加速度/($\times10^{-3}$ m/s^2)	33.72	1.34	71.73	1.75
最大速度/($\times10^{-4}$ m/s)	3.02	0.924	5.11	1.19

1. 最大主应力

管片最大主应力沿竖向大致对称，其最大值均出现在拱脚处，最小值均出现在拱顶，在拱底处出现一个较大值，最大主应力从拱顶到拱脚逐渐增大，再经过一个减小的过程，最后再增大，直到拱底的较大值；两种不同运行速度情况下，随着列车运行速度的增大，管片上的最大应力值逐渐增大。

2. 最小主应力

管片最小主应力沿竖向大致对称，其最小值均出现在距拱顶左右两侧 45°处，最大值均出现在拱底，最小主应力从拱顶到拱脚逐渐增大；两种不同运行速度情况下，随着列车运行速度的增大，管片上的最小应力值逐渐增大。

3. 最大加速度

管片最大加速度沿竖向大致对称，其最大值均出现在拱底处；两种不同运行速度情况下，随着列车运行速度的增大，管片上的最大加速度值逐渐增大，且其最大值的增大幅度比最小值的增大幅度大。

4. 最大速度

管片最大速度沿竖向大致对称，且拱脚以上部位的分布较均匀，速度的最大值均出现在拱底处；两种不同运行速度情况下，随着列车运行速度的增大而逐渐增大。

3.3.3.2 不同车速对下部隧道 B 环的影响

取 B 单元环作为研究对象，对其进行最大主应力、最小主应力、最大速度、最大加速度的分析，计算结果如表 3-8 所示。

表 3-8 不同列车速度对交叉隧道下部隧道 B 环的影响

类别	车速			
	200km/h		350km/h	
	最大值	最小值	最大值	最小值
最大主应力/Pa	3 755	133	4 424	194
最小主应力/Pa	−10 286	−526	−15 039	−593
最大加速度/($\times10^{-3}$ m/s^2)	2.5	1.15	2.84	1.76
最大速度/($\times10^{-4}$ m/s)	1.98	0.9	21.3	1.39

1. 最大主应力

管片最大主应力沿竖向大致对称，200km/h 车速时，最大值出现在拱顶处，最小值出现在拱腰部位，拱底附近有较大值；350km/h 车速时，最大值出现在拱顶附近，最小值也出现在拱腰部位，拱底附近也有较大值。两种不同运行速度情况下，最大主应力的最大值随着列车运行速度的增大而逐渐增大。

2. 最小主应力

管片最小主应力沿竖向大致对称，两种情况下均在拱底处出现最大值，在拱顶处有一个较小值出现，最大值分布在距拱顶左右两侧约 45°处。两种不同运行速度情况下，最小主应力的最大值随着列车运行速度的增大而逐渐增大。

3. 最大加速度

管片最大加速度沿竖向大致对称，其值在拱腰以下分布较均匀，两种情况下均在拱顶处出现最大值，最小值出现在拱底。两种不同运行速度情况下，最大加速度随着列车运行速度的增大而逐渐增大，且最大值的增大幅度大于最小值的增大幅度。

4. 最大速度

管片最大速度沿竖向大致对称，其值在拱腰以下分布很均匀，两种情况下均在拱顶处出现最大值。两种不同运行速度情况下，衬砌环最大速度随着列车运行速度的增大而逐渐增大，且增大幅度很大。

3.3.4　不同围岩级别

本节主要讨论不同围岩级别对空间交叉隧道的影响，分别对三种工况(表3-9)做了计算分析。

表 3-9　工况列表

工况	隧道垂直净距/m	车速/(km/h)	围岩级别
1	3.0	350	III级
2	3.0	350	Ⅳ级
3	3.0	350	Ⅴ级

两空间交叉隧道的垂直净距为 3.0m，列车行驶速度确定为 350km/h，改变围岩的级别，分别为III、Ⅳ、Ⅴ级，其参数见表 3-2。

3.3.4.1　不同围岩级别对上部隧道 A 环的影响

取 A 单元环作为研究对象，对其进行最大主应力、最小主应力、最大速度和最大加速度的分析，计算结果如表 3-10 所示。

表 3-10　不同围岩级别对交叉隧道上部隧道 A 环的影响

类别	围岩级别					
	III级		Ⅳ级		Ⅴ级	
	最大值	最小值	最大值	最小值	最大值	最小值
最大主应力/Pa	22 035	561	46 795	1 581	72 341	1 799
最小主应力/Pa	−30 412	−1 222	−23 508	−2 645	−19 249	−2 939
最大加速度/($\times10^{-3}$ m/s^2)	71.73	1.76	113.96	3.78	148.94	9.21
最大速度/($\times10^{-4}$ m/s)	5.11	1.19	10.62	1.69	15.66	2.56

1. 最大主应力

III级围岩情况下，最大主应力最大值出现在拱脚处，Ⅳ级与Ⅴ级围岩情况最大值均出现在拱底处，最大主应力分布在拱脚到拱底段有一个先减小后增大的趋势。三种不同围岩级别情况下，其最大应力的取值随着围岩级别的减小（III～V）而呈增大的趋势，最大主应力也由拱脚处转向拱底处。

2. 最小主应力

三种不同围岩级别下，最小主应力的最大值均出现在拱底处，最小值出现在拱顶及拱腰附近处。三种不同围岩级别情况下，其最大值随着围岩级别的减小（III～V）而逐渐减小。

3. 最大加速度

三种不同围岩级别下，最大加速度的分布沿竖向大致对称，且拱脚以上的加速度分布比较均匀，最大值出现在拱底，加速度最小值出现在拱顶及附近。三种不同围岩级别情况下，最大加速度取值随着围岩等级减小（III～V）而增大。

4. 最大速度

最大速度的分布沿竖向大致对称，且拱腰以上的加速度分布比较均匀，最大值出现在拱底，加速度最小值出现在拱顶及附近。三种不同围岩级别情况下，加速度取值随着围岩级别的减小（III～V）而逐渐增大，其变化趋势和最大加速度变化趋势相似。

3.3.4.2 不同围岩级别对下部隧道 B 环的影响

取 B 单元环作为研究对象，对其进行最大主应力、最小主应力、最大速度和最大加速度的分析，计算结果如表 3-11 所示。

表 3-11 不同围岩级别对交叉隧道下部隧道 B 环的影响

类别	围岩级别					
	III级		IV级		V级	
	最大值	最小值	最大值	最小值	最大值	最小值
最大主应力/Pa	4 424	194	4 029	1 153	3 870	2 133
最小主应力/Pa	−30 616	−6 601	−24 189	−3 389	−15 039	−1 593
最大加速度/(×10^{-3} m/s^2)	22.4	1.15	39.59	8.55	56.1	14.0
最大速度/(×10^{-4} m/s)	5.11	1.02	9.18	1.24	21.3	1.39

1. 最大主应力

三种不同围岩级别下，最大主应力最大值出现在拱顶及附近，在拱腰处出现最小值。三种不同围岩级别情况下，最大主应力的最大值随着围岩级别的减小（III～V）而逐渐减小。

2. 最小主应力

三种不同围岩级别下，最小值均出现在拱底，最大值出现在距拱顶 45°左右两侧。三种不同围岩级别情况下，最小主应力的取值随着围岩级别的减小(III～V)而逐渐减小。

3. 最大加速度

三种不同围岩级别下加速度最大值均出现在拱顶。三种不同围岩级别情况下，最大加速度的最大值随着围岩级别的减小(III～V)而逐渐增大。

4. 最大速度

三种不同围岩级别下，速度的最大值均出现在拱顶处，速度最小值出现在拱底，且拱腰以下的速度值分布比较均匀。由表可知，速度随着围岩级别的减小(III～V)而增大。

3.3.5 不同位置

3.3.5.1 交叉隧道不同位置点的加速度特性

由以上章节可以知道列车在行驶过程中，空间交叉隧道上部隧道最大加速度出现在隧道的拱底位置，下部隧道最大加速度出现在拱顶位置。为了有效地分析交叉隧道在纵深方向各力学特征随着净距、车速和围岩级别的变化，在上部隧道拱底按相同间距(约为 71m)取定不包括隧道两头点的 6 个点，在下部隧道管片的拱顶按相同间距(8m)取定不包括隧道两头点的 9 个点，如图 3-10 所示。在分析中，将每个点在列车运行过程中随着隧道间距、列车运行速度、围岩级别变化而出现的加速度最大值选出，于是可绘制各点在不同条件下其加速度最大值的对比图。

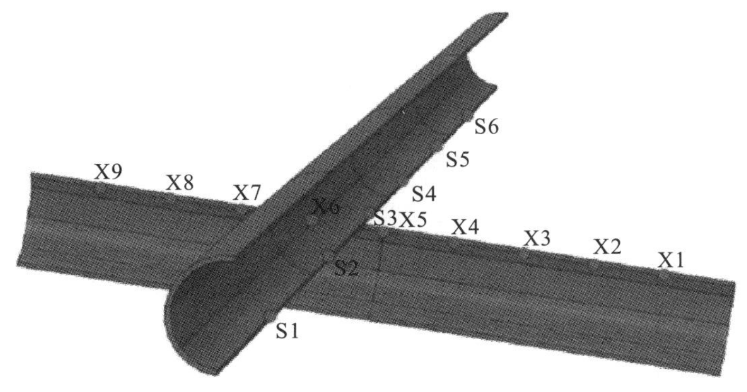

图 3-10　隧道取点标号图

图 3-11 为上下空间交叉隧道在不同净距情况下，围岩级别取为III级，列车速度为 350km/h，上部隧道拱底最大加速度沿隧道纵深方向的分布图。从图中可以看出，各点处最大加速度随交叉隧道净距的增大而减小，且其减小的趋势逐渐增大；靠近下部隧道点减少的值和减少的趋势较大，远离下部隧道点减少的值和减少的趋势较小；在远离隧道中间位置时，最大加速度相近。

图 3-12 为两种不同列车运行速度情况下，围岩级别取为III级，上下隧道净距为 3.0m，上部隧道拱底的最大加速度沿隧道纵深方向的分布图。从图中可以看出，各点处最大加速度随着列车运行速度的增加而增大，且增大的幅度较明显；靠近下部隧道的点其加速度受列车运行速度变化的影响明显比远离下部隧道的点大。

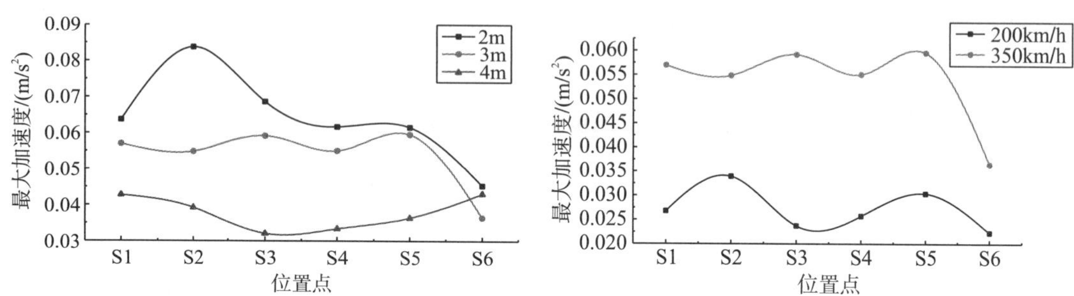

图 3-11 上下隧道不同净距 S1～S6 位置点加速度图　图 3-12 列车不同速度下 S1～S6 位置点加速度图

图 3-13 为隧道围岩级别不同的情况下，上下隧道净距为 3.0m，列车速度为 350km/h，上部隧道拱底的最大加速度沿隧道纵深方向的分布图。从图中可以看出，III级围岩下，各点最大加速度比较平均，趋于稳定，Ⅳ级和Ⅴ级围岩情况下加速度的最大值变化较为明显，各点最大加速度随着围岩级别的减小（III～Ⅴ）而增大；对比Ⅳ级和Ⅴ级围岩可以看到，靠近下部隧道点其加速度受围岩级别变化的影响明显比远离下部隧道的点所受影响大。

图 3-14 为列车运行过程中三种不同净距情况下，围岩级别取为III级，列车速度为 350km/h，下部隧道拱顶最大加速度沿隧道纵深方向的分布图。从图中可以看出，各点处最大加速度随交叉隧道净距的增大而减小，且其减小的幅度较为平均；在三种不同净距下，最大加速度在靠近上部隧道的点处有一个急剧的变大趋势，在此处出现峰值，随着纵深变化，最大加速度呈现先增大再减小，最后趋于稳定；在远离隧道中间位置加速度值相近。

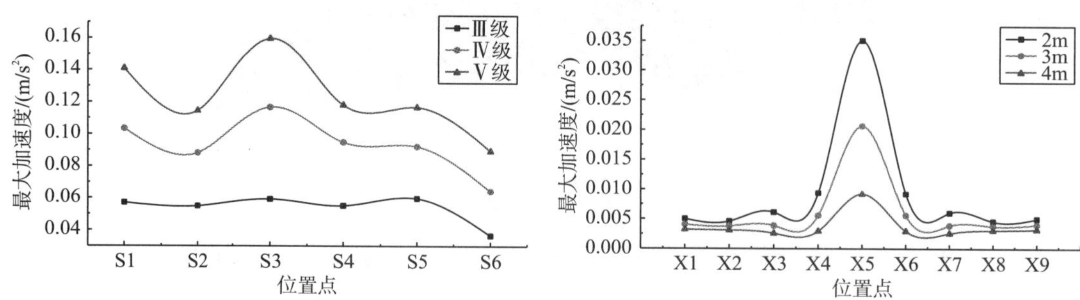

图 3-13 不同围岩级别 S1～S6 位置点加速度图　图 3-14 不同间距条件下 X1～X9 位置点最大加速度

图 3-15 为两种不同列车运行速度情况下，围岩级别取为III级，上下隧道间距为 3.0m，上部隧道拱顶的最大加速度沿隧道纵深方向的分布图。从图中可以看出，在靠近上部隧道

周围的点，其最大加速度随着列车运行速度的增大而增大，且在这些地方最大加速度有激增，而在远离上部隧道的各点处，其最大加速度值趋于稳定。

图 3-16 为隧道围岩级别不同的情况下，上下隧道间距为 3.0m，列车速度为 350km/h，上部隧道拱顶的最大加速度沿隧道纵深方向的分布图。从图中可以看出，各点的最大加速度值随着围岩级别的减小(III～V)而增大，且其增大幅度随着围岩级别的减小(III～V)而增大，在远离上部隧道的各点处，最大加速度趋于稳定，在靠近上部隧道的各点处其值明显增大，且出现最大值。

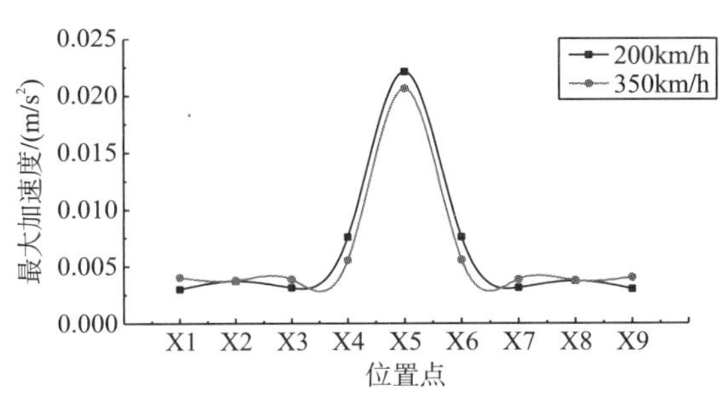

图 3-15　列车不同运行速度下 X1～X9 位置点加速度图

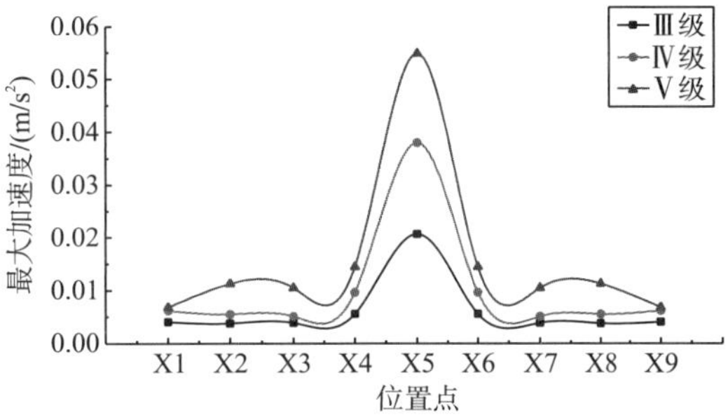

图 3-16　隧道不同围岩级别下 X1～X9 位置点加速度图

3.3.5.2　交叉隧道不同位置点的加速度时程曲线

上节分析了交叉隧道在纵深方向加速度随着间距、车速和围岩级别的变化，本节重点分析交叉隧道在纵深方向上各点加速度随着时间的变化趋势，也即列车运行过程中对各点加速度的影响。为了有效进行分析，将交叉隧道的间距取定为 3.0m，隧道围岩级别为III级，列车运行速度为 350 km/h。S1～S6 点加速度时程曲线如图 3-17～图 3-22 所示。X1～X9 点加速度时程曲线如图 3-23～图 3-31 所示。

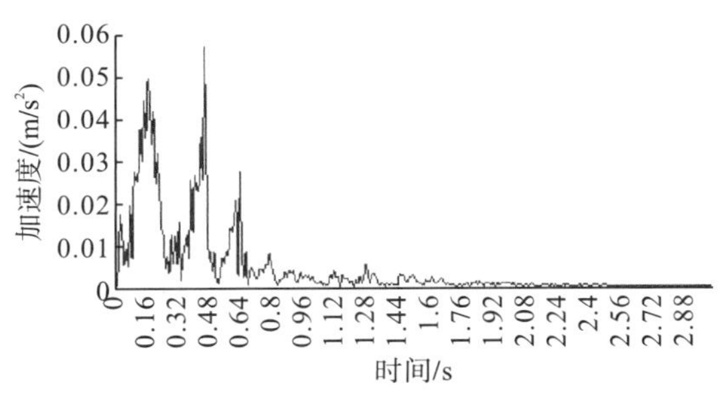

图 3-17　S1 点加速度时程曲线图

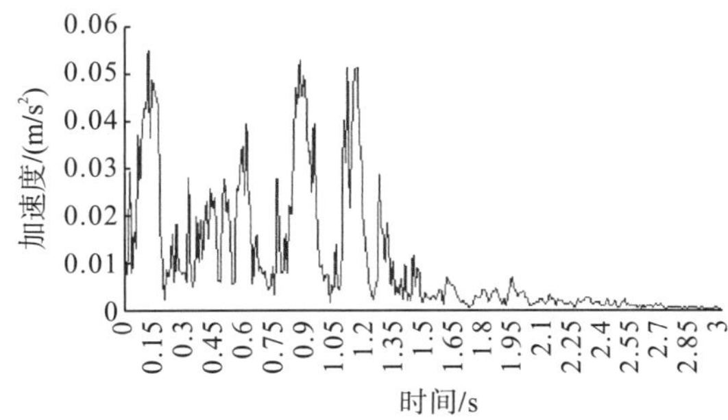

图 3-18　S2 点加速度时程曲线图

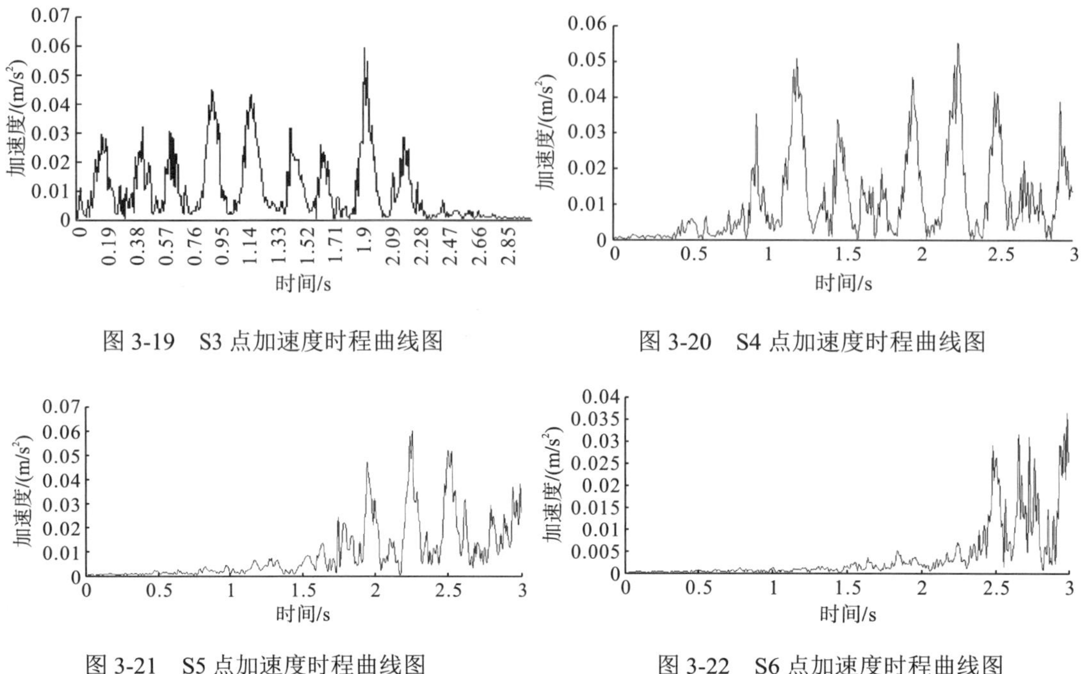

图 3-19　S3 点加速度时程曲线图

图 3-20　S4 点加速度时程曲线图

图 3-21　S5 点加速度时程曲线图

图 3-22　S6 点加速度时程曲线图

对比图 3-17～图 3-22 上部隧道拱底处 6 个点加速度时程变化曲线图可以看到，由于 S1 点最靠近隧道入口处，列车通过其的时间最少，所以其加速度值增长较快，并在 0.48s 左右达到最大值，随着列车驶离，其加速度值逐渐趋于稳定，如图 3-17 所示，在 1.68s 以后，加速度值已经开始趋于稳定，最终趋于零。S2 点在 S1 点之后，列车通过时间比 S1 点更长，所以其影响时间也更长，其加速度值在很长一段时间内都受到较大影响，随着列车驶离，其加速度值也逐渐趋于稳定，如图 3-18 所示，在 2.64s 以后，加速度值已经开始趋于稳定，最终趋于零。S3 点为最靠近下部隧道的点，列车对其影响的持续时间也很长，出现最大值的时间更晚，且最大值达 0.06m/s^2，可见下部隧道的存在对其上部隧道管片上点的加速度有明显的影响，随着列车驶离，其加速度值逐渐趋于稳定，且趋于稳定的时间更晚，如图 3-19 所示，在 2.88s 以后，加速度值开始趋于稳定，最终趋于零。S4 点也是较靠近下部隧道的点，列车对其影响的持续时间很长，可以看到，由于列车需要一定时间才会驶过 S4 点，所以加速度先呈现出较小值，随着时间的推移加速度值逐渐增大，并达到最大值，最大值出现的时间更晚。S5 点比较靠后，列车行驶对其加速度的影响明显滞后前面各点，加速度很长一段时间趋于平稳，到 0.48s 左右开始增加，到 2s 左右增幅明显增大很多。S6 点和 S5 点类似，位置比较靠后，所以受到列车通过隧道影响的开始时间明显靠后很多，前面很长时间加速度都趋于平稳，最后才逐渐增大。

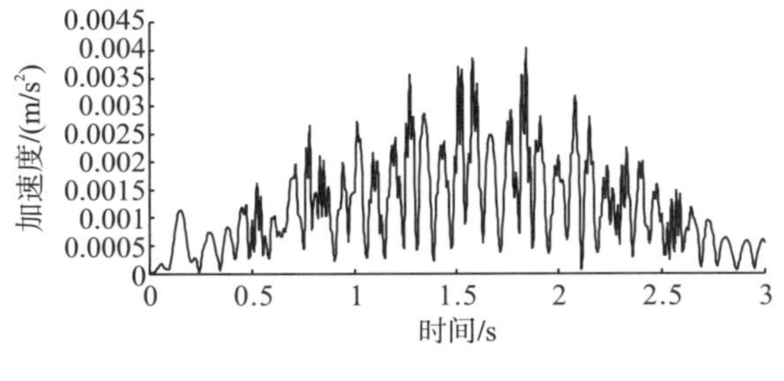

图 3-23　X1 点加速度时程曲线图

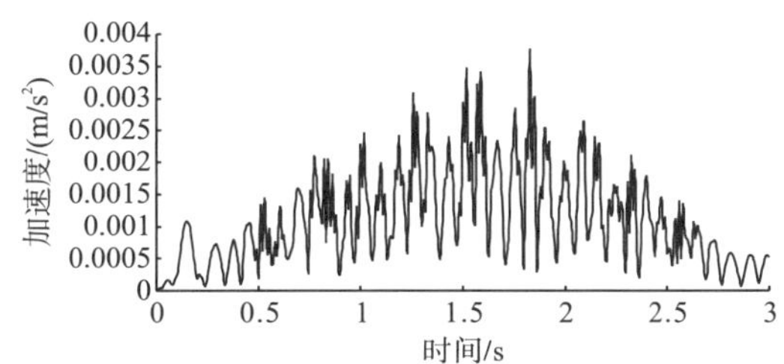

图 3-24　X2 点加速度时程曲线图

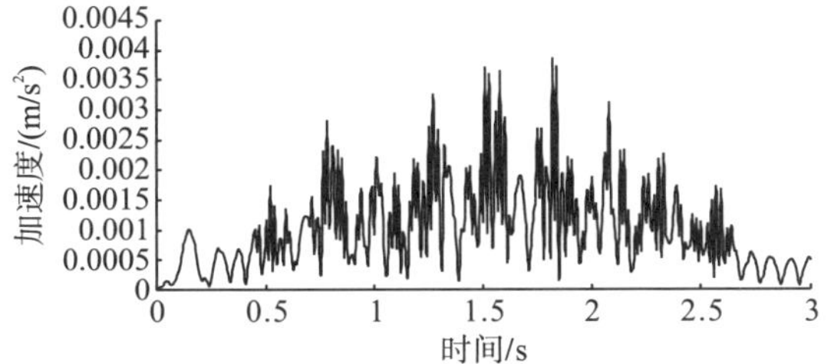

图 3-25　X3 点加速度时程曲线图

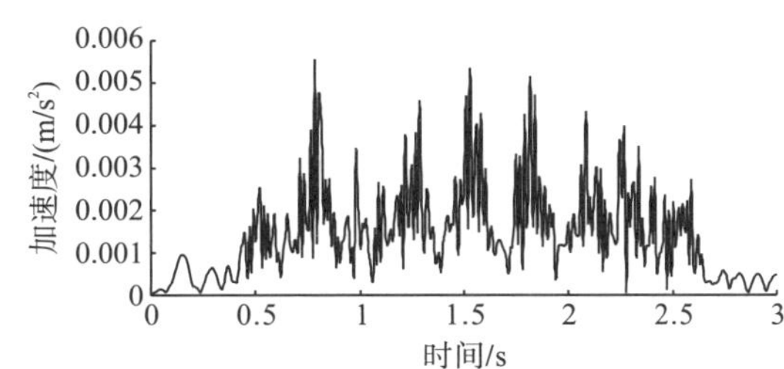

图 3-26　X4 点加速度时程曲线图

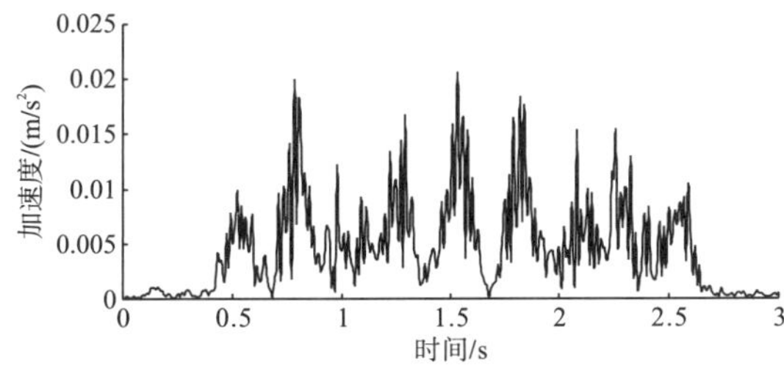

图 3-27　X5 点加速度时程曲线图

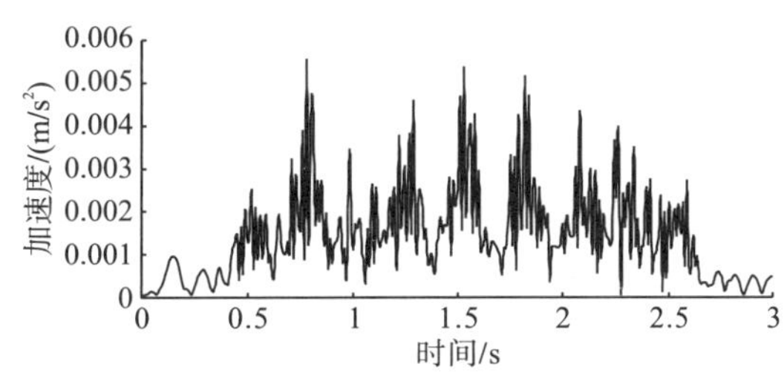

图 3-28　X6 点加速度时程曲线图

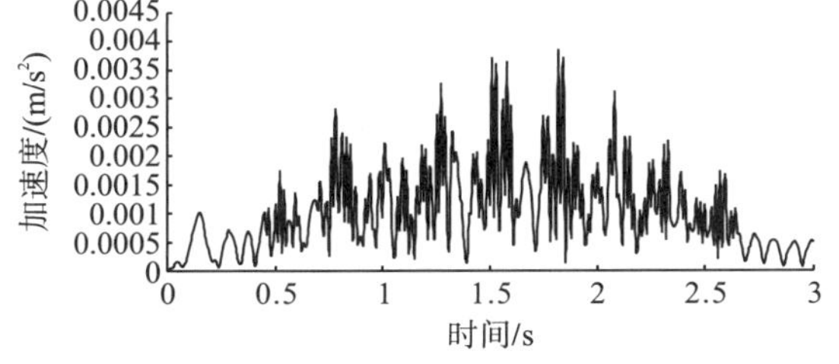

图 3-29　X7 点加速度时程曲线图

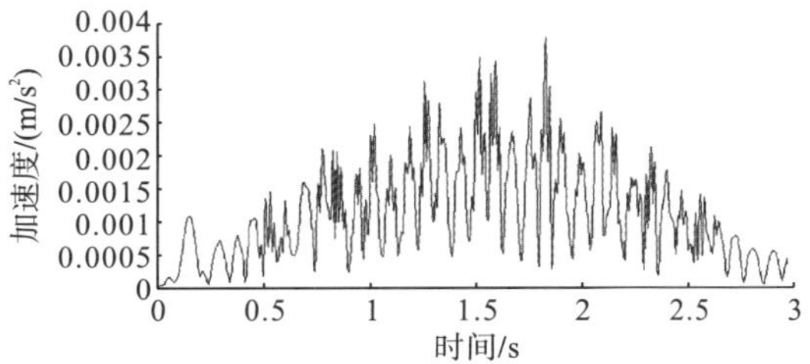

图 3-30　X8 点加速度时程曲线图

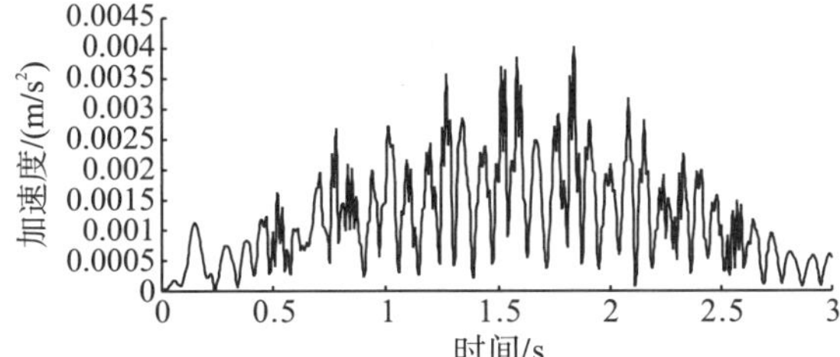

图 3-31　X9 点加速度时程曲线图

对比图 3-23～图 3-31 下部隧道拱顶处 9 个点加速度时程变化曲线图可以看到，下部隧道拱顶处各点加速度受到列车行驶的影响明显比上部隧道拱底各点所受影响要大，加速度从零开始增长到一个较大值均经历一个很短的时间，而且受列车影响的持续时间都很长，各时程曲线都呈现加速度先增大，然后在一个较高的水平震荡，最后再逐渐减小。对比各图可以发现，距离上部隧道最近的 X5 点加速度的值明显要比其余 8 个点要大。对比下部隧道的 9 个点加速度时程曲线图，可以看到从 X1 点到 X5 点加速度峰值出现的时间宽度呈递增趋势，从 X5 点到 X9 点加速度峰值出现的时间宽度呈递减趋势，这说明上下隧道离得越近，隧道振动响应时间越早且响应时间越长；上下隧道离得越远，隧道振动响应时间越晚且响应时间越短。

3.4 结构交叉盾构隧道动力特性

本节详细分析结构交叉盾构隧道在不同围岩级别、不同运营速度等组合工况下，列车振动荷载作用对横通道交叉结构的影响，主要分析隧道的应力、加速度、速度等多个特性，考虑列车在隧道内运行的空间变化、列车振动荷载的时间变化，分析隧道内主要部位力学特性，对多种工况下隧道的力学特性进行对比分析。

3.4.1 结构交叉有限元模型

选择以广深港客运专线狮子洋铁路水下隧道作为依托工程，模拟两条平行的隧道，中间有横通道连接，两条隧道的长度为 500.0m。整个模型宽×高为 80.0m×80.0m，长度为 500.0m，模型四周设置人工黏弹性边界。为方便分析列车振动荷载对结构交叉隧道衬砌所造成的影响，在衬砌上取若干单元环进行分析。为了较为精确地模拟列车振动荷载的特点，模型还模拟了隧道的轨道板，以及一列长度为 8 节 25.0m 的车厢的作用荷载，模拟列车在隧道内以不同速度前进时振动荷载作用空间位置和大小的时间变化特性，代替之前仅在轨道上按一定间距、离散地布置振动点荷载的传统列车荷载模拟方式。此新方法克服了传统振动荷载固化在特定段轨道上这一与实际偏差较大的情况。模型中铁路隧道、衬砌以及围岩地层都采用弹塑性实体单元模拟，岩土体本构方程采用摩尔库仑弹塑性非线性本构模型，计算模型见图 3-32、图 3-33、图 3-34。

图 3-32　总体模型

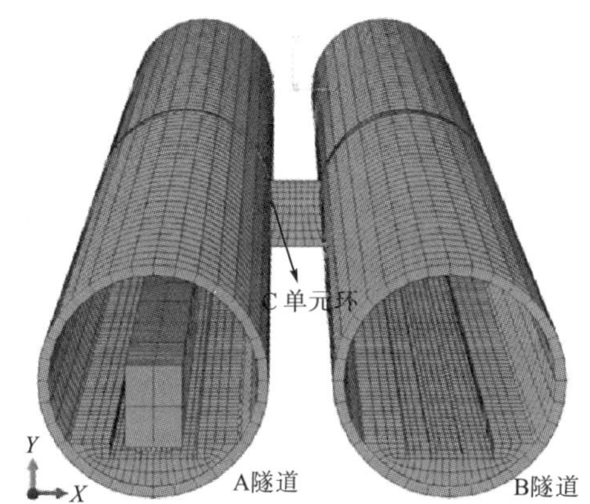

图 3-33　局部模型

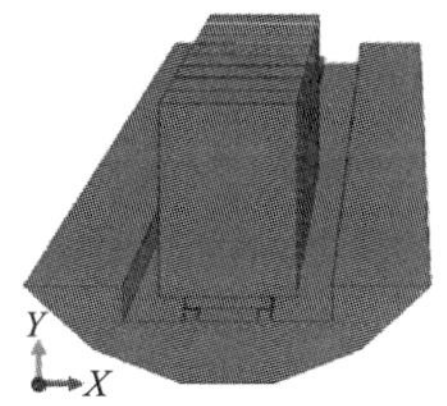

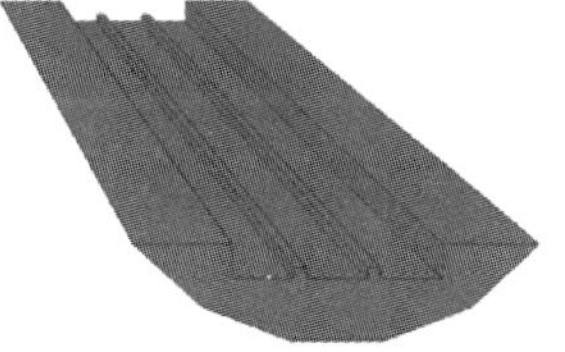

图 3-34　轨道与列车相互关系

围岩以及衬砌混凝土的物理力学参数见表 3-12。

表 3-12　模型参数表

材料参数	密度/(kg/m^3)	弹性模量/Pa	泊松比	摩擦角/(°)	膨胀角/(°)	黏聚力/Pa
Ⅲ级围岩	2 400	13×10^9	0.275	44.5	42.0	1.1×10^6
Ⅳ级围岩	2 000	3.65×10^9	0.325	33.0	30.0	4.5×10^5
Ⅴ级围岩	1 700	1.5×10^9	0.4	23.5	22.0	1.25×10^5
衬砌	2 500	35.5×10^9	0.2	—	—	—

模型中所考虑的计算荷载包括：地层的自重应力、混凝土衬砌的重力，以及作用于轨道上的列车振动荷载。其中，列车振动荷载是由车辆与轨道两方面因素所共同产生的。此处采用一激振力函数来表达由列车振动所产生的竖向激振荷载。振动荷载施加于列车轮轴，由轮轴传递到轨道，给列车一个速度场，让列车在轨道上运行。荷载的施加方式见图 3-35、图 3-36、图 3-37。

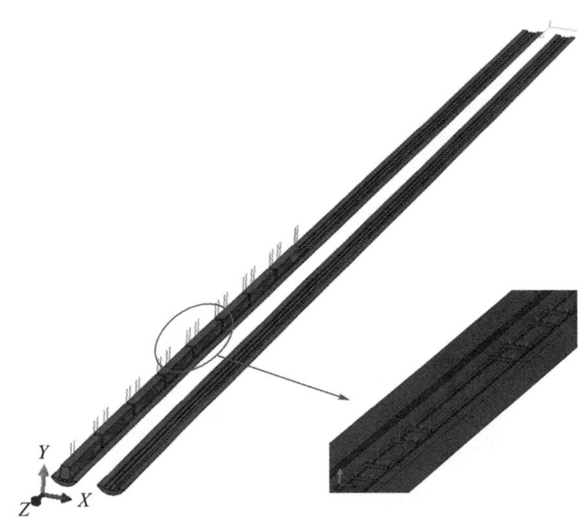

图 3-35 列车初始位置时荷载施加图

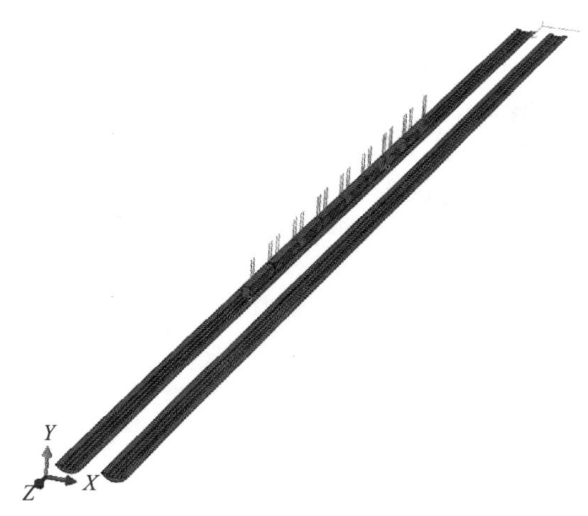

图 3-36 列车行驶到中间位置时荷载施加图

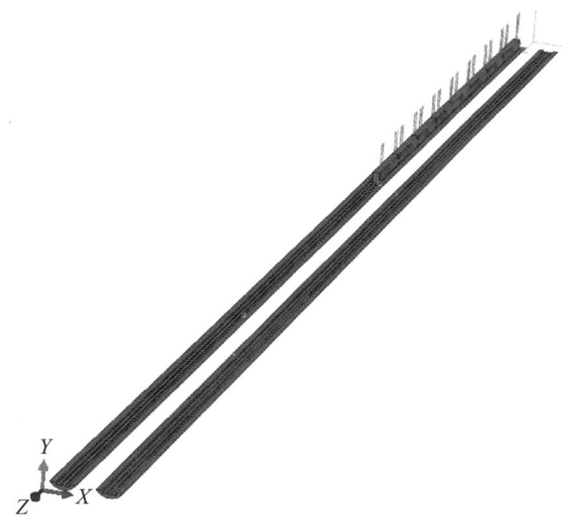

图 3-37　列车行驶到模型隧道终点时荷载施加图

3.4.2　不同列车速度

本节主要讨论在特定的列车行驶速度下结构交叉隧道的力学特性，分析中，两隧道净距为 3.0m。

为了有效地分析结构交叉隧道各力学特征，选取靠近有列车行驶隧道一侧的横通道 C 单元环作为研究对象，选取环见图 3-33，对其进行最大主应力、最小主应力、最大速度和最大加速度的分析。各种工况见表 3-13。

表 3-13　工况列表

工况	两隧道净距/m	围岩级别	车速/(km/h)
1	3.0	III级	200
2	3.0	III级	350

两结构交叉隧道的净距为 3.0m，围岩级别确定为III级，改变列车的行驶速度，分别为 200km/h 和 350km/h。围岩参数见表 3-12，具体计算整理如表 3-14 所示。

表 3-14　不同列车速度对联络横通道 C 单元环的影响

类别	列车速度			
	200km/h		350km/h	
	最大值	最小值	最大值	最小值
最大主应力/Pa	14 556	684	20 087	1 549
最小主应力/Pa	−1 832	−287	−3 969	−792
最大加速度/($\times10^{-3}$ m/s^2)	18.0	3.6	25.1	4.4
最大速度/($\times10^{-4}$ m/s)	1.02	0.47	1.59	0.72

1. 最大主应力

衬砌最大主应力最大值出现在横通道右下角处和左侧墙，最小值均出现在横通道顶部和底部，最大主应力从横通道顶部顺时针递增，到达横通道右下角达到一个较大值，然后递减，到横通道底部中间偏左达到一个较小值，然后递增，在左侧墙中间附近达到一个较大值，再递减到横通道顶部。两种不同运行速度情况下，随着列车运行速度的增大，衬砌上的最大主应力值逐渐增大。

2. 最小主应力

衬砌最小主应力最大值出现在横通道左下角附近，横通道的最小主应力在四个角处都较大，其他位置都较小。两种不同运行速度情况下，随着列车运行速度的增大，衬砌上的最小主应力值逐渐增大。

3. 最大加速度

衬砌最大加速度最大值出现在横通道左下角处，最小值均出现在横通道右上角，最大加速度从横通道右上角顺时针递增，到达横通道左下角达到最大值，然后递减至横通道右上角。两种不同运行速度情况下，随着列车运行速度的增大，衬砌上的最大加速度值逐渐增大。

4. 最大速度

衬砌最大速度最大值出现在横通道左下角处，最小值均出现在横通道顶部，最大速度从横通道顶部顺时针递增，到达横通道左下角达到最大值，然后递减至横通道顶部。两种不同运行速度情况下，随着列车运行速度的增大，衬砌上的最大速度值逐渐增大。

3.4.3 不同围岩级别

本节主要讨论在特定的围岩级别下，结构交叉隧道的力学特性，分析中，两隧道净距为 3.0m。

为了有效地分析结构交叉隧道各力学特征，选取靠近有列车行驶隧道一侧的横通道单元环作为研究对象，如图 3-33 所示，对其进行最大主应力、最小主应力、最大速度和最大加速度的分析。各种工况见表 3-15。

表 3-15 工况列表

工况	两隧道净距/m	车速/(km/h)	围岩级别
1	3.0	350	Ⅲ级
2	3.0	350	Ⅳ级
3	3.0	350	Ⅴ级

具体计算整理如表 3-16 所示。

表 3-16　不同围岩级别对联络横通道 C 单元环的影响

类别	围岩级别					
	Ⅲ级		Ⅳ级		Ⅴ级	
	最大值	最小值	最大值	最小值	最大值	最小值
最大主应力/Pa	20 087	1 549	48 831	2 355	82 978	2 379
最小主应力/Pa	−3 969	−792	−2 260	−995	−1 646	−845
最大加速度/($\times10^{-3}$ m/s^2)	25.1	4.4	126.4	7.6	252	17.5
最大速度/($\times10^{-4}$ m/s)	1.59	0.72	3.55	1.58	11.7	3.37

1. 最大主应力

Ⅲ级围岩下，其最大主应力最大值出现在横通道左侧墙和右下角位置，Ⅳ级与Ⅴ级围岩情况最大值均出现在右下角处，最大主应力主要出现在左下角和右下角附近位置，由左下角和右下角向周边递减。三种不同围岩级别下，其最大主应力的取值随着围岩级别的减小（Ⅲ～Ⅴ）而呈增大的趋势。

2. 最小主应力

在不同围岩下，其最小主应力最大值出现在横通道左下角位置，在横通道底部最小主应力值都比较大。三种不同围岩级别下，其最小主应力的取值随着围岩级别的减小（Ⅲ～Ⅴ）而呈减小的趋势。

3. 最大加速度

在不同围岩下，其最大加速度最大值出现在横通道左下角位置附近，最大加速度较大值主要集中在横通道底部，横通道底部以上位置的最大加速度都比较小。三种不同围岩级别下，其最大加速度的值随着围岩级别的减小（Ⅲ～Ⅴ）而呈增大的趋势。

4. 最大速度

在不同围岩下，其最大速度最大值出现在横通道左下角位置附近，最大速度较大值主要集中在横通道底部，横通道底部以上位置的最大速度都比较小。三种不同围岩级别下，其最大速度的值随着围岩级别的减小（Ⅲ～Ⅴ）而呈增大的趋势。

3.4.4　不同位置

3.4.4.1　交叉隧道不同位置点的加速度特性

由上节可以知道列车在行驶过程中，结构交叉隧道横通道最大加速度出现在横通道的左下角位置。为了有效地分析交叉隧道在纵深方向各力学特征随着车速和围岩级别的变化，在 A 隧道左侧和右侧按相同间距(约为 62.5m)取定不包括隧道两头点的 7 个点，在 B 隧道管片左侧和右侧按相同间距(62.5m)取定不包括隧道两头点的 7 个点，如图 3-38 所示。在横通道左下角内侧和顶部内侧沿 A 隧道一侧开始按相同间距(0.75m)取 5 个点，如图 3-39 所示。在分析中，将每个点在列车运行过程中随着列车运行速度、围岩级别变化而出现的加速度最大值选出，于是有各点在不同条件下其加速度最大值的对比图。

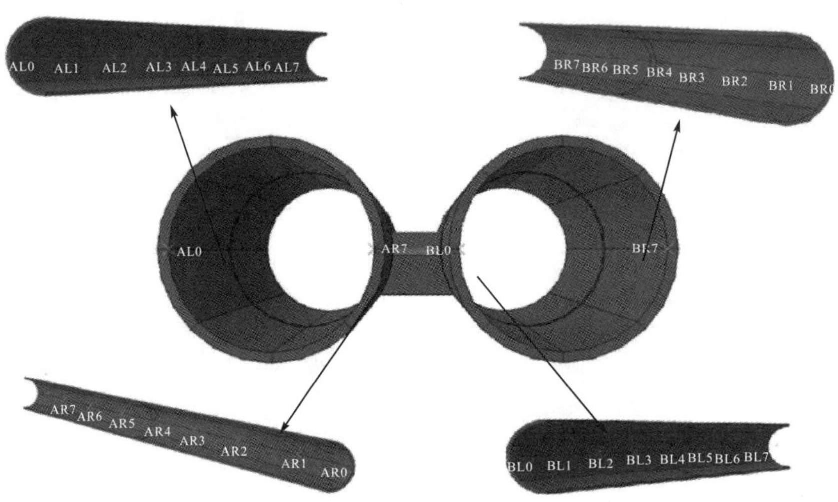

图 3-38 主隧道取点示意图

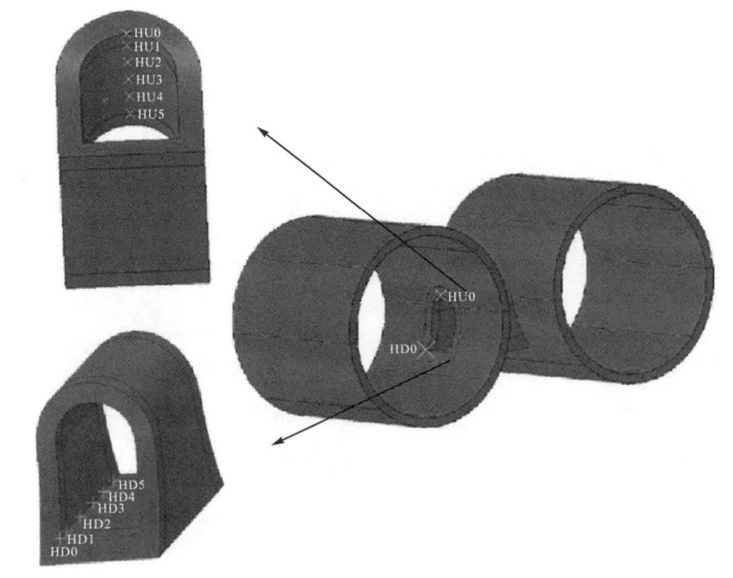

图 3-39 横通道取点示意图

图 3-40 为结构交叉隧道在不同车速情况下，围岩级别取为Ⅲ级，A、B 隧道净距为 3.0m，A 隧道右侧最大加速度沿隧道纵深方向的分布图。从图中可以看出，各点处最大加

速度随列车车速的增大而增大；A 隧道右侧取点加速度最大值沿列车行驶方向先增大后减小，然后增大再减小，在 A 隧道右侧取点加速度在离横通道最近点出现一个较小值。

图 3-41 为隧道不同围岩级别情况下，A、B 隧道净距为 3.0m，列车速度为 350km/h，A 隧道右侧取点的最大加速度沿隧道纵深方向的分布图。从图中可以看出，III级围岩下，各点最大加速度相对比较平均，Ⅳ级和Ⅴ级围岩情况下加速度的最大值变化较为明显，各点最大加速度随着围岩级别的减小(III～Ⅴ)而增大。对比各级围岩可以看到，靠近横通道的点其加速度受围岩级别变化的影响明显比远离横通道的点所受影响大，在离横通道最近的点出现一个较小值。

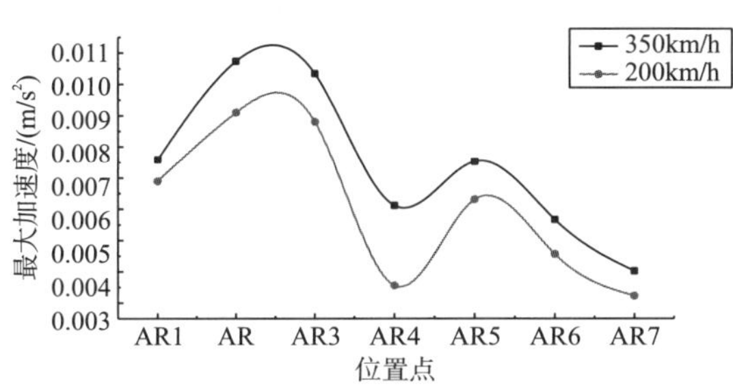

图 3-40　列车不同速度 AR1～AR7 点加速度图

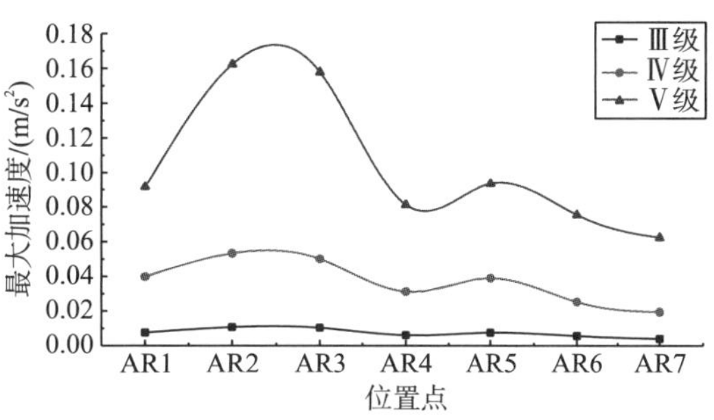

图 3-41　不同围岩级别 AR1～AR7 点加速度图

图 3-42 为结构交叉隧道在不同车速情况下，围岩级别取为III级，A、B 隧道净距为 3.0m，B 隧道左侧最大加速度沿隧道纵深方向的分布图。从图中可以看出，各点处最大加速度随列车车速的增大而增大；靠近横通道点的最大加速度值较小，离横通道较远点的加速度值相近；B 隧道左侧取点加速度最大值沿列车行驶方向先增大后减小，然后增大再减小。

图 3-43 为隧道围岩级别不同的情况下，A、B 隧道净距为 3.0m，列车速度为 350km/h，B 隧道右侧取点的最大加速度沿隧道纵深方向的分布图。从图中可以看出，随着围岩级别的变化，各点加速度的最大值变化较为明显，各点最大加速度随着围岩级别的减小(III～Ⅴ)而增大。对比各级围岩可以看到，靠近横通道的点突然出现一个较小值，在远离横通道的位置加速度最大值趋于相近值。

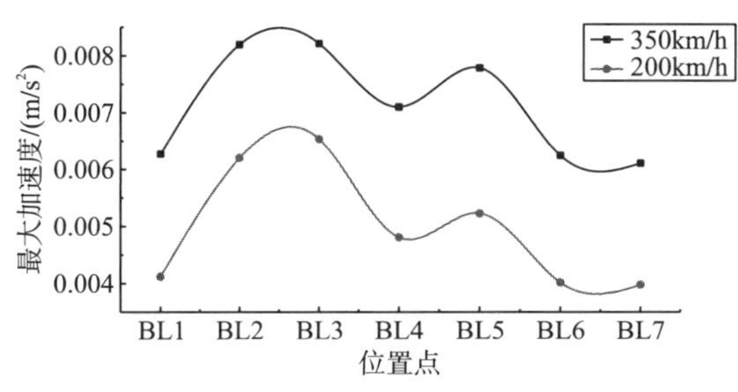

图 3-42　列车不同速度 BL1～BL7 点加速度图

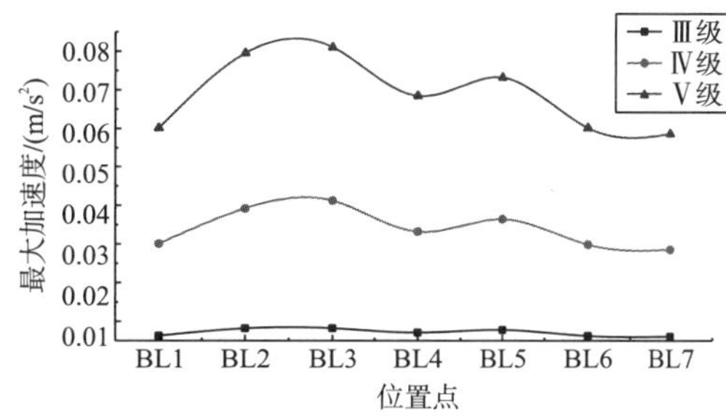

图 3-43　不同围岩级别下 BL1～BL7 点加速度图

图 3-44 为结构交叉隧道在不同车速情况下，围岩级别取为Ⅲ级，A、B 隧道净距为 3.0m，横通道左下角取点最大加速度沿靠近 A 隧道一边向 B 隧道纵深方向的分布图。从图中可以看出，各点处最大加速度随列车车速的增大而增大；靠近 A 隧道的点加速度值最大，从靠近 A 隧道一侧开始呈递减趋势。

图 3-45 为隧道不同围岩级别情况下，A、B 隧道净距为 3.0m，列车速度为 350km/h，横通道左下角取点最大加速度沿靠近 A 隧道一边向 B 隧道纵深方向的分布图。从图中可以看出，各级围岩横通道最大加速度最大值出现在靠近 A 隧道的点，随着围岩级别的减小(Ⅲ～Ⅴ)，各点加速度的最大值增大。

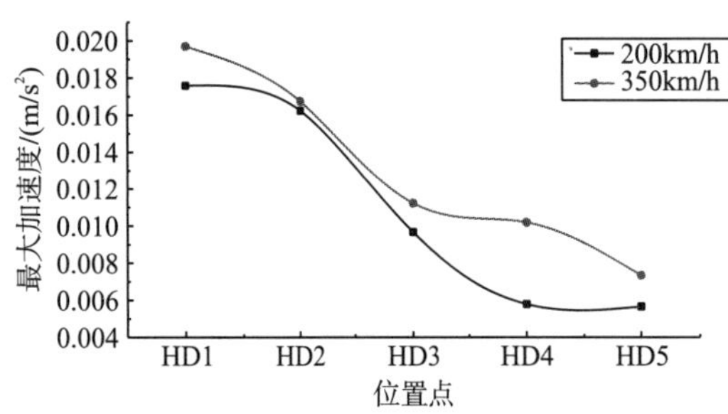

图 3-44 列车不同速度 HD1～HD5 点加速度图

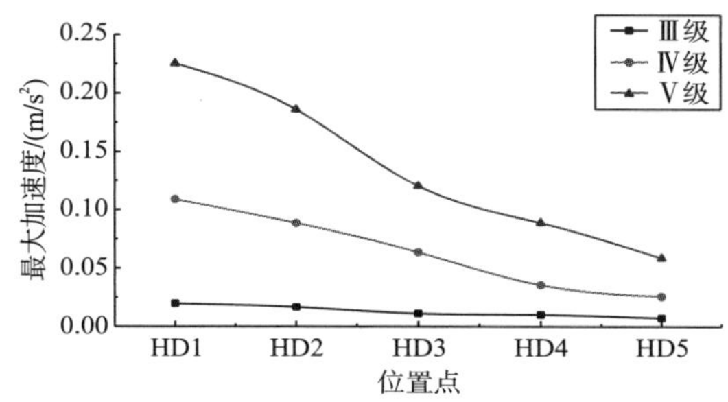

图 3-45 不同围岩级别 HD1～HD5 点加速度图

3.4.4.2 交叉隧道不同位置点的加速度时程曲线

上节分析了结构交叉隧道随着车速和围岩级别变化在纵深方向的加速度，本节重点分析横通道在纵深方向上各点加速度随着时间的变化趋势，也即列车运行过程中对各点加速度的影响。为了有效进行分析，取横通道左下角内侧点作为研究对象，A、B 隧道的净距为 3.0m，隧道围岩级别为Ⅲ级，列车运行速度为 350 km/h。HD1～HD5 点加速度时程曲线如图 3-46～图 3-50 所示，HU1～HU5 点加速度时程曲线如图 3-51～图 3-55 所示，BL1～BL7 及 AR1～AR7 点加速度时程曲线如图 3-56～图 3-69 所示。

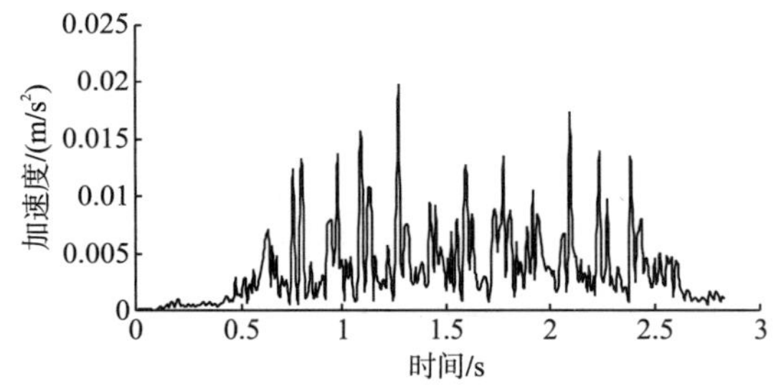

图 3-46 HD1 点加速度时程曲线图

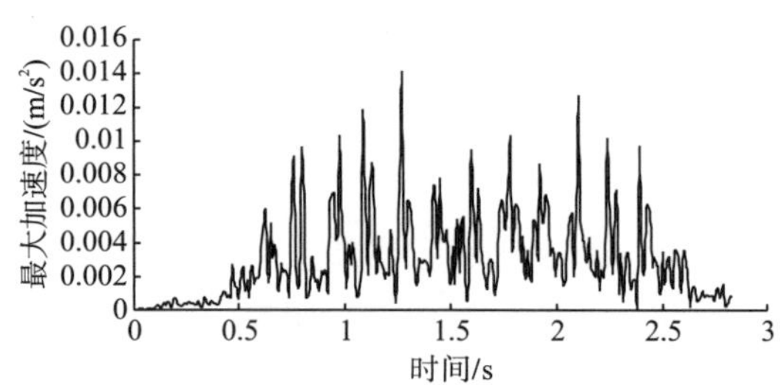

图 3-47 HD2 点加速度时程曲线图

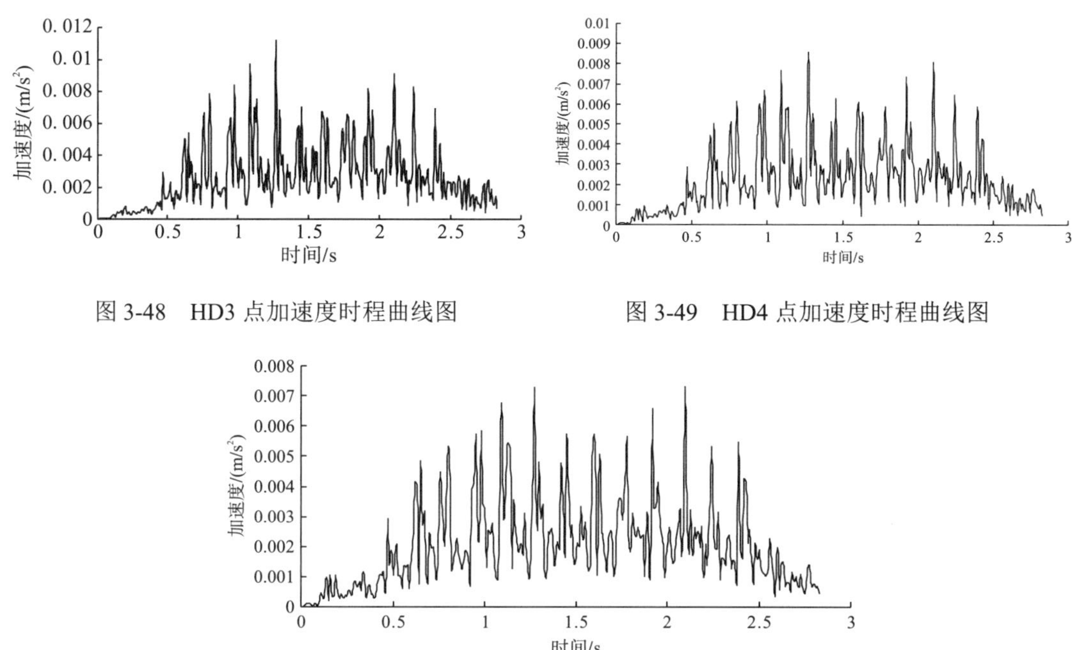

图 3-48　HD3 点加速度时程曲线图

图 3-49　HD4 点加速度时程曲线图

图 3-50　HD5 点加速度时程曲线图

对比图 3-46～图 3-50 横通道左下角内侧 5 个点加速度时程变化曲线图可以看到，从 0.5s 位置各点开始出现加速度峰值，加速度峰值主要出现在 0.5s 到 2.5s 这段时间内，从 0.5s 开始，列车车头到达横通道位置，横通道开始出现峰值，一直持续到 2.5s 列车车尾离开横通道位置。从数值上看，横通道左下角内侧的 5 个点，从 HD1～HD5 依次递减。

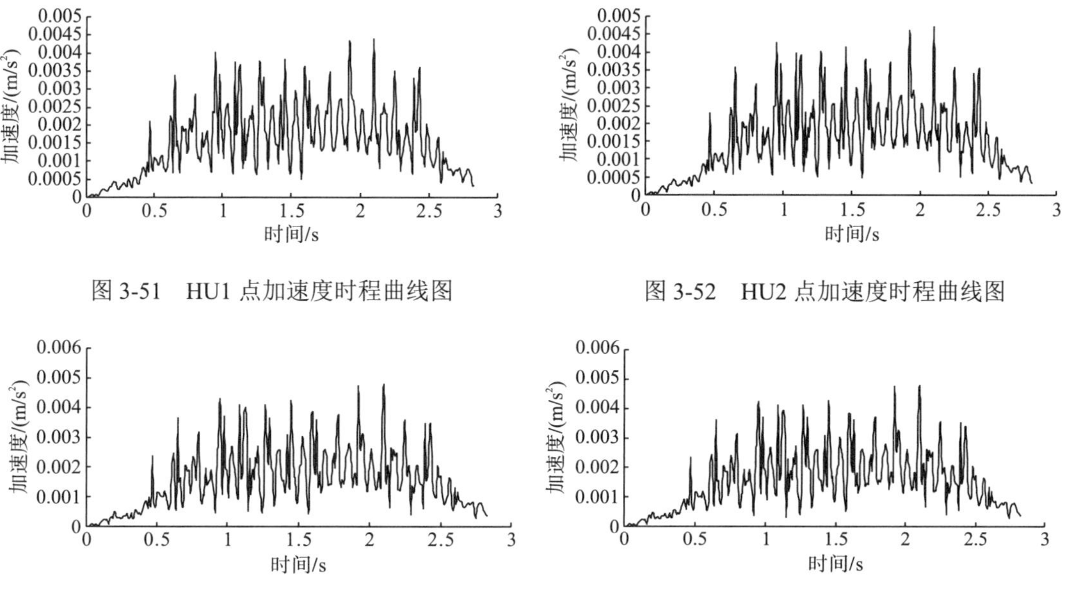

图 3-51　HU1 点加速度时程曲线图

图 3-52　HU2 点加速度时程曲线图

图 3-53　HU3 点加速度时程曲线图

图 3-54　HU4 点加速度时程曲线图

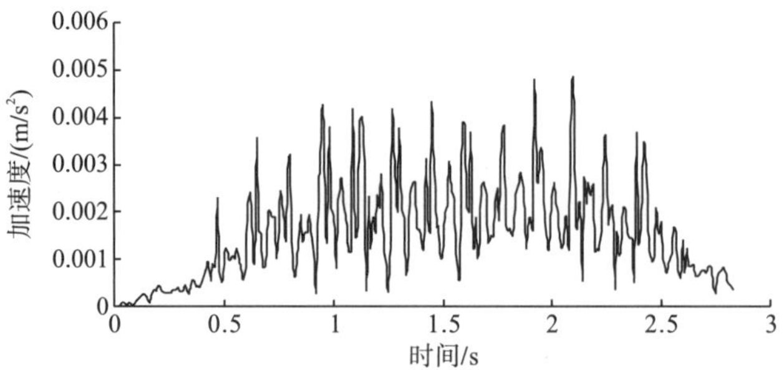

图 3-55　HU5 点加速度时程曲线图

对比图 3-51～图 3-55 横通道顶部内侧 5 个点加速度时程变化曲线图可以看到，从 0.5s 位置各点开始出现加速度峰值，加速度峰值主要出现在 0.5s 到 2.5s 这段时间内，从 0.5s 开始，列车车头到达横通道位置，横通道开始出现峰值，一直持续到 2.5s 列车车尾离开横通道位置。从数值上看，横通道顶部内侧的 5 个点，从 HU1～HU5 依次递减。

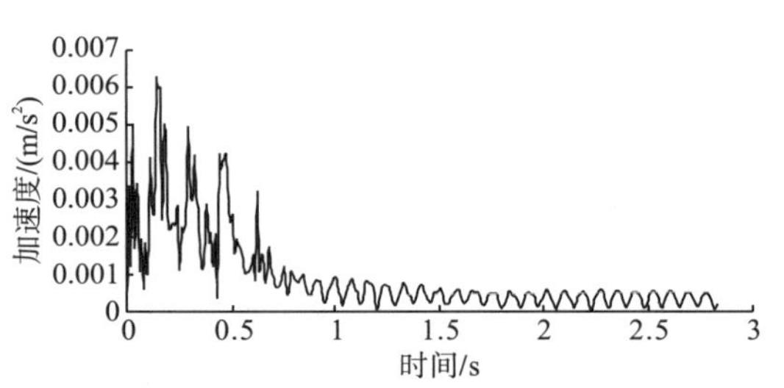

图 3-56　BL1 点加速度时程曲线图

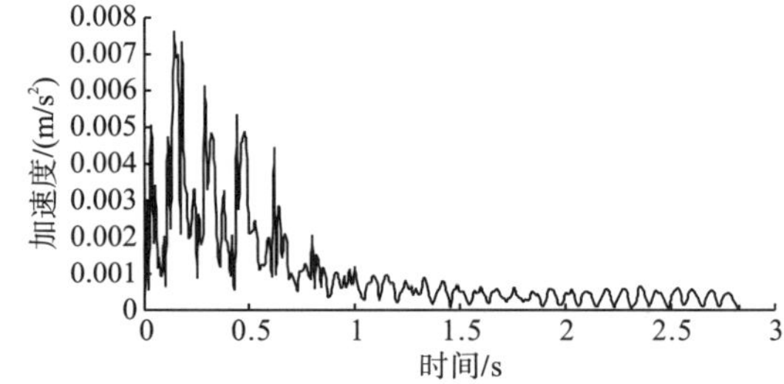

图 3-57　AR1 点加速度时程曲线图

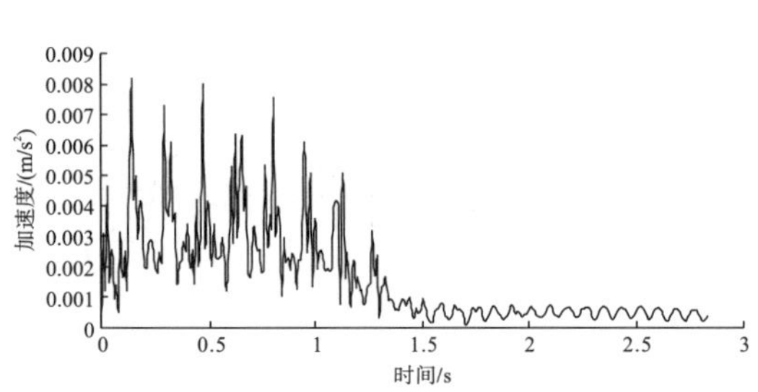

图 3-58　BL2 点加速度时程曲线图

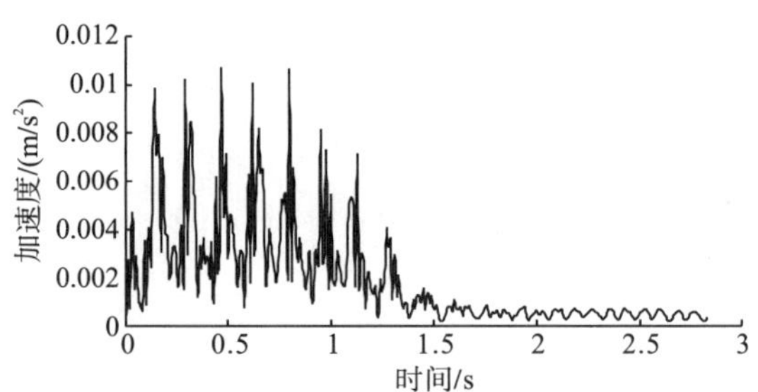

图 3-59　AR2 点加速度时程曲线图

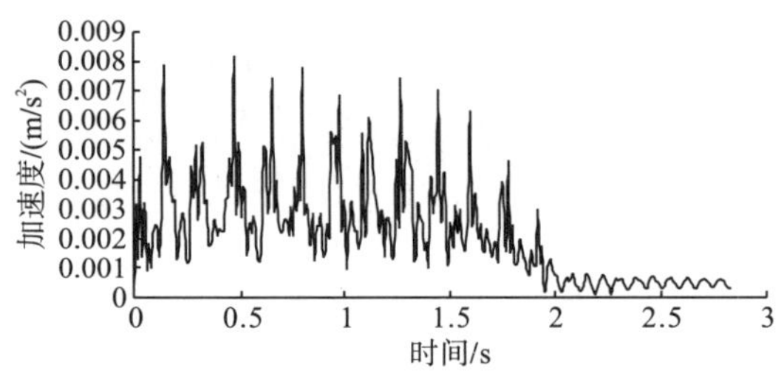

图 3-60　BL3 点加速度时程曲线图

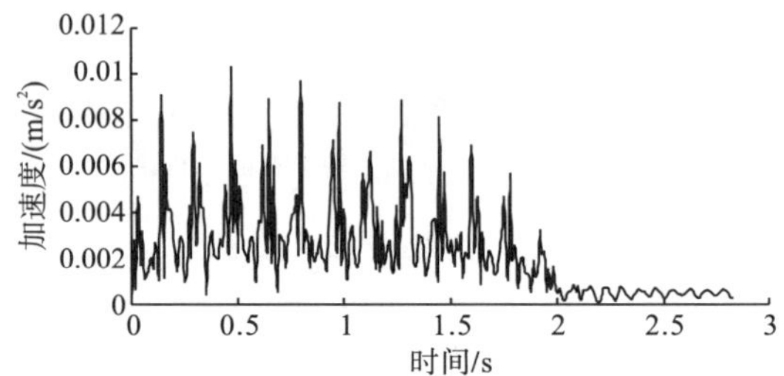

图 3-61　AR3 点加速度时程曲线图

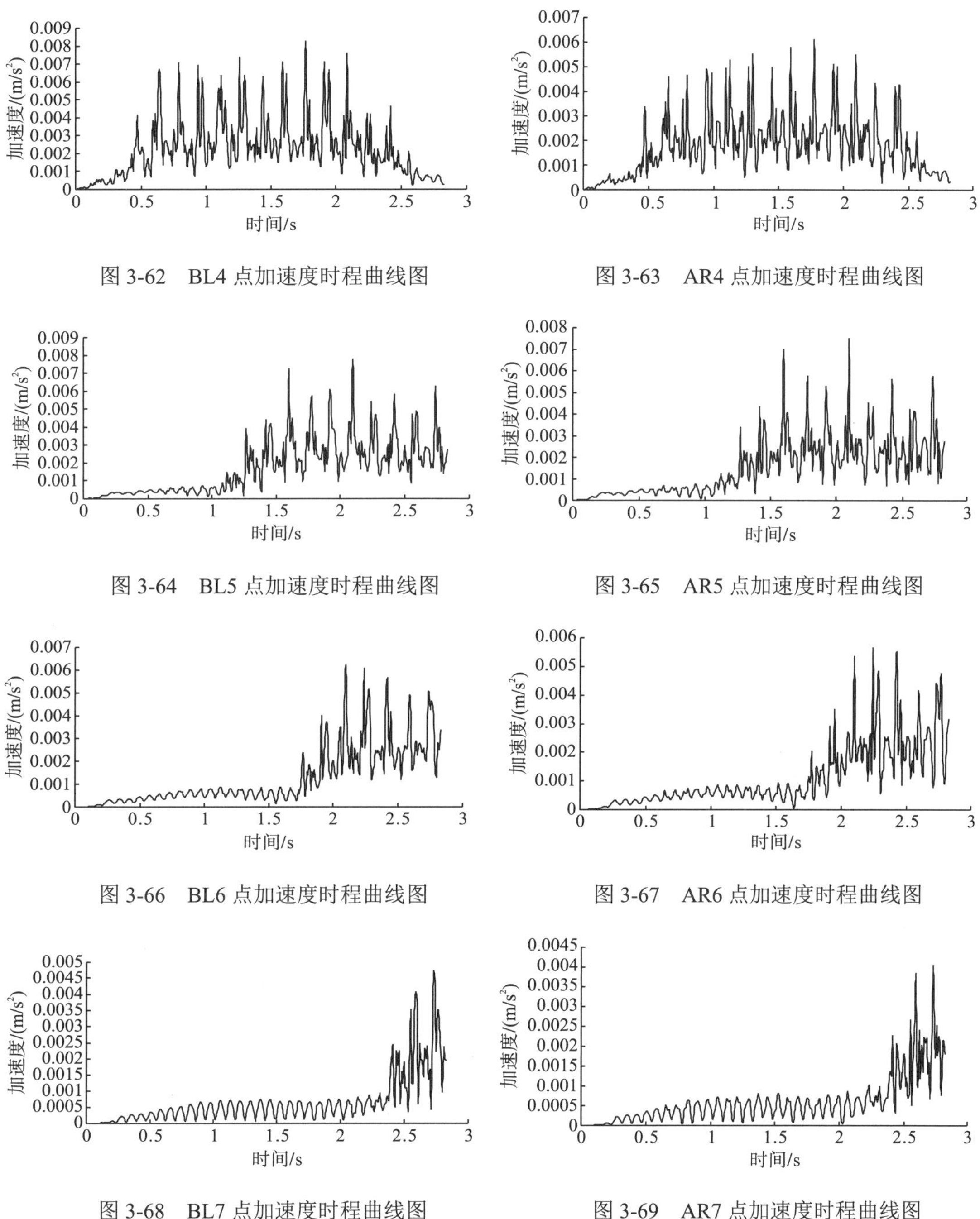

图 3-62　BL4 点加速度时程曲线图

图 3-63　AR4 点加速度时程曲线图

图 3-64　BL5 点加速度时程曲线图

图 3-65　AR5 点加速度时程曲线图

图 3-66　BL6 点加速度时程曲线图

图 3-67　AR6 点加速度时程曲线图

图 3-68　BL7 点加速度时程曲线图

图 3-69　AR7 点加速度时程曲线图

由图可知，每条曲线均围绕着一个较为固定的加速度基准值上下浮动。对比图 3-56～图 3-69A、B 隧道对称控制点位处的加速度时程曲线图可知，A 隧道右侧各控制点位的加速度基准值较与其对应的 B 隧道左侧各控制点的加速度基准值幅值高 10%～15%。但是，A 隧道右侧各控制点位的峰值加速度幅值与其对应的 B 隧道左侧各控制点的峰值加速度幅值大小关系无明显规律。

从整体变化趋势来讲，列车所在位置即对应了 A、B 隧道各自控制点位处的加速度时程曲线出现明显波动区域，即从加速度时程曲线的变化规律便可直观地观察出列车行驶的全过程。特别的，在 0.5～1.5s 时段，两侧隧道上的响应加速度幅值均较 1.5～3s 时段高 10%～35%。BR1～BR7 及 AL1～AL7 点加速度时程曲线如图 3-70～图 3-83 所示。

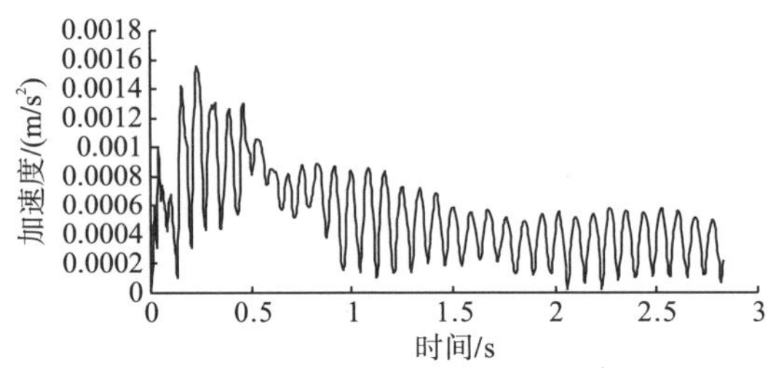

图 3-70　BR1 点加速度时程曲线图

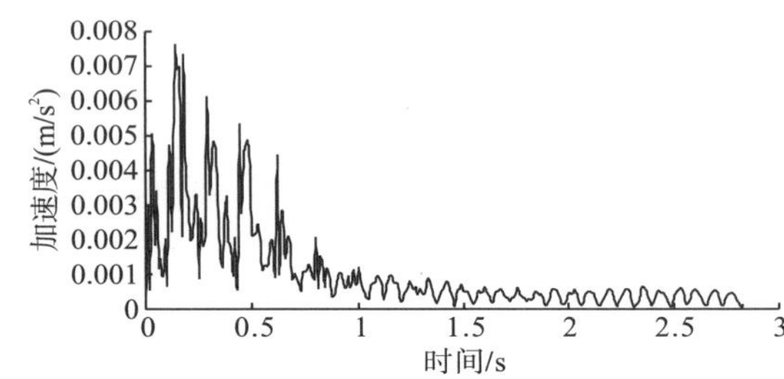

图 3-71　AL1 点加速度时程曲线图

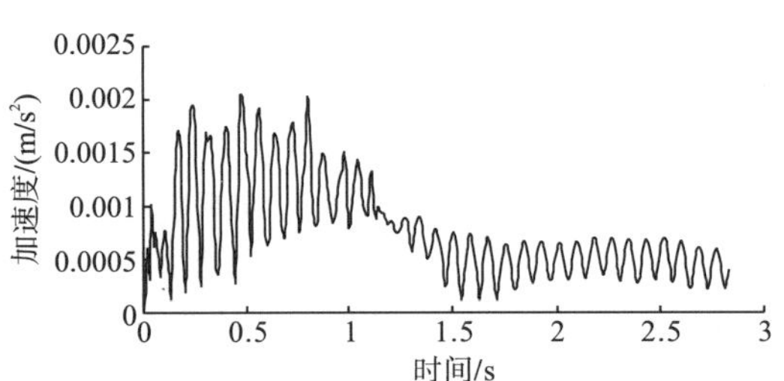

图 3-72　BR2 点加速度时程曲线图

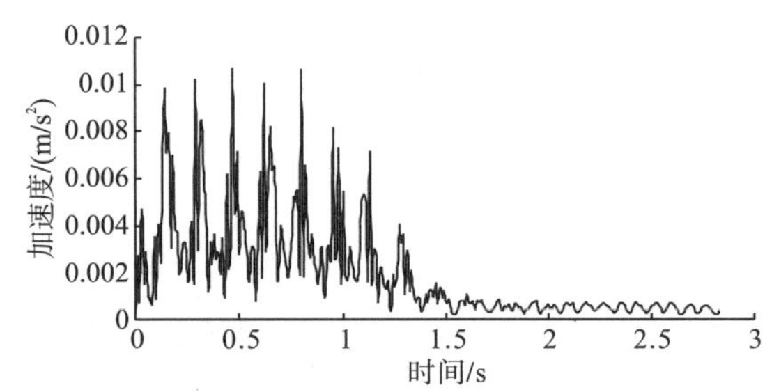

图 3-73　AL2 点加速度时程曲线图

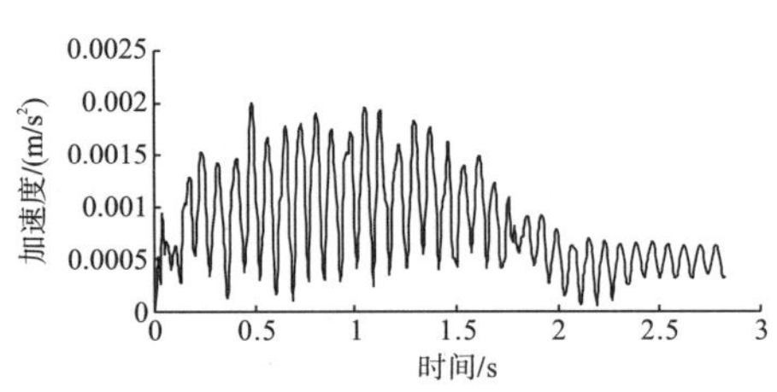

图 3-74　BR3 点加速度时程曲线图

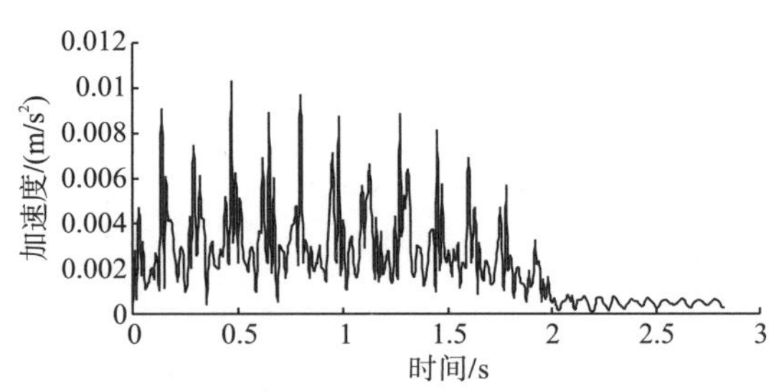

图 3-75　AL3 点加速度时程曲线图

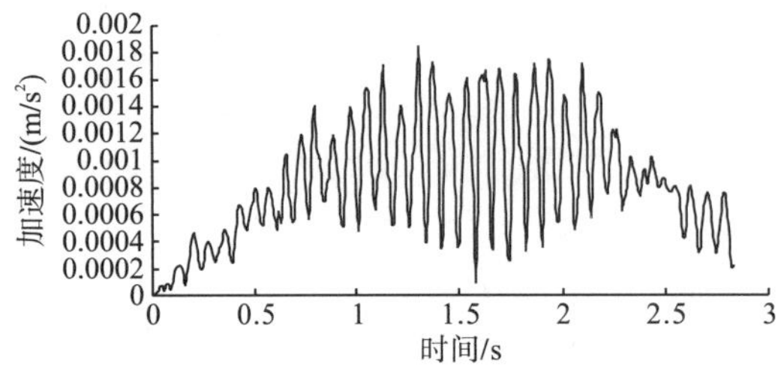

图 3-76　BR4 点加速度时程曲线图

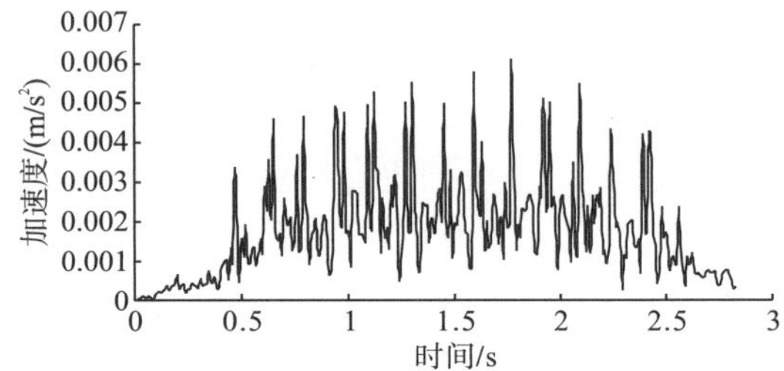

图 3-77　AL4 点加速度时程曲线图

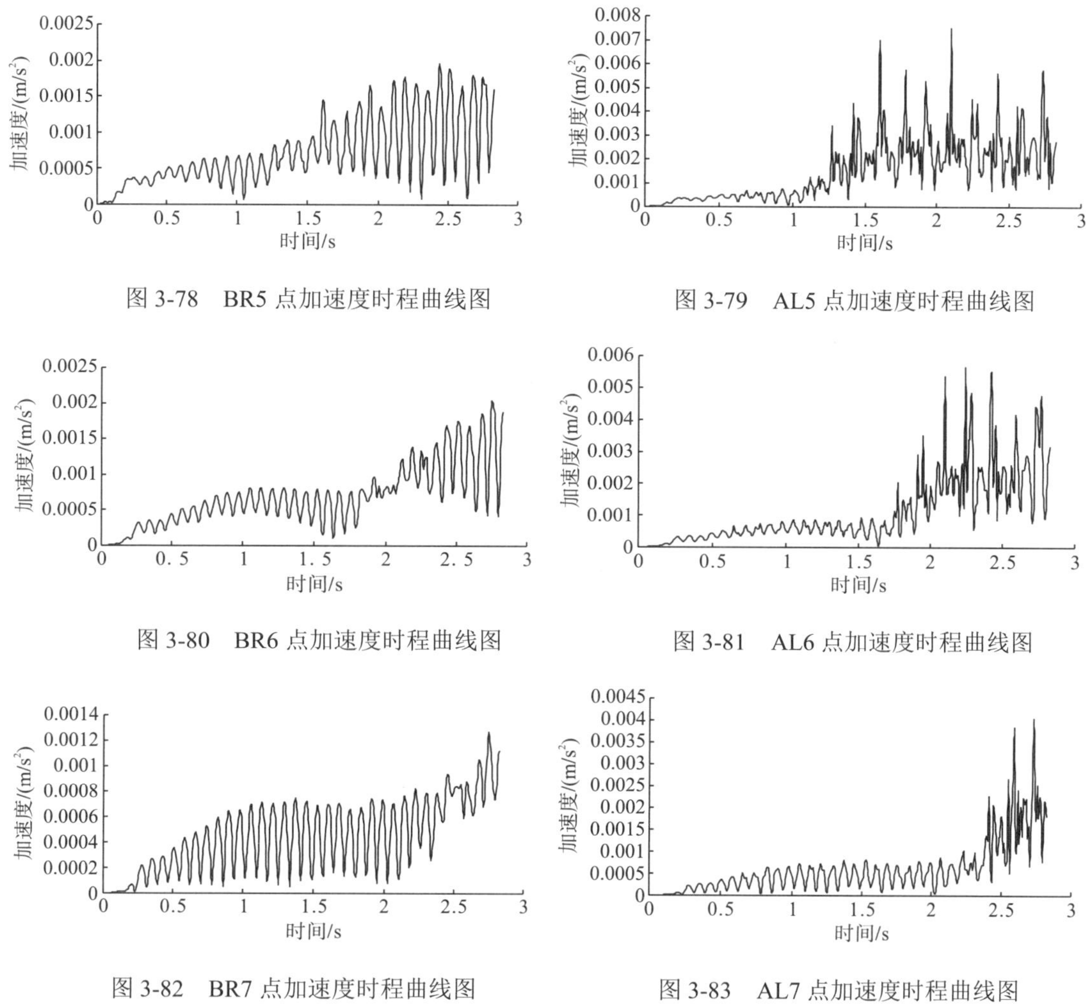

图 3-78　BR5 点加速度时程曲线图

图 3-79　AL5 点加速度时程曲线图

图 3-80　BR6 点加速度时程曲线图

图 3-81　AL6 点加速度时程曲线图

图 3-82　BR7 点加速度时程曲线图

图 3-83　AL7 点加速度时程曲线图

由图可知，每条曲线均围绕着一个较为固定的加速度基准值上下浮动。对比图 3-70～图 3-83 共 7 组 A、B 隧道对称控制点位处的加速度时程曲线图可以看到，A 隧道左侧各控制点位的加速度基准值较与其对应的 B 隧道右侧各控制点的加速度基准值幅值高 50%～60%。特别是，A 隧道左侧各控制点位的峰值加速度幅值较与其对应的 B 隧道右侧各控制点的峰值加速度幅值高 2～3 倍，变化幅度较为明显。

从整体变化趋势来讲，A 隧道各自控制点位处的加速度时程曲线出现明显波动的区域能比较准确地反映出列车所在位置，即从加速度时程曲线的变化规律便可直观地观察出列车行驶的全过程。但是，从 B 隧道各自控制点位处的加速度时程曲线可以看出，整体曲线变化幅度较为缓慢，即对列车所产生的移动振动荷载响应较为均匀。另外，在 0.5～1.5s 时段，两侧隧道上的响应加速度幅值均较 1.5～3s 时段高 15%～40%。

3.5 本章小结

(1) 从频域方面对动力响应进行分析，介绍了有关分析方法，从不同角度分析隧道结构在列车动力作用下的响应情况，揭示有关变化规律。

(2) 空间正交隧道中，列车在上部隧道行驶时，下部隧道各点的加速度响应呈现出先增大并平稳持续一段时间后再下降的特点，正交位置的振动响应加速度值明显大于该位置两侧较远各点的振动加速度响应值，离正交位置越近，其加速度主频表现越明显，并控制着加速度时程的宏观形态；离正交位置越远，其加速度主频并不突出，但整体加速度响应的频率较小。上部隧道各点位置加速度随列车前进的影响较大，在列车未到达或驶离时，相应位置的加速度由结构和围岩传递过来，数值相应较小，上部隧道正交位置由于受行驶列车直接持续作用的时间较长，因此其呈现加速度响应显著的时间较长。空间正交隧道中，其他因素不变的情况下，随着上下隧道净距的增加，上下隧道的振动加速度响应最大值均下降；随着列车在上行隧道中行驶速度的增加，上下隧道的振动加速度响应最大值也增加；随着围岩级别减小(Ⅲ～Ⅴ)，上下隧道的振动响应加速度最大值相应增大。

(3) 空间正交隧道中，上部隧道与下部隧道正交位置处上部隧道衬砌单元环最大主应力出现在拱脚位置，且随着上下隧道净距增加而减小，随着列车行驶速度的增加而增大，随着围岩级别的减小(Ⅲ～Ⅴ)而减小；其最小主应力出现在拱底，且随着上下隧道净距的增加而减小，随着列车行驶速度的增加而增加，随着围岩级别的减小(Ⅲ～Ⅴ)而减小；上下隧道离得最近的上隧道单元环最大速度出现在拱底，且随着上下隧道净距的增加而减小，随着列车行驶速度的增加而增加，随着围岩级别减小(Ⅲ～Ⅴ)而增加。

(4) 空间正交隧道中，上部隧道与下部隧道正交位置处下部隧道衬砌单元环最大主应力出现在拱顶位置，且随着上下隧道净距增加而减小，随着列车行驶速度的增加而增加，随着围岩级别的减小(Ⅲ～Ⅴ)而减小；其最小主应力出现在拱肩附近，且随着上下隧道净距的增加而减小，随着列车行驶速度的增加而增加，随着围岩级别的减小(Ⅲ～Ⅴ)而减小；上部隧道与下部隧道正交位置处下部隧道衬砌单元环最大速度出现在拱顶，且随着上下隧道净距的增加而减小，随着列车行驶速度的增加而增加，随着围岩级别的减小(Ⅲ～Ⅴ)而增加。

(5) 结构交叉隧道中靠近左隧道的横通道单元环的最大主应力出现在右下角，最大速度出现在左下角附近；结构交叉隧道在不同列车行驶速度的情况下，随着列车行驶速度的增加，左隧道右侧取点的振动响应加速度值增大；随着围岩级别的减小(Ⅲ～Ⅴ)，左隧道右侧取点的振动响应加速度值增大；列车在行驶过程中，在靠近横通道最近的右隧道取点处最大加速度会产生一个相对最小值。结构交叉隧道在列车行驶速度不同的情况下，随着列车行驶速度的增加，右隧道左侧取点的振动响应加速度增大；随着围岩级别的减小(Ⅲ～Ⅴ)，右隧道左侧取点的振动响应加速度值增大；列车在行驶过程中，在靠近横通道最近的右隧道取点处最大加速度也会产生一个相对最小值；在远离横通道的位置，右隧道的振动响应加速度值趋于一个相近值。结构交叉隧道在列车行驶速度不同的情况下，随着列车行驶速度的增加，横通道左下角内侧取点的振动响应加速度值增大；随着围岩级别的减小(III～V)，横通道左下角内侧取点的振动响应加速度值增大；横通道左下角内侧取点沿远离左隧道方向的振动响应加速度值呈递减趋势。总体上看，横通道左下角纵向各点的最大加速度都大于所在截面顶点的最大加速度。

(6)列车所在左隧道对列车振动荷载的动力响应最显著，但其左右两侧响应幅值较为相近。右隧道为无车侧隧道，其对列车振动荷载的动力响应呈现明显的不对称分布，左侧动力响应幅值较右侧高 2.5～4 倍。对左右隧道的对称位置的加速度时程曲线进行对比可知(如左隧道右侧和右隧道左侧，左隧道左侧与右隧道右侧)：左隧道右侧除横通道与主隧道交叉开口位置墙体拐角点外，其他各点加速度最大值通常比右隧道左侧对称点加速度最大值要大或近似相等。左隧道左侧与右隧道右侧对称各点的加速度曲线频谱特性发生明显变化，通常左侧隧道左侧各点的加速度频率要高于右隧道右侧对称点，且其加速度最大值明显高于右隧道右侧对称点的加速度最大值。总体上看，右隧道左侧动力响应幅值较左隧道任意侧动力响应幅值略低，随着列车的行进，后到达点的显著加速度响应出现的时间相对滞后。

第4章　基于室内试验的结构交叉盾构隧道动力响应

本章设计并研制了用于列车振动试验的相似模型试验装置，通过对结构交叉盾构隧道中不同位置单点激振，初步研究交叉盾构隧道管片衬砌结构以及周围土体中的动力响应机理；然后再通过施加不同的列车振动荷载，从而得到列车振动荷载作用下，结构交叉盾构隧道以及围岩的动力响应特征及其传播规律。

4.1　试验设计

地铁列车移动荷载振动试验的核心是模拟地铁列车荷载特征，因此研究地铁列车编组在盾构隧道中的荷载模型十分重要。根据图4-1和图4-2所示，由于地铁列车运行在连续的钢轨上，因而地铁列车和钢轨相互作用所产生的列车振动荷载在空间和时间上都是连续的。然后由轨道结构中按一定间距分布的离散的扣件系统将上部连续的激振荷载转化为多个作用在轨道结构特定位置上的竖向激振荷载，再传递到混凝土道床上，接着由道床传递到盾构管片隧道上，最后将荷载传递到土层中。其中，在地铁列车振动荷载作用下，每一个扣件系统所受到的振动荷载曲线都可以由实测情况所得，或者通过车-轨-路耦合动力分析模型计算求得。因此本章采用相似模型试验的手段通过对结构交叉隧道施加竖向的扣件荷载，从而实现对地铁编组列车在交叉盾构隧道中行驶进行模拟。

图4-1　实际长枕埋入式整体道床

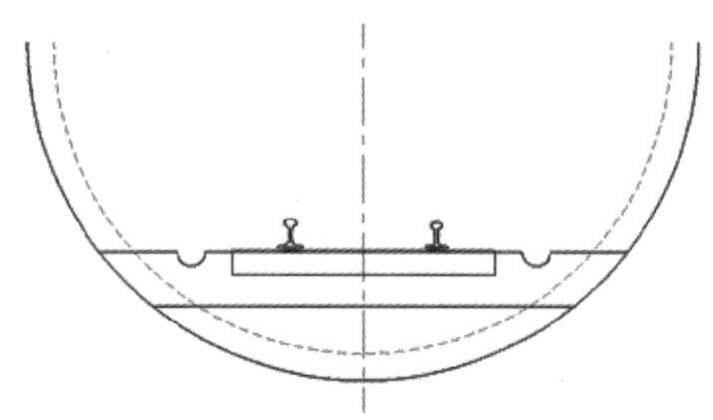
图4-2　简化长枕埋入式整体道床

为了更好地分析盾构隧道中结构的受力分布情况，绘制了盾构隧道中地铁列车垂向的动力学分析模型，如图4-3所示。从图4-3中可以看出，该模型中受力结构从上到下是由地铁编组列车、转向架、钢轨、扣件系统(含轨枕)、轨道板、混凝土道床、混凝土管片组成。沿行车方向，相邻两扣件的列车荷载时程曲线存在时间间隔Δt，由于对于特定的轨道，扣件间距是确定的，所以时间间隔是由地铁列车运行速度所决定的。

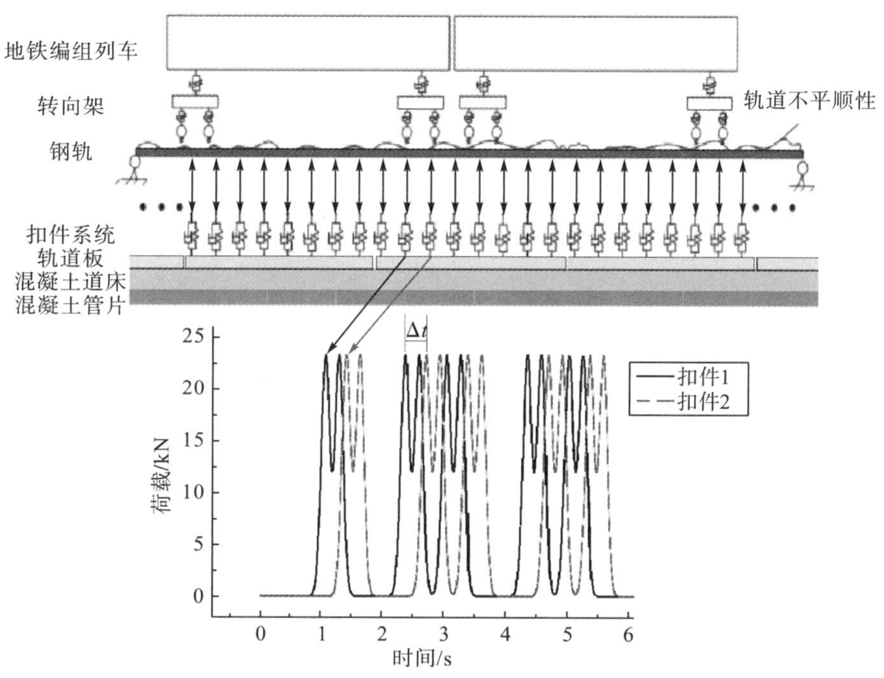

图 4-3　盾构隧道垂向动力学分析模型

目前，国内外学者通过相似模型试验研究地铁列车荷载作用下对隧道结构的影响，一般采用单个激振器进行激振。由于单个激振器无法考虑列车的行驶效应，即无法研究相邻扣件力之间动荷载所产生的叠加现象，与真实的地铁编组列车荷载相差较大，很难反映地铁列车在隧道行驶过程中隧道管片结构的动态响应特征，仅能对隧道的响应机理进行研究分析。因此，本章根据盾构隧道中地铁列车垂向动力学分析模型，将相似模型试验所需的地铁列车振动荷载通过在混凝土道床上扣件位置施加竖向的激振荷载来实现，并通过多个激振器按一定时间间隔施加扣件荷载，从而模拟列车行驶效应。若相邻激振扣件位置的间隔为D，则相邻激振扣件位置加载的时间间隔$\Delta t=D/v$，其中v是地铁列车行驶的速度。本章相似模型试验中采用的距离为 0.25m(实际状态为 3.75m)。所采用的地铁列车行驶速度为 40km/h。则列车振动荷载加载时间间隔Δt为 0.34s。本章所采用的地铁列车振动扣件荷载之一如图 4-4(彩图见附录)所示。扣件振动荷载曲线呈现 12 个“M”型，这与地铁列车编组 6 节车厢的 12 组转向架和 24 组轮对相对应，每一个波形的波峰与地铁列车轮轴位置对应。且由于列车转向架的两轮轴位置较近，所以存在一定的荷载叠加响应，从而形成了波形中的波谷。对于同一编组列车运行而言，某一扣件位置的列车荷载时程曲线中，相邻波峰之间的时间间隔ΔT与列车运行时间有关。

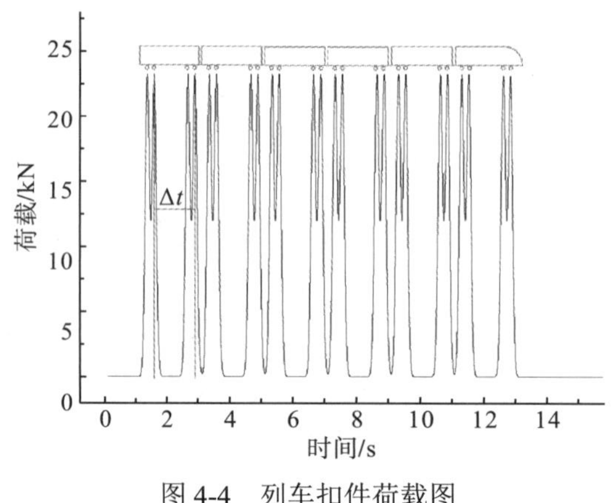

图 4-4　列车扣件荷载图

4.1.1　试验目的

本相似模型试验的主要目的是：①研究列车振动荷载作用下，交叉隧道衬砌结构的振动响应特征及其传播规律；②探究列车振动荷载作用下，围岩中测点的振动响应特征及其传播规律；③研究联络横通道对衬砌振动响应特征的影响规律。

4.1.2　相似比

在动力学条件下，隧道结构及围岩的受力关系表示为

$$\sigma = f(u,v,a,g,\rho,t,\omega,E,l) \tag{4-1}$$

其中，σ 代表应力（Pa）；u 代表位移（m）；v 代表速度（$\mathrm{m\cdot s^{-1}}$）；a 代表加速度（$\mathrm{m\cdot s^{-2}}$）；g 代表重力加速度（$\mathrm{m\cdot s^{-2}}$）；ρ 代表密度（$\mathrm{kg\cdot m^{-3}}$）；t 代表时间（s）；ω 代表频率（$\mathrm{s^{-1}}$）；E 为弹性模量（Pa）；l 为长度（m）。

本次相似模型试验采用的几何相似比 C_l 为 15，密度相似比 C_ρ 为 1，弹性模量相似比 C_E 为 30。由相似理论可得本次试验的其他参数，其中加速度相似比为 $C_a=1$，重力加速度相似比 $C_g=1$，速度相似比 $C_v=C_lC_\rho^{0.5}C_E^{-0.5}=2.74$，时间相似比 $C_t=C_lC_\rho^{0.5}C_E^{-0.5}=2.74$，频率相似比 $C_\omega=C_l^{-1}C_\rho^{-0.5}C_E^{0.5}=0.365$，荷载相似比 $C_F=C_l^3C_\rho=3375$。总结见表 4-1。

表 4-1　物理力学参数相似比汇总表

参数	C_l	C_E	C_ρ	C_v	C_a	C_g	C_t	C_ω	C_F
相似比	15	30	1	2.74	1	1	2.74	0.365	3375

由于本次相似模型试验主要涉及盾构隧道管片衬砌和围岩的力学参数，并且在地铁列车振动试验中，其盾构隧道管片衬砌以及围岩的变形均处于弹性范围内，因此在选取相似试验材料时主要考虑了管片以及围岩的弹性模量、剪切模量、泊松比以及容重等弹性参数。通过对比多组试验以及以往的试验研究成果[91]，最后确定隧道管片衬砌材料

选用石膏：水：硅藻土按 1：1.8：0.4(质量比)配比混合模拟。土体根据河沙、石英砂、粉煤灰和机油按一定配比混合模拟。隧道衬砌以及土体的原型和模型参数分别如表 4-2 和表 4-3 所示。

表 4-2　隧道衬砌参数

参数	弹性模量 E/GPa	剪切模量 G/GPa	泊松比 μ	容重/(kN/m^3)
原型	34.5	13.3	0.3	24
模型	1.1	0.44	0.3	24

表 4-3　土体参数

参数	弹性模量 E/MPa	剪切模量 G/MPa	泊松比 μ	容重/(kN/m^3)
原型	52～68	21～26	0.3	19～20.1
模型	2.1	0.75	0.3	20

4.1.3　试验模型

本次相似模型试验所采用的模型箱尺寸为 3m(长)×1.05m(宽)×1.9m(高)，具体如图 4-5 所示。隧道上部覆土厚度 0.7m，下部土体厚度 1m。为了保证试验的准确性，在模型箱内采用吸振材料 Duxseal，材料厚度为 20mm。该材料可以吸收反射波，从而降低了模型箱所产生的边界效应。本次结构交叉盾构隧道模型共 26 环(左右各 13 环)，左右隧道之间以联络横通道连接。盾构隧道管片环外径和内径分别为 40cm 和 36cm，厚度为 2cm，管片幅宽 8cm，管片衬砌环按常用划分方式分为 6 块(3+2+1)，其中封顶块对应圆心角为 20.5°，连接块对应圆心角为 68.5°，标准块对应圆心角为 67.5°。在本次相似模型试验中，对于隧道环与环之间结构螺栓，采用直径为 4mm 的钢棒模拟；对于隧道管片环内接头，则采用在接头位置开槽，使其管片刚度弱化。根据相关研究，对于埋深 10m 的盾构隧道，其实际的开槽深度为 17.5cm，则通过相似比转化到模型上需开槽 11.5mm。隧道联络横通道尺寸为 26.7cm(高)×21.3cm(宽)，两盾构隧道的中心间距为 66.7cm。

图 4-5　相似试验模型箱

4.1.4 测试内容

本次相似模型试验测试的内容包括激振器产生的振动荷载、结构交叉隧道管片衬砌上的加速度以及围岩中的加速度(表 4-4)。采用的部分测试仪器如图 4-6 所示。

表 4-4 测试内容

编号	测量内容	测量元件	数据采集仪
1	振动荷载	动态力传感器	智能信号采集处理分析仪
2	加速度	加速度传感器	智能信号采集处理分析仪

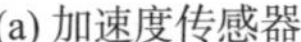

(a) 加速度传感器

(b) 激振器

(c) 信号发生器

图 4-6 测试仪器

相似模型试验中传感器布置的位置是根据相应理论成果及本次试验的测试目标确定的，在满足基本信息采集的精确情况下，应避免仪器布置对测试结果准确性的影响。传感器的布置及编号如图 4-7 所示。根据图 4-7 可知，本次相似模型试验中在 A 隧道衬砌底部分别布置 7 个加速度传感器，测点为 A1-1、A3-1～A13-1，横通道内底板中部布置了 3 个加速度传感器，分别为 C1、C2 和 C3；在 B 隧道中布置 3 个传感器，测点位置分别为 B3-1、B7-1 和 B9-1。在隧道结构的上部土体内则埋设了 3 层共 11 个加速度传感器，测点位置编号为 S1,S2,…,S11。

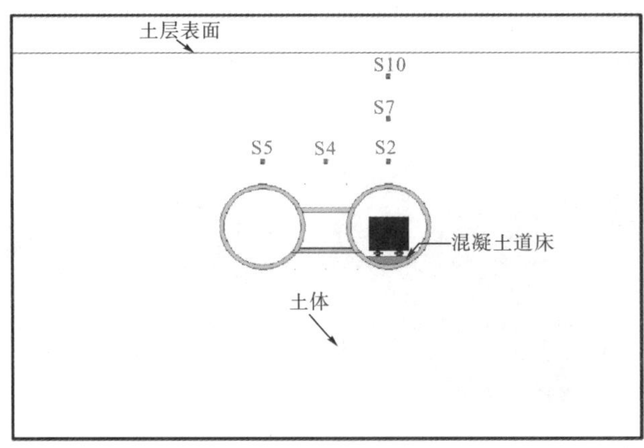

(a) 正视图

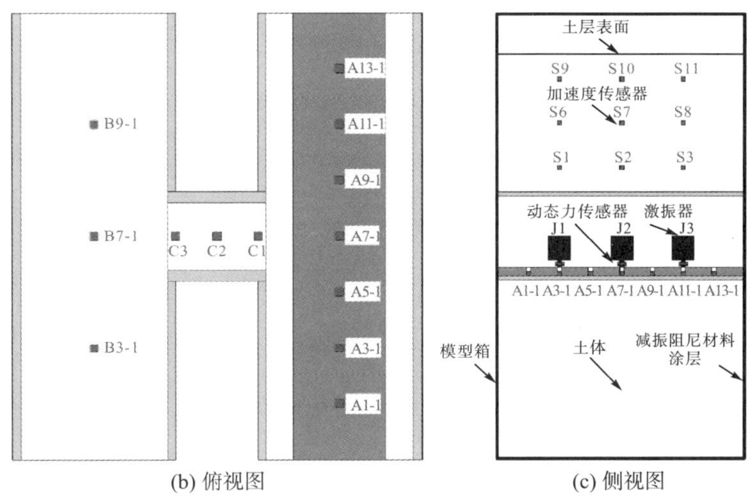

(b) 俯视图　(c) 侧视图

图 4-7　加速度传感器布置图

4.2　振 动 荷 载

4.2.1　实测荷载

图 4-8 为实测上海地铁 1 号线徐家汇站附近长枕埋入式轨道的钢轨上轮轨冲击力。地铁编组列车为 6 节编组，其运行速度为 40km/h。

通过国内外学者对地铁车辆-扣件轨道系统的动力学分析研究可知，在不同的扣件刚度下，轮轨作用力以及扣件反力作用下，扣件反力最大值都处在轮轨力最大值的 23%～35%之间，并且列车的运行速度对同一种刚度和阻尼的扣件荷载分担比影响不大。因此本次试验所施加的扣件力可以通过实际获得的钢轨力乘以扣件的最大荷载比，从而得到本次试验所加载的激振荷载力。本章采用的荷载比为 0.27，所得到的激振荷载力如图 4-9 所示。

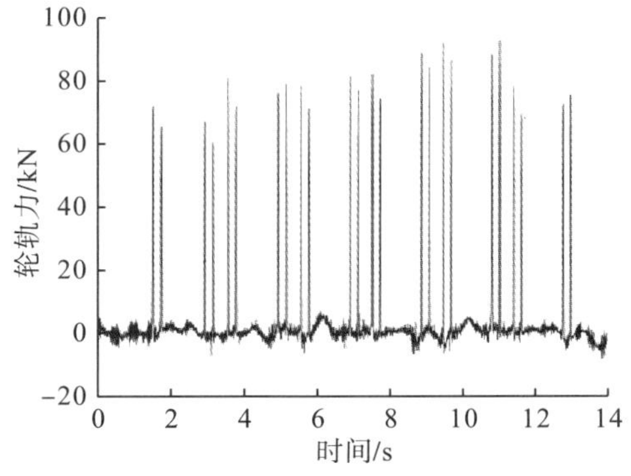

图 4-8　钢轨上实测地铁列车冲击荷载（v=40km/h）

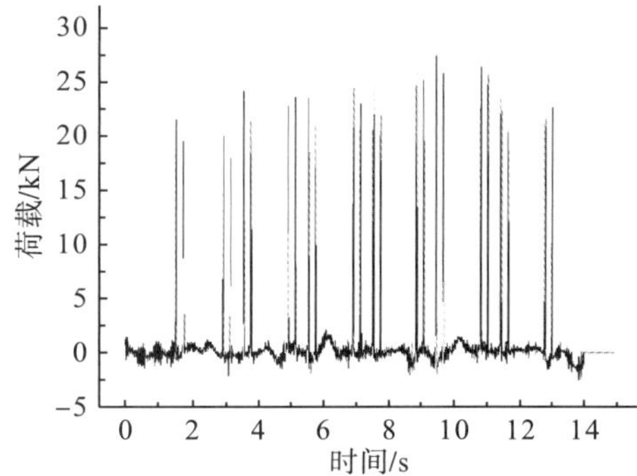

图 4-9　实测荷载（v=40km/h）

4.2.2 模拟荷载

隧道衬砌结构的振动荷载通常包括：①由轨道弹簧和车辆的簧下质量的运动所产生的振动荷载，这取决于列车的车辆和速度等参数；②由于轨面不平顺产生的冲击力，这是不规则的水平和轨下基础的动态性能的影响；③由于车轮运动出现的周期性荷载，这与列车运行的速度和轮距存在一定相关。

(1) 考虑轨道弹簧和车辆的簧下质量的运动所产生的振动荷载。边学成[92]通过模型试验研究板式轨道-路基荷载传递规律，得到了轮轨荷载作用下扣件的荷载分担比。通过试验得到扣件荷载分担比结果并进行进一步的研究分析，得到了编组列车荷载作用下，轨道上扣件所受振动荷载的时程变化曲线公式：

$$\begin{aligned} f(v,t) &= P_0\gamma(vt - x_0) && \text{单个轮对} \\ &= \sum_{i=1}^{2} P_0\gamma(vt - x_i) && \text{单个转向架} \\ &= \sum_{i=1}^{n}\sum_{j=1}^{4} P_0\gamma(vt - x_{ij}) && n\text{节车厢} \end{aligned} \tag{4-2}$$

$$\gamma(x) = a\mathrm{e}^{-\frac{x^2}{2w^2}} \tag{4-3}$$

其中，P_0 为轮轨垂向力；x_{ij} 为列车轮轴的位置；v 为列车的运行速度；t 为列车运行时间；w 为常数，对应单个轮轴荷载作用下纵向的影响范围，取 0.78；a 为常数，对应单个轮轴荷载作用下扣件所承担的最大荷载比例，取 0.34。从而得到不考虑平顺性的扣件荷载，如图 4-10 所示。

(2) 不考虑轨道平顺性产生的振动荷载。根据已有研究成果[93-95]，通过建立三维车辆-轨道耦合模型，以 5 级轨道谱为例，模拟出 40km/h 时速的编组列车运行后所产生的列车振动荷载。图 4-11 为时速为 40km/h 的列车振动荷载时程曲线图。

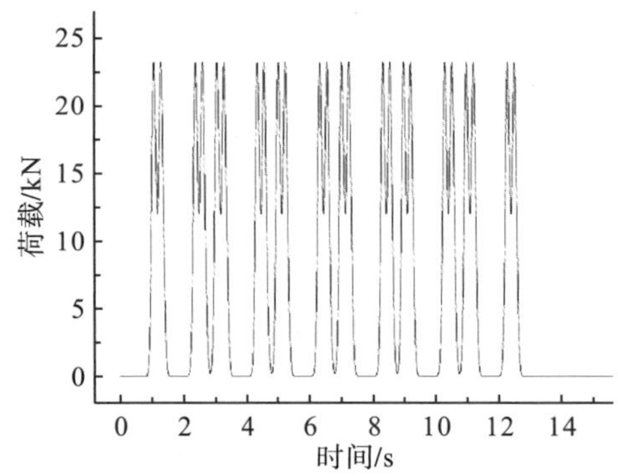

图 4-10 不考虑平顺性的扣件荷载

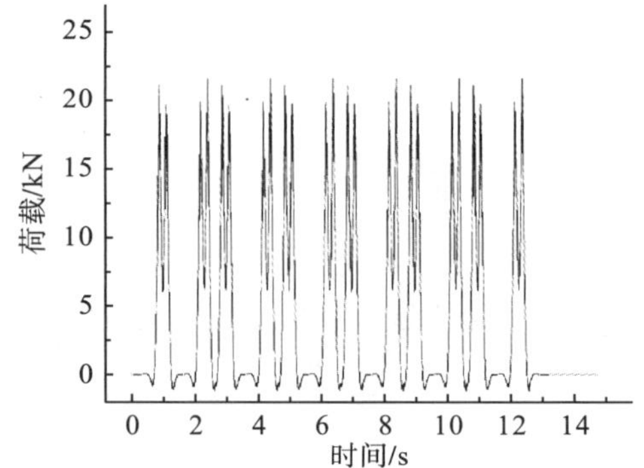

图 4-11 不考虑平顺性的扣件激振荷载

本次列车振动荷载加载过程如图 4-12 所示，首先通过试验电脑导入试验所需的激振荷载曲线到测试软件中，再通过任意波形发生器产生信号，再通过功率放大器将信号放大，接着由接触式激振器输出激振荷载，最后通过动态力传感器将力传递到隧道道床上，然后引起交叉盾构隧道整体的振动响应。

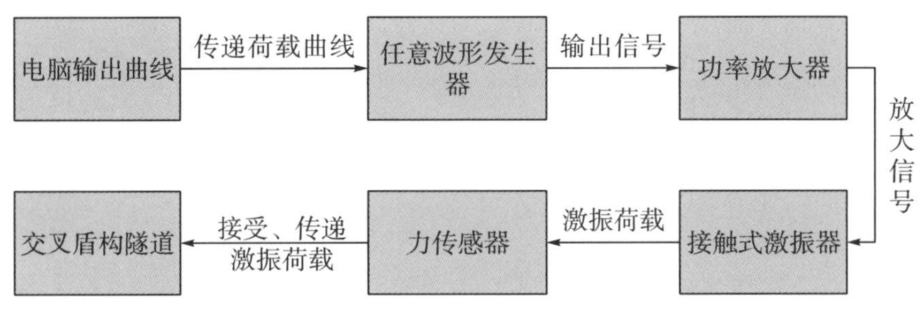

图 4-12　相似模型试验流程图

4.3　单激振器作用

为了研究结构交叉盾构隧道在列车荷载作用下，其衬砌结构以及周围土体的动力响应特征及其传播规律，采用对结构交叉盾构隧道不同位置施加扣件荷载的方式，探究在不同位置激振下，结构交叉隧道衬砌结构和围岩的振动响应及传播规律。

4.3.1　隧道中部振动

当在交叉盾构隧道的 A 隧道中部激振时，即只模拟了一组扣件传递列车振动荷载的情况，此时所测的管片特征点的加速度时程曲线如图 4-13 所示。

根据试验所测得的加速度时程曲线图 4-13 可以看出，交叉隧道中激振隧道衬砌结构上的测点位置加速度呈现出 12 个波峰，波峰之间的时间间距与列车轮对之间的间距和运行时间存在一定的关系，并和加载的激振荷载波峰相对应。各个测点加速度响应的总时间为 11.4s 左右。

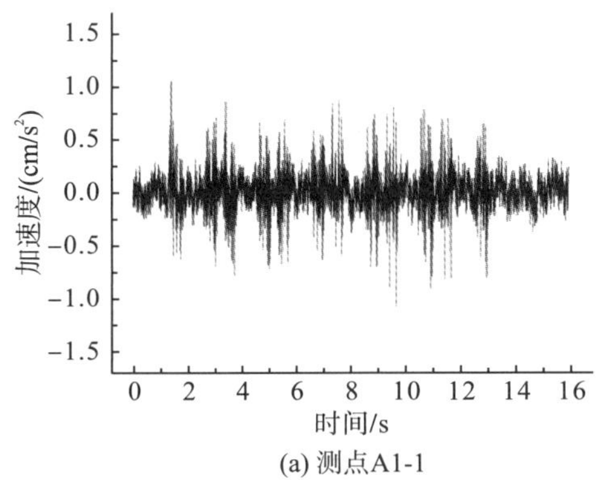

(a) 测点A1-1

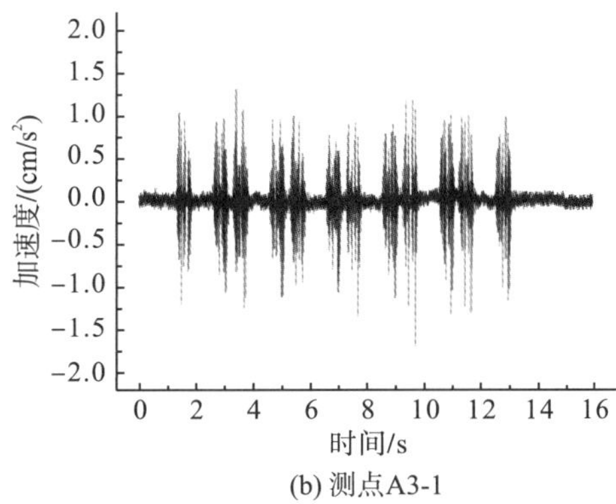

(b) 测点A3-1

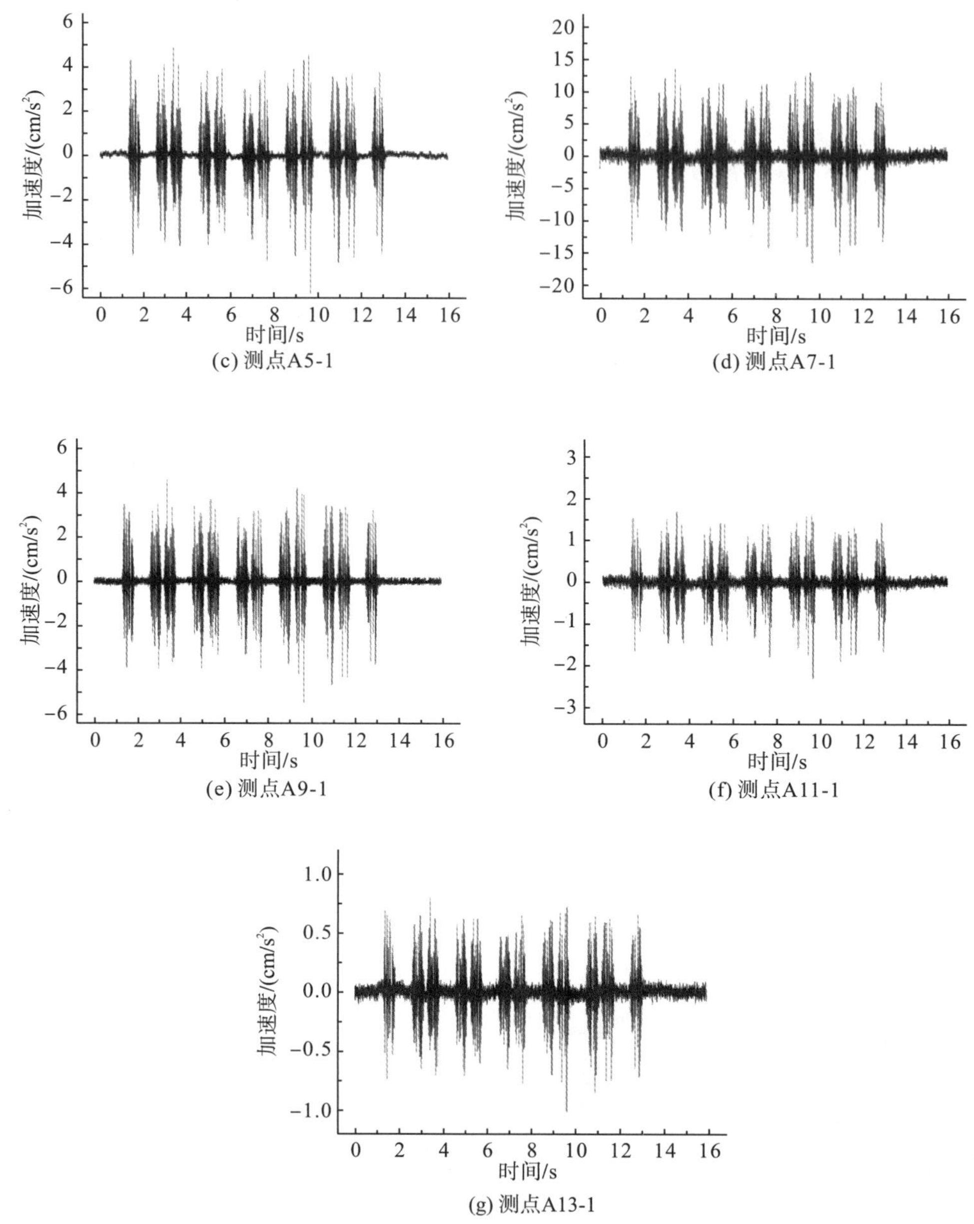

图 4-13 A 隧道测点加速度时程曲线

提取各测点的加速度响应的最大值，从而得到图 4-14 和表 4-5。根据图 4-14 A 隧道测点加速度响应最大值和表 4-5 可以看出，激振器下方测点的加速度响应最大达到了 16.48cm/s^2，测点 A1-1 加速度响应的最大值为 1.09cm/s^2，只有 A7-1 测点加速度响应最大值的 6.6%；测点 A3-1 加速度响应的最大值为 1.71cm/s^2，为 A7-1 测点加速度响应最大值的 10.4%；测点 A5-1 加速度响应最大值为 6.21cm/s^2，为 A7-1 测点加速度响应最大值的 37.7%；测点 A9-1 加速度响应最大值为 5.49cm/s^2，为 A7-1 测点加速度响应最大值的 33.3%；测点 A11-1 加速度响应最大值为 2.31cm/s^2，为 A7-1 测点加速度响应最大值的 14.0%；测点 A13-1 加速度响应最大值为 1.01cm/s²，为 A7-1 测点加速度响应最大值的 6.1%。可以看出，靠近激振位置的点加速度响应衰减得较快，越远响应衰减逐渐变慢。

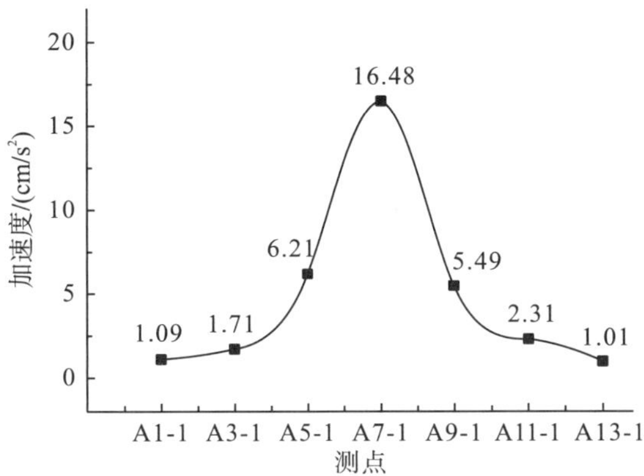

图 4-14　A 隧道测点加速度响应最大值

表 4-5　A 隧道测点加速度响应最大值

测点	A1-1	A3-1	A5-1	A7-1	A9-1	A11-1	A13-1
加速度/(cm/s²)	1.09	1.71	6.21	16.48	5.49	2.31	1.01
百分比/%	6.6	10.4	37.7	100	33.3	14.0	6.1

提取并绘制联络横通道内测点 C1 点的加速度时程曲线，如图 4-15 所示。从图 4-15 可以看出，联络横通道内激振时间长 11.4s，曲线出现 12 个明显峰值，即加速度振动响应较大的时间，其振动响应的趋势与 A 隧道测点相似，并且波峰的间隔时间与列车转向架位置和列车行进速度有关。提取三个特征点的最大值得到图 4-16，从图中可以看出，靠近激振隧道(A 隧道)点的加速度响应最大，其值为 6.05m/s²，联络横通道中间点的加速度响应最大值为 2.55cm/s²，为 C1 点加速度最大值的 42.1%；特征点 C3 加速度响应最大值为 1.71cm/s²，是特征点 C1 加速度最大值的 28.3%。其加速度响应衰减率逐渐变小。

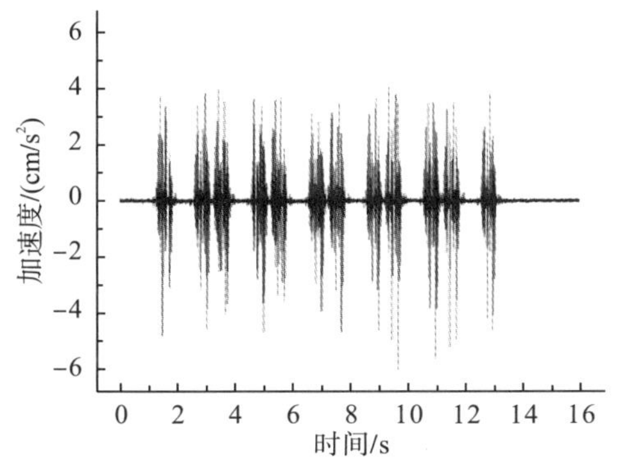

图 4-15　C1 点加速度响应时程曲线图

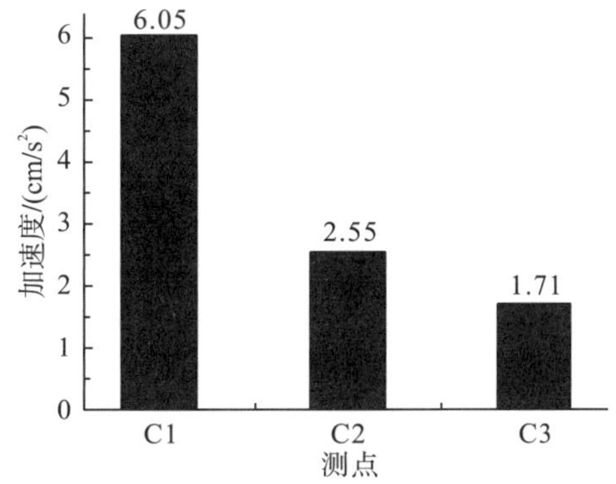

图 4-16　横通道测点加速度响应最大值

B 隧道中特征点 B7-1 的加速度响应时程曲线如图 4-17 所示，从图中看出 B 隧道内特征点的加速度时程曲线趋势与 A 隧道类似，响应明显的时刻几乎相同。提取 B 隧道特征点加速度响应的最大值，得到图 4-18。从图 4-18 可以看出，总体上 B 隧道的加速度响应都比较小，其中测点 B7-1(B 隧道中间点)的响应最大，两侧的响应相比较小，提取特征点时程曲线的最大值可以看出 B7-1 点的加速度响应最大值为 1.42cm/s^2，B3-1 点加速度响应最大值为 1.01cm/s^2，B9-1 点加速度响应最大值为 1.12cm/s^2。

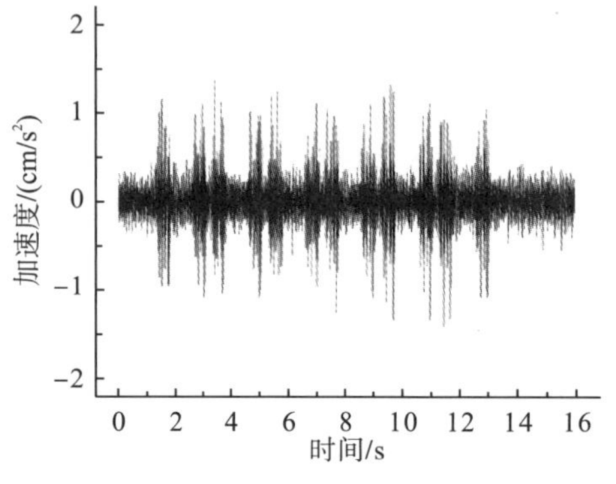

图 4-17 B7-1 点加速度响应时程曲线图

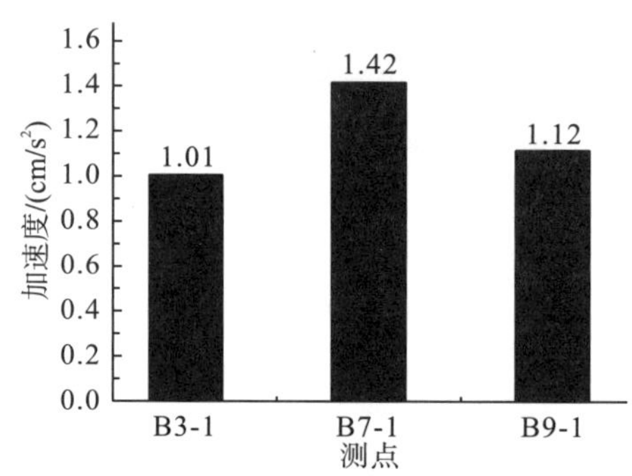

图 4-18 B 隧道测点加速度响应最大值

绘制土体中测点 S2 的加速度时程曲线，从图 4-19 中可以看出，土体中的加速度响应曲线与交叉盾构隧道结构相似，曲线呈现多个峰值。提取特征点加速度响应最大值，如表 4-6 所示。根据表 4-6 中第一层和第二层土加速度响应可以看出，其加速度响应在土中竖向传递过程中，存在一定的衰减，并且沿竖向方向的衰弱程度比沿隧道横向方向衰减程度小些。

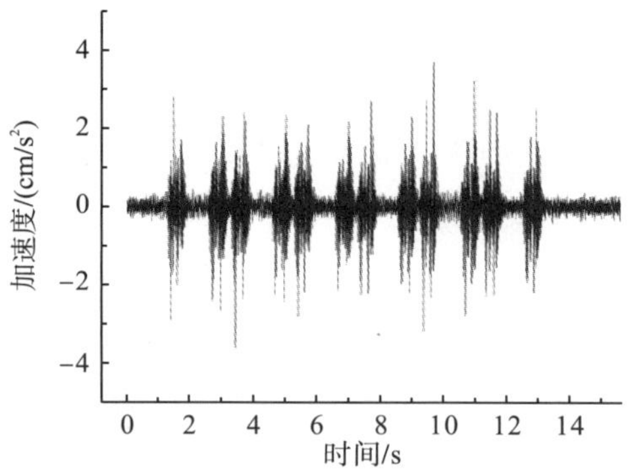

图 4-19 土体中测点 S2 的加速度时程曲线

表 4-6 土体内测点加速度响应最大值

测点	S1	S2	S3	S4	S5	S6	S7	S8	S9	S10	S11
加速度/(cm/s^2)	2.52	3.12	2.44	2.72	2.41	1.96	2.56	1.87	2.16	2.64	2.21

4.3.2　隧道 1/4 处(靠近进口)振动

绘制 A 隧道中特征点 A3-1 的加速度时程曲线，如图 4-20 所示。从图中可以看出，A 隧道中特征点的加速度振动响应曲线存在 12 个波峰，波峰之间的时间间距与列车轮对位置和列车运行速度相对应。测点振动的时间约为 11.4s。提取特征点的加速度响应最大值，如图 4-21 所示。从图中可以看出，A 隧道中加速度响应最大值出现在激振点下方测点 A3-1，其加速度最大值达到 14.83cm/s^2，A1-1 点的加速度响应最大值为 6.11cm/s^2，A5-1 点的加速度响应最大值为 7.27cm/s^2，中间点 A7-1 的加速度响应最大值为 2.33cm/s^2，A9-1 点加速度响应最大值为 1.43cm/s^2，A11-1 点加速度响应最大值为 1.03cm/s^2，A13-1 加速度响应最大值为 0.84cm/s^2。

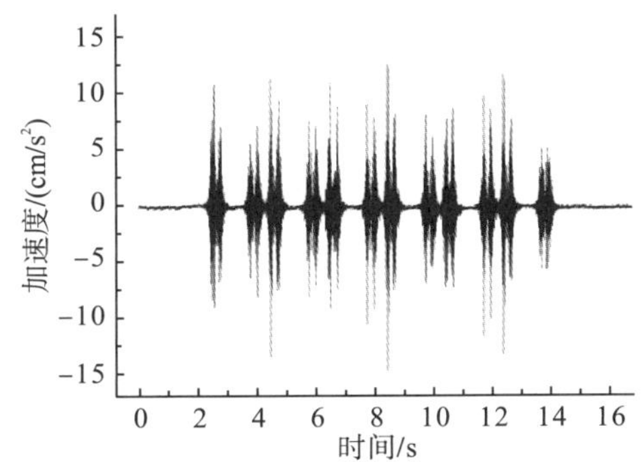

图 4-20　A 隧道 A3-1 测点加速度时程曲线

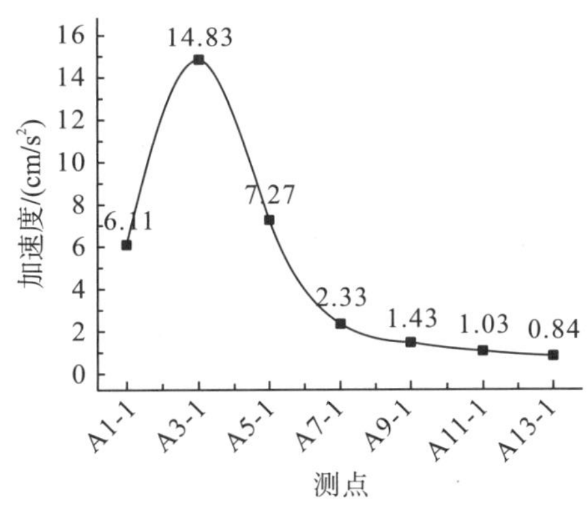

图 4-21　A 隧道测点加速度响应最大值

绘制联络横通道中特征点 C1 的加速度时程曲线，如图 4-22 所示。从图中可以看出，联络横通道内测点的加速度响应曲线呈现与列车振动荷载相对应的 12 个波峰，其振动响应时间大约为 11.4s。提取特征点的加速度响应最大值，如图 4-23 所示，其中靠近 A 隧道的测点 C1 的加速度最大，达到 2.05cm/s^2，其次是横通道中间点，其加速度最大值为 1.14cm/s^2，最小的是离 A 隧道最远的 C3 点，其加速度最大值只有 0.82cm/s^2。

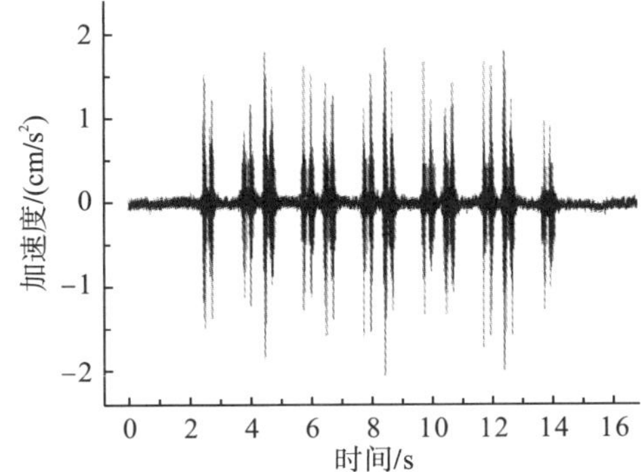

图 4-22　横通道 C1 测点加速度时程曲线

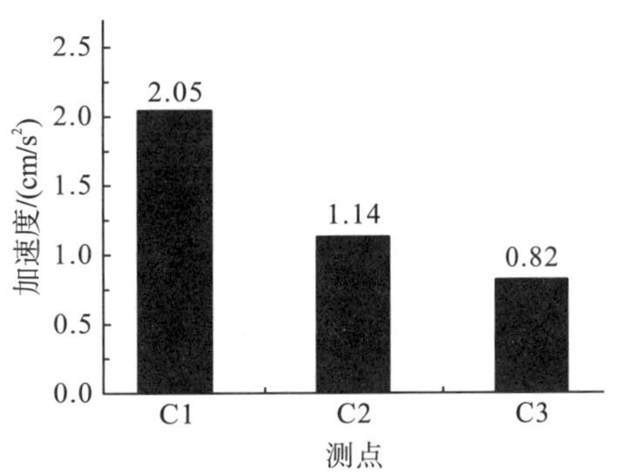

图 4-23　横通道测点加速度响应最大值

绘制 B 隧道中特征点 B3-1 的加速度时程曲线，如图 4-24 所示。从图中可以看出，B3-1 测点的加速度响应曲线与 A 隧道和横通道内测点相似，其振动响应时间大约为 11.4s。提取特征点的加速度响应最大值，如图 4-25 所示，其中靠近 B3-1 点的加速度最大，达到 1.12cm/s^2，主要是由于两隧道间距较近，其次是 B 隧道中间点 B7-1，其加速度最大值为 0.82cm/s^2，最小的是离激振点最远的测点 B11-1，其加速度最大值只有 0.78cm/s^2。

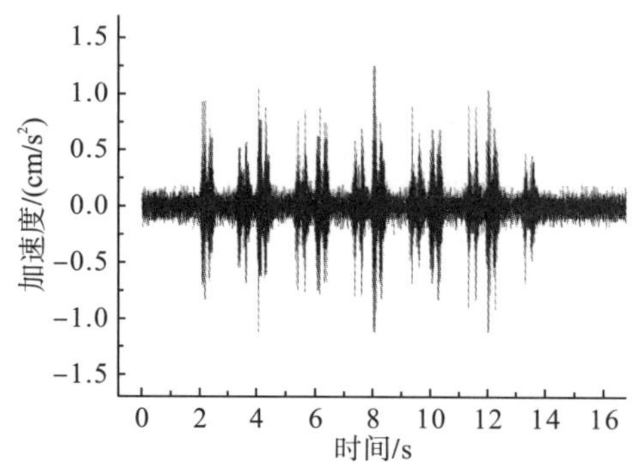

图 4-24　测点 B3-1 加速度时程曲线

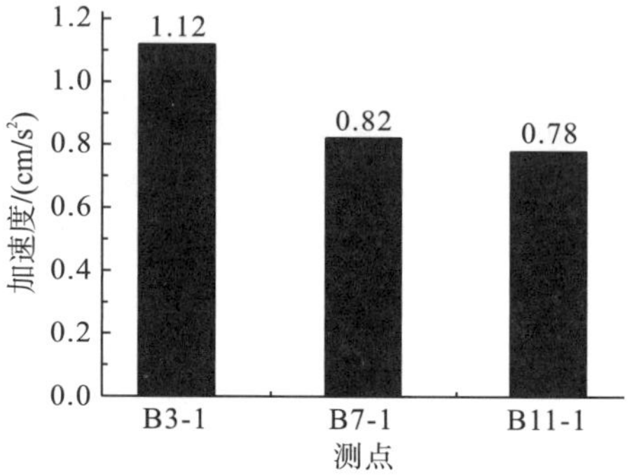

图 4-25　横通道测点加速度响应最大值

绘制土体中特征点 S1 的加速度时程曲线，如图 4-26 所示。从图 4-26 可以看出，土体中的动力响应曲线与交叉隧道衬砌结构的响应曲线趋势相似。提取土体中特征点的加速度响应最大值得到表 4-7，根据土层中第一层和第二层土中特征点最大加速度响应可以看出，总体来说，土体中加速度响应沿竖向方向离振动点的距离增大而减小，但第三层测点出现放大现象。对比沿隧道轴向方向和沿隧道竖向方向其测点的加速度响应趋势看出，加速度响应沿竖向方向衰减趋势比沿隧道轴线方向的衰减程度要小。

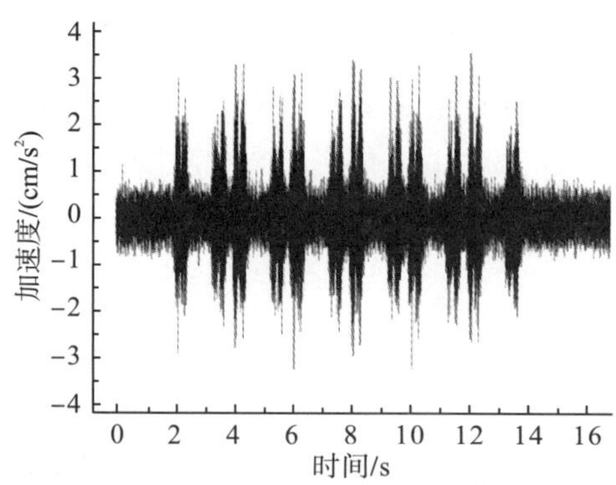

图 4-26　S1 点加速度时程曲线

表 4-7　土体内测点加速度响应最大值

位置	S1	S2	S3	S4	S5	S6	S7	S8	S9	S10	S11
加速度/(cm/s^2)	3.18	2.57	1.90	2.17	1.78	2.66	1.98	1.48	2.78	2.28	1.68

4.3.3　隧道 3/4 处(靠近出口)振动

绘制 A 隧道中特征点 A11-1 的加速度时程曲线，如图 4-27 所示。从图中可以看出，曲线存在 12 个波峰，波峰之间的时间间距与列车轮对位置和列车运行速度相对应，测点振动的时间约为 11.4s。提取特征点的加速度响应最大值，如图 4-28 所示，从图中可以看出，A 隧道中加速度响应最大值出现在激振点下方测点 A11-1，其加速度最大值达到了 15.89cm/s^2，A1-1 点的加速度响应最大值为 0.69cm/s^2，A3-1 点的加速度响应最大值为 0.87cm/s^2，A5-1 点的加速度响应最大值为 1.26cm/s^2，A7-1 点的加速度响应最大值为 3.08cm/s^2，A9-1 点的加速度响应最大值为 6.89cm/s^2，A13-1 点加速度响应最大值为 6.19cm/s^2。

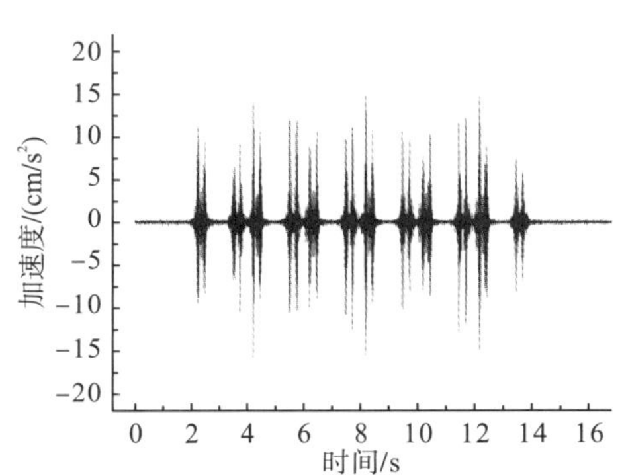

图 4-27　测点 A11-1 加速度时程曲线

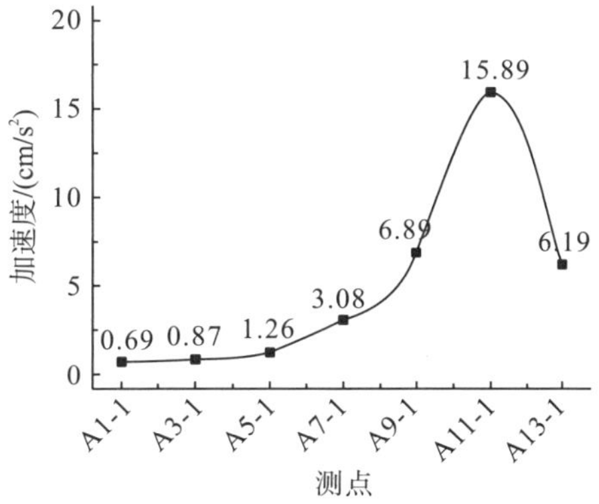

图 4-28　A 隧道测点加速度响应最大值

绘制联络横通道中特征点 C1 的加速度时程曲线，如图 4-29 所示。从图 4-29 中可以看出，联络横通道内测点的加速度响应曲线呈现与列车振动荷载相对应的 12 个波峰，其振动响应时间大约为 11.4s。提取特征点的加速度响应最大值，如图 4-30 所示，其中靠近 A 隧道的测点 C1 的加速度最大，达到了 2.46cm/s^2，其次是横通道中间点，其加速度最大值为 1.26cm/s^2，最小的是离 A 隧道最远的 C3 点，其加速度最大值只有 0.84cm/s^2。

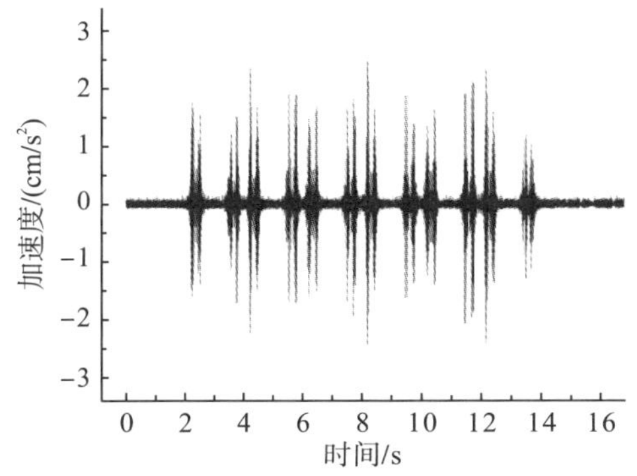

图 4-29　测点 C1 加速度时程曲线

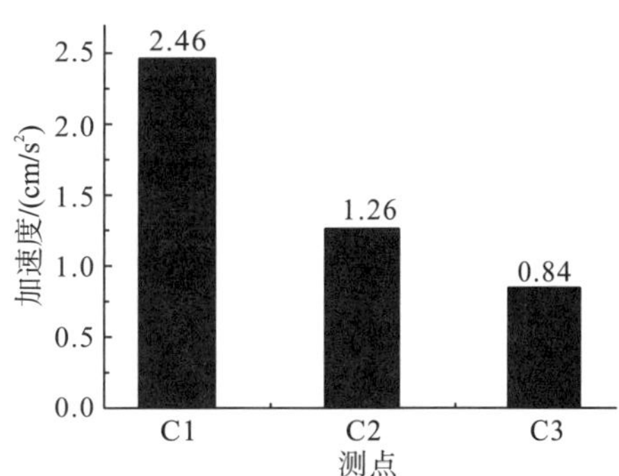

图 4-30　横通道测点加速度响应最大值

绘制 B 隧道中特征点 B11-1 的加速度时程曲线，如图 4-31 所示。从图 4-31 中可以看出，B 隧道中测点的加速度响应曲线呈现与列车振动荷载相对应的 12 个波峰，其振动响应时间大约为 11.4s。提取特征点的加速度响应最大值，如图 4-32 所示。根据图 4-31 可以看出，靠近 B11-1 点的加速度最大，达到了 1.08cm/s^2，主要是由于两隧道间距较近，其次是隧道中间点 B7-1，其加速度最大值为 0.86cm/s^2，最小的是离激振点最远的测点 B3-1，其加速度最大值只有 0.79cm/s^2。

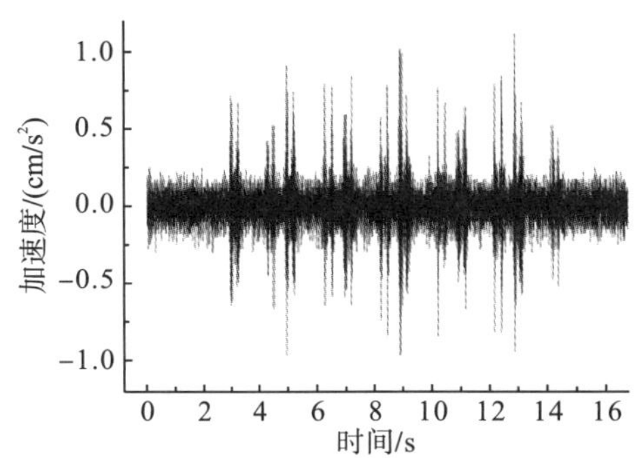

图 4-31 测点 B11-1 加速度时程曲线

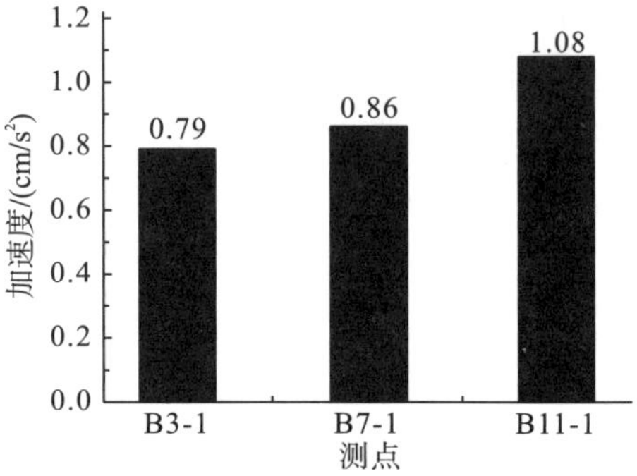

图 4-32 B 隧道测点加速度响应最大值

绘制土体中特征点 S3 的加速度时程曲线，如图 4-33 所示。从图 4-33 中可以看出，土体的动力响应曲线与交叉隧道衬砌结构的响应曲线趋势相似。提取土体中特征点的加速度响应最大值得到表 4-8，根据第一层、第二层和第三层土体中特征点最大加速度响应可以看出，土体中加速度响应沿竖向方向离振动点的距离增大而减小，并且衰减的趋势减小，但加速度衰减趋势比沿隧道轴线方向的加速度衰减趋势要小。

表 4-8 土体内测点加速度响应最大值

位置	S1	S2	S3	S4	S5	S6	S7	S8	S9	S10	S11
加速度/(cm/s^2)	1.82	2.47	3.16	2.18	1.82	1.43	1.88	2.61	1.72	2.13	2.72

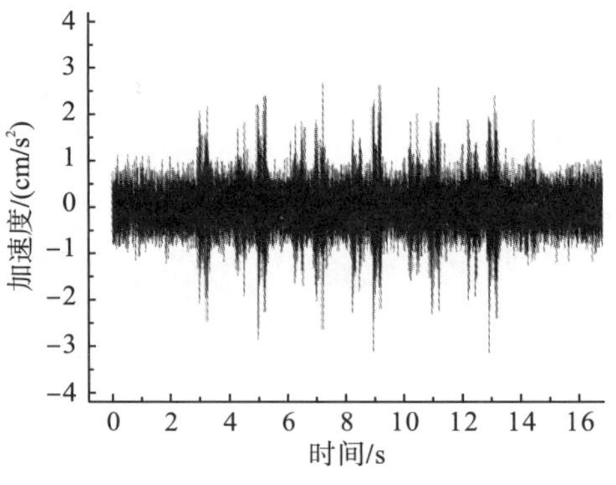

图 4-33 测点 S3 加速度时程曲线

根据以上三组对交叉隧道不同位置进行激振可以看出，在列车激振荷载作用下，交叉隧道衬砌结构的加速度响应都呈现出多个波峰，其中 A 隧道和联络横通道中呈现明显的 12 个波峰，其波峰之间的时间间距与编组列车转向架的间距和列车运行速度有关，动力响应时间约为 11.4s。交叉隧道衬砌结构中加速度响应最大的是激振荷载加载的隧道即 A 隧道，其次是联络横通道，最后是 B 隧道(未激振隧道)。不同的激振点激振时，不仅使 A 隧道中测点的加速度发生变化，联络横通道和 B 隧道的加速度响应也发生了改变。当激振点为 A 隧道中间位置时，联络横通道内测点的响应最大。这表明当列车运行在结构交叉隧道过程中，联络横通道中衬砌的动力响应先增大后减小，其中在列车运行通过联络横通道某一时刻，联络横通道的动力响应达到最大。

周围土体中加速度响应曲线与交叉隧道衬砌结构响应曲线相似，响应时间同样为 11.4s。其中加速度响应在竖向方向和隧道轴线方向都存在衰减现象，这表明对于同一波形的荷载，列车振动荷载越大，引起的加速度响应也越大。同时比较两方向的衰减程度可以看出，土体中加速度响应在竖向的衰弱程度比沿隧道轴线方向的衰减程度弱。

4.4　多激振器作用

由于单个激振器无法考虑列车的行驶效应，即无法研究相邻扣件力之间动荷载所产生的叠加现象，与真实的地铁编组列车荷载相差较大，因此通过采用时序加载方式，即对不同扣件位置施加一定时间间隔的列车振动荷载，从而对列车的行驶效应进行模拟。

4.4.1　考虑平顺性扣件力荷载

根据国内外参考文献和已有研究成果，本节特别考虑了轨道的平顺性，利用三维车辆-轨道耦合模型，以 5 级轨道谱为例，模拟了 40km/h 的地铁列车振动荷载，可以看出荷载的峰值为 21.6kN。通过对多个激振器按照一定时间间隔 Δt 进行加载，从而研究考虑轨道平顺性的列车振动荷载下交叉盾构隧道衬砌结构-围岩系统的动力响应特征。其具体施加荷载如图 4-34(彩图见附录)所示。

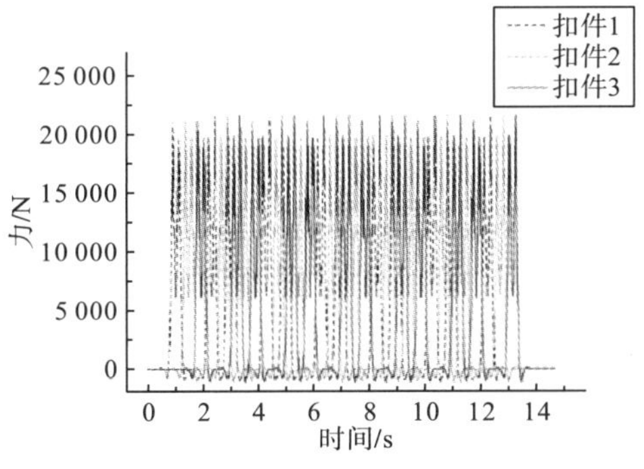

图 4-34　考虑平顺性的扣件荷载

通过试验装置输入以上荷载，通过激振器输出，从而得到激振隧道(A 隧道)上特征点的加速度时程曲线，如图 4-35 所示。

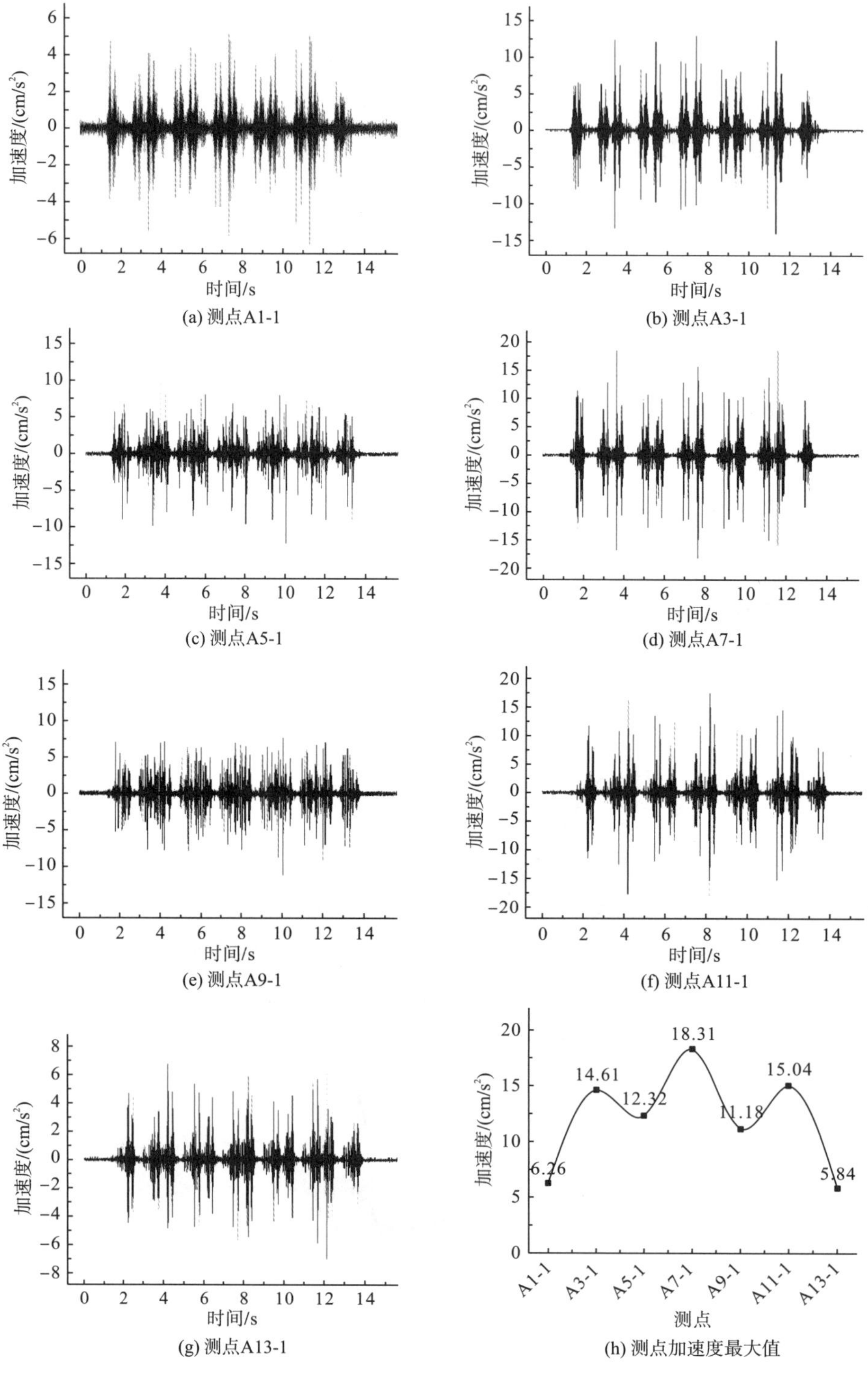

(a) 测点A1-1 (b) 测点A3-1

(c) 测点A5-1 (d) 测点A7-1

(e) 测点A9-1 (f) 测点A11-1

(g) 测点A13-1 (h) 测点加速度最大值

图 4-35 A 隧道测点加速度时程曲线及最大值

从图 4-35 中可以看出，对于激振器下方的特征点，其加速度时程响应曲线与单点振动时相似，这是由于本次模型中扣件的位置距离与实际距离存在一定差异，大约为实际两扣件距离的 5 倍，使得周边激振点对其振动的影响较小。而对于激振器中间位置的测点，其加速度响应受到左右扣件位置激振荷载的影响，使得其曲线在每个波峰的响应时间变长，这是由于在列车行进过程中，编组列车所产生的连续的列车振动荷载随着钢轨传到扣件系统，转化为多个扣件力按一定时序向下传递，使得每个扣件力出现了相应的时间差，从而出现波峰响应时间变长的情况。测点的振动时间总长约为 11.8s，波峰之间的间距与列车轮对以及列车运行速度有关。提取七个测点的响应最大值得到图 4-35(h)，从图中可以看出，曲线呈现波浪线，出现三个波峰，其位置为三个激振器正下方，两个波谷位置为激振器中间测点，边上的测点由于距离较远，较远的两组激振荷载对其影响较小，主要受邻近一组激振荷载的影响，因而其加速度响应较小。其中加速度响应最大峰值出现在中间位置 A7-1 点，峰值达到了 18.31cm/s^2，其余两个波峰点 A3-1 和 A11-1 的加速度响应峰值分别为 14.61cm/s^2 和 15.04cm/s^2，波谷位置的测点 A5-1 和 A9-1 的加速度响应峰值分别为 12.32cm/s^2 和 1[illegible]cm/s^2，两侧测点 A1-1 和 A13-1 的加速度响应峰值分别为 6.26cm/s^2 和 5.84cm/s^2。

为分析联络横通道中列车振动扣件荷载下的振动响应，绘制了结构交叉隧道中联络横通道中特征点的加速度时程曲线，如图 4-36 所示。

从图 4-36 中可以看出，编组列车行驶使得各测点振动曲线趋势相似，且振动时间总长都约为 11.8s，波峰之间的间距与列车轮对以及列车运行速度有关。提取各特征点的加速度响应最大值，如图 4-36(d)所示，从图中可以看出，联络横通道中靠近激振隧道的 C1 点的加速度响应最大，其最大值达到了 7.87cm/s^2；其次是横通道中间点 C2，其加速度响应最大值为 4.4cm/s^2，为 C1 点响应最大值的 55.9%；最小为 C3 点，其加速度响应最大值仅为 3.28cm/s^2，仅为 C1 点响应最大值的 41.7%。根据测点的最大加速度响应可以看出，联络横通道中加速度响应随着离激振源的距离增大，其振动响应逐渐变小。

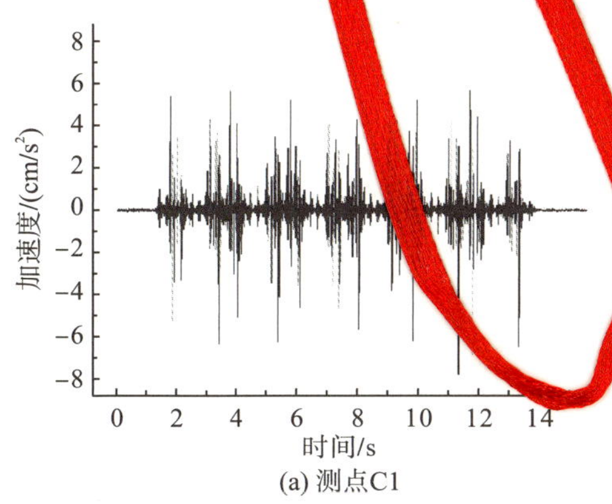

(a) 测点C1

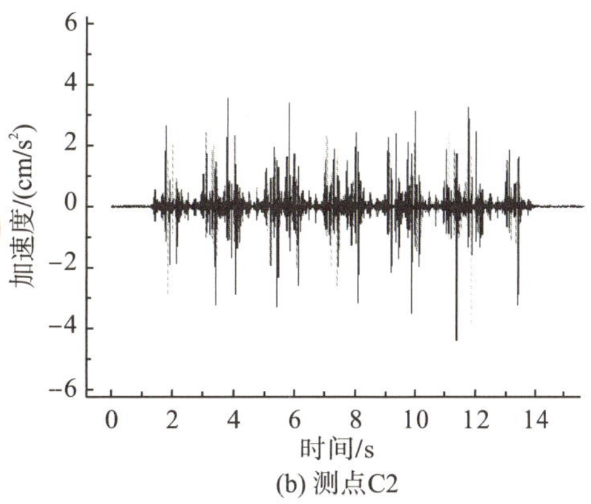

(b) 测点C2

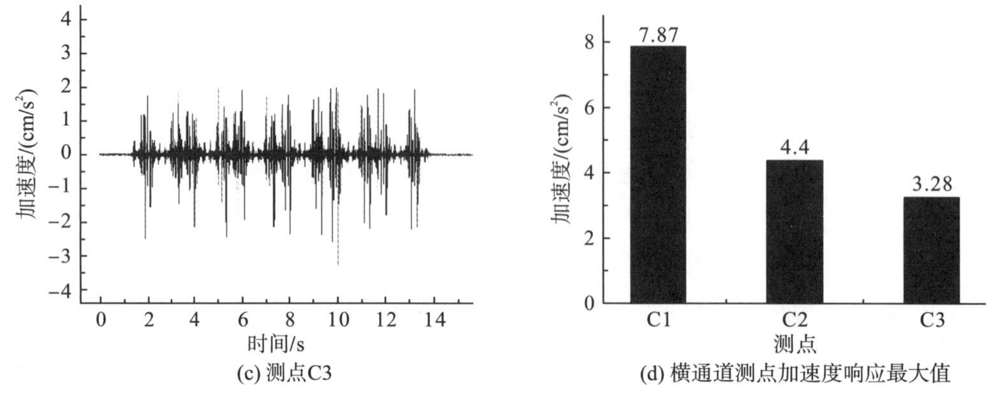

图 4-36 横通道测点加速度时程曲线及最大值

交叉盾构隧道中 B 隧道中特征点的加速度时程曲线如图 4-37 所示。从图 4-37 中可以看出，编组列车行驶使得 B 隧道中各测点振动曲线趋势相似，且振动时间总长都约为 11.8s。由于受到多个测点的影响，使得其波峰位置不明显，但可以看出总共存在 7 个波，其中前后两个波的时间较短，对应列车编组车头和车尾的转向架位置，中间 5 个波是由于车厢间转向架位置相对较近，从而对离激振点较远的 B 隧道中测点产生了加速度响应的叠加，使两个波叠加为一个波，并使得其持续时间变长。提取 B 隧道中各特征点的加速度响应最大值，如图 4-37(d)所示，可以看出，B 隧道中间点的加速度响应最大，达到了 2.71cm/s^2，两边的测点 B3-1 和 B11-1 的加速度响应相对较小，分别只有 2.49cm/s^2 和 2.43cm/s^2。而且 B 隧道上三测点的加速度响应存在一定的时间差，这说明 B 隧道中测点的加速度响应主要是由 A 隧道中激振响应通过土层传递后到达 B 隧道衬砌底部。而通过联络横通道传递到 B 隧道衬砌的加速度响应对点 B7-1 的影响最大。

绘制土体中部分测点的加速度响应时程曲线，如图 4-38 所示。从图 4-38 中可以看出，编组列车在交叉盾构隧道中行驶，土层中测点的振动曲线趋势相似，且振动时间总长都约为 12s。与 B 隧道中测点的响应相似，由于受到多个测点的影响，使得其波峰位置不明显，但可以看出共存在 7 个波，其中前后两个波的时间较短，对应列车编组车头和车尾的转向架位置，中间 5 个波是由于车厢间转向架位置相对较近，从而使得土层中测点加速度响应产生了叠加效应，使两个波叠加为一个波，并使得其持续时间变长。提取各测点的加速度响应最大值，汇总见表 4-9，可以看出，第一层土体中测点 S2 的加速度响应值最大，达到了 3.22cm/s^2，往上第二层土体中测点 S7 的加速度响应衰减到只有 2.56cm/s^2，第三层土体中测点 S10 的响应则有 2.71cm/s^2。这说明加速度在土层中向上传递的过程中，其加速度响应不是随着距离的增大而不断较小，在靠近土体表面的土层中其加速度响应存在放大现象。

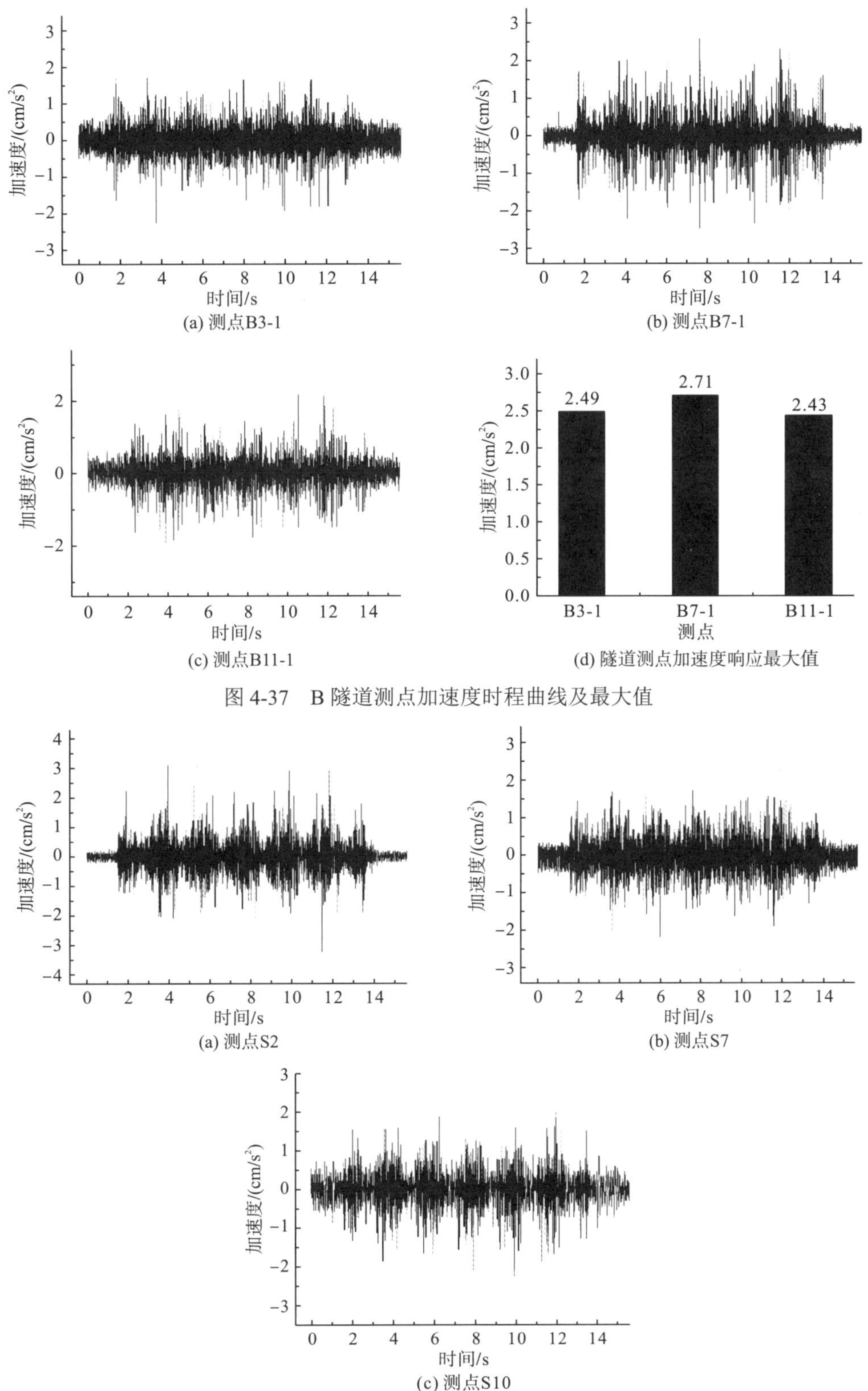

图 4-37　B 隧道测点加速度时程曲线及最大值

图 4-38　土体中测点加速度时程曲线

表 4-9 土体内测点加速度响应最大值

位置	S1	S2	S3	S4	S5	S6	S7	S8	S9	S10	S11
加速度/(cm/s^2)	3.48	3.22	3.56	2.84	2.51	2.62	2.56	2.68	2.84	2.71	2.93

4.4.2 不考虑平顺性扣件力荷载

考虑轨道弹簧和车辆的簧下质量的运动所产生的振动荷载，不考虑轨道平顺性，利用地铁车辆-弹性扣件轨道的动力分析模拟，从而得到扣件力。从图 4-39(彩图见附录)中可以看出，所得的扣件力荷载峰值为 22.8kN，通过对多个激振器按时间间隔 Δt 进行加载，从而研究列车振动荷载交叉盾构隧道-土体系统的动力响应特征。

通过试验装置输入以上荷载，通过激振器输出，从而得到激振隧道(A 隧道)上特征点的加速度时程曲线。为了更好地研究不考虑轨道平顺性的列车振动荷载作用下，交叉隧道衬砌结构的动力响应特征，绘制了 A 隧道中测点 A1-1,A3-1,⋯,A13-1 的加速度时程曲线，如图 4-40 所示。

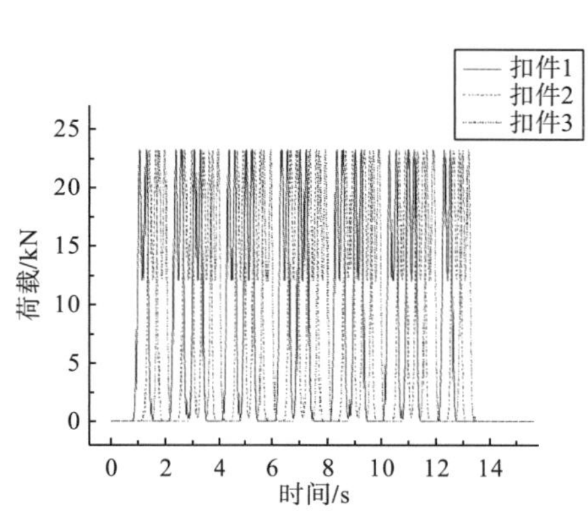

图 4-39 不考虑平顺性的扣件荷载

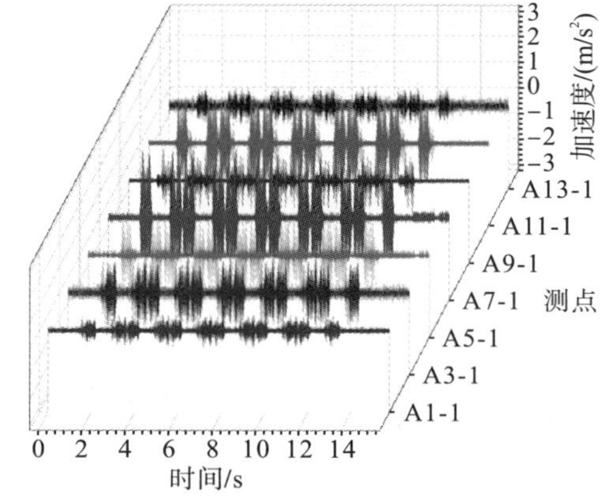

图 4-40 A 隧道测点加速度时程曲线(m/s^2)

从图 4-40 中可以看出，编组列车行驶使得各测点的振动时间总长约为 11.8s，曲线出现多个波峰，波峰之间的时间差与列车转向架直接间距以及列车运行速度有关。可以看出在不考虑轨道平顺性情况下，交叉盾构隧道衬砌结构的动力响应曲线十分均匀，但其加速度响应最大值比考虑轨道平顺性的情况下小很多。

提取测点的加速度响应最大值得到图 4-41，从图中可以看出，曲线呈现波浪线，出现三个波峰，其位置为三个激振器正下方，两个波谷位置为激振器中间测点，边上的测点由于距离较远，较远的两组激振荷载对其影响较小，主要受邻近一组激振荷载的影响，因而其加速度响应较小。其中加速度响应最大峰值出现在中间位置 A7-1 点，峰值达到了 2.45cm/s^2，其余两个波峰点 A3-1 和 A11-1 的加速度响应峰值分别为 1.86cm/s^2 和 1.84cm/s^2，波谷位置的测点 A5-1 和 A9-1 的加速度响应峰值分别为 1.82cm/s^2 和 1.78cm/s^2，两侧测点 A1-1 和 A13-1 的加速度响应峰值分别为 0.95cm/s^2 和 0.72cm/s^2。

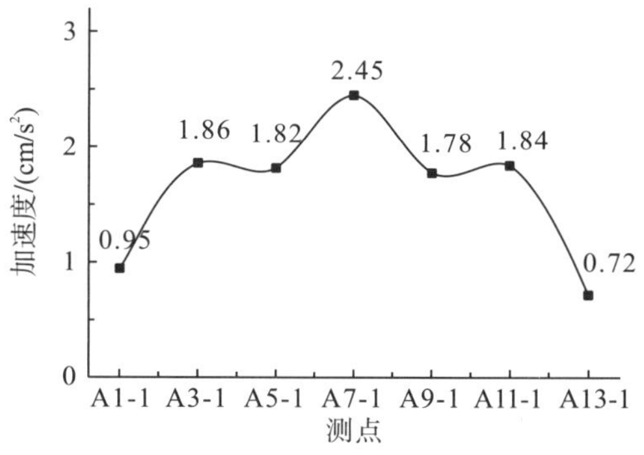

图 4-41　A 隧道测点加速度响应最大值

对比考虑轨道平顺性情况下结构的响应可以看出，轨道平顺性对隧道衬砌结构的加速度影响较大，平顺轨道荷载下各特征点的加速度响应最大值只有不平顺轨道荷载作用下的 12%左右。可以看出，提高轨道平顺性对于改善地铁列车振动对隧道衬砌结构以及周围环境有着重要的影响。由于不考虑轨道平顺性情况下，列车振动荷载对交叉盾构隧道的影响很小，因此对横通道、B 隧道以及土体中的振动响应特征可以不用进一步分析。

4.4.3　实测扣件力荷载

采用对上海地铁 1 号线徐家汇站附近长枕埋入式轨道的钢轨上实测的轮轨冲击力所转化的扣件荷载进行加载，在具体试验中通过对多个激振器按间隔时间 Δt 进行加载，采用的荷载曲线如图 4-42(彩图见附录)所示，从图中可以看出，其荷载最大幅值为 24.9kN。

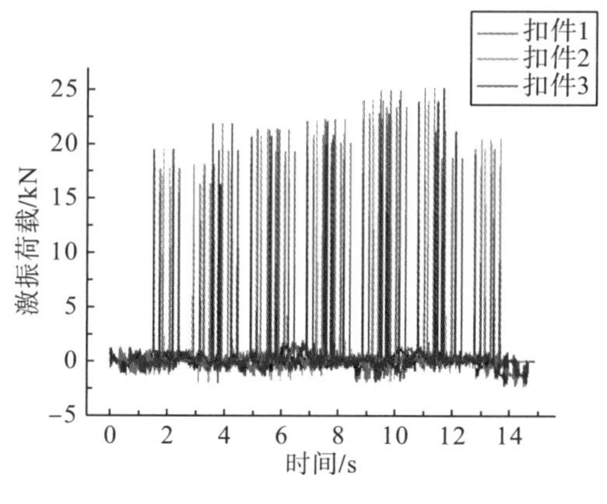

图 4-42　实测荷载

通过试验装置输入以上实测荷载，通过激振器输出，从而得到激振隧道(A 隧道)上特征点的加速度时程曲线。为了更好地研究考虑轨道平顺性的列车振动荷载作用下，交叉隧道衬砌结构的动力响应特征，绘制了 A 隧道中测点 A1-1,A3-1,⋯,A13-1 的加速度时程曲线，如图 4-43 所示。

如图 4-43 所示，根据时间差异可以明显地看出，在列车运行过程中，位于扣件下方位置的衬砌结构其动力响应主要受到上方单个扣件的影响，而对于扣件中间的位置则是主要受邻近两个扣件的影响。当所施加的扣件力在空间上和时间上按一定顺序加载时，则能得到与真实列车运行几乎相同动力响应的结果。从图中还可以看出，编组列车行驶使得各测点的振动时间总长约为 11.8s，波峰之间的间距与列车轮对以及列车运行速度有关。提取特征点的响应最大值得到图 4-43(h)，从图中可以看出，曲线呈现波浪线，出现三个波峰，其位置为三个激振器正下方，两个波谷位置为激振器中间测点，边上的测点由于距离较远，较远的两组激振荷载对其影响较小，主要受邻近一组激振荷载的影响，因而其加速度响应较小。其中加速度响应最大峰值出现在中间位置 A7-1 点，峰值达到了 19.49cm/s^2，其余两个波峰点 A3-1 和 A11-1 的加速度响应峰值分别为 15.42cm/s^2 和 15.90cm/s^2，波谷位置的测点 A5-1 和 A9-1 的加速度响应峰值分别为 13.91cm/s^2 和 13.08cm/s^2，两侧测点 A1-1 和 A13-1 的加速度响应峰值分别为 6.31m/s^2 和 6.26cm/s^2。

根据图 4-44 中曲线时间差异可以看出，横通道 C1 点的加速度响应受到所有激振荷载的影响，但主要是受到中间激振荷载的影响。提取联络横通道中测点的竖向加速度响应最大值，如图 4-45 所示。从图 4-45 中可以看出，靠近 A 隧道的测点其加速度响应达到了 9.86cm/s^2，中间测点 C2 的加速度响应为 5.58cm/s^2，为 C1 点加速度响应的 56.6%，而测点 C3 的加速度响应为 4.37cm/s^2，为 C1 点加速度响应的 44.3%。

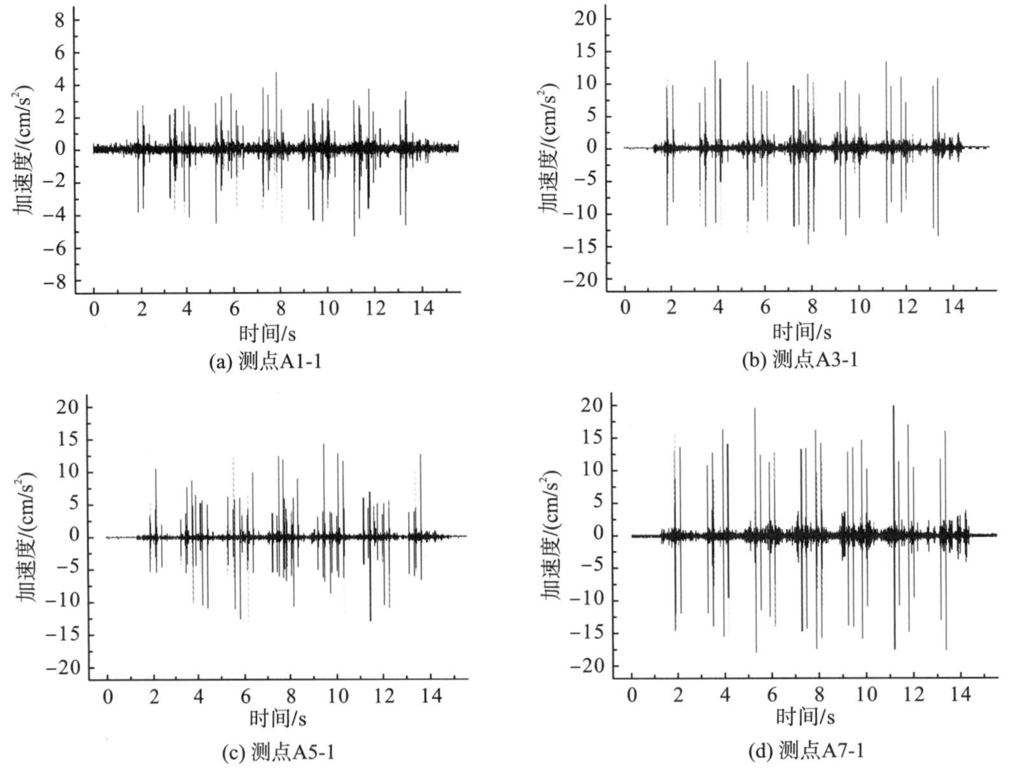

(a) 测点A1-1
(b) 测点A3-1
(c) 测点A5-1
(d) 测点A7-1

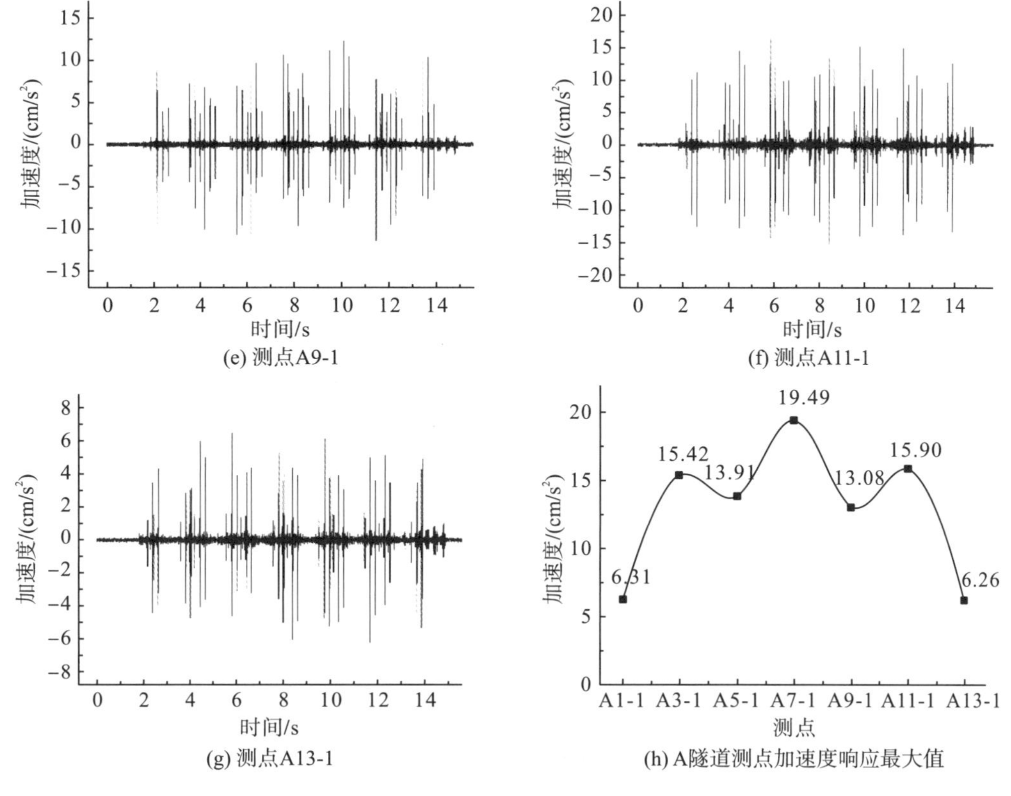

图 4-43　A 隧道测点加速度响应

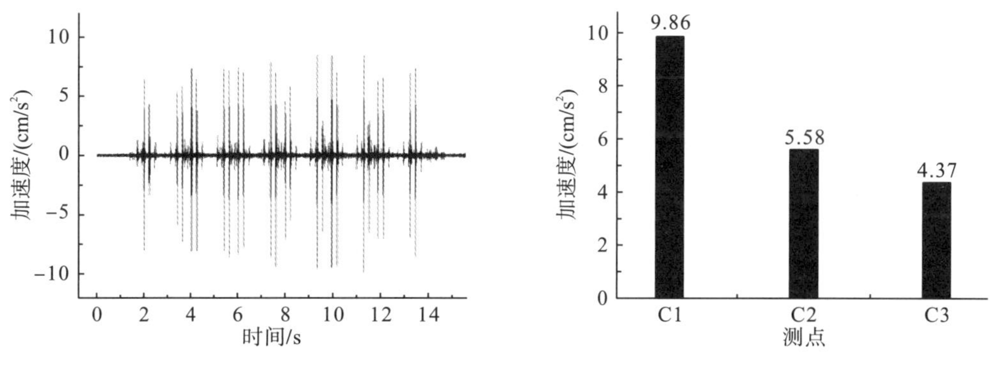

图 4-44　C1 点加速度响应　　图 4-45　横通道测点加速度响应最大值

根据图 4-46 中曲线时间差异可以看出，横通道 B7-1 点的加速度响应主要受到中间激振荷载的影响，其响应时间大约为 11.8s。提取测点的响应最大值得到图 4-47，如图所示，B7-1 点的响应最大值达到了 2.59cm/s^2，两边的测点 B3-1 和 B11-1 则因为受到联络横通道的影响小些，其加速度响应最大值分别为 2.13cm/s^2 和 2.21cm/s^2。

为了更好地分析土体的振动响应特征，绘制了特征点 S2 的振动加速度时程曲线，从图 4-48 中可以看出，其响应曲线受到多个扣件力的共同影响。提取图中测点的振动加速度响应最大值得到表 4-10。从表中可以看出，土层中的第二层土比第一层土内测点的响应存在衰减，但第三层土的振动响应与第二层土相比则相差不大，并没有出现振动响应在土中传到地表面过程中，其响应随着距离增大逐渐减小的规律，这说明在部分靠近地表区域出现振动响应放大现象。

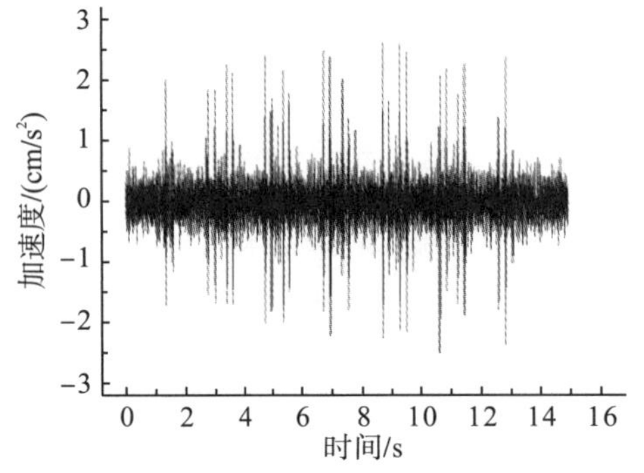

图 4-46 B7-1 点加速度时程曲线

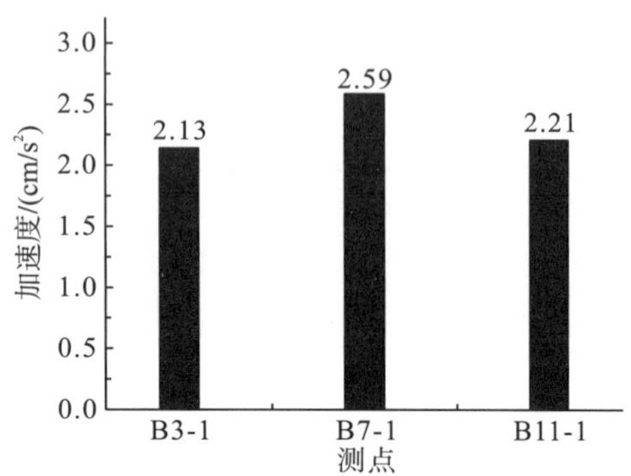

图 4-47 B 隧道测点加速度响应最大值

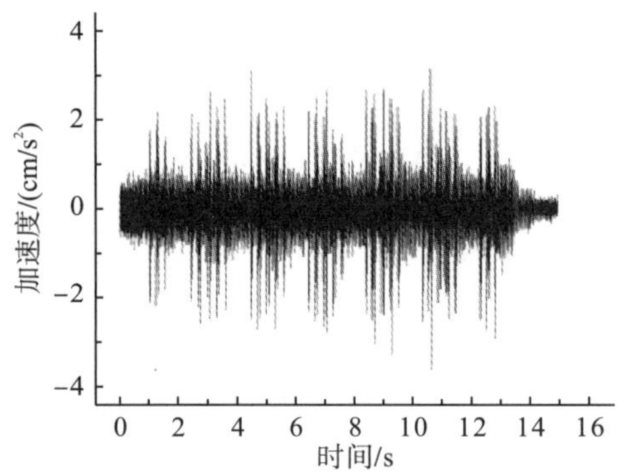

图 4-48 S2 点加速度时程曲线

表 4-10 土体内测点加速度响应最大值

位置	S1	S2	S3	S4	S5	S6	S7	S8	S9	S10	S11
加速度/(cm/s^2)	3.62	3.48	3.54	2.92	2.67	2.68	2.78	2.54	2.78	2.91	2.84

4.5 扫频荷载下的动力响应

为揭示交叉盾构隧道的响应机理，仅接通图 4-7(c) 中 J2 激振器在隧道仰拱施加扫频荷载。首先，通过引入频响函数 FRF，研究交叉盾构隧道的动力响应随频率的变化规律，并结合相干函数 γ_{xy}^2 验证试验结果的可靠性。其次，采用三分之一倍频程研究交叉盾构隧道在不同频段内的能量分布特性。有关频响函数和三分之一倍频程分析的具体介绍见本书第 3 章 3.1 节。

4.5.1　动力响应 FRF 分析

图 4-49(a)为 J2 激振器作用下产生的扫频荷载，其频率为 0～1000Hz(对应原型结构的频率为 0～365Hz)。由于荷载作用下交叉盾构隧道的加速度响应主要以竖向分量为主，因此本次试验主要采集竖向加速度。图 4-49(b)为扫频荷载作用下 A5-1 监测点测得的竖向加速度响应。

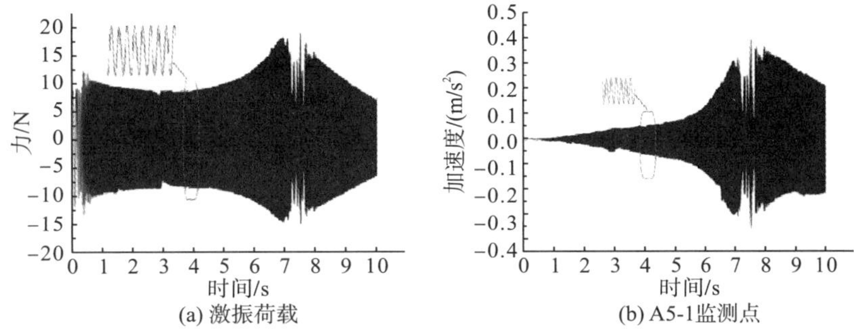

(a) 激振荷载　(b) A5-1监测点

图 4-49　扫频结果数据记录

从图 4-49 中可以看出，频率的改变将会引起荷载和加速度的改变。为方便研究，引入频率响应函数[96]，其计算公式为：$M_A(f)=A(f)/F(f)$，其中，$A(f)$为监测点加速度响应的傅里叶变换幅值，$F(f)$为激振力傅里叶变换幅值。由此，可得到监测点的 FRF 曲线，其计算公式为$\mathrm{FRF}=20\lg M_A$，其单位为 dB，而反映监测点 FRF 曲线可靠性的相干函数[97]的计算式为

$$\gamma_{xy}^2=\left|P_{xy}(f)\right|^2/\left[P_{xx}(f)\cdot P_{yy}(f)\right] \tag{4-4}$$

其中，$P_{xy}(f)$为激振力与监测点加速度的互功率谱；$P_{xx}(f)$、$P_{yy}(f)$分别为力和加速度的自功率谱；相干函数γ_{xy}^2位于 0～1 之间，其值越大，表明试验结果的可靠性越高。由于 J2 激振器施加扫频荷载时衬砌结构和荷载对称，因此只取对称面一侧的监测点分析即可。

图 4-50(彩图见附录)为扫频荷载作用下交叉盾构隧道以及土体中各监测点的频响函数(FRF)曲线。从图中可以看出，随着频率的增大，衬砌结构以及上覆土体不同位置处的频响函数 FRF 并非表现出相同的变化规律。当主隧道 A、联络横通道、主隧道 B 以及上覆土体的频率分别低于 49.3Hz、129.3Hz、150.6Hz 以及 210.5Hz 时(图 4-50)，频率的变化对结构的动力响应影响较大，表明衬砌结构以及上覆土体对该频率段的荷载较为敏感。而当荷载频率高于上述对应的频率值以后，表现出距离激振点越远，衬砌结构以及上覆土体的频响函数 FRF 越小的特点。

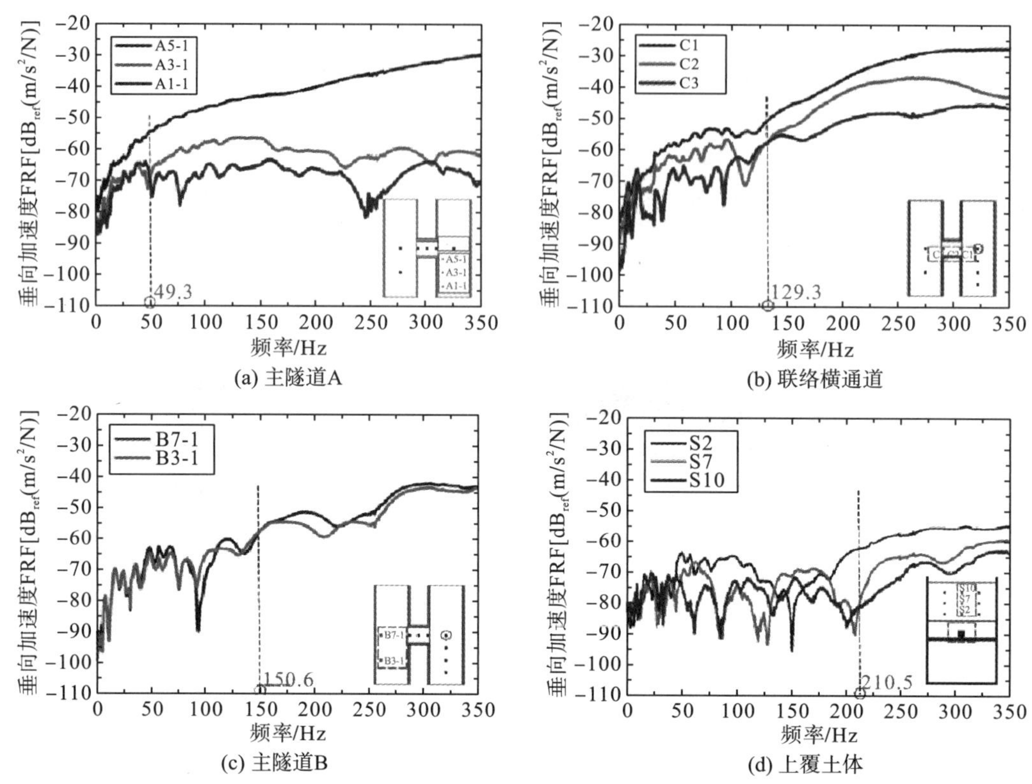

图 4-50 隧道及土层中各监测点的动力响应 FRF 函数

同时，衬砌结构以及上覆土体不同位置处的频响函数 FRF 也存在差异，具体表现出以下三个特征。其一，与主隧道 A 监测点相比，监测点 C1 的频响函数 FRF 比 A5-1 监测点大，C2、C3 监测点频响函数 FRF 同样大于 A3-1、A1-1 监测点。其原因在于，C1 监测点位于联络横通道的边缘，衬砌结构受到削减，刚度变化大，导致 C1 监测点的频响函数 FRF 比 A5-1 监测点大，同时，联络横通道由混凝土浇筑为一体，与主隧道的管片环衬砌结构相比，缺少管片环间的接缝以及连接管片环的螺栓的影响，其能量在远离激振点方向的衰减速度比主隧道 A 小。其二，与主隧道 A 相比，主隧道 B 的频响函数 FRF 并没有明显减小，说明主隧道 A 产生的振动对主隧道 B 的影响较为明显。其三，与隧道衬砌的试验结果相比，土层中频响函数 FRF 的一致性较差，其原因在于，土层结构更加复杂，颗粒分布均匀性较差，最终导致土层中的振动响应奇异性较大。

图 4-51(彩图见附录)为扫频荷载作用下交叉盾构隧道以及土体中监测点的频响函数 FRF 曲线及其对应的相干函数 γ_{xy}^2 曲线。从图中可以看出，各监测点频响函数 FRF 的相干函数 γ_{xy}^2 具有如下两方面的特点，一方面，随着频率的增大，整体上频响函数的相干性越来越强，其中主隧道 A 中 A5-1 监测点、联络横通道中 C2 监测点、主隧道 B 中 B7-1 监测点以及上覆土体中 S7 监测点的相干性分别在频率超过 18.1Hz、18.3Hz、33.4Hz 和 30.8Hz 以后达到了 0.6，在频率达到 100Hz 以后相干性接近于 1。在频率较低时相干性较弱的原

因在于测试时存在环境噪声；在整个试验过程中，所测得的监测点的频响函数相当于激振荷载与环境噪声叠加的结果，在低频下噪声所占的比重较大，导致监测点频响函数的相干性较弱，高频荷载作用下噪声所占的比重较小，监测点动力响应的相关性较强。另一方面，在频响函数 FRF 突然减小时，其对应的相干函数 γ_{xy}^2 在该频率处也会有一定程度的减弱，尤其是在频率较小时更加明显；同时，监测点距离激振点较远时(监测点 B7-1 和 S7)，频响函数 FRF 的相干函数 γ_{xy}^2 曲线的一致性较差，这可能是由于激振点产生的能量传递较远时衰减较大造成的。由此可知，只有当频率高于一定值以后，试验结果才具有较高的可靠性，对于提高频率段试验结果的精度，还有待相关学者研究。

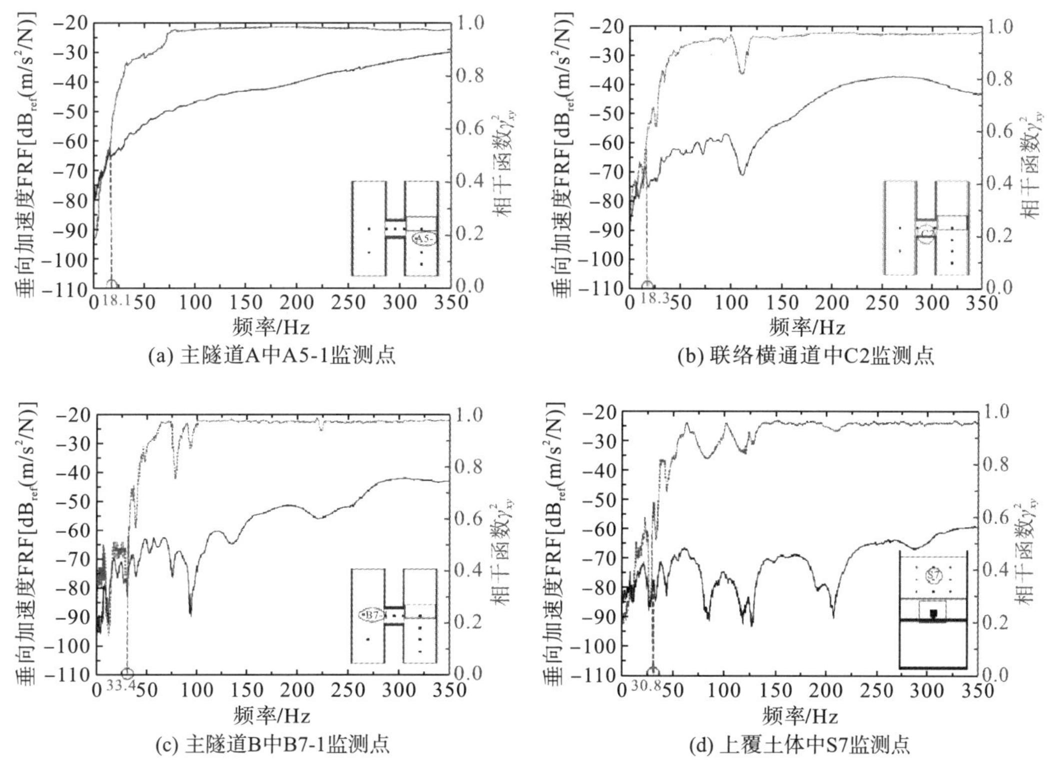

图 4-51　隧道及土层中监测点的动力响应 FRF 函数及其对应的相干函数

4.5.2　三分之一倍频程分析

列车振动荷载是多个频谱的复合，可用三分之一倍频程分析交叉盾构隧道的振动响应在各个频段上的能量分布特征(有关公式见第 3 章 3.1.3 节)。由于在低频段环境噪声对试验结果的影响较大，为保证结果具有较高的可靠性，只提取 31.5～250Hz 频域范围内的三分之一倍频程进行研究。

图 4-52(彩图见附录)为交叉盾构隧道各监测点的三分之一倍频程曲线，从图中可知，在 31.5～80Hz 频域段，衬砌结构以及上覆土体的三分之一倍频程曲线呈现出一致的变化

规律，即随频域的增大，振动响应的能量分布先增大后减小。其中，三分之一倍频程最大值均出现在 50Hz 频域段(f_l=44.9Hz，f_u=56.1Hz)，由此说明，交叉盾构隧道结构自身的频率很有可能处于 44.9～56.1Hz 之间，导致该频率段的振动荷载产生的能量更加容易集中在交叉盾构隧道中，引起结构更大的动力响应。但是，不同位置处的三分之一倍频程曲线也存在一定的差异，具体表现在以下三个方面：其一，在 31.5～80Hz 频域段，距离激振点越远，相同频段的三分之一倍频程越小，揭示了能量在衬砌结构以及上覆土体内传播过程中衰减的特点，但相邻两监测点的能量衰减既不同步，也不是线性减小。其二，对比主隧道 A 与联络横通道的频程最大值(即出现在 50Hz 频段)，尽管联络横通道上监测点 C1、C2、C3 与激振器的距离分别比主隧道 A 上监测点 A5-1、A3-1、A1-1 的距离远，但联络横通道各监测点的三分之一倍频程值比主隧道 A 对应监测点的频程值大(VAL_{C1}>$VAL_{A5\text{-}1}$、VAL_{C2}>$VAL_{A3\text{-}1}$、VAL_{C3}>$VAL_{A1\text{-}1}$)，前者的最大频程值比后者大 4.8dB。表明主隧道中的振动荷载对联络横通道具有较为不利的影响，联络横通道属于交叉盾构隧道中的薄弱环节，因此盾构隧道设计中需要对该部位进行加强处理。其三，相比于衬砌结构，土体中的三分之一倍频程的最大值比衬砌结构不同位置处的最大频程值小，其原因在

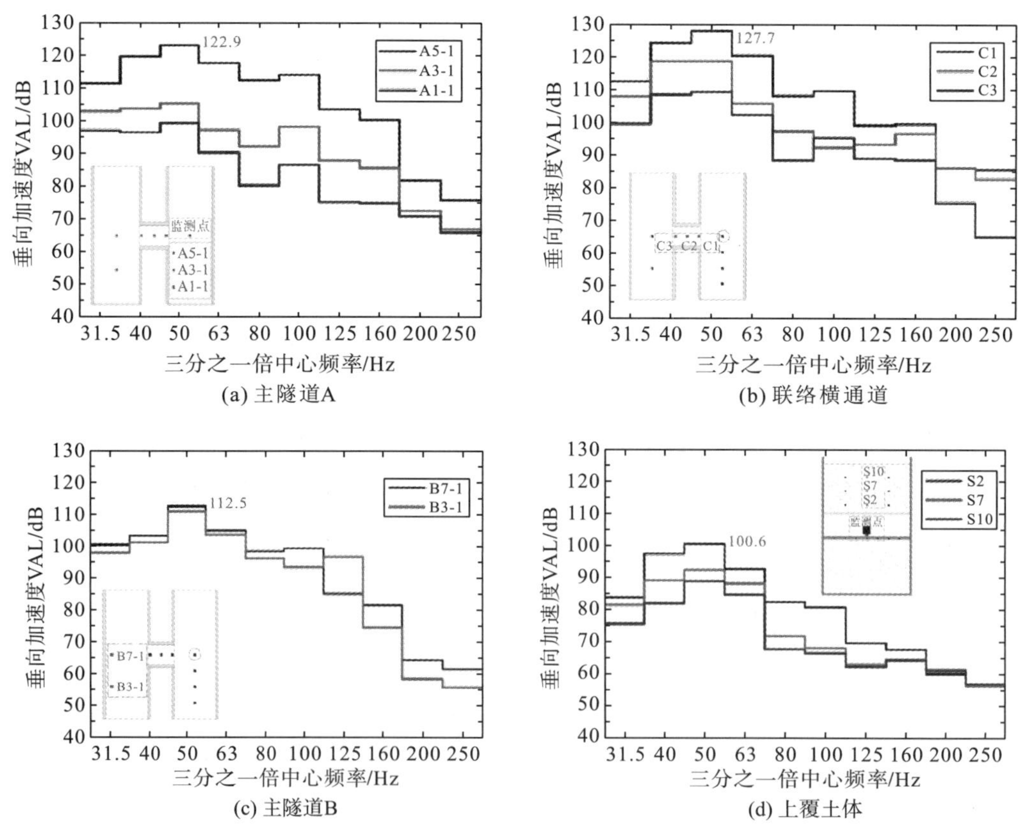

图 4-52　土层中监测点的三分之一倍频程曲线

于，土体颗粒的均匀性比衬砌材料差，同时整体性不如衬砌材料，由此导致振动产生的能量在土体内传播时耗散较快。同时，当频率高于 160Hz 以后，随着频率的增加，各监测点的三分之一倍频程的差异越来越小，表明隧道中的高频振动荷载在激振点正上方土体的竖向方向传播过程中衰减较小。其原因可能在于激振点正上方的土颗粒受高频波的影响较小，从而高频荷载作用下竖向方向上不同土层深度的动力响应差异不大

4.6 本章小结

(1) 本章设计并研制了一个 1.05m×3m×1.9m 的结构交叉盾构隧道-围岩试验模型，模型边界采用吸振材料 Duxseal 来减小边界效应的影响，通过激振器对扣件位置施加激振荷载，从而研究振动荷载下交叉结构-围岩模型的响应特征。

(2) 通过在交叉盾构隧道中不同位置激振，得到了单点振动荷载下交叉盾构隧道以及围岩的动力响应特征及其传播规律。发现在交叉隧道衬砌结构中，距离激振点越远的地方其响应相对越小，并且发现 A 隧道底部的响应衰减比在联络横通道中衰减程度更大，而 B 隧道底部测点的响应强度主要受横通道振动响应和土体振动响应的共同影响，并且土体振动响应的影响更大。对于围岩而言，振动响应基本也遵循离激振点越远其振动响应越小的规律。且沿隧道轴向方向的衰减比沿垂向的衰减程度更大，并且对于离表面较近的一层测点有响应放大的现象出现。

(3) 通过按一定时间间隔施加地铁列车振动荷载模拟列车的行驶效应，得到了列车荷载作用下，交叉盾构隧道衬砌结构以及围岩的动力响应特征和其传播规律。发现隧道衬砌的振动响应是多个激振力影响叠加的结果，并且不同的测点，其响应时间存在一定的差异。且振动响应特征与列车运行时基本保持一致，从而验证了相似模型试验的合理性。

(4) 通过对比两种模拟荷载下结构交叉隧道-围岩系统的动力响应可以看出，在分析地铁列车运行对隧道结构及周围环境的影响时，轨道的平顺性有重大的作用，会使得隧道衬砌结构的加速度响应产生 8～10 倍的差异。

(5) 在扫频荷载作用下，当频率高于一定值时交叉盾构隧道不同位置处的频响函数 FRF 表现出明显的规律性，随频率的增大，频响函数的相干性越强；同时，交叉盾构隧道的三分之一倍频程曲线在 31.5～80Hz 频段呈现出一致的变化规律，其最大值均出现在 50Hz 频段。交叉盾构隧道不同位置处的加速度响应峰值对应的频率(55Hz 左右)位于三分之一倍频程曲线最大的频域段(f_l=44.9Hz，f_u=56.1Hz)，表明列车荷载的频率与交叉盾构隧道结构自身频率相隔较近是造成该结构加速度响应较大的主要原因。

第 5 章　基于室内试验的空间交叉盾构隧道动力响应

本章利用室内模型箱试验，模拟列车通过空间交叉盾构隧道的情形，通过各工况试验数据的对比分析，研究空间交叉盾构隧道的振动响应特别是列车振动响应机理，分析列车振动响应频谱和振动传递规律，为后续数值模拟计算结果进一步对比分析打下基础。

5.1　试 验 设 计

室内试验选取空间交叉盾构隧道衬砌结构与周围均质土体共同作用的模型箱试验方式进行。为模拟振动荷载在隧道结构内部和周围土体中的传播规律，本模型试验系统由模型箱、数据采集系统、荷载加载系统共三部分组成。首先依据相似理论选取模型试验管片衬砌结构和土体的物理力学参数，通过激振器组合将不同的振动荷载施加在上隧道管片底部，凭借预先埋设好的各类传感器获取上、下隧道结构和周围土体的动力响应特性及其衰减规律。

5.1.1　模型箱

结合既有的试验仪器设备及场地条件，试验的原型与模型的几何相似比 C_l 取 15，弹性模量相似比 C_E 取 30，密度相似比 C_ρ 取 1。根据相似理论，得到试验其他物理力学参数的相似比为：速度相似比 $C_v = C_l C_\rho^{0.5} C_E^{-0.5} = 2.74$，加速度相似比为 $C_a = 1$，重力加速度相似比 $C_g = 1$，时间相似比 $C_t = C_l C_\rho^{0.5} C_E^{-0.5} = 3.65$，频率相似比 $C_\omega = C_l^{-1} C_\rho^{-0.5} C_E^{0.5} = 0.27$，力的相似比 $C_F = C_l^3 C_\rho = 3375$。

对于动力响应试验，盾构隧道模型的变形是处于弹性范围内的，因此在决定管片衬砌和土体的力学参数的相似材料的选择上，主要考虑衬砌与土体的容重、弹性模量、剪切模量、泊松比等弹性参数。经过多组配比试验、弹模测试以及以往研究成果[87,98,99]，决定采用石膏∶硅藻土∶水为 1∶0.4∶1.8（质量比）混合模拟管片衬砌材料，同时在管片模型中加入钢丝网以模拟钢筋。模型土体由粉煤灰、石英砂、河沙和机油按一定比例配置而成。隧道管片衬砌和模型箱土体主要参数如表 5-1 所示。

表 5-1 隧道管片衬砌和土体的原型和模型参数

参数	隧道管片衬砌			土体		
	弹性模量/GPa	剪切模量/GPa	泊松比	弹性模量/MPa	剪切模量/MPa	泊松比
原型	34.50	13.30	0.30	52.0～68.0	21.0～26.0	0.30
模型	1.10	0.44	0.30	2.10	0.75	0.30

盾构隧道衬砌结构由钢筋混凝土管片经螺栓连接拼装而成，其众多的环向、纵向接头对结构的力学性能有着很大的影响，在试验中模拟出接头对盾构隧道的模型试验有着重大的意义。在本次试验中，盾构隧道模型采用石膏圆环模拟的管片环拼接，采用直径为 4mm 的钢棒在纵向接头处连接管片环，以模拟纵向接头；对隧道环向接头，采用在环中接头位置处开一定深度的槽缝，弱化该位置处的抗弯刚度，使其与原型接头抗弯能力等效的方法进行模拟。根据国内外已有研究成果，对于埋深 10m 左右的盾构隧道，接头处弯曲刚度 K 可以采用 5×10^4kN·m/rad。经计算开槽深度为 175mm，根据几何相似比可以转化为模型值约为 11.5mm。试验模型如图 5-1(a)、(b)所示。

试验所采用模型箱的内部有效尺寸为 2.16m(长)×1.04m(宽)×2m(高)，如图 5-1(c)所示。上隧道模型纵向长度 1.04m，下隧道模型纵向长度 2.16m，上覆土体厚度 0.5m(对应原型埋深 7.5m)，下隧道同上隧道净距 0.13m(对应原型埋深 2.0m)，两隧道在空间上呈 90°夹角。模型管片外径 0.4m，内径 0.36m，幅宽 0.08m。全环采用“3+2+1”的分块方式：5 块标准块 B1～B5(67.5°)，2 块邻接块 L1、L2(67.5°)和 1 块封顶块 F(22.5°)，利用目前地铁常用的错缝拼装方式。其中环向接缝用 12 个环缝连接螺栓(M27)，环间接缝采用 16 个纵缝连接螺栓(M27)。同时，对于各类振动试验，降低和减少模型边界上波的反射，以规避边界效应十分重要，这里在模型箱内表面黏结一层吸振材料，如图 5-1(d)所示，涂层厚度为 20mm。

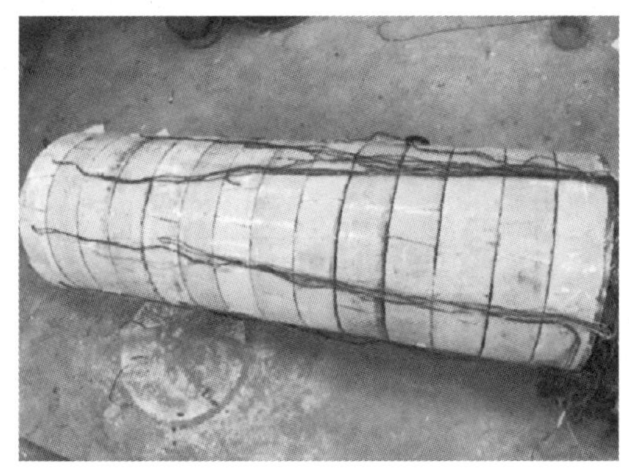

(a) 上隧道模型

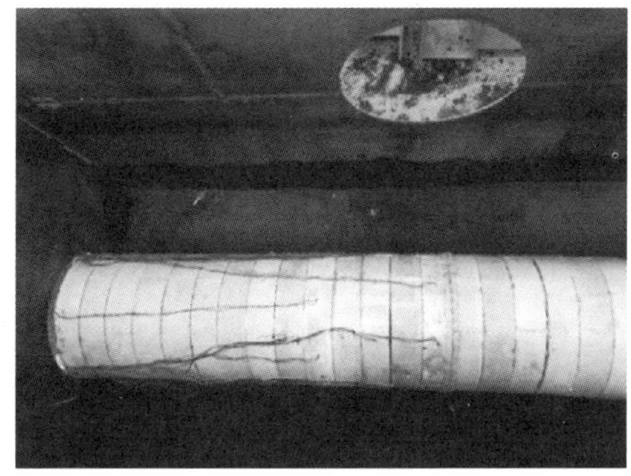

(b) 下隧道模型

(c) 试验模型箱体

(d) 内表面涂抹减振材料

图 5-1 试验模型箱

5.1.2 数据采集系统

本模型箱试验采用激振器组合施加振动荷载，激振器组合布置在上隧道衬砌管片中间，并在每个激振器下部安装了动态力传感器，用于采集通过激振器施加在管片仰拱上的振动荷载，共计 6 个。本试验主要的采集信息有激振力和上、下隧道模型与周围土体的地层动应力、动态应变和加速度等，采用加速度传感器、电阻应变传感器、土压力盒和动态力传感器进行采集，有关传感器及数据采集仪具体信息如图 5-2 及表 5-2 所示。

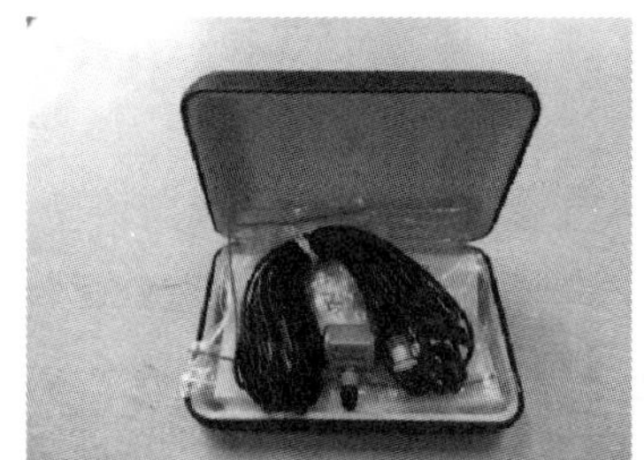

(a) 加速度传感器

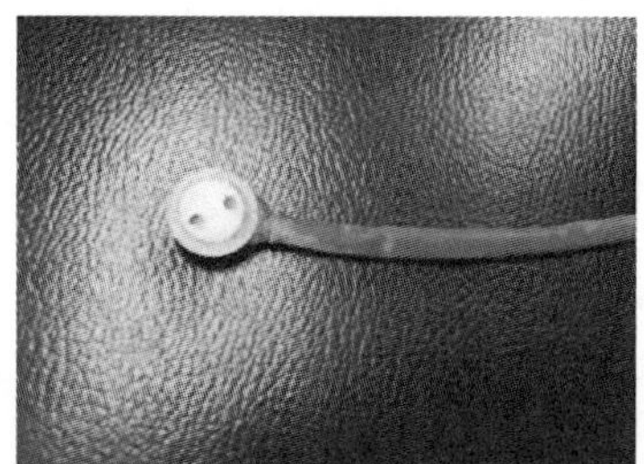

(b)土压力盒

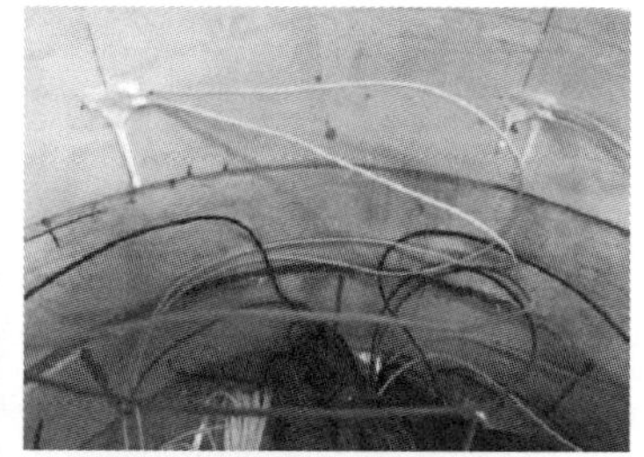

(c) 电阻应变传感器

图 5-2 部分传感器

表 5-2 传感器及数据采集仪

编号	测量内容	测量元件	数据采集仪
1	加速度	加速度传感器	智能信号采集处理分析仪
2	动态应变	电阻应变传感器	动态应变仪
3	地层动应力	土压力盒	智能信号采集处理分析仪
4	振动荷载	动态力传感器	智能信号采集处理分析仪

各传感器的具体布置及编号见图 5-3。其中加速度传感器及土压力盒的布置位置如图 5-3(a)、(b)所示，在隧道衬砌各环内外侧的周围布置了相应的电阻应变传感器，布置位置如图 5-3(c)所示。

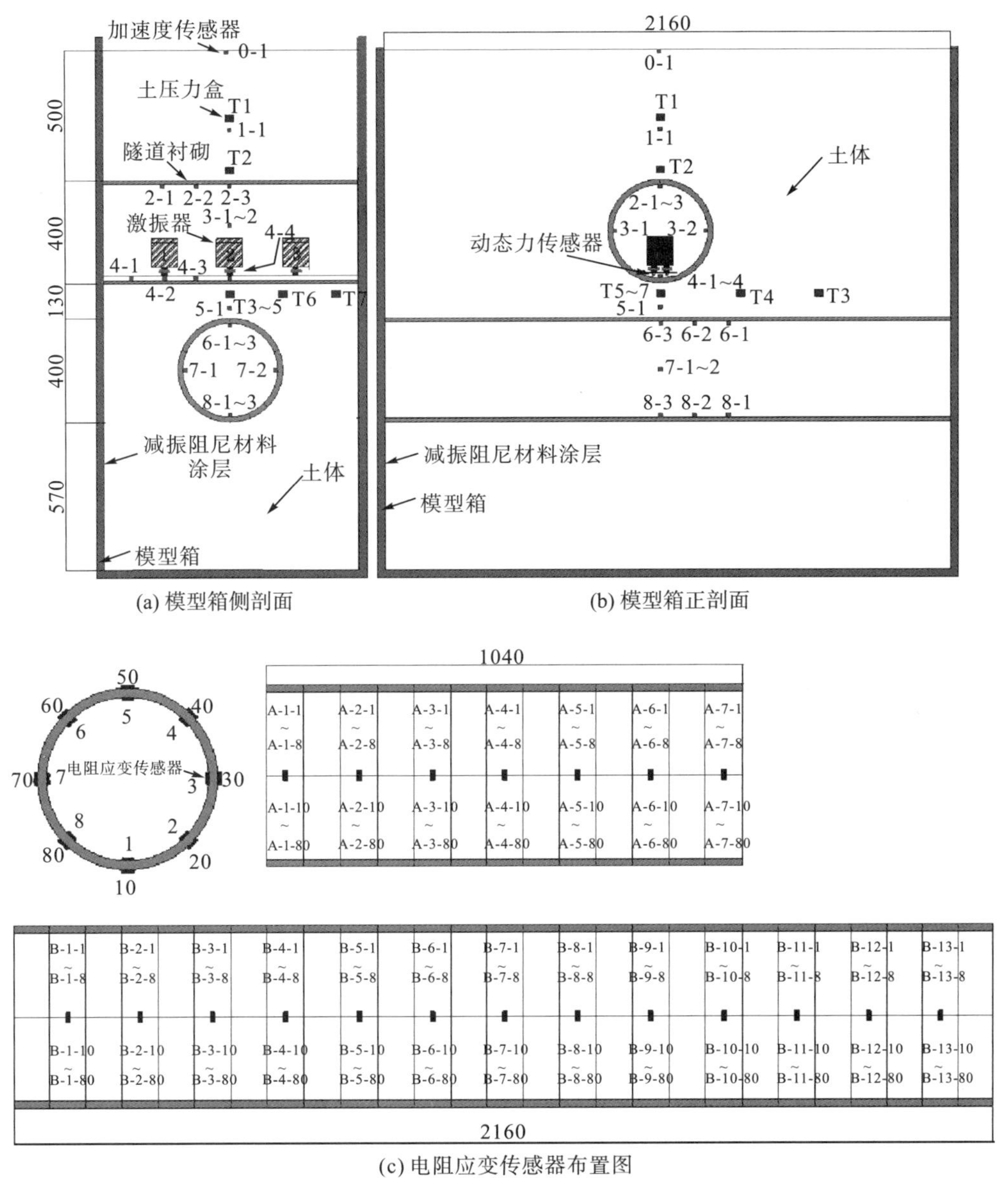

(a) 模型箱侧剖面　　(b) 模型箱正剖面

(c) 电阻应变传感器布置图

图 5-3　传感器布置图

采用动态应变仪和智能信号采集处理分析仪对激振力、动态应变、地层动应力和加速度进行采集，利用动态信号测试分析软件系统对采集的数据在电脑上进行收集和处理，数据采集系统操作台如图 5-4 所示。

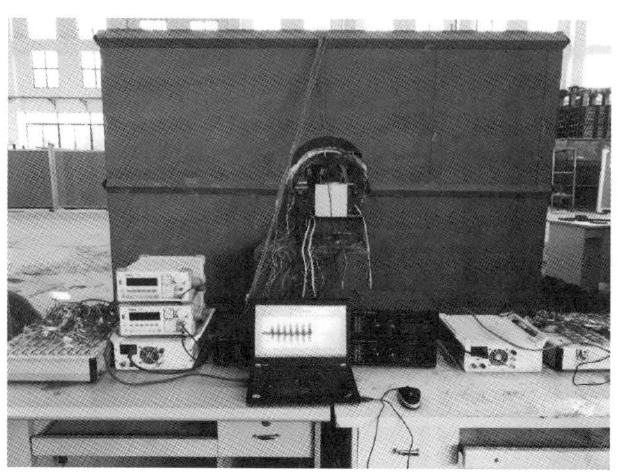

图 5-4 数据采集系统操作台

5.1.3 模型加载

1. 加载系统

地铁轨道一般采用板式轨道，而钢轨则通过扣件结构固定在轨道结构上，故扣件结构是荷载从钢轨传递到结构的重要构造。当列车通过时，在一定的假设下，可以将列车作用在轨道结构上的连续荷载等效为作用于各扣件处的竖向激振荷载。其中，在地铁列车振动荷载的作用下，每一个扣件所受到的振动荷载曲线都可以由实测情况下所得，或者通过列车-轨道-路基耦合分析模型计算求得。如图 5-5 所示，在空间交叉盾构隧道的上隧道安装由三个激振器组成的激振组合，各激振器中心的间距为 0.25m，每个激振器下安装拱形铁块，在起振时可将激振器的力平均分配到左右两点，以模拟轨道两侧的扣件系统(也可更换拱形铁块变为单点激振)。每个激振器都分别和一个信号放大器相连，可以实现单个和多个激振器工作，同时也可以实现三个激振器先后开始工作。

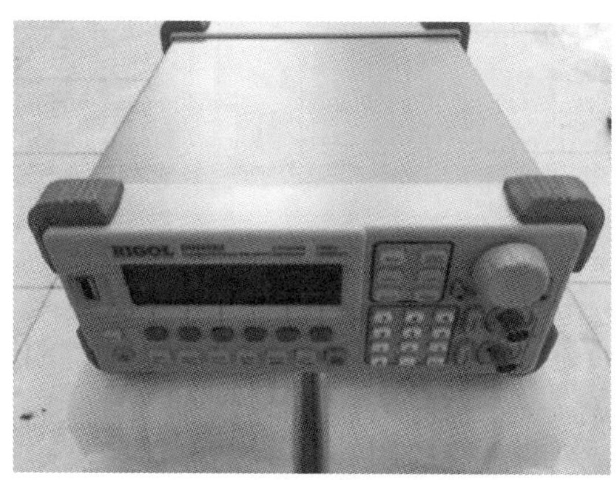

(a) 信号放大器

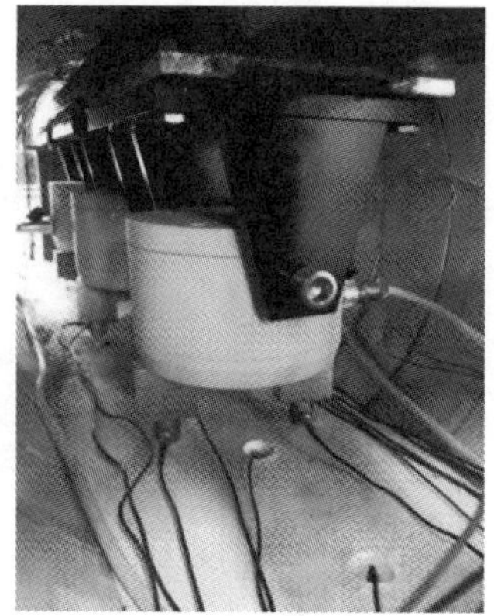

(b) 激振器组合

图 5-5 加载系统

2. 加载流程

模型试验荷载加载流程如图 5-6 所示，通过将试验电脑软件中的激振荷载曲线导入任意波信号发生器形成输入信号，然后通过连接的功率放大器将产生的输入信号进一步放大，并输入到接触式激振器，再通过激振器产生激振荷载，最后通过动态力传感器将力传递到隧道道床上，从而引起交叉隧道整体结构的振动。

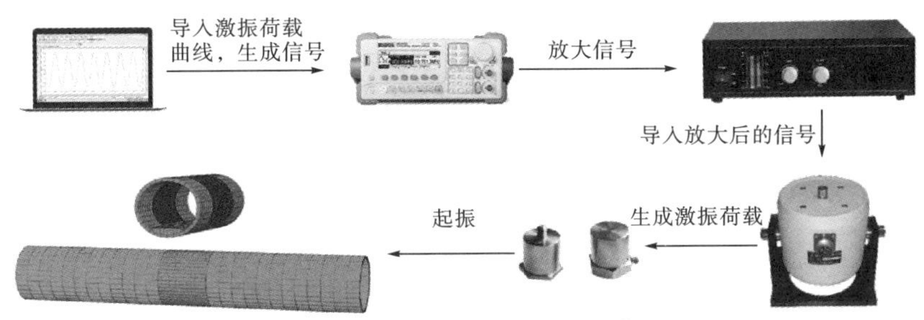

图 5-6　模型试验加载流程图

采用上述传感器和有关仪器对激振力、动态应变、地层动应力和加速度进行采集，利用相关动态信号测试分析软件系统对采集的数据在电脑上进行收集和处理。

5.1.4　试验工况

基于以往的研究结论[87,98,99]，盾构隧道衬砌结构一般主要对频率为 0～300Hz 的荷载响应明显，故本章的分析重点围绕 0～300Hz 频域的隧道振动响应展开。试验时，激振器组合施加荷载在盾构隧道管片底部的仰拱上，通过布设在隧道结构和周围土体中的动态力传感器、加速度传感器、土压力盒和电阻应变传感器对隧道模型的动力响应进行数据采集。本次试验设置空间交叉盾构隧道和单洞盾构隧道两个工况，对两种工况分别采取单点激振和多点激振进行测试，具体如下：

(1) 2 号激振器施加扫频激振荷载。选取 0～300Hz 频段的扫频范围(原型值)，施加 1000mV 激振电压、0～300Hz 扫频方向、10s 扫频时间的扫频荷载，其激振力的时程曲线如图 5-7 所示。

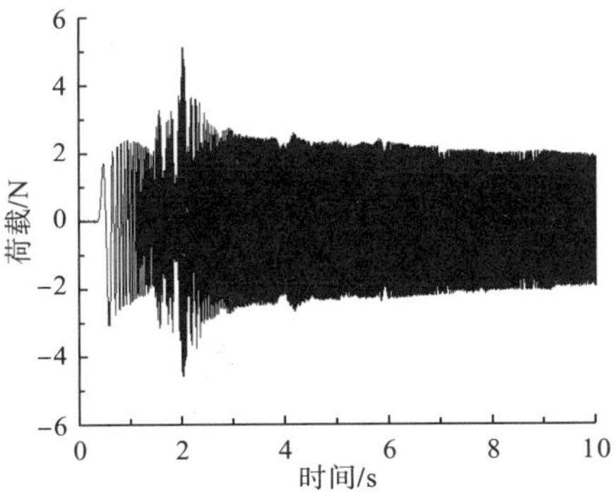

图 5-7　扫频荷载激振力曲线

(2)2 号激振器工作施加不同频率的正弦荷载。

(3)在 2 号激振器单独工作和 1、2、3 号激振器共同工作两种情形下，向上隧道结构施加列车振动扣件力荷载。考虑到地铁轨道存在不平顺性，以美国 5 级轨道谱和 6 级轨道谱为例，模拟 40km/h 和 60km/h 两种时速下考虑轨道不平顺性的列车振动的扣件力，并取不同列车速度条件下的最大振动荷载为 21.6kN(原型值)，得到其激振力时程曲线如图 5-8 所示。

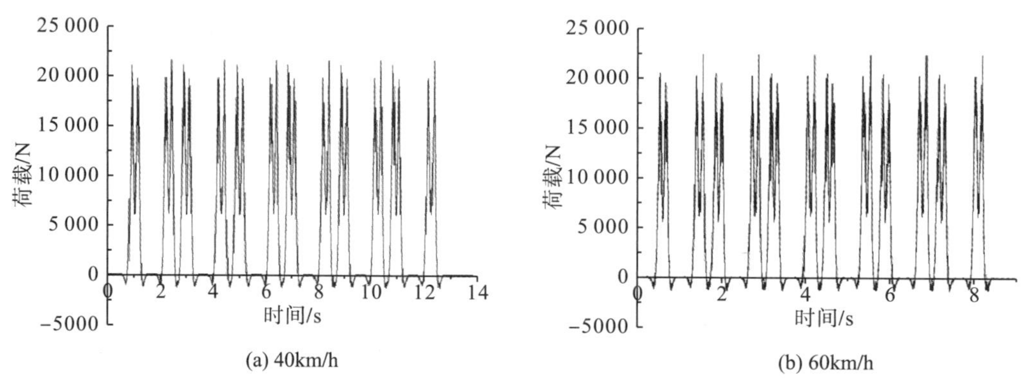

(a) 40km/h　　(b) 60km/h

图 5-8　单点激振扣件力

1、2、3 号激振器共同激振时，试验对扣件位置施加列车振动模拟荷载，将荷载按照一定的时间间隔先后施加到离散的扣件系统上，实现模拟列车的运行过程。以模拟 40km/h 和 60km/h 的列车通过为例，各激振器中心的间距为 0.25m，故应设置各激振器荷载加载时间间隔依次为 0.34s，所施加的振动荷载如图 5-9(彩图见附录)所示。

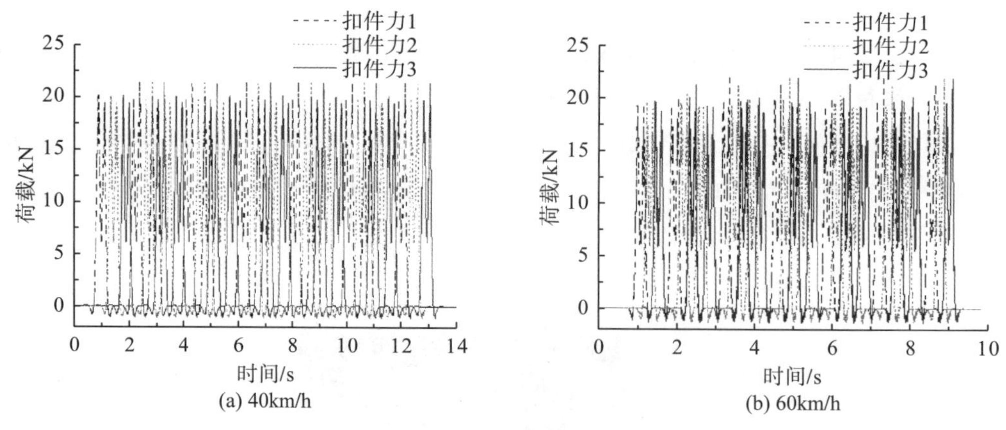

(a) 40km/h　　(b) 60km/h

图 5-9　多点激振扣件力

5.2　加速度响应特性

本节对单点激振和多点激振两种情形下空间交叉盾构隧道产生的加速度进行对比分析，重点研究加速度同荷载频率、荷载类型、荷载施加模式的关系，以及加速度在空间交叉盾构隧道中的传递和衰减规律。

5.2.1　正弦及扫频荷载

在 2 号激振器单独工作时，分析在正弦和扫频荷载下空间交叉盾构隧道的加速度变化情况。

图 5-10 为施加荷载为 21.6kN(原型值)的 250Hz 正弦荷载时盾构隧道结构各监测点的加速度时程曲线，可见各监测点的加速度时程曲线均呈明显的正弦波形。从(a)可以看出，上隧道下部各监测点的加速度最大值依次约为 0.18m/s^2、0.12m/s^2 和 0.05m/s^2，加速度幅值逐渐减小，且减小的趋势逐步放缓。由(b)可知，下隧道上部各监测点加速度最大值依次约为 0.038m/s^2、0.016m/s^2 和 0.009m/s^2，加速度幅值逐渐减小，且减小的趋势逐步放缓，各点加速度值较上隧道拱底衰减明显，监测点 4-4 处的加速度时程幅值约为 6-3 处的 4.74 倍。根据(c)可见，下隧道下部各监测点的加速度最大值依次约为 0.014m/s^2、0.012m/s^2 和 0.010m/s^2，加速度幅值呈逐渐减小趋势，加速度值较以上两个部位衰减明显，监测点 4-4 处的加速度时程幅值约为 8-3 处的 12.86 倍。

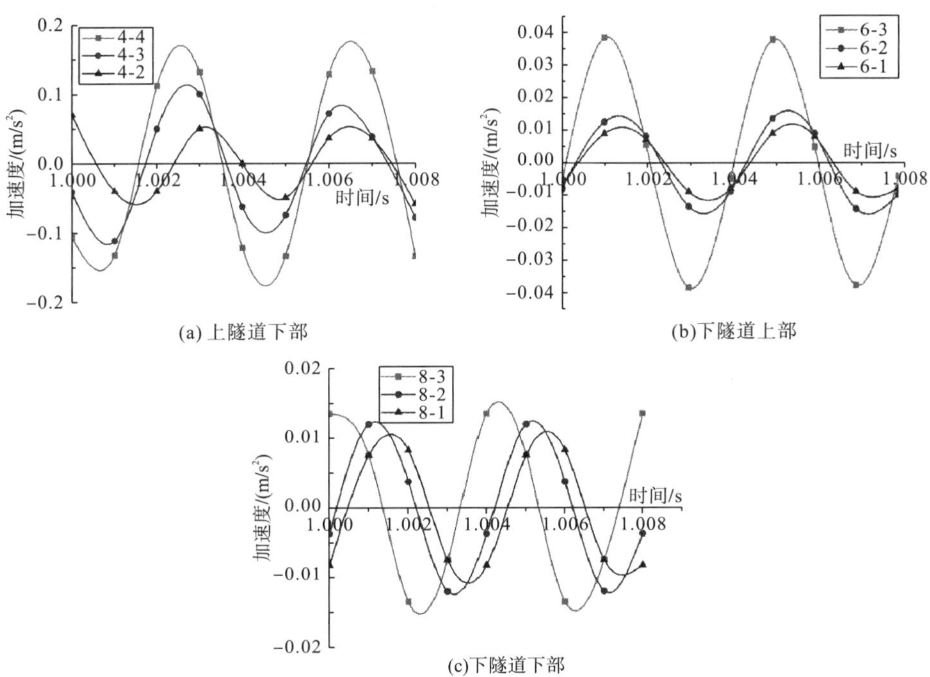

(a) 上隧道下部　(b)下隧道上部

(c)下隧道下部

图 5-10　施加 250Hz 正弦荷载时结构加速度响应

图5-11(彩图见附录)为上隧道监测点4-4在2号激振器单独工作时分别施加21.6kN(原型值)的12Hz、60Hz、250Hz正弦荷载时盾构隧道结构的加速度时程曲线对比。可以看出，在低频波的作用下(如12Hz)，由于外界环境的噪声干扰(主要为低频)等，加速度波形受到明显扰乱，正弦波形不明显，同时加速度时程曲线的幅值较小，这里为0.024m/s^2。在较高频率波的作用下(如60Hz)，加速度响应呈现出显著的正弦波形，加速度时程曲线的幅值较低频时明显增大，这里为0.073m/s^2。在高频波的作用下(如250Hz)，加速度响应呈现出显著的正弦波形，加速度幅值较频率较低时明显增大，这里为0.18m/s^2。这是因为频率越低，振动体在单位时间内振动的次数越少，振动过程时间越长，故加速度幅值相对较小且变化量小；频率越高，则振动次数越多，振动过程越短，加速度的数值及变化量就越大。

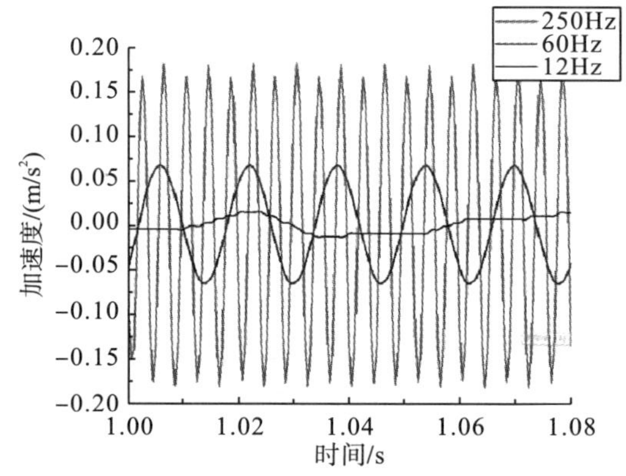

图5-11 不同频率正弦荷载下上隧道振源处的加速度响应

对土体中加速度时程曲线的变化，以施加250Hz的正弦荷载为例，如图5-12所示，上隧道下部沿上隧道方向各监测点的加速度最大值依次约为 0.024m/s^2、0.015m/s^2 和0.013m/s^2，加速度峰值逐渐减小，且减小的趋势逐步放缓；下隧道上部沿下隧道方向各监测点的加速度最大值依次约为0.024m/s^2、0.009m/s^{2}和0.004m/s^2，加速度峰值逐渐减小，减小的趋势逐步放缓，荷载频率较低时土体中的加速度很小且受到干扰较大，荷载相同时土体中的加速度也随着频率的增加而增大。

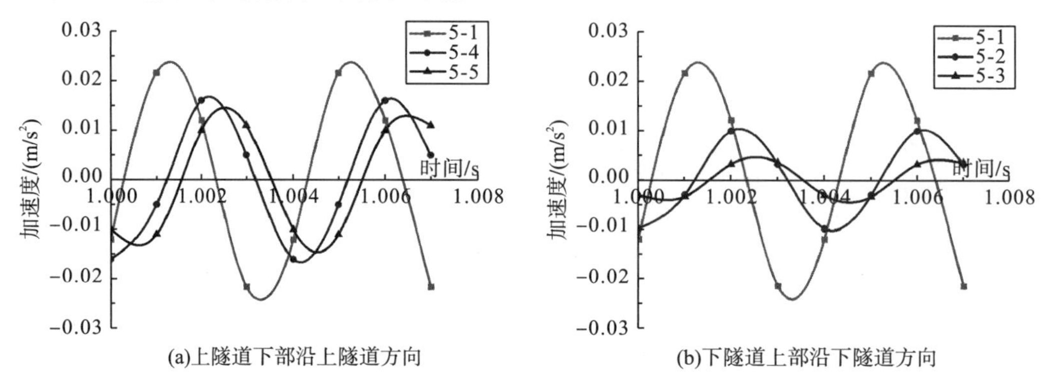

(a)上隧道下部沿上隧道方向　(b)下隧道上部沿下隧道方向

图5-12 250Hz正弦荷载时土体加速度

图 5-13(彩图见附录)为监测点 5-4 处施加 1000mV 激振电压、0～300Hz 扫频方向、10s 扫频时间的扫频荷载时，上隧道 4-4、4-3 监测点处的加速度时程曲线采集结果，可以看出在 0～300Hz 的范围内，加速度幅值同荷载频率呈正相关变化。如图所示，试验隧道模型在 0～3s 时，加速度幅值随频率升高呈缓慢增大的趋势，但是增大趋势不明显；在频域 3～10s 时，加速度幅值随时间的上升而明显增大，但上升趋势逐步减缓。对比监测点 4-4 和 4-3，可以看出不同位置点的加速度幅值均随时间的上升而增大，但是上升的幅度不同，特别是在 3～10s 时距离振源越近的点上升幅度越大。

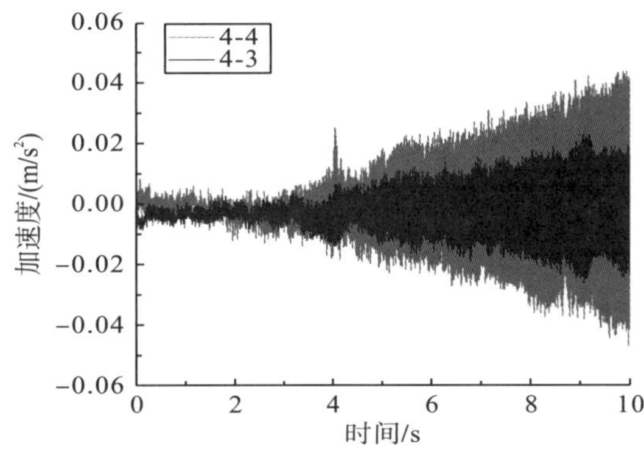

图 5-13　扫频荷载下上隧道振源处的加速度响应

5.2.2　列车振动扣件荷载

在 2 号激振器单独工作时，施加模拟列车以 60km/h 速度行驶时的扣件荷载，上隧道各监测点的加速度时程曲线如图 5-14 所示。可以看出，上隧道各监测点的加速度时程均表现出显著的周期性，随激振力信号的变化而变化，各点的加速度时程曲线幅值如表 5-3 所示，隧道下部从 4-4 到 4-1 加速度时程逐渐减小，每个监测点较上一监测点的衰减比例分别为 26.72%、61.46%和 64.86%，衰减比例越来越大，沿隧道环向的监测点 4-4、3-1 到 2-3 加速度也逐渐减小，每个监测点较上一监测点的衰减比例分别为 85.49%和 73.86%，衰减比例均很大。

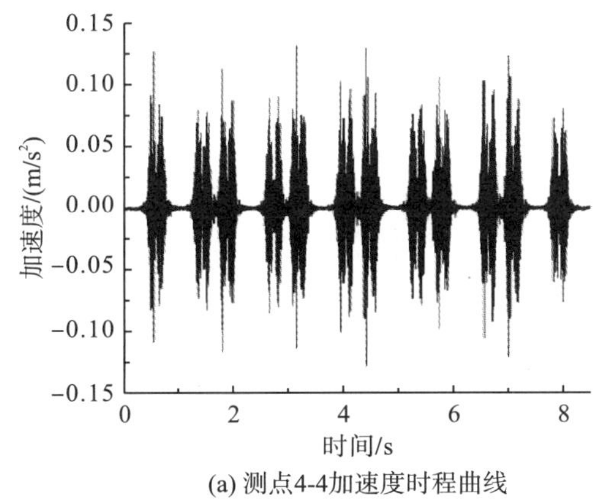

(a) 测点4-4加速度时程曲线

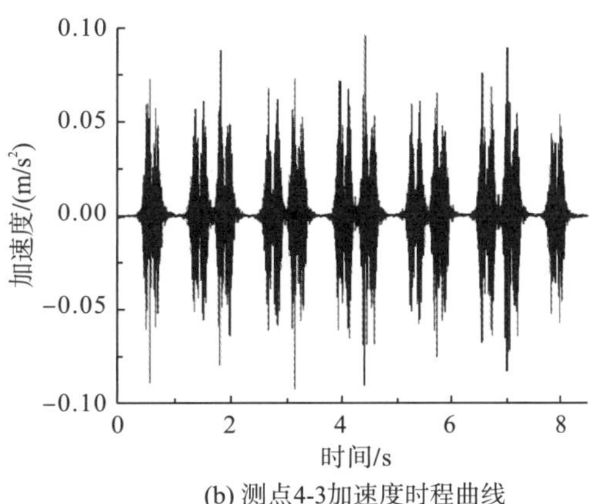

(b) 测点4-3加速度时程曲线

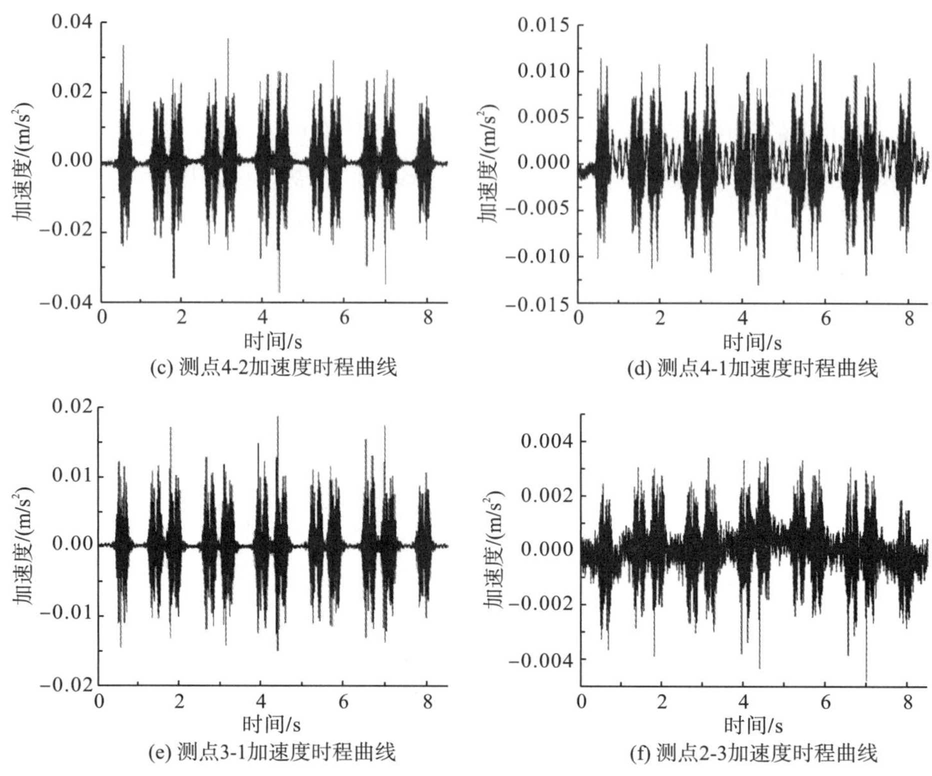

(c) 测点4-2加速度时程曲线

(d) 测点4-1加速度时程曲线

(e) 测点3-1加速度时程曲线

(f) 测点2-3加速度时程曲线

图 5-14　2 号机工作时上隧道监测点加速度时程曲线

表 5-3　2 号机工作时上隧道监测点加速度时程曲线幅值

监测点号	4-4	4-3	4-2	4-1	3-1	2-3
加速度幅值/(m/s^2)	0.131	0.096	−0.037	0.013	0.019	−0.005

下隧道中环管片部分监测点的加速度时程曲线如图 5-15 所示。可以看出，下隧道监测点的加速度响应较上隧道总体偏小，最大的是拱顶 6-3 点，其加速度时程曲线的幅值为 0.036m/s^2；其次为拱底 8-3 点，为 0.031m/s^2；拱腰 7-1 点的加速度时程曲线幅值最小，为 0.009m/s^2。

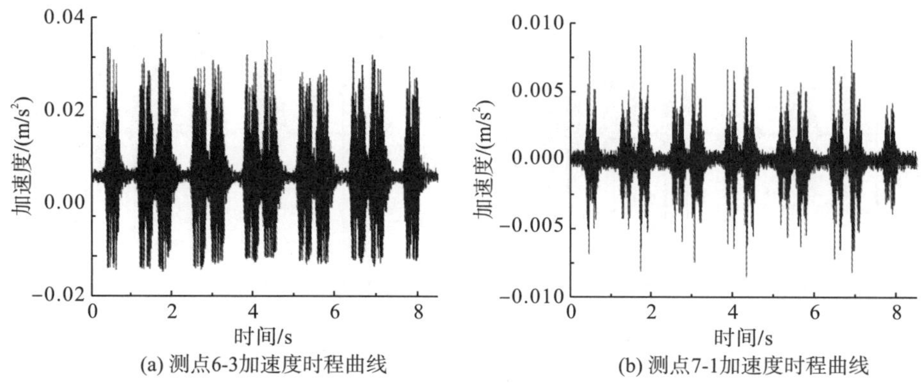

(a) 测点6-3加速度时程曲线

(b) 测点7-1加速度时程曲线

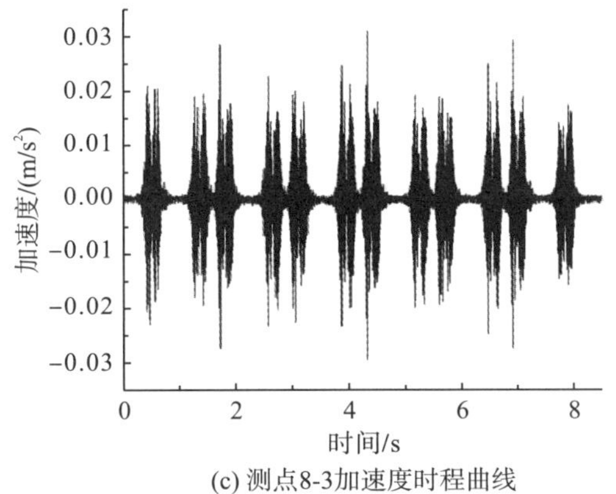

(c) 测点8-3加速度时程曲线

图 5-15　2 号机工作时下隧道监测点加速度时程曲线

1、2、3 号激振器共同工作时，施加模拟列车以 60km/h 速度行驶时的扣件荷载，隧道部分监测点的加速度时程曲线如图 5-16 所示，可见该荷载施加模式下各监测点的加速度时程依然表现出显著的周期性，随激振力信号的变化而变化。如图所示，监测点 4-4、2-3、6-3 和 8-3 加速度时程曲线的幅值分别为 0.203m/s^2、−0.005m/s^2、0.071m/s^2 和 −0.069m/s^2，变化规律总体同 2 号激振器单独工作时相同，但值有着明显增大。

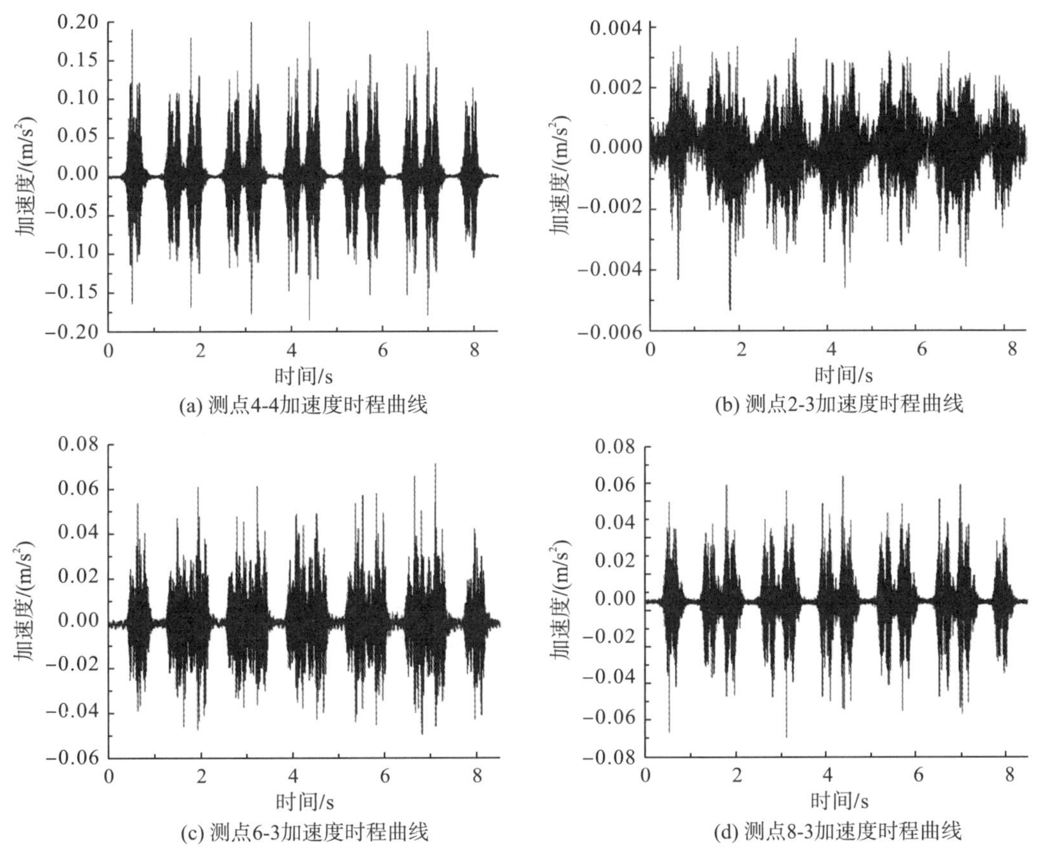

图 5-16　1、2、3 号机工作时隧道部分监测点加速度时程曲线

5.3 频谱响应特性

利用快速傅里叶变换技术(FFT)对激振力、加速度进行频域分析。2 号激振器单独工作时，施加模拟 40km/h 和 60km/h 行驶速度的列车振动扣件荷载，经 FFT 转换后可以得到两扣件荷载的频率谱和能量谱，如图 5-17(彩图见附录)所示。如图 5-17(a)所示，扣件激振荷载的幅值主要频率分布在中低频率范围内，其中 40km/h 在频率为 0.51Hz 时达到幅值，幅值为 28 553.89N，60km/h 时的激振力在频率为 0.84Hz 时达到幅值，最大值为 17 343.36N，可见运行速度越快，频率越高，力幅值显著减小，下降了 39.26%，在 100Hz 之后趋近于 0。如图 5-17(b)所示，激振力的能量幅值主要频率分布在低频范围内，其中 40km/h 时的激振力在 0.51Hz 时达到幅值，为 0.316dB，工况 60km/h 在 0.84Hz 时达到幅值，为 0.192dB，达到幅值的频率同频谱相同，可见运行速度越快，激振荷载频率越高，能量幅值显著减小，下降了 39.24%。

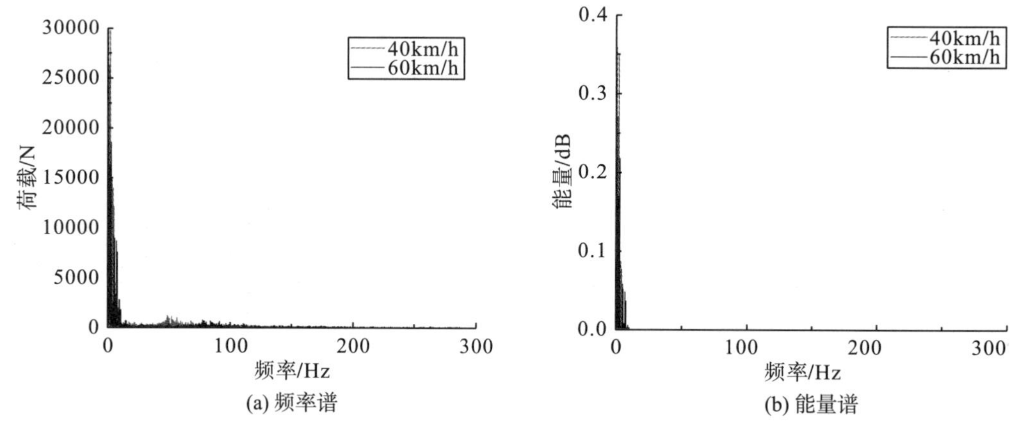

图 5-17 激振力频谱

在 2 号激振器单独工作、施加模拟 60km/h 行驶速度的工况下，监测点 4-4、4-3、4-2 的频率谱和能量谱如图 5-18(彩图见附录)所示。可以看到，各点的频率谱、能量谱的变化规律基本相同，且均在 74.17Hz 处达到幅值。对频率谱，从 4-4 到 4-2 加速度响应出现明显的整体降低，幅值分别为 0.0336 m/s^2、0.0243m/s^2 和 0.0090 m/s^2，距离前一个点的降幅分别为 27.68%和 62.96%，说明距离振源越远，加速度响应下降越快。对能量谱，从 4-4 到 4-2 能量幅值分别为 0.1148dB、0.1128dB 和 0.1099dB，有所下降但是变化不明显。

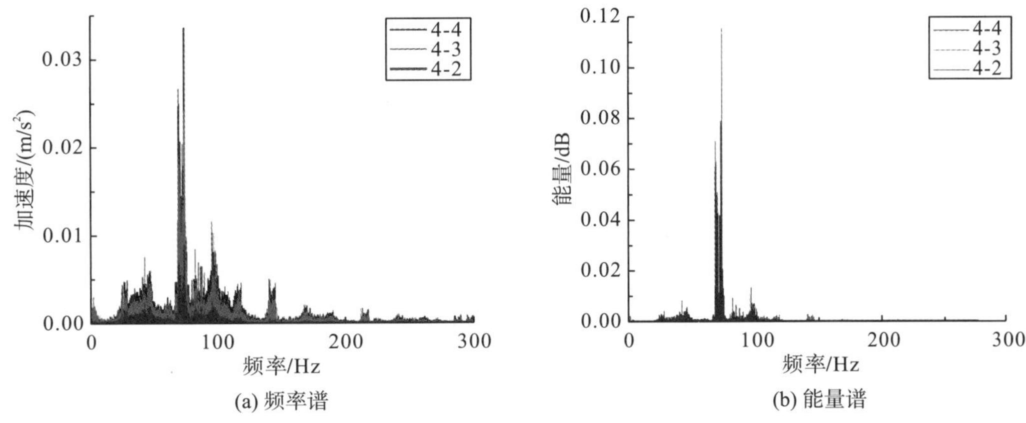

(a) 频率谱　　(b) 能量谱

图 5-18　上隧道拱底部分监测点频谱

上隧道中环各监测点的频谱幅值及相应频率如表 5-4 所示。可以看出，从管片环底部到顶部，加速度响应幅值明显衰减，距离前一个点的降幅分别为 85.71%和 81.25%；能量从拱底到拱腰衰减幅度较小，为 8.36%，从拱腰到拱顶衰减幅度较大，为 26.99%，各点均在 74.17Hz 处达到幅值。

表 5-4　上隧道中环各监测点的频谱幅值及相应频率

监测点号	4-4	3-1	2-3
频率谱/(m/s^2(Hz))	0.0336(74.17)	0.0048(74.17)	0.0009(74.17)
能量谱/(dB(Hz))	0.1148(74.17)	0.1052(74.17)	0.0768(74.17)

对下隧道，中环管片各监测点的频率谱和能量谱如图 5-19(彩图见附录)所示，由图可以看到各点的频率谱、能量谱的变化规律基本相同，且同上隧道相同，均在频率为 74.17Hz 处达到幅值。加速度响应和能量总体上均是拱顶最大，拱底次之，拱腰最小，三个监测点的加速度幅值分别为 0.0102 m/s^2、0.0082m/s^2 和 0.0015m/s^2，能量幅值分别为 0.0991dB、0.0803dB 和 0.0617dB。

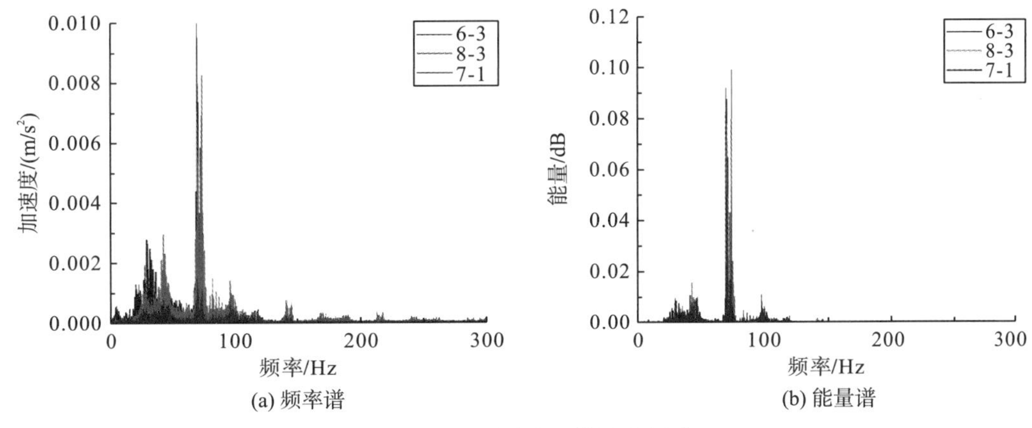

(a) 频率谱　　(b) 能量谱

图 5-19　下隧道中环监测点频谱

对隧道结构分别施加 2 号激振器单独工作和 1、2、3 号激振器共同工作的 60km/h 行驶速度的列车振动扣件荷载，监测点 4-4 的频谱对比如图 5-20(彩图见附录)所示。可以看出不同荷载施加模式下的测点频谱变化规律基本相同，也均在频率为 74.17Hz 处达到幅值，说明幅值频率与荷载施加模式无关。其中，1、2、3 号机共同工作的加速度和能量幅值结果略大于 2 号机单独工作的测试结果。

对隧道结构分别施加 2 号激振器单独工作、模拟 40km/h 和 60km/h 行驶速度的列车振动扣件荷载，监测点 4-4 的频谱对比如图 5-21(彩图见附录)所示。由图可见 40km/h 工况的加速度幅值与能量幅值为 0.0554 m/s^2 和 0.1813dB，明显大于 60km/h 的 0.0336m/s^2 和 0.1184dB，且达到幅值的频率出现了明显变化，40km/h 工况为 44.98Hz，说明幅值频率与所施加的荷载的频率有关。

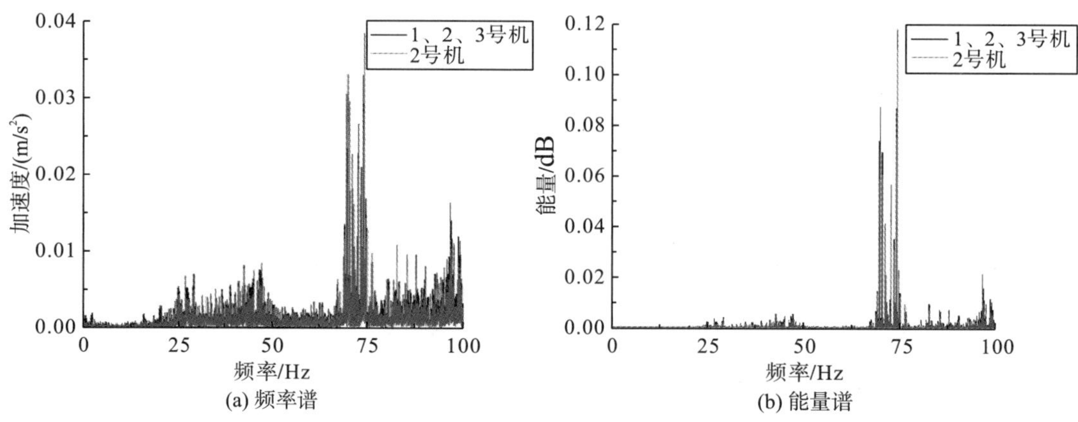

图 5-20 不同荷载施加模式下监测点 4-4 频谱

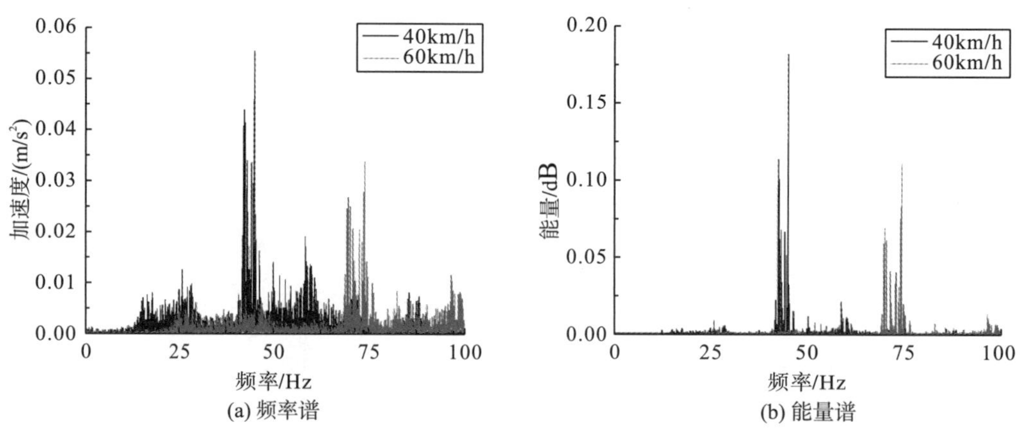

图 5-21 不同行驶时速下监测点 4-4 频谱

5.4　动力响应传递特性

本节分单点激振和多点激振两种情形，对空间交叉盾构隧道模型如图 5-22 所示两个断面的动力响应传递率函数和平均传递率进行分析，分析不同情形下空间交叉盾构隧道动力响应传递的特点和变化规律。并将单点激振和多点激振两种情形的结果对比，考察动力响应传递与荷载施加方式的关系。运用线性回归分析，对上下隧道之间的动力响应传递关系进行拟合，分析上下隧道各监测点动力响应之间的相关性，得出两者之间关系的经验公式。

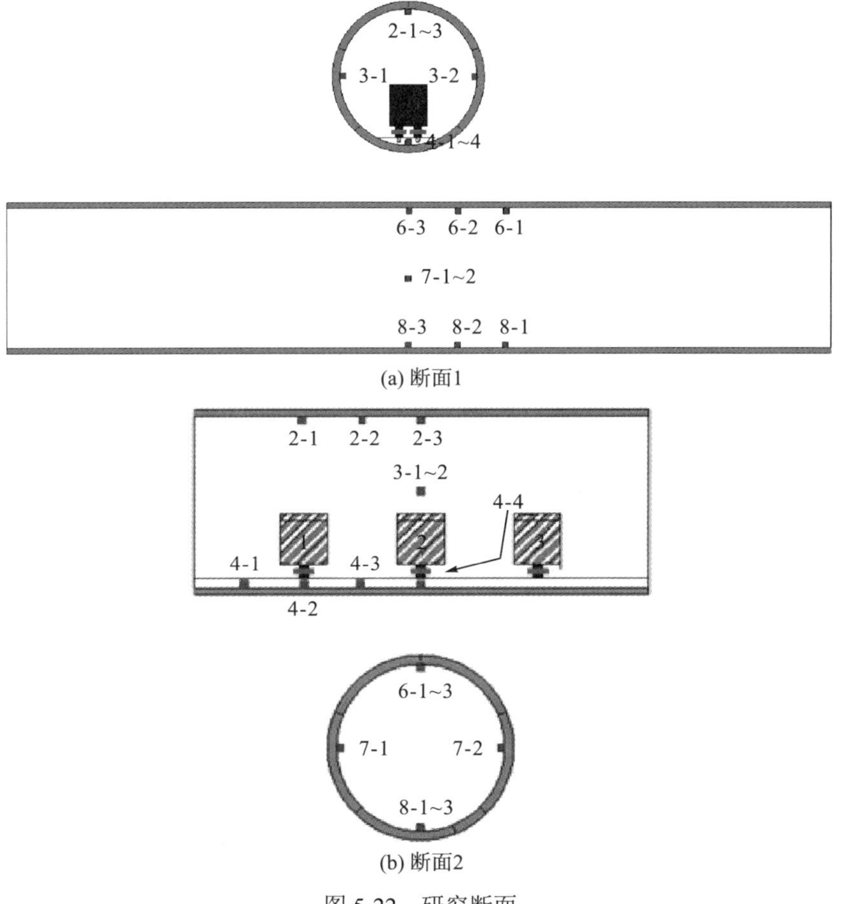

(a) 断面1

(b) 断面2

图 5-22　研究断面

5.4.1　传递率

有关传递率的介绍，具体见本书第 3 章 3.1.4 节。根据上文，盾构隧道的动力响应主要在 0～100Hz 频段，故主要对此频段进行传递率分析。对一点到另外一点的动力响应传递率函数 $H(f)$，若在某频域 F 内均匀取 n 个频率（n 要足够大），获得 $H(f_1)$,$H(f_2)$,…,$H(f_n)$ 共 n 个传递率值，定义该传递率函数 $H(f)$ 在频域 F 的平均传递率为

$$A_n = \frac{1}{n}\sum_{i=1}^{n} H\left(f_i\right) \tag{5-1}$$

对断面 1，通过 2 号激振器施加 21.6kN、60km/h 的列车振动扣件荷载，根据式(3-16)获得从激振器正下方监测点 4-4 到下隧道监测点 6-1～3 的传递率函数如图 5-23 所示。下隧道拱顶监测点 6-2～3 的传递率函数如图 5-23(a)(彩图见附录)所示，从激振器正下方监测点 4-4 到下隧道上部监测点 6-1～3，各传递率函数随着频率的增大均总体呈震荡下降的趋势，且各点的震荡规律相似，其中传递率在 0～65Hz 范围内震荡趋势明显，其平均传递率分别为 33.87%、35.49%和 41.51%，在 65～100Hz 范围内呈减小趋势，4-4 到 6-1～3 各点的平均传递率分别为 16.96%、16.98%和 16.28%，这说明从上隧道到下隧道上部的动力响应传递过程中，低频和中频区域衰减程度较小，高频区域衰减程度较大，高频段在下隧道上部各点的传递率差距不大。4-4 到 6-1～3 各点在 0～100Hz 范围内的平均传递率如图 5-23(b)所示，分别为 27.67%、28.33%和 31.75%，可以看出下隧道上部距离上隧道结构越远，总体平均传递率越小，且减小的趋势逐步减缓。

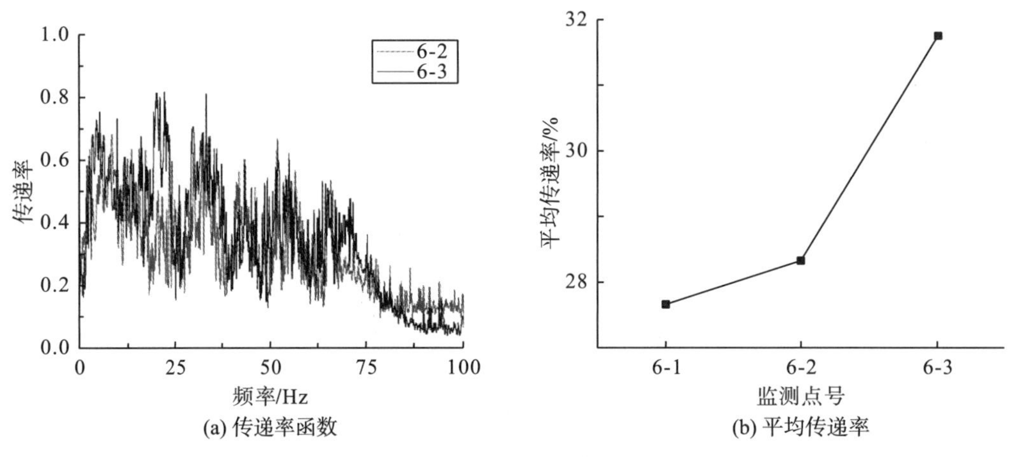

图 5-23　监测点 6-1～3 传递率

对断面 1，下隧道下部监测点 8-1～3 的传递率函数如图 5-24 所示。如图 5-24(a)(彩图见附录)所示，从激振器正下方监测点 4-4 到下隧道上部监测点 8-1～3，各传递率函数随着频率的增大总体呈下降趋势，均在 8.07Hz 和 43.87Hz 时分别出现峰值，其中 8-3 点的两峰值分别为 71.11%和 67.32%，在 65～100Hz 内出现明显的下降趋势，各监测点变化趋势相似。其中传递率在 0～50Hz 范围内传递率较大，平均传递率分别为 13.74%、20.70%和 31.57%，50～100Hz 范围的传递率较 0～50Hz 范围明显减小，平均传递率分别为 6.56%、11.65%和 20.69%，说明从上隧道到下隧道下部的动力响应传递过程中，低中频区域的衰减程度较小，中高频区域衰减则较大。4-4 到 8-1～3 各点 0～100Hz 的平均传递率如图 5-24(b)所示，分别为 7.44%、16.03%和 25.95%，可以看出下隧道下部各监测点的传递率总体小于下隧道上部的传递率，沿下隧道方向衰减时中频区域衰减程度更为明显，总体衰减也大于下隧道上部，这种减小趋势基本符合线性规律。

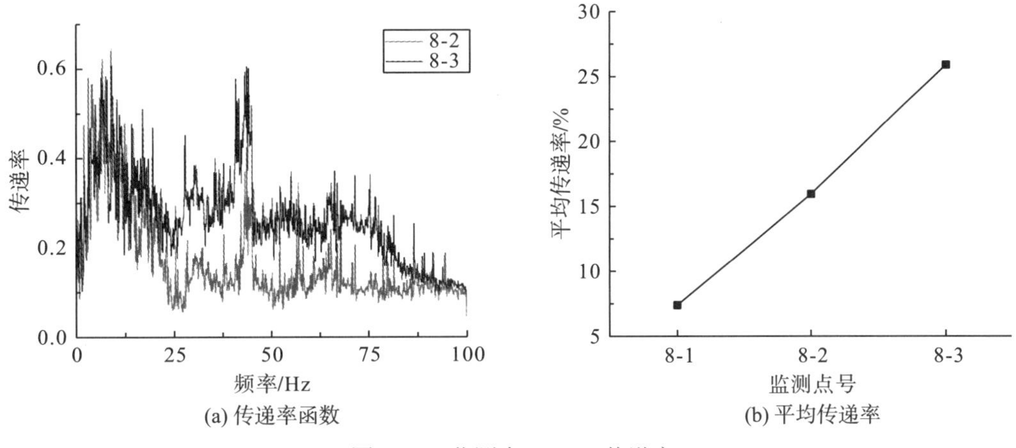

(a) 传递率函数　　(b) 平均传递率

图 5-24　监测点 8-1～3 传递率

对断面 1，通过 2 号激振器施加 21.6kN、40km/h 的列车振动扣件荷载，从激振器正下方监测点 4-4 到下隧道监测点 6-3、8-3 的传递率函数同 60km/h 荷载时的对比如图 5-25(彩图见附录)所示。可以看出不同时速下 6-3、8-3 的传递率函数基本没有变化，同时各频域的平均传递率也基本没有变化，考虑到实验误差和外界环境干扰等因素，可以认为时速不同的扣件荷载作用对各点的传递率函数没有影响。通过 2 号激振器施加 19.2kN、60km/h 的列车振动扣件荷载，从激振器正下方的监测点 4-4 到下隧道监测点 6-3、8-3 的传递率函数同 21.6kN、60km/h 时的对比如图 5-26(彩图见附录)所示。可以看出不同荷载大小下监测点 6-3、8-3 的传递率函数基本没有变化，同时各频域的平均传递率也基本没有变化，可以认为荷载大小不同的扣件力作用对各点的传递率函数没有影响。说明空间交叉盾构隧道从上隧道到下隧道的传递率函数与所施加的振动荷载的大小和频率无关。

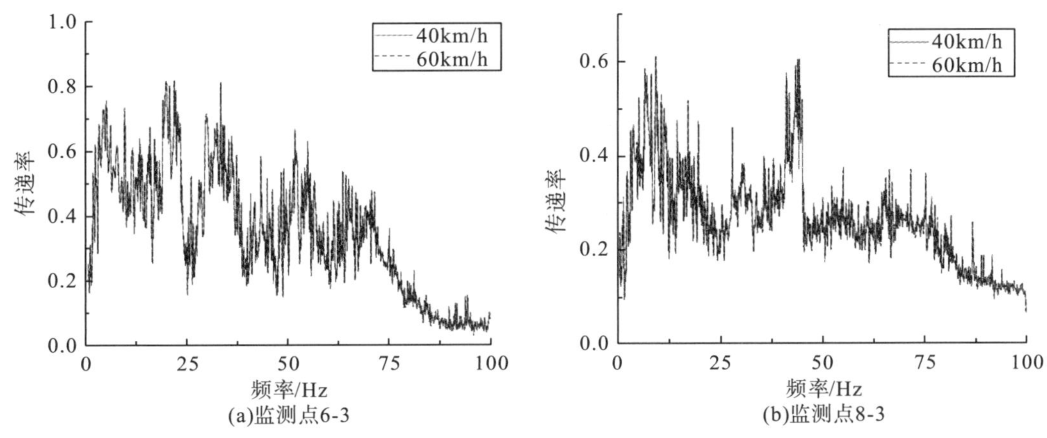

(a)监测点6-3　　(b)监测点8-3

图 5-25　不同时速大小监测点传递率

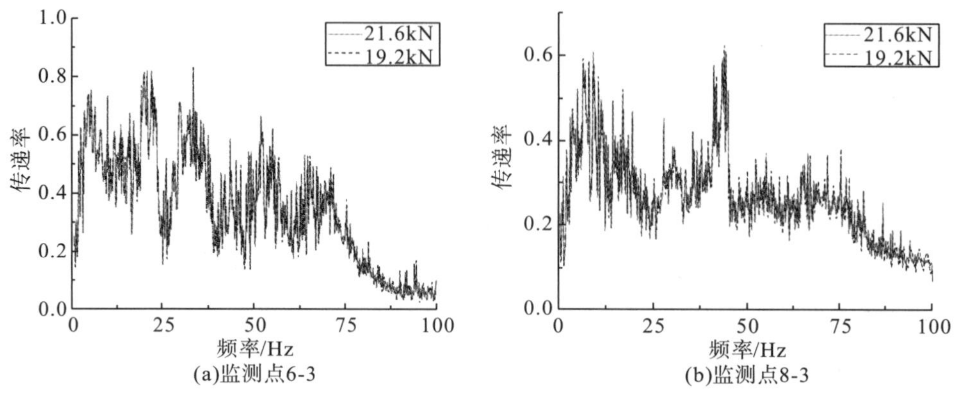

图 5-26 不同荷载大小监测点传递率

对断面 2，通过 2 号激振器施加 21.6kN、60km/h 的列车振动扣件荷载，根据式(3-16)获得从激振器正下方监测点 4-4 到上隧道监测点 4-3～1 的传递率函数，如图 5-27(彩图见附录)所示。与下隧道不同，上隧道下部各监测点的传递率函数在 0～25Hz 内呈震荡趋势，在 25～100Hz 内则趋于稳定，说明动力响应各频段在上隧道结构中的传递率基本相同。4-3～1 各监测点在 25～100Hz 内的平均传递率为 70.82%、30.08%、13.28%，可见动力响应传递率在上隧道靠近振源处很大，但沿上隧道方向急剧衰减，且距离振源越远，衰减的程度越小。从激振器正下方监测点 4-4 到下隧道监测点 6-3、7-1、8-3 的传递率函数如图 5-27(b)所示。可以看出各监测点的传递率函数随着频率的增大均总体呈震荡下降趋势，高频区域的平均传递率均小于低频区域，但震荡的规律具有较大差别。其中，下隧道各监测点在 0～100Hz 内的平均传递率分别为 31.75%、13.13%和 25.95%，可见下隧道拱腰处的传递率明显小于拱顶和拱底处。

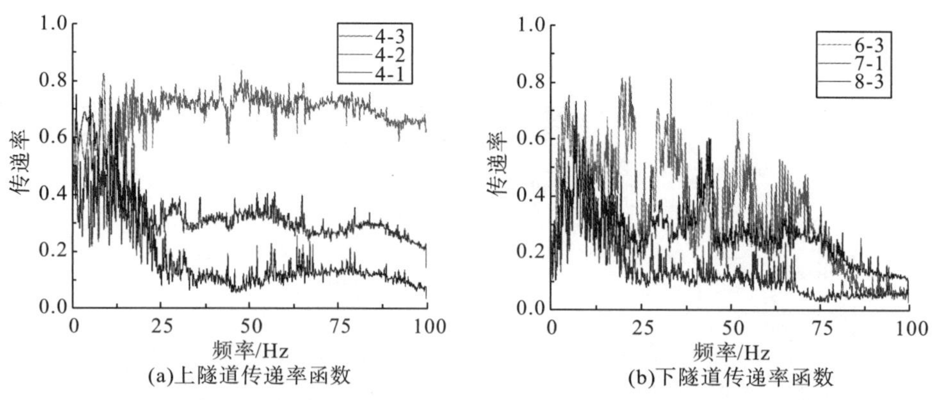

图 5-27 上隧道和下隧道的传递率函数

对断面 2，通过三个激振器施加 21.6kN、60km/h 的列车振动扣件荷载时，下隧道监测点 6-1～3、8-1～3 在 0～100Hz 频域内的平均传递率如表 5-5 所示，其衰减规律同 2 号机激振时基本吻合，说明沿下隧道方向的传递率衰减同荷载施加模式无关。从激振器正下方监测点 4-4 到下隧道监测点 6-3、8-3 的传递率函数同通过 2 号激振时的对比如图 5-28

和图 5-29 所示。如图 5-28 所示，两荷载施加模式下 6-3 的传递率函数变化规律基本不变，总体上均呈震荡减小趋势。0～100Hz 内的平均传递率较 1、2、3 号机共同工作时略有增大，为 33.45%；在 0～65Hz 范围内平均传递率略有增加，为 42.93%；在 65～100Hz 范围内平均传递率增大更为明显，为 21.06%，说明该荷载施加模式对监测点 6-3 的高频传递有所增强。如图 5-29 所示，两荷载施加模式下 8-3 的传递率函数变化有所不同，1、2、3 号机共同工作时在 10～100Hz 范围内 8-3 的传递率函数趋于平稳，0～100Hz 范围内的平均传递率较 1、2、3 号机共同工作时明显增大，增大了 31.94%；在 0～50Hz 范围内两荷载施加模式下平均传递率基本持平，1、2、3 号机共同工作时的值为 31.75%；在 50～100Hz 范围内 1、2、3 号机共同工作时显著增大，为 32.36%。说明激振点的增多使得下隧道的传递率函数总体增大，其中高频区域的动力响应得到了显著增强，且下隧道上部和下部的平均传递率之差变小，说明两者的动力响应值更为接近。

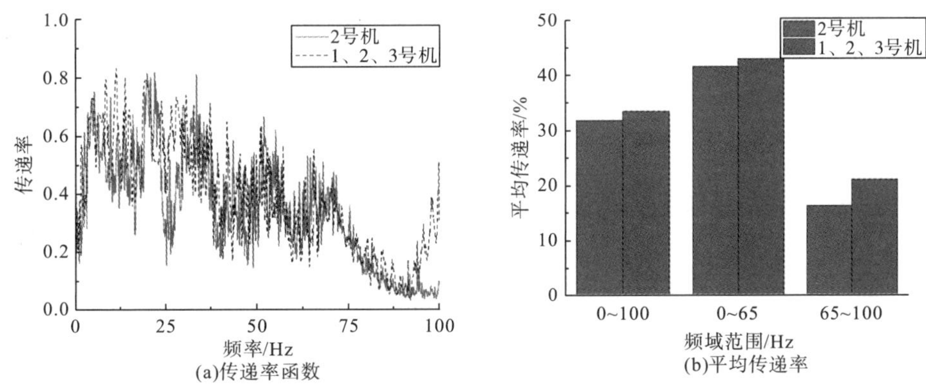

图 5-28　不同荷载施加模式下监测点 6-3 传递率

表 5-5　下隧道各监测点平均传递率

监测点号	1	2	3
上部(6)	29.17%	29.87%	33.45%
下部(8)	13.64%	22.31%	31.94%

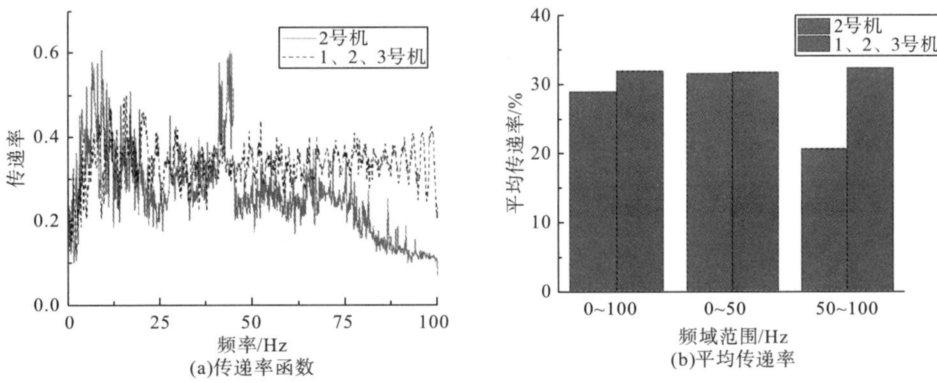

图 5-29　不同荷载施加模式下监测点 8-3 传递率

从激振器正下方监测点 4-4 到下隧道监测点 6-1、7-1、8-1 的传递率函数如图 5-30 所示。从图中可以看出，在不同净距下各监测点的传递率函数随着频率的增大均总体呈震荡下降趋势，高频区域的平均传递率均小于低频区域，但震荡的规律具有较大差别。高频区下部隧道离振源越近的测点传递率衰减的幅度越大。净距为 2m 的交叉隧道的下隧道各监测点 6-1、7-1、8-1 在 0～100Hz 频域内的平均传递率分别为 47.62%、20.92%和 37.38%，可见下隧道拱腰处的传递率明显小于拱顶和拱底处。而净距为 4m 的交叉隧道各监测点在 0～100Hz 频域内的平均传递率为 12.23%、5.22%和 8.67%，仅为前者(净距 2m)的 26%、25%和 23%，说明随着净距的增大，下部隧道的加速度动力响应也明显减小。

图 5-31 为不同净距下监测点 6-1 传递率随频率的分布图，从图 5-31(a)和(b)中可以看出，在不同净距下，下部隧道中环监测点 6-1 传递率大致呈现随频率增加而逐渐减小的震荡趋势。在不同净距下，监测点 6-1 在频域内的传递率随着净距的增大而逐渐减小，当频率逐渐增大，超过 75Hz 后，二者的传递率都急剧衰减，且净距越小，衰减率越大，并都趋向于水平。

图 5-32 为不同净距下监测点 8-1 传递率随频率的分布图，从图 5-32(a)和(b)中可以看出，在不同净距下，下部隧道中环监测点 8-1 传递率也呈现随频率增加而逐渐减小的震荡趋势，且在高频(75～100Hz)内出现了明显的衰减现象。在 0～100Hz 的频域范围内，随着净距的增加，监测点 8-1 的平均传递率逐渐减小。

从图 5-32(b)中可以看出，净距为 2m 的交叉隧道监测点 8-1 在 0～100Hz、0～75Hz 和 75～100Hz 频域范围内的平均传递率为 37.38%、40.06%和 29.73%，分别为净距为 4m、6m 交叉隧道对应监测点平均传递率的 3.88 倍、3.61 倍、5.66 倍和 3.88 倍、3.61 倍、5.66 倍。

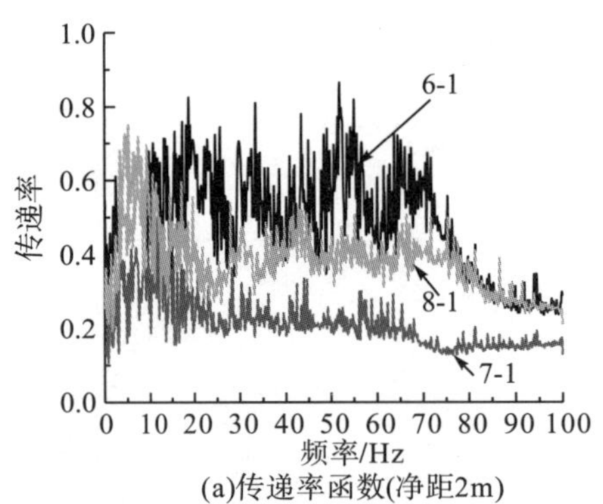

(a)传递率函数(净距2m)

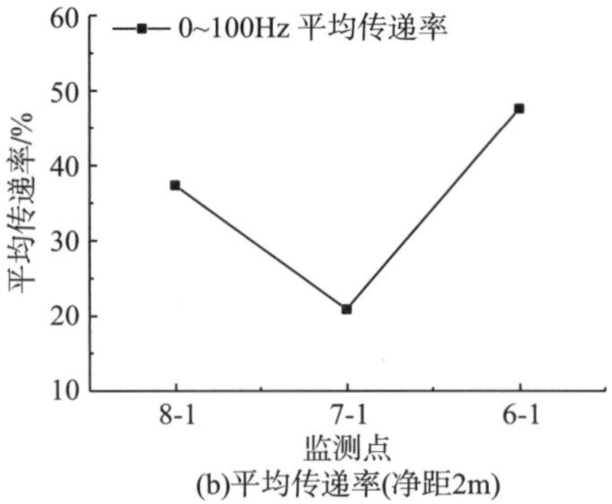

(b)平均传递率(净距2m)

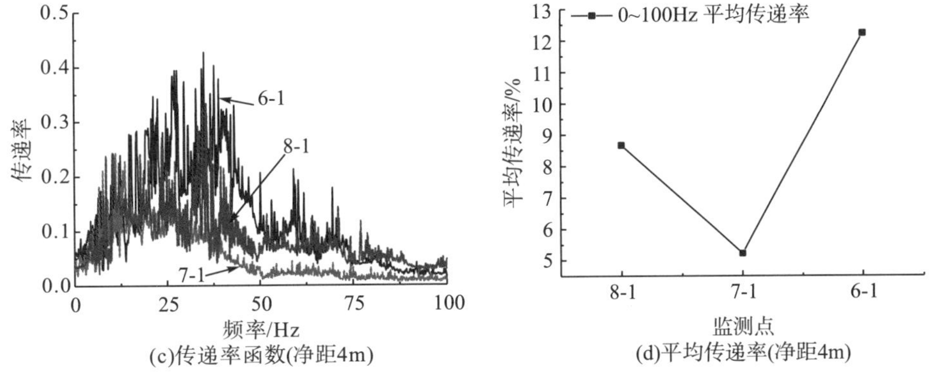

(c)传递率函数(净距4m)　(d)平均传递率(净距4m)

图 5-30　下隧道中部环向传递率

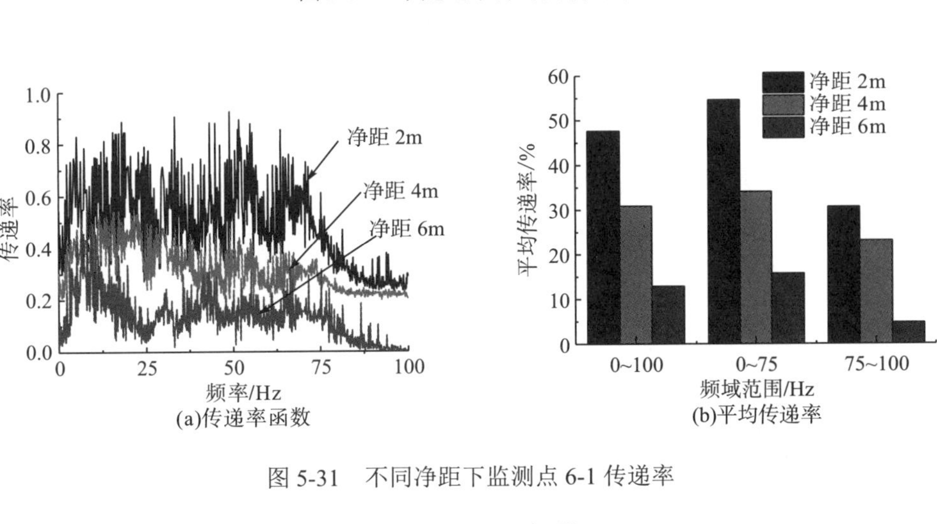

(a)传递率函数　(b)平均传递率

图 5-31　不同净距下监测点 6-1 传递率

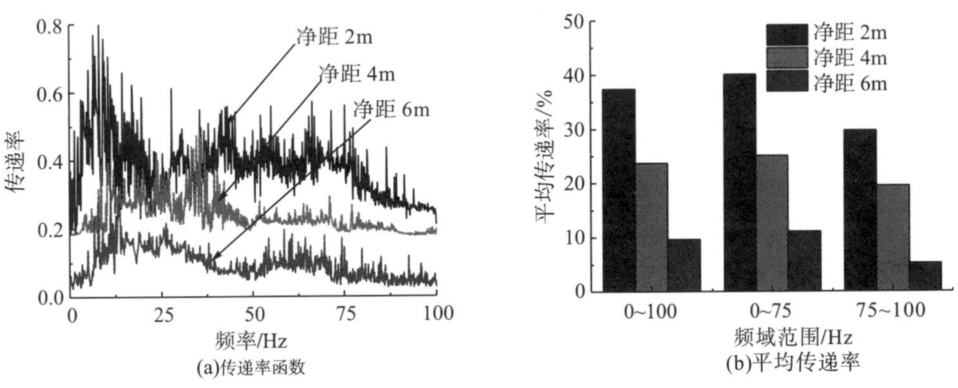

(a)传递率函数　(b)平均传递率

图 5-32　不同净距下监测点 8-1 传递率

5.4.2　频谱响应

通过 2 号激振器施加 21.6kN、60km/h 的列车振动扣件荷载时，将监测点 6-3 处的动力响应同上隧道 4-1～4、上下隧道间的土体监测点 TA1 以及激振力的傅里叶变换频谱结果做相关性分析，结果如表 5-6 所示。可以看出，各监测点的结果相互间在 0.01 水平上均显著相关，同 6-3 相关性最强的是 4-4 测点，为 0.758。

表 5-6 各点动力响应相关性分析

	6-3	4-4	4-3	4-2	4-1	TA1	激振力
6-3	1	0.758	0.712	0.587	0.555	0.586	0.131
4-5	0.758	1	0.992	0.718	0.537	0.583	0.042
4-4	0.712	0.992	1	0.706	0.555	0.576	0.008
4-2	0.587	0.718	0.706	1	0.391	0.328	0.045
4-1	0.555	0.537	0.555	0.391	1	0.445	0.061
TA1	0.8586	0.583	0.576	0.328	0.445	1	0.043
激振力	0.131	0.042	0.008	0.045	0.061	0.043	1

对下隧道监测点 7-1、8-3 做相关性分析，结果如表 5-7 所示，可以看出下隧道沿环向越往底部走，其动力响应同上隧道中部测点 4-4 越显著相关，其中从 6-3 到 8-3，与上隧道中点 4-4 的相关性分别为 0.758、0.883 和 0.964，同上隧道边部测点 4-1～2 的相关性略有降低。可以看出在该振动模式下，下隧道的动力响应主要和上隧道中部拱底的动力响应有关。

表 5-7 下隧道各点动力响应相关性分析

点号	4-4	4-3	4-2	4-1	TA1	激振力
6-3	0.758	0.712	0.662	0.587	0.586	0.131
7-1	0.883	0.881	0.785	0.576	0.583	0.038
8-3	0.964	0.958	0.827	0.560	0.565	0.027

根据上述结果，选取 4-1～4、TA1 作为自变量，对下隧道测点 6-3、7-1、8-3 做线性回归分析，得到 R 值分别为 0.783、0.903 和 0.933，同测点 4-4 的 R 值差别不大。考虑到上部各监测点之间的显著相关性，这里仅选取上隧道中部测点 4-4 作为自变量，对下隧道中环断面各测点进行线性回归分析，假设：

$$R_{\theta}(f)=a+bR_{4\text{-}4}(f) \tag{5-2}$$

式中，$R_{\theta}(f)$ 为下隧道中环断面某点动力响应；$R_{4\text{-}4}(f)$ 为上隧道下部中点动力响应；a，b 为系数。

回归分析得到各项系数结果如表 5-8 所示，R 值分别为 0.758、0.883 和 0.964，拟合效果较好。对得到的线性回归模型进行 F 检验，对各项系数进行 t 检验，均满足 $p<0.05$ 的显著性要求，说明模型精度较好，测点 4-4 同下隧道中环断面各点的动力响应线性相关，可以采用以下模型对下隧道中环断面各点的动力响应进行预测。

表 5-8　线性回归分析

点号	系数(*t* 值)		*F* 值	*R* 值
	a	*b*		
6-3	6.129e-5(1.620)	0.712(7.758)	57.429	0.758
7-1	2.172e-5(4.670)	0.048(13.903)	193.296	0.883
8-3	1.299e-5(1.518)	0.504(27.113)	735.130	0.964

经多组试验测量，以及在隧道中环断面不同位置布设加速度计采集数据，得到上隧道中部单点激振时，下隧道中环断面上的线性回归模型式(5-2)的系数 a、b 的经验公式如式(5-3)和式(5-4)所示，两式求得的 R 值均接近于 1，说明拟合效果很好。

$$a = -5\times10^{-5}\times\sin\frac{\theta}{2}+6\times10^{-5} \quad (R=0.962) \tag{5-3}$$

$$b = 1.828-0.45D-1.109\cos\theta \quad (R=0.988) \tag{5-4}$$

式中，θ 为下隧道顶部到测点之间沿逆时针旋转的角度；D 为上隧道下部中点到测点的直线距离(m)。

通过三个激振器施加 21.6kN、60km/h 的列车振动扣件荷载，对下隧道监测点 6-3、7-1 和 8-3 进行相关性分析，结果如表 5-9 所示。可以看出，在该荷载施加模式下，下隧道拱顶和拱底的动力响应与上隧道中部的动力响应相关性较 2 号机激振时明显增大，拱腰处相关性有所降低，而下隧道各测点和上隧道边部的动力响应相关性较 2 号机激振时有所下降，可以看出在该振动模式下，下隧道的动力响应和上隧道中部动力响应的相关性较仅由 2 号机激振时有所增强。

表 5-9　线性回归分析

点号	4-4	4-3	4-2	4-1
6-3	0.832	0.845	0.402	0.351
7-1	0.805	0.805	0.413	0.388
8-3	0.991	0.986	0.409	0.393

选取上隧道中部测点 4-4 作为自变量，对下隧道各测点进行回归分析，得到各项系数结果如表 5-10 所示，R 值分别为 0.832、0.805 和 0.991，对得到的线性回归模型进行 F 检验，对各项系数进行 t 检验，均满足 $p<0.05$ 的显著性要求，说明模型精度较好，测点 4-4 同下隧道中环断面各点的动力响应线性相关，可以采用以下模型对下隧道中环断面各点的动力响应进行预测。

表 5-10 线性回归分析

点号	系数(t 值)		F 值	R 值
	a	b		
6-3	8.681e-5(7.348)	0.442(79.269)	6 283.525	0.832
7-1	3.986e-5(26.777)	0.050(71.748)	5 147.814	0.805
8-3	0.764e-5(2.661)	0.519(383.051)	146 728.245	0.991

经多组试验测量，以及在隧道中环断面不同位置布设加速度计采集数据，得到三个激振器共同激振时，下隧道中环断面上的线性回归模型式(5-2)的系数 a、b 的经验公式如式(5-5)和式(5-6)所示，两式求得的 R 值分别为 0.938 和 0.963，均接近于 1，说明拟合效果很好。

$$a=-8\times10^{-5}\times\sin\frac{\theta}{2}+9\times10^{-5}\qquad(R=0.938)\tag{5-5}$$

$$b=3.166-0.079D-1.618\cos\theta\qquad(R=0.963)\tag{5-6}$$

对比两种不同荷载施加模式的系数 a、b 的经验公式，可以看出形式相同，均与 θ 的三角函数值和 D 值线性相关，仅各项系数不同，可以认为这些系数是与振动系统有关的常量。

5.5 动态应变

在 2 号激振器工作、施加不同频率的正弦荷载时，结构上隧道的动态应变测试结果如图 5-33 所示。

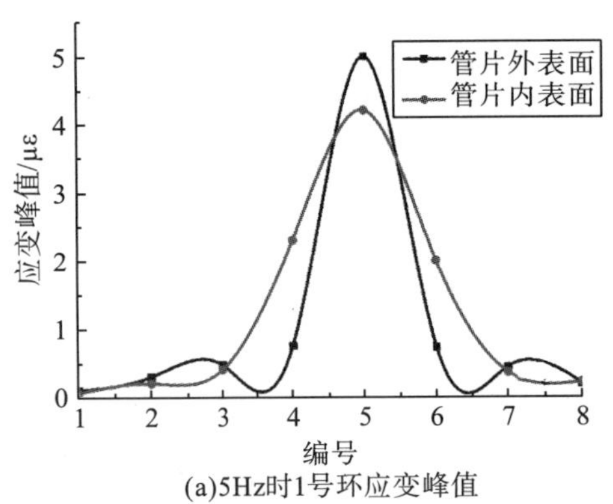

(a)5Hz时1号环应变峰值

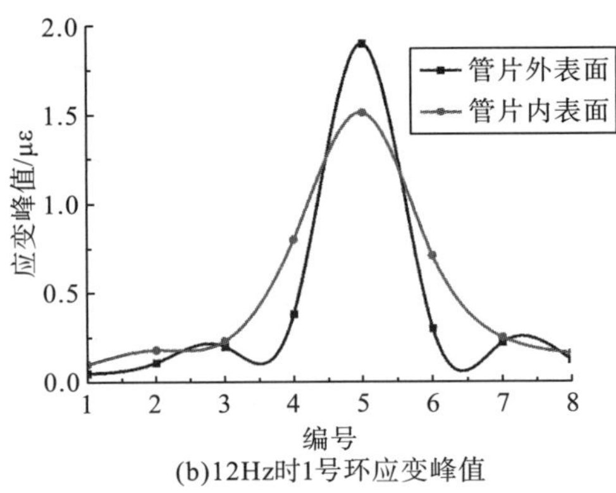

(b)12Hz时1号环应变峰值

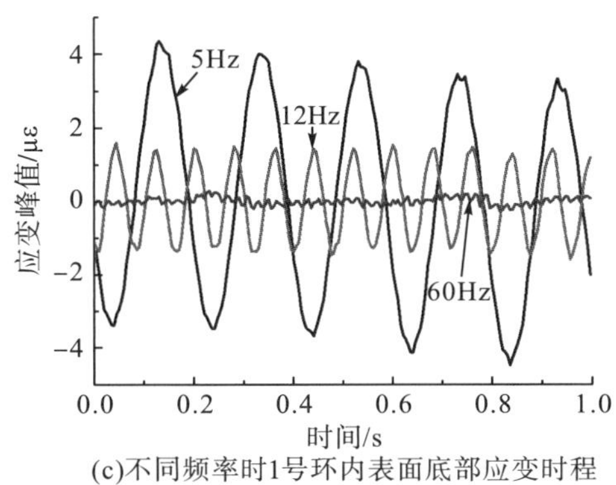

(c)不同频率时1号环内表面底部应变时程

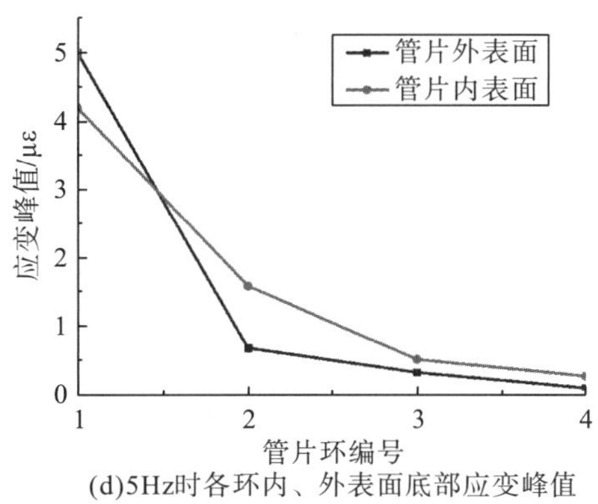

(d)5Hz时各环内、外表面底部应变峰值

图 5-33　上隧道动态应变测试结果

由图 5-33(a)可以看出，施加 21.6kN(原型值)的 5Hz 正弦荷载时，1 号环(上隧道中部环)管片外表面的最大应变为拱底处的 5.1με，内表面的最大应变也为底部的 4.4με。随着距离激振点的距离增大，环上的动态应变总体呈减小趋势，且减小趋势逐渐变缓，在管片底部时管片外表面应变峰值大于内表面应变峰值，在管片两腰处内表面应变峰值大于外表面应变峰值，在顶部内外表面两值基本相等且趋近于 0。施加 12Hz 正弦荷载时，如图 5-33(b)所示，1 号环管片外表面的最大应变为底部的 1.95με，内表面的最大应变为底部的 1.51με。随着距离激振点的距离增大，环上的动态应变总体呈减小趋势，且减小趋势逐渐变缓，在管片底部时管片外表面应变峰值大于内表面应变峰值，在管片两腰处内表面应变峰值大于外表面应变峰值，在顶部内、外表面两值基本相等且趋近于 0，其沿管片环向的变化趋势同 5Hz 正弦荷载时相同，但是各点的应变峰值明显小于 5Hz 时。图 5-33(c)是不同频率时上隧道 1 号环内表面底部应变的时程曲线，可以发现随着荷载频率的增大，上隧道结构的动态应变迅速减小，在 60Hz 的情况下，结构的动态应变已经趋近于 0 且没有规律，说明结构的动态应变随着频率的增大而减小。图 5-33(d)是 5Hz 时各环内、外表面底部应变峰值的变化曲线，可以看出对上隧道结构，距离激振点越远，其动态应变越小，其衰减比例如表 5-11 所示，从第一环到第二环，外表面的应变峰值衰减了 86.27%，内表面的应变峰值衰减了 62.10%，此后每环的衰减比例均保持在 50%～60%，且外表面衰减程度总体大于内表面，说明荷载产生的动态应变主要集中在施加荷载的环附近，对距离振源较远处管片环的影响不大。在 21.6kN(原型值)的 5Hz 正弦荷载作用下结构下隧道的动态应变很小，且周期性不明显，各管片环内、外表面顶部应变峰值结果如图 5-34 所示。可以看出在上隧道施加荷载时，下隧道结构整体的动态应变值都很小。

表 5-11　5Hz 时各环内、外表面底部应变峰值衰减比例

	第一环到第二环	第二环到第三环	第三环到第四环
外表面	86.27%	51.79%	69.16%
内表面	62.10%	67.28%	46.78%

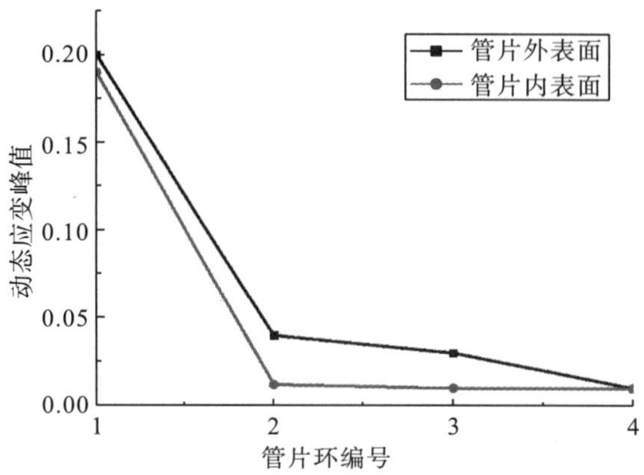

图 5-34　下隧道 5Hz 时各环内、外表面顶部应变峰值

5.6　地层动应力

在 2 号激振器工作、施加正弦荷载时，图 5-35(a)、(b)(彩图见附录)为施加荷载为 21.6kN(原型值)的 60Hz 正弦荷载时模型箱土体中各测点的地层动应力情况，可见各监测点的地层动应力均为明显的正弦波形。上隧道下部沿隧道方向地层动应力变化如图 5-35(a)所示，地层动应力峰值依次约为 2.27kPa、0.62kPa 和 0.12kPa，地层动应力峰值逐渐减小，且减小的趋势逐步放缓。上隧道上部至土体表面地层动应力变化如图 5-35(b)所示，地层动应力最大值依次约为 0.45kPa、0.06kPa 和 0.01kPa，地层动应力峰值逐渐减小，且减小的趋势逐步放缓，到模型箱顶部土体表面时，地层动应力值已经趋近于 0。下隧道上部沿下隧道方向的地层动应力变化如图 5-35(c)所示，地层动应力峰值依次约为 2.27kPa、0.47kPa 和 0.06kPa，地层动应力峰值逐渐减小，且减小的趋势呈逐步放缓态势。从图 5-35(d)可以看出，在监测点 T5 处，随着振动频率的增大，地层动应力峰值也逐渐变大，在 250Hz 的正弦荷载作用下达到约 2.72kPa，说明隧道周围土体的地层动应力峰值随着振动频率的增大而增大，但是增大的趋势逐步放缓。

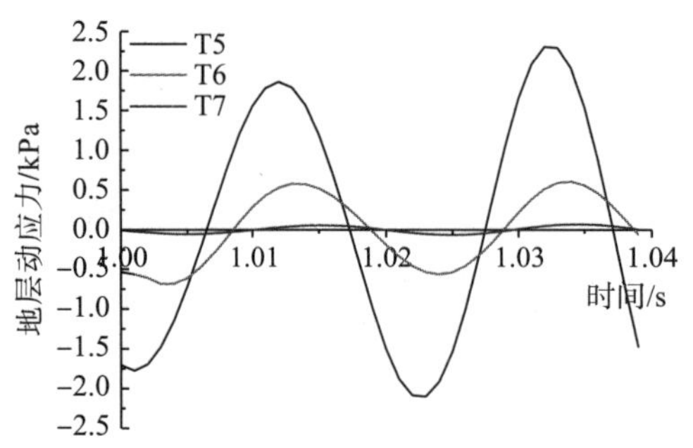

(a)60Hz上隧道下部沿隧道方向地层动应力

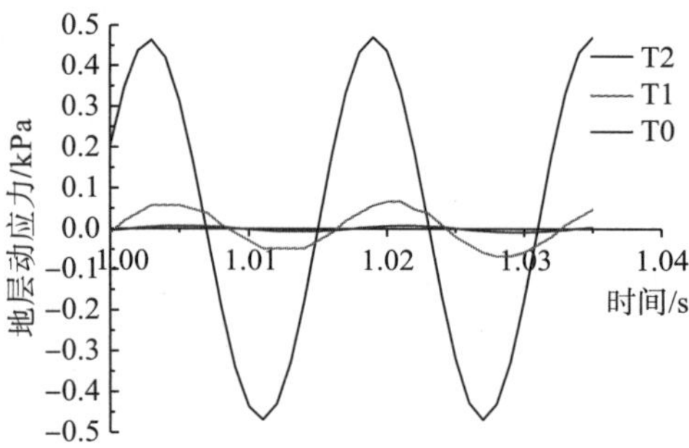

(b)60Hz上隧道上部至土体表面地层动应力

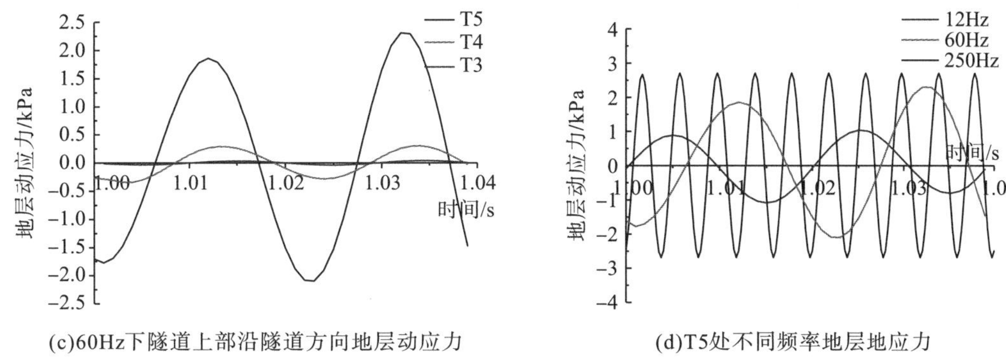

(c)60Hz下隧道上部沿隧道方向地层动应力　　(d)T5处不同频率地层地应力

图 5-35　正弦荷载地层动应力变化

5.7　动 力 系 数

为了反映隧道结构在列车振动作用下的响应，设计时常采用动力系数来考虑动载对结构的影响。当动力系数在有充分依据的条件下，可按照在静态下结构所受的荷载乘以一个大于 1.0 的动力系数来反映结构的这种放大效应。

基于振动力学理论，一个结构的动力系数 $(1+\mu)$ 可以按照下列公式进行计算：

$$1+\mu=\frac{\varepsilon_{d\max}}{\varepsilon_j}=\frac{\sigma_{d\max}}{\sigma_j} \tag{5-7}$$

式中，$\varepsilon_{d\max}$ 为动应变峰值；ε_j 为静态应变；$\sigma_{d\max}$ 为动应力峰值；σ_j 为静态应力。

相关电阻应变传感器布置如图 5-36 所示。将试验所得动、静态应变数据代入上式可得各测点的动力系数，如表 5-12 所示。由于激振力从上部隧道中部仰拱处传递到下部隧道各监测点的应变值不明显，故此处只研究上部隧道结构的动力系数，并将上部隧道应变动力系数的分布绘制如图 5-37 所示。

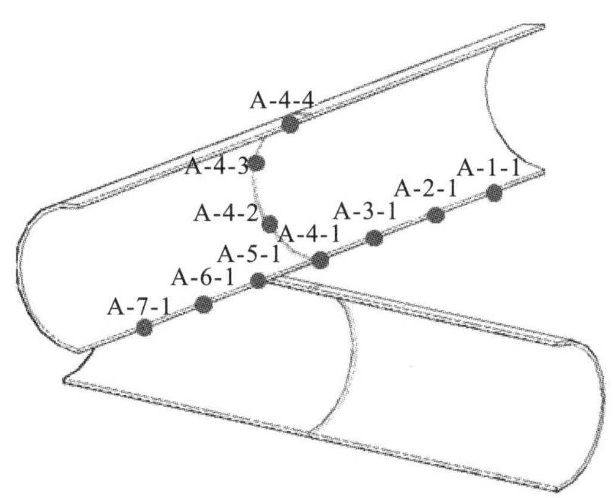

图 5-36　电阻应变传感器布置

表 5-12 列车振动作用下上部隧道应变动力系数

不同荷载模式	列车速度/(km/h)	各测点动力系数						
		A-1-1	A-2-1	A-3-1	A-4-1	A-4-2	A-4-3	A-4-4
2 号机单独振动	40	1.016	1.110	1.376	1.623	1.534	1.345	1.234
	60	1.004	1.075	1.345	1.612	1.522	1.321	1.201
1、2、3 号机振动	40	1.267	1.657	1.435	1.687	1.016	1.016	1.016
	60	1.218	1.624	1.412	1.645	1.004	1.004	1.004
不同荷载模式	列车速度/(km/h)	各测点动力系数						
		A-4-5	A-4-6	A-4-7	A-4-8	A-5-1	A-6-1	A-7-1
2 号机单独振动	40	1.175	1.228	1.323	1.53	1.382	1.155	1.011
	60	1.142	1.201	1.312	1.518	1.367	1.132	1.001
1、2、3 号机振动	40	1.016	1.016	1.016	1.016	1.465	1.658	1.257
	60	1.004	1.004	1.004	1.004	1.401	1.631	1.203

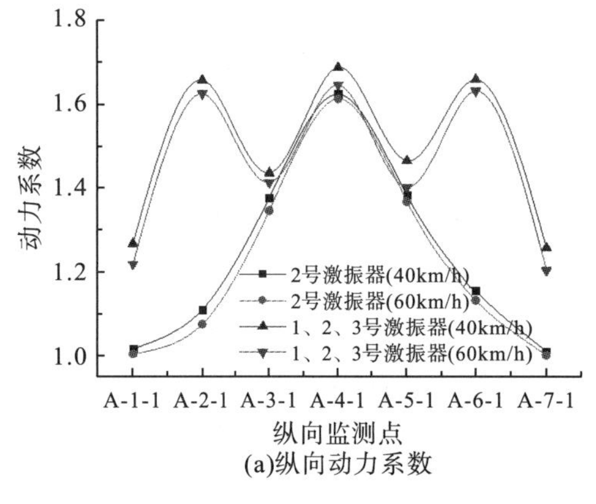

(a)纵向动力系数

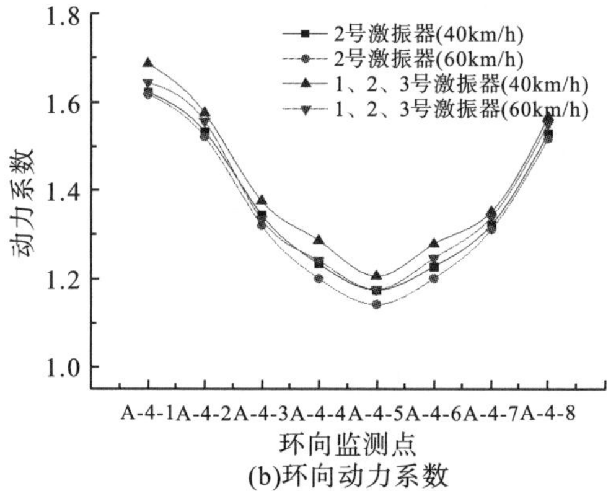

(b)环向动力系数

图 5-37 上部隧道动力系数分布图

如图 5-37(a)所示为列车振动作用下上部隧道拱底纵向应变动力系数，由图可知，在不同荷载模式和列车速度下，上部隧道纵向动力系数呈现明显的对称变化规律，即以振动源为中心，离振动源越远，动力系数越小，且减小趋势逐渐变缓。通过对比不同列车速度可以看出，同一荷载模式下，不同列车速度所在频域对于隧道的动力系数的影响是不同的，在 40km/h 所在频域范围内的应变动力系数要比 60km/h 所在频域范围内的应变动力系数大。对比不同荷载模式可以看出，同一列车速度下，多个激振点作用同一监测点的动力系数要比单一激振作用的要大。由此可知，40km/h 附近的频域所产生的动力响应较 60km/h 附近的大，且多点激振产生的动力响应在频域上具有叠加效果。

如图 5-37(b)所示为列车振动作用下上部隧道中部环向应变动力系数，由图可知，中部环向应变动力系数从拱底到拱顶，动力系数逐渐减小，减小趋势也逐渐变缓。通过对比同一荷载模式下不同列车行驶速度可以看出，40km/h 所在频域范围内的应变动力系数要比 60km/h 所在频域范围内的应变动力系数大。对比同一列车速度不同荷载模式可知，多个激振点作用时同一监测点的动力系数要比单一激振作用的大。

通过对比图 5-37(a)、(b)的动力系数可知，在列车荷载作用下，上部隧道中部环向的动力系数明显要比拱底纵向的动力系数大。

5.8　动力响应 HHT

平行盾构隧道是空间交叉盾构隧道的特例，在现有工程中运用广泛。这里采用 HHT(Hilbert-Huang Transform)方法分析平行盾构隧道结构的动力响应，以更好地理解平行隧道的列车振动动力特性。

模型试验的几何比例尺为 1∶15(模型∶原型)。如图 5-38 所示，模型箱的尺寸为 4000mm(长)×1200mm(宽)×1900mm(高)，隧道埋深 667mm，管片的外径、厚度和幅宽分别为 400mm、20mm 和 133mm，两隧道的中心间距为 700mm。由于结构对称，加速度传感器只需布置在隧道的一侧。其中，右隧道布置 3 个加速度传感器，其编号为 A1、A2 和 A3；左隧道布置 4 个加速度传感器，其编号为 B1、B2、B3 以及 B4；两隧道之间的土层中布置了两排等间距的加速度传感器，其中，一排加速度传感器与隧道底部平齐，其编号从右往左依次为 S1-1、S1-2、S1-3、S1-4 和 S1-5；而另一排加速度传感器与隧道顶部平齐，其编号为 S2-1、S2-2、S2-3、S2-4 和 S2-5。列车荷载通过激振器施加，激振器位于右隧道中部。

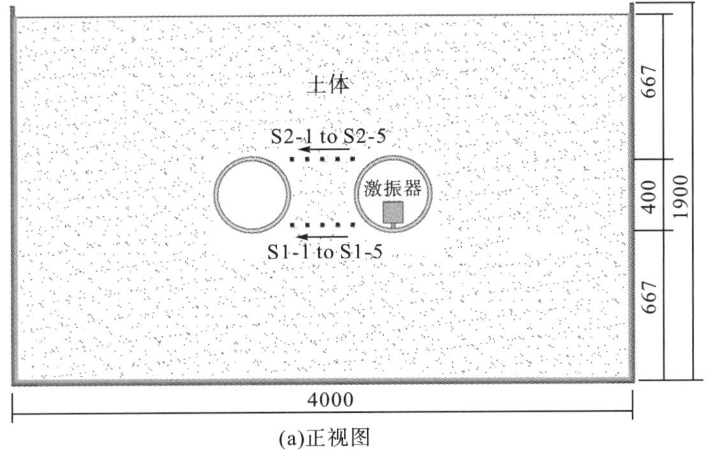

(a)正视图

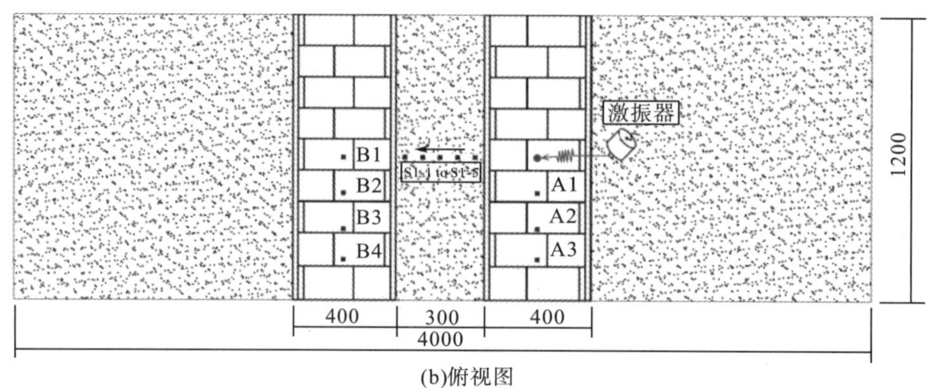

(b)俯视图

图 5-38 模型试验装置图

对于大部分信号，其频率是随时间变化的函数，这是瞬时频率概念。瞬时频率在局部时间点上表征信号的瞬态频率特性，而在整个持续时间上反映了信号频率的时变规律。HHT 的基本理论和方法如下。

对于一个随机时间序列 $x(t)$，对其进行 Hilbert 变换，得到：

$$y(t)=\frac{1}{\pi}\mathrm{PV}\left(\int_{-\infty}^{\infty}\frac{x(\tau)}{t-\tau}\mathrm{d}\tau\right) \tag{5-8}$$

其中，$y(t)$ 是 $x(t)$ 与 $1/(\pi t)$ 的卷积；PV 为柯西主值(Cauchy principal value)。于是，$x(t)$ 和 $y(t)$ 组成一个解析信号 $z(t)$，即

$$z(t)=x(t)+\mathrm{i}y(t)=a(t)\mathrm{e}^{\mathrm{i}\theta(t)} \tag{5-9}$$

其中，

$$\begin{cases}a(t)=\sqrt{x^2(t)+y^2(t)}\\ \theta(t)=\arctan\left(\dfrac{y(t)}{x(t)}\right)\end{cases} \tag{5-10}$$

i 为虚数单位。因此，瞬时频率定义为

$$\omega=\frac{\mathrm{d}\theta(t)}{\mathrm{d}t} \tag{5-11}$$

通过经验模式分解(EMD)可将一个原始振动信号表示为一系列的固有模态函数(IMF)，随后，对每一阶固有模态函数进行 Hilbert 变换，原始振动信号 $X(t)$ 可表示为

$$X(t)=\sum_{j=1}^{n}a_j(t)\exp\left(\mathrm{i}\int\omega_j(t)\mathrm{d}t\right)+r(t) \tag{5-12}$$

式中，n 为 IMFs 的数量；$a_j(t)$ 为第 j 阶 IMF 的幅值；$\omega_j(t)$ 为第 j 阶 IMF 的瞬时频率；$r(t)$ 为残余项。由于其余项中的能量很小，一般情况可以不用考虑。因此，Hilbert 谱 $H(\omega,t)$ 的表达式为

$$H(\omega,t)=\mathrm{Re}\left(\sum_{j=1}^{n}a_j(t)\exp\left(\mathrm{i}\int\omega_j(t)\mathrm{d}t\right)\right) \tag{5-13}$$

式中，Re 表示取该信号的实部。Hilbert 谱的振幅和频率都是时间的函数，可用三维图形表达幅值、频率和时间之间的关系，这种表示比传统的频谱图更直观清晰。

将 $H(\omega,t)$ 对时间积分，得到 Hilbert 谱的边际谱 $h(\omega)$：

$$h(w)=\int_0^T H(w,t)\mathrm{d}t \tag{5-14}$$

边际谱提供了对每个频率的总振幅的量测，表达了整个时间长度内累积的振幅。

图 5-39(彩图见附录)为经过 HHT 后列车振动荷载(80km/h)作用下隧道-土体结构不同测点处的瞬时频率变化图。从图中可以看出，右隧道中的 A1 测点和左隧道中的 B1 测点的瞬时频率变化与列车荷载曲线相近，即当列车荷载增大时，结构的瞬时频率也增大。然而，列车荷载的增大是由于轮轨通过激振点时引起的，由此说明列车轮轨荷载作用会导致结构瞬时频率的增加。而相比于隧道结构中的瞬时频率曲线，土体中测点 S1-3 和 S2-3 的瞬时频率曲线的规律性较差，其原因可能是由于土颗粒的均质性较差，导致土体中的振动响应发生改变，影响了土体结构瞬时频率的分布。

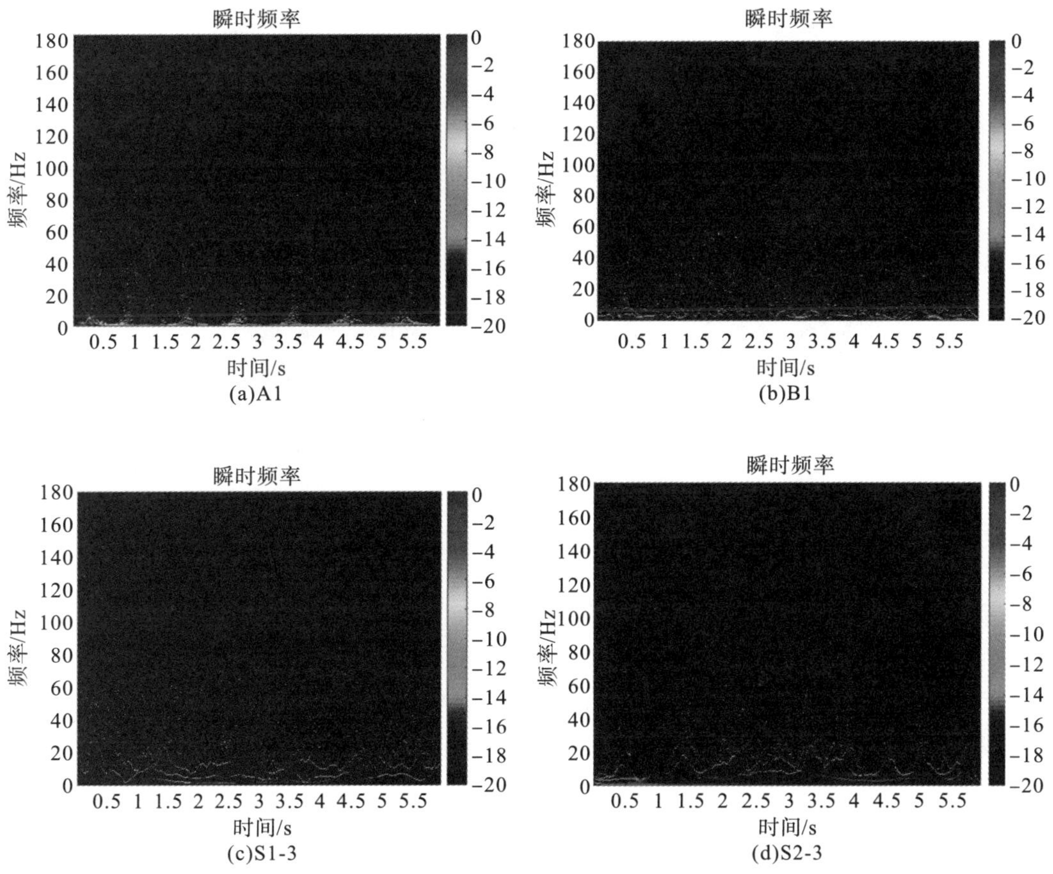

图 5-39　列车荷载(80km/h)作用下隧道-土体结构的瞬时频率

图 5-40(彩图见附录)为隧道-土体结构的 Hilbert 谱三维分布图(列车速度为 80km/h)。从图中可以看出，结构的振动在同一时刻存在多个频率，且每一个频率对应的加速度幅值不同。其中，对于隧道结构，测点 A1 在频率为 49.6Hz 时振动加速度达到最大值 0.076m/s^2，测点 B1 在频率为 19Hz 时振动加速度达到最大值 0.019m/s^2；对于两隧道之间土体，位于下一排中的 S1-3 测点在频率为 33.6Hz 时振动加速度达到最大值 0.0024m/s^2，测点 S2-3 在频率为 7.1Hz 时振动加速度达到最大值 0.0009m/s^2。可以发现，测点 B1 的最大振动加速度比土体中的响应大，由此说明右隧道中的列车振动荷载主要通过隧道底部水平面以下的土体传到左隧道，而振动荷载在该水平面以上的土体中传递时衰减较快。

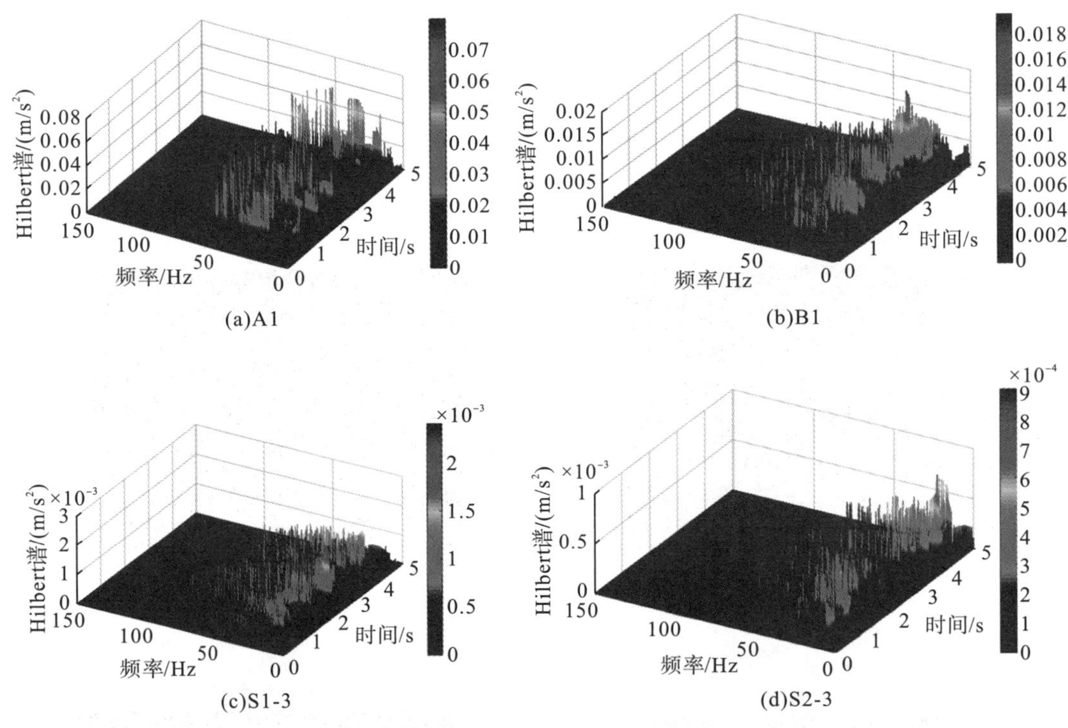

图 5-40 隧道-土体结构 Hilbert 谱的三维分布图

图 5-41 为列车荷载以 80km/h 行驶时隧道以及土体结构振动响应的边际谱曲线。从图中可以看出，不同测点均存在一个明显的峰值边际谱，将这个峰值边际谱对应的频率称为主频。当列车速度为 80km/h 时，测点 A1、B1、S1-3 和 S2-3 的主频分别为 54.2Hz、31.9Hz、7.2Hz 和 1.6Hz。

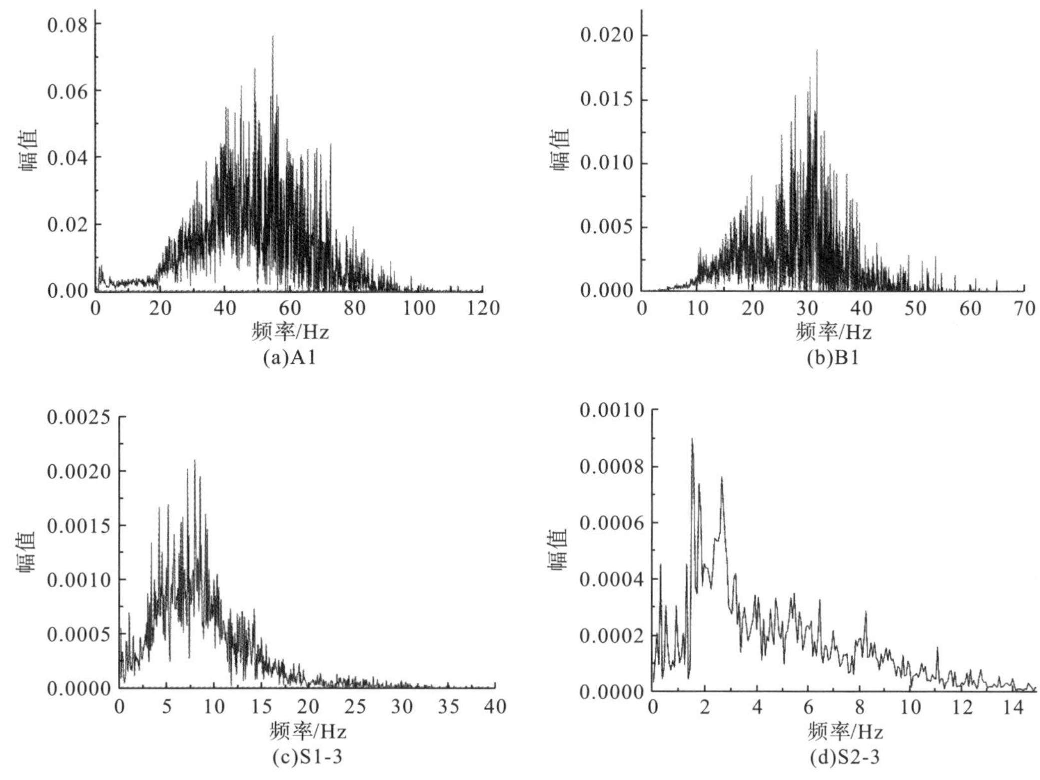

图 5-41　列车荷载(80km/h)作用下隧道-土体结构的边际谱

5.9 本章小结

本章通过室内模型箱试验，模拟了空间交叉盾构隧道受振动荷载作用的情形，通过各工况试验数据的对比和分析，研究了空间交叉盾构隧道的动力响应特别是列车振动动力响应机理，分析了空间交叉盾构隧道的动力响应特性和响应传递规律，主要得到以下结论：

(1) 荷载频率越低，振动体在单位时间内振动的次数越少，振动过程越长，加速度幅值相对较小且变化量较小，荷载幅值和能量幅值均越小；荷载频率越高，则振动体在单位时间内振动的次数越多，振动过程越短，加速度的数值及变化量就越大，荷载幅值和能量幅值均越大。

(2) 施加列车振动扣件荷载时，加速度时程均表现出显著的周期性，随激振力信号的变化而变化，隧道下部从监测点 4-4 到 4-1 的加速度时程逐渐减小，且衰减比例越来越大，沿隧道环向的监测点 4-4、3-1 到 2-3 加速度也逐渐减小，衰减比例很大。下隧道加速度响应较上隧道总体偏小。

(3) 扣件激振荷载的幅值主要频率分布在中低频范围内，激振力的能量幅值主要频率分布在低频范围内，列车运行速度越快，激振荷载频率越高，荷载和能量幅值显著减小。对 2 号激振器单独工作、施加模拟 60km/h 行驶速度的工况，各点的频率谱、能量谱的变化规律基本相同，且均在 74.17Hz 处达到幅值。对频率谱，从 4-4 到 4-2 加速度响应出现明显的整体降低，而能量谱有所下降但是变化不明显；上隧道中环从管片环底部到顶部，加速度响应及能量幅值明显衰减；下隧道各点的频率谱、能量谱的变化规律基本相同，且同上隧道相同，均在频率为 74.17Hz 处达到幅值。加速度响应和能量总体上均是拱顶最大，拱底次之，拱腰最小。幅值频率与荷载施加模式无关，与所施加的荷载的频率有关。

(4) 对上、下隧道之间的动力响应传递特性，2 号机单独工作时，从激振器正下方监测点 4-4 到下隧道上部监测点 6-1～3，各传递率函数随着频率的增大均总体呈震荡下降的趋势，低频和中频区域衰减程度较小，高频区域的衰减程度较大，高频段在下隧道上部各点的传递率差距不大；下隧道上部距离上隧道结构越远，总体平均传递率越小，且减小趋势逐步减缓。从激振器正下方监测点 4-4 到下隧道上部监测点 8-1～3，各传递率函数随着频率的增大总体呈下降趋势，均在 8.07Hz 和 43.87Hz 时分别出现峰值，低频、中频区域的衰减程度较小，中高频区域衰减程度则较大；下隧道下部各监测点的传递率总体小于下隧道上部的传递率，沿隧道方向衰减时中频区域衰减程度更为明显；不同时速、不同激振荷载下下隧道监测点的传递率函数和平均传递率基本没有变化，说明空间交叉盾构隧道从上隧道到下隧道的传递率函数与所施加的振动荷载的大小和频率无关；上隧道下部各监测点的传递率函数在 0～25Hz 内呈震荡趋势，在 25～100Hz 内则趋于稳定，说明动力响应各频段在上隧道结构中的传递率基本相同；下隧道拱腰处的传递率明显小于拱顶和拱底处。1、2、3 号机共同工作时，激振点的增多使得下隧道的传递率函数总体增大，其中高频区域的动力响应得到了显著增强。

(5) 经相关性分析可知，下隧道中环的各监测点动力响应主要同上隧道点 4-4 的动力响应显著相关，且沿环向越往下隧道底部走，其动力响应同 4-4 越显著相关，故可根据线性回归求得下隧道中环和监测点 4-4 的动力响应间的关系式，对比两种不同荷载施加模式的系数 a、b 的经验公式，可以看出形式相同。

(6) 对结构的动态应变，随着离激振点的距离增大，上隧道中环上的动态应变逐渐减小，且减小趋势逐渐变缓，在管片底部时管片外表面应变峰值大于内表面应变峰值，在管片两腰处内表面应变峰值大于外表面应变峰值，在顶部内、外表面应变峰值基本相等且趋近于 0；随着频率的增大，各点的应变峰值变小。上隧道结构距离激振点越远的位置，其动态应变越小，且动态应变的影响主要集中在施加荷载的环附近，对距离振源较远处管片环的影响不大。

(7) 在 2 号激振器工作、施加正弦荷载时，上隧道下部沿隧道方向地层动应力峰值逐渐减小，且减小的趋势逐步放缓。上隧道上部至土体表面地层动应力峰值逐渐减小，且减小的趋势逐步放缓，到模型箱顶部土体表面时，地层动应力值已经趋近于 0，说明对地表的影响很小。下隧道上部沿下隧道方向的地层动应力峰值逐渐减小。周围土体的地层动应力峰值随着振动频率的增大而增大，但是增大的趋势逐步放缓。

第 6 章　基于装配式建模的结构交叉盾构隧道动力响应

为了分析结构交叉盾构隧道在列车振动荷载下的动力响应，本章通过利用 ABAQUS 有限元软件建立数值模型，从而得到在列车荷载作用下交叉盾构隧道和围岩的动力响应及其传播规律。通过时域和频域两方面，将所得的交叉隧道和围岩的动力响应与第 4 章模型试验测试结果对比分析，从而进一步验证其规律的准确性。

6.1　结构交叉盾构隧道数值模型

根据第 4 章相似模型试验所处工况，利用有限元软件 ABAQUS 建立数值模型。结构交叉盾构隧道埋深 10.5m，隧道处于Ⅳ级粉质黏土。隧道外直径 6m，内直径 5.4m，采用 3+2+1 分块方式，所对应的圆心角分别为 20.5°、68.5°和 67.5°。模型考虑了盾构管片分块的影响，将主隧道两侧衬砌结构的刚度进行了折减，本章选用的折减系数为 0.8，中间段采用实体管片模拟，共 26 环(左右各 13 环)，管片拼装块接缝处切向设置摩擦系数为 0.62，法向设置为硬接触。管片间连接采用实体螺栓嵌入连接，其中环间缝为 16 颗直径为 27mm 的纵向螺栓连接，环内缝为 12 颗(每个缝 2 颗)直径为 27mm 的环间螺栓连接。联络横通道高 4m，宽 3.2m。地层结构模型为 45m(长)×15.75m(宽)×28.5m(高)，模型除上边界为自由地面外，其余边界均为黏弹性边界。交叉隧道数值分析模型见图 6-1。模型中材料的物理力学参数见表 6-1。

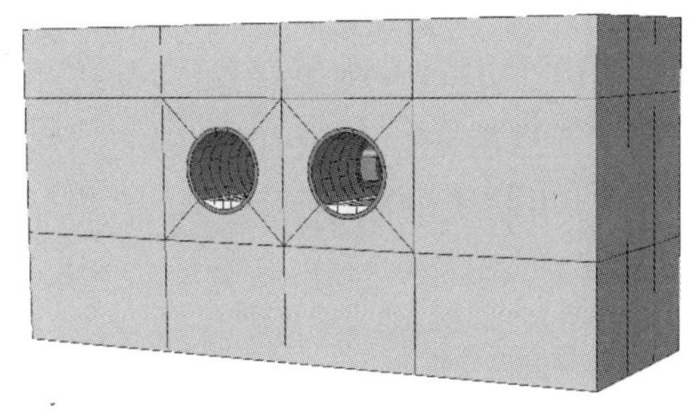

(a)隧道地层模型

(b)管片错缝拼装模型

图 6-1　结构交叉隧道数值分析模型

表 6-1 模型材料参数表

材料	密度/(kg/m^3)	弹性模量/GPa	泊松比	摩擦角/(°)	膨胀角/(°)	黏聚力/MPa
轨道	7850	210	0.2	—	—	—
衬砌	2400	34.5	0.2	43.0	41.0	1.10
地层	2000	0.08	0.325	33.0	30.0	0.45

本章数值模型与第 4 章的相似模型试验一样，采用在扣件位置施加如图 6-2 所示的 40km/h 列车振动荷载，并将荷载按照一定的时间间隔施加到离散的扣件系统上，从而实现模拟列车运行。

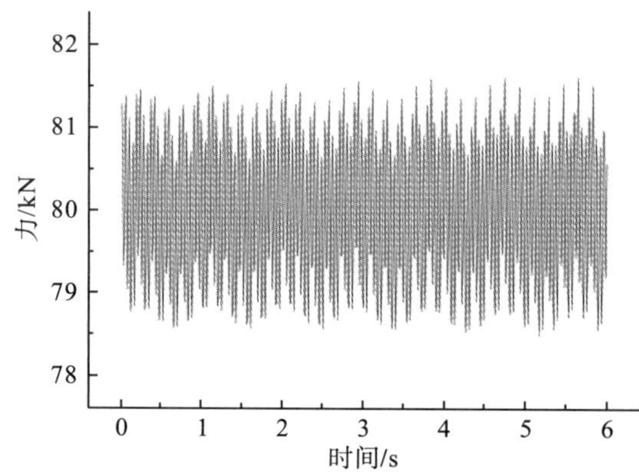

图 6-2 40km/h 列车振动荷载

6.2 模 态 分 析

6.2.1 时间步长

当使用有限元法在时域和频域上求解振动问题时，需要在数值积分法计算时选用合适的时间增量步，才能有效地保障数值计算所得到的结果的稳定性和计算精度，因此在进行隐式计算前应先确定计算的时间步长和阻尼系数。采用 ABAQUS 有限元软件对结构振型分析，计算得到交叉盾构隧道模型的前十阶振型，并将结构的前十阶振型的自振频率汇总到表 6-2 中，图 6-3(彩图见附录)为模型前六阶振型。

表 6-2 结构交叉隧道-围岩系统振型

阶数	1	2	3	4	5	6	7	8	9	10
圆频率/(rad/s)	2.639	2.737	3.335	4.058	4.091	4.509	6.515	7.070	7.585	9.463
频率/Hz	0.420	0.436	0.531	0.646	0.651	0.718	1.037	1.126	1.208	1.507

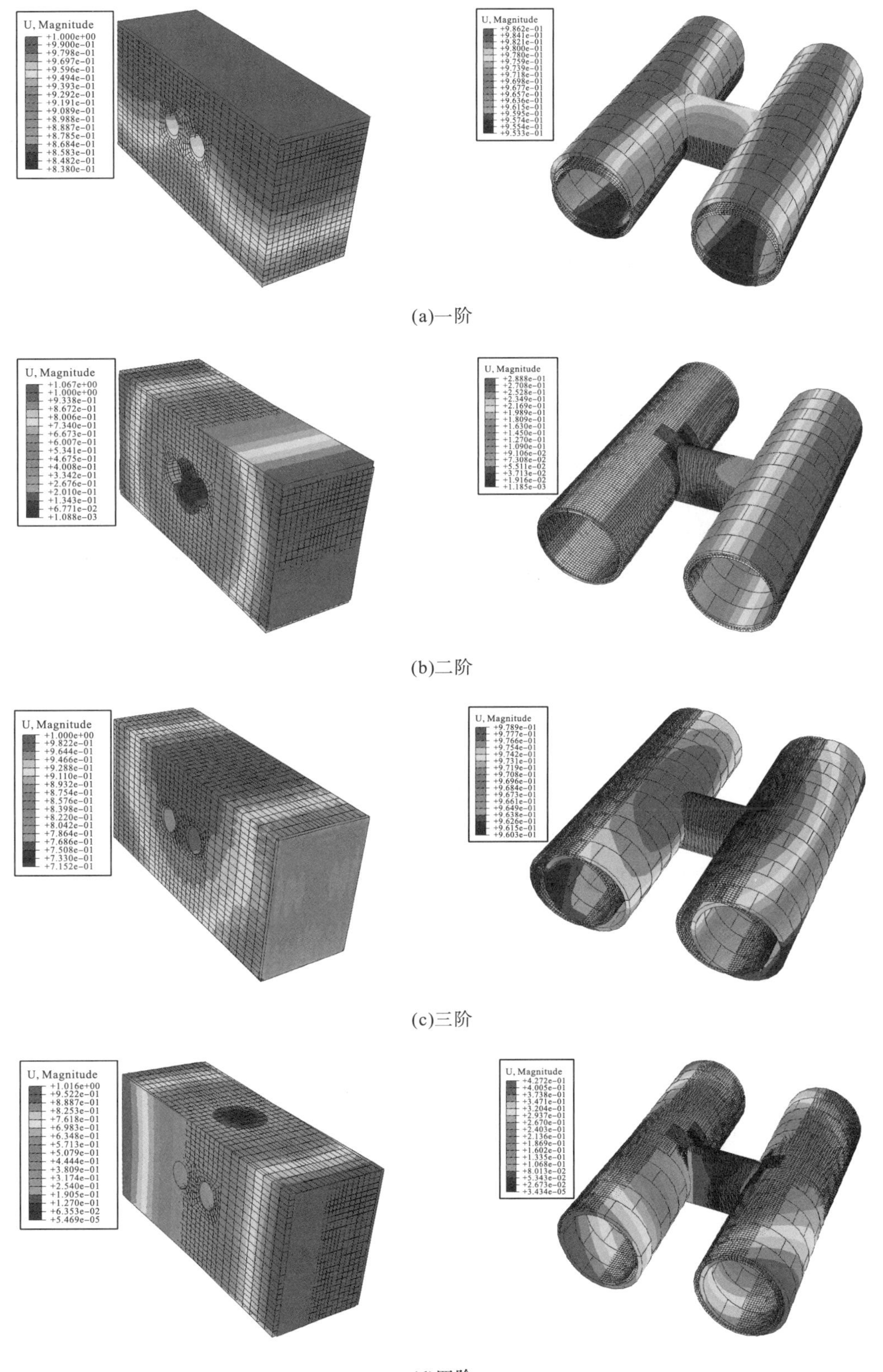

(a)一阶

(b)二阶

(c)三阶

(d)四阶

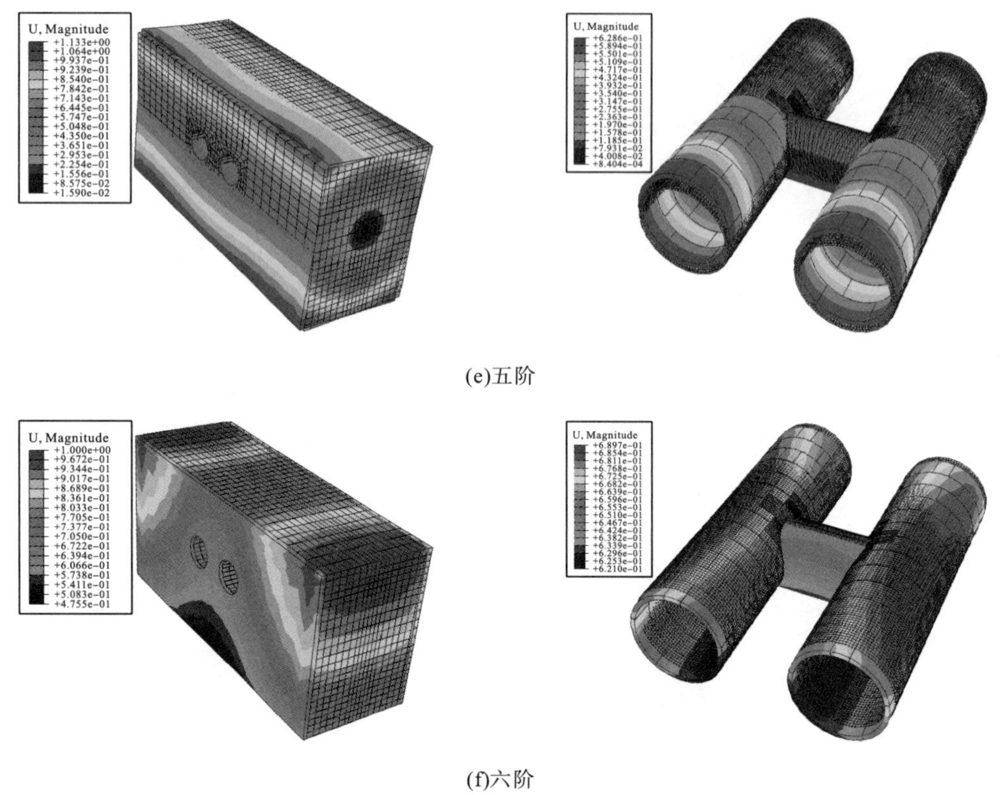

(e)五阶

(f)六阶

图 6-3 结构交叉隧道-围岩系统振型

因此由表 6-2 可以得到 $T_{\max}=1/f=2.38\text{s}$，为了保证计算精度，所采用的时间步长 $\Delta t \leqslant T_{\max}/10=0.238\text{s}$ 便可以得到较好的结果。根据文献可知，在地铁列车振动荷载下，交叉盾构隧道衬砌结构对频率为 40～120Hz 的荷载响应明显，因此所采用的 $\Delta t \leqslant 1/(2\times 120)=0.00417\text{s}$，因此本次模型计算所采用的步长 Δt 为 0.004s。

6.2.2 阻尼系数

本次计算采用 Rayleigh 阻尼，根据上述振型分析结果，选择 $\omega_i=\omega_1=2.639$ 和 $\omega_j=\omega_{10}=9.463$ 为计算频率，阻尼比则选用 $\xi_i=\xi_j=0.05$。根据公式(2-63)和式(2-64)计算得到 $\alpha=0.2064$，$\beta=0.0083$。

6.3 数值模型与试验结果对比

6.3.1 实测荷载结果对比

将 A、B 隧道 13 环管片进行标号，分别记为 A1-1,A2-1,…,A13-1 和 B1-1,B2-1,…,B13-1，其中联络横通道与管片 A6-1,A7-1,A8-1,B6-1,B7-1 和 B8-1 共 6 块管片相连。并取联络横

通道底部中间点作为特征点，分别记为 C1,C2,C3，具体的特征点位置如图 6-4(彩图见附录)所示。按与试验相同方式对相应位置按一定时间间隔施加实测扣件荷载，从而得到实测扣件激振下交叉盾构隧道的动力响应。其中图 6-5(彩图见附录)为交叉盾构隧道某时刻的应力云图，从图中可以看出 A 隧道中的响应最大，其次为联络横通道，最小的为 B 隧道。为了更好地分析结构交叉盾构隧道的动力响应特征，下面将从时域和频域两方面进行分析。

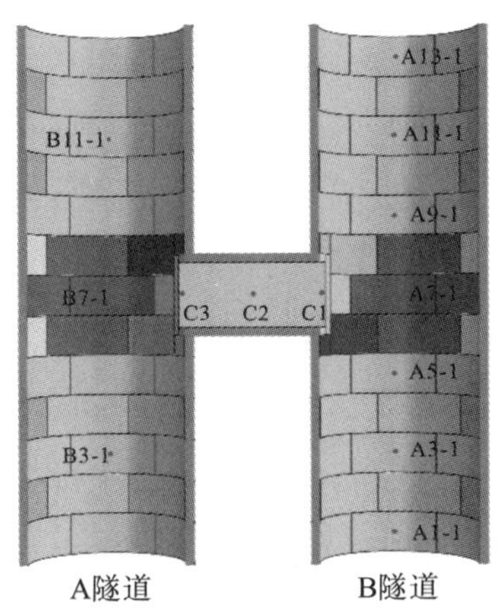

图 6-4　交叉盾构隧道测点位置

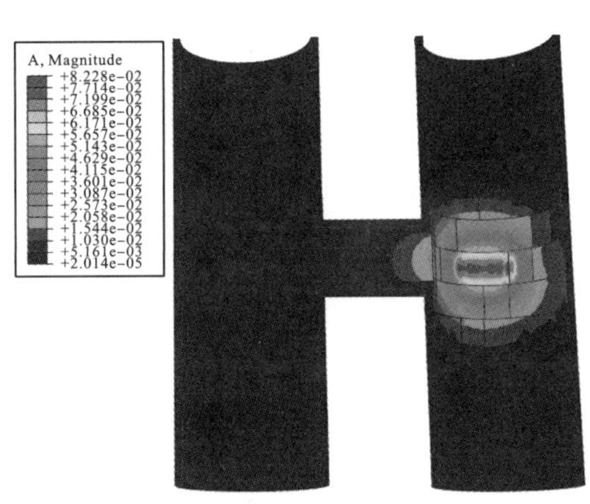

图 6-5　交叉盾构隧道振动加速度云图

1. 时域分析

提取特征点 A1-1,A3-1,⋯,A13-1 加速度响应曲线如图 6-6 所示，从图中可以看出数值模拟所得到的结果的趋势与试验结果比较吻合。列车运行过程中，位于扣件下方位置的衬砌结构响应曲线比较单一，其响应大小主要是受到单个扣件力的影响，而位于扣件中间位置的衬砌结构的响应曲线则受到左右两边扣件力的影响，使得其加速度响应曲线呈现叠加后的情况。并且相比而言，位于扣件正下方位置的衬砌结构其加速度响应比位于两扣件中间位置的加速度响应大。

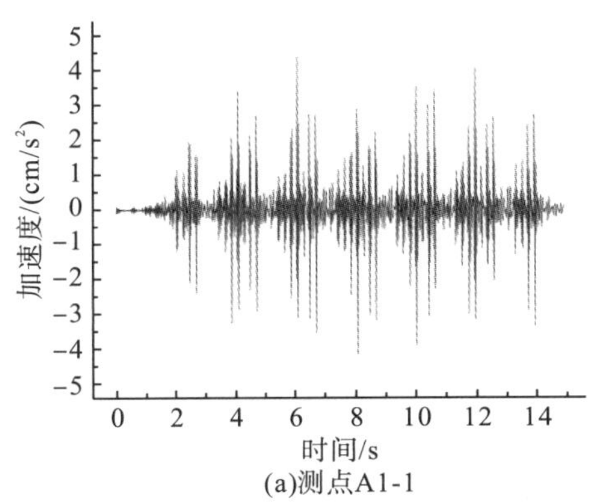

(a)测点A1-1

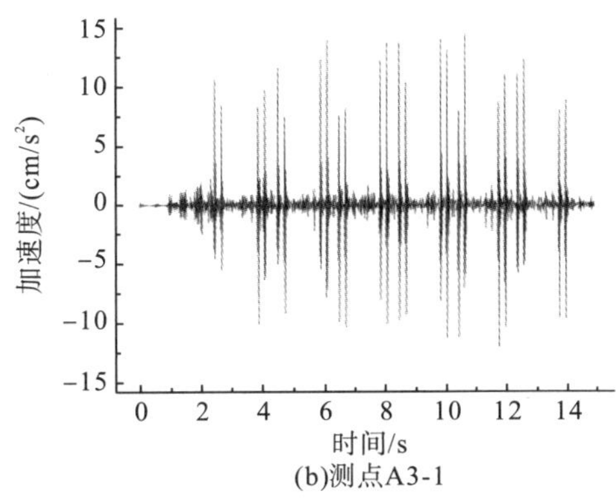

(b)测点A3-1

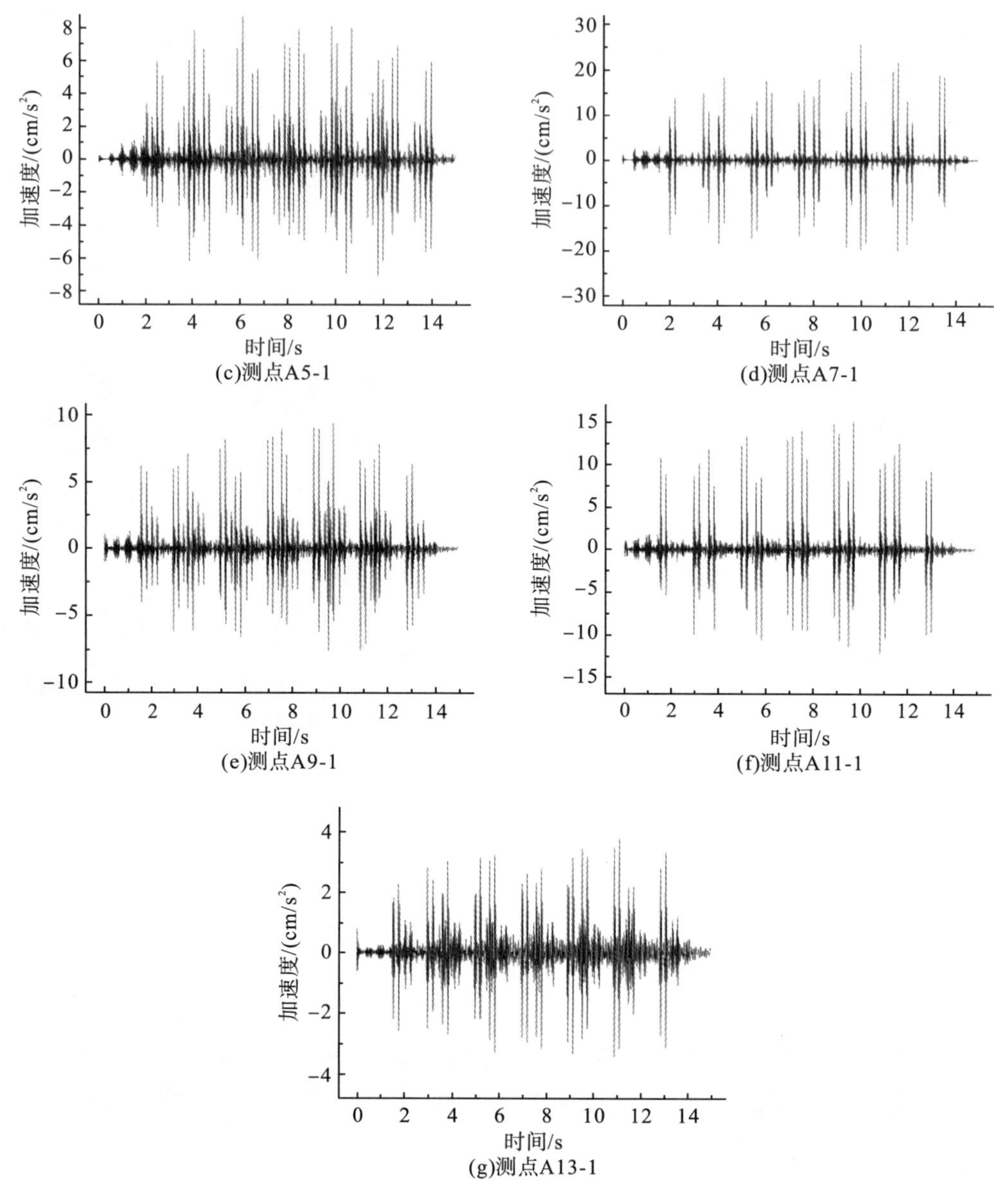

图 6-6 A 隧道测点振动加速度时程曲线

提取上述特征点位置加速度响应最大值与第 4 章试验值对比如图 6-7 所示，从图中可以看出，数值模拟的三个波峰值相比试验要稍大些，其中中间测点 A7-1 的加速度峰值为 21.24cm/s^2，其他两个波峰点 A3-1 和 A11-1 的加速度峰值分别为 15.81cm/s^2 和 16.59cm/s^2；其余测点的加速度则相对较小些，其中波谷位置测点 A5-1 和 A9-1 的加速度峰值分别为 10.37cm/s^2 和 11.22cm/s^2，两边的测点 A1-1 与 A13-1 的加速度峰值则分别为 4.37cm/s^2 和 3.76cm/s^2。可以看出模型试验中交叉盾构隧道的动力响应传播衰减率比数值模拟的略小。但总体上，其竖向加速度响应幅值相差不大，并且衰减规律基本保持一致。

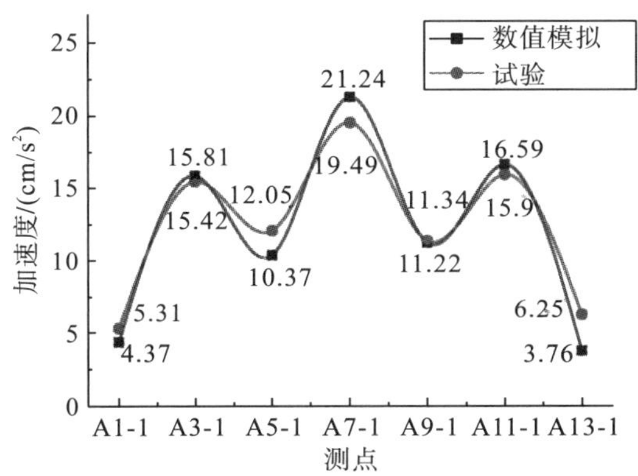

图 6-7　A 隧道测点加速度响应最大值

为了分析联络横通道衬砌结构的动力响应特征，绘制了横通道某时刻的加速度云图，如图 6-8(彩图见附录)所示，从图中可以看出，横通道上的加速度响应是从 A 隧道衬砌传递过来的，靠近 A 隧道侧中部位置的加速度响应最大，然后不断向两边和 B 隧道方向衰减。提取了联络横通道底部中间三个测点 C1,C2 和 C3 的加速度时程曲线如图 6-9(彩图见附录)所示，从图中可以看出，C1 点的加速度响应最大，其次是 C2 点，响应最小的为 C3 点。

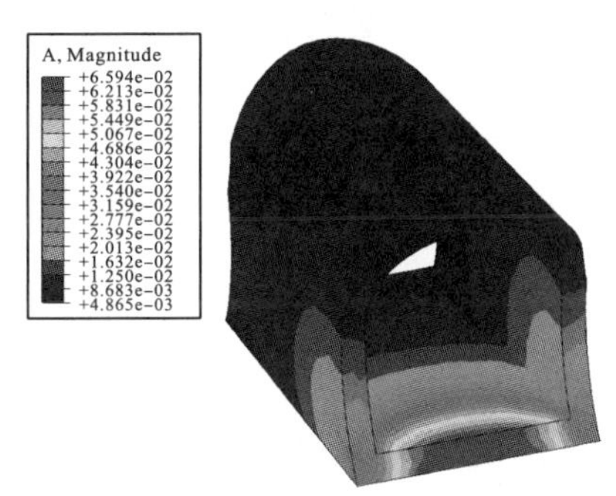

图 6-8　横通道振动加速度云图

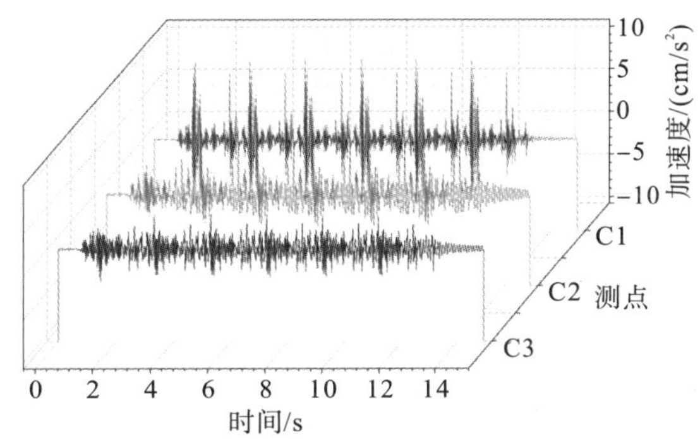

图 6-9　横通道测点振动加速度时程曲线

为了对比分析模型试验与数值模拟中横通道响应的特征，提取横通道中特征点的加速度响应最大值，并将其与模型试验对比分析得到图 6-10，根据图中数据可以看出相似模型试验所得的值比数值模拟所测得的值偏高一些，这可能是受试验中周围环境的影响。但总体上可以看出，联络横通道内测点的响应程度及其衰减规律基本保持一致。

为了分析交叉盾构隧道中 B 隧道的动力响应特征，选取三个特征点分别为 B3-1,B7-1 和 B11-1，提取特征点的加速度时程曲线如图 6-11 所示，从图中可以看出 B 隧道的加速度响应总体上幅值较小。为了对比分析模型试验和数值模拟，提取测点的响应最大值幅值，可以得到图 6-12。

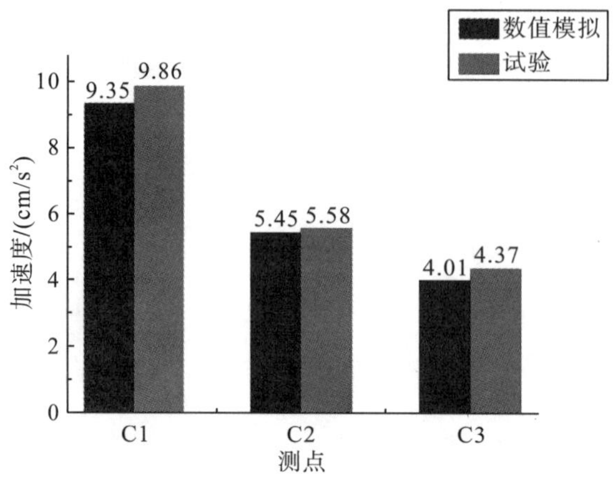

图 6-10　横通道测点加速度响应最大值

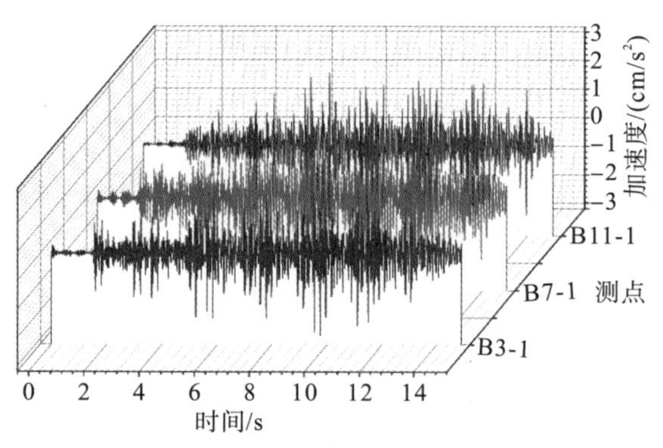

图 6-11　B 隧道测点加速度时程曲线

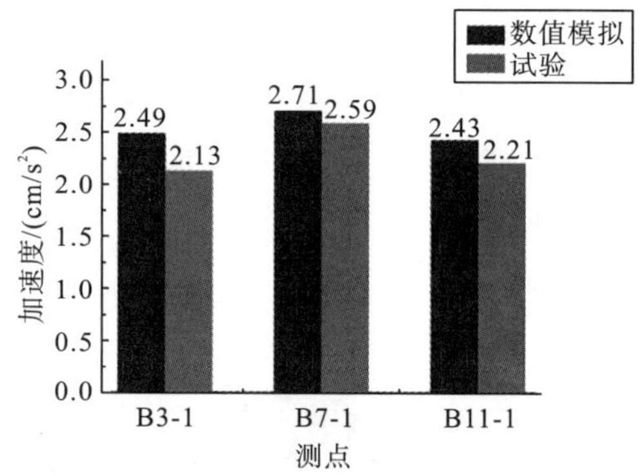

图 6-12　B 隧道测点加速度响应峰值

从图 6-12 中可以看出，与模型试验相同，由于受联络横通道的影响，各测点的响应出现差异，中间测点 B7-1 的响应值最大达到了 2.71cm/s^2，B3-1 的加速度响应最大值为 2.49cm/s^2，而 B11-1 的响应最大值为 2.43cm/s^2。可以看出由于 B 隧道中测点的响应受到土体和横通道的共同影响，但模型试验情况下由于交叉隧道的复杂结构很难保证隧道中间土层的精密性，因而出现 B 隧道中数值模拟比试验结果偏大的情况。

为了分析土层中测点的加速度响应特征以及传播规律，提取如表 4-7 所示土体中测点的加速度响应最大值，并将其汇总得到表 6-3。

表 6-3　土体中测点振动加速度最大值

位置	S1	S2	S3	S4	S5	S6	S7	S8	S9	S10	S11
加速度/(cm/s^2)	3.38	3.32	3.36	2.94	2.64	2.62	2.86	2.78	2.74	2.91	2.85

从表 6-3 中可以看出，加速度响应在土体沿垂向方向传递呈现衰减的趋势，但靠近地表的土层中存在放大的区域，使得部分测点的响应比第二层反而稍大。响应沿横向方向传递也存在衰减，并且其衰减的强度比沿隧道垂向方向大。

2. 频域分析

为了更好地对比分析交叉盾构隧道在列车振动荷载下的动力响应，分别将模型试验和数值模拟上同位置的特征点 A1-1,A3-1,…,A13-1 的加速度响应进行傅里叶变换，从而得到测点的加速度响应在频域上的分布特征。绘制模型试验和数值模拟特征点的频谱曲线得到图 6-13。

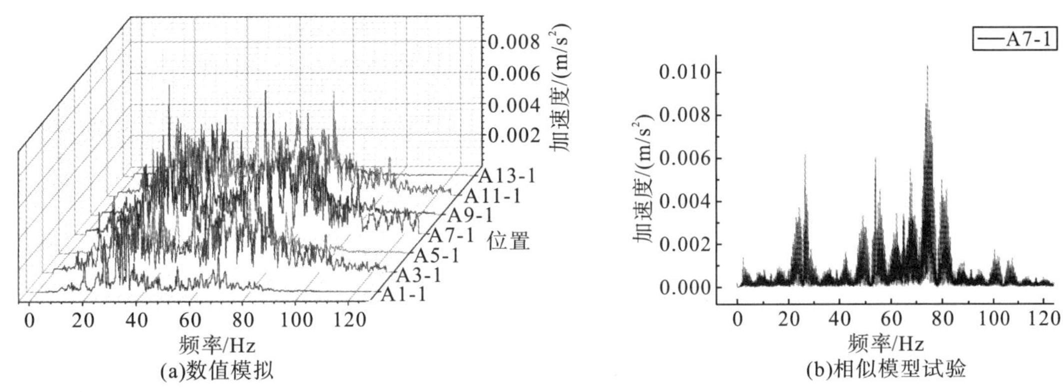

(a)数值模拟 (b)相似模型试验

图 6-13 A 隧道测点的加速度频谱曲线

图 6-13(a)为数值模拟所得的 A 隧道管片衬砌上测点 A1-1,A3-1,A5-1,A7-1,A9-1,A11-1,A13-1 的频谱曲线图，从各测点的振动响应曲线可以看出，在列车振动荷载作用下，测点的加速度响应频谱曲线呈现四段。对于激振点下方特征点 A3-1,A7-1 和 A11-1 而言，在 0～15Hz 频段，测点的加速度响应都基本没有响应；在 15～40Hz 频段，测点的加速度响应明显，并且加速度响应随着频率的增大呈现出先增大后减小的趋势，并在 31Hz 左右出现了第一个峰值；在 40～100Hz，测点的加速度又再次出现先增大后减小的趋势，并在 68Hz 左右出现了第二个波峰，而在大于 100Hz 频段内，测点的响应几乎没有。而对于测点 A1-1,A5-1,A9-1,A13-1，其加速度响应频率也呈现四段，其中在 0～20Hz 频段，测点的加速度响应明显，并且加速度响应随着频率的增大呈现出先增大后减小的趋势，并在 31Hz 左右出现了第一个峰值；在 40～100Hz，测点的加速度又再次出现先增大后减小的趋势，并在 68Hz 左右出现了第二个波峰，而在大于 100Hz 频段内，测点的响应几乎没有。在大于 100Hz 频段内，测点的加速度响应变得很小。根据图 6-13 还可以看出其响应沿隧道纵向不仅在幅值上较小，对不同频段的衰减程度也不同。对于 0～40Hz 频段，其响应基本没有削弱，对于 40～80Hz 频段，削弱比较明显，而对于大于 80Hz 频段，其响应削弱非常明显。

对比相似模型试验与数值模拟中 A7-1 测点的振动加速度响应频谱可以看出，模型试验由于加载方式以及周围环境的影响，其频谱曲线与数值模拟出现了一定的差异，但总体上其响应在 20～120Hz 频段较大，并且在 20～40Hz 与 60～80Hz 频率段分别出现了两个波峰。

图 6-14(a)为联络横通道内测点 C1,C2,C3 的频谱曲线图，从各测点的频谱曲线可以看出，其频谱曲线可以分成四段。第一阶段为 0～15Hz，此阶段内其加速度响应微弱；第二阶段为 15～40Hz，此阶段内加速度先增大后减小，出现了第一个波峰，并在 32Hz 左右达到峰值；第三个阶段曲线再次出现先增大后减小的趋势，曲线出现第二个波峰，并在 68Hz 左右达到峰值，但由于测点位置的衰减程度不同导致了其波段的结束位置并不一样，C1,C2 和 C3 测点第三阶段的截止频率分别为 100Hz,90Hz 和 80Hz；第四个阶段则为无响应频段。

对比图 6-14(a)和图 6-14(b)中 C1 点的加速度频谱曲线可以看出，振动加速度响应从 A 隧道传递到横通道后，其响应减弱，主要衰减的频率段为 40～120Hz。

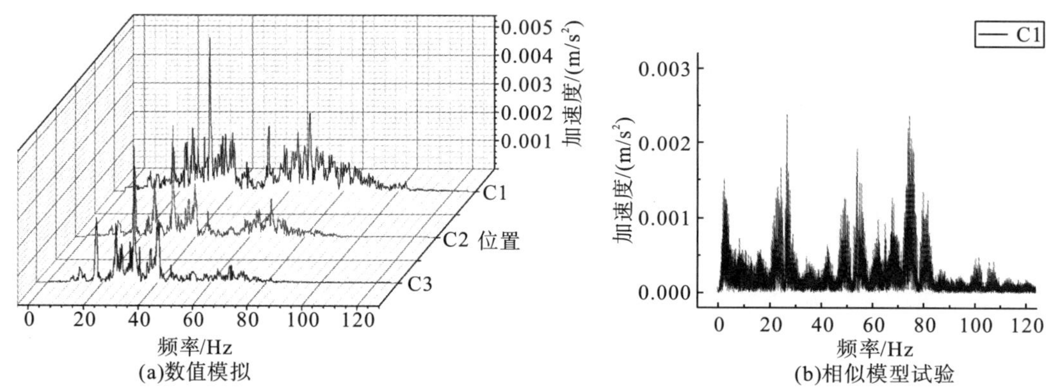

图 6-14 横通道测点的加速度频谱曲线

图 6-15(a)为 B 隧道内测点 B3-1,B7-1,B11-1 的频谱曲线图，从各测点的频谱曲线可以看出，其频谱曲线可以分成三段。对于测点 B3-1,B7-1 和 B11-1 而言，其三段趋势相似，第一段频率为 0～15Hz，在此频段内测点的加速度响应较小；第二段频域为 15～40Hz，在此频段内测点的响应明显，且其加速度响应随频率的增大呈现先增大后减小的趋势，并都在 31Hz 左右达到了峰值；第三个阶段频率大于 40Hz，在此阶段内测点的加速度响应不明显并且在大于 80Hz 的频段测点基本无响应。对比图 6-15(a)和图 6-15(b)中测点的频谱

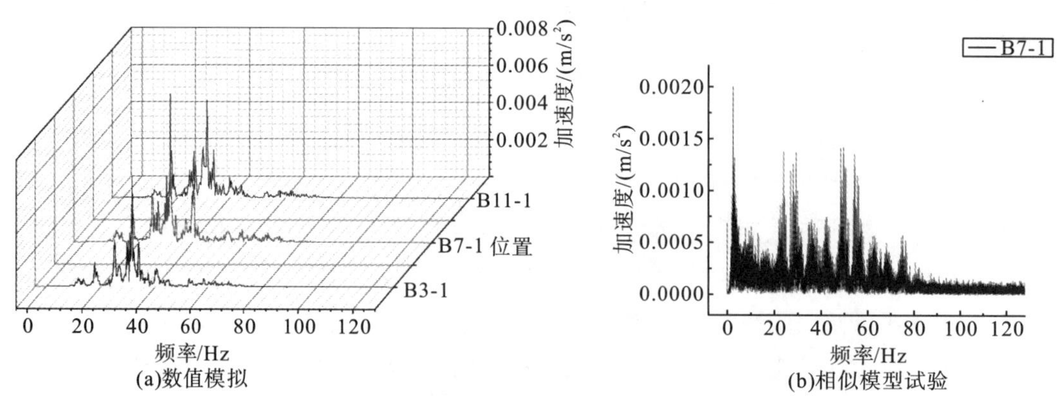

图 6-15 B 隧道测点的加速度频谱曲线

曲线可以看出，传递到 B 隧道的振动加速度响应被大幅度衰减，不仅在幅值上存在衰减，不同频段的衰减也不同。80～120Hz 高频段的响应衰减最快，其次是 40～80Hz，而 0～40Hz 的低频段其响应基本没有衰减。

图 6-16(a)为土体中测点 S10 的频谱曲线图，从测点的频谱曲线可以看出，其频谱曲线可以分成三段，并且三段的曲线基本相似。第一个响应频段为 0～15Hz，在此频段内，其振动加速度响应较小；第二个频段为 15～40Hz，在此频段内测点的加速度响应明显，并分别在 19Hz 及 34Hz 左右达到峰值；第三段频率大于 40Hz，此频段内测点加速度响应较小。对比图 6-16(a)和图 6-16(b)中测点的频谱曲线可以看出，土体中的频率响应主要集中在 0～60Hz 频段。

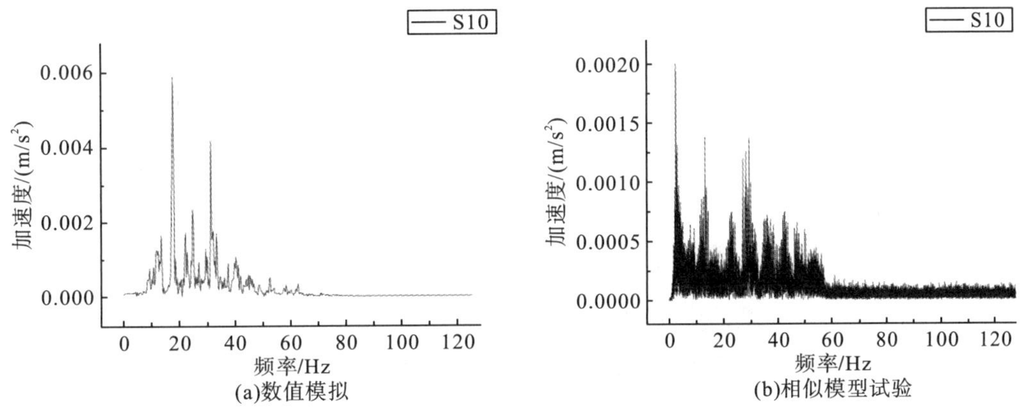

(a)数值模拟 (b)相似模型试验

图 6-16 土体中测点的频谱曲线

6.3.2 理论荷载结果对比

1. 时域分析

通过采用时序加载方式，对不同扣件位置施加按一定时间间隔的考虑平顺性的扣件力荷载，从而对列车的行驶效应进行模拟，从而得到结构交叉隧道管片衬砌的动力响应，其中激振隧道特征点的加速度时程曲线如图 6-17 所示。

由图 6-17 可以看出，数值模拟所得到的结果与模型试验结果比较吻合，其曲线呈现出与模型试验同样的规律。提取特征点加速度响应最大值与试验对比如图 6-18 所示，从图中可以看出，数值模拟的三个波峰值相比模型试验结果稍大，其中中间测点 A7-1 的加速度峰值为 19.02cm/s^2，其他两个波峰点 A3-1 和 A11-1 的加速度峰值分别为 16.22cm/s^2 和 15.98cm/s^2；其余测点的加速度则相对较小些，其中波谷位置测点 A5-1 和 A9-1 的加速度峰值分别为 10.04cm/s^2 和 10.75cm/s^2，两边的测点 A1-1 与 A13-1 的加速度峰值则分别为 4.73cm/s^2 和 4.81cm/s^2。可以看出相似模型试验与数值模拟结果基本保持一致。但由于模型试验可能受周围环境因素的影响，使得在交叉盾构隧道中动力响应传播衰减率比数值模拟的略小。

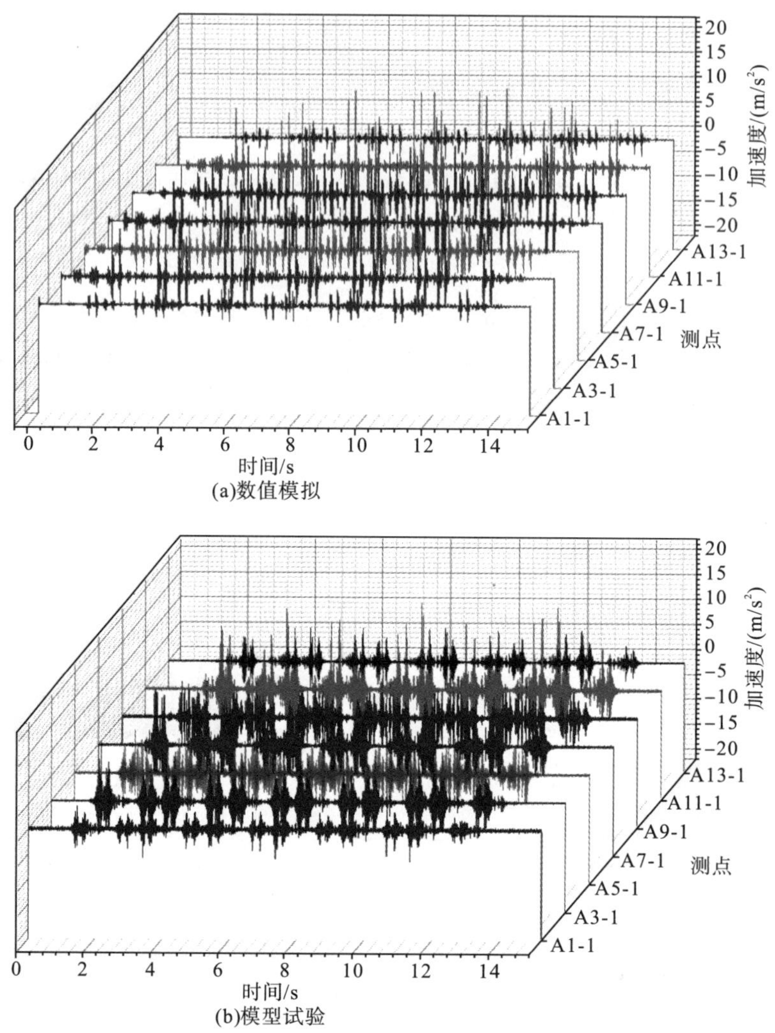

(a)数值模拟

(b)模型试验

图 6-17 A 隧道测点的振动加速度时程曲线

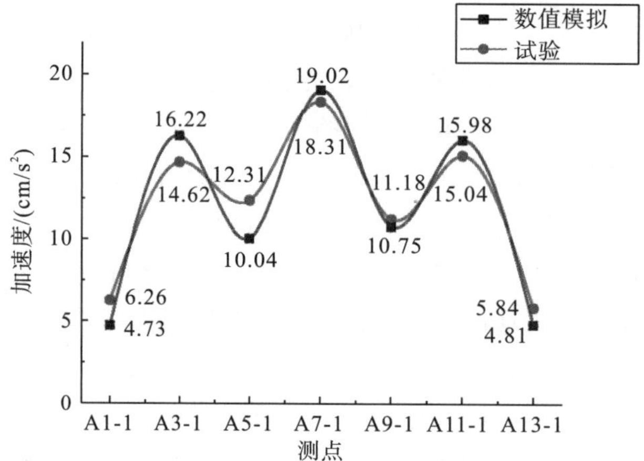

图 6-18 A 隧道测点的振动加速度最大值

为了分析联络横通道衬砌结构的动力响应特征，提取联络横通道中测点的加速度时程曲线如图 6-19 所示。从图 6-19 可以看出，其测点的加速度响应受到多个激振点的影响，响应时间大约为 12s。为了对比分析相似模型试验与数值模拟结果，绘制了图 6-20。

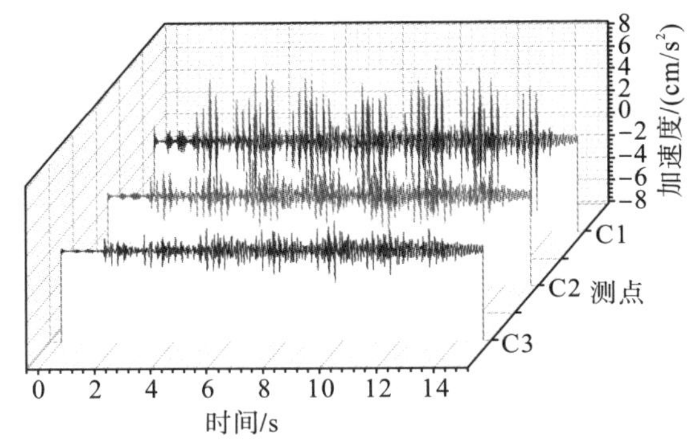

图 6-19　横通道测点的振动加速度时程曲线

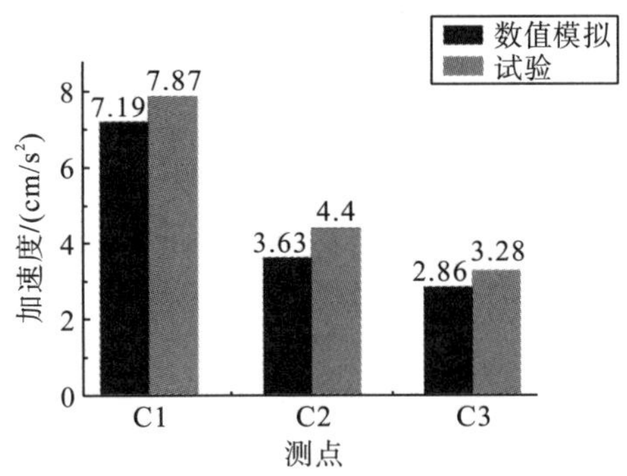

图 6-20　横通道测点的振动加速度最大值

从图 6-20 可以看出联络横通道中测点的加速度响应趋势与试验基本相同，但横通道中的衰减程度存在一定的差异。从 C1 到 C2，数值模拟中加速度的响应衰减明显，衰减程度达到了 49.5%，而模型试验则只有 46%，而从 C2 到 C3 加速度响应的衰减程度比相似模型试验略小。

为了分析 B 隧道中测点的加速度响应特征，提取 B 隧道中测点的加速度响应时程曲线如图 6-21 所示。从图 6-21 可以看出 B 隧道测点的加速度响应呈现多个波峰，响应时间大约为 12.5s。为了对比分析相似模型试验与数值模拟结果，绘制了图 6-22。从图 6-22 可以看出，数值模拟的加速度响应相对较小，但总体上与相似模型试验的响应结果幅值差别不大，并且响应规律相同。

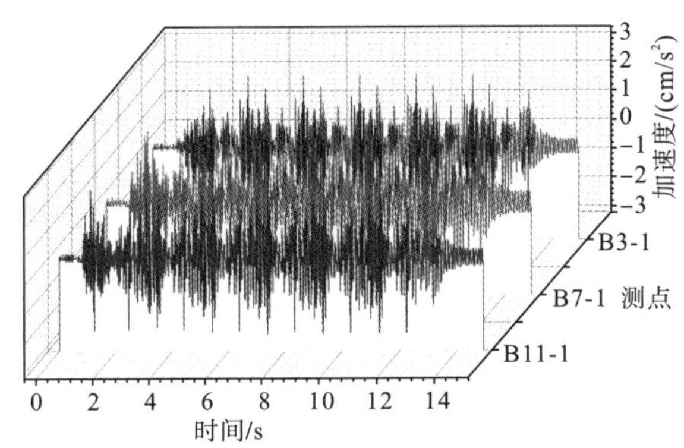

图 6-21　B 隧道测点的振动加速度时程曲线

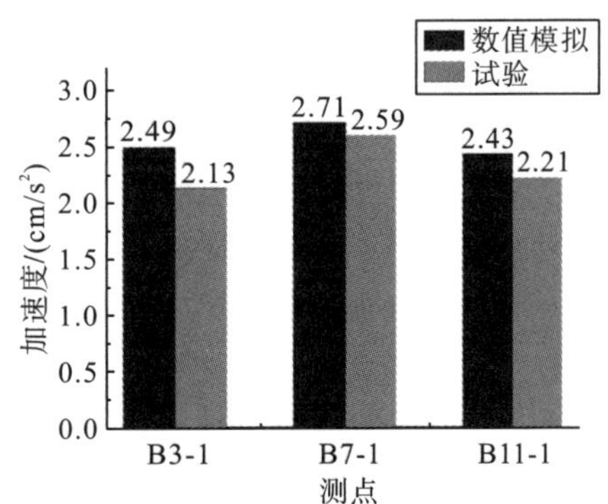

图 6-22　B 隧道测点的振动加速度最大值

为了分析土层的振动加速度响应特征及其传播规律，提取了土层中测点的时程曲线，并提取了其振动响应最大值，如表 6-4 所示。从表中可以看出，A 隧道正上方第一层的振动响应最大，沿垂向方向往地表传递时，其响应出现衰减，第三层土中部分点的响应比第二层响应大，说明在靠近地表的地层中存在放大的现象。并且通过对比横通道上土层测点和 A 隧道上第一层测点可以看出，沿隧道横向的加速度响应衰减比沿垂向方向衰减程度大。

表 6-4 土体中测点振动加速度最大值

位置	S1	S2	S3	S4	S5	S6	S7	S8	S9	S10	S11
加速度/(cm/s^2)	3.43	3.45	3.39	3.07	2.87	2.78	2.86	2.83	2.79	2.98	2.89

2. 频域分析

图 6-23 为 A 隧道中测点的加速度频谱曲线图，可以看出隧道的频谱响应主要集中在 20～200Hz，响应比较明显的频段为 30～100Hz，在 65Hz 左右达到了峰值。

图 6-23 为交叉盾构隧道衬砌中 A 隧道中测点 A1-1,A3-1,A5-1,A7-1,A9-1,A11-1,A13-1 的频谱曲线图，从各测点的振动响应曲线可以看出，在列车振动荷载作用下，测点的加速度响应频谱曲线呈现三段。对于激振点下方特征点 A3-1,A7-1 和 A11-1 而言，在 0～20Hz 频段，测点的加速度响应都基本相同，其大小均小于 0.002m/s^2；在 20～120Hz 频段，测点的加速度响应特别明显，并且加速度响应随着频率的增大呈现出先增大后减小的趋势；在 55Hz 左右出现了峰值，其大小分别为 0.0078m/s^2,0.0086m/s^2,0.0071m/s^2；在大于 120Hz 频段，测点的加速度响应都变得很小。而对于测点 A1-1,A5-1,A9-1,A13-1，其加速度响应频率也呈现三段，其中在 0～20Hz 频段，测点的加速度与激振点正下方位置测点响应相同，均小于 0.002m/s^2，但由于在列车荷载作用下，振动响应在沿隧道纵向传递过程中，其加速度响应存在衰减，衰减方式不仅体现在其加速度的减小，并且在频率上也会出现衰减，在高频段尤为明显。测点的第二阶段的频段为 20～100Hz，在此频段上，测点的加速度响应明显，其加速度响应频谱曲线随着频率的增加呈现先增大后减小的趋势，并且减小的趋势更快，测点的加速度响应峰值出现的频率和激振点基本相同，都在 55Hz 左右。在大于 100Hz 频段，测点的加速度响应变得很小。

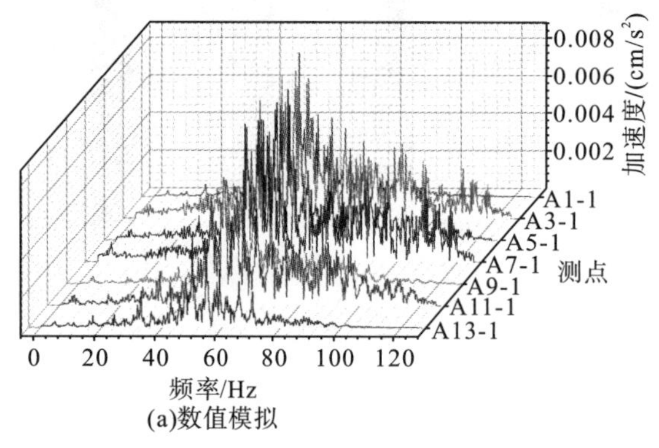

(a)数值模拟

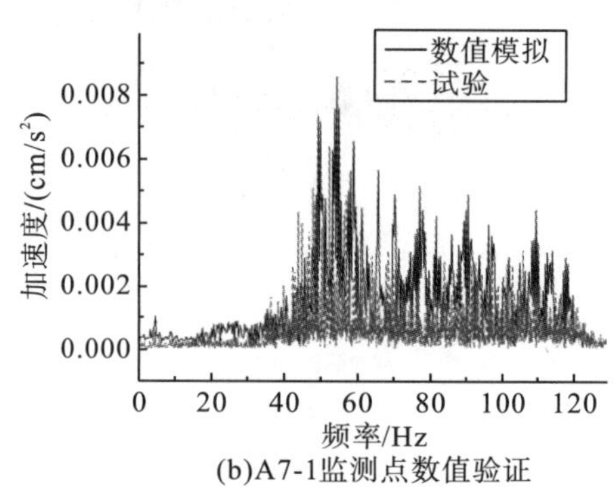

(b)A7-1监测点数值验证

图 6-23 A 隧道测点的频谱曲线

对比数值模拟与模型试验结果可以看出，模型试验与数值结果接近，响应都主要集中在 40～120Hz，曲线呈现先增大后减小的趋势，并且在 50～60Hz 内达到了峰值。

图 6-24(彩图见附录)为联络横通道内测点 C1,C2,C3 的频谱曲线，从各测点的频谱曲线可以看出，数值模拟与模型试验得到的加速度频谱曲线具有较高的吻合度，且频谱曲线可以分成三段。对于测点 C1，即靠近振动隧道侧测点，其第一个响应频段为 0～20Hz，在此频段内，C1 点的加速度响应不明显；第二段是 20～100Hz，在此频段内，测点的加速度响应明显，其加速度响应随频率的增加更加呈现先增大后减小的趋势，并且在 54Hz 左右达到了峰值，其大小为 0.0047m/s；第三段为大于 100Hz，此频段内测点 C1 的加速度响应很小，几乎没有。对于测点 C2 和 C3，其三段趋势相似，第一段频率为 0～20Hz，在此频段内，测点 C2 和 C3 的加速度响应较小；第二段频域为 20～80Hz，此频段内，测点的响应明显，且其加速度响应随频率的增大呈现先增大后减小的趋势，并都在 54Hz 左右达到了峰值，分别为 0.0042m/s^2 和 0.0038m/s^2；第三个阶段为大于 80Hz，在此阶段内测点的加速度响应不明显。对比数值模拟和模型试验结果可以看出，数值模拟和试验曲线趋势相同，并且可以看出，其振动加速度响应从 A 隧道传递到联络横通道后会被衰减，其衰减的方式不仅在于峰值的变小，在频率上也存在衰减，特别针对高频区段及 80～120Hz 范围。

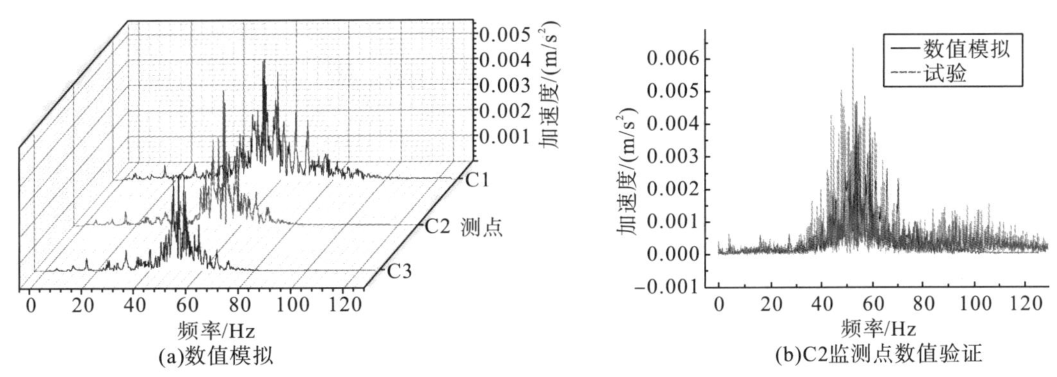

图 6-24　横通道测点的频谱曲线

图 6-25(彩图见附录)为 B 隧道内测点 B3-1,B7-1,B11-1 的频谱曲线，从各测点的频谱曲线可以看出，其频谱曲线可以分成 5 段。对于测点 B3-1,B7-1 和 B11-1 而言，其 4 段趋势相似，第一段频率为 0～20Hz，在此频段内，测点的加速度响应较小；第二段频域为 20～40Hz，此频段内，测点的响应明显，且其加速度响应随频率的增大呈现先增大后减小的趋势，并且都在 35Hz 左右达到了峰值；第三个阶段为 40～60Hz，在此阶段内测点的加速度响应再次出现先增大后减小的趋势，从而出现第二个波峰，并在 56Hz 左右达到最值。从图 6-23、图 6-24 和图 6-25 可以看出，动力响应在交叉隧道衬砌结构中传递时，其加速度响应衰减的方式不仅在于峰值的变小，在频率上也存在衰减，特别针对高频区段及 80～120Hz 范围，并且 0～40Hz 的低频段基本没有削弱，出现了相对放大的现象。

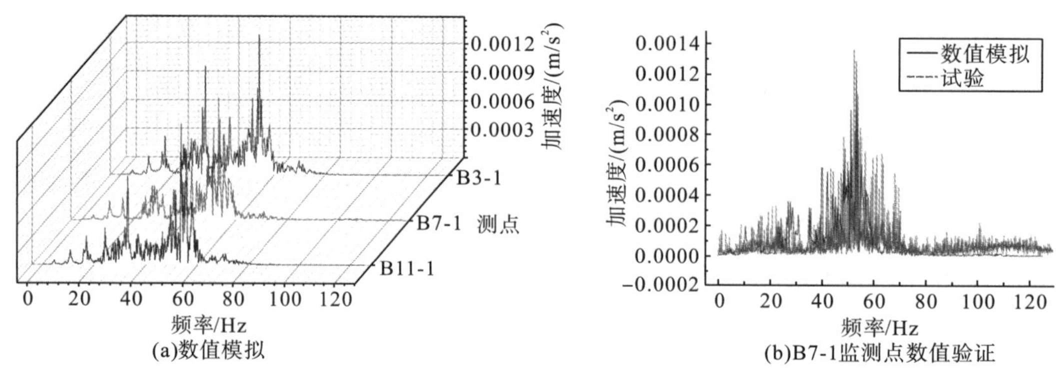

(a)数值模拟　(b)B7-1监测点数值验证

图 6-25　B 隧道测点的频谱曲线

对比数值模拟与相似试验结果可以看出，数值模拟与模型试验得到的加速度频谱曲线在频率高于 35Hz 时具有较好的吻合度，而在 0～35Hz 频率段，数值模拟与模型试验加速度频谱曲线的吻合度较差。交叉盾构隧道的振动响应传递到 B 隧道后，其强度被大幅度衰减，其振动响应频段主要集中在 40～70Hz，低频段的响应则出现了相对放大的现象。

图 6-26 为联络横通道内测点 S10 的频谱曲线，从测点的频谱曲线可以看出，其频谱曲线可以分成三段，并且三段曲线的趋势基本相似。第一个响应频段为 0～40Hz，在此频段内，其响应波动变化较大；第二段是 40～60Hz，在此频段内，测点的加速度响应明显，其加速度响应随频率的增加更加呈现先增大后减小的趋势，并且在 54Hz 左右达到了峰值；第三段为大于 60Hz，此频段内测点加速度响应很小。通过对比交叉盾构隧道与土体中的响应可以看出，土体中的响应相对较小，并且在 60～120Hz 高频段大幅度衰减，而 0～40Hz 低频段则出现了一定程度的相对放大现象。

对比数值模拟与相似试验结果可以看出，当振动响应传递到土层后，其强度被大幅度衰减，高频振动响应基本被完全衰减，其次是 40～80Hz 频段的响应被逐步衰减，而在 0～40Hz 低频段，其响应基本没被衰减，反而出现了相对放大的现象。

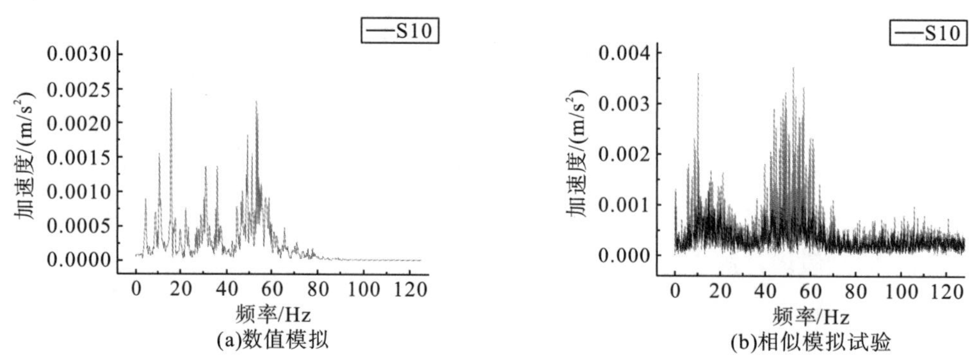

(a)数值模拟　(b)相似模拟试验

图 6-26　土体中测点的频谱曲线

6.4　本章小结

(1) 本章通过对结构交叉隧道-土体系统进行模态分析，得到了系统的前十阶自振频率，并在此基础上得到了模型中采用的阻尼系数以及模型计算的分析时间步长。

(2) 通过对比数值模拟和相似模型中结构交叉隧道衬砌结构和周围土体在时域上的动力响应特征，进一步验证了第 4 章中所得的地铁列车振动荷载下结构交叉盾构隧道以及周围土体的动力响应特征以及传播规律。

(3) 通过对比数值模拟和相似模型中结构交叉盾构隧道衬砌结构和周围土体在频域上的动力响应特征，发现当振动响应在结构交叉隧道中传递时，不同频段的加速度衰减的强度不同。从 A 隧道传递到联络横道通过程，其衰减的频段主要为 80～120Hz；而振动响应传递到 B 隧道时，40～80Hz 频段的响应也被大幅度衰减。而在整个交叉隧道响应衰减过程中，低频段的振动响应基本没有衰减，而呈现出相对放大的现象。

第 7 章　基于装配式建模的空间交叉盾构隧道动力响应

本章利用有限元软件 ABAQUS，通过采用考虑钢筋、环向和纵向接头以及错缝拼装的精细化模型，分析模型计算结果，并将数值分析结果同第 5 章的试验结果进行对比，以考察试验结果和数值模拟的正确性。同时在相同条件下建立只考虑纵向接头、不考虑接头的空间交叉隧道数值模型用于对比分析，通过各数值模型计算结果上、下隧道的动态应力、动态应变、加速度和动力系数等数值的对比，研究盾构隧道接头对结构的动力响应及传递的影响。

7.1　空间交叉盾构隧道数值模型

利用有限元计算软件 ABAQUS 建立近距离空间交叉盾构隧道模型。数值模型采用精细化的三维建模，考虑盾构隧道衬砌结构的管片、钢筋、管片环幅宽、环向接头、纵向接头、错缝拼装等结构构造和特点，这里称之为模型一。模型一的整体尺寸为 32.4m(长)×15.6m(宽)×30m(高)，分别对应第 5 章室内试验模型箱尺寸的原型值。其中上部隧道数值模型的纵向长度为 15.6m，上隧道上覆土体厚度为 7.5m，下部隧道数值模型的纵向长度为 32.4m，下部隧道同上部隧道之间的垂直净距为 2.0m，且上、下两隧道在空间上的夹角呈直角，同第 5 章室内试验模型原型值相同。含土体的整体模型和空间交叉盾构隧道的结构模型以及网格划分情况分别如图 7-1、图 7-2 所示。该近距离空间交叉盾构隧道穿越Ⅳ级粉质黏土。

在盾构隧道模型中部设置管片结构，管片环外径 6.0m，内径 5.4m，幅宽 1.2m。全环采用比较常见的 6 块分块方式，其中三块标准块角度均为 67.5°，两块邻接块角度也均为 67.5°，以及一块封顶块角度为 22.5°，管片环拼装方式采用目前地铁最为常见的错缝拼装模式。管片设置接头结构并模拟螺栓，其中环向接缝采用 12 个纵向接头螺栓(M27)连接，纵向接缝采用 16 个环向接头螺栓(M27)连接。利用 ABAQUS 软件中的 embeded 技术将各螺栓嵌入相应的管片单元之中。管片环的拼装示意图如图 7-3 所示。为简化模型，便于计算，在数值建模时，只对上隧道中间位置的五环管片和下隧道中间位置的三环管片进行精细化建模，其余位置不设置精细化管片结构，但考虑管片环向接头的影响引入 0.8 的刚度折减系数，并在隧道中等间隔设置减弱带，以体现纵向接头对结构的影响。同时在管片内部相应位置嵌入构造钢筋和受力钢筋，管片内的钢筋分布情况如图 7-4 所示。

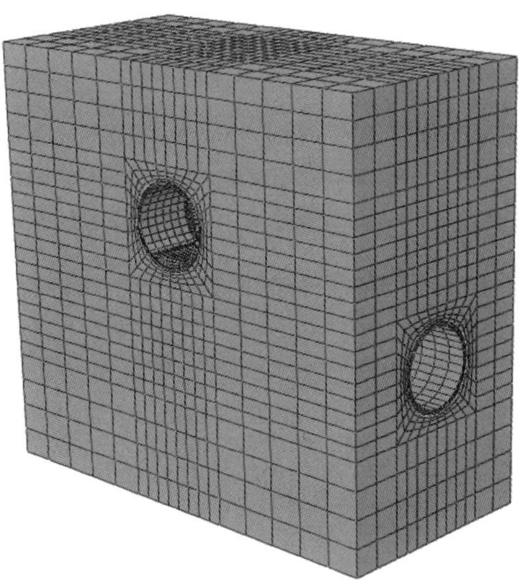

图 7-1　模型一整体模型

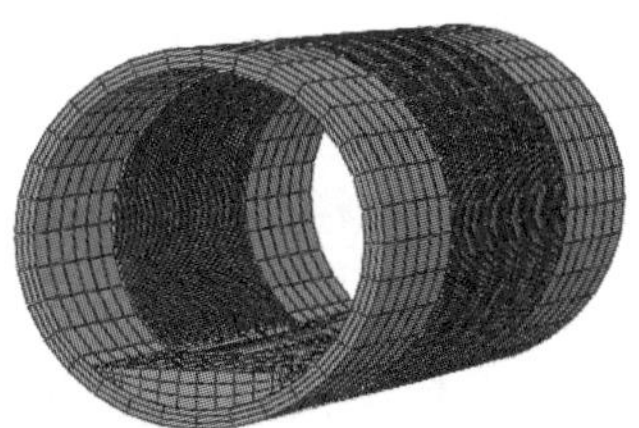

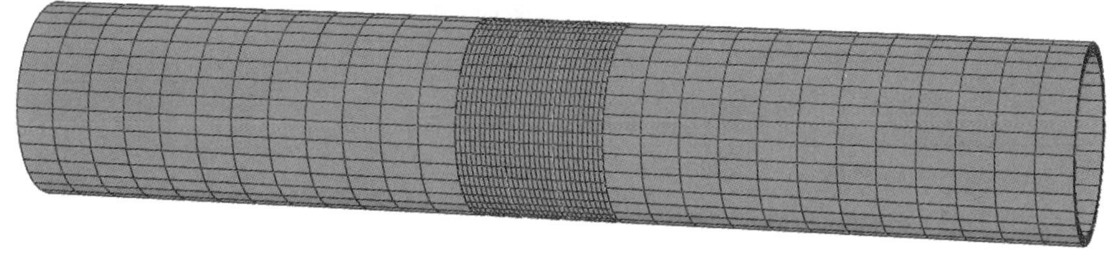

图 7-2　模型一空间交叉盾构隧道结构模型

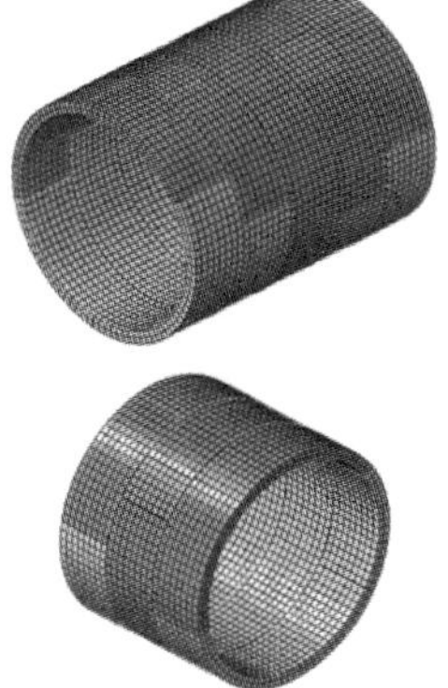

(a)上、下隧道中部管片

(b)上部隧道五环管片

图 7-3　管片拼装示意图

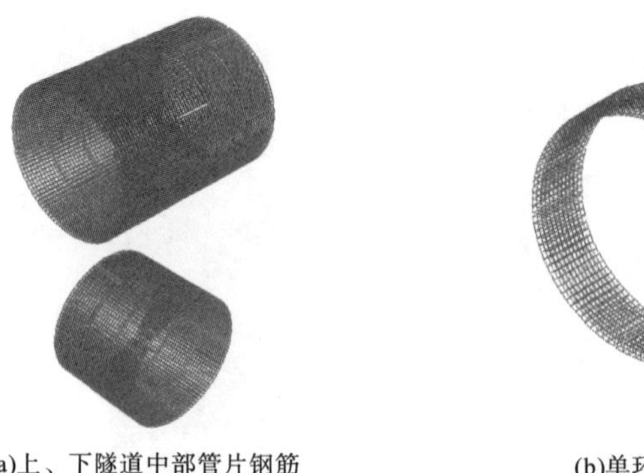

图 7-4 管片钢筋构造示意图

7.1.1 材料参数

该近距离空间交叉盾构隧道位于Ⅳ级粉质黏土内。根据Ⅳ级粉质黏土的特性，数值模型围岩采用常见的 Mohr-Coulomb 弹塑性本构模型。对于隧道衬砌结构，管片采用 C50 混凝土，其弹性模量取 34.5 GPa，抗压强度取 32.4 MPa，抗拉强度取 2.64 MPa。盾构隧道管片主筋采用 HRB335 型号的螺纹钢，直径为 18 mm，构造钢筋采用 HPB235 钢筋，直径为 10 mm，接头螺栓采用 5.8 级的弯螺栓，考虑钢筋的屈服状态，主筋、构造钢筋和螺栓均采用钢筋的弹塑性应力-应变关系模型模拟。模型的围岩、接头螺栓、钢筋、管片混凝土及轨道的有关力学参数如表 7-1 所示，其中主筋、构造钢筋和接头螺栓的应力-应变曲线如图 7-5、图 7-6 所示[100]。

表 7-1 模型物理力学参数表

材料	密度/(10^3kg/m^3)	弹性模量/GPa	泊松比	摩擦角/(°)	膨胀角/(°)	黏聚力/MPa
主筋	7.85	210	0.17	—	—	—
构造筋	7.85	210	0.17	—	—	—
螺栓	7.85	210	0.23	—	—	—
混凝土	2.5	34.5	0.20	43	41	1.1
围岩	2.2	3.65	0.32	33	30	0.45

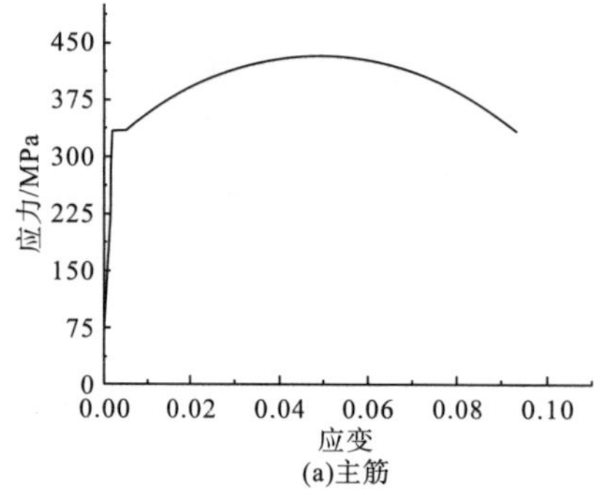

(a)主筋

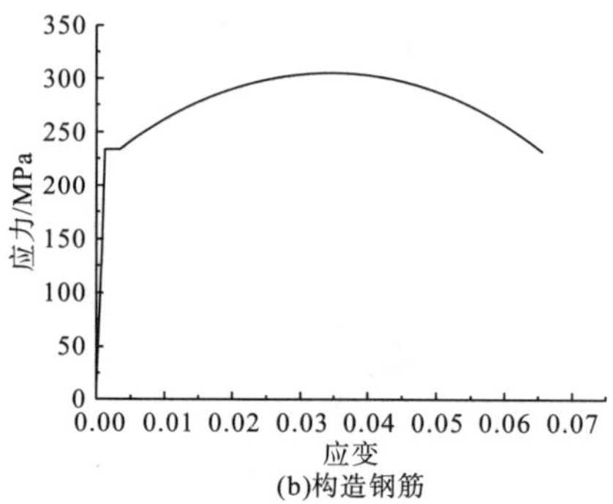

(b)构造钢筋

图 7-5 钢筋应力-应变曲线

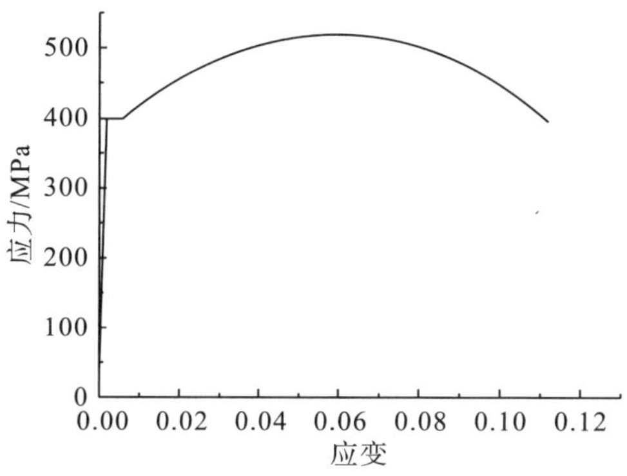

图 7-6　接头螺栓应力-应变曲线

7.1.2　动力边界

对于土体-结构相互作用的动力学问题，如何模拟无限岩体辐射阻尼对计算结果有较大影响。通常，采用有限单元法求解此类动力学问题，一般需要从无限介质中取出有限尺寸的计算区域，无限地基的模拟是通过在区域的边界上引入虚拟的人工边界来实现的[101]。人工边界中有一种较为常用的黏弹性人工边界，它克服了黏性边界引起的低频漂移，能够模拟人工边界外半无限介质弹性恢复性能，具有良好的频率稳定性和一定的精度，广泛地应用于结构-地基动力相互作用相关的科研和工程问题中[102]。

对于列车振动荷载作用下的交叉盾构隧道动力学问题分析，本章采用土体-结构问题中普遍使用的黏弹性人工边界来模拟无限岩体的辐射阻尼[103]。其中，黏弹性人工边界的等效弹簧-阻尼器系统示意图如图 7-7 所示。弹簧的切向与法向刚度、阻尼器切向与法向的阻尼系数计算方法分别如下式所示[84]：

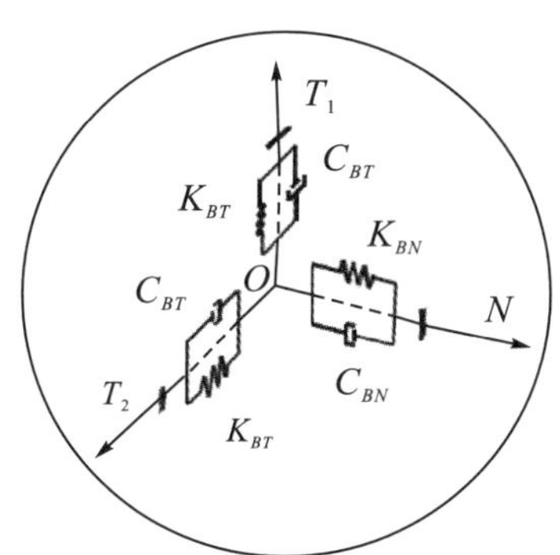

图 7-7　等效弹簧-阻尼器系统示意图

$$K_{BT} = \alpha_T \frac{G}{R}, \qquad C_{BT} = \rho c_{\mathrm{S}} \tag{7-1}$$

$$K_{BN} = \alpha_N \frac{G}{R}, \qquad C_{BN} = \rho c_{\mathrm{P}} \tag{7-2}$$

式中，$c_{\mathrm{P}}=\sqrt{\dfrac{\lambda+2G}{\rho}}$，$c_{\mathrm{S}}=\sqrt{\dfrac{G}{\rho}}$，$\lambda=\dfrac{\mu E}{(1+\mu)(1-2\mu)}$，$G=\dfrac{E}{2(1+\mu)}$；$K_{BT}$、$K_{BN}$为弹簧的切向、法向刚度；$C_{BT}$、$C_{BN}$为阻尼器的切向、法向的阻尼系数；$R$为波源到人工边界点的距离；$c_{\mathrm{P}}$、$c_{\mathrm{S}}$为P波、S波波速；$G$为介质的剪切模量；$\rho$为介质的质量密度；$\alpha_N$、$\alpha_T$为法向、切向人工边界修正系数。

黏弹性人工边界修正系数取值范围如表7-2所示。

表7-2 黏弹性人工边界修正系数 α_T 和 α_N 的取值

人工边界参数	取值范围	推荐系数
α_T	1.0～2.0	1.33
α_N	0.5～1.0	0.67

利用上述式子代入相关参数，可以求得约束较弱情形下黏弹性人工边界的等效弹簧、阻尼器的参数，如表7-3所示。

表7-3 动力边界参数

参数	弹簧切向刚度 K_{BT}	弹簧法向刚度 K_{BN}	阻尼器切向系数 C_{BT}	阻尼器法向系数 C_{BN}
值	19 714 743	38 927 459	1 608 799	2 887 892

7.1.3 三维接触

针对此空间交叉盾构隧道模型，由于隧道和周围土体有接触面，且隧道上设置了管片结构，故需要在盾构隧道的环向接头、纵向接头，以及管片外表面和围岩等处设置摩擦接触，具体的三维接触关系如图7-8所示[84]。

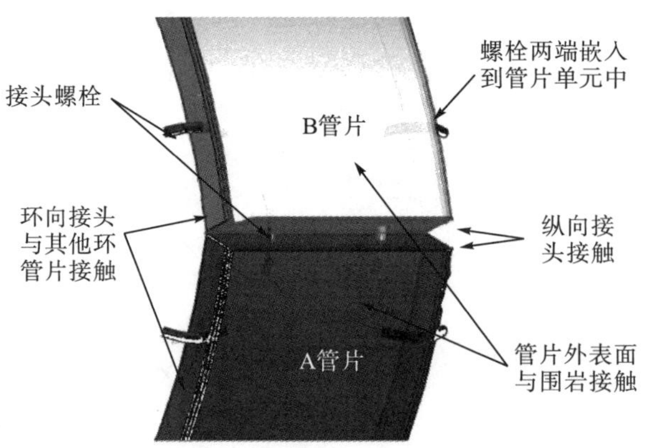

图7-8 三维接触关系示意图

考虑到数值模型的计算量，模型一仅设置了共计 8 环管片，为保证管片环和两侧的衬砌共同受力、共同变形，在两结构之间的接触面采用绑定约束 tie。对管片间的环向接头和纵向接头摩擦设置，设置其法向接触属性为“硬接触”，即不限制接触面传递的接触压力，且允许接触面分离；在切向采用库仑摩擦以考虑管片间的摩擦，如下式[84]：

$$\tau = \mu P \tag{7-3}$$

式中，τ 为临界切应力；μ 为摩擦系数，对管片结构取 0.62；P 为法向接触压强。

管片与周围土体之间的接触属性，在切向采用库仑摩擦，摩擦系数取 0.8。在法向采用惩罚刚度模型如下[102]：

$$\begin{cases} p = 0 & (\Delta l < 0) \\ p > 0 & (\Delta l = 0) \\ p = f(k_{in}, \Delta l) & (\Delta l > 0) \end{cases} \tag{7-4}$$

式中，p 为接触法向力；Δl 为嵌入量；k_{in} 为接触面嵌入惩罚刚度；f 为惩罚函数。

7.1.4　对比模型

为了研究盾构隧道接头对结构动力响应的影响，在模型尺寸、材料参数、边界条件、荷载施加模式等采用同模型一完全相同的参数的条件下，构建对比的数值模型二和模型三，其空间交叉隧道结构如图 7-9 所示。其中，模型二保留了管片环的环向接头和环向接头螺栓，去掉纵向接头及其螺栓；模型三在模型二的基础上，进一步去掉环向接头及其螺栓构造。通过模型一和模型二的对比可以研究分析纵向接头在振动响应中对空间交叉盾构隧道结构的影响，通过模型二和模型三的对比可以研究分析环向接头的存在对结构的影响。

(a)模型二隧道模型

(b)模型三隧道模型

图 7-9 对比模型

7.2 结 果 对 比

根据以上的建模过程，模拟 1、2、3 号激振器共同工作，施加 21.6kN、40km/h 的列车振动扣件荷载时的情形，运用三个模型分别求解，得到以下结果，并将模型一的结果同第 4 章的试验测试结果进行对比。如图 7-10 所示，选取上、下隧道内表面的以下位置为监测点。

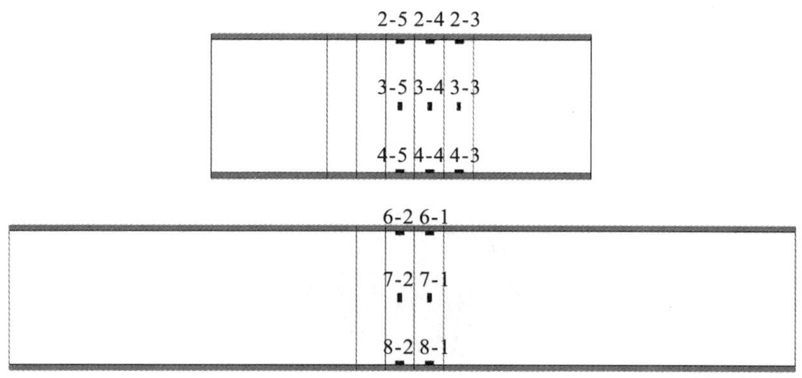

图 7-10 监测点编号

7.2.1 不同数值模型

1. 模型一

如图 7-10 所示，选取监测点 4-5 的 Mises 应力位于波峰、波谷、波峰的 4.25s、4.34s、4.47s 三个时刻，提取模型一的上、下隧道中部管片环衬砌应力云图如图 7-11(彩图见附录)所示。由图可知，上隧道应力主要集中在隧道下部，且在扣件构造对应位置处应力最大；下隧道应力分布总体小于上隧道，下隧道应力主要集中在隧道上部，在同上隧道空间交叉的上部区域应力最大，最大应力分布在中环封顶块周围。上、下隧道在 4.47s 时刻达到应力最大值，上隧道应力最大值出现在上隧道底部外表面，值为 0.048MPa；下隧道应力最大值出现在下隧道顶部外表面，值为 0.033MPa。

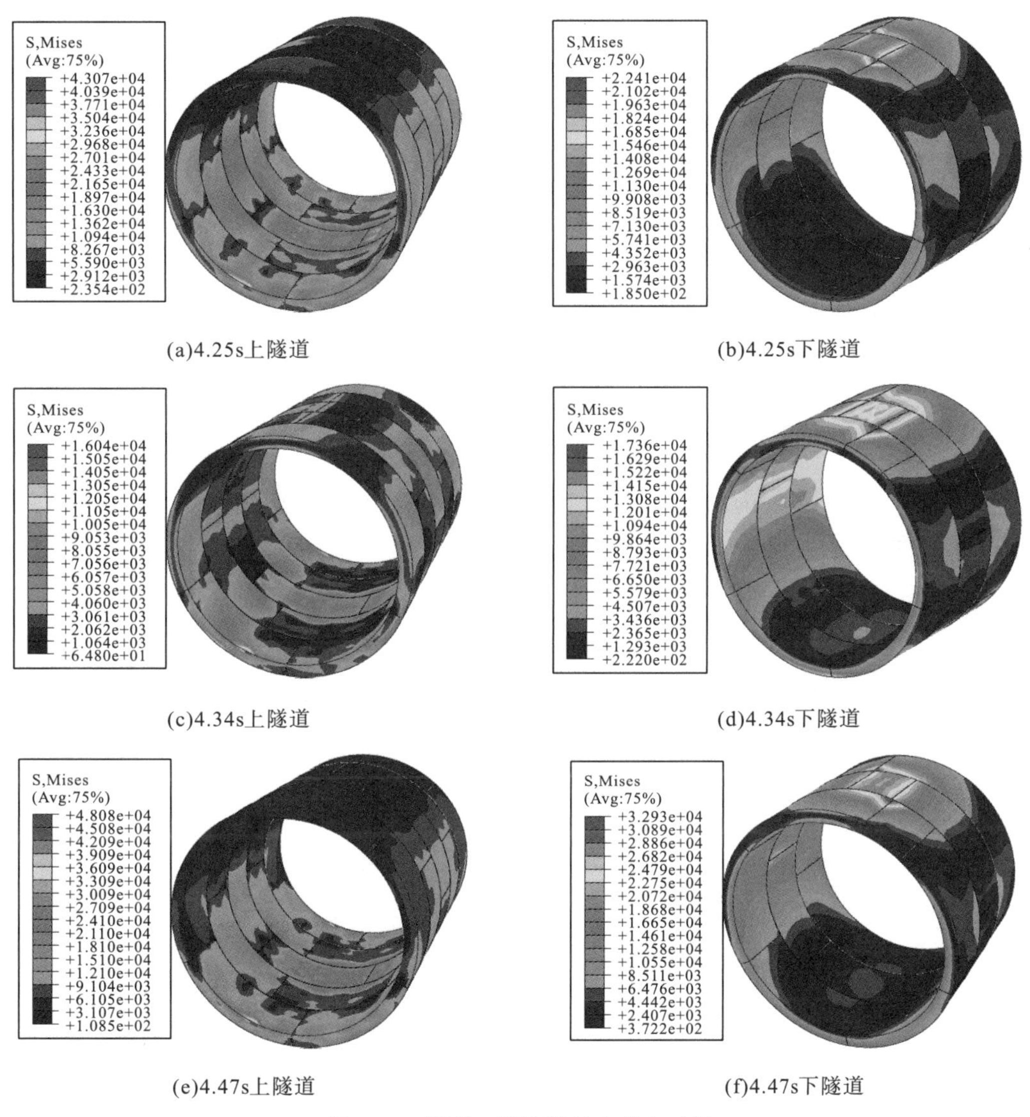

(a)4.25s上隧道　(b)4.25s下隧道

(c)4.34s上隧道　(d)4.34s下隧道

(e)4.47s上隧道　(f)4.47s下隧道

图 7-11　模型一管片环衬砌应力云图

选取 4.47s 时刻，提取模型一的上、下隧道中部管片环衬砌钢筋的应力云图如图 7-12(彩图见附录)所示。由图可知，上隧道钢筋的应力主要集中在隧道拱底，且在扣件对应位置处的钢筋应力最大；下隧道钢筋的应力分布总体小于上隧道，下隧道钢筋的应力主要集中在隧道上部，在同上隧道空间交叉的上部区域应力最大，最大应力分布在中环管片封顶块周围的钢筋处。上隧道钢筋的应力最大值出现在上隧道底部的外侧，最大值为 0.187MPa；下隧道钢筋应力最大值出现在下隧道顶部外侧，最大值为 0.184MPa。

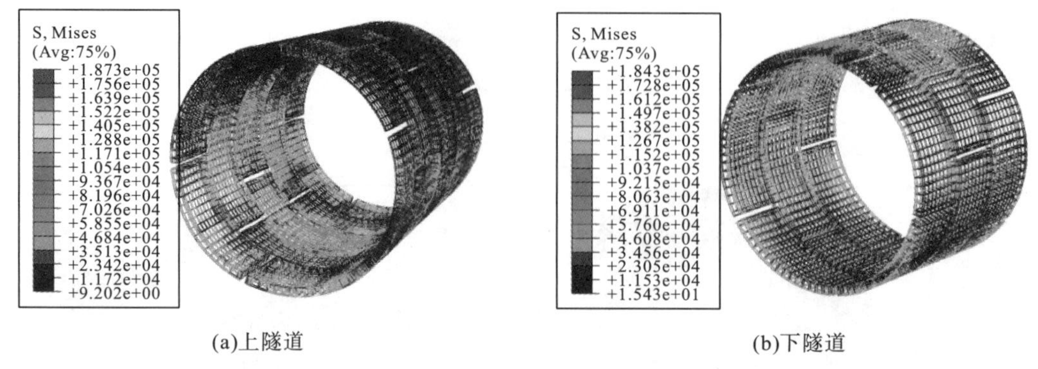

(a)上隧道　　(b)下隧道

图 7-12　4.47s 模型一管片环钢筋应力云图

选取 4.47s 时刻，提取模型一的上、下隧道中部管片环的环向螺栓中部点应力如表 7-4 所示。上隧道环向螺栓的应力主要集中在隧道下部，其中螺栓(4)应力最大，最大值为 2.142MPa，而拱顶附近的螺栓(2)应力最小；下隧道环向螺栓的应力分布明显小于上隧道，下隧道环向螺栓的应力主要集中在隧道拱顶和拱底，最大应力分布在中部环封顶块周围的螺栓(2)处，最大值为 0.261MPa，而拱腰附近螺栓应力最小；螺栓的应力最大值远大于衬砌结构。

表 7-4　隧道中部环向螺栓应力

上隧道中部环/Pa	(1)	(2)	(3)
	727 787	91 761	990 839
	(4)	(5)	(6)
	2 142 292	1 226 534	326 815
下隧道中部环/Pa	(1)	(2)	(3)
	137 637	260 843	50 647
	(4)	(5)	(6)
	184 005	148 888	87 110

提取模型一的上、下隧道中部管片环的纵向螺栓中部点应力如表 7-5 所示。上隧道纵向螺栓的应力主要集中在隧道下部，最大值为(5)号螺栓 2.477MPa，而拱顶附近螺栓(2)应力最小；下隧道纵向螺栓的应力分布明显小于上隧道，下隧道纵向螺栓的应力主要集中在隧道拱顶和拱腰，最大应力分布在拱腰螺栓(3)处，最大值为 0.601MPa，而底部螺栓应力最小；螺栓的应力最大值同样明显大于上隧道的衬砌结构。

表 7-5　隧道中部纵向螺栓应力

上隧道中部环/Pa	(1)	(2)	(3)
	278 738	268 058	422 242
	(4)	(5)	
	1 760 852	2 476 614	
下隧道中部环/Pa	(1)	(2)	(3)
	165 700	582 291	601 443
	(4)	(5)	
	307 497	78 046	

图 7-13(彩图见附录)为 4.47s 时刻时上隧道仰拱结构的应力云图，由图可知仰拱总体应力分布大于上隧道结构，应力主要集中在扣件附近，最大值为 0.068MPa。

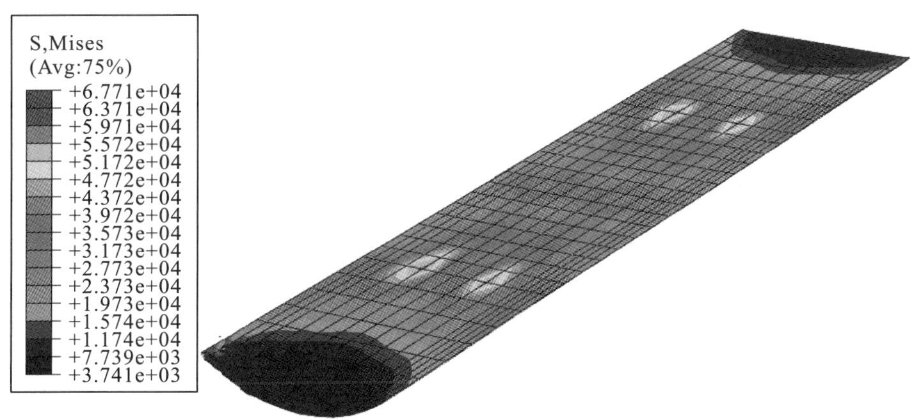

图 7-13　4.47s 模型一上隧道仰拱应力云图

提取上隧道中间环上部分监测点的动态应变和动态应力时程曲线，如图 7-14 所示。对拱底 4-5 点，如图 7-14(a)、(b)所示，动态应变和应力时程曲线均表现出明显的周期性，动态应变主要为负值，最小值为-3.85×10^{-7}，动态应力的最大值为 28.17kPa。在拱腰 3-5 点，如图 7-14(c)、(d)所示，应变和应力时程曲线的周期性变得不明显，应变出现明显的正负值波动，且正值的幅值略大于负值幅值，此处的幅值较拱底处略有降低，为 3.62×10^{-7}，动态应力较拱底显著降低，最大值为 14.08kPa，降低了 50.01%。对拱顶 2-5 点，如图 7-14(e)、(f)所示，应变和应力时程曲线的周期性较 3-5 处变得更为不明显，应变在正负值波动，且正值的幅值大于负值幅值，此处的幅值较拱底、拱腰处明显降低，幅值为 7.12×10^{-8}，动态应力较 3-5 有所降低，最大值为 10.76kPa，降低了 23.58%。总体说来，上隧道动态应变幅值从拱底到拱顶沿隧道环向逐步减小，离拱底越远，减小越快，且由以负应变为主变为以正应变为主；动态应力幅值从拱底到拱顶沿隧道环向逐渐减小，离拱底越远，减小越慢。

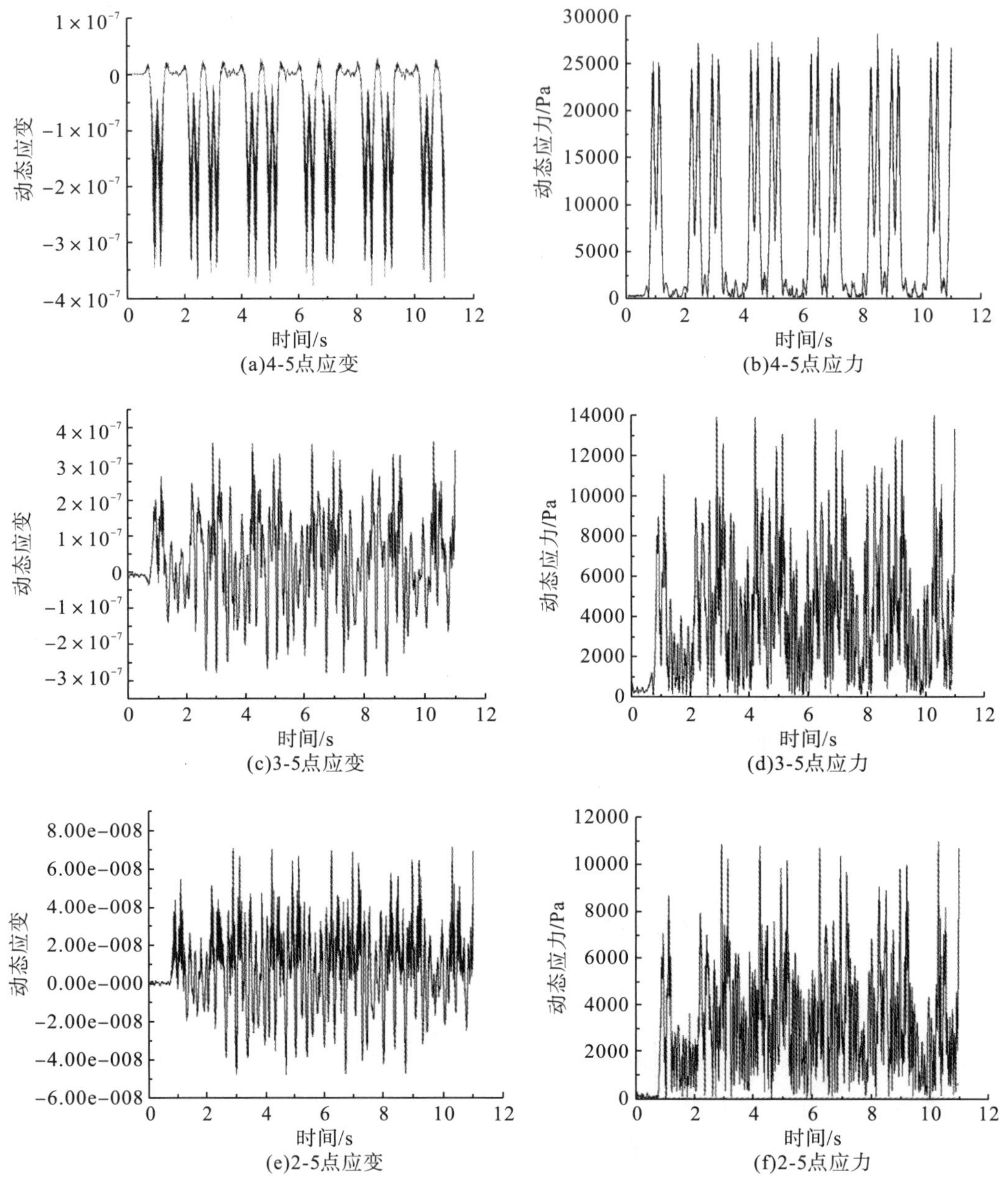

图 7-14 模型一上隧道部分监测点应力-应变时程曲线

提取下部隧道中间环上部分监测点的动态应变和动态应力时程曲线，结果如图 7-15 所示。对拱顶监测点 6-2，如图 7-15(a)、(b)所示，应变和应力时程曲线均表现出明显的周期性，动态应变主要为负值，最小值为-1.10×10^{-7}，动态应力的最大值为 9.06kPa，下部隧道的应力和应变值较上部隧道都出现了明显的衰减。在拱腰监测点 7-2，如图 7-15(c)、(d)所示，动态应变和应力的时程曲线的周期性也较为明显，动态应变主要为负值，其最小值为-6.56×10^{-7}，动态应力的最大值为 22.75kPa，说明下部隧道内表面拱腰处受力较大。对拱底 8-2 点，如图 7-15(e)、(f)所示，应变和应力时程曲线的周期性不明显，应变随着时间变化在正负值波动，但仍主要为负值，此处的幅值较拱底、拱腰处明显降低，幅值为 4.23×10^{-8}，动态应力最大值为 5.79kPa。总体说来，下隧道内表面的动态应变和应力幅值在拱腰处最大，拱顶次之，拱底最小。

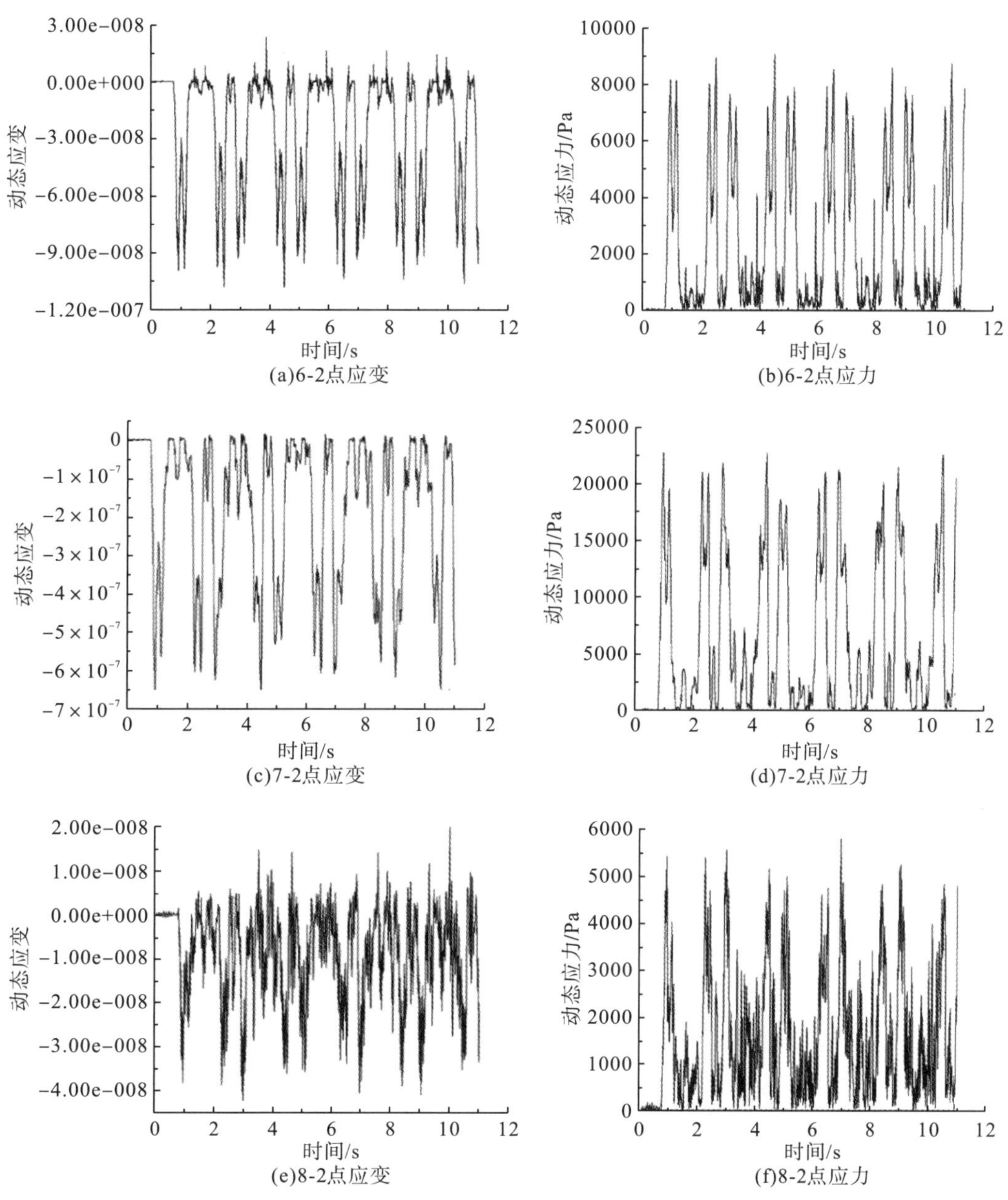

图 7-15 模型一下隧道部分监测点应力-应变时程曲线

2. 模型二

对模型二，选取 4.25s、4.34s、4.47s 三个时刻，提取模型二的上、下隧道中部管片环衬砌应力云图如图 7-16(彩图见附录)所示。由图可知，模型二的应力分布总体同模型一类似，上隧道整体应力值大于下隧道，但应力的最值小于模型一，应力在上隧道下部和下隧道上部集中的现象有所减小，例如在 4.47s 时刻时，上隧道动态应力的最大值为 0.031MPa，下隧道应力最大值为 0.027MPa，小于模型一的上、下隧道最大值 0.048MPa 和 0.033MPa。

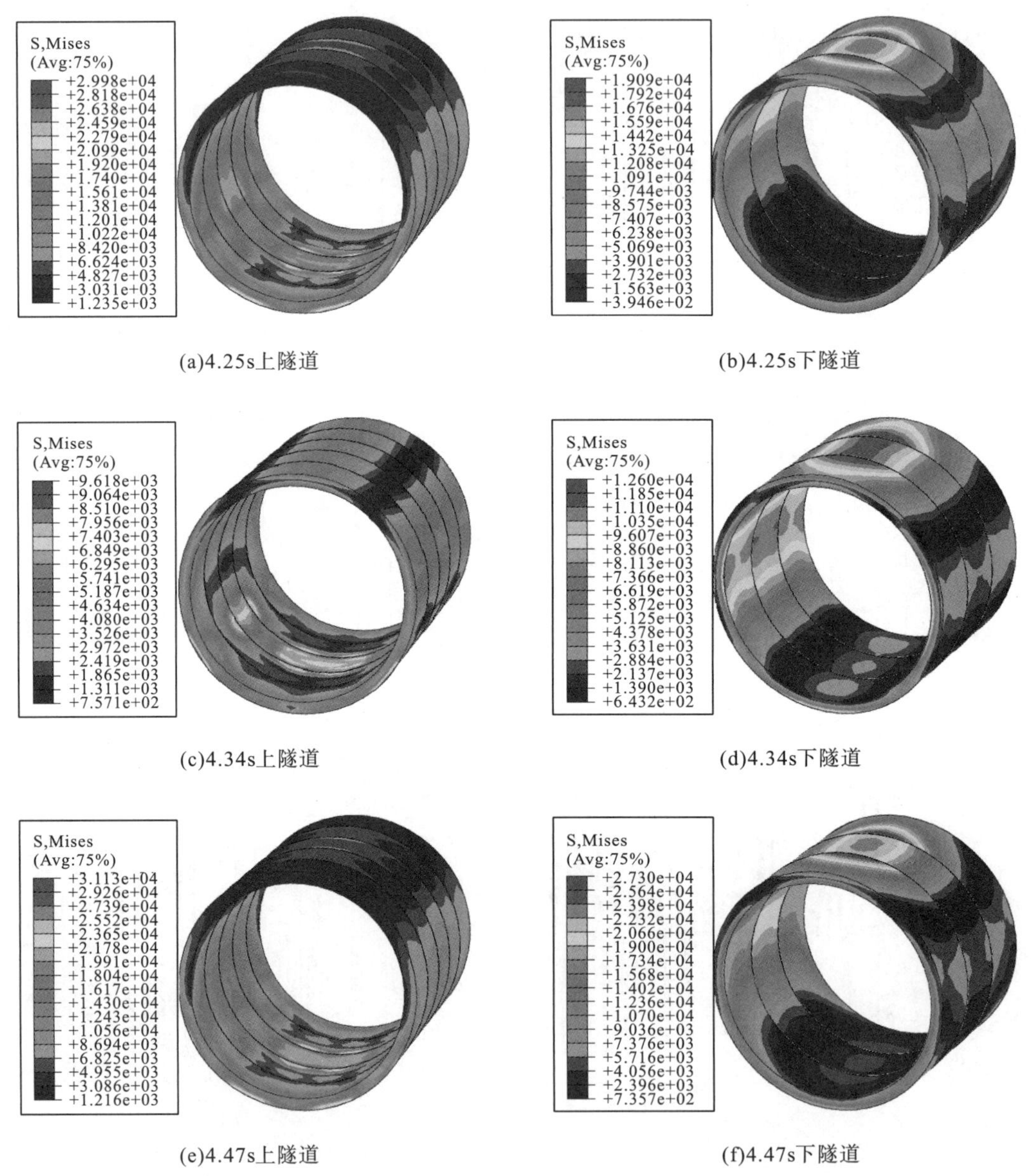

(a)4.25s上隧道 (b)4.25s下隧道

(c)4.34s上隧道 (d)4.34s下隧道

(e)4.47s上隧道 (f)4.47s下隧道

图 7-16 模型二管片环衬砌应力云图

选取 4.47s 时刻，提取模型二的上、下隧道中部管片环的纵向螺栓中部点应力如表 7-6 所示。上隧道纵向螺栓的应力主要集中在隧道下部，最大值为(5)号螺栓 1.607MPa，而拱顶螺栓(1)应力最小；下隧道纵向螺栓的应力分布明显小于上隧道，下隧道纵向螺栓的应力主要集中在隧道拱顶和拱腰，最大应力分布在拱顶附近螺栓(2)处，最大值为0.644MPa，而底部螺栓应力最小；螺栓的应力最大值同样明显大于上隧道的衬砌结构。模型二较模型一的螺栓应力分布有所变化，且纵向螺栓应力最大值明显小于模型一的最大值 2.477MPa。

表 7-6　隧道中部纵向螺栓应力

上隧道中部环/Pa	(1)	(2)	(3)
	37 044	446 684	966 984
	(4)	(5)	
	1 582 842	1 607 310	
下隧道中部环/Pa	(1)	(2)	(3)
	425 768	644 494	446 922
	(4)	(5)	
	137 349	137 023	

3. 模型三

对模型三，选取 4.47s 时刻，提取模型三的上、下隧道中部管片环的应力云图如图 7-17(彩图见附录)所示。由图可知，模型三的应力分布总体同模型一、模型二类似，上隧道整体应力值大于下隧道，但应力的最值小于模型一和模型二，应力在上隧道下部和下隧道上部集中的现象进一步减小，例如在 4.47s 时刻时，上隧道应力最大值为0.030MPa，下隧道应力最大值为 0.022MPa，小于模型二的上、下隧道最大值 0.031MPa和 0.027MPa，但是下降程度较小。

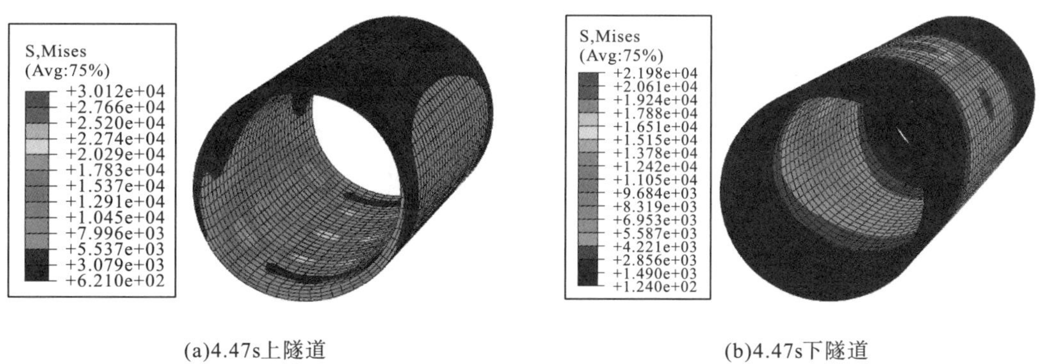

(a)4.47s上隧道　　(b)4.47s下隧道

图 7-17　模型三隧道衬砌应力云图

7.2.2 模型与试验

将本章模型一的计算结果同第 4 章 1、2、3 号激振器同时工作施加 21.6kN、40km/h 的列车振动扣件荷载时的试验加速度测试结果进行对比。上隧道各监测点位置的加速度时程曲线如图 7-18(彩图见附录)所示。可以看出，各监测点处的试验测试结果同数值模拟结果总体符合度较高。

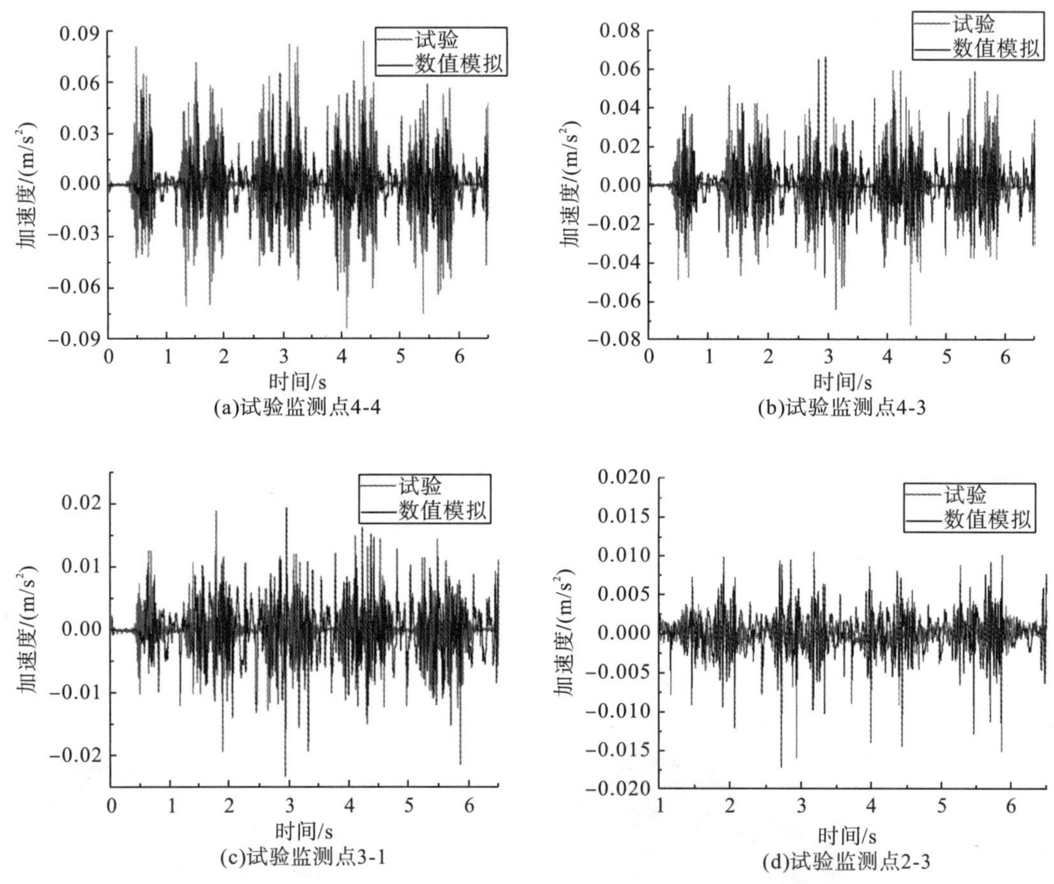

图 7-18 上隧道加速度数值模拟同试验对比

对比下隧道试验和数值模拟的加速度时程，各监测点位置的加速度时程曲线对比如图 7-19(彩图见附录)所示。可以看出，各监测点处的试验测试结果同模型一的数值模拟结果总体符合度也较高。综合上、下隧道结果，可以发现试验和数值模拟相互印证，说明试验和数值模拟的结果均具有较高的可靠度。

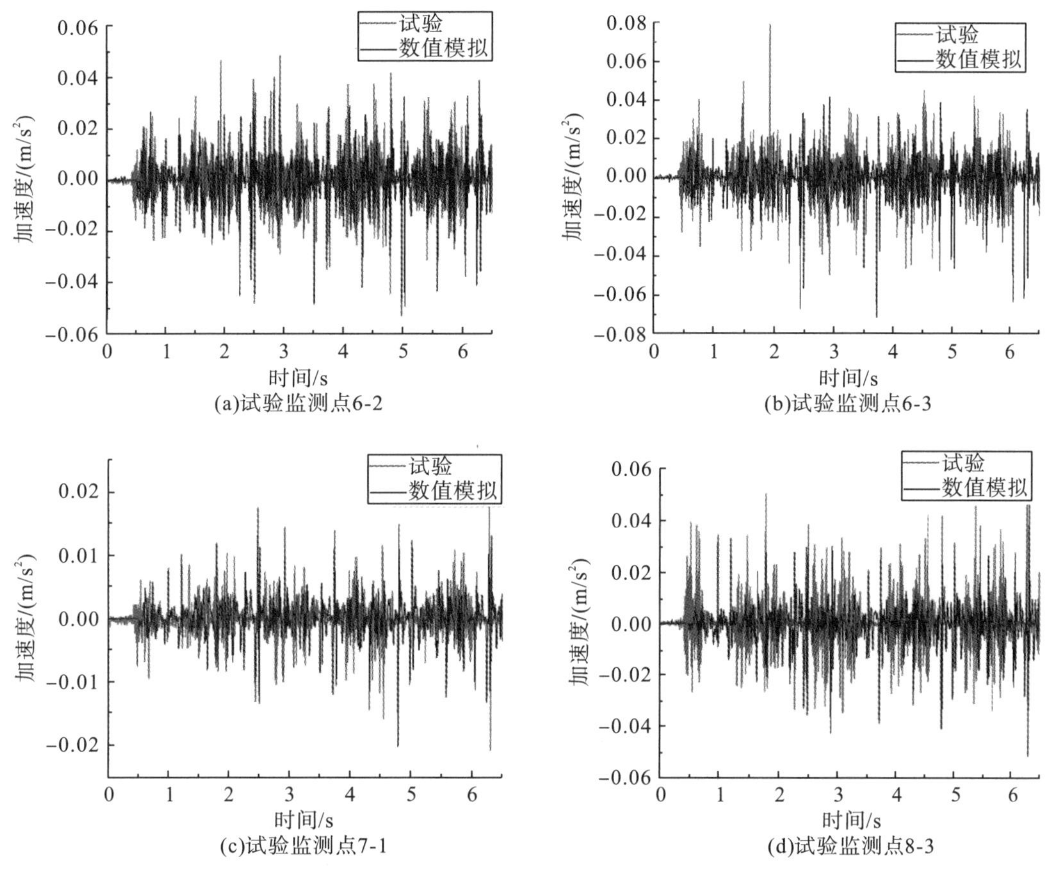

图 7-19　上隧道加速度数值模拟同试验对比

7.3　接头对交叉盾构隧道动力响应的影响

如前文所述，模型二保留了管片环的环向接头和环向接头螺栓，去掉纵向接头及其螺栓；模型三在模型二的基础上，进一步去掉环向接头及其螺栓构造。通过模型一和模型二的对比可以研究分析纵向接头在振动响应中对空间交叉盾构隧道结构动力响应特性的影响，通过模型二和模型三的对比可以研究分析环向接头的存在对结构的动力响应特性的影响。

7.3.1　纵向接头影响

对比模型一(有纵向接头)和模型二(无纵向接头)，分析纵向接头对结构振动响应的影响。图 7-20 为上隧道各监测点在有、无纵向接头时的数值模拟模型的加速度、动态应变和动态应力幅值提取结果。如图 7-20(a)所示，通过模型一和模型二的对比可以发现，上隧道纵向接头的存在总体上对加速度幅值起到了降低作用，其中拱腰处的加速度降低最为明显，最大为 3-4 点下降了 9.6%，在拱顶处的下降不明显。如图 7-20(b)所示，两模型在上隧道各监测点的动态应变值基本相等，说明上隧道纵向接头的存在对动态应变的影响很小。如图 7-20(c)所示，在上隧道拱底，模型一的动态应力幅值显著大于模型二的幅值，最大为拱底 4-5 点增加了 26.5%，而在拱腰和拱底处，模型一的动态应力幅值小于模型二，最大为 3-4 点下降了 41.3%，说明隧道纵向接头的存在加强了上隧道拱底处的应力集中，使得拱底部分的应力增大，而同时也削弱了动态应力沿隧道环向的传递，使得拱腰和拱顶处的应力显著减小。

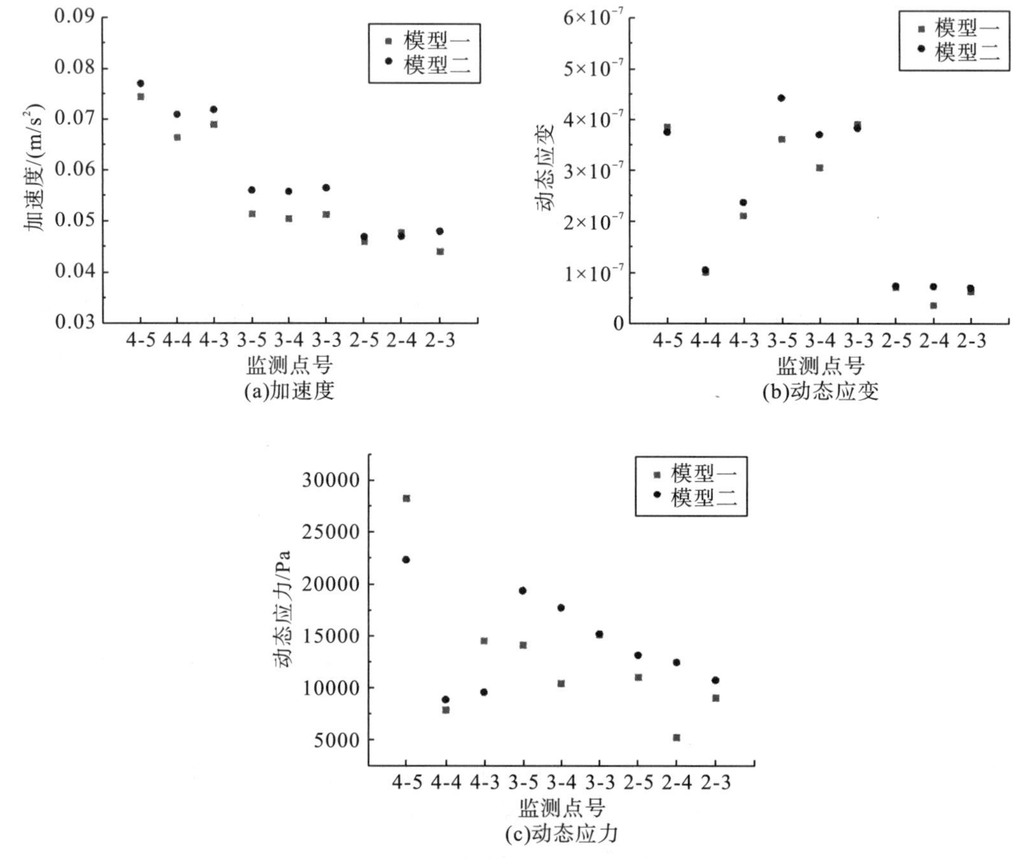

图 7-20 上隧道模型一与模型二对比

图 7-21 为下隧道各监测点在有、无纵向接头时的各个数值模拟模型的加速度、动态应变和动态应力幅值提取结果。如图 7-21(a)所示，下隧道模型一的加速度总体大于模型二，说明隧道纵向接头的存在使得从上隧道传递到下隧道的动力响应增大，其中两模型在拱顶、拱底处的加速度差距较大，最大为监测点 6-2 处，模型一比模型二大 13.9%，但在拱腰处的差距不明显。如图 7-21(b)所示，两模型在下隧道各监测点的动态应变值基本相等，说明隧道纵向接头的存在对下隧道动态应变的影响很小。如图 7-21(c)所示，在下隧道拱顶处，模型一的动态应力幅值显著大于模型二的应力幅值，最大为拱顶 6-1 点增加了 42.4%，拱腰处两者差距不大，但在拱底处模型一的动态应力幅值略小于模型二，最大

为拱底 8-1 点下降了 31.8%，说明隧道纵向接头的存在加强了下隧道拱顶处的应力集中，使得拱顶部分的应力增大，而同时也削弱了动态应力沿环向的传递，使得拱底处的应力减小。

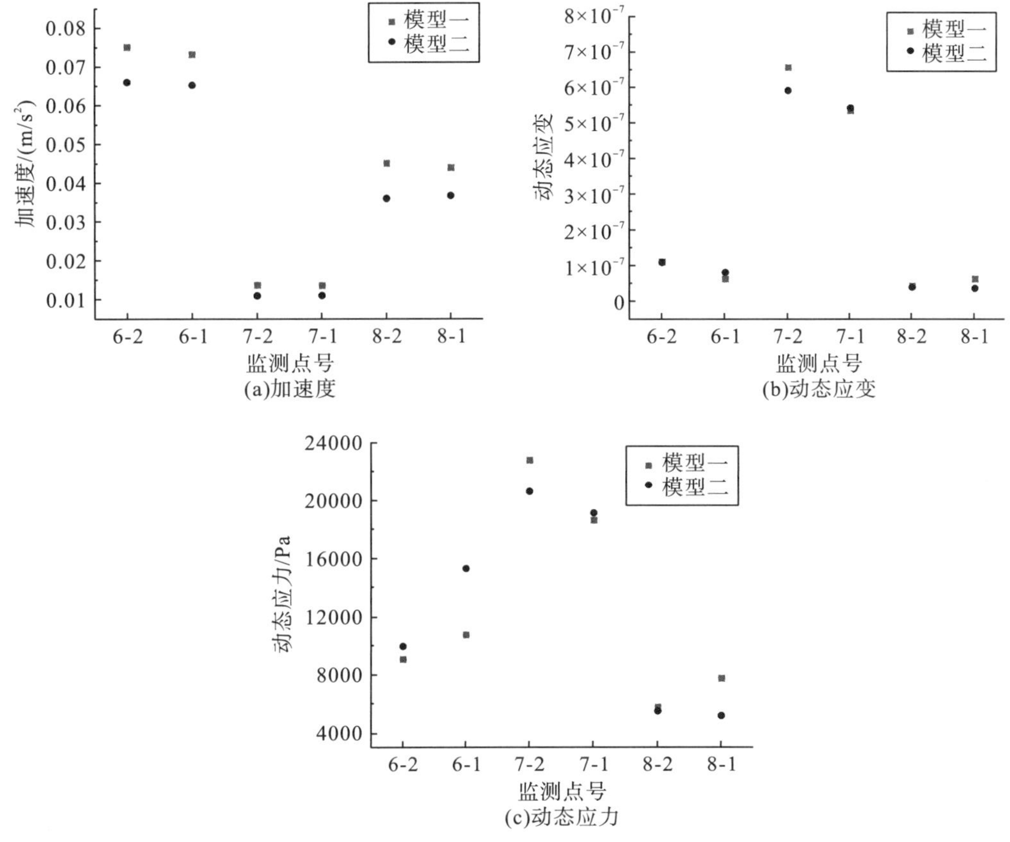

图 7-21　下隧道模型一与模型二对比

以上说明空间交叉盾构隧道纵向接头的存在对结构的振动响应有明显作用，纵向接头对上隧道的加速度有减小作用，而对下隧道的加速度有增强作用；纵向接头加强了应力在上隧道拱底和下隧道拱顶处的应力集中，同时减小了动态应力在隧道其他区域的分布；纵向接头对盾构隧道动态应变的影响不显著。

7.3.2　环向接头影响

对比模型二(有环向接头)和模型三(无环向接头)，分析环向接头对结构动力响应的影响。图 7-22 为上隧道各监测点在有、无环向接头时的数值模拟模型的加速度、动态应变和动态应力幅值提取结果。如图 7-22(a)所示，在上隧道拱底处模型三的加速度显著大于模型二的加速度，最大为拱底 4-5 点增加了 21.6%，但在拱腰处模型三较模型二略有减小，在拱顶处两模型的加速度值基本相同，说明环向接头的存在对上隧道拱底的加速度有较明显的减小作用，但对上隧道其他区域影响不明显。如图 7-22(b)所示，模型三上隧道的动态应变在拱底、拱腰处明显大于模型二，最大为拱底 4-3 点增加了 88.6%，在拱顶处略大于模型二，但增大不明显，说明环向接头的存在较大程度减小了上隧道的动态应变。如图 7-22(c)所示，两模型在上隧道各监测点的动态应力值基本相等，说明上隧道环向接头的存在对其动态应力的影响很小。

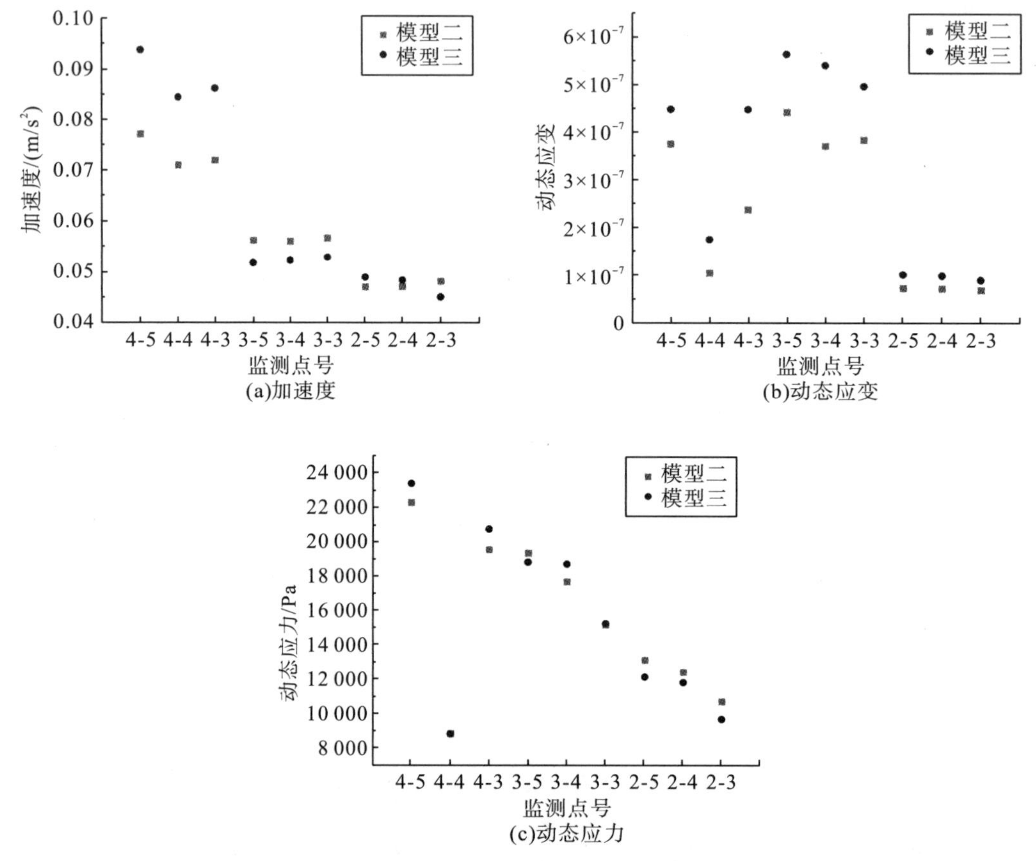

图 7-22　上隧道模型二与模型三对比

图 7-23 为下隧道各监测点在有、无环向接头时的数值模拟模型的加速度、动态应变和动态应力时程曲线幅值提取结果。如图 7-23(a)所示，下隧道模型二的加速度时程总体大于模型三，说明隧道纵向接头的存在使得从上隧道传递到下隧道的动力响应增大，其中两模型在拱顶、拱底处的加速度差距较大，最大为监测点 8-1 处，模型二比模型三大 87.4%，但在拱腰处两模型的加速度值基本相等。如图 7-23(b)所示，两模型在下隧道各监测点的动态应变值基本相等，说明隧道纵向接头的存在对下部隧道动态应变的影响很小。如图 7-23(c)所示，在下隧道拱顶和拱腰位置，模型二的动态应力幅值显著大于模型三的幅值，最大为拱腰 7-2 点增加了 54.4%，拱底处模型二的动态应力幅值小于模型三，最大为拱底 8-1 下降了 44.8%，说明隧道环向接头的存在加强了下隧道拱顶处的应力集中，

使得拱顶部分的应力增大，而同时也削弱了动态应力在下隧道的传递，使得拱底处的应力减小。

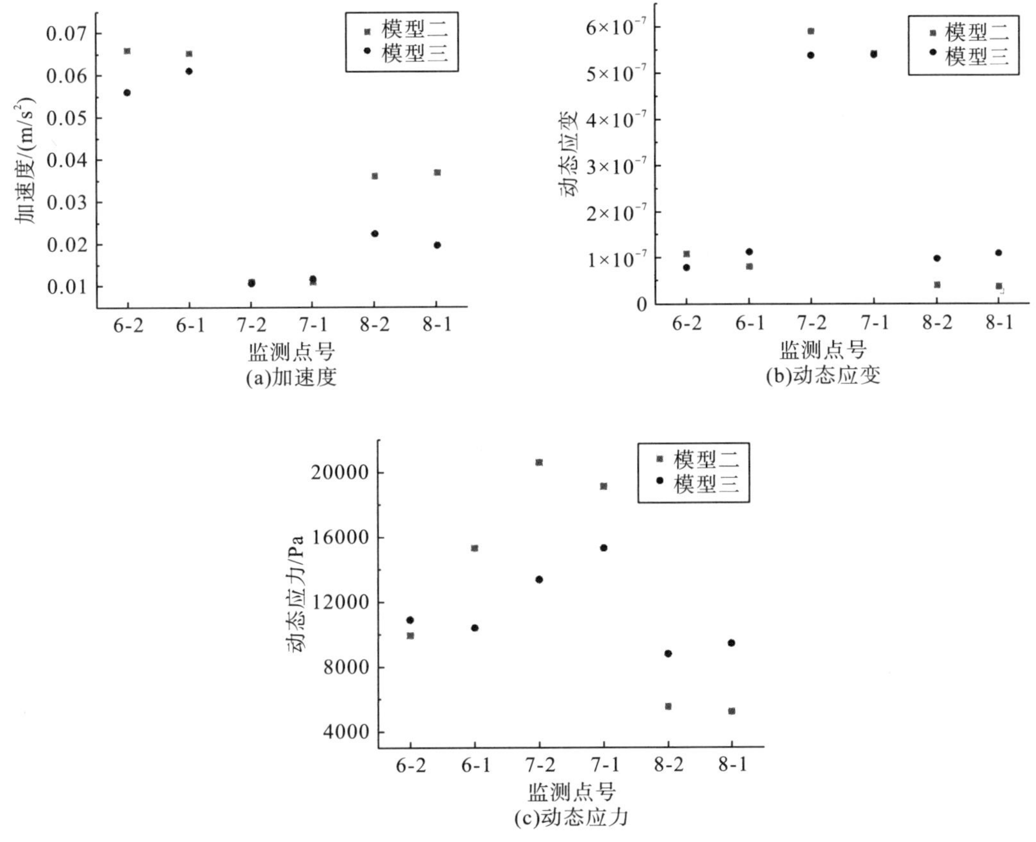

图 7-23　下隧道模型二与模型三对比

以上说明空间交叉盾构隧道的环向接头的存在对结构的振动响应有明显作用，环向接头对上隧道拱底的加速度有较明显的减小作用，而对下隧道的加速度有增强作用；环向接头的存在较大程度上减小了上隧道的动态应变，但对下隧道动态应变的影响不太显著；环向接头加强了应力在下隧道拱顶和拱腰处的应力集中，但对上隧道动态应力的影响不显著。

7.4　本 章 小 结

本章利用有限元软件 ABAQUS，通过采用考虑钢筋、环向和纵向接头以及错缝拼装的精细化数值建模，基于扣件结构相关理论，考虑地铁列车空间位置变化和荷载时程变化，在隧道仰拱上施加相应时速下的扣件力，模拟了地铁列车在空间交叉隧道结构中行驶的过程；并将结果同试验结果、对照数值模型进行对比，主要得到以下结论：

(1) 地铁运营阶段，对空间交叉盾构隧道施加列车动载，产生的动态应力主要集中在有列车行驶的上部隧道仰拱及拱底等位置，下隧道的振动响应总体小于上隧道，且主要集中在同上隧道空间交叉的中部拱顶。

(2) 对上隧道拱底，动态应变和应力时程随列车荷载变化均表现出明显的周期性，应变主要为负值；在拱腰部位，应变和应力时程不再具有明显的周期性，动态应变时程幅值较拱底处略有降低，在正负值波动，且正值的幅值略大于负值幅值，应力幅值较拱底显著降低；对拱顶部位，应变和应力时程较拱腰更不具备周期性，应变时程在正负值波动，且正值幅值明显大于负值幅值，此处的应力、应变幅值较拱底、拱腰处有明显降低。总体说来，上隧道动态应变幅值从拱底到拱顶沿隧道环向逐步减小，离拱底越远，减小越快，且由以负应变为主变为以正应变为主；动态应力幅值从拱底到拱顶沿隧道环向逐渐减小，离拱底越远，减小越慢。

(3) 下隧道的应力和应变值较上隧道总体上明显减小，对下隧道拱顶，应变和应力时程周期性明显，动态应变主要为负值；在拱腰部位，动态应变和应力的时程曲线的周期性也较为明显，动态应变主要为负值。对拱底，动态应变和应力时程曲线的周期性不明显，应变出现正负值波动，但仍以负值为主，此处的幅值较下隧道拱底、拱腰处有显著降低。总体说来，下隧道内表面的动态应变和应力幅值在拱腰处最大，拱顶次之，拱底最小。

(4) 空间交叉盾构隧道的纵向接头对结构的振动响应有着明显影响，纵向接头对上隧道的加速度有减小作用，而对下隧道的加速度有增强作用；纵向接头加强了应力在上隧道拱底和下隧道拱顶的应力集中，同时减小了动态应力在隧道其他区域的分布；纵向接头对盾构隧道动态应变的影响不显著。

(5) 空间交叉盾构隧道的环向接头的存在对结构的振动响应有明显作用，环向接头对上隧道拱底的加速度有较明显的减小作用，而对下隧道的加速度有增强作用；环向接头的存在较大程度减小了上隧道的动态应变，但对下隧道动态应变的影响不显著；环向接头加强了应力在下隧道拱顶和拱腰的应力集中，但是对上隧道动态应力的影响不显著。

第 8 章　基于无机盐侵蚀作用的交叉盾构隧道动力响应

本章首先阐述硫酸盐腐蚀混凝土的机理，通过对硫酸盐加速试验研究得到的数据进行拟合，采用规范中所规定的混凝土破坏准则从而得到混凝土硫酸盐抗腐蚀的寿命预测模型，并分析在混凝土被硫酸盐腐蚀后，列车荷载作用下交叉盾构隧道衬砌结构的应力、竖向加速度、竖向速度及竖向位移等动力响应特征以及其变化规律。本章还介绍氯离子侵蚀下的钢筋混凝土结构承载能力退化模型。在第 7 章建立的两条空间垂直交叉盾构隧道模型的基础上，进一步考虑在氯盐侵蚀作用下结构的承载能力变化，分别在不同钢筋锈蚀程度下模拟地铁列车在空间交叉盾构隧道结构中的行驶过程，分析和对比交叉盾构隧道动力响应的变化情况。

8.1　硫酸盐腐蚀作用

8.1.1　硫酸盐腐蚀分析理论

8.1.1.1　硫酸盐腐蚀混凝土机理

混凝土被腐蚀的种类很多，分类的划分标准也不同，按照混凝土被侵蚀的介质划分可以分为两类。一种是无机物侵蚀，包括强酸、强碱、盐与混凝土组成成分发生化学反应，从而生成其他物质，改变混凝土结构和性能所引起的混凝土腐蚀。另一种是有机物和微生物侵蚀，即在某些环境下，微生物分解有机物产生有机酸、CO_2 或者 H_2S 等腐蚀性物质，从而使得混凝土被腐蚀。而根据现阶段所得到的研究成果显示，硫酸盐对混凝土的腐蚀主要是物理腐蚀和化学腐蚀。

1. 硫酸盐的物理腐蚀

物理腐蚀也称为硫酸盐的结晶腐蚀，主要是由于硫酸盐溶液渗入到混凝土空隙，接着水分蒸发结晶，从而产生结晶压力使得混凝土结构发生破坏。并且根据工程经验发现，混凝土结构因盐类结晶而被破坏的情况很多，并且所产生的破坏速度快，强度大。

2. 硫酸盐的化学腐蚀

水泥中硫酸镁腐蚀是一种酸性硫酸盐腐蚀，腐蚀反应所生成的产物包括石膏、水镁石和硅酸镁凝胶(M-S-H)，这种化学反应腐蚀是潜在并且连续的。并且由于 Mg^{2+}与水化

水泥产物 $Ca(OH)_2$ 反应产生 $Mg(OH)_2$，$Mg(OH)_2$ 的溶解度低并且可能会与硅胶体进一步反应，因此 Mg^{2+} 会加速混凝土被腐蚀破坏。

3. 硫酸盐的物理化学腐蚀

硫酸盐腐蚀混凝土是一个非常复杂的物理化学反应过程。当硫酸盐中的 SO_4^{2-} 侵入混凝土后，会在混凝土中发生化学反应，产生具有膨胀性的物质，从而出现膨胀力。当混凝土的抗拉强度低于所出现的膨胀力时，混凝土产生裂缝，使得其强度严重下降，从而导致混凝土发生破坏。根据发生物理化学反应后的结晶产物和破坏形式类型可以分为两类：钙矾石膨胀破坏和石膏膨胀破坏。

8.1.1.2 硫酸盐腐蚀混凝土破坏标准

根据国内外文献研究，目前对混凝土耐腐蚀评价方面有几种指标：

(1) 动态弹性模量的抗腐蚀系数：

$$K_E = \frac{E_t}{E_0} \tag{8-1}$$

其中，E_t 为被腐蚀 t 时间后混凝土的动态弹性模量；E_0 为未被腐蚀的混凝土的动态弹性模量。

当混凝土被腐蚀到其动态弹性模量抗腐蚀系数 $K_E \leqslant 60\%$ 时，混凝土被破坏。

(2) 质量抗腐蚀系数：

$$K_M = \frac{M_t}{M_0} \tag{8-2}$$

其中，M_t 为被腐蚀 t 时间后混凝土的质量；M_0 为未被腐蚀的混凝土的质量。

当混凝土被腐蚀到其质量抗腐蚀系数 $K_M \leqslant 95\%$ 时，混凝土被破坏。

(3) 抗折强度抗腐蚀系数：

$$K_{Ft} = \frac{F_{tt}}{F_{t0}} \tag{8-3}$$

其中，F_{tt} 为被腐蚀 t 时间后混凝土的抗折强度；F_{t0} 为未被腐蚀的混凝土的抗折强度。

当混凝土被腐蚀到其抗折强度抗腐蚀系数 $K_{Ft} \leqslant 75\%$ 时，混凝土被破坏。

(4) 抗压强度抗腐蚀系数：

$$K_{Fc} = \frac{F_{ct}}{F_{c0}} \tag{8-4}$$

其中，F_{ct} 为被腐蚀 t 时间后混凝土的抗压强度；F_{c0} 为未被腐蚀的混凝土的抗压强度。

当混凝土被腐蚀到其抗压强度抗腐蚀系数 $K_{Fc} \leqslant 75\%$ 时，混凝土被破坏。

8.1.1.3 硫酸盐腐蚀耐久性寿命模型

硫酸盐腐蚀对混凝土结构耐久性的影响是一个长期以来备受研究的问题，其采用的方法一般分为两种：一种是根据工程经验以及室内试验结果，通过硫酸盐腐蚀的某个耐久性指标比如抗折强度或者抗压强度来进行研究，假定硫酸盐腐蚀情况下，混凝土的强度随时间的衰弱程度符合指数分布的规律；并且混凝土被硫酸盐腐蚀是结构本身劣化破坏所引起的，因而满足自然衰减的规律，近似符合牛顿物质冷却定律，即若假设混凝土随硫酸盐侵蚀的劣化速率为 $\frac{\mathrm{d}R_t}{\mathrm{d}t}$，则有

$$\frac{\mathrm{d}R_t}{\mathrm{d}t}=-\lambda(R_t-R_0) \tag{8-5}$$

转化可以得到：

$$\frac{\mathrm{d}R_t}{R_0}=-\lambda\left(\frac{R_t}{R_0}-1\right)\mathrm{d}t \tag{8-6}$$

积分后可以得到：

$$\frac{R_t}{R_0}=a\mathrm{e}^{-\lambda t} \tag{8-7}$$

其中，R_0 为初始抗折强度；R_t 表示 t 时刻的抗折强度；a 为影响混凝土侵蚀因素的影响系数；λ 为衰减系数。

杜应吉等[103]学者根据经验采用水灰比为 0.38 的混凝土的试验结果为准，将加速试验 120 天后试验的抗折强度看作 R_0，并取衰减系数 λ 为 0.002，$a=K_wK_cK_F$，其中 K_w 为混凝土水胶比的影响，K_c 为硫酸根浓度的影响，K_F 为粉煤灰掺量的影响。

因此混凝土抗硫酸盐腐蚀的寿命预测方程为

$$\frac{R_t}{R_0}=K_wK_cK_F\mathrm{e}^{-0.002t} \tag{8-8}$$

由于我国隧道结构设计规范中，隧道的设计寿命为 100 年，因此衬砌混凝土的抗侵蚀寿命应确保在 100 年以上。而混凝土抗压强度腐蚀系数为 0.75，即当 $R_t/R_0=0.75$ 时，混凝土被腐蚀破坏。因此王海彦等[104]采用水灰比为 0.38 和使用标准养护方式的混凝土，当没有硫酸盐等物质影响时取 $a=1$，此时 $\frac{R_t}{R_0}=\mathrm{e}^{-\lambda t}=0.75$，令 $t=100$ 年，则有 $\lambda=\frac{\ln 0.75}{t}\approx 0.003$。

因此得到混凝土抗硫酸盐腐蚀的寿命预测方程为

$$\frac{R_t}{R_0}=a\mathrm{e}^{-0.003t} \tag{8-9}$$

考虑各种主要影响因素时其寿命预测函数为

$$\frac{R_t}{R_0}=K_wK_cK_FK_MK_SK_Y\mathrm{e}^{-0.003t} \tag{8-10}$$

其中，K_w 代表水胶比的影响系数；K_c 代表硫酸盐浓度的影响系数；K_F 代表粉煤灰掺量的影响系数；K_M 代表矿粉掺量的影响系数；K_S 代表硅灰掺量的影响系数；K_Y 代表养护

方式的影响系数。

另一种是根据硫酸盐加速试验，直接采用统计回归的方法分析拟合试验数据，从而得到混凝土强度的平均值和标准差的近似曲线，得到硫酸盐侵蚀下混凝土抗压强度的近似变化模型函数。袁晓露等[66]通过室内试验中多组数据分析，得到了混凝土抗压强度平均值和标准差的近似曲线函数：

$$f_{cm}(t)=0.97736+0.00294t+1.95192\mathrm{e}^{-5}t^2 \tag{8-11}$$

$$\mu(t)=1.61762\mathrm{e}^{\frac{t}{56.4907}}-4.20605 \tag{8-12}$$

式中，$f_{cm}(t)$ 与 $\mu(t)$ 分别代表 t 时间后混凝土的抗压强度平均值和标准差。从混凝土抗压强度平均值可以看出，其函数曲线呈现二次多项式规律。

余红发[105]通过分析大量的试验数据后得到了混凝土的劣化失效模型，包括单段劣化模型和双段劣化模型：

单段劣化模型：

$$E_r=1+bN+\frac{1}{2}cN^2 \tag{8-13}$$

双段劣化模型：

$$\begin{cases}E_r=1+aN, & 0\leqslant t\leqslant\dfrac{a-b}{c}\\ E_r=1+\dfrac{(b-a)^2}{2c}+bN+\dfrac{1}{2}cN^2, & t\geqslant\dfrac{a-b}{c}\end{cases} \tag{8-14}$$

式中，$E_r=\dfrac{E_t}{E_0}$；t 为混凝土被腐蚀的时间；a 为混凝土劣化初速度；b 为混凝土二次劣化初速度；c 为混凝土的劣化加速度；E_r 为混凝土的相对弹性模量；E_t 代表混凝土腐蚀后的弹性模量；E_0 为混凝土腐蚀前的弹性模量。

8.1.2 硫酸盐腐蚀的影响

硫酸盐腐蚀是研究混凝土耐久性的重要内容之一，其研究的方法主要是现场试验和室内加速试验。在硫酸盐腐蚀混凝土加速试验过程中，混凝土的强度会随着腐蚀过程的进行逐渐发生变化，剩余抗压强度系数为 K_{Fc}，计算公式见(8-4)。

本章依据文献[67]中通过加速试验得到的混凝土受硫酸盐腐蚀情况下剩余抗压强度系数得到了表 8-1，从而计算出 C50 混凝土的抗压强度在硫酸盐腐蚀过程中随时间的变化曲线。

表 8-1 硫酸盐腐蚀过程中混凝土抗压强度变化表

时间/d	0	15	30	45	60	75	90	105	120	135	150	165	180
K_{Fc}	1	1.04	1.10	1.04	0.99	0.97	0.95	0.91	0.83	0.79	0.68	0.57	0.46
f_c/MPa	50	52	54.8	52	49.5	48.5	47.5	45.5	41.5	39.5	34	28.5	23

从表 8-1 可以看出，混凝土的抗压强度变化出现两个阶段，第一个阶段为上升阶段，即抗压强度增大阶段，这是由于在硫酸盐腐蚀的前期，硫酸盐腐蚀混凝土所产生的少量石膏和钙矾石等物质填充到了混凝土的空隙中，使得混凝土结构更加密实，从而增大了混凝土的强度；第二个阶段是下降阶段，即抗压强度减小阶段，这是由于腐蚀的不断进行，混凝土生成的石膏和钙矾石等物质过多使得混凝土内部产生结晶压力，从而破坏混凝土结构导致其强度不断下降。

根据文献研究[106]可知边长为 20cm 的标准立方体的抗压强度 R_{20} 与边长为 15cm 的混凝土立方体的抗压强度 R_{15} 之间的换算关系为

$$R_{20} = R_{15} + 2 \tag{8-15}$$

其中，R_{15} 又称为标准混凝土立方体抗压强度标准值 f_{cuk}（试验尺寸为 $15\text{cm} \times 15\text{cm} \times 15\text{cm}$）。再根据文献[77]所给出的混凝土极限抗压强度和极限抗拉强度与抗压强度之间的关系公式：

$$R_{cm} = 0.70 R_{20} \tag{8-16}$$

$$R_{tm} = 0.048 \times \left(10 R_{20}\right)^{2/3} \tag{8-17}$$

式中，R_{cm} 代表极限抗压强度；R_{tm} 代表极限抗拉强度，从而得到了 C50 混凝土极限抗压强度以及极限抗拉强度随时间的变化关系(表 8-2)。

表 8-2 试验中混凝土腐蚀状态下物理参数变化表

时间/d	0	15	30	45	60	75	90	105	120	135	150	165	180
R_{cm} / MPa	36.4	37.8	39.8	37.8	36.1	35.4	34.7	33.3	30.5	29.1	25.2	21.4	17.5
R_{tm} / MPa	3.10	3.18	3.29	3.18	3.08	3.04	3.00	2.92	2.76	2.67	2.43	2.17	1.90

对于硫酸盐腐蚀情况下混凝土的弹性模量的变化趋势，则根据国内外相关文献综合考虑，采用杜健民等[107]通过大量试验数据得到的弹性模量与混凝土强度之间的关系：

$$K_{Fc} = 1.5029 K_E - 0.5176 \tag{8-18}$$

式中，$K_{Fc} = \dfrac{F_{ct}}{F_{c0}}$，$K_E = \dfrac{E_t}{E_0}$。其中 K_{Fc} 为抗压强度抗腐蚀系数，F_{ct} 为混凝土被腐蚀 t 时间后的抗压强度，F_{c0} 为混凝土在未被腐蚀情况下的抗压强度，K_E 为动态弹性模量的抗腐蚀系数，E_t 为混凝土被腐蚀 t 时间后的动态弹性模量，E_0 为混凝土未被腐蚀情况下的动态弹性模量。

根据公式(8-18)得到了混凝土弹性模量随硫酸盐腐蚀情况的变化规律，具体的变化情况如表 8-3 所示。

表 8-3 试验中混凝土腐蚀状态下弹性模量变化表

时间/d	0	15	30	45	60	75	90	105	120	135	150	165	180
K_E	1	1.05	1.13	1.05	0.97	0.94	0.91	0.85	0.73	0.67	0.50	0.34	0.17
E_t / GPa	34.5	36.1	39.2	36.1	33.5	32.4	31.4	29.3	25.2	23.1	17.4	11.7	5.99

由于加速试验是通过增加硫酸盐浓度和采用干湿循环增大结晶压力的方式进行，与实际工程中硫酸盐腐蚀混凝土的方式差异较大，因此与实际的腐蚀时间不同。根据文献[62]以及《普通混凝土长期性能和耐久性能试验方法标准》(GB/T 50082—2009)中规定混凝土的抗压强度 R_c 下降到 75%时，表明混凝土被破坏。目前我国隧道结构隧道年限按 100 年考虑，因此混凝土的寿命也必须达到 100 年的要求。按保守设计考虑，假设当混凝土的抗压强度在使用 100 年时刚好下降到 75%，从而可以得到表 8-4。

表 8-4 混凝土腐蚀状态下变化表

试验时间/d	0	15	30	45	60	75	90	105	120	135	150	165
实际时间/a	0	10.7	21.4	32.1	42.9	53.6	64.3	74.5	85.7	96.4	107.1	117.8
E_t / GPa	34.5	36.1	39.2	36.1	33.5	32.4	31.4	29.3	25.2	23.1	17.4	11.7
R_{cm} / MPa	36.4	37.8	39.8	37.8	36.1	35.4	34.7	33.3	30.5	29.1	25.2	21.4
R_{tm} / MPa	3.10	3.18	3.29	3.18	3.08	3.04	3.00	2.92	2.76	2.67	2.43	2.17

为了更好地分析在硫酸盐腐蚀情况下，混凝土的弹性模量、极限抗压强度和极限抗拉强度的变化规律，根据表 8-4 可以得到图 8-1。

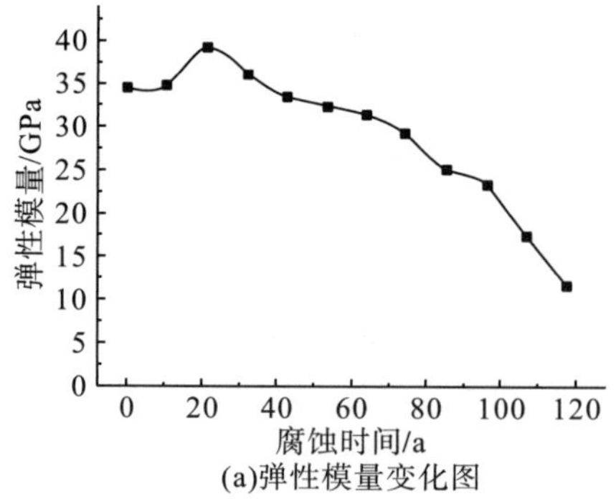

(a)弹性模量变化图

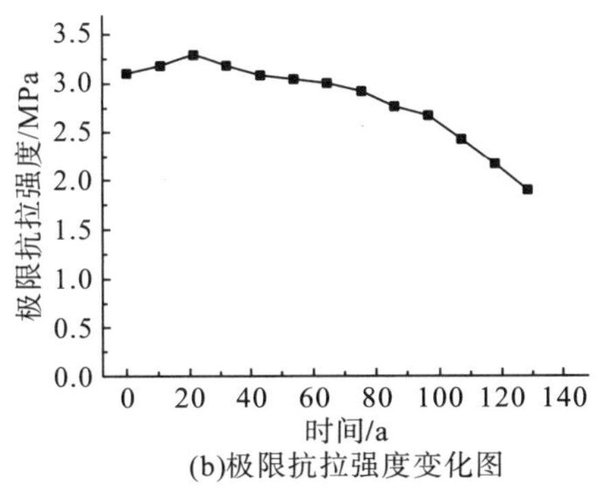

(b)极限抗拉强度变化图

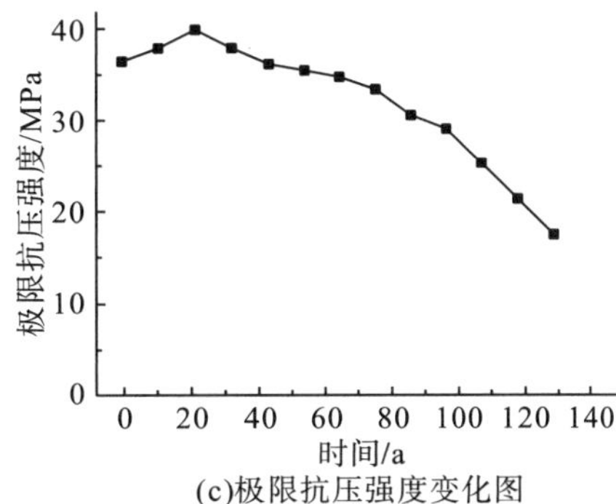

(c)极限抗压强度变化图

图 8-1　硫酸盐腐蚀过程中混凝土参数变化图

根据图 8-1 可以看出，在硫酸盐腐蚀前期，混凝土的弹性模量、极限抗压强度和极限抗拉强度都有小幅度的增大，但随着硫酸盐腐蚀的进行，混凝土的弹模模量、极限抗压强度和极限抗拉强度逐渐减小，并且减小的速度越来越快。

根据相关文献[99]可以知道，混凝土弹性模量及其强度的变化均满足二次项函数的关系，因此通过采用二次多项式对曲线进行拟合可以得到混凝土在硫酸盐腐蚀情况下其强度与弹性模量随时间的变化函数关系式，分别如下所示：

弹性模量：

$$E_t = -0.0026t^2 + 0.1125t + 35.202 \qquad (R^2 = 0.9762) \tag{8-19}$$

极限抗压强度：

$$R_{cm} = -0.0017t^2 + 0.0755t + 37.122 \qquad (R^2 = 0.9799) \tag{8-20}$$

极限抗拉强度：

$$R_{tm} = -0.0001t^2 + 0.051t + 3.132 \qquad (R^2 = 0.9802) \tag{8-21}$$

根据公式(8-19)、式(8-20)以及式(8-21)可以得到，当混凝土被硫酸盐腐蚀 96.4 年时，其混凝土极限抗压强度衰减了 20%，其极限抗拉强度衰减了 14%，而弹性模量则衰减了 33%左右。这说明在硫酸盐腐蚀混凝土过程中，混凝土的弹性模量衰减得最快，其次是极限抗压强度，而极限抗拉强度的变化则最小。

8.1.3　结构交叉盾构隧道数值模型

本节所选择的地铁隧道盾构区间隧道埋深 10.5m，位于Ⅳ级粉质黏土当中，表土层有覆盖较浅的粉质黏土层和粉细砂层，计算模型如图 8-2 所示。假设行车隧道为 A 隧道，未行车隧道为 B 隧道。其中盾构隧道外直径 6.0m，内直径 5.4m，幅宽 1.5m，厚度 0.3m。管片衬砌环由标准块、邻接块和封顶块组成，采用“3+2+1”分块方式，所对应的圆心角分别为 20.5°、68.5°和 67.5°，通用楔形环钢筋混凝土单层管片衬砌拼装。为了考虑盾构隧道管片的影响，主隧道两侧管片设置刚度折减，折减系数采用目前常用的 0.8，中间段采用实体管片模拟，共 26 环(左右各 13 环)，管片拼装块接缝处切向设置摩擦系数为 0.62，法向设置为硬接触。管片间连接采用实体螺栓嵌入连接，其中环间缝为 16 颗直径为 27mm 的纵向螺栓连接，环内缝为 12 颗(每个缝 2 颗)直径为 27mm 的环间螺栓连接。联络横通道宽、高分别为 3.5m、4.0m。结构的主隧道净距 10.0m，设计时速 80km/h，本次模拟假定地铁编组列车在主隧道 A 内行驶，实际行驶速度为 80km/h，采用模拟荷载根据式(2-40)、式(2-41)以及式(2-42)所得。模型的长、宽、高分别为 300.0m、80.0m、40.0m，模型结构只有上边界为自由边界，底部、四周均采用人工黏弹性边界，能够较好地解决振动荷载所引起的土体近场波动问题，结构交叉隧道结构模型如图 8-3 所示。为了能够更好地分析硫酸盐腐蚀情况下结构交叉隧道的动力响应特征，将管片进行编号，分别为 A1,A2,⋯,A13 和 B1,B2,⋯,B13，如图 8-4 所示。

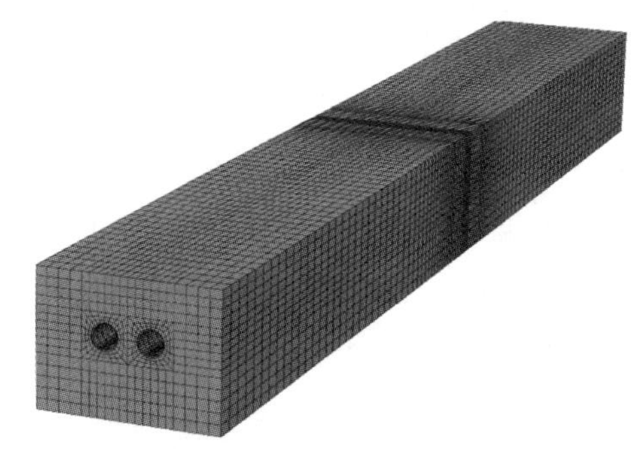

图 8-2 整体模型图

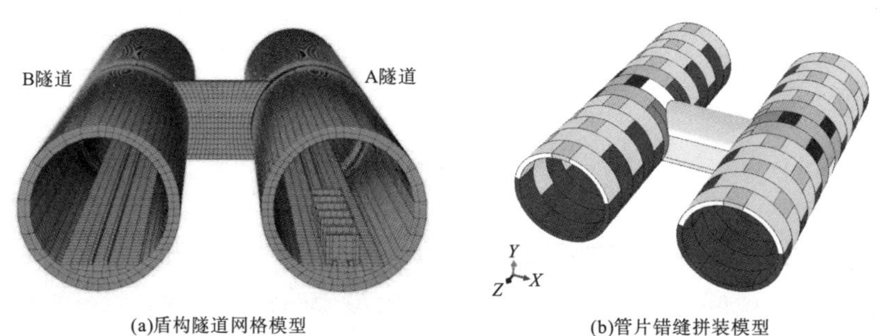

(a)盾构隧道网格模型 (b)管片错缝拼装模型

图 8-3 交叉隧道结构模型

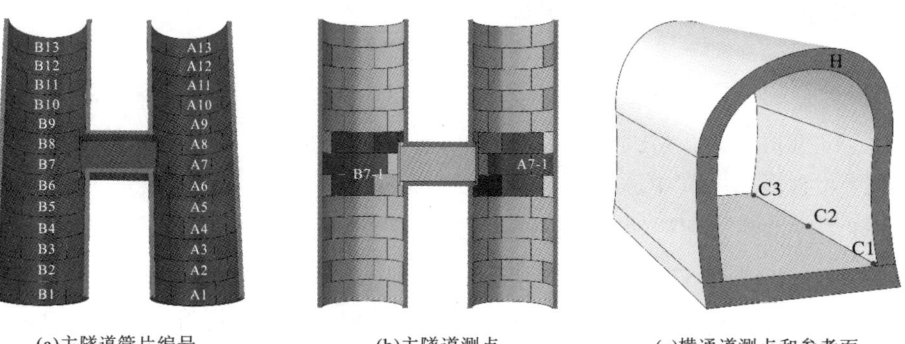

(a)主隧道管片编号 (b)主隧道测点 (c)横通道测点和参考面

图 8-4 交叉隧道中管片编号与测点布置图

8.1.4　结构交叉盾构隧道动力响应

本节利用有限元软件 ABAQUS 建立交叉盾构隧道模型，分析在硫酸盐腐蚀作用和速度为 80km/h(图 8-5) 地铁列车荷载作用下结构交叉盾构隧道衬砌结构的动力响应。

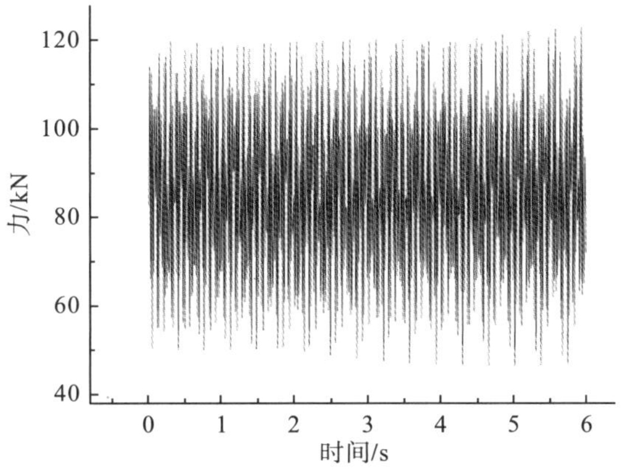

图 8-5　80km/h 列车振动荷载

本节考虑的腐蚀年限为 0 年、21.4 年、42.9 年、64.3 年、85.7 年以及 107.1 年的情况。图 8-6(彩图见附录) 为不同腐蚀时间下地铁编组列车中部运行到横通道时同一时刻的应力云图。可以看出随着腐蚀时间的进行，隧道内特征点的应力值最大值量级均为 10^5。当地铁编组列车运行到中部时，结构交叉盾构隧道的响应最大。

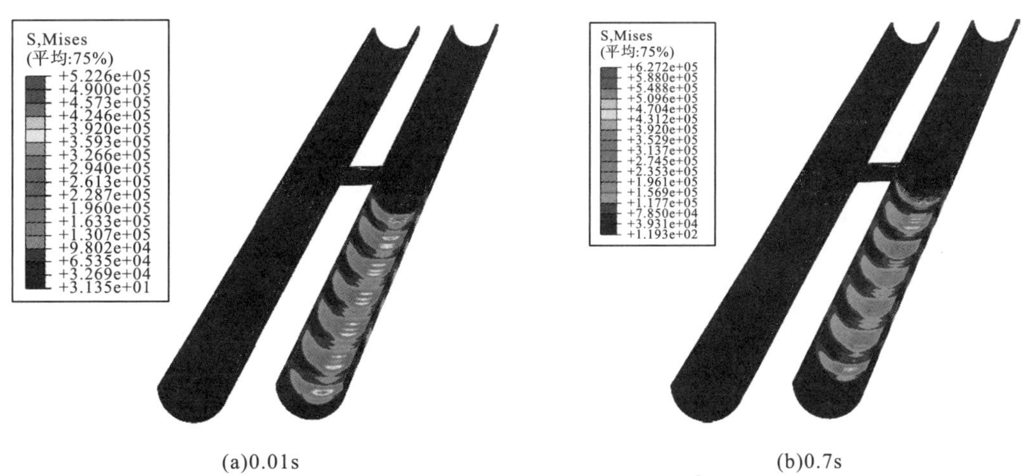

(a)0.01s　　(b)0.7s

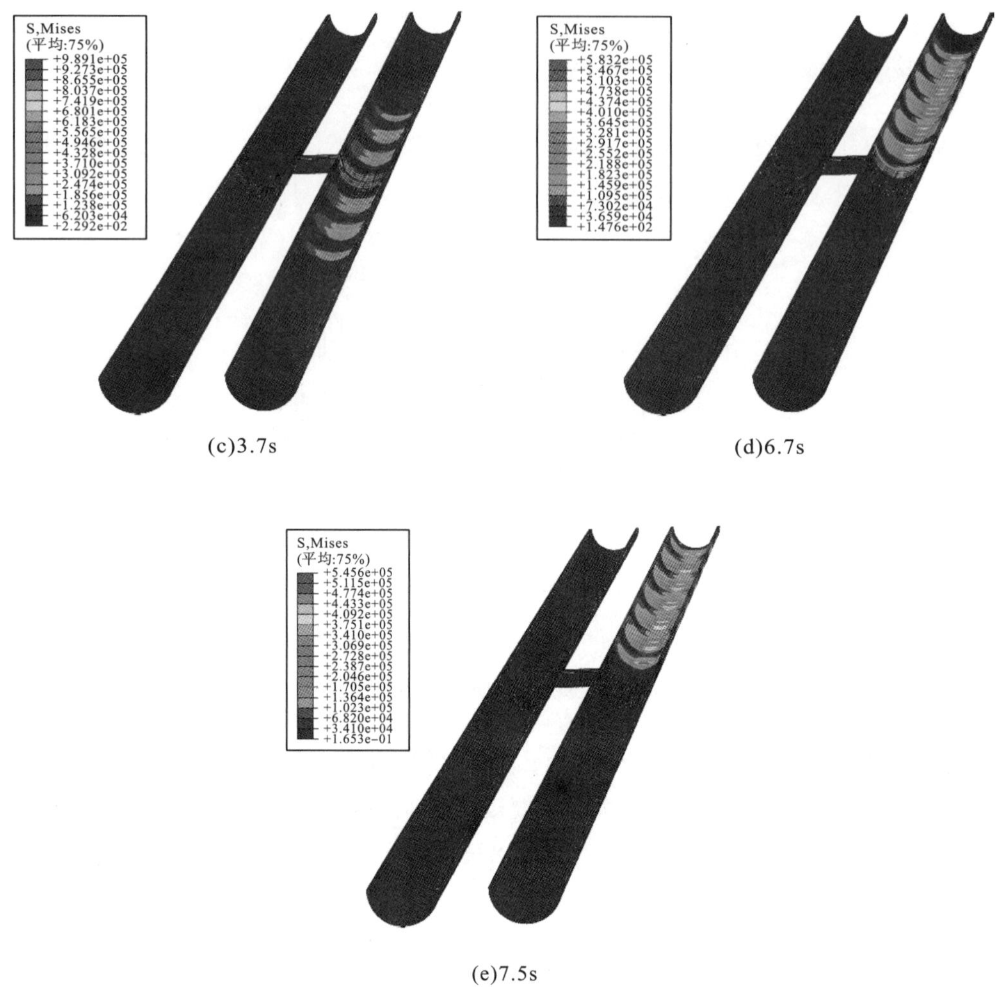

(c)3.7s (d)6.7s

(e)7.5s

图 8-6 第一次运行(即腐蚀 0 年时)交叉盾构隧道应力云图(Pa)

8.1.4.1 主隧道

为了更好地分析腐蚀过程中列车运行对交叉盾构隧道动力响应的影响，在 A7 环管片底部设置特征点 A7-1，并提取腐蚀过程中某几个特定时间下，交叉盾构隧道特征点应力、加速度的时程曲线，其中 A 隧道特征点 A7-1 在腐蚀时间为 0 年时，其主应力和加速度的最大值变化如图 8-7、图 8-8 所示。

从图 8-7 可以看出，测点的应力响应时间为 1～7s，总持续时间为 6s 左右，响应出现多个波峰，其波峰之间的时间间距和编组列车的转向架间距与列车运行速度有关。测点响应的最大应力幅值为 542.4kPa。图 8-8 为测点 A7-1 的加速度响应曲线，从图中可以看出，加速度响应可分成三个阶段，第一个阶段为 0～1.3s，这段时间内，编组列车从远处行驶靠近 A7 环，使得 A7 环上特征点 A7-1 的加速度响应值不断增大；第二个阶段为通过段，时间为 1.3～6.5s，在此时间段内，编组列车行驶通过 A7 环，使得 A7-1 的加速度响应不断发生变化，曲线总体上呈现出多个峰值，且峰值间的时间间距与列车之间间距和列车运行速度相关，在此段时间内，特征点 A7-1 的加速度也达到了最大值，为 0.82m/s^2；第三个阶段为离开阶段，时间为 6.5～7.5s，这段时间内列车行驶离开 A7 环，使得 A7 环上特征点的竖向位移逐渐减小到没有响应。

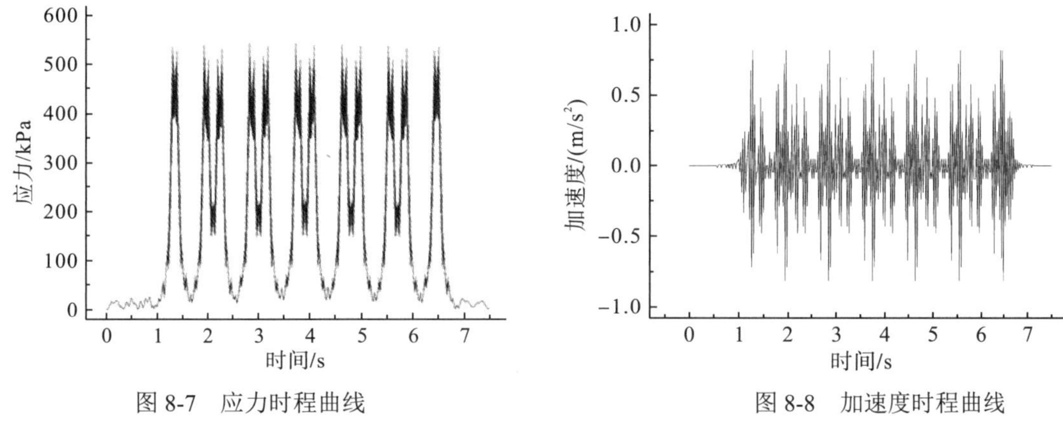

图 8-7　应力时程曲线　　图 8-8　加速度时程曲线

为了分析硫酸盐腐蚀情况下，地铁列车运行对交叉盾构隧道衬砌结构的影响，分别在 0、21.4、42.9、64.3、85.7 以及 107.1 年腐蚀年限情况下提取了交叉盾构隧道中 A 隧道和 B 隧道中特征点 A7-1 和 B7-1 的最大应力幅值和最大加速度幅值，如表 8-5 所示。

表 8-5　动力响应特征表

时间/a	A7-1		B7-1	
	应力/kPa	加速度/(m/s^2)	应力/kPa	加速度/(m/s^2)
0	542.4	0.821	45.4	0.124
21.4	573.2	0.802	47.2	0.120
42.9	538.1	0.827	45.1	0.124
64.3	505.1	0.832	44.6	0.125
85.7	465.2	0.880	40.8	0.129
107.1	380.5	0.964	34.9	0.136

根据表 8-5 可以看出，随着硫酸盐腐蚀的不断进行，交叉盾构隧道衬砌结构的加速度响应与应力响应都呈现先增大后减小的趋势。在腐蚀的前期阶段，混凝土管片衬砌受硫酸盐腐蚀后其结构更加密实，从而使得结构的主应力增大，当腐蚀 21.4 年时，交叉盾构隧道衬砌结构中 A 隧道的最大主应力值为 573.2kPa，最大加速度响应为 0.802m/s^2；随着腐蚀的不断进行，混凝土管片强度逐渐降低，当腐蚀到 107.1 年时，A 隧道的应力减小到 380.5kPa，比未腐蚀情况下的衬砌结构的响应减小了 30.0%；而 A 隧道特征点 A7-1 的加速度响应比没被腐蚀情况下的加速度响应增大了 17.4%，B 隧道特征点 B7-1 的最大主应力响应则减小了 23.2%，最大加速度响应增大了 9.7%。

为了更好地分析对比特征点 A7-1 和特征点 B7-1 在不同腐蚀年限下其最大竖向应力和最大竖向加速度的变化趋势，绘制了图 8-9 和图 8-10。从图 8-9 和图 8-10 中可以看出，测点 A7-1 的应力响应及其加速度响应随硫酸盐腐蚀年限的变化趋势明显。而测点 B7-1 由于其振动响应主要受联络横通道和围岩振动的影响，因此其受到硫酸盐腐蚀影响较小，其应力和竖向加速度变化都较小。

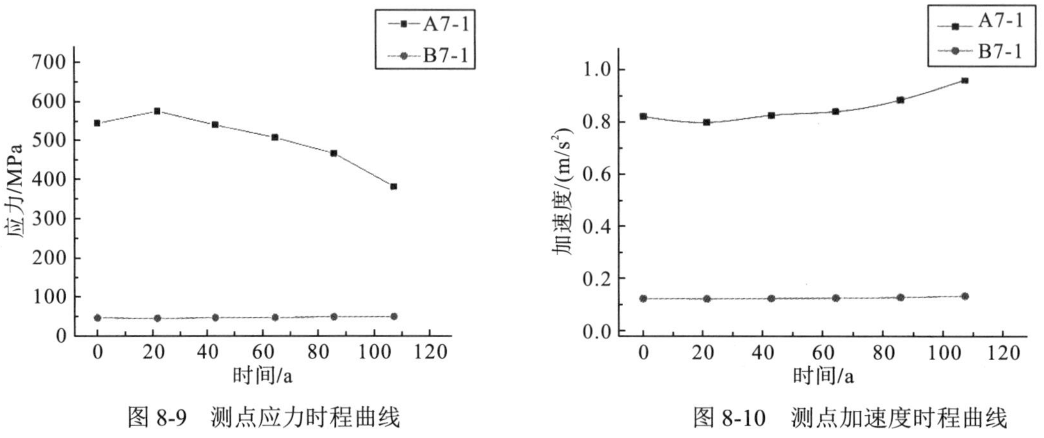

图 8-9　测点应力时程曲线　　图 8-10　测点加速度时程曲线

提取 A7-1 测点的竖向速度和竖向位移时程曲线如图 8-11 和图 8-12 所示。根据图 8-11 和图 8-12 可以看出，测点 A7-1 竖向速度时程曲线与竖向位移时程曲线可分三个阶段，第一个阶段为接近段，时间为 0～1.3s，这段时间内编组列车从远处行驶靠近特征点 A7-1，A7-1 的竖向速度和竖向位移值不断增大；第二个阶段为通过段，时间为 1.3～6.5s，在此时间段内，编组列车行驶通过特征点 A7-1，使得 A7-1 的竖向速度和竖向位移不断发生变化，其中竖向速度曲线呈“锯齿”型，而竖向位移时程曲线则呈现“W”型，在此段时间内特征点 A7-1 的竖向速度和竖向位移都达到了最大值，其值分别为 0.42cm/s 和 0.049cm；第三个阶段为离开阶段，时间为 6.5～7.5s，这段时间内列车行驶离开特征点 A7-1，A7-1 的竖向速度和竖向位移逐渐减小到没有响应。

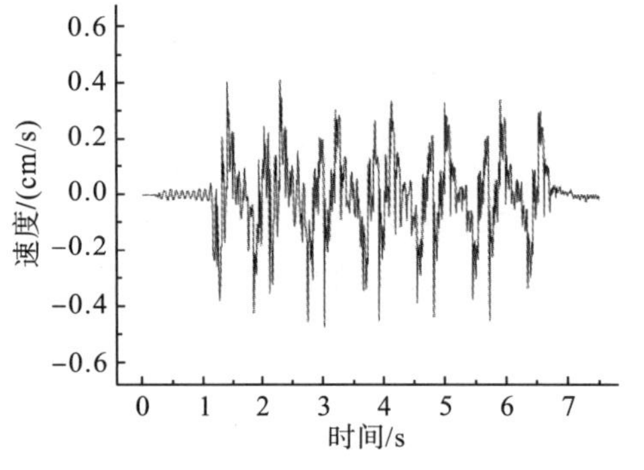

图 8-11　竖向速度时程曲线

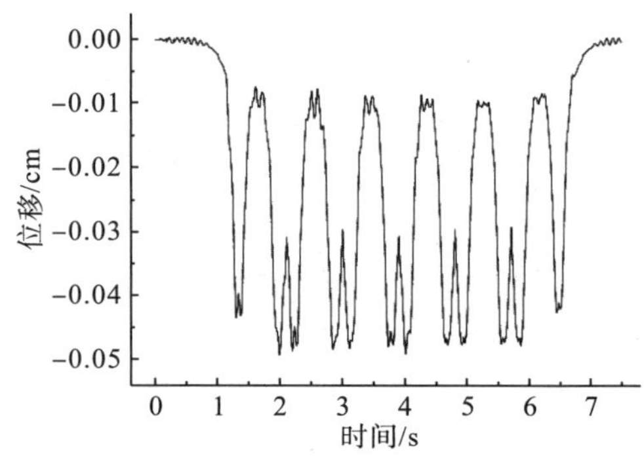

图 8-12　竖向位移时程曲线

为了分析硫酸盐腐蚀情况下，地铁列车运行对交叉隧道衬砌结构的影响，提取了 0、21.4、42.9、64.3、85.7 以及 107.1 年腐蚀情况下，地铁编组列车运行全过程中，交叉盾构隧道特征点 A7-1 竖向速度最大值和竖向位移最大值，从而得到图 8-13 和图 8-14。

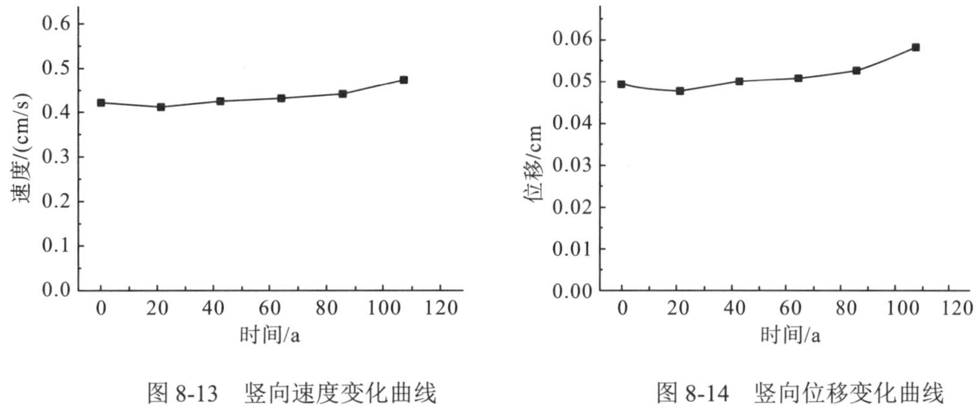

图 8-13　竖向速度变化曲线　　图 8-14　竖向位移变化曲线

据图 8-13 和图 8-14 可以看出，在腐蚀前期阶段，A7-1 测点的竖向速度有小幅度减小，但随着腐蚀时间的增加，混凝土材料性能劣化，使得交叉隧道中测点 A7-1 的竖向速度和竖向位移不断增大，并且增长的速度越来越快。

图 8-15(彩图见附录)为未腐蚀情况下编组列车运行到结构交叉隧道中部时，中部管片结构的应力云图，可以看出管片应力响应最大的位置位于 A6 环和 A8 环底部管片接缝处。因此如图 8-16(彩图见附录)所示，在管片底部外侧布置了 J1,J2,⋯, J7 共 7 个特征点。

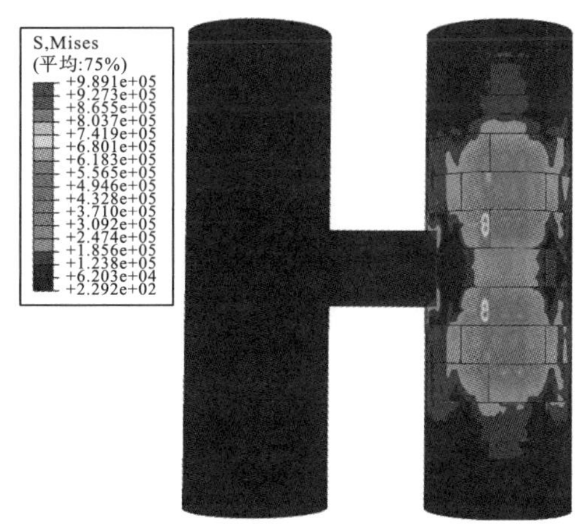

图 8-15　交叉隧道管片底部外侧应力云图(Pa)

图 8-16　管片底部外侧测点位置

提取上述特征点在地铁编组列车运行整个过程中的最大主应力幅值，得到了图 8-17。根据图 8-17 可以看出，整体上测点呈现离隧道中心距离越远响应越小的规律。其中测点 J4 即中间环 A7 环上的测点动力响应最小，最大主应力只有 471.7kPa，而 A6 和 A8 环上测点 J3 和 J5 响应则相对较大，分别达到了 981.1kPa 和 968.7kPa。而对于测点 J1 和 J7，其位置和 J3 与 J5 类似，同样处于两管片交叉处，但其应力响应却无增大现象。可以看出，J3 和 J5 测点应力增大的主要原因不是由于其处于管片交叉位置，而是由于横通道的结构使其处于刚度变化的位置，从而出现了应力分布集中的区域，而测点 J4 则是由于横通道结构使得其所在断面增大，从而使得其应力出现大幅度减小。并且 J3 测点的最大主应力值达到了 981.1kPa，比测点 J1 的最大应力响应值增大了 92%。因此可以看出，横通道对于结构的应力分布具有重要的影响作用。

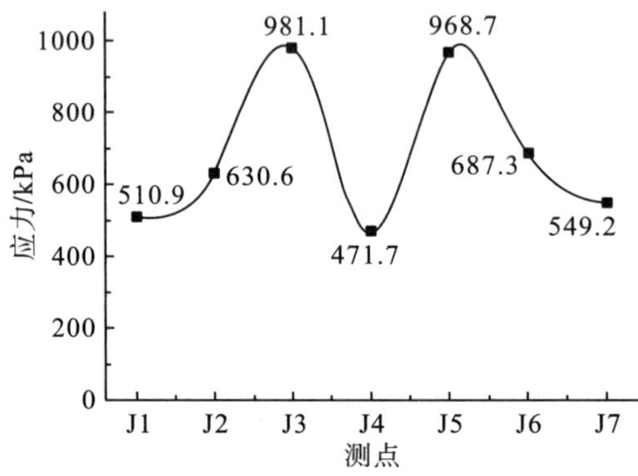

图 8-17 管片底部外侧测点最大主应力幅值

为了更好地分析 A 隧道在不同腐蚀年限下应力的变化规律，提取了特征点 J1,J2,…,J7 在腐蚀 0 年、21.4 年、42.9 年、64.3 年、85.7 年以及 107.1 年情况下的最大主应力，如表 8-6 所示。

表 8-6 不同腐蚀情况下隧道底部外侧特征点最大主应力幅值 （单位：kPa）

腐蚀时间/a	J1	J2	J3	J4	J5	J6	J7
0	510.9	630.6	981.1	471.7	968.7	687.3	549.2
21.4	531.4	661.2	1023.4	489.4	1013.5	713.4	563.8
42.9	501.7	618.3	965.8	462.4	958.8	668.8	538.2
64.3	475.8	597.3	925.5	448.3	931.8	612.8	513.6
85.7	413.9	524.1	793.7	404.6	788.5	566.6	460.0
107.1	322.9	405.3	589.9	324.1	623.1	426.9	352.2

根据不同腐蚀情况下隧道底部特征点最大主应力幅值表 8-6 可以看出，交叉盾构隧道管片底部外侧的主应力在硫酸盐腐蚀前期有小幅度的增加，其 J3 点的最大应力幅值达到了 1023.4kPa，增大了 4.3%。随着硫酸盐腐蚀时间的增加，特征点的应力不断减小。在腐蚀时间达到 107.1 年时，测点 J3 和 J4 的最大主应力幅值只有 589.9kPa 和 324.1kPa，相对于未腐蚀情况下的主应力幅值分别减少了 40%和 31.3%。

为了更好地分析交叉盾构隧道管片底部外侧特征点随腐蚀时间的变化趋势，绘制了特征点主应力幅值随腐蚀时间的变化曲线，如图 8-18 所示。

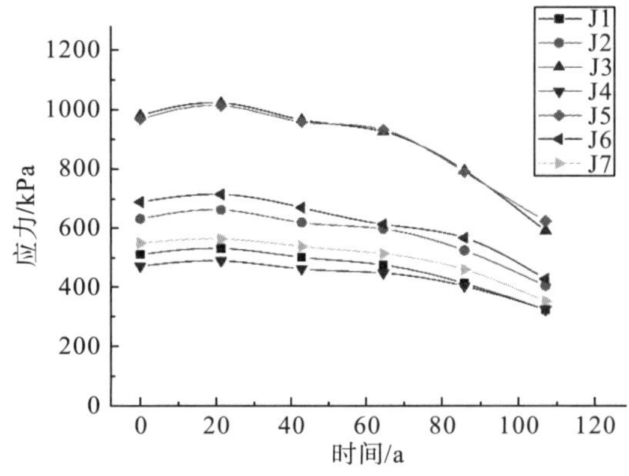

图 8-18　隧道管片底部测点最大主应力随腐蚀时间的变化曲线

如图 8-18 所示，测点 J3 和 J5 的应力响应最大，J4 点的应力响应最小，这是由于 J3 和 J5 处于管片交界处，并且 J3 和 J5 位于横通道拱脚下方出现应力集中现象。总体来看，随着腐蚀时间的增加，测点曲线都呈现先增大后减小的趋势，并且在腐蚀后期，其主应力减小的速度逐渐变大。总而言之，硫酸盐腐蚀前期对交叉盾构隧道的列车动力响应影响较小，而在硫酸盐腐蚀后期则影响很大。

8.1.4.2　联络横通道

为了更好地分析联络横通道在硫酸盐腐蚀隧道情况下的动力响应特性，取图 8-4(c)联络横通道右脚位置点 C1,C2 以及 C3 作为参考点，并将横通道与 A 隧道的接触截面 H 面作为参考截面，提取地铁编组列车行驶过程中测点的最大主应力和最大竖向加速度如表 8-7 所示。

表 8-7　不同腐蚀情况下联络横通道测点动力响应峰值

时间/a	C1		C2		C3	
	应力/kPa	加速度/(m/s^2)	应力/kPa	加速度/(m/s^2)	应力/kPa	加速度/(m/s^2)
0	325.7	0.314	73.8	0.124	54.3	0.098
21.4	341.5	0.309	75.4	0.119	56.3	0.092
42.9	321.7	0.315	72.5	0.124	53.9	0.098
64.3	303.4	0.317	69.2	0.129	49.3	0.101
85.7	267.3	0.326	63.8	0.133	44.8	0.104
107.1	223.4	0.342	53.3	0.140	38.1	0.114

根据表 8-7 可知，联络横通道中的动力响应比 A 隧道内的动力响应小，并且随着腐蚀年限的增加，其最大主应力峰值均呈现先增大后减小的趋势。在腐蚀 21.4 年时，特征点 C1、C2 和 C3 的最大主应力峰值分别达到了 341.5kPa、75.4kPa、56.3kPa，相比未腐蚀情况下的主应力分别增加了 4.9%、2.2%和 3.7%。在腐蚀 107.1 年时，特征点 C1、C2

和 C3 的最大主应力峰值分别减小到 223.4kPa、53.3kPa、38.1kPa，相比未腐蚀情况下的主应力分别减小了 31.4%、27.8%和 29.8%。

为了更好地对比分析联络横通道中测点 C1、C2 和 C3 的最大主应力和最大竖向加速度在硫酸盐腐蚀情况下的变化趋势，提取不同腐蚀年限下特征点的最大主应力和最大竖向加速度如图 8-19 和图 8-20 所示。

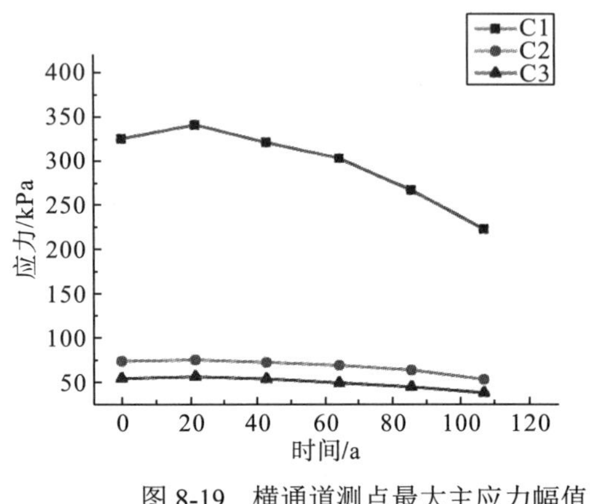

图 8-19 横通道测点最大主应力幅值

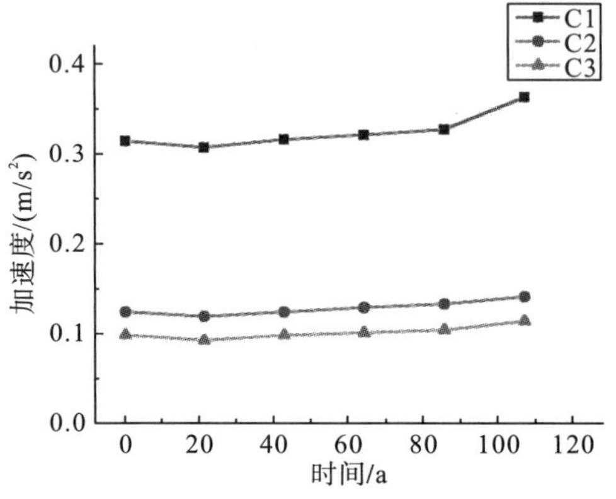

图 8-20 横通道测点最大竖向加速度幅值

根据图 8-19 所示，联络横通道测点的最大主应力在腐蚀前期有小幅度增加，而随着腐蚀时间的增加，测点的最大主应力逐渐减小，且减小的速度越来越快。而图 8-20 则反映了测点的竖向加速度在腐蚀前期存在小幅度减小，随着腐蚀时间的增加，测点的竖向加速度不断增大，且增大的速度越来越快。硫酸盐腐蚀前期对交叉隧道联络横通道的列车动力响应影响较小，而在硫酸盐腐蚀后期则影响很大。

由于联络横通道与交叉盾构隧道存在刚度差异，因此在横通道和交叉盾构隧道接触面之间存在应力集中的现象，提取 H 面内环在不同腐蚀年限下(0 年和 107 年)的最大应力和最大加速度，得到不同腐蚀年限下 H 断面的最大应力和最大加速度包络图，如图 8-21 和图 8-22 所示。

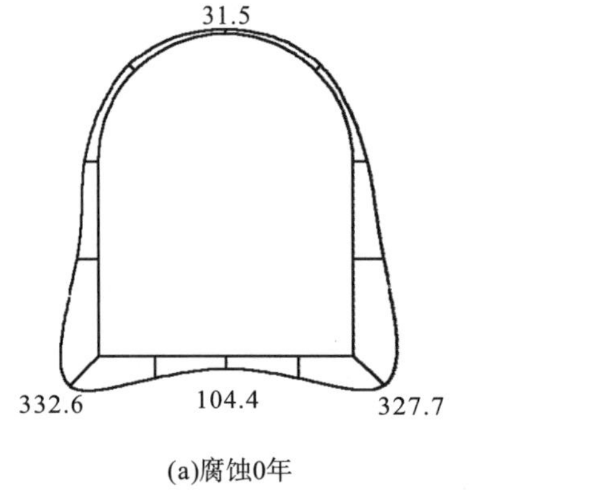

(a)腐蚀0年

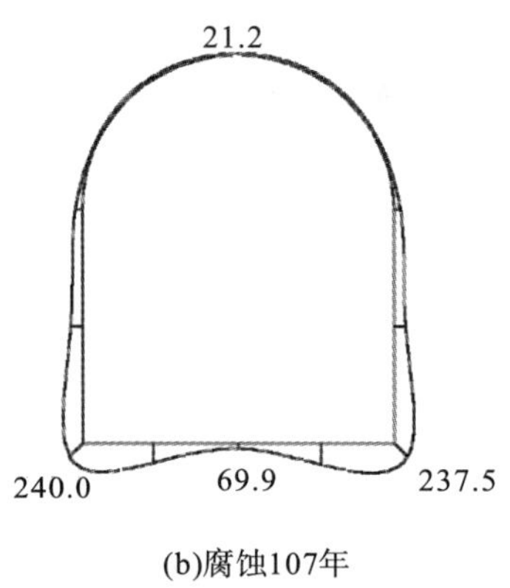

(b)腐蚀107年

图 8-21 不同腐蚀情况下 H 面主应力响应峰值包络图

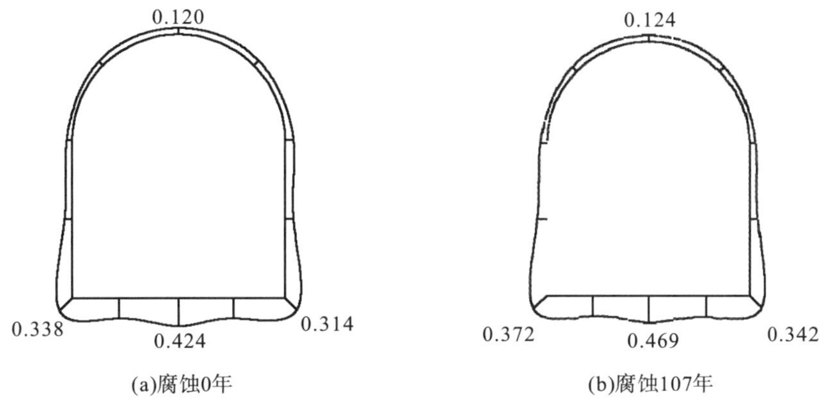

(a)腐蚀0年　(b)腐蚀107年

图 8-22　不同腐蚀情况下 H 面加速度响应峰值包络图

根据不同腐蚀情况下 H 面内侧主应力峰值包络图 8-21 可以看出，随着腐蚀时间的增加，联络横通道与 A 隧道接触面 H 面上的主应力峰值具有类似的分布规律。其中拱脚位置的主应力值最大，从拱脚位置往上到拱顶，两侧边墙上的应力呈逐渐减小的趋势；而横通道底板则呈现中间最大应力最小，沿两边到拱脚位置呈现逐渐增大的趋势。

根据不同腐蚀情况下 H 面内侧竖向加速度峰值包络图 8-22 可以看出，随着腐蚀时间的增加，联络横通道与 A 隧道接触面 H 面上的竖向加速度峰值具有类似的分布规律。其中底板的竖向加速度响应最大，从下往上其竖向加速度响应基本呈现逐渐减小的趋势。

8.2　氯盐侵蚀作用

8.2.1　氯盐侵蚀分析理论

氯离子侵蚀钢筋，导致钢筋有效截面面积不断损失，承载能力明显下降。钢筋锈蚀产生锈胀作用，引起混凝土保护层开裂。裂纹的不断发展也加速了氯盐的侵蚀，同时降低了混凝土的承载力。氯离子侵入钢筋混凝土结构，严重降低了钢筋和混凝土间的黏结力，将导致钢筋和混凝土无法正常协同工作。故氯离子的侵蚀作用是影响钢筋混凝土结构使用寿命的主要原因之一。

钢筋表面的钝化膜只能在较高碱性的环境下维持，而当外界环境的作用导致混凝土趋于中性化时，钢筋表面的钝化膜开始破坏，钢筋出现点蚀现象。氯盐侵蚀钢筋是一种电化学反应，而氯盐则是强效活化剂，它通过扩散、渗透、电化学迁移等形式侵入混凝土，在钢筋表面积聚，达到一定浓度后便可锈蚀钢筋，这个浓度值一般较低[108]。钢筋锈蚀的反应速率主要受阳极反应的活化区面积、阴极反应的气体扩散速率和混凝土电阻率控制，其主要反应式如下：

阳极：

$$Fe - 2e^- \rightarrow Fe^{2+}$$

阴极：

$$2H_2O + 2e^- \rightarrow H_2 + 2OH^-$$

8.2.1.1 考虑氯离子锈蚀作用的钢筋本构关系

氯离子侵蚀钢筋混凝土结构导致其承载能力退化的程度，主要由钢筋锈蚀率决定，而钢筋锈蚀率又由混凝土结构参数、氯盐侵蚀时间、氯离子浓度等因素决定，故可根据混凝土结构参数和相应的侵蚀时间、氯离子浓度等，推出该侵蚀时间下的钢筋混凝土结构本构关系模型。

Ahmad 等[68]针对氯盐侵蚀钢筋早期的情况开展统计试验，建立了锈蚀速率与水灰比、水泥含量和氯盐含量的经验算式：

$$i_{\mathrm{corr}} = 37.726 + 6.120C - 2.231A^2B + 2.722B^2C^2 \tag{8-22}$$

式中，A、B 与 C 分别为关于水灰比、水泥含量与氯盐含量的参数。此算式虽然考虑了多种因素对钢筋锈蚀的影响，但因没有考虑温度、相对湿度等因素的影响，且只限于氯盐侵蚀早期的情形，可适用范围较窄。

Morinaga[109]通过对大量混凝土结构中的钢筋在不同外界条件下八年的跟踪测量，经回归分析得到了钢筋锈蚀速率同温度、湿度、氧气浓度、氯离子浓度的算式：

$$\begin{aligned} q_{\mathrm{corr}} = {} & 2.59 - 0.05T - 6.89h - 22.87C_{\mathrm{O_2}} - 0.99C_{\mathrm{Cl}} + 0.14Th + 0.51TC_{\mathrm{O_2}} \\ & + 0.01TC_{\mathrm{Cl}} + 60.81hC_{\mathrm{O_2}} + 3.36hC_{\mathrm{Cl}} + 7.32C_{\mathrm{O_2}}C_{\mathrm{Cl}} \end{aligned} \tag{8-23}$$

式中，q_{corr} 为年锈蚀速率($10^{-4}\mathrm{g/cm^2}$)；T 为外界温度；h 为修正的环境相对湿度；$C_{\mathrm{O_2}}$ 为大气中的氧气浓度；C_{Cl} 为氯离子浓度。

上述算式考虑了氧气、相对湿度等因素的作用，但并没有考虑钢筋混凝土结构的有关特性。在此基础上，Morinaga[109]通过对大量在长期暴露环境下的试验数据进行拟合，又建立了基于配合比等参数的混凝土内钢筋锈蚀速率模型。本章采取这种锈蚀速率计算方法：

$$q_{\mathrm{corr}} = \left[-0.51 - 7.6C_{\mathrm{Cl}} + 44.97\left(\frac{w}{c}\right)^2 + 67.95C_{\mathrm{Cl}}\left(w_c\right)^2\right]\left(\frac{d}{C^2}\right) \tag{8-24}$$

式中，w/c 为混凝土水灰比；d 为钢筋直径(mm)；C 为混凝土保护层厚度(mm)；C_{Cl} 为氯离子浓度。

对氯离子浓度随时间变化的计算，Fick 第二定律可用于描述氯离子在非稳态扩散过程中，距混凝土表面 x 处的浓度随时间的变化率等于该处的扩散通量随距离变化率的负值的过程。Fick 第二定律将氯离子浓度 C_{Cl} 和侵蚀时间 t、扩散系数 D 联系起来，是常用的耐久性预测模型。计算公式如下：

$$\begin{cases}\dfrac{\partial C_{\mathrm{Cl}}}{\partial t}=\dfrac{\partial}{\partial x}\left(D\dfrac{\partial C_{\mathrm{Cl}}}{\partial x}\right)\\ C_{\mathrm{Cl}}(0,t)=C_{\mathrm{Cl}}\\ C_{\mathrm{Cl}}(x,0)=C_0\\ C_{\mathrm{Cl}}(\infty,t)=C_0\end{cases} \tag{8-25}$$

式中，C_{Cl} 为氯离子浓度；t 为氯离子侵蚀结构的时间(a)；x 为与混凝土表面间的距离(mm)；D 为扩散系数(mm^2/a)；C_0 为氯离子初始浓度。

混凝土中的初始氯离子含量很低，一般不超过混凝土质量的 0.003%。为简化运算，取 $C_0=0$，并根据边界条件和初始条件，取 $x=C$，可得式(8-25)的解析解如下：

$$C_{\mathrm{Cl}}(t)=C_S\left[1-\mathrm{erf}\left(\frac{C-\Delta x}{2\sqrt{Dt}}\right)\right] \tag{8-26}$$

式中，$C_{\mathrm{Cl}}(t)$ 为 t 时刻混凝土保护层下氯离子浓度；Δx 为对流区深度；$\mathrm{erf}(x)$ 为高斯误差函数；C_S 为混凝土表面氯离子浓度。

假设隧道结构外部环境中的氯离子浓度稳定，联立式(8-24)、式(8-26)，并根据钢筋锈蚀率的定义，可求得钢筋锈蚀率 η_s 随时间的变化规律如下：

$$\eta_s(t)=\frac{4}{\rho d}\sum_t q_{\mathrm{corr}}(t) \tag{8-27}$$

式中，$\eta_s(t)$ 为钢筋锈蚀率随时间的变化；ρ 为钢筋密度；d 为钢筋直径。

张伟平等[110]从三种工况中获取共 267 根锈蚀钢筋并据此建立了数据库，通过统计和回归分析等手段得到了不同环境条件下锈蚀钢筋的应力-应变本构关系如下：

$$\sigma_s=\begin{cases}E_{s0}\varepsilon_{sc} & (\varepsilon_{sc}\leqslant f_{yc}/E_{s0})\\ f_{yc} & (f_{yc}/E_{s0}<\varepsilon_{sc}\leqslant\varepsilon_{shc})\\ f_{yc}+\dfrac{\varepsilon_{sc}-\varepsilon_{shc}}{\varepsilon_{suc}-\varepsilon_{shc}}(f_{uc}-f_{yc}) & (\varepsilon_{sc}>\varepsilon_{shc})\end{cases} \tag{8-28}$$

式中，σ_s 为钢筋应力；ε_{sc} 为钢筋应变；E_{s0} 为钢筋弹性模量；ε_{suc} 为锈蚀钢筋极限应变；ε_{shc} 为锈蚀钢筋强化应变；f_{yc} 为锈蚀钢筋屈服强度；f_{uc} 为锈蚀钢筋极限强度。

根据加速试验、大气环境、实际工程等不同工况，各特征参数的取值有所不同，具体参数见表 8-8，其中，f_{y0}、f_{u0}、ε_{su0} 分别为钢筋锈蚀前的屈服强度、极限强度和极限应变。可以看出，考虑氯离子锈蚀作用的钢筋本构关系主要与钢筋锈蚀率 η_s 有关。

表 8-8　各特征参数取值

序号	f_y，f_{uc}	ε_{suc}	适用条件
1	$f_y=\dfrac{1-1.196\eta_s}{1-\eta_s}f_{y0}$， $f_{uc}=\dfrac{1-1.201\eta_s}{1-\eta_s}f_{u0}$	$\varepsilon_{suc}=\mathrm{e}^{-3.789\eta_s}\varepsilon_{su0}$	试验室外加电流锈蚀 $\eta_s<40\%$

续表

序号	f_y，f_{uc}	ε_{suc}	适用条件
2	$f_y=\dfrac{1-1.231\eta_s}{1-\eta_s}f_{y0}$， $f_{uc}=\dfrac{1-1.245\eta_s}{1-\eta_s}f_{u0}$	$\varepsilon_{suc}=\mathrm{e}^{-2.093\eta_s}\varepsilon_{su0}$	大气环境自然裸露锈蚀 $\eta_s<30\%$
3	$f_y=\dfrac{1-1.049\eta_s}{1-\eta_s}f_{y0}$， $f_{uc}=\dfrac{1-1.119\eta_s}{1-\eta_s}f_{u0}$	$\varepsilon_{suc}=\mathrm{e}^{-2.501\eta_s}\varepsilon_{su0}$	实际工程锈蚀 $\eta_s<80\%$

8.2.1.2 钢筋和混凝土间的粘结力模型

在氯离子侵蚀并未造成混凝土保护层胀裂，即侵蚀扩展阶段时，钢筋与混凝土间的粘结力不会下降反而有所上升，这是因为钢筋的锈胀作用使得摩擦力和机械咬合力增大。在氯离子进一步的侵蚀下，受混凝土开裂、钢筋有效面积的损失逐渐大于锈胀面积等因素的影响，钢筋与混凝土间的粘结力开始迅速下降，并对钢筋和混凝土的协同工作产生显著影响。需要说明的是，相关研究表明箍筋对钢筋和混凝土间粘结力的影响较小，一般可以忽略[111,112]，因此，一般不考虑箍筋的腐蚀变化对钢筋混凝土间粘结力产生的影响。

全明研[113]根据三块钢筋混凝土面板的跟踪调研结果，引入了协同工作降低系数的概念，用于描述钢筋混凝土的协同工作能力。根据追踪调研及试验结果，建议协同工作降低系数取 0.95，式子如下：

$$\tau_u=2.94\mathrm{e}^{-21w}\left(0.13+0.5c/d\right) \tag{8-29}$$

式中，τ_u 为粘结力；w 为保护层裂缝宽度；c 为保护层厚度；d 为钢筋直径。

王林科等[114]对长年使用的钢混结构采取粘结锚固试验，进而得出了不同腐蚀阶段的荷载滑移曲线，并建立了一种钢筋和混凝土粘结强度随裂缝宽度变化的模型，进而提出了粘结强度降低系数 a，计算公式如下：

$$a=\left(\frac{1.1-0.09d}{10}\right)\left(1.12-\frac{w}{9.4}\right) \tag{8-30}$$

张伟平等[115]基于初锈前、锈胀开裂前、锈胀开裂时及不同胀裂宽度等工况，研究了氯盐锈蚀作用下钢筋混凝土粘结滑移关系，并通过在钢筋内部开槽贴电阻应变计的半梁式试验，给出了与锈蚀程度有关的钢筋混凝土粘结滑移关系如下：

$$\tau_{u,w}=\eta_b\tau_u \tag{8-31}$$

$$\eta_b=0.9495\mathrm{e}^{-1.093w} \tag{8-32}$$

式中，$\tau_{u,w}$ 为锈胀开裂后的粘结强度；τ_u 为初锈前的粘结强度。

8.2.1.3　氯离子侵蚀发展各个阶段判定

1. 钢筋初锈时刻

根据 Fick 第二定律，当 t 时刻混凝土保护层下的氯离子浓度达到初锈临界含量 C_{cr} 时，代入式(8-26)可求得氯离子侵蚀诱发阶段至钢筋初锈的时间 t_0 为

$$t_0 = \frac{C^2}{4D}\left[\operatorname{erf}^{-1}\left(1-\frac{C_{\text{cr}}}{C_s}\right)\right] \tag{8-33}$$

2. 混凝土开裂时刻

潘振华等[116]基于混凝土开裂时保护层厚度、混凝土强度等级、钢筋直径三个因素，通过人工加速腐蚀试验分析了这些因素对锈胀开裂钢筋临界锈蚀率的影响。给出钢筋临界锈蚀率的计算式子如下：

$$\eta_{\text{cr}} = k_1 k_2 3.968\times10^{-2}(1+\frac{c}{R})^{1.343} {f_{cu,k}}^{0.866} R^{-0.084} \tag{8-34}$$

式中，k_1 为钢筋类型修正系数；k_2 为钢筋在混凝土结构中位置锈胀系数；η_{cr} 为钢筋在混凝土开裂时刻的临界锈蚀率；c 为混凝土保护层厚度；R 为钢筋半径；$f_{cu,k}$ 为混凝土立方体抗压强度。

将 η_{cr} 代入式(8-27)即可求得混凝土开裂时刻 t_1 。

赵羽习等[117]基于弹性力学相关原理，建立了氯盐侵蚀作用下混凝土保护层锈胀开裂时的钢筋混凝土结构力学模型，并求得了胀裂时钢筋锈蚀率的解析式。设 x 为钢筋锈蚀铁锈自然膨胀后的直径扩大率，有

$$a_1 x^3 + a_2 x^2 + a_3 x + a_4 = 0 \tag{8-35}$$

式中，a_1、a_2、a_3 和 a_4 为相关系数[117]。

求解式(8-35)，根据现实情形和计算分析可以去掉不符合实际情况的两个根，求出 x 的解析式如下：

$$x = \sqrt[3]{-\frac{N_2}{2}+\sqrt{\left(\frac{N_2}{2}\right)^2+\left(\frac{N_1}{3}\right)^3}} + \sqrt[3]{-\frac{N_2}{2}-\sqrt{\left(\frac{N_2}{2}\right)^2+\left(\frac{N_1}{3}\right)^3}} - \frac{a_2}{3a_1} \tag{8-36}$$

其中，

$$N_1 = \frac{a_3}{a_1} - \frac{1}{3}\left(\frac{a_2}{a_1}\right)^2, N_2 = \frac{2}{27}\left(\frac{a_2}{a_1}\right)^3 - \frac{1}{3}\left(\frac{a_2}{a_1}\right)\left(\frac{a_3}{a_1}\right) + \frac{a_4}{a_1}$$

因此，混凝土锈胀开裂时的钢筋锈蚀率表达式可以写作

$$\eta_{\text{cr}} = (x^2-1)/(n-1) \tag{8-37}$$

其中，n 为钢筋锈蚀后体积膨胀率，通常取为 2～4。

同样，将 η_{cr} 代入式(8-27)即可求得混凝土开裂时刻 t_1。

8.2.1.4 氯盐侵蚀作用的承载能力分析方法

一般的承载能力极限状态分析方法基于混凝土和钢筋完全粘合、协同工作能力良好的假设，然而由于氯盐侵蚀作用，钢筋和混凝土之间的粘结面逐步受到破坏，钢筋和混凝土的协同工作能力逐步丧失，一般的承载能力极限状态评估方法在这种情形下是无法进行安全性能评估的。基于此，引入钢筋和混凝土的协同工作降低系数 k_b，用于描述钢筋和混凝土的协同工作能力，进而构建一种考虑氯盐侵蚀作用的盾构隧道承载能力极限状态分析方法。

1. 氯盐侵蚀作用下结构承载力衰减模型

一般来说，相同条件下无粘结受弯构件的承载力为正常构件的70%~80%，故协同工作降低系数 k_b 的取值应在 0.7~1.0 之间[118]。当钢筋锈蚀发展到一定程度，导致钢筋混凝土间的粘结能力基本丧失，且混凝土保护层还没有大面积脱落时，k_b 应稳定在 0.7 左右。

本章的协同工作降低系数 k_b 采用惠云玲[119]式如下：

$$k_b = \begin{cases} 1, & w \leqslant 0.5\text{mm} \\ (1.1 - 0.09d/10) \cdot (1.12 - w/9.4), & 0.5\text{mm} < w \leqslant 2.0\text{mm} \\ 0.7 \sim 0.8, & w > 2.0\text{mm} \end{cases} \tag{8-38}$$

式中，w 为锈胀裂缝宽度；d 为钢筋直径。

在氯离子侵蚀作用下，钢筋锈胀导致混凝土开裂，锈蚀率 η_s 同混凝土的锈胀裂缝宽度 w 存在着一定的换算关系，有学者对此进行了研究[120,121]。本章采用如下基于大量试验和数据分析得到的 Andrade[120]式：

$$\eta_s = 4\left[\frac{1}{d}(0.222w - 0.011) - \frac{1}{d^2}(0.222w - 0.011)^2\right] \tag{8-39}$$

根据本节及 8.2.1.1～8.2.1.3 节的有关分析，可以建立完整的氯盐侵蚀作用下钢筋混凝土结构承载能力衰减模型分析体系。对受氯盐侵蚀的钢筋混凝土结构，已知混凝土结构有关参数和混凝土裂缝宽度，或者各年份的混凝土表面氯离子浓度，便可根据锈蚀年限按照式(8-24)和式(8-27)求得钢筋锈蚀率。根据钢筋锈蚀率(可按式(8-39)进行换算)或者混凝土裂缝宽度，按照式(8-38)可以求出钢筋和混凝土的协同工作降低系数 k_b，进而可以建立完整的氯盐侵蚀作用下的钢筋混凝土结构承载能力衰减模型，以用于结构的承载能力分析。其思路框图如图 8-23 所示。

2. 氯盐侵蚀作用下结构承载能力极限状态评估方法

盾构隧道的承载能力极限状态评估方法一般分为管片安全评估和接头安全评估两个部分，各自又分为拉压安全评估和抗剪安全评估两个步骤。如果两部分的安全评估结果均为安全，则说明盾构隧道结构总体的承载能力极限状态安全评估通过，结构处于安全范围内；反之则说明结构不安全。这里引入承载能力极限状态安全系数 γ_i，对盾构隧道 γ_i

一般取 1.1。

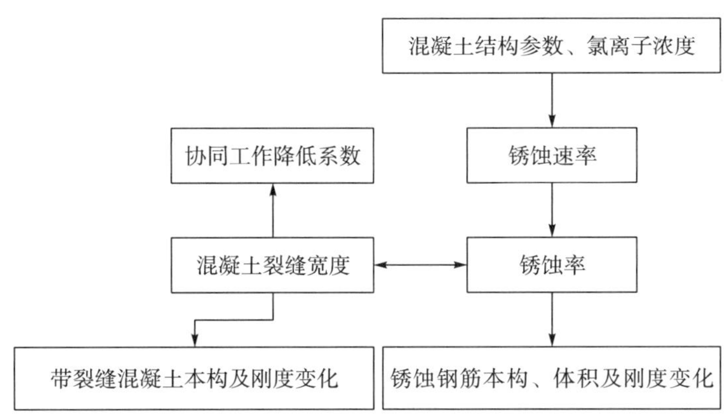

图 8-23　氯盐侵蚀作用下的钢筋混凝土结构分析思路

1) 管片安全评估

对管片拉压安全评估，主要考察管片截面的轴力-弯矩承载能力极限状态曲线，参考有关文献[118,122,123]，并依据《混凝土结构设计规范》(GB 50010—2010(2015 年版))[84]，对于偏心受压构件截面，根据偏心轴距混凝土底面距离 x 的取值不同，轴力 N 和弯矩 M 可以按照下述式子求得：

$x < 2a_s$ 时，

$$N = \frac{1}{e'} k_b k_y f_y A_{s,c} (h_{o,c} - a'_s) \tag{8-41}$$

$$M = k_b k_y f_y A_{s,c} (h_{o,c} - a'_s) \tag{8-42}$$

$2a_s \leqslant x < \xi_{b,c} h_{o,c}$ 时，

$$N = f_{cm} b_c x + k'_y f'_y A'_{s,c} - k_b k_y f_y A_{s,c} \tag{8-43}$$

$$M = f_{cm} b_c x \left(h_{o,c} - \frac{x}{2} \right) + k'_y f'_y A'_{s,c} \left(h_{o,c} - a'_s \right) \tag{8-44}$$

$\xi_{b,c} h_{o,c} \leqslant x < h_c$ 时，

$$N = f_{cm} b_c x + k'_y f'_y A'_{s,c} - \frac{\xi - 0.8}{\xi_{b,c} - 0.8} k_b k_y A_{s,c} \tag{8-45}$$

$$M = f_{cm} b_c x \left(h_{o,c} - \frac{x}{2} \right) + k'_y f'_y A'_{s,c} \left(h_{o,c} - a'_s \right) \tag{8-46}$$

$h_c \leqslant x < (1.6 - \xi_{b,c}) h_{o,c}$ 时，

$$N = f_{cm} b_c x + k'_y f'_y A'_{s,c} - \frac{\xi - 0.8}{\xi_{b,c} - 0.8} k_b k_y A_{s,c} \tag{8-47}$$

$$M = f_{cm} b_c x \left(h_{o,c} - \frac{h_c}{2} \right) + k'_y f'_y A'_{s,c} \left(h_{o,c} - a'_s \right) \tag{8-48}$$

$x \geqslant (1.6 - \xi_{b,c}) h_{o,c}$ 时，

$$N = f_{cm} b_c x + k'_y f'_y A'_{s,c} + k_b k_y f_y A_{s,c} \tag{8-49}$$

$$M = f_{cm} b_c x \left(h_{o,c} - \frac{h_c}{2} \right) + k'_y f'_y A'_{s,c} \left(h_{o,c} - a'_s \right) \tag{8-50}$$

式中，h_c为损伤后截面计算高度；b_c为损伤后截面计算宽度；$A'_{s,c}$为锈蚀后纵向受压钢筋面积；k'_y为锈蚀后纵向受压钢筋屈服强度降低系数；$\xi_{b,c}$为界限相对受压区高度；a'_s为混凝土保护层厚度；f_{cm}为损伤混凝土轴心抗压强度设计值；f_y为锈蚀后钢筋的抗拉强度设计值；e为偏心距。

根据第 7 章的空间交叉盾构隧道结构参数(上、下隧道参数相同)，按照上述式子可以求出管片截面的轴力-弯矩承载能力极限状态曲线如图8-24所示。可以看出，在η_s=2.5%时，混凝土锈胀裂缝宽度约为 0.5mm，结构协同工作降低系数 k_b 为 1，钢筋和混凝土协同工作，此时锈蚀程度较轻，钢筋与混凝土的承载能力下降较少，结构较未锈蚀时的轴力-弯矩承载能力极限状态曲线变化不大；在η_s=10%时，混凝土锈胀裂缝宽度约为 2mm，结构协同工作降低系数 k_b 取 0.8，此时钢筋和混凝土的粘结力很低，协同工作能力显著降低，锈蚀程度较重，同时钢筋与混凝土的承载能力下降明显，结构较未锈蚀时的轴力-弯矩承载能力极限状态曲线出现明显下降，其中抗弯承载力约下降为未锈蚀时的 77.5%，抗压承载力约下降为未锈蚀时的 74.6%，此阶段抗弯、抗压承载力下降幅度基本相同；在η_s=20%时，钢筋混凝土结构出现严重损坏，同时钢筋与混凝土脱粘，承载能力显著下降，结构较未锈蚀时的轴力-弯矩承载能力极限状态曲线进一步明显内移，其中抗弯承载力约下降为未锈蚀时的 48.8%，抗压承载力约下降为未锈蚀时的 45.1%。整体来看，轴力-弯矩承载能力极限状态曲线随着钢筋锈蚀程度的加深不断内移，管片截面的承载能力不断降低。

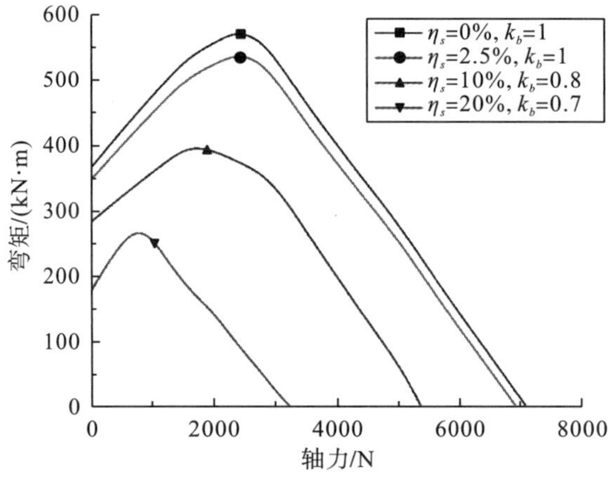

图 8-24　不同锈蚀程度下的轴力-弯矩承载能力极限状态曲线

如图 8-24 所示，在外部荷载作用下，对不同的氯盐侵蚀程度，检索管片上所有位置的轴力-弯矩组合 $Z(N, M)$，设所有 $Z(\gamma_i N, \gamma_i M)$ 的集合为 I，如果均在该侵蚀程度下的轴力-弯矩承载能力极限状态曲线包络范围U之内，则认为结构的管片拉压安全评估通过，安全评估判断式如下：

$$I \subset U \tag{8-51}$$

基于文献[124]，推导出管片截面的抗剪安全评估式为

$$\gamma_i \cdot S_{s\max} \leqslant \left[S_s\right] = \frac{\beta_d \cdot \beta_p \cdot \beta_n \cdot f_{vcd} b_w d}{\gamma_b} + \frac{A_w f_{wyd} z}{S_s \gamma_b} \tag{8-52}$$

其中，$f_{vcd} = 0.2\sqrt[3]{f'_{cd}}$，但 $f_{vcd} \leqslant 0.72(\mathrm{N/mm^2})$，$f'_{cd}$ 为锈蚀后混凝土的抗压强度；$\beta_d = \sqrt[4]{\dfrac{1}{d}}$，但 $\beta_d > 1.5$ 时取 1.5；$\beta_p = \sqrt[3]{100P_w}$，但 $\beta_p > 1.5$ 时取 1.5；$\beta_n = 1 + \dfrac{M_0}{M_d}$，但 $\beta_n > 2$ 时取 2，M_0 为最大弯矩受拉侧将由轴力引起的应力抵消的必须弯矩；b_w 为腹部宽度；A_w 为区间的剪切补强钢材锈蚀后的纵断面面积；f_{wyd} 为剪切补强钢材锈蚀后的屈服强度；S_s 为剪切补强钢材的配置间隔(mm)；z 为受压应力的合力作用位置到抗拉钢筋形心的距离(mm)；γ_b 为构件分项系数。

2) 接头安全评估

盾构隧道接头破坏的形式有很多种情形，为简化分析，假设接头螺栓的两侧为刚性固定。故此时分析氯盐侵蚀对盾构隧道接头承载能力的影响，主要是考虑氯盐侵蚀作用对接头螺栓几何尺寸和力学性能的改变。

对接头的抗拉安全评估，有

$$\gamma_i T_{b\max} \leqslant \left[T\right] = (1-\eta_s) A_b f_y \tag{8-53}$$

式中，$T_{b\max}$ 为螺栓最大拉力；$\left[T\right]$ 为该锈蚀程度下螺栓最大拉力允许值；A_b 为螺栓原始正截面面积；f_y 的取值参考表 8-8。

对接头的抗剪安全评估，有

$$\gamma_i S_{b\max} \leqslant \left[S_b\right] = (1-\eta_s) A_b [\tau] \tag{8-54}$$

式中，$S_{b\max}$ 为螺栓最大剪力；$\left[S_b\right]$ 为该锈蚀程度下螺栓最大剪力允许值；$[\tau]$ 为该锈蚀程度下螺栓最大剪应力允许值。

3. 盾构隧道各部分承载能力极限状态评估指标

根据前文能够对盾构隧道结构进行安全评估判断，在结构处于安全范围的情况下可以通过定义安全指数来评价结构各区域的承载能力。对于盾构隧道衬砌结构某正截面，定义管片拉压安全指数 a，如图 8-25 所示，在大偏心受压区域，定义

$$a = \frac{1}{\gamma_i}\sqrt{(N_1 - N_3)(M_3 - M_1)} \tag{8-55}$$

其中，当 $M_1 \leqslant M_0$ 时，取 N_3=0。

在小偏心受压区域，定义

$$a=\frac{1}{\gamma_i}\sqrt{(N_4-N_2)(M_4-M_2)} \tag{8-56}$$

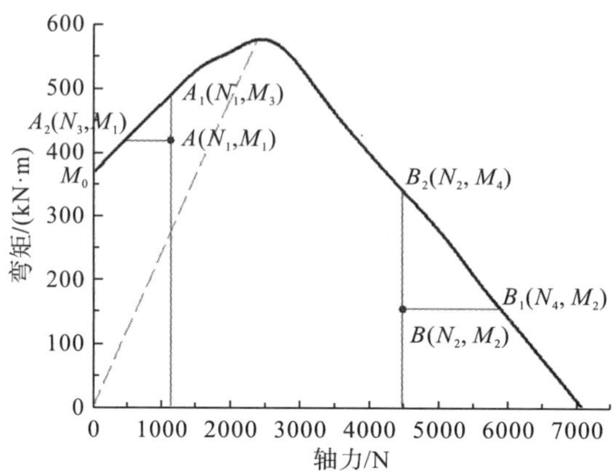

图 8-25 管片拉压安全指数计算方法

对于盾构隧道衬砌结构某正截面，定义管片剪力安全指数 b，按下式计算：

$$b=1-\frac{\gamma_i S_s}{[S_s]} \tag{8-57}$$

对于盾构隧道衬砌结构某接头结构，定义接头拉力安全指数 c，按下式计算：

$$c=1-\frac{\gamma_i T_b}{[T]} \tag{8-58}$$

对于盾构隧道衬砌结构某接头结构，定义接头剪力安全指数 d，按下式计算：

$$d=1-\frac{\gamma_i S_b}{[S_b]} \tag{8-59}$$

以上公式中的内力为负值时，取其绝对值代入。安全指数的值越大，说明该处结构还可以承受相应内力的空间越大，该处结构越安全；反之若各安全指数越接近于 0，则说明相应位置该项受力越接近其承载能力极限状态，该处结构越不安全。

8.2.2 空间交叉盾构隧道数值模型

基于第 7 章所采用精细化建模的数值模型一，如图 7-1～图 7-4 所示，以模拟列车以时速 40km/h 运行的工况为例，选取钢筋锈蚀率为 10%和 20%的工况进行计算，测点布置见图 5-3。考虑到空间交叉盾构隧道的结构交叉处的裂缝较多，在氯盐侵蚀作用下锈蚀速率相较于其他区域明显更快，属于易锈蚀区域，这里假设上隧道中部五环、下隧道中部三环全环锈蚀。在第 7 章数值模型的基础上，在钢筋刚度上乘以协同工作降低系数 k_b 进行折减，同时根据钢筋锈蚀率修改钢筋截面积，具体如表 8-9 所示，其中，C_S 为混凝土表面氯离子含量占混凝土总重百分比，取值参考文献[125,126]。考虑到两种锈蚀率下的混凝土保护层开裂，混凝土刚度乘以 0.8 的刚度折减系数。

表 8-9　数值模型钢筋有关参数

钢筋锈蚀率/%	等效锈蚀年限/a (C_S=0.7%)	k_b	钢筋有效截面积百分比/%
10	39.33	0.8	90
20	59.52	0.7	80

8.2.3　空间交叉盾构隧道动力响应

锈蚀率为 20%时，在 4.47s 时刻盾构隧道钢筋应力云图如图 8-26(彩图见附录)所示。从图 8-26(a)、(b)中可以看出，上隧道钢筋的应力主要集中在隧道下部，且在各扣件对应位置处的钢筋应力最大。下隧道钢筋的应力总体小于上隧道，钢筋的应力主要集中在隧道上部，在与上隧道空间交叉的上部区域应力最大，最大应力主要分布在中环封顶块周围的钢筋处。上隧道钢筋的应力最大值出现在上隧道底部的外侧，值为 0.119MPa，下隧道钢筋应力最大值出现在下隧道顶部外侧，最大值为 0.099MPa，较锈蚀前均有明显降低。

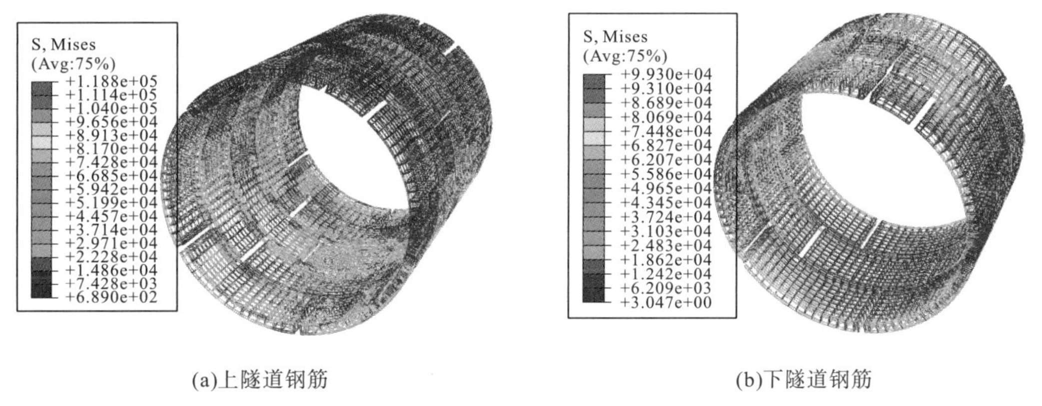

(a)上隧道钢筋　(b)下隧道钢筋

图 8-26　隧道中部钢筋应力

提取 4.47s 时刻上、下隧道中部管片环的环向螺栓、纵向螺栓中部点应力见表 8-10 和表 8-11。对环向螺栓，上隧道环向螺栓的应力主要集中在隧道下部，其中螺栓(4)应力最大，最大值为 1.147MPa，而拱顶附近的螺栓(2)应力最小；下隧道环向螺栓的应力分布明显小于上隧道，下隧道环向螺栓的应力主要集中在隧道拱顶和拱底，最大应力分布在中部环封顶块周围的螺栓(2)处，最大值为 0.167MPa，而拱腰附近螺栓应力最小；较锈蚀前有明显的降低。对纵向螺栓，上隧道纵向螺栓的应力主要集中在隧道下部，最大值为螺栓(5)1.367MPa，而拱顶螺栓(1)应力最小；下隧道纵向螺栓的应力分布明显小于上隧道，下隧道纵向螺栓的应力主要集中在隧道拱顶和拱腰，最大应力分布在拱腰螺栓(3)处，最大值为 0.464MPa，而底部螺栓应力最小；较锈蚀前同样均有明显的降低。

表 8-10 隧道中部环向螺栓应力

上隧道中部环/Pa	(1)	(2)	(3)
	416 113	40 472	688 465
	(4)	(5)	(6)
	1 147 144	886 771	226 791
下隧道中部环/Pa	(1)	(2)	(3)
	159 571	166 736	59 225
	(4)	(5)	(6)
	87 498	73 540	74 637

表 8-11 隧道中部纵向螺栓应力

上隧道中部环/Pa	(1)	(2)	(3)
	173 607	254 786	341 862
	(4)	(5)	
	1 207 893	1 366 761	
下隧道中部环/Pa	(1)	(2)	(3)
	110 211	444 151	463 833
	(4)	(5)	
	240 202	37 813	

8.2.3.1 加速度

提取锈蚀率为 0%、10%和 20%时上、下隧道的监测点 4-5、6-3 的加速度时程曲线如图 8-27(彩图见附录)所示。可以看出，随着锈蚀程度的加深，两监测点的加速度均呈增大趋势，其中 4-5 的加速度时程曲线幅值分别为 0.065m/s^2、0.067m/s^2 和 0.099m/s^2，先缓

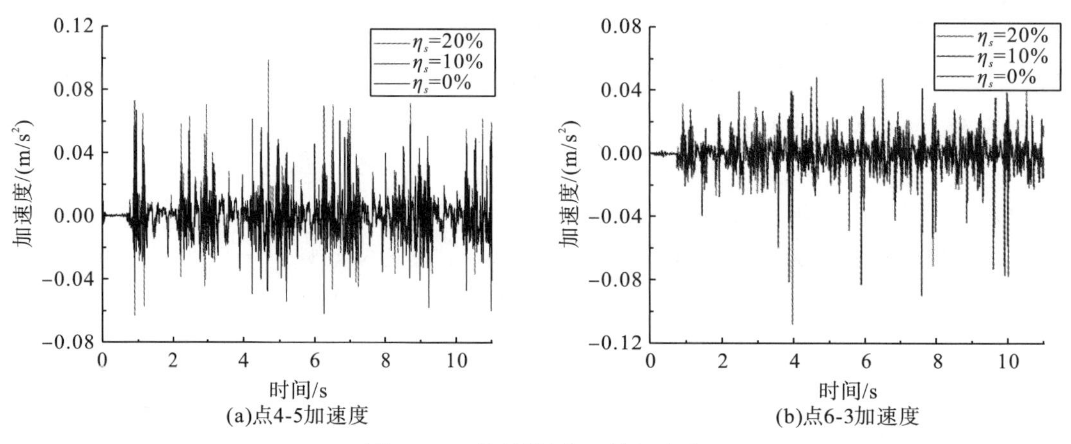

图 8-27 不同锈蚀率下的加速度

慢增大后迅速变大，而 6-3 的加速度时程曲线幅值分别为−0.075m/s^2、−0.090m/s^2 和 −0.106m/s^2，基本呈线性增大趋势。上隧道和下隧道各监测点的加速度时程曲线幅值如表 8-12 和表 8-13 所示，由表可以看出，对上部隧道，随着钢筋锈蚀率的增大，加速度幅值增大且增大得越来越快；但是对下部隧道，拱腰和拱底部位的加速度幅值受锈蚀影响不明显，而拱顶随锈蚀率的增加基本呈线性增大趋势。

表 8-12　上隧道各监测点的加速度时程曲线幅值　(单位：m/s^2)

锈蚀率	4-5	4-4	4-3	3-5	3-4	3-3	2-5	2-4	2-3
0%	0.065	0.067	0.069	−0.052	−0.051	−0.051	−0.12	−0.120	−0.110
10%	0.067	0.068	0.069	−0.047	−0.048	−0.048	−0.13	−0.123	−0.115
20%	0.099	0.093	0.083	0.061	0.061	0.052	−0.14	−0.138	−0.122

表 8-13　下隧道各监测点的加速度时程曲线幅值　(单位：m/s^2)

锈蚀率	6-3	6-2	7-3	7-2	8-3	8-2
0%	−0.075	−0.071	−0.055	−0.054	0.082	0.082
10%	−0.090	−0.093	−0.066	−0.060	0.089	0.089
20%	−0.106	−0.121	0.068	0.059	0.091	0.096

8.2.3.2　动态应力

提取锈蚀率为 0%、10%和 20%时上、下隧道的监测点 4-5、6-3 的 Mises 应力时程曲线如图 8-28(彩图见附录)所示。可以看出，随着锈蚀程度的加深，两监测点的 Mises 应力幅值均呈下降趋势，其中点 4-5 的应力时程曲线幅值分别为 28.17kPa、27.35kPa 和 26.72kPa，下降的趋势随着锈蚀率的增加略有减缓；监测点 6-3 的应力时程曲线幅值分别为 9.06kPa、7.98kPa 和 7.80kPa，先迅速下降后缓慢下降。上、下隧道各监测点的 Mises

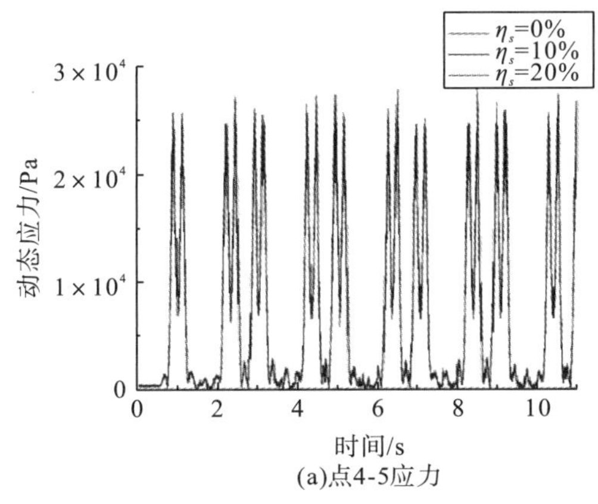

(a)点4-5应力

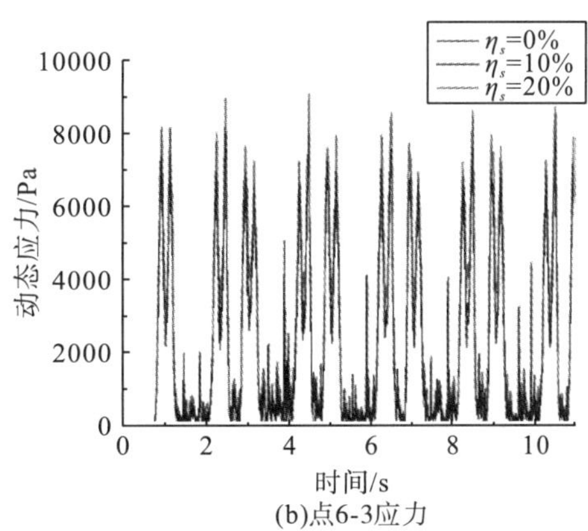

(b)点6-3应力

图 8-28　不同锈蚀率下的应力

应力时程曲线幅值如表 8-14 和表 8-15 所示，可以看出，对上隧道，拱顶部位的应力幅值受锈蚀影响不明显，而拱顶和拱腰部位的应力随锈蚀率的增加基本呈线性减小趋势；对下隧道，随着锈蚀率的增大，Mises 应力下降但下降得越来越缓。

表 8-14　上隧道各监测点的应力时程曲线幅值　（单位：Pa）

锈蚀率	4-5	4-4	4-3	3-5	3-4	3-3	2-5	2-4	2-3
0%	28 173.9	8 651.1	14 462.4	14 075.8	16 362.4	15 036.0	9 975.8	5 184.7	9 011.1
10%	27 353.1	8 247.1	13 806.6	8742.2	14 771.7	14 160.5	9 471.1	5 330.1	9 763.5
20%	26 717.0	7 830.9	13 330.6	7 583.8	10 826.1	12 700.2	9 472.5	5 128.9	9 324.6

表 8-15　下隧道各监测点的应力时程曲线幅值　（单位：Pa）

锈蚀率	6-3	6-2	7-3	7-2	8-3	8-2
0%	9 061.7	11 841.8	22 754.7	18 092.6	5 787.4	4 479.6
10%	7 976.4	9 975.4	19 871.5	16 579.3	3 692.9	2 898.2
20%	7 798.6	8 638.5	19 157.2	15 222.5	2 372.9	2 263.7

8.2.3.3　动态应变

提取锈蚀率为 0%、10%和 20%时上、下隧道的监测点 4-5、6-3 的动态应变时程曲线如图 8-29(彩图见附录)所示。可以看出，随着锈蚀程度的加深，两监测点的动态应变幅值均呈增大趋势，其中监测点 4-5 的应变时程曲线幅值分别为-3.85×10^{-7}、-4.68×10^{-7}和-5.60×10^{-7}，先缓慢增大后迅速变大，增大的趋势随着锈蚀率的增加略有增加；测点 6-3 的应变时程曲线幅值分别为-1.10×10^{-7}、-1.10×10^{-7}和-1.30×10^{-7}，先缓慢增大后明显变大。上、下隧道各监测点的动态应变时程曲线幅值如表 8-16 和表 8-17 所示，可以看出，对上隧道，应变幅值随锈蚀率的增加而增大；但是对下隧道，随着锈蚀率的增大动态应变增大且增大得越来越快。

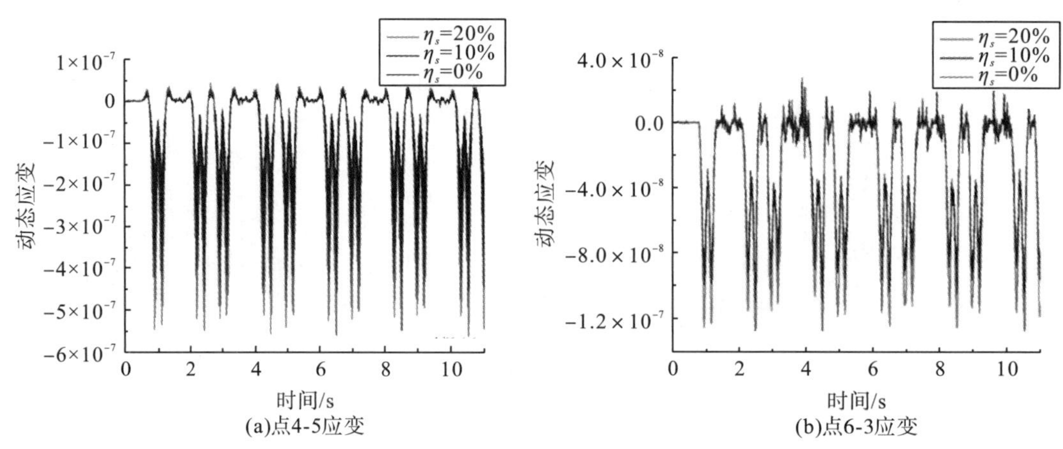

(a)点4-5应变　(b)点6-3应变

图 8-29　不同锈蚀率下的应变

表 8-16 上隧道各监测点的应变时程曲线幅值 ($\times 10^{-9}$)

锈蚀率	4-5	4-4	4-3	3-5	3-4	3-3	2-5	2-4	2-3
0%	−385.431	−99.687	−211.317	261.529	366.698	390.836	71.231	34.857	62.205
10%	−467.657	−118.741	−254.568	−289.353	530.439	420.527	74.644	40.931	60.808
20%	−560.256	−149.352	−336.16	−326.058	549.298	441.325	85.516	50.465	79.619

表 8-17 下隧道各监测点的应变时程曲线幅值 ($\times 10^{-9}$)

锈蚀率	6-3	6-2	7-3	7-2	8-3	8-2
0%	−109.924	−71.007	−555.594	−533.010	−32.289	32.063
10%	−110.060	−73.619	−570.395	−545.538	−37.815	34.133
20%	−130.414	−79.727	−834.198	−693.502	−40.193	39.931

8.2.3.4 动力系数

结构某位置动力系数$(1+\mu)$可以按照以下式子求解：

$$1+\mu=\frac{\sigma_{d\max}}{\sigma_j} \tag{8-60}$$

式中，$\sigma_{d\max}$为结构某位置的最大动态应力；σ_j为结构某位置的最大静态应力。

选取在此荷载模式下上、下隧道结构动力响应最大的中间环上的各监测点，提取锈蚀率为 0%、10%和 20%时的动力系数值，结果如表 8-18 所示。可以看出，随着锈蚀率的增加，结构的动力系数总体呈增大趋势，隧道上拱底的动力系数明显大于其他部位。说明随着锈蚀率的增大，动力系数先迅速增大后缓慢增大。其中，锈蚀对上隧道拱腰、下隧道拱腰和拱底的动力系数增大作用不明显，增量基本为 0，而上隧道拱顶的动力系数增大得最多，增加了 47%。

表 8-18 部分监测点动力系数变化

点号	η_s=0%	η_s=10%		η_s=20%	
	μ	μ	变化率	μ	变化率
4-5	0.0129	0.0157	22%	0.0166	29%
3-5	0.0024	0.0024	0%	0.0024	0%
2-5	0.0059	0.0083	41%	0.0087	47%
6-3	0.0046	0.0053	15%	0.0057	24%
7-3	0.0026	0.0029	12%	0.0027	4%
8-3	0.0017	0.0017	0%	0.0018	6%

8.2.4 空间交叉盾构隧道承载能力

8.2.4.1 结构内力影响

根据管片应力分布向截面中心位置进行积分，即可得到管片横截面的轴力、弯矩以及剪力，计算公式如下：

$$N=\frac{1}{2}\left(\sigma_{\theta1}+\sigma_{\theta2}\right)A \tag{8-61}$$

$$M=\frac{1}{2}(\sigma_{\theta1}-\sigma_{\theta2})\frac{I}{y} \tag{8-62}$$

$$S=\frac{1}{2}(\tau_{\theta1}+\tau_{\theta2})A \tag{8-63}$$

式中，$\sigma_{\theta1}$、$\sigma_{\theta2}$为管片截面内、外侧的环向应力；$\tau_{\theta1}$、$\tau_{\theta2}$为管片截面内、外侧的切向应力；A 为管片截面面积；I 为管片截面关于隧道轴向（Z 轴）的惯性矩；y 为截面内外缘距截面形心的距离。

为了分析上、下隧道管片中环不同位置的内力响应，以隧道拱顶截面为起点，沿顺时针方向，每 10°取一个截面进行管片内力提取。图 8-30（彩图见附录）为提取的静力荷载（上覆地层和结构自重）作用下管片的轴力、剪力、弯矩。由图 8-30 知，两环管片的静态轴力、剪力和弯矩分布状态大致相同。对于轴力分布情况，管片所受轴力为压力，隧道衬砌整体处于受压状态，拱腰轴力较大，拱顶、拱底位置压力相对较小；锈蚀作用使得上、下隧道轴力明显降低，且对上隧道的影响更明显。对弯矩分布，隧道拱顶、拱底处受负弯矩作用，管片内侧混凝土受拉、外侧受压，而两侧拱腰受正弯矩作用，管片内侧混凝土受压、外侧受拉，下隧道对上隧道底部的弯矩存在明显的卸载作用；上、下隧道弯矩随着锈蚀程度加深明显降低。对剪力分布，隧道拱顶、拱底、拱腰处的剪力最小，其余部位分别受到正、负剪力的作用，上、下隧道剪力随着锈蚀程度加深有所降低，但不显著。

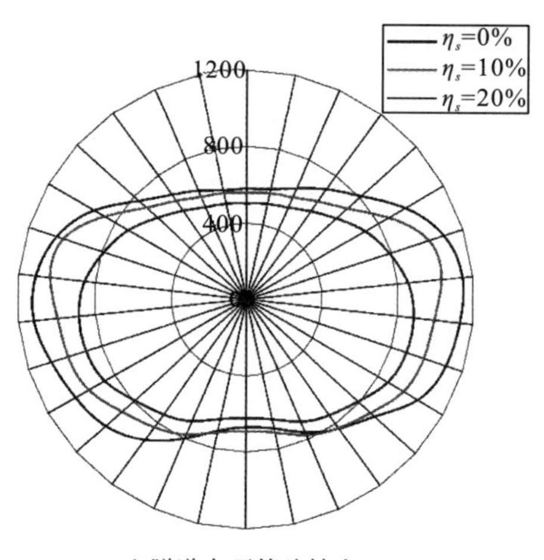

(a)上隧道中环管片轴力(kN)

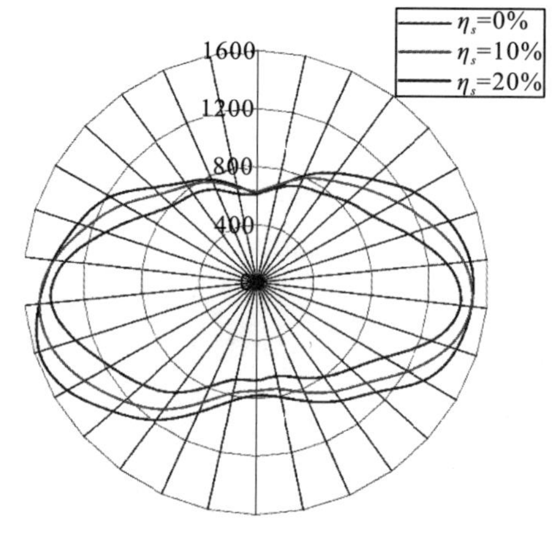

(b)下隧道中环管片轴力(kN)

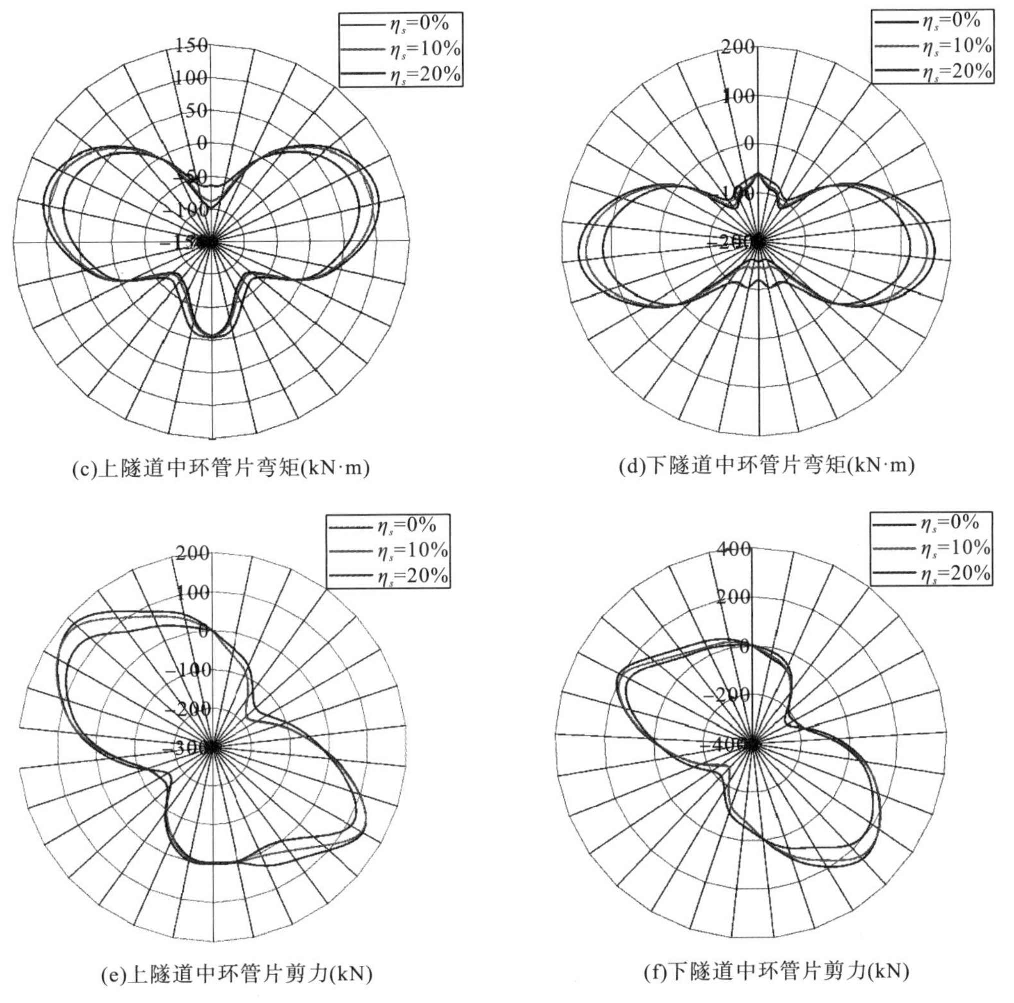

(c)上隧道中环管片弯矩(kN·m)　(d)下隧道中环管片弯矩(kN·m)

(e)上隧道中环管片剪力(kN)　(f)下隧道中环管片剪力(kN)

图 8-30　上、下隧道管片中环管片内力图

由于下部隧道埋深较大，下隧道管片的静态内力值大于上隧道，其不同工况的最大轴力、弯矩、剪力值如表 8-19 所示。

表 8-19　下隧道静态内力最值

锈蚀率	轴力/kN	弯矩/(kN·m)	剪力/kN
0%	1167.898	177.388	280.687
10%	1054.536	161.312	268.033
20%	897.214	−131.852	−228.847

地铁运营阶段，列车动载将引起管片衬砌内力发生变化，每 10°取一截面提取由列车动载引起的管片附加弯矩、轴力、剪力，如图 8-31(彩图见附录)所示。由图可见，两环管片的动态轴力、剪力和弯矩分布状态存在一定区别，对比图 8-30，结合现有研究成果[127]，可以发现接头对静态内力的影响不明显，但对动态内力的影响明显。对于轴力分布，列

车动载引起的轴力为压力，上隧道拱腰、拱顶两侧的轴力较大，拱顶、拱底位置压力相对较小，下隧道拱腰的轴力较大，拱顶、拱底位置压力较小；锈蚀作用使得轴力降低，且对上隧道的影响更明显。对弯矩分布，列车动载引起的弯矩为正弯矩，管片内侧混凝土受压，外侧混凝土受拉；上隧道拱腰处的弯矩较大，拱顶、拱底位置较小，随着锈蚀程度加深弯矩出现显著减小；下隧道拱顶和拱底两侧的弯矩较大，锈蚀程度加深的这些地方的弯矩下降，但拱腰处的弯矩增大。对剪力分布，隧道拱顶、拱底、拱腰处剪力较大，其余部位的动态剪力趋近于 0，上、下隧道拱顶和拱底处的剪力随着锈蚀程度加深有所降低，但不显著，其余地方基本没有变化。

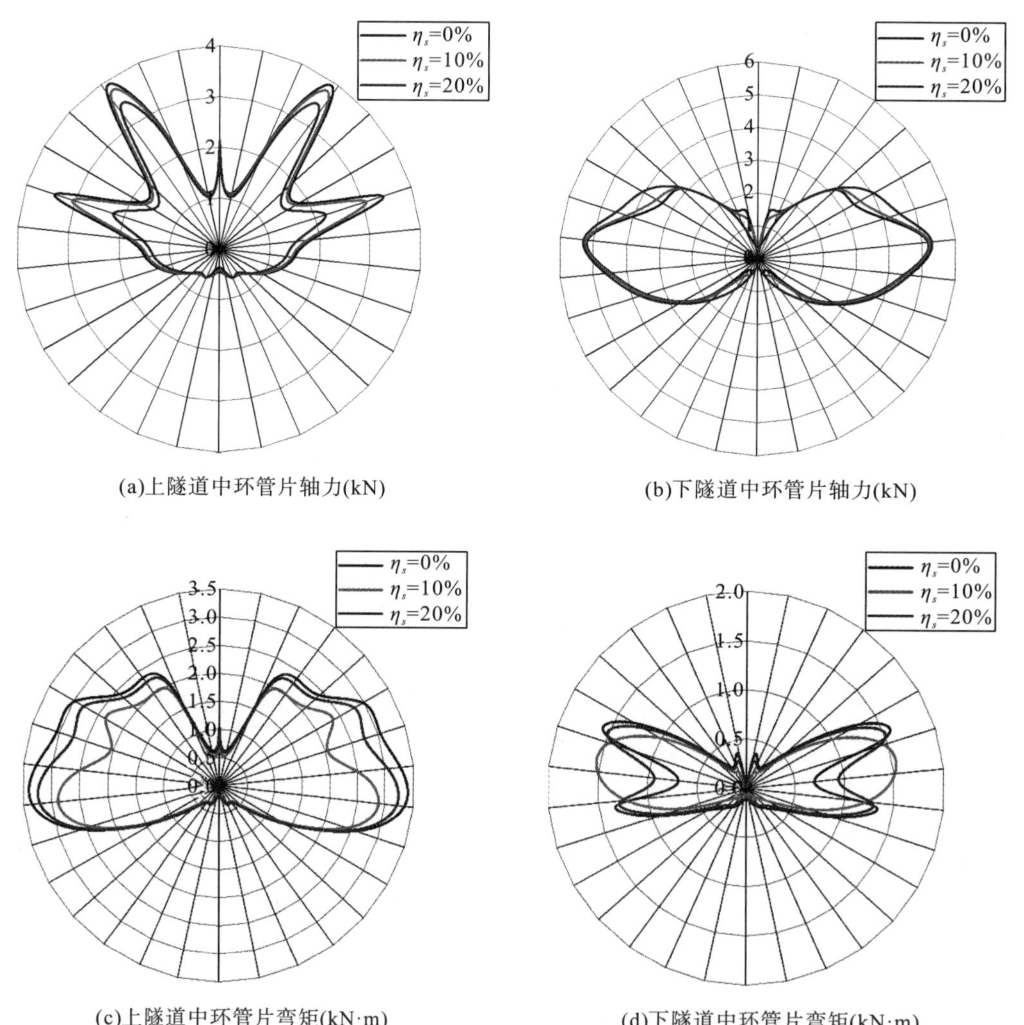

(a)上隧道中环管片轴力(kN)

(b)下隧道中环管片轴力(kN)

(c)上隧道中环管片弯矩(kN·m)

(d)下隧道中环管片弯矩(kN·m)

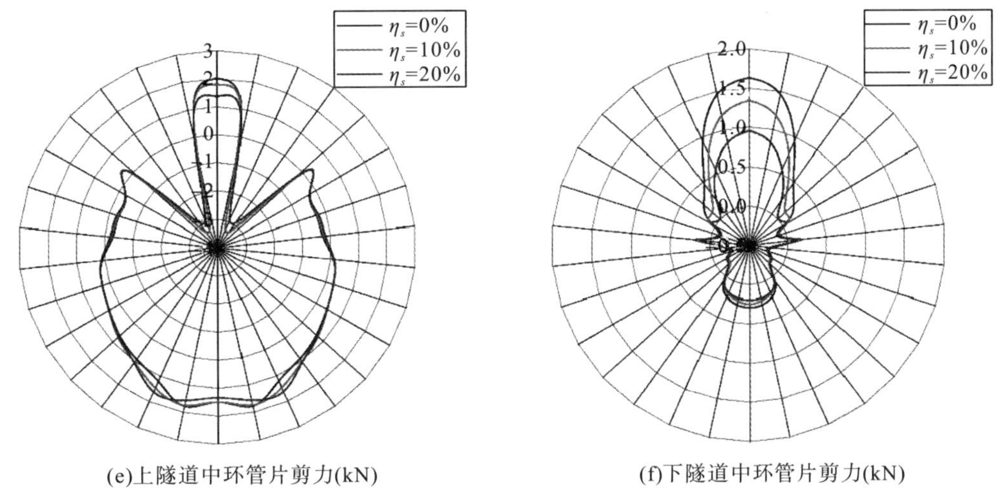

(e)上隧道中环管片剪力(kN)　　(f)下隧道中环管片剪力(kN)

图 8-31　上、下隧道管片中环管片内力图

8.2.4.2　承载能力影响

根据上文的承载能力极限状态分析体系及求得的内力，求得静态和动态情形下，不同锈蚀率的上、下隧道管片拉压安全指数如图 8-32 所示。对上隧道，在锈蚀率为 0%、10%和 20%时，地铁运营的列车动载使得拱顶和拱腰两侧的管片拉压安全指数 a 增大，拱顶管片的安全指数 a 在不同锈蚀率时分别增大了 26.51%、32.28%和 30.56%；在拱脚两侧，不同锈蚀率时分别最大增大了 20.21%、26.68%和 29.03%；而拱腰等其他部分的 a 值则没有明显变化，说明列车行驶产生的轴力和正弯矩，加大了结构的轴力，抵消了部分负弯矩，对上隧道结构拉压安全有正面作用。随着锈蚀率增大，静态情形下 a 值的最小值分别为 438.74、363.66 和 302.70，动态情形下 a 值的最小值分别为 538.71、463.09 和 388.24，管片全环的 a 值显著减小，说明锈蚀对上隧道的拉压安全的降低具有显著影响。对下隧道，在锈蚀率为 0%时，动态和静态情形下的管片拉压安全指数 a 基本重合，而锈蚀率为 10%和 20%时，地铁运营的列车动载使得拱顶和拱腰两侧的 a 值显著减小，在拱底处减小最多，分别减小了 19.78%和 32.78%，说明锈蚀率越大，列车动载对下隧道拉压安全性能降低的影响越明显；随着锈蚀率增大，静力状态下 a 值最小值分别为 462.26、459.10 和 448.03，变化不明显，拱顶两侧和拱腰两侧的 a 值有较为明显的减小，但总体来说在静态时氯盐侵蚀作用对下隧道的拉压安全影响不显著，动态 a 值的最小值分别为 448.15、378.32 和 310.75，管片全环的 a 值显著减小，说明锈蚀对上隧道行车时的下隧道拉压安全的降低具有显著影响。

静态和动态情形下，不同锈蚀率下的上、下隧道管片剪力安全指数分布如图 8-33 所示。由图可知，不论上、下隧道，各锈蚀率时动态下的管片剪力安全指数 b 和静态的 b 值均基本重合，说明列车动载对上、下隧道结构的管片剪力安全情况基本没有影响。在锈蚀率为 0%、10%和 20%时，上隧道的 b 值最小值分别为 0.350、0.338 和 0.278，下隧

道的 b 值最小值分别为 0.474、0.354 和 0.346，下隧道的 b 值总体大于上隧道，说明下隧道受剪状态更为安全。上、下隧道 b 值总体均呈减小趋势，说明氯盐侵蚀对结构的抗剪性能有较为明显的降低作用。

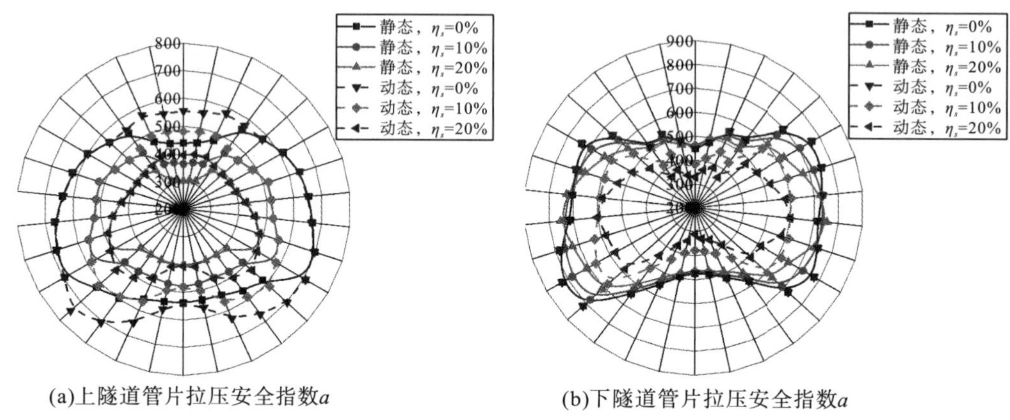

(a)上隧道管片拉压安全指数 a　　(b)下隧道管片拉压安全指数 a

图 8-32　上、下隧道管片拉压安全指数

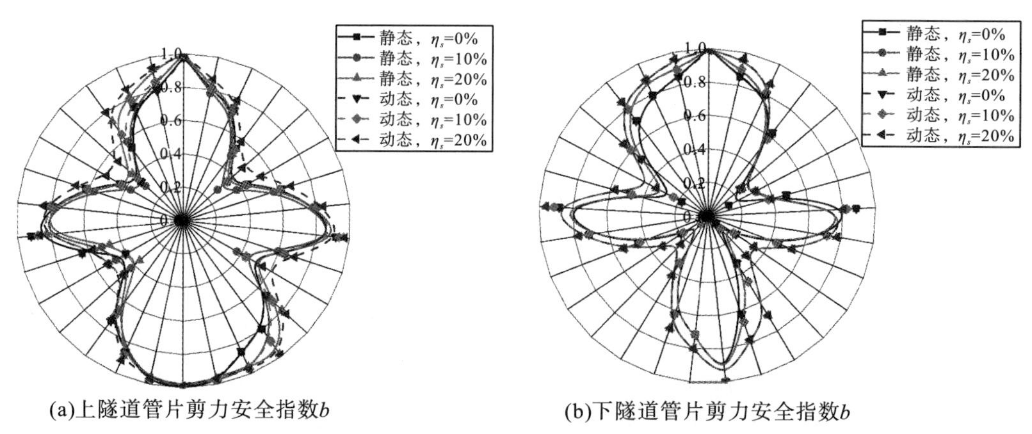

(a)上隧道管片剪力安全指数 b　　(b)下隧道管片剪力安全指数 b

图 8-33　上、下隧道管片剪力安全指数

在动态情形下，提取不同锈蚀率下的上、下隧道接头环向螺栓受拉安全指数 c 和剪力安全指数 d，分布如图 8-34 所示，螺栓编号同 7.2 节。可以看出，随着锈蚀程度的加深，接头螺栓的安全指数总体呈下降趋势，且下降得越来越快。

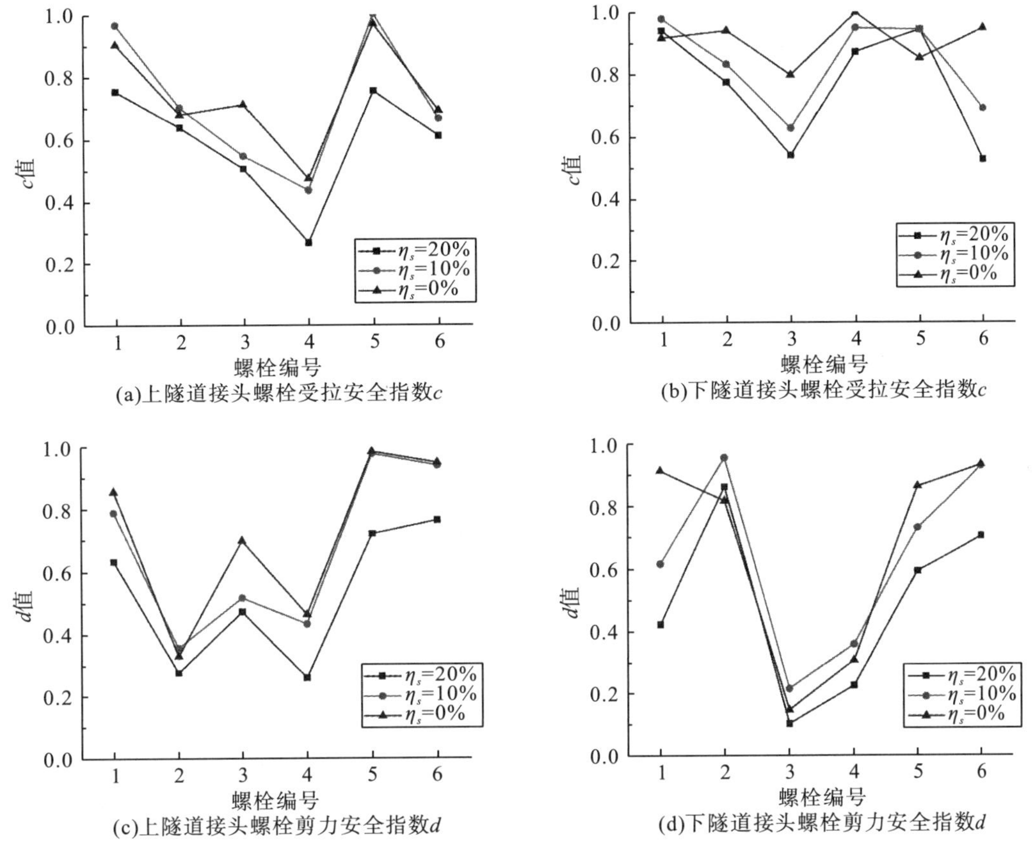

(a)上隧道接头螺栓受拉安全指数c　(b)下隧道接头螺栓受拉安全指数c

(c)上隧道接头螺栓剪力安全指数d　(d)下隧道接头螺栓剪力安全指数d

图 8-34　上、下隧道接头螺栓安全指数

8.3 本 章 小 结

(1) 首先根据混凝土腐蚀机理以及室内加速试验，得到了混凝土在硫酸盐腐蚀情况下其弹性模量、极限抗压强度以及极限抗拉强度的变化规律。并通过拟合得到了弹性模量、极限抗压强度和极限抗拉强度随腐蚀时间变化的函数关系式。

(2) 通过 ABAQUS 建立了交叉盾构隧道模型，分析了在硫酸盐腐蚀 0 年、21.4 年、42.9 年、64.3 年、85.7 年和 107.1 年情形下交叉盾构隧道管片衬砌结构的应力、竖向加速度、竖向速度和竖向位移等动力响应变化特征。

(3) 通过对比不同腐蚀情况下交叉盾构隧道的动力响应特征，得到了硫酸盐腐蚀盾构隧道对结构列车振动响应的规律。结果表明：在硫酸盐腐蚀前期，腐蚀对交叉隧道的列车振动响应影响不大；而在腐蚀后期，则会使交叉隧道的动力响应发生较大的变化。

(4) 氯盐侵蚀作用下的盾构隧道，在锈蚀率为 2.5%时，混凝土锈胀裂缝宽度约为 0.5mm，结构协同工作降低系数 k_b 为 1，钢筋和混凝土协同工作，钢筋与混凝土的承载能力下降较少，结构较未锈蚀时的轴力-弯矩承载能力极限状态曲线变化不大。在锈蚀率为 10%时，混凝土锈胀裂缝宽度约为 2mm，结构协同工作降低系数 k_b 取 0.8，协同工作能力显著降低，锈蚀程度较重，同时钢筋与混凝土的承载能力下降明显，结构较未锈蚀时的轴力-弯矩承载能力极限状态曲线出现明显下降，其中抗弯承载力约下降为未锈蚀时的77.5%，抗压承载力约下降为未锈蚀时的74.6%。在锈蚀率为20%时，钢筋与混凝土脱粘，承载能力显著下降，结构较未锈蚀时的轴力-弯矩承载能力极限状态曲线进一步明显下降，其中抗弯承载力约下降为未锈蚀时的48.8%，抗压承载力约下降为未锈蚀时的45.1%。整体来看，轴力-弯矩承载能力极限状态曲线随着钢筋锈蚀程度的加深不断内移，管片截面的承载能力不断降低。

(5)随着锈蚀率的增加，钢筋混凝土的协同工作能力显著降低，轴力-弯矩承载能力极限状态曲线随着钢筋锈蚀程度的加深不断内移，管片截面的承载能力不断降低。针对锈蚀作用对空间交叉盾构隧道的影响，随着锈蚀率增加，上部隧道加速度幅值增大且增大得越来越快；拱顶部位的应力幅值受锈蚀影响不大，而拱顶和拱腰部位的应力基本呈线性减小趋势；应变幅值增大。对下部隧道，随着锈蚀率的增加，拱腰和拱底部位的加速度幅值变化不明显，而拱顶基本呈线性增大趋势；Mises应力时程曲线幅值下降但下降得越来越缓，动态应变幅值增大且增大得越来越快；随着锈蚀率的增加，结构的动力系数总体呈增大趋势，隧道上拱底处的动力系数远大于空间交叉盾构隧道的其他部位。

(6)静力作用下，管片所受轴力为压力，隧道衬砌整体处于受压状态，拱腰轴力较大，拱顶、拱底位置压力相对较小；锈蚀作用使得上、下隧道轴力明显降低，且对上隧道的影响更明显。对弯矩分布，隧道拱顶、拱底处受负弯矩作用，管片内侧混凝土受拉、外侧受压，而两侧拱腰受正弯矩作用，管片内侧混凝土受压，外侧混凝土受拉，下隧道对上隧道底部的弯矩存在明显的卸载作用；上、下隧道弯矩随着锈蚀程度加深明显降低。对剪力分布，隧道拱顶、拱底、拱腰处剪力最小，其余部位分别受到正负剪力作用，上、下隧道剪力随着锈蚀程度加深有所降低，但不显著。由于下隧道埋深较大，下隧道管片的静态内力值大于上隧道。接头对静态内力的影响不明显，但对动态内力的影响较为明显。对列车动载引起的附加内力，对于轴力分布，列车动载引起的轴力为压力，上隧道拱腰、拱顶两侧的轴力较大，拱顶、拱底位置压力相对较小，下隧道拱腰的轴力较大，拱顶、拱底位置压力较小；锈蚀作用使得轴力降低，且对上隧道的影响更明显。对弯矩分布，列车动载引起的轴力为正弯矩，管片内侧混凝土受压，外侧混凝土受拉；上隧道拱腰处的弯矩较大，拱顶、拱底位置较小，随着锈蚀程度加深弯矩出现显著减小；下隧道拱顶和拱底两侧的弯矩较大，锈蚀程度加深这些地方的弯矩下降，但拱腰处的弯矩增大。对剪力分布，隧道拱顶、拱底、拱腰处剪力较大，其余部位动态剪力趋近于0，上、下隧道的剪力在拱顶和拱底处随着锈蚀程度加深有所降低，但不显著，其余地方基本没有出现变化。

(7)对空间交叉盾构隧道的承载能力极限状态评估，对管片拉压安全指数a，上隧道在锈蚀率为0%、10%和20%时，地铁运营的列车动载使得拱顶和拱腰两侧的a增大，在拱顶不同锈蚀率时分别增大了26.51%、32.28%和30.56%，在拱脚两侧不同锈蚀率时分别最大增大了 20.21%、26.68%和 29.03%，而拱腰等其他部分的 *a* 值则没有发生明显变化，说明列车行驶对上隧道结构拉压安全有正面作用；随着锈蚀率增大，静态情形下 *a* 值的最小值分别为 438.74、363.66 和 302.70，动态情形下 *a* 值的最小值分别为 538.71、463.09 和 388.24，管片全环的 *a* 值显著减小，说明锈蚀对上隧道的拉压安全的降低具有显著影响。对下隧道，在锈蚀率为 0%时，动态和静态情形下的 *a* 值分布基本重合，而锈蚀率为 10%和 20%时，地铁运营的列车动载使得拱顶和拱腰两侧的 *a* 值显著减小，在拱底处减小最多，分别减小了 19.78%和 32.78%，说明锈蚀率越大，列车动载对下隧道拉压安全性能降低的影响越明显；随着锈蚀率增大，静力状态下 *a* 值最小值分别为 462.26、459.10 和 448.03，变化不明显，拱顶两侧和拱腰两侧的 *a* 值有较为明显的减小，但总体来说在静态时氯盐侵蚀作用对下隧道的拉压安全影响不显著，动态 *a* 值的最小值分别为 448.15、378.32 和 310.75，管片全环的 *a* 值显著减小，说明锈蚀对上隧道行车时的下隧道拉压安全的降低具有显著影响。对管片剪力安全指数 *b*，不论上、下隧道，各锈蚀率时动态下的管片剪力安全指数 *b* 和静态的 *b* 值均基本重合，说明列车动载对上、下隧道结构的管片剪力安全情况基本没有影响。在锈蚀率为 0%、10%和 20%时，上隧道的 *b* 值最小值分别为 0.350、0.338 和 0.278，下隧道的 *b* 值最小值分别为 0.474、0.354 和 0.346，下隧道的 *b* 值总体大于上隧道，说明下隧道受剪状态更为安全，上、下隧道 *b* 值总体均呈减小趋势，说明氯盐侵蚀对结构的抗剪性能有较为明显的降低作用。对接头螺栓受拉安全指数 *c* 和剪力安全指数 *d*，随着锈蚀程度的加深，接头螺栓的安全指数总体呈下降趋势，且下降得越来越快。

第 9 章　管片衬砌混凝土损伤理论与改进疲劳本构模型

本章首先阐述混凝土弹塑性损伤理论，给出 6 种常见的混凝土单轴损伤本构模型，并详细介绍 ABAQUS 软件中混凝土塑性损伤本构模型的基本理论，为模拟混凝土损伤效应提供基础。

塑性流动、微裂缝和微孔洞的存在，使得混凝土材料具有较强的非线性特性，主要表现为混凝土受到外力作用时刚度退化和强度软化、刚度部分可恢复性、单边效应、拉压软化效应和不可恢复变形等。在受到疲劳荷载作用时，混凝土主要表现为刚度退化、强度降低和残余应变增加。因此本章还考虑混凝土的非线性特性，基于我国规范，给出混凝土单轴本构模型；随后，考虑在疲劳荷载下混凝土的疲劳刚度、疲劳强度和残余应变的变化规律，给出混凝土的剩余强度公式，推导混凝土的疲劳本构模型。此外，考虑到钢筋在疲劳荷载作用下有效面积的减小，给出钢筋疲劳本构模型。

9.1　混凝土弹塑性损伤理论

混凝土作为胶凝材料、砂、石等骨料组合而成的复合材料，由于水化作用、收缩作用等原因使得其存在毛细孔、孔洞或微裂隙等初始损伤，这些损伤在疲劳荷载长期作用下，不断发展，促使微裂缝聚集、贯通，形成宏观裂缝，最终造成结构破坏。因此，混凝土结构的受力过程实际上是原有损伤不断发展和新的损伤不断产生的过程[58]。研究表明：将损伤力学引入到混凝土本构理论中，能够较好地反映混凝土微观损伤，模拟混凝土材料或构件从原生缺陷到形成细观微裂纹，直至宏观裂缝出现的过程[128]。

9.1.1　损伤变量

损伤是在加工过程中或者外部环境的作用下，材料的微细结构发生了变化，导致材料宏观力学性能劣化甚至破坏的一种现象[129]。从细观角度来看，损伤是材料产生晶粒位错、滑移，微孔洞，微裂隙等缺陷及其发展的结果；从宏观角度来看，损伤又可认为是材料的一种不可逆、耗能的演变过程[34]。

因此，材料损伤可以从材料微观角度考虑，如晶粒位错、滑移，微孔洞，微裂隙等；可以从材料宏观表现考虑，如材料强度、应变、密度、电阻等，在实际操作中测量这些参数也较为简便；根据损伤发展的不可逆、单调递增等特点，也可以从能量角度来考虑。

损伤变量是材料损伤本构模型的基础变量，是材料和结构进行损伤分析的基础。理想的损伤变量应该具有如下特点：①能够较为准确地描述材料或者结构损伤；②为了简化模型，损伤变量独立的材料参数尽量少；③损伤变量应具有一定的物理或者几何意义，能较为方便地进行量测。

早在 1958 年，Kachanov 提出损伤因子用于研究金属徐变，他从材料退化角度出发，考虑材料有效面积的减小，将损伤变量定义为如下式所示：

$$d = \frac{A_P}{A} = \frac{A - \tilde{A}}{A} \tag{9-1}$$

式中，A 为选取材料中一代表性体积单元横截面的总面积；$\tilde{A}$ 为因材料孔洞、微裂纹等存在，材料的实际有效承载面积；A_P 为材料有效面积的减少量。三者关系定义为如下式所示：

$$\tilde{A} = A - A_P \tag{9-2}$$

混凝土损伤具有不可逆和单调递增的特点，与能量耗散特点较为一致，因此也可以从能量角度来定义损伤变量。根据 Najar 的损伤理论，将损伤材料的应变能密度 W_ε 按照线性简化，考虑无损材料的应变能密度与损伤材料的应变能密度之差，可以得到损伤变量的能量定义方式如下式所示：

$$d = \frac{W_0 - W_\varepsilon}{W_0} \tag{9-3}$$

式中，W_0 为无损材料的应变能密度；W_ε 为损伤材料的应变能密度，按照线性简化，可以表示为 $W_\varepsilon = \frac{1}{2}\sigma\varepsilon$，如图 9-1 所示。

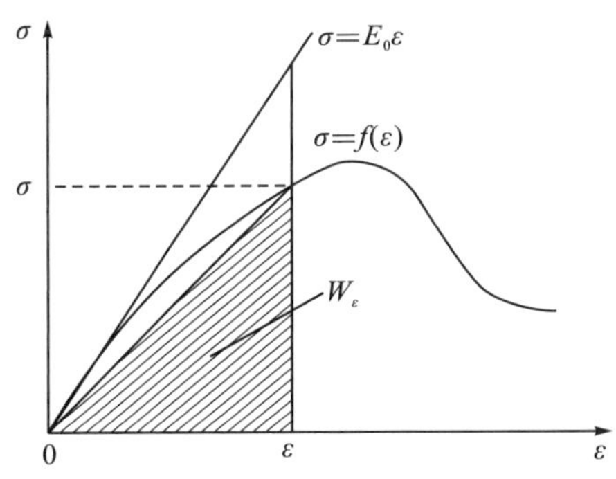

图 9-1　Najar 线性损伤模型

由损伤变量的定义，可知损伤变量的范围为 $0 \leqslant d \leqslant 1$，且当 $d = 0$ 时，材料处于无损状态；$d = 1$ 时材料处于完全断裂状态。

9.1.2　有效应力

Cauchy 应力是指与总面积 A 有关的内力分布集度，而有效应力是指考虑材料损伤过后，与材料的实际有效承载面积 $\tilde{A}$ 有关的内力分布集度。根据有效应力的定义，可以得到 Cauchy 有效应力张量 $\tilde{\sigma}$：

$$\tilde{\sigma}=\frac{\sigma A}{\tilde{A}} \tag{9-4}$$

根据式(9-1)，可得单元横截面的总面积 A 与材料实际有效承载面积 $\tilde{A}$ 之比为

$$\frac{A}{\tilde{A}}=\frac{1}{1-d} \tag{9-5}$$

将式(9-5)代入式(9-4)，可得考虑损伤因子的 Cauchy 有效应力张量 $\tilde{\sigma}$：

$$\tilde{\sigma}=\frac{\sigma A}{\tilde{A}}=\frac{\sigma}{1-d} \tag{9-6}$$

考虑三维正交异性，式(9-6)的矩阵形式为

$$\{\tilde{\sigma}\}=[M(d)]\{\sigma\} \tag{9-7}$$

因材料损伤的各向异性，***M*** 矩阵并非对称矩阵，其形式如下：

$$\begin{Bmatrix}\dot{\sigma}_{11}\\\dot{\sigma}_{22}\\\dot{\sigma}_{33}\\\dot{\sigma}_{12}\\\dot{\sigma}_{21}\\\dot{\sigma}_{23}\\\dot{\sigma}_{32}\\\dot{\sigma}_{31}\\\dot{\sigma}_{13}\end{Bmatrix}=\begin{bmatrix}1/(1-d_1) & & & & & \\ & 1/(1-d_2) & & & & \\ & & 1/(1-d_3) & & & \\ & & & 1/(1-d_2) & & \\ & & & 1/(1-d_1) & & \\ & & & & 1/(1-d_3) & \\ & & & & 1/(1-d_2) & \\ & & & & & 1/(1-d_1)\\ & & & & & 1/(1-d_3)\end{bmatrix}\begin{Bmatrix}\sigma_{11}\\\sigma_{22}\\\sigma_{33}\\\sigma_{12}\\\sigma_{23}\\\sigma_{31}\end{Bmatrix} \tag{9-8}$$

将 ***M*** 矩阵进行对称化处理，得到下式：

$$\begin{Bmatrix}\tilde{\sigma}_{11}\\\tilde{\sigma}_{22}\\\tilde{\sigma}_{33}\\\tilde{\sigma}_{12}\\\tilde{\sigma}_{23}\\\tilde{\sigma}_{31}\end{Bmatrix}=\begin{bmatrix}\frac{1}{1-d_1} & & & & & \\ & \frac{1}{1-d_2} & & & & \\ & & \frac{1}{1-d_3} & & & \\ & & & \frac{1}{\sqrt{(1-d_2)(1-d_1)}} & & \\ & & & & \frac{1}{\sqrt{(1-d_2)(1-d_3)}} & \\ & & & & & \frac{1}{\sqrt{(1-d_3)(1-d_1)}}\end{bmatrix}\begin{Bmatrix}\sigma_{11}\\\sigma_{22}\\\sigma_{33}\\\sigma_{12}\\\sigma_{23}\\\sigma_{31}\end{Bmatrix} \tag{9-9}$$

9.1.3 基本假设

损伤力学的基本假定是进行损伤本构模型推导的重要基础，它决定着损伤变量的定义模式和损伤本构关系。本节主要介绍目前常用的两种基本假设：应变等效性假设和能量等效性假设。

1. 应变等效性假设

在 1971 年，Lematire 提出了应变等效性假设，能够通过间接量测材料受荷前后模量变化来测定材料的损伤，解决了受损材料有效面积难以测量的难题[130]。应变等效性假设认为：应力作用于受损材料所引起的变形等效于作用在一虚拟的无损材料上的变形，虚拟无损材料的承载面积等于受损材料的实际有效承载面积[130]。因此，在一维线弹性情况下，根据应变等效性假设，损伤弹性应变 ε 可表示为下式：

$$\varepsilon = \frac{\tilde{\sigma}}{E_0} = \frac{\sigma}{\tilde{E}} \tag{9-10}$$

式中，$\tilde{\sigma}$ 为损伤材料受到的有效应力；σ 为材料受到的总应力；E_0 为无损材料的弹性模量；$\tilde{E}$ 为损伤材料的弹性模量。

由 Kachanov 损伤变量定义式(9-1)，可知材料受到的总应力 σ 和损伤材料受到的有效应力 $\tilde{\sigma}$ 的一般表达式可表示如下：

$$\tilde{\sigma} = \frac{\sigma}{1-d} \tag{9-11}$$

故，将式(9-11)代入式(9-10)可得

$$\frac{\sigma}{\tilde{E}} = \frac{\sigma}{E_0(1-d)} \tag{9-12}$$

由此可得，无损材料的弹性模量与损伤材料的弹性模量的一般表达式可表示为

$$\tilde{E} = E_0(1-d) \tag{9-13}$$

由式(9-10)和式(9-13)可得材料的损伤因子和材料受到的总应力分别表示如下：

$$d = 1 - \frac{\tilde{E}}{E_0} \tag{9-14}$$

$$\sigma = E_0(1-d)\varepsilon \tag{9-15}$$

2. 能量等效性假设

根据 Sidoroff 提出的能量等价原理[31]，可知名义应力作用在受损材料产生的弹性余能 W_d^e 与有效作用在无损材料产生的弹性余能 W_0^e 相等。

有损材料的弹性余能为

$$W_d^e = \frac{1}{2}\{\sigma\}^{\mathrm{T}}\left[\tilde{E}\right]^{-1}\{\sigma\} \tag{9-16}$$

无损材料的弹性余能为

$$\begin{aligned} W_0^e &= \frac{1}{2}\{\tilde{\sigma}\}^{\mathrm{T}}\left[E_0\right]^{-1}\{\tilde{\sigma}\} \\ &= \frac{1}{2}\left(\boldsymbol{M}(d)\{\sigma\}\right)^{\mathrm{T}}\left[E_0\right]^{-1}\left(\boldsymbol{M}(d)\{\sigma\}\right) \\ &= \frac{1}{2}\{\sigma\}^{\mathrm{T}}\boldsymbol{M}^{\mathrm{T}}\left[E_0\right]^{-1}\boldsymbol{M}\{\sigma\} \end{aligned} \tag{9-17}$$

$$=\frac{1}{2}\{\sigma\}^{\mathrm{T}}[E_d]^{-1}\{\sigma\}$$

由此可得

$$[\tilde{E}]^{-1}=\boldsymbol{M}^{\mathrm{T}}(d)[E_0]^{-1}\boldsymbol{M}(d) \tag{9-18}$$

$$[\tilde{E}]=\boldsymbol{M}^{-1}(d)[E_0]\boldsymbol{M}^{\mathrm{T},-1}(d) \tag{9-19}$$

在一维分析中，结构损伤因子和材料受到的总应力分别表示如下：

$$d=1-\sqrt{\frac{\tilde{E}}{E_0}} \tag{9-20}$$

$$\sigma=E_0(1-d)^2\varepsilon \tag{9-21}$$

9.2 混凝土损伤本构模型

相关研究表明：采用损伤理论，可以更为准确地研究混凝土这种损伤敏感性材料。因此研究混凝土的损伤本构模型对于分析混凝土的受压或者受拉行为有较为重要的意义，工程中常用的是混凝土的单轴损伤本构模型，其他复杂的混凝土多轴受力模型均可以通过混凝土单轴损伤本构模型来推导。本节主要介绍目前较为常见的几种单轴损伤本构模型：Loland 损伤模型、Mazars 损伤模型、Sidoroff 损伤模型、分段线性损伤模型、分段曲线损伤模型、基于规范推荐的损伤演化方程。

9.2.1 Loland 损伤模型

Loland 模型将混凝土的损伤分为两个阶段：第一阶段，即混凝土应变小于应力峰值 $\tilde{\sigma}_y$ 对应应变 ε_f 时，混凝土会在内部出现较小的微裂纹；第二阶段，即混凝土应变大于应力峰值对应应变 ε_f 时，混凝土裂纹扩展，最终导致结构开裂[131]。因此，有效应力与应变的一般表达式为

$$\begin{cases}\tilde{\sigma}=E_n\varepsilon, & 0\leqslant\varepsilon<\varepsilon_f\\ \tilde{\sigma}=\tilde{\sigma}_y=E_n\varepsilon_f, & \varepsilon_f\leqslant\varepsilon\leqslant\varepsilon_u\end{cases} \tag{9-22}$$

式中，ε_u 为极限应变；E_n 为净弹性模量，定义为 $E_n=E/(1-d_0)$；d_0 为初始损伤；E 为弹性模量。

利用混凝土应力-应变曲线，拟合得到的材料损伤方程为

$$\begin{cases}d(\varepsilon)=d_0+C_1\varepsilon^{\beta}, & 0<\varepsilon<\varepsilon_f\\ d(\varepsilon)=d_f+C_2(\varepsilon-\varepsilon_f), & \varepsilon_f\leqslant\varepsilon\leqslant\varepsilon_u\end{cases} \tag{9-23}$$

式中，d_f 表示应变为 ε_f 时的损伤；C_1、C_2 和 β 为常数，可由边界条件确定。

由 $\sigma\big|_{\varepsilon=\varepsilon_f}=f_1$，$\dfrac{\mathrm{d}\sigma}{\mathrm{d}\varepsilon}\Big|_{\varepsilon=\varepsilon_f}=0$，并考虑到 $\varepsilon=\varepsilon_u$ 时，$d=1$，可得到下式：

$$\beta = \lambda / (1 - d_0 - \lambda) \tag{9-24}$$

$$C_1 = \left[(1 - d_0) / (1 + \beta)\right] \varepsilon_f^{-\beta} \tag{9-25}$$

$$C_2 = (1 - d_0) / (\varepsilon_u - \varepsilon_f) \tag{9-26}$$

式中，$\lambda = f_1 / (E_n \varepsilon_f)$。

根据 Loland 损伤模型的定义，可以得到混凝土名义应力σ、应变ε和损伤因子d的关系曲线如图 9-2 所示。该模型相对简单方便，且在峰值应变前，与试验结果吻合较好，但由于在峰值应变后，模型的应力-应变关系近似为线性关系，与实际有一点偏差。

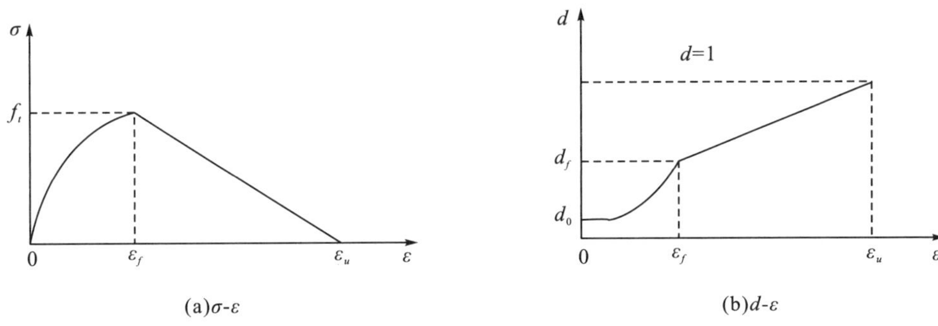

(a)σ-ε　　(b)d-ε

图 9-2　Loland 损伤模型σ-ε和d-ε关系曲线

9.2.2　Mazars 损伤模型

1. 单轴拉伸

Mazars 模型假定材料损伤发展分为两阶段变化：第一阶段，在峰值应力前，混凝土材料没有初始损伤或者初始损伤不扩展；峰值应力后，材料的损伤-应变呈指数关系[30]。设峰值应力对应的应变为ε_{ft}，在 Mazars 损伤模型的第一阶段（$\varepsilon < \varepsilon_{ft}$），混凝土材料没有损伤，即$d = 0$；第二阶段（$\varepsilon \geqslant \varepsilon_{ft}$），混凝土材料出现损伤，即$d > 0$。Mazars 模型在拉伸情况下应力-应变表达式如下：

$$\begin{cases} \sigma = \varepsilon \cdot E_0, & 0 \leqslant \varepsilon < \varepsilon_{ft} \\ \sigma = \varepsilon \cdot E_0 (1 - d_t), & \varepsilon \geqslant \varepsilon_{ft} \end{cases} \tag{9-27}$$

根据混凝土应力-应变表达式(9-27)，单轴拉伸 Mazars 模型的受拉损伤演化方程可表示为

$$\begin{cases} d_t = 0, & 0 < \varepsilon < \varepsilon_{ft} \\ d_t = 1 - \dfrac{\varepsilon_f (1 - A_T)}{\varepsilon} - \dfrac{A_T}{\mathrm{e}^{[B_T(\varepsilon - \varepsilon_{ft})]}}, & \varepsilon \geqslant \varepsilon_{ft} \end{cases} \tag{9-28}$$

式中，对于常用混凝土材料，材料常数的建议取值范围为$0.7 \leqslant A_T \leqslant 1$，$10^4 \leqslant B_T \leqslant 10^5$，$0.5 \times 10^{-4} \leqslant \varepsilon_f \leqslant 1.5 \times 10^{-4}$。Mazars 损伤模型$\sigma$-$\varepsilon$和$d$-$\varepsilon$关系曲线如图 9-3 所示。

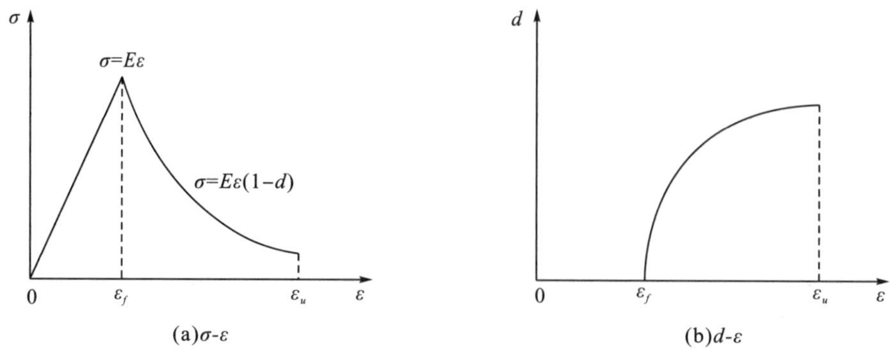

图 9-3 Mazars 损伤模型 σ-ε 和 d-ε 关系曲线

2. 单轴压缩

受压时，Mazars 模型的受压损伤本构关系如下：

$$\begin{cases} d_c = 0, & 0 < \varepsilon < \varepsilon_{fc} \\ d_c = 1 - \dfrac{\varepsilon_f(1-A_C)}{\varepsilon^*} - \dfrac{A_C}{\mathrm{e}^{[B_C(\varepsilon^*-\varepsilon_{fc})]}}, & \varepsilon \geqslant \varepsilon_{fc} \end{cases} \tag{9-29}$$

式中，A_C、B_C 为单轴压缩时的材料参数，变化范围一般取 $1 < A_C < 1.5$，$1000 < B_C < 2000$；$\varepsilon^* = \sqrt{\langle\varepsilon_1\rangle^2 + \langle\varepsilon_2\rangle^2 + \langle\varepsilon_3\rangle^2}$，其中 ε_1、ε_2、ε_3 是主应变。

相对于 Loland 模型，Mazars 损伤模型考虑了在峰值应力后应力-应变的非线性特征，较为符合混凝土的实际受力行为，但没有考虑材料的初始损伤，会造成在多轴受力情况下的结果偏差。

9.2.3 Sidoroff 损伤模型

Sidoroff 损伤模型将损伤与弹性耦合，基于能量等价假定，得到损伤量与弹性变形耦合的各向异性损伤方程为[130]

$$\varepsilon_{ij} = \frac{1+\mu}{E_{ijkl}}\sigma_{kl}(1-D_{ijkl})^{-2} - \frac{\mu}{E_{ijkl}}(1-D_{ijkl})^{-1} tr\left[\sigma_{kl}(1-D_{ijkl})^{-1}\right] \tag{9-30}$$

式中，$tr[\ ]$ 为矩阵的迹。

对于单轴拉伸受力，假设材料在峰值应变之前，材料不出现损伤；在峰值应变之后，材料裂纹开始萌生发展，并出现损伤，其损伤本构关系为

$$\sigma = \begin{cases} E\varepsilon, d = 0, & 0 \leqslant \varepsilon < \varepsilon_f \\ E\varepsilon_f\left(\dfrac{\varepsilon_f}{\varepsilon}\right)^3, d(\varepsilon) = 1 - \left(\dfrac{\varepsilon_f}{\varepsilon}\right)^3, & \varepsilon \geqslant \varepsilon_f \end{cases} \tag{9-31}$$

9.2.4　分段线性损伤模型

分段线性损伤模型将损伤分为两个阶段：第一阶段，当应变小于 ε_f 时，混凝土应力-应变按照线弹性规律发展，材料只有初始损伤；第二阶段，当应变大于 ε_f 后，仍假定应力-应变按照线弹性规律发展，应力-应变关系为分段的线性折线，损伤也呈线性增长趋势[132]。当应变大于 ε_f 后，应力-应变关系可表示为

$$\sigma = E\left[\varepsilon_f - C_1\left\langle \varepsilon\Big|_M^F - \varepsilon_f\right\rangle - C_2\left\langle \varepsilon\Big|_M^R - \varepsilon_f\right\rangle\right] \tag{9-32}$$

式中，$\varepsilon\Big|_M^F$ 为峰值应力后小于 ε_f 的应变值，即宏观裂缝形成过程中的应变值；$\varepsilon\Big|_M^R$ 为大于 ε_f 且小于 ε_r 的应变值，即宏观裂缝出现后直至破坏过程中的应变值。

损伤演化方程可表示为

$$d = 1 - \frac{1-d_0}{\varepsilon}\left[\varepsilon_f - C_1\left\langle \varepsilon\Big|_M^F - \varepsilon_f\right\rangle - C_2\left\langle \varepsilon\Big|_M^R - \varepsilon_f\right\rangle\right] \tag{9-33}$$

式中，C_1、C_2 为材料常数，对于一般的混凝土材料，$C_1 = 0.8\sim1.2$，$C_2 = 0.2\sim0.5$；d_0 为材料的初始损伤。

9.2.5　分段曲线损伤模型

分段曲线损伤模型充分考虑混凝土的非线性特性，将混凝土在峰值应变前后的应力-应变均认为是曲线关系，利用单轴拉伸试验数据可以拟合损伤方程为[133]

$$\begin{cases} d = A_1\left(\dfrac{\varepsilon}{\varepsilon_f}\right)^{B_1}, & 0 \leqslant \varepsilon < \varepsilon_f \\ d = 1 - \dfrac{A_2}{C_2\left(\dfrac{\varepsilon}{\varepsilon_f} - 1\right)^{B_2} + \dfrac{\varepsilon}{\varepsilon_f}}, & \varepsilon \geqslant \varepsilon_f \end{cases} \tag{9-34}$$

式中，B_2、C_2 为曲线参数，取 $B_2 = 1.7$，$C_2 = 0.003\sigma_f^2$；由试验数据得 $A_1 = 1/6$，$B_1 = 5$，$A_2 = 5/6$。

根据分段曲线损伤模型可知，当 $\varepsilon/\varepsilon_f < 0.4$ 时，损伤值几乎为 0，表示材料内部裂缝还没扩展；当 $0.4 < \varepsilon/\varepsilon_f < 0.8$ 时，损伤较小(不大于 5.55%)，表示材料内部裂缝开始扩展；当 $0.8 < \varepsilon/\varepsilon_f < 1.0$ 时，损伤较大，表明材料内部裂缝贯通直至破坏。该模型和 Mazars 模型的应力-应变曲线比较接近。

9.2.6　基于规范推荐的损伤演化方程

根据《混凝土结构设计规范》(GB 50010—2010) 中混凝土应力-应变关系曲线，分别利用损伤力学中应变等效性假设和能量等效性假设，可以推导出混凝土基于应变等效性

假设和基于能量等效性假设的损伤演化方程。

1. 基于应变等效性假设的损伤演化方程

根据《混凝土结构设计规范》推荐的应力-应变关系曲线和应变等效性假设，可以得到混凝土单轴受拉损伤演化方程[128]：

$$\begin{cases} d_t = 1 - \rho_t (1.2 - 0.2x^5), & x \leqslant 1 \\ d_t = 1 - \dfrac{\rho_t}{\alpha_t (x-1)^{1.7} + x}, & x > 1 \end{cases} \tag{9-35}$$

其中，$x = \dfrac{\varepsilon}{\varepsilon_{t,r}}$，$\varepsilon_{t,r} = 65 f_{t,r}^{0.54} \times 10^{-6}$；$\rho_t = \dfrac{f_{t,r}}{E_c \varepsilon_{t,r}}$；$\alpha_t = 0.312 f_{t,r}^2$；$d_t$ 为拉损伤因子；ε 为应变；$f_{t,r}$ 为峰值拉应力；$\varepsilon_{t,r}$ 为与峰值拉应力对应的峰值拉应变；E_c 为混凝土弹性模量。

混凝土单轴受压损伤演化方程可表示为[129]

$$\begin{cases} d_c = 1 - \dfrac{\rho_c n}{n - 1 + x^n}, & x \leqslant 1 \\ d_c = 1 - \dfrac{\rho_c}{\alpha_c (x-1)^2 + x}, & x > 1 \end{cases} \tag{9-36}$$

其中，$x = \dfrac{\varepsilon}{\varepsilon_{c,r}}$；$\varepsilon_{c,r} = (700 + 172\sqrt{f_{c,r}}) \times 10^{-6}$；$\rho_c = \dfrac{f_{c,r}}{E_c \varepsilon_{c,r}}$；$n = \dfrac{E_c \varepsilon_{c,r}}{E_c \varepsilon_{c,r} - f_{c,r}}$；$\alpha_c = 0.157 f_{c,r}^{0.785} - 0.905$；$d_c$ 为压损伤因子；$f_{c,r}$ 为峰值压应力；$\varepsilon_{c,r}$ 为与峰值压应力对应的峰值拉应变。

2. 基于能量等效性假设的损伤演化方程

根据《混凝土结构设计规范》推荐的应力-应变关系曲线和能量等效性假设，可以得到混凝土单轴受拉损伤演化方程为

$$\begin{cases} d_t = 1 - \sqrt{\rho_t (1.2 - 0.2x^5)}, & x \leqslant 1 \\ d_t = 1 = \sqrt{\dfrac{\rho_t}{\alpha_t (x-1)^{1.7} + x}}, & x > 1 \end{cases} \tag{9-37}$$

混凝土单轴受压损伤演化方程可表示为

$$\begin{cases} d_c = 1 - \sqrt{\dfrac{\rho_c n}{n - 1 + x^n}}, & x \leqslant 1 \\ d_c = 1 - \sqrt{\dfrac{\rho_c}{\alpha_c (x-1)^2 + x}}, & x > 1 \end{cases} \tag{9-38}$$

9.3 ABAQUS 中的塑性损伤模型

ABAQUS 软件具有较强的非线性分析功能，广泛地使用在土木工程中，由于其非线性求解功能较为强大，对于模拟混凝土的力学行为有较大的优势。ABAQUS 软件中的混凝土塑性损伤模型是基于塑性连续介质的混凝土塑性损伤模型(CDP 模型)，该损伤模型

采用各向同性弹性损伤结合各向同性拉伸和压缩塑性理论表征混凝土的非弹性行为，可以较好地模拟混凝土在动态加载作用下的力学响应[134]。本节主要从结构所受到的荷载类型，即单轴荷载和循环荷载，这两个方面介绍 ABAQUS 软件中损伤本构模型的基本原理。

9.3.1　单轴荷载

假设模型不考虑材料损伤，故其应力-应变关系如下：

$$\begin{cases}\sigma_t = \sigma_t(\tilde{\varepsilon}_t^{pl},\dot{\tilde{\varepsilon}}_t^{pl}) \\ \sigma_c = \sigma_c(\tilde{\varepsilon}_c^{pl},\dot{\tilde{\varepsilon}}_c^{pl})\end{cases} \tag{9-39}$$

$$\begin{cases}\tilde{\varepsilon}_t^{pl} = \int_0^t \dot{\tilde{\varepsilon}}_t^{pl} \\ \tilde{\varepsilon}_c^{pl} = \int_0^t \dot{\tilde{\varepsilon}}_c^{pl}\end{cases} \tag{9-40}$$

式中，σ_t、σ_c为拉、压应力；$\tilde{\varepsilon}_t^{pl}$、$\tilde{\varepsilon}_c^{pl}$、$\dot{\tilde{\varepsilon}}_t^{pl}$、$\dot{\tilde{\varepsilon}}_c^{pl}$为等效塑性拉、压应变和等效塑性拉、压应变率。

模型中考虑材料损伤，引入损伤变量描述混凝土单轴单调荷载条件下的刚度退化损伤机制，则有混凝土受拉损伤与受压损伤表达式为[77]

$$\begin{cases}d_t = d_t(\tilde{\varepsilon}_t^{pl}), \quad 0 \leqslant d_t \leqslant 1 \\ d_c = d_c(\tilde{\varepsilon}_c^{pl}), \quad 0 \leqslant d_c \leqslant 1\end{cases} \tag{9-41}$$

式中，d_t、d_c为拉、压损伤因子。

模型中考虑材料损伤，引入损伤变量，可以得到混凝土应力-应变关系为[77]

$$\begin{cases}\sigma_t = (1-d_t)E_0(\varepsilon_t - \tilde{\varepsilon}_t^{pl}) = E(\varepsilon_t - \tilde{\varepsilon}_t^{pl}) \\ \sigma_c = (1-d_c)E_0(\varepsilon_c - \tilde{\varepsilon}_c^{pl}) = E(\varepsilon_c - \tilde{\varepsilon}_c^{pl})\end{cases} \tag{9-42}$$

式中，E_0为初始无损伤状态下的混凝土刚度；E为考虑损伤后的混凝土刚度，$E = (1-d)E_0$；ε_t、ε_c分别为混凝土拉、压应力状态下的总应变。

混凝土单轴受拉时，其应力-应变曲线如图 9-4 所示。当应变小于峰值应变时，混凝土处于线性阶段；当应变大于峰值应变时，混凝土处于软化阶段，损伤出现并开始发展。因此，软件除了用公式(9-42)描述混凝土的损伤情况外，还考虑了混凝土的应力和开裂应变的关系。混凝土受拉时，其开裂应变可表示为[135]

$$\tilde{\varepsilon}_t^{ck} = \varepsilon_t - \varepsilon_{0t}^{el} \tag{9-43}$$

式中，ε_{0t}^{el}为混凝土受拉时的弹性应变，可表示为$\varepsilon_{0t}^{el} = \dfrac{\sigma_t}{E_0}$。

由此可得，混凝土受拉塑性应变为

$$\tilde{\varepsilon}_t^{pl} = \tilde{\varepsilon}_t^{ck} - \frac{d_t}{1-d_t}\frac{\sigma_t}{E_0} \tag{9-44}$$

混凝土单轴受压时，其应力-应变曲线如图 9-5 所示。当混凝土应力小于其初始屈服应力时，混凝土处于线性阶段；之后，随着混凝土应力不断增大，混凝土处于强化阶段；

当应力大于其峰值应力时，混凝土处于软化阶段。因此，软件除了用公式(9-42)描述混凝土的损伤情况外，还考虑了混凝土的应力和非弹性应变的关系。混凝土受压时，其非弹性应变可表示为[135]

$$\tilde{\varepsilon}_c^{in} = \varepsilon_c - \varepsilon_{0c}^{el} \tag{9-45}$$

式中，ε_{0c}^{el} 为混凝土受压时的弹性应变，可表示为 $\varepsilon_{0c}^{el} = \dfrac{\sigma_c}{E_0}$。

由此可得，混凝土受压塑性应变为

$$\tilde{\varepsilon}_c^{pl} = \tilde{\varepsilon}_c^{in} - \frac{d_c}{1-d_c}\frac{\sigma_c}{E_0} \tag{9-46}$$

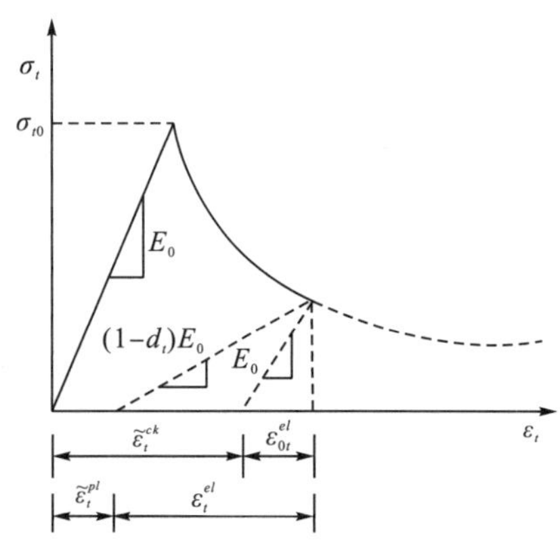

图 9-4 混凝土单轴拉伸应力-应变曲线

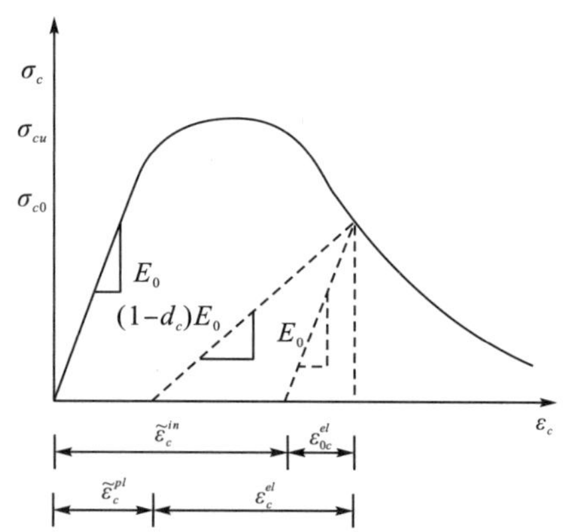

图 9-5 混凝土单轴压缩应力-应变曲线

9.3.2 循环荷载

在循环荷载作用下，尤其是拉压循环荷载作用下，混凝土结构上的裂缝会出现张开和闭合现象，由此会导致混凝土刚度的减弱和恢复。此外，随着循环荷载作用在结构上次数的增加，混凝土刚度会不断衰减，结构损伤会不断累积。

因此，模型假定混凝土材料刚度退化为各向同性，提出了一个总刚度损伤因子 d。该损伤因子包含了材料的单轴拉致损伤和单轴压致损伤，考虑了混凝土在拉压荷载作用下刚度的恢复特点，是应力状态和单轴拉压损伤变量 d_t 和 d_c 的函数，可以表示为[77]

$$1-d = (1-s_t d_c)(1-s_c d_t) \tag{9-47}$$

其中，s_t, s_c 为与应力方向有关的刚度恢复应力状态的函数，用以下方程表示：

$$\begin{cases} s_t = 1 - w_t r(\sigma_{11}) \\ s_c = 1 - w_c(1 - r(\sigma_{11})) \end{cases} \tag{9-48}$$

$$r(\sigma_{11}) = \begin{cases} 1, & \sigma_{11} \geqslant 0 \\ 0, & \sigma_{11} < 0 \end{cases} \tag{9-49}$$

式中，w_t 和 w_c 为刚度恢复权重因子，与材料属性有关，它们反映了材料在反向荷载下拉、压刚度的恢复程度，且 $0 \leqslant w_t \leqslant 1$，$0 \leqslant w_c \leqslant 1$；$r(\sigma_{11})$ 为单轴应力权重因子，是主应力状态的函数。

考虑混凝土在拉压荷载作用下的不同表现，程序默认取 $w_t=0$、$w_c=1$，即表示混凝土从受压状态过渡到受拉状态时，材料刚度没有恢复，而从受拉状态过渡到受压状态时，材料刚度完全恢复，程序中也可以根据实际情况确定刚度恢复权重因子。综合材料的受拉损伤和受压损伤，可以得到单轴循环荷载作用下，ABAQUS 中混凝土应力-应变曲线如图 9-6 所示。

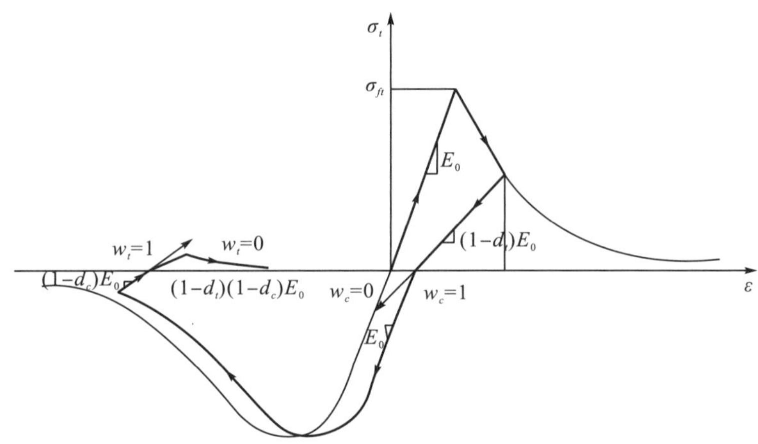

图 9-6 单轴循环荷载作用下混凝土应力-应变关系

9.4 混凝土疲劳本构方程

相关研究表明：塑性流动、微裂缝和微孔洞的存在，使得混凝土材料具有较强的非线性特性，主要表现为混凝土受到外力作用时刚度退化和强度软化、刚度部分可恢复性、单边效应、拉压软化效应和不可恢复变形等。

在受到疲劳荷载作用时，混凝土主要表现为刚度退化、强度降低和残余应变增加。因此本节考虑混凝土的非线性特性，基于我国规范，给出混凝土单轴本构模型；随后，考虑在疲劳荷载下混凝土的疲劳刚度、疲劳强度和残余应变的变化规律，给出混凝土的剩余强度公式，推导混凝土的疲劳本构模型。此外，考虑到钢筋在疲劳荷载作用下有效面积的减小，给出钢筋疲劳本构模型。

9.4.1 混凝土单轴本构模型

混凝土是水泥等胶凝材料，砂、石等骨料，与水(可含外加剂和掺合料)按一定比例配合形成的工程复合材料，具有较强的非线性特性。混凝土非线性特性主要表现为：峰值应力后存在明显的刚度退化和强度软化；单边效应，即混凝土抗拉强度明显小于抗压强度；刚度可恢复性，即材料受到反向压力作用时，材料刚度可部分或者全部恢复；拉压软化效应，即材料受到双轴压应力，材料的强度和延性明显增大，而材料受到双轴拉应力时，材料的受压强度降低；材料受到一定应力时，具有不可恢复变形[136]。

综合考虑上述混凝土的非线性特性，根据大量试验数据，可以拟合得到混凝土单轴受压应力-应变关系曲线如图 9-7 所示，可按下式确定[84]：

$$\sigma_c = k_c E_c \varepsilon \tag{9-50}$$

其中，

$$k_c = \begin{cases} \dfrac{\rho_c n}{n-1+x^n}, & x \leqslant 1 \\ \dfrac{\rho_c}{\alpha_c (x-1)^2 + x}, & x > 1 \end{cases}$$

$$x = \frac{\varepsilon}{\varepsilon_{cr}},\quad \rho_c = \frac{f_c}{E_c \varepsilon_{cr}},\quad n = \frac{E_c \varepsilon_{cr}}{E_c \varepsilon_{cr} - f_c},\quad \alpha_c = 0.157 f_c^{0.785} - 0.905$$

式中，ε 为应变；E_c 为混凝土弹性模量；σ_c 为混凝土受压应力；f_c 为峰值压应力；ε_{cr} 为峰值压应力对应的峰值压应变，可按表 9-1 取值，也可按公式取值：$\varepsilon_{cr} = (700 + 172\sqrt{f_c}) \times 10^{-6}$。

表 9-1 混凝土单轴受压应力-应变关系曲线参数取值

参数	取值											
f_c /(N/mm^2)	20	25	30	35	40	45	50	55	60	65	70	75
ε_{cr} /(10^{-3})	1.47	1.56	1.64	1.72	1.79	1.85	1.92	1.98	2.03	2.08	2.13	2.19
α_c	0.74	1.06	1.36	1.65	1.94	2.21	2.48	2.74	3.00	3.25	3.50	3.75

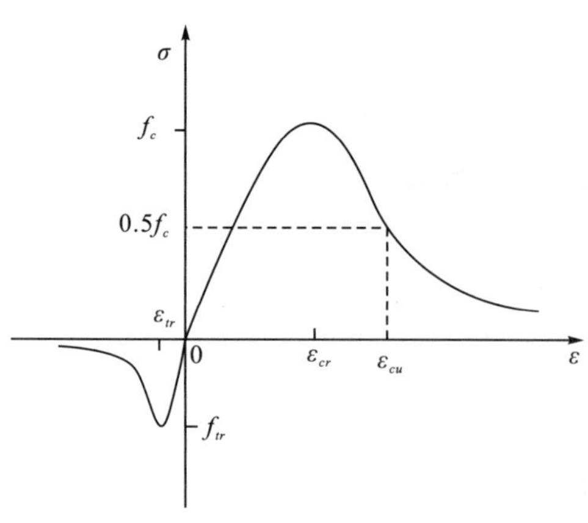

图 9-7 混凝土单轴应力-应变关系曲线

混凝土受拉时，应力-应变关系曲线如图 9-7 所示，可按下式确定[84]：

$$\sigma_t = k_t E_c \varepsilon \tag{9-51}$$

其中，

$$k_t = \begin{cases} \rho_t(1.2 - 0.2x^5), & x \leqslant 1 \\ \dfrac{\rho_t}{\alpha_t(x-1)^{1.7} + x}, & x > 1 \end{cases}$$

$$x = \frac{\varepsilon}{\varepsilon_{tr}}, \quad \rho_t = \frac{f_t}{E_c \varepsilon_{tr}}, \quad \alpha_t = 0.312 f_t^2$$

式中，σ_t 为混凝土受拉应力；f_t 为峰值拉应力；ε_{tr} 为与峰值拉应力对应的峰值拉应变，可按表 9-2 取值，也可按公式取值：$\varepsilon_{tr} = 65 f_t^{0.54} \times 10^{-6}$。

表 9-2　混凝土单轴受拉应力-应变关系曲线参数取值

参数	取值						
f_t /(N/mm^2)	1.0	1.5	2.0	2.5	3.0	3.5	4.0
ε_{tr} /(10^{-6})	65	81	95	107	118	128	137
α_t	0.31	0.70	1.25	1.95	2.81	3.82	5.00

9.4.2　混凝土疲劳刚度

混凝土的刚度一般由混凝土弹性模量表征，该参数受到混凝土自身骨料的特性、水灰比、温度以及龄期等因素综合影响。

汝海峰等[137]在疲劳荷载作用下对加固钢筋混凝土梁进行了相关试验，试验中加固梁在疲劳荷载作用下刚度降低，裂缝宽度增大，提出了粘贴碳纤维布是提高混凝土梁疲劳性能的有效方法，并得到了加固梁在疲劳荷载作用下的疲劳刚度计算方法和计算公式。高丹盈等[138]针对混凝土梁进行了静载及等幅疲劳试验，提出了钢筋高强混凝土梁疲劳刚度的计算方法。雷俊卿等[139]对后张法预应力混凝土梁进行多级疲劳荷载循环试验，分析了预应力混凝土梁在疲劳荷载下的裂缝开展情况及梁体刚度退化情况，推导预应力混凝土梁疲劳刚度退化方程，得到了梁体刚度在疲劳荷载循环的前 15 万次中降低幅度较大，之后呈稳定降低趋势的结论。王时越等[48]基于 Bennet 和 Holmen 的研究，对 C15 混凝土进行了大量的静载及恒幅疲劳试验研究，分析并建立了疲劳寿命与循环卸载割线弹性模量的数学模型。研究发现：在疲劳荷载作用下，随着疲劳荷载次数的增加，混凝土疲劳刚度不断下降，且呈三阶段下降趋势。在疲劳荷载作用下混凝土疲劳刚度下降的第一阶段，其循环卸载割线弹性模量衰减较快，约占总疲劳寿命的 10%左右；第二阶段，循环卸载割线弹性模量与循环次数基本呈线性关系，约占总疲劳寿命的 80%左右；第三阶段，循环卸载割线弹性模量迅速减少，直至疲劳破坏[48]。这一结论也验证了 Holmen[38]的研究成果。

为了更为明确地揭示混凝土疲劳刚度退化规律，国外学者 Holmen 通过对 462 个圆柱体试件(Φ120mm×300mm)进行疲劳试验，提出了混凝土弹性模量的退化公式[38]：

$$E_c(N) = (1 - \frac{0.33N}{N_f})E_c \tag{9-52}$$

式中，N为结构受到的疲劳荷载次数；N_f为混凝土结构的疲劳寿命；E_c为混凝土的初始弹性模量(无损)。

9.4.3 混凝土疲劳强度

混凝土疲劳剩余强度是指混凝土在一定次数疲劳荷载作用后还能承受的最大应力。它与结构受到的疲劳荷载循环次数和荷载的最大、最小应力有关[53]。

研究表明[140]：混凝土在拉、压疲劳荷载作用下破坏时的最大总应变与单调加载软化段中疲劳荷载最大应力对应的应变相当(如图 9-8 所示 B 点)。因此本节考虑混凝土剩余强度边界条件，利用混凝土单调加载应力-应变关系曲线的软化段曲线形状，得出混凝土剩余强度包络线。

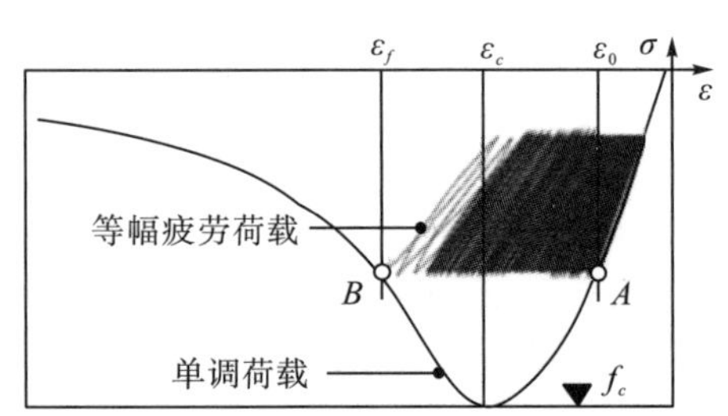

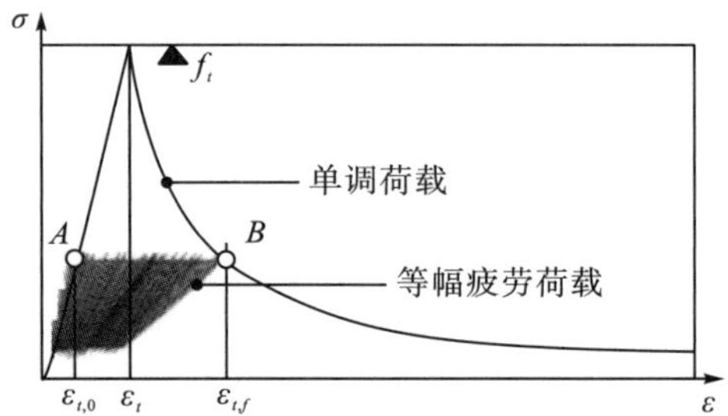

图 9-8 混凝土单轴静载与疲劳过程应力-应变曲线

定义相关变量，假设$x(N)$为与疲劳加载次数N有关的函数，即[56]：

$$x(N)=\frac{\lg N}{\lg N_f}\left[x(N_f)-1\right]+1 \tag{9-53}$$

根据《混凝土结构设计规范》中混凝土单调加载应力-应变关系曲线的软化段曲线形状，可以得出混凝土受压疲劳剩余包络线方程如下式所示：

$$\frac{\sigma_{rc}(N)}{f_c}=\frac{x(N)}{\alpha_c(x(N)-1)^2+x(N)} \tag{9-54}$$

混凝土受拉疲劳剩余包络线方程如下式所示：

$$\frac{\sigma_{rt}(N)}{f_t}=\frac{x(N)}{\alpha_t(x(N)-1)^{1.7}+x(N)} \tag{9-55}$$

混凝土结构在循环荷载作用下，当剩余强度达到循环荷载的压应力上限$\sigma_{c,\max}$或者拉应力上限$\sigma_{t,\max}$时，混凝土发生疲劳破坏。考虑混凝土剩余强度初始条件和破坏准则，混凝土受压时，其边界条件为

$$x|_{N=1}=x(1)=1,\quad \sigma_{rc}(1)=f_c,\quad x|_{N=N_f}=x_c(N_f),\quad \sigma_{rc}(N_f)=\sigma_{c,\max}$$

混凝土受拉时，其边界条件为

$$x|_{N=1}=x(1)=1,\quad \sigma_{rt}(1)=f_t,\quad x|_{N=N_f}=x_t(N_f),\quad \sigma_{rt}(N_f)=\sigma_{t,\max}$$

将上述边界条件分别代入混凝土受压、受拉疲劳剩余包络线方程，可解得混凝土受压、受拉的变量 $x_c(N_f)$ 、 $x_t(N_f)$ 。将所得的 $x_c(N_f)$ 、 $x_t(N_f)$ 代入公式(9-53)、式(9-54)、式(9-55)可得到混凝土疲劳剩余强度如下式所示:

$$\sigma_{rc}(N)=f_c\left[\frac{\frac{\lg N}{\lg N_f}\left[x(N_f)-1\right]+1}{\alpha_c(\frac{\lg N}{\lg N_f}\left[x(N_f)-1\right])^2+\frac{\lg N}{\lg N_f}\left[x(N_f)-1\right]+1}\right] \tag{9-56}$$

$$\sigma_{rt}(N)=f_t\left[\frac{\frac{\lg N}{\lg N_f}\left[x(N_f)-1\right]+1}{\alpha_t(\frac{\lg N}{\lg N_f}\left[x(N_f)-1\right])^{1.7}+\frac{\lg N}{\lg N_f}\left[x(N_f)-1\right]+1}\right] \tag{9-57}$$

9.4.4　混凝土残余应变

混凝土残余应变发展规律与混凝土疲劳刚度较为类似。Holmen 分析疲劳试验数据表明[38]：混凝土总应变和残余应变随着疲劳加载次数呈三阶段规律变化，第一阶段和第三阶段呈非线性快速发展，而中部较大范围的第二阶段基本呈线性平稳发展。

通过对试验数据的曲线拟合、回归分析，Holmen 得出在不考虑应力比情况下的混凝土疲劳残余应变公式如下所示[38]：

$$\Delta\varepsilon_r(N)=\Delta\varepsilon_r(1)+\frac{k_1\varepsilon_{\max}^{k_2}(1-\varepsilon_{\min}/\varepsilon_{\max})^{k_3}}{\varepsilon_k^{k_5}}N^{k_4} \tag{9-58}$$

式中， $\Delta\varepsilon_r(1)$ 为疲劳荷载作用 1 次后结构的残余应变； $\varepsilon_{\max}$ 、 $\varepsilon_{\min}$ 为疲劳荷载分别达到应力上限或者下限时，结构的最大应力和最小应力； ε_k 为混凝土残余应变发展到第三阶段时纵向总应变，试验表明它与混凝土单轴应力-应变关系曲线中的峰值应变接近[140]。

王瑞敏等基于 Holmen 的研究成果，分析了混凝土在等幅和变幅受压重复应力作用下的疲劳性能，通过对疲劳试验数据进行拟合分析，获得了上式中各项材料常数，得到了混凝土疲劳残余应变公式[46]：

$$\Delta\varepsilon_r(N)=\Delta\varepsilon_r(1)+\frac{0.00105\varepsilon_{\max}^{1.98}(1-\varepsilon_{\min}/\varepsilon_{\max})^{5.27}}{\varepsilon_k^{1.41}}N^{0.395} \tag{9-59}$$

9.4.5　改进混凝土疲劳本构模型

相关研究表明：混凝土结构在循环荷载作用下，其刚度下降、强度退化和残余应变增加是混凝土疲劳损伤的主要表现[142]。为了更为真实地反映混凝土结构在外力作用时的刚度退化和强度软化、刚度部分可恢复性等非线性特性，本节基于我国混凝土规范，考虑混凝土在疲劳荷载作用下刚度、强度和残余应变变化规律，给出了混凝土的剩余强度公式，推导了混凝土的疲劳本构模型。在模型中假定：在疲劳荷载作用下，混凝土在线弹性阶段过后的塑性阶段的应力-应变曲线形状与混凝土单轴应力-应变关系曲线形状一致。

考虑混凝土在疲劳荷载作用下混凝土的刚度、强度和残余应变变化，根据我国规范中通过试验回归法确定的混凝土单轴本构模型，给出了混凝土受压时的疲劳本构模型，如图 9-9 所示，一般表达式如下式所示：

$$\sigma_c = k_c' E_c(N)(\varepsilon - \Delta\varepsilon_r(N-1)) \tag{9-60}$$

其中，

$$k_c' = \begin{cases} \dfrac{\rho_c' n'}{n' - 1 + x^n}, & x \leqslant 1 \\ \dfrac{\rho_c'}{\alpha_c (x-1)^2 + x}, & x > 1 \end{cases}$$

考虑疲劳荷载加载 N-1 次后混凝土的残余应变 $\Delta\varepsilon_r(N-1)$、疲劳荷载加载 N 次过后峰值压应变 $\varepsilon_{cr}(N)$ 和弹性模量 $E_c(N)$，修正混凝土本构中的相关参数如下：

$$x = \frac{\varepsilon - \Delta\varepsilon_r(N-1)}{\varepsilon_{cr}(N)}$$

$$\varepsilon_{cr}(N) = (700 + 172\sqrt{\sigma_{rc}(N)}) \times 10^{-6}$$

$$\rho_c' = \frac{\sigma_{rc}(N)}{E_c(N)\varepsilon_{cr}(N)}$$

$$n' = \frac{E_c(N)\varepsilon_{cr}(N)}{E_c(N)\varepsilon_{cr}(N) - \sigma_{rc}(N)}$$

$$\alpha_c' = 0.157\sigma_{rc}^{0.785}(N) - 0.905$$

式中，N 为列车在交叉隧道结构中行驶的次数；$E_c(N)$ 为混凝土承受 N 次疲劳荷载过后的弹性模量；$\Delta\varepsilon_r(N-1)$ 为疲劳荷载作用 N-1 次后结构的残余应变；$\sigma_{rc}(N)$ 为疲劳荷载加载 N 次过后峰值压应力；$\varepsilon_{cr}(N)$ 为疲劳荷载加载 N 次过后峰值压应变。

混凝土受拉时，其受拉本构模型如图 9-10 所示，一般表达式如下式所示：

$$\sigma_t = k_t' E_c(N)(\varepsilon - \Delta\varepsilon_r(N-1)) \tag{9-61}$$

其中，考虑疲劳荷载加载 N-1 次后残余应变 $\Delta\varepsilon_r(N-1)$、峰值拉应变 $\varepsilon_{tr}(N)$ 和弹性模量 $E_c(N)$，修正后的相关参数如下：

$$k_t' = \begin{cases} \rho_t' (1.2 - 0.2x^5), & x \leqslant 1 \\ \dfrac{\rho_t'}{\alpha_t (x-1)^{1.7} + x}, & x > 1 \end{cases}$$

$$x = \frac{\varepsilon - \Delta\varepsilon_r(N-1)}{\varepsilon_{tr}(N)}$$

$$\varepsilon_{tr}(N) = 65\sigma_{rt}^{0.54}(N) \times 10^{-6}$$

$$\rho_t' = \frac{\sigma_{rt}(N)}{E_c(N)\varepsilon_{tr}(N)}$$

$$\alpha_t' = 0.312\sigma_{rt}^2(N)$$

式中，$\sigma_{tt}(N)$ 为疲劳荷载加载 N 次过后混凝土峰值拉应力；$\varepsilon_{tr}(N)$ 为疲劳荷载加载 N 次过后峰值拉应变。

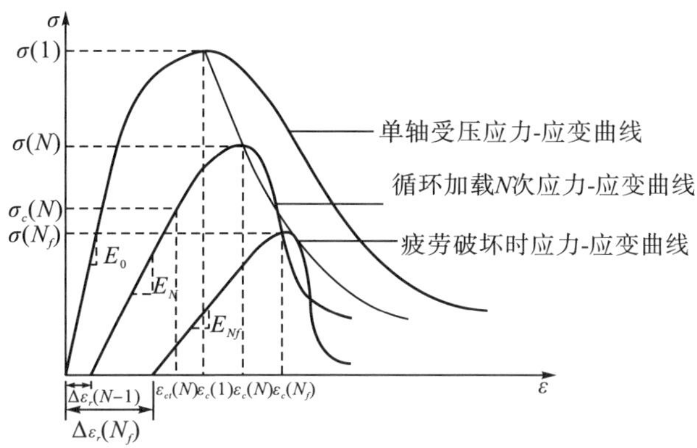

图 9-9　混凝土受压本构模型

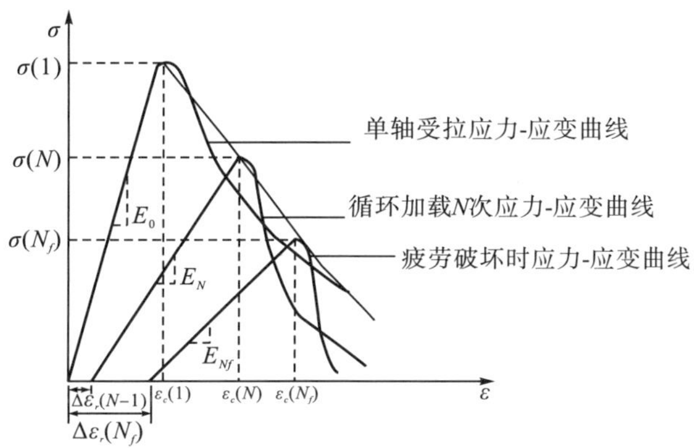

图 9-10　混凝土受拉本构模型

由图 9-9 和图 9-10 混凝土本构模型可知，N 次疲劳荷载过后，混凝土的本构模型中弹性模量明显降低，并伴随着较大的残余应变，且其峰值强度也有了较为明显的降低，且混凝土本构模型中软化段斜率明显增大，较为真切地模拟了在疲劳荷载作用下混凝土的主要特征，具有一定的合理性。

9.4.6　钢筋疲劳本构模型

通过研究，钢筋在疲劳荷载作用下，具有如下疲劳特性：①在疲劳加载初期，钢筋的弹性模量变化很小，因此可假定钢筋的弹性模量不发生变化；②钢筋的不可恢复应变随疲劳加载次数的影响与混凝土类似，也可以分为三个阶段，但数值要小得多；③钢筋对疲劳应力幅更为敏感；④在正常使用荷载下，钢筋的疲劳剩余强度通常为极限抗拉强度的 40%～50%[142]。因此，为了适当简化模型，基于钢筋疲劳特性，本节假定在疲劳荷载过程中钢筋疲劳残余应变为零，且弹性模量保持不变[142]。

在疲劳荷载作用下，钢筋的疲劳剩余强度成为确定钢筋本构模型的关键参数。为了求得钢筋的疲劳剩余强度，首先要利用钢筋的 *S-N* 曲线确定钢筋的疲劳寿命；随后利用钢筋的疲劳破坏条件，确定钢筋在受到一定次数疲劳荷载作用后的有效截面积，随后通过线性累积损伤确定钢筋的疲劳剩余强度[56]。具体步骤如下：

(1) 通过软件计算钢筋所受到的应力幅等参数，利用钢筋的 *S-N* 曲线确定钢筋的疲劳寿命 N_f。

(2) 确定钢筋疲劳破坏时的边界条件。随着疲劳荷载作用在结构上次数的增加，钢筋剩余强度不断减小。当剩余强度达到钢筋受到的最大应力时，钢筋发生破坏，故钢筋的破坏准则为

$$\tilde{\sigma}(N) \leqslant \sigma_{\max}(N_f) \tag{9-62}$$

式中，$\tilde{\sigma}(N)$ 为在 N 次疲劳荷载过后钢筋受到的应力；$\sigma_{\max}(N_f)$ 为疲劳荷载的上限值。

(3) 确定钢筋在 N 次疲劳荷载过后的钢筋有效截面积。

考虑钢筋的破坏准则，当钢筋疲劳断裂时，根据应变等效原则可以得到

$$A_s^f(N_f) = \frac{\sigma_{\max}(N_f) \cdot A_s}{f_y} \tag{9-63}$$

式中，$A_s^f(N_f)$ 为钢筋疲劳破坏时的有效截面积；A_s 为钢筋的初始截面积；f_y 为钢筋的屈服强度。

故在疲劳荷载作用 N_f 次后，钢筋的减小面积为

$$A_d(N_f) = A_s \cdot \left(1 - \frac{\sigma_{\max}(N_f)}{f_y}\right) \tag{9-64}$$

根据 Miner 线性损伤准则，可得在疲劳荷载作用 N_f 次后，钢筋的减小面积为

$$A_d(N) = A_s \cdot \frac{N}{N_f} \cdot \left(1 - \frac{\sigma_{\max}(N_f)}{f_y}\right) \tag{9-65}$$

因此，可得在疲劳荷载作用 N_f 次后，钢筋的有效截面积为

$$A_s^f(N) = A_s \cdot \left[1 - \frac{N}{N_f} \cdot \left(1 - \frac{\sigma_{\max}(N_f)}{f_y}\right)\right] \tag{9-66}$$

(4) 确定钢筋的损伤及有效应力。

根据损伤的定义可以确定钢筋损伤为

$$D(N) = 1 - \frac{A_s^f(N)}{A_s} = \frac{N}{N_f} \cdot \left(1 - \frac{\sigma_{\max}(N_f)}{f_y}\right) \tag{9-67}$$

故 N 次疲劳荷载过后，钢筋的有效应力为

$$\tilde{\sigma}(N)=\frac{\sigma(N)}{1-D(N)}=\frac{\sigma(N)}{1-\frac{N}{N_f}\cdot\left(1-\frac{\sigma_{\max}(N_f)}{f_y}\right)} \tag{9-68}$$

(5) 考虑钢筋破坏准则，建立钢筋疲劳剩余强度方程。

根据钢筋破坏准则式(9-62)和钢筋的有效应力式(9-68)，可得

$$\sigma(N)\leqslant\sigma_{\max}(N_f)\left[1-\frac{N}{N_f}\cdot\left(1-\frac{\sigma_{\max}(N_f)}{f_y}\right)\right] \tag{9-69}$$

根据式(9-69)可得，在疲劳荷载作用 N_f 次后，钢筋的疲劳剩余强度为

$$f_y(N)=\sigma_{\max}(N_f)\left[1-\frac{N}{N_f}\cdot\left(1-\frac{\sigma_{\max}(N_f)}{f_y}\right)\right] \tag{9-70}$$

式中，$f_y(N)$ 为在 N 次疲劳荷载过后钢筋的疲劳剩余强度。考虑到钢筋 S-N 的双对数形式，对钢筋的疲劳剩余强度式(9-70)进行适当改进，得到改进过后的钢筋疲劳剩余强度如下式所示：

$$f_y(N)=\sigma_{\max}(N_f)\left[1-\frac{\lg N}{\lg N_f}\cdot\left(1-\frac{\sigma_{\max}(N_f)}{f_y}\right)\right] \tag{9-71}$$

钢筋本构模型采用我国规范推荐的本构模型，如图 9-11 所示。钢筋本构模型一般表达式如下所示：

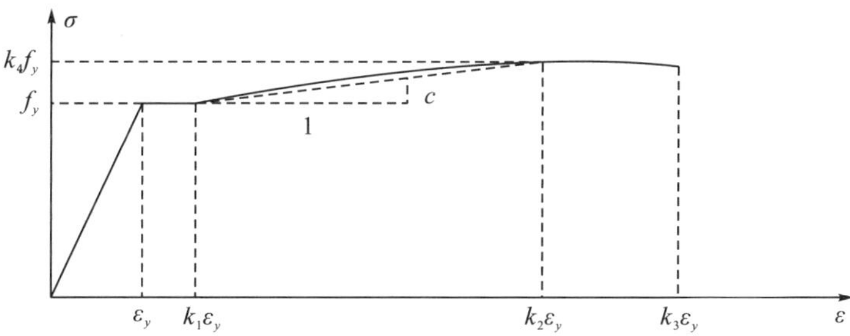

图 9-11　钢筋单调加载的本构曲线

$$\sigma_s=\begin{cases}E_s\varepsilon_s, & \varepsilon_s\leqslant\varepsilon_y\\ f_y^*, & \varepsilon_y<\varepsilon_s\leqslant k_1\varepsilon_y\\ k_4f_y^*+\dfrac{E_s(1-k_4)}{\varepsilon_y(k_2-k_1)^2}(\varepsilon_s-k_2\varepsilon_y)^2, & \varepsilon_s>k_1\varepsilon_y\end{cases} \tag{9-72}$$

式中，f_y^* 为钢筋的屈服强度代表值，可根据实际需要取为 f_y、f_{sk}、f_{sm}；E_s 为钢筋的初始弹性模量；ε_s 为钢筋在荷载作用下的应变值；ε_y 为钢筋的屈服应变，其值可取为 f_y^*/E_s；k_1 为钢筋硬化起点应变与屈服应变的比值；k_2 为钢筋峰值应变与屈服应变的比值；k_3 为钢筋极限应变与屈服应变的比值；k_4 为钢筋峰值应力与屈服强度的比值。对于

普通钢筋，k_1可取值为4，k_2可取值为25，k_3可取值为40，k_4可取值为1.2。

根据钢筋在疲劳荷载下的主要表现，本节假定在疲劳荷载过程中钢筋疲劳残余应变为零，且弹性模量保持不变。基于钢筋无损伤时的本构模型，考虑钢筋在疲劳荷载作用下疲劳剩余强度的改变，确定钢筋的疲劳本构模型如下式所示：

$$\sigma_s(N)=\begin{cases}E_s\varepsilon_s, & \varepsilon_s\leqslant\varepsilon_y\\ f_y(N), & \varepsilon_y<\varepsilon_s\leqslant k_1\varepsilon_y\\ k_4f_y(N)+\dfrac{E_s(1-k_4)}{\varepsilon_y(k_2-k_1)^2}(\varepsilon_s-k_2\varepsilon_y)^2, & \varepsilon_s>k_1\varepsilon_y\end{cases}\tag{9-73}$$

式中，$f_y(N)$为N次疲劳荷载作用后钢筋的疲劳剩余强度；E_s为钢筋在疲劳荷载作用下基本保持不变的弹性模量，取初始弹性模量；ε_s为钢筋在疲劳荷载作用下的应变值，其值可取为$\sigma_s(N)/E_s$；ε_y为N次疲劳荷载作用后钢筋的疲劳屈服应变，其值可取为$f_y(N)/E_s$；k_1为钢筋硬化起点应变与屈服应变的比值；k_2为钢筋峰值应变与屈服应变的比值；k_3为钢筋极限应变与屈服应变的比值；k_4为钢筋峰值应力与屈服强度的比值。对于普通钢筋，k_1可取值为4，k_2可取值为25，k_3可取值为40，k_4可取值为1.2。

9.5 本章小结

(1) 从损伤变量的定义、材料的有效应力及损伤力学的基本假定这三个方面介绍了混凝土弹塑性损伤理论，其中对应变等效性假设和能量等效性假设进行了详细的推导。

(2) 详细介绍了目前较为常见的几种单轴损伤本构模型：Loland 损伤模型、Mazars 损伤模型、Sidoroff 损伤模型、分段线性损伤模型、分段曲线损伤模型和基于规范推荐的损伤演化方程。

(3) 给出了 ABAQUS 软件中的混凝土塑性损伤模型在单轴荷载和循环荷载下的具体表达式，并结合材料受拉损伤和受压损伤，考虑混凝土在拉压荷载下的刚度恢复，给出了在软件中使用的混凝土的应力-应变曲线。

(4) 分析了混凝土和钢筋受到外力情况下的力学表现，分别给出了混凝土和钢筋在无损时的本构模型。

(5) 分析了混凝土在疲劳荷载作用下的主要表现，确定了研究混凝土疲劳本构的主要思路，给出了混凝土疲劳刚度、疲劳剩余强度和残余应变的具体表达式。

(6) 基于混凝土在受到疲劳荷载作用时的主要表现：刚度退化、强度降低和残余应变增加，推导了混凝土在N次疲劳荷载作用后改进的混凝土疲劳本构模型。

(7) 研究了钢筋在疲劳荷载作用下的主要疲劳特性，提出了在疲劳荷载过程中钢筋疲劳残余应变为零，且弹性模量保持不变的假定。基于应变等效原则，确定了钢筋疲劳剩余强度，并最后确定了钢筋的疲劳本构模型。

第 10 章　结构交叉盾构隧道动力响应与累积损伤

本章建立了联络横通道交叉盾构隧道模型，并在列车轮轨上施加实测的列车振动荷载，模拟了编组列车在带联络横通道的交叉盾构隧道中行驶的全过程，分析了列车首次在隧道中行驶时交叉结构的动力响应。利用疲劳分析软件计算了交叉结构的疲劳寿命，得出了混凝土疲劳本构模型。针对结构交叉盾构隧道的主隧道和联络横通道，详细地分析了不同运营年限下结构的应力、加速度、压致损伤、拉致损伤和残余应力等相关力学参数的分布规律与发展趋势，为带联络横通道的盾构隧道结构设计提供参考。

10.1　结构交叉盾构隧道数值模型

10.1.1　计算模型

选择某带联络横通道的结构交叉盾构隧道为分析对象，模拟编组列车在隧道内行驶时交叉盾构隧道的动力响应与损伤特性。该交叉盾构隧道埋深 19.0m，位于Ⅳ级弱风化泥质粉砂岩当中，表土层覆盖有较浅的粉质黏土层和粉细砂层，计算模型如图 10-1 所示。盾构隧道外直径 10.8m，内直径 9.8m，采用 7+1 分块方式、通用楔形环钢筋混凝土单层管片衬砌拼装。为了考虑盾构隧道管片的影响，主隧道设置刚度折减，折减系数采用目前常用的 0.8。结构的主隧道净距 5.0m，设计时速 300 km/h，本次模拟假定列车在主隧道 A 内行驶。联络横通道宽、高分别为 4.0m、5.0m。地层结构模型长、宽、高分别为 800.0m、80.0m、50.0m，模型上边界为自由地面，底部、四周设置人工黏弹性边界，较好地解决了土体-结构动力相互作用中的近场波动问题，交叉隧道结构模型如图 10-2 所示。

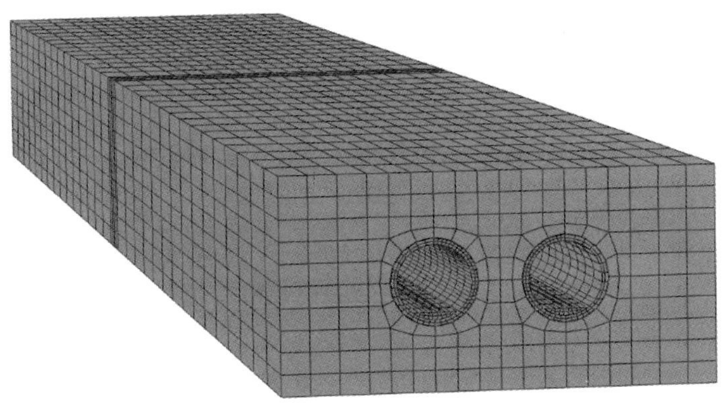

图 10-1　整体模型图

为了简化计算模型，不考虑编组列车车厢之间的连接，列车编组为 8 节，单节车厢长度 25.0m，每节车厢前后各有两对靠近的轮轴，总计 32 对轮轴，列车编组模型如图 10-3 所示。通过调研我国高速列车运行情况，取高速列车每天运行 40 对次。

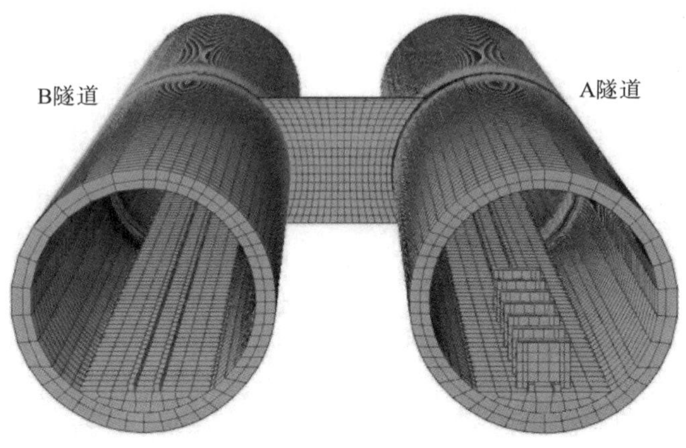

图 10-2 交叉隧道结构模型

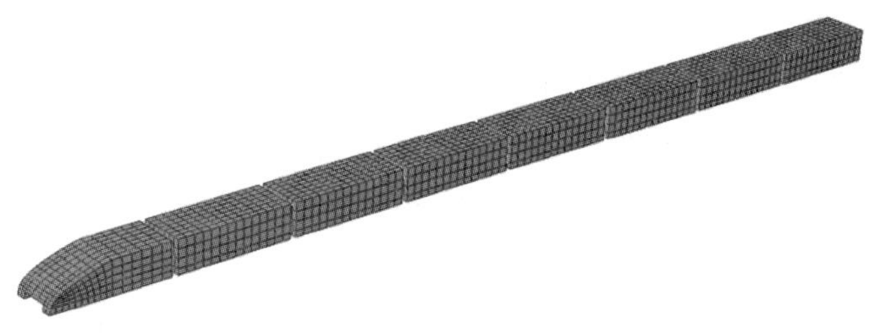

图 10-3 列车编组模型图

10.1.2 材料参数

隧道主要经过Ⅳ级弱风化泥质粉砂岩，考虑土体的弹塑性特点，围岩采用 Mohr-Coulomb 弹塑性本构模型；轨道为目前常用的 Q235 钢材，采用弹性本构模拟；交叉隧道结构衬砌材料为 C50 混凝土，弹性模量为 34.5GPa，抗压强度为 32.4MPa，抗拉强度为 2.64MPa，为了模拟混凝土的非线性性质，采用混凝土塑性损伤本构模型；采用我国《混凝土结构设计规范》中推荐的混凝土应力-应变曲线，针对列车首次运行阶段，根据式(9-50)～式(9-53)、式(9-58)和式(9-60)，可获得软件中混凝土塑性损伤本构模型中应力与非弹性应变的对应关系以及损伤因子与非弹性应变的对应关系[143]。围岩、衬砌混凝土及轨道的物理力学参数见表 10-1，软件中衬砌混凝土的拉压损伤演化参数见表 10-2。

表 10-1　模型物理力学参数表

材料	密度/(kg/m^3)	弹性模量/GPa	泊松比	摩擦角/(°)	膨胀角/(°)	黏聚力/MPa
轨道	7850	200	0.2	—	—	—
衬砌	2400	34.5	0.2	43.0	41.0	1.10
Ⅳ级围岩	2000	3.65	0.325	33.0	30.0	0.45

表 10-2　衬砌混凝土的拉压损伤演化参数

受拉应力/MPa	开裂应变/(×10^{-5})	拉损伤因子/(×10^{-3})	受压应力/MPa	非弹性应变/(×10^{-5})	压损伤因子/(×10^{-3})
2.640	0.000	0.000	22.689	0.000	0.000
2.540	1.432	55.754	30.056	22.427	83.777
2.267	3.871	144.627	32.118	46.632	151.035
1.990	6.321	224.031	32.343	54.362	169.984
1.555	10.872	345.059	32.341	74.482	215.661
1.265	15.007	427.892	30.916	103.751	277.983
0.966	21.362	517.105	18.560	273.530	544.634
0.787	27.369	573.349	13.829	370.880	635.847
0.584	38.932	640.132	10.839	463.111	695.094
0.433	55.831	692.348	8.846	552.385	735.944
0.351	72.528	721.529	7.444	639.877	765.581

10.1.3　动力边界

动力边界的具体介绍见本书第 7 章 7.1.2 节。本章采用黏弹性人工边界模拟无限岩体辐射阻尼。计算得到约束较弱的黏弹性人工边界等效弹簧、阻尼器的参数如表 10-3 所示。

表 10-3　动力边界参数

参数	弹簧切向刚度 K_{BT}	弹簧法向刚度 K_{BN}	阻尼器切向系数 C_{BT}	阻尼器法向系数 C_{BN}
取值	19 705 882	39 117 647	1 608 799	2 887 883

10.1.4　高速列车振动荷载

随着我国铁路的大规模提速，高速列车和轨道之前的相互作用日益增强。列车振动荷载是影响乘客舒适性、行车安全性和隧道结构耐久性的重要因素，也是研究列车振动结构动力响应的基本参数。

为了更为真实地获得列车振动荷载，参照《轮轨水平力、垂直力地面测试方法》(TB/T 2489—1994)标准，采用压电式或电阻应变式加速度计，在高铁现场测试了钢轨、轨道板、底座的振动加速度，并用剪应力法测试轮轨垂直力 P 和横向水平力 Q，最后采用轮轨力标定架现场标定了轮轨垂直力 P 和轮轨水平力 Q，现场测试主要仪器如表 10-4 所示，其中现场测点布置如图 10-4 所示。

表 10-4 高铁列车振动荷载主要测试仪器

名称	测试内容
共和应变花	钢轨垂向力、横向力
垂直力标定架	钢轨垂直力标定
横向力标定架	钢轨横向力标定
10t 机械式千斤顶	力的标定
埋入式混凝土应变计	温度、应变
数据采集系统	IMC 8 通道
笔记本电脑	数据采集及处理

图 10-4 轮轨力等测点布置

通过对现场测试的列车振动荷载数据进行筛选、拟合，可以得到列车以 300km/h 速度和 350km/h 速度行驶时的振动荷载，如图 10-5 所示。

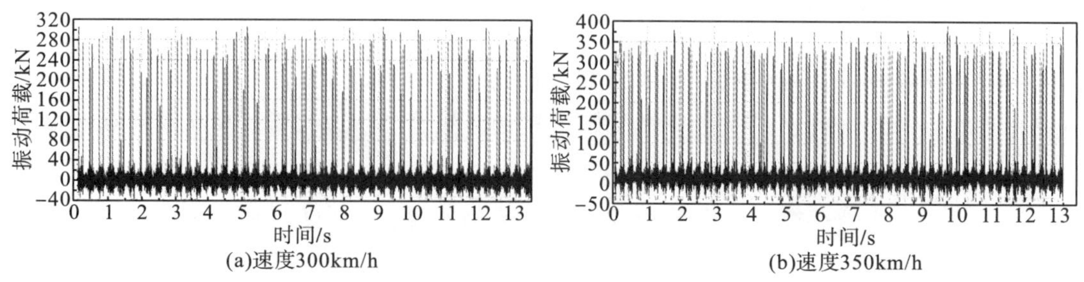

图 10-5 实测列车振动荷载曲线

在实际工程中，编组列车高速行驶在隧道中，列车的位置随着时间不断变化，因此作用在轨道上的荷载也不断变化。此外，编组列车振动荷载在不同时刻呈周期变化规律。为了更为真实地模拟编组列车空间位置变化和荷载时程变化规律，改进仅在轨道某些固定位置施加振动荷载的传统方法：对列车施加一定的行驶速度，并在轮轨上施加随空间移动和时间变化的振动荷载。此外，在编组列车和轨道之间设置接触面，采用 ABAQUS 程序中的主从接触面算法，法向为“硬接触”，切向方向采用库仑摩擦算法。本章选取我国高速列车常采用的 300km/h 行驶速度下的列车振动荷载，对列车施加一个速度场和随时间变化的振动荷载，荷载施加如图 10-6 所示。

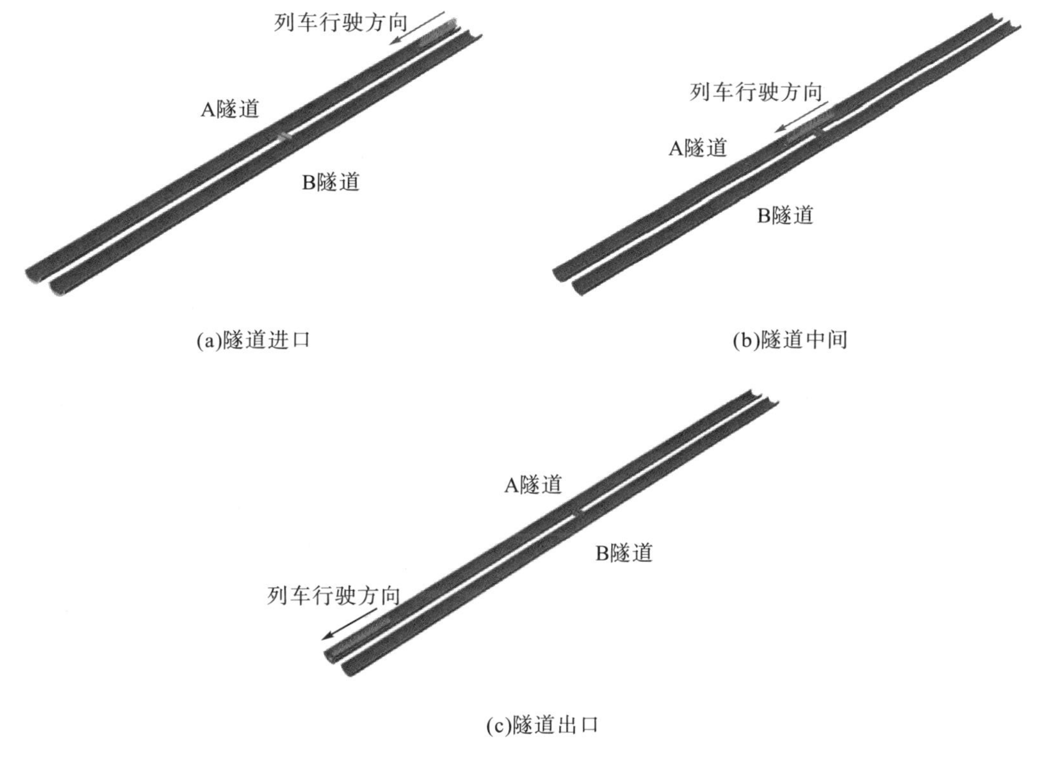

图 10-6　列车振动荷载施加示意图

10.2　列车首次运行结构动力响应

在联络横通道交叉盾构隧道模型中，对编组列车施加 300km/h 的速度场，并在列车轮轨上施加现场实测的列车振动荷载(300km/h)，采用混凝土塑性损伤本构模型，模拟高速列车在隧道中行驶的全过程，分析在列车首次行驶过程中主隧道和联络横通道的动力响应。

10.2.1 主隧道

为了分析高速列车在交叉隧道中行驶的全过程，本章选取六个时间点(分别为第 1.0s、第 2.5s、第 3.6s、第 4.5s、第 6.0s 和第 7.2s)，其中第 3.6s 为列车车厢中部位置行驶到盾构隧道中部位置时刻，第 7.2s 为编组列车即将驶离隧道的时刻。提取列车运行不同时刻的交叉盾构隧道应力云图如图 10-7(彩图见附录)所示。

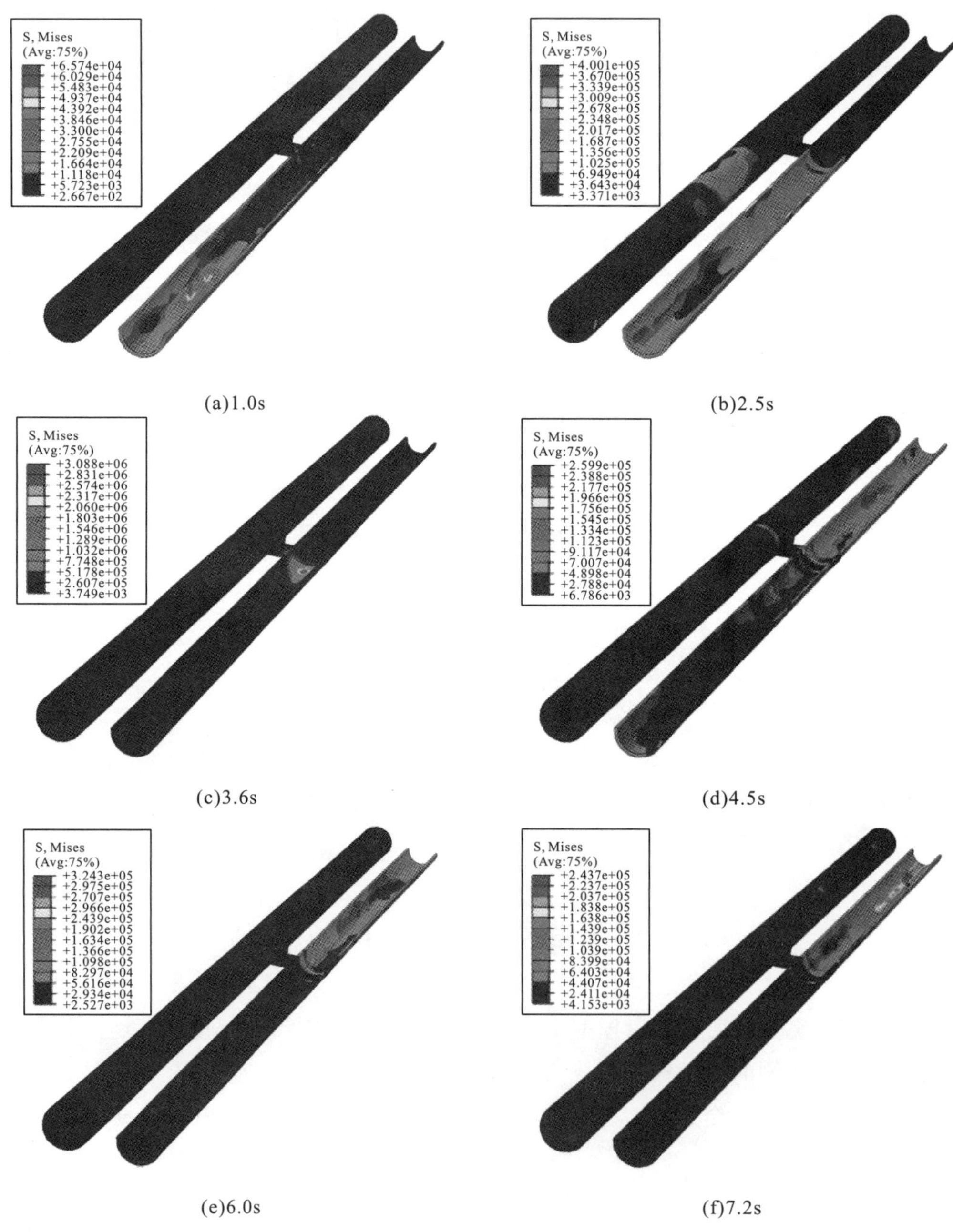

(a)1.0s (b)2.5s

(c)3.6s (d)4.5s

(e)6.0s (f)7.2s

图 10-7 交叉盾构隧道不同时刻应力云图(Pa)

由图 10-7 交叉盾构隧道应力云图可知，应力主要集中在有列车行驶的主隧道 A 内。随着时间的增加，在主隧道 A 内编组列车位置不断变化，作用在衬砌上的应力在编组列车位置附近出现较为明显的应力集中，即隧道在编组列车行驶位置附近的应力较大。此外，在列车驶向隧道中部时，主隧道 A 应力有较为明显的增大，范围也有所增加；当列车行驶到隧道中部位置，应力达到最大值，且主要集中在主隧道 A 中部的较小区域，分析发现：隧道应力的分布范围并非减小，在隧道中部的较大范围内应力仍保持一定的数值，只是隧道中部较小区域应力远大于周边区域，使得应力云图展示出主要集中在中部较小区域的现象；在列车驶离隧道中部后，隧道的应力不断减小。

此外，从图中可以发现：当列车行驶 4.5s 和 6.0s 时，隧道的应力最大值位置与编组列车所在位置有较大的偏差，分析得知结构动力响应并非只与列车位置有关，还与当时列车所施加的实际振动荷载有关，从列车实测振动荷载可知，在 4.5s 和 6.0s 列车振动荷载正处于较小值，因此列车振动效应并不明显，且与结构的震荡波互相叠加，造成如图所示的结果；编组列车在主隧道 A 内行驶，对邻近的主隧道 B 有一定的影响，但主隧道 B 的应力数值远小于主隧道 A 的应力，说明列车在主隧道 A 内行驶时，从应力角度来看，列车振动对主隧道 B 影响较小。

通过计算发现，有列车行驶的主隧道 A 较主隧道 B 振动效应更为明显，因此提取主隧道 A 内三个观测点 A1、A2、A3，为了研究主隧道 B 的被动振动效应，提取主隧道 B 内三个观测点 B1、B2、B3，观测点布置如图 10-8 所示。其中六个观测点 A1、A2、A3 以及 B1、B2、B3，分别位于 A 隧道和 B 隧道拱底位置处，各点之间纵向间距为 200m，观测点 A2 和 B2 正对横通道纵向中剖面。

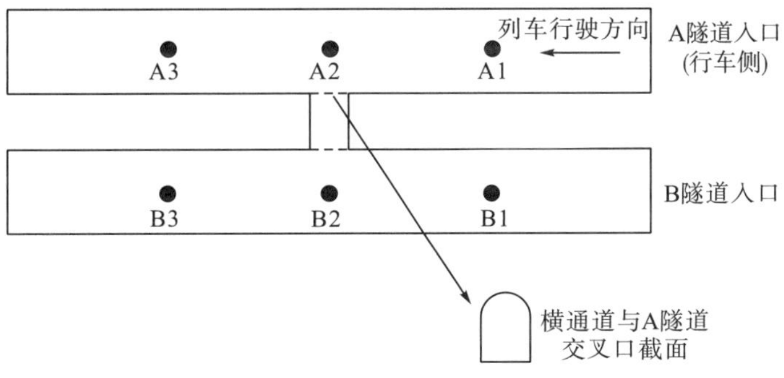

图 10-8　主隧道观测点布置图

根据计算结果，考虑混凝土的受拉敏感性，提取主隧道 A 内三个观测点 A1、A2、A3 和主隧道 B 内三个观测点 B1、B2、B3 的最大主应力时程，并绘制六个观测点 A1、A2、A3 和 B1、B2、B3 的最大主应力时程曲线，如图 10-9、图 10-10 所示。

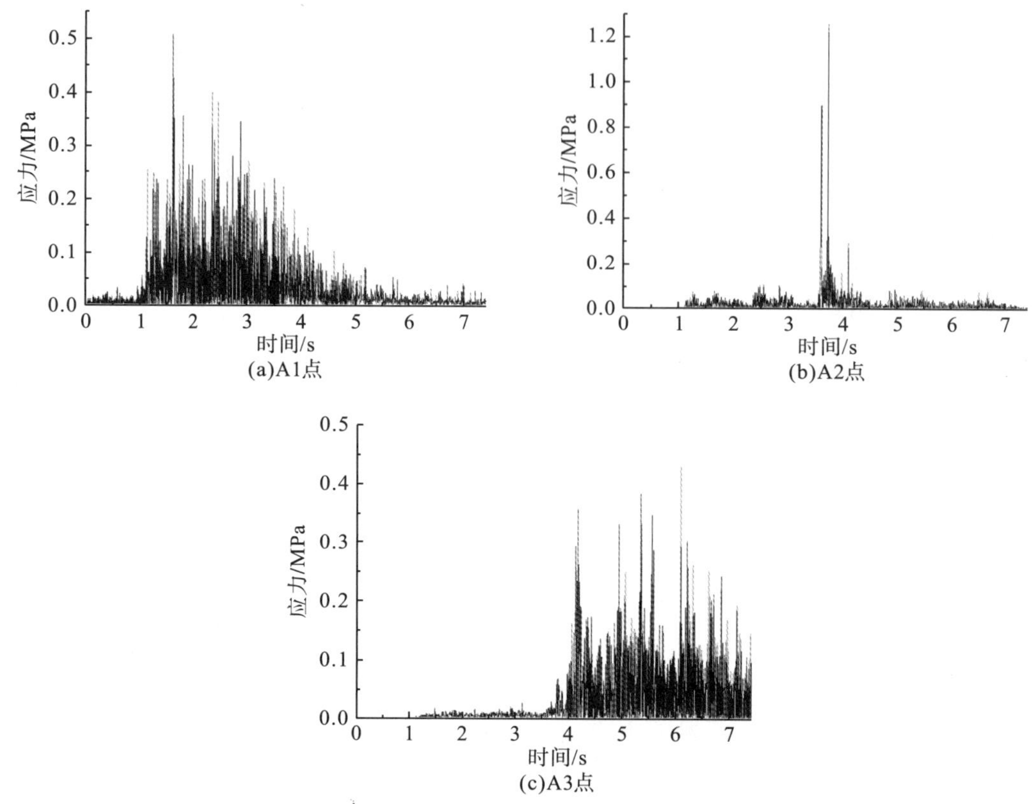

图 10-9 主隧道 A 观测点最大主应力时程曲线

由图 10-9 主隧道 A 观测点最大主应力时程曲线可知，A1、A2 和 A3 三个观测点最大主应力时程曲线均有明显的峰值，且在编组列车运行至观测点附近时，观测点的振动最为剧烈，最大主应力达到最大值。

A1 点位于主隧道 A 的第一个四分点位置，在编组列车行驶 0～1.0s 内，列车正在逐渐驶近观测点，观测点振动较为微弱；在 1.0～4.3s 内，观测点振动最为剧烈，并在约 1.6s 达到峰值，最大主应力达到最大值，约为 0.51MPa，此时编组列车中部靠后位置正在驶过观测点；在 4.3～7.2s 内，列车驶离观测点，因此观测点振动逐渐减弱，残余的振荡波在结构内不断振荡，造成观测点维持较小的振动。

A2 点位于主隧道 A 的中点位置，在编组列车行驶 0～1.1s 内，列车距离观测点最近还有 108m，距离较远，观测点并未出现振动；在 1.1～3.6s 内，列车逐渐驶近观测点，观测点开始在较小范围内振动；在 3.6～4.1s 内，列车经过观测点，观测点振动最为剧烈，并在 3.7s 达到振动峰值，约为 1.25MPa；在 4.1～7.2s 内，列车驶离观测点，随着能量的耗散，观测点振动逐渐减弱，并趋近于零。

A3 点位于主隧道 A 的最后一个四分点位置，在编组列车行驶 0～1.1s 内，列车距离观测点较远，观测点并未出现振动；在 1.1～3.8s 内，列车逐渐驶近观测点，观测点开始在较小范围内振动；在 3.8～7.2s 内，列车经过并驶离观测点，观测点振动最为剧烈，并在 6.1s 左右达到最大主应力峰值，约为 0.42MPa。

对比主隧道 A 的三个观测点 A1、A2 和 A3，A2 点处于主隧道 A 的中点位置，振动最为剧烈，且持续时间较短。A1、A2 和 A3 观测点最大主应力峰值分别为 0.51MPa、1.25MPa 和 0.42MPa，其中 A2 点最大主应力峰值最大，A1 次之，A3 最小。

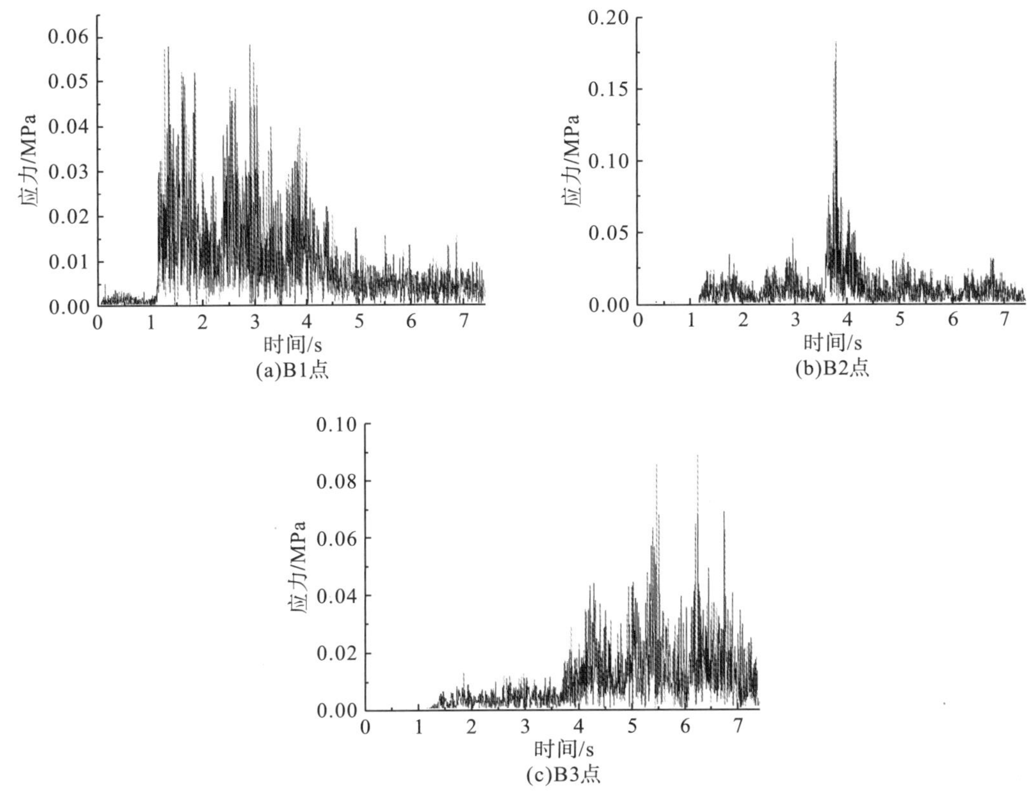

图 10-10 主隧道 B 观测点最大主应力时程曲线

由图 10-10 主隧道 B 观测点最大主应力时程曲线可知，主隧道 B 最大主应力分布规律与主隧道 A 较为一致。B1、B2 和 B3 三个观测点最大主应力时程曲线均有明显的峰值，且在编组列车运行至观测点附近时，观测点的振动最为剧烈，最大主应力达到最大值。

B1 点位于主隧道 B 的第一个四分点位置，在编组列车行驶 0~1.1s 内，此时列车正在逐渐驶近观测点，观测点振动较为微弱；在 1.1～4.3s 内，观测点振动最为剧烈，并在约 1.3s 和 2.9s 最大主应力达到较大值，分别为 5.73×10^{-2}MPa、5.82×10^{-2}MPa，此时编组列车正在驶过观测点；在 4.3～7.2s 内，列车驶离观测点，因此观测点振动逐渐减弱，残余的振荡波在结构内不断振荡，造成观测点维持较小的振动。

B2 点位于主隧道 B 的中点位置，在编组列车行驶 0～1.1s 内，列车和观测点的纵向距离较远，观测点并未出现振动；在 1.1～3.6s 内，列车逐渐驶近观测点，观测点开始在较小范围内振动；在 3.6～4.1s 内，列车经过观测点，观测点振动最为剧烈，并在 3.8s 达到振动峰值，约为 1.83×10^{-1}MPa；在 4.1～7.2s 内，列车驶离观测点，随着能量的耗散，观测点振动逐渐减弱。

B3 点位于主隧道 B 的最后一个四分点位置，在编组列车行驶 0～1.2s 内，列车距离观测点较远，观测点并未出现振动；在 1.2～3.7s 内，列车逐渐驶近观测点，观测点开始在较小范围内振动；在 3.7～7.2s 内，列车经过并驶离观测点，观测点振动最为剧烈，并在 6.3s 左右达到最大主应力峰值，约为 8.92×10^{-2}MPa。

对比主隧道 B 的三个观测点 B1、B2 和 B3，B2 点处于主隧道 B 的中点位置，振动最为剧烈，且持续时间较短。B1、B2 和 B3 观测点最大主应力峰值分别为 5.82×10^{-2}MPa、1.83×10^{-1}MPa 和 8.92×10^{-2}MPa，其中 B2 点最大主应力峰值最大，B3 次之，B1 最小。

对比主隧道 A 和主隧道 B 观测点的最大主应力时程曲线可知，主隧道 A 观测点的最大主应力整体大于主隧道 B，其中 A1、A2、A3 观测点的最大主应力峰值分别为 B1、B2、B3 的 8.8 倍、68.3 倍、4.7 倍，尤其是主隧道 A 的 A2 观测点远大于 B2 点。此外，主隧道 A 三个观测点，A2 点最大主应力峰值最大，A1 次之，A3 最小；而主隧道 B 三个观测点，B2 点最大主应力峰值最大，B3 次之，B1 最小。仔细观察，可以发现：主隧道 B 观测点出现的最大峰值与曲线上的其他波峰值比较接近，尤其是 B1 和 B3 观测点，而主隧道 A 则相差较大，分析认为列车在主隧道 A 内行驶，因此主隧道 A 振动较为剧烈，行驶至观测点振动最为剧烈；而主隧道 B 的振动主要是由主隧道 A 的振动波通过联络横通道和围岩传递过来的，属于被动振动，因此主隧道 B 振动不明显，且由于振动波传递的减弱和叠加，使得主隧道 B 观测点的振动曲线并未出现明显的峰值。

上述从应力角度分析了列车在隧道中行驶时结构的受力情况，此处开始从加速度角度分析列车行驶过程中交叉隧道结构的振动情况。提取主隧道观测点 A1、A2、A3 以及 B1、B2、B3 的加速度值，并绘制加速度时程曲线如图 10-11 和图 10-12 所示。

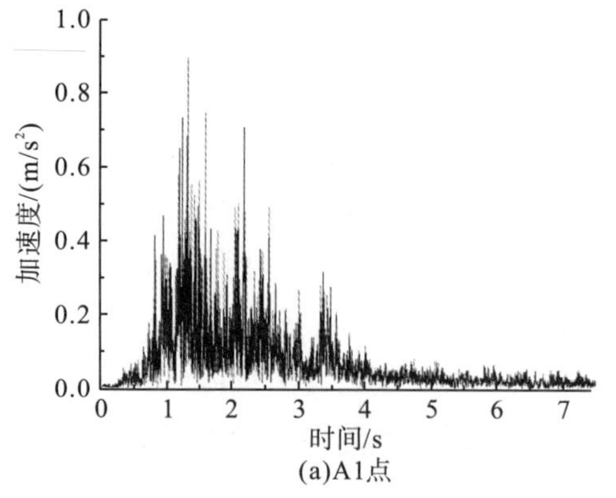

(a)A1点

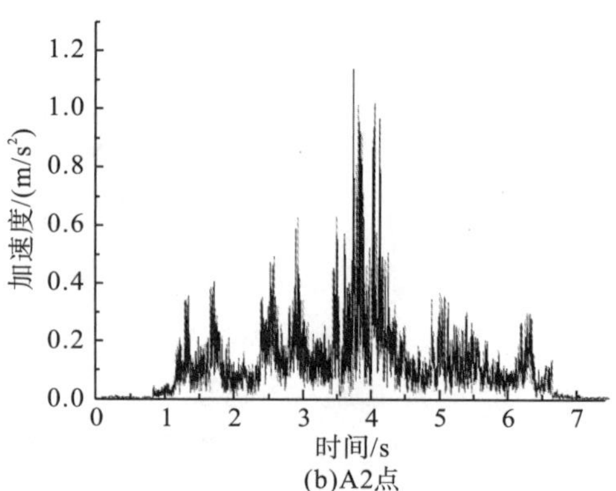

(b)A2点

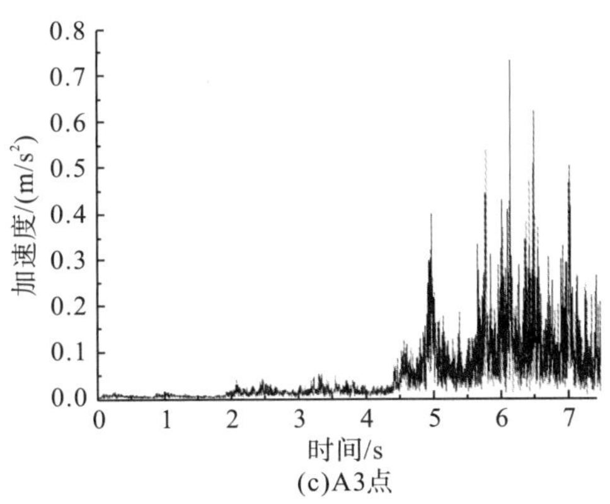

(c)A3点

图 10-11 主隧道 A 观测点加速度时程曲线

由图 10-11 主隧道 A 观测点加速度时程曲线可知，A1、A2 和 A3 三个观测点加速度时程曲线均有明显的峰值。当列车车头接近观测点时，观测点开始出现明显的振动；当编组列车中部到达观测点时，振动达到峰值；随后，当列车车尾远离观测点时，观测点振动明显减弱，最后趋于平缓。

A1 点位于主隧道 A 的第一个四分点位置，在编组列车行驶 0～3.6s 内，观测点振动最为剧烈，并在约 1.3s 达到峰值，加速度达到最大值，约为 0.89m/s^2，此时编组列车中部靠后位置正在驶过观测点；在 3.6～7.2s 内，列车驶离观测点，因此观测点振动逐渐减弱，并维持较小的振动。

A2 点位于主隧道 A 的中点位置，在编组列车行驶 0～0.9s 内，列车距离观测点最近还有 125m，距离较远，观测点仅出现微小的振动；在 0.9～6.6s 内，列车经过观测点，观测点振动最为剧烈，并在 3.7s 达到加速度峰值，约为 1.14m/s^2；在 6.6～7.2s 内，列车驶离观测点，随着能量的耗散，观测点振动逐渐减弱，并趋近于零。

A3 点位于主隧道 A 的最后一个四分点位置，在编组列车行驶 0～2.0s 内，列车距离观测点较远，观测点仅出现微小的振动；在 2.0～4.5s 内，列车逐渐驶近观测点，观测点开始在较小范围内振动；在 4.5～7.2s 内，列车经过并驶离观测点，观测点振动最为剧烈，并在 6.1 s 左右达到最大加速度峰值，约为 0.73 m/s^2。

对比主隧道 A 三个观测点 A1、A2 和 A3 的加速度曲线，A2 点处于主隧道 A 的中点位置，振动最为剧烈，且持续时间较长。观测点 A1、A2、A3 的加速度幅值分别为 0.89m/s^2、1.14m/s^2、0.73m/s^2，其中 A2 点加速度峰值最大，A1 次之，A3 最小。

由图 10-12 主隧道 B 观测点加速度时程曲线可知，B1、B2 和 B3 三个观测点加速度分布规律与主隧道 A 三个观测点的较为一致。B1、B2 和 B3 观测点时程曲线均有明显的峰值，且在编组列车经过观测点时，观测点加速度最大，列车距离观测点越远，观测点加速度越小。

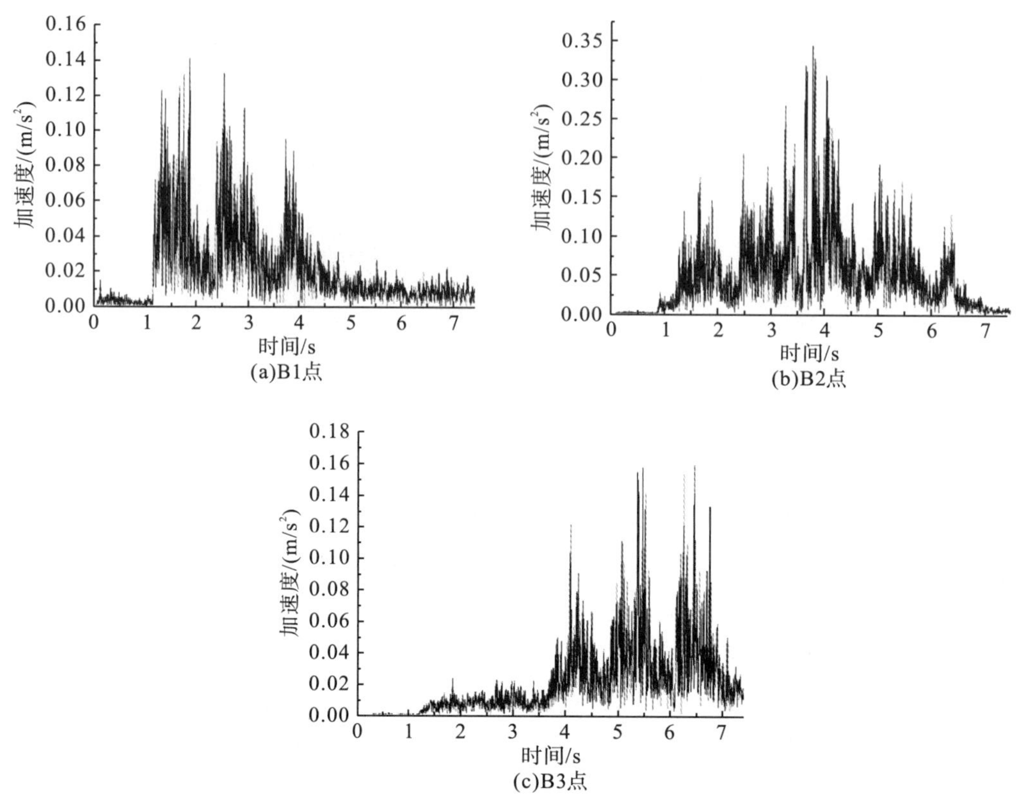

图 10-12 主隧道 B 观测点加速度时程曲线

B1 点在编组列车行驶 1.1～4.4s 内，观测点振动最为剧烈，并在约 1.9s 达到峰值，加速度达到最大值，约为 $0.14m/s^2$；B2 点在编组列车行驶 1.1～6.5s 内，观测点振动最为剧烈，并在 3.8s 达到加速度峰值，约为 $0.35m/s^2$；B3 点在编组列车行驶 3.6～7.2s 内，观测点振动最为剧烈，并在 6.5s 左右达到最大加速度峰值，约为 $0.16m/s^2$。

对比主隧道 B 的三个观测点的加速度曲线，B2 点振动最为剧烈，且持续时间较长。观测点 B1、B2、B3 的加速度幅值分别为 $0.14m/s^2$、$0.35m/s^2$、$0.16m/s^2$，其中 B2 点加速度峰值最大，B3 次之，B1 最小。对比两个主隧道三个观测点的加速度，主隧道 A 观测点的加速度整体大于主隧道 B，A2 点加速度峰值约为无列车行驶的隧道 B2 点的 3.3 倍，说明列车行驶对邻近主隧道影响较小。

10.2.2 联络横通道

根据计算结果，提取列车运行不同时刻(分别为第 1.0s、第 2.5s、第 3.6s、第 4.5s、第 6.0s 和第 7.2s)的联络横通道应力云图，如图 10-13(彩图见附录)所示。

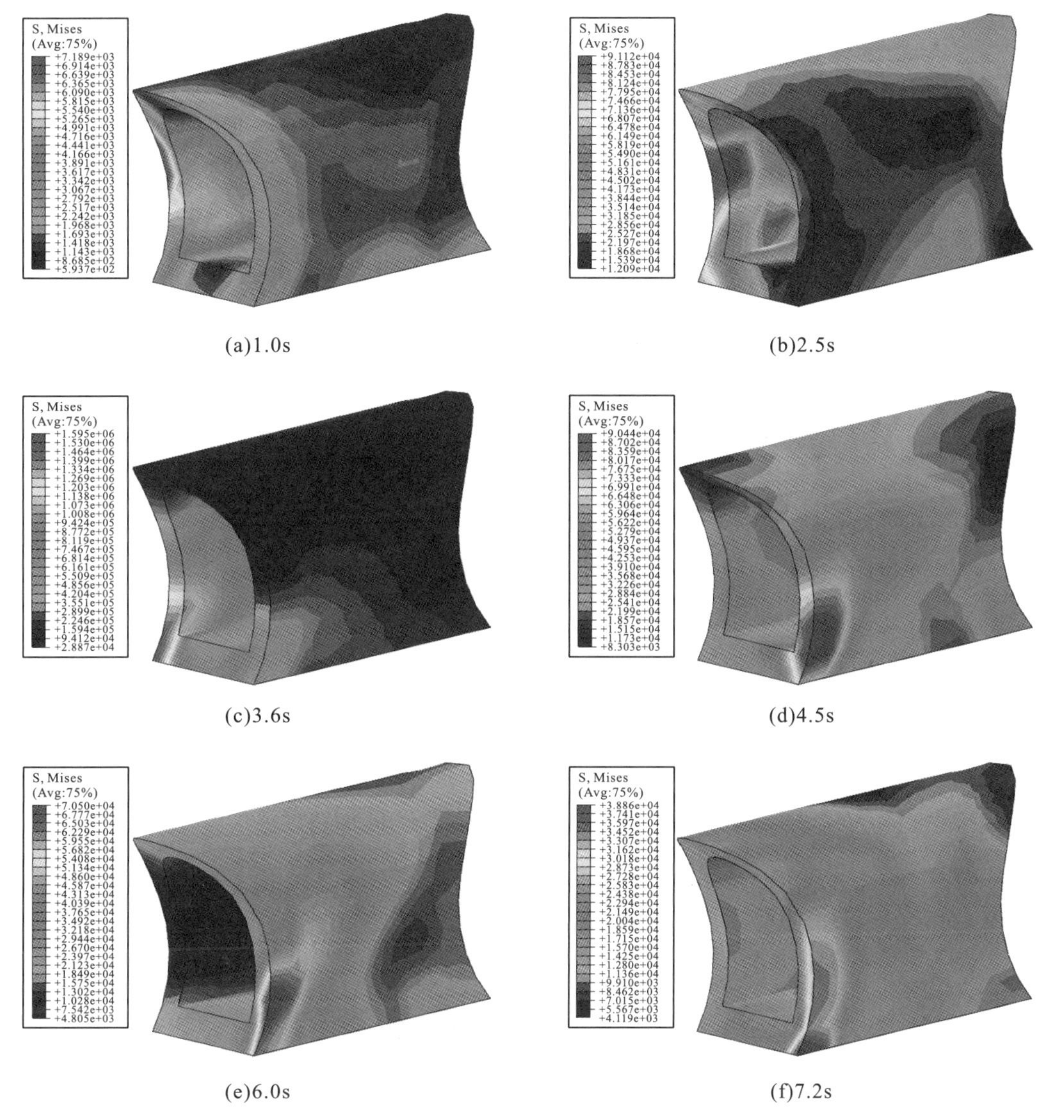

(a)1.0s　　(b)2.5s

(c)3.6s　　(d)4.5s

(e)6.0s　　(f)7.2s

图 10-13　联络横通道不同时刻应力云图(Pa)

由上图联络横通道应力云图可知，随着列车的行进，联络横通道的应力由靠近隧道进口的左侧墙逐渐向右移动，随后集中在联络横通道右侧墙，最后应力慢慢削减为零。当列车行驶 1.0s 时，列车距离联络横通道较远，列车振动效应通过主隧道 A 传递给联络横通道，应力集中在靠近列车一侧的横通道左侧外边墙；随着列车的不断行驶，在 2.5s 左右，列车车头靠近横通道，横通道应力由左侧外边墙扩展至左侧内边墙和墙脚，应力数值增长较大，从 1×10^3 量级增长至 1×10^4 量级，范围也有了明显的增加；在 3.6s 时，列车车厢中部行驶至隧道中点，横通道应力大幅度增加，达到 1×10^6 量级，并集中在横通道左侧边墙和底板；随着列车驶离横通道，横通道应力逐渐减小，并在左侧边墙和底板逐渐转移到左侧边墙，最后慢慢消失。

从列车行驶过程中联络横通道应力变化规律可知，横通道应力主要集中在靠近有列车行驶的主隧道 A 的一侧，尤其是在两侧边墙和底板位置，且在列车行驶至横通道位置时应力会产生较为明显的增大。应力从有列车行驶的主隧道 A 传递给联络横通道靠近主隧道 A 的一侧，并沿着横通道向邻近主隧道 B 传递。

根据分析结果，提取横通道与 A 隧道相交面上的拱顶和两侧墙脚位置 C1、C2 和 C3，观测点布置如图 10-14 所示。绘制三个观测点 C1、C2 和 C3 的应力时程曲线和加速度时程曲线如图 10-15、图 10-16 所示。

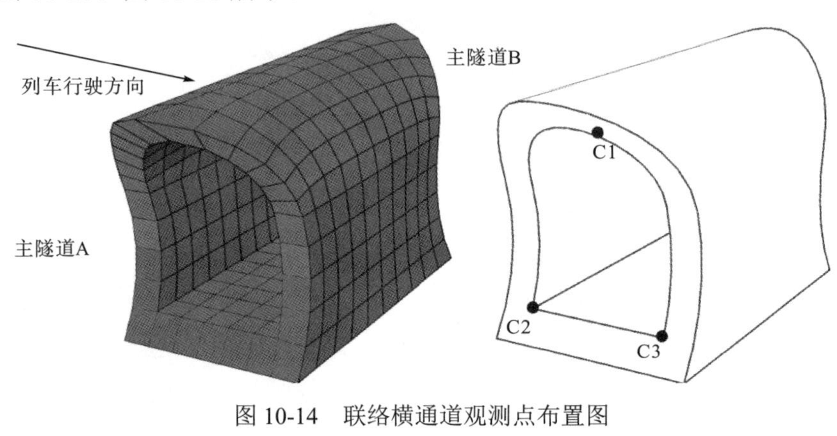

图 10-14 联络横通道观测点布置图

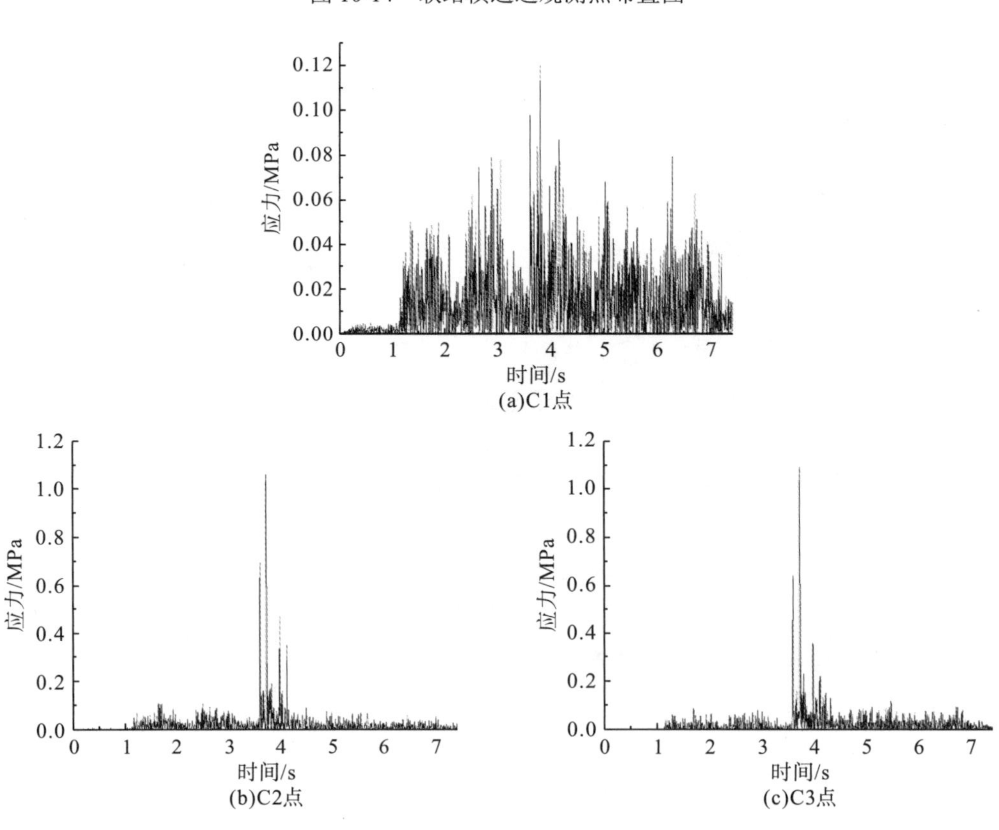

图 10-15 联络横通道观测点最大主应力时程曲线

由图 10-15 联络横通道观测点最大主应力时程曲线可知，C1 点在联络横通道的拱顶位置，在 0～1.1s 内，编组列车距离横通道较远，拱顶 C1 点仅出现轻微的振动；在 1.1～7.2s 内，随着列车不断靠近并驶过横通道，C1 点开始剧烈振动，并在 3.8s 左右，C1 点最大主应力达到峰值，为 0.12MPa，随后随着编组列车驶离联络横通道，C1 点振动逐渐减弱，最大主应力不断减小。

C2 点为联络横通道的左边墙墙脚(靠近主隧道 A 进口一侧)，在 0～1.1s 内，编组列车距离横通道较远，C2 点仅出现轻微的振动，受到较小的应力作用；在 1.1～3.6s 内，随着编组列车不断驶近横通道，观测点振动逐渐增强；在 3.6～4.1s 内，列车车厢经过横通道，观测点振动最为剧烈，最大主应力在 3.7s 达到峰值，约为 1.06MPa；在 4.1～7.2s 内，列车驶离横通道，观测点 C2 最大主应力逐渐减小。

C3 点为联络横通道的右边墙墙脚(靠近主隧道 A 出口一侧)，其最大主应力分布规律与 C2 点较为一致，观测点 C3 最大主应力在 3.7s 达到峰值，约为 1.09MPa。

对比联络横通道三个观测点 C1、C2 和 C3 最大主应力，C1 为联络横通道的拱顶位置，在列车行驶过程中，主应力比较分散，而 C2 和 C3 主要集中在 3.7s 左右，其余时刻最大主应力较小。观测点 C2 和 C3 为横通道两侧边墙墙脚，分布规律较为一致，但 C2 靠近主隧道 A 进口一侧，在列车行驶的前半段时间内最大主应力比后半段时间的大，而 C3 靠近主隧道 A 出口一侧，规律刚好相反。联络横通道三个观测点均在列车车厢中点行驶至横通道位置附近时，最大主应力达到峰值，分别为 0.12MPa、1.06MPa 和 1.09MPa，其中 C3 最大，C2 次之，C1 最小。分析认为：C1 为联络横通道的拱顶位置，约束较为薄弱，刚度相较横通道两侧边墙墙脚 C2 和 C3 小很多，因此振动稍弱，最大主应力偏小。

由图 10-16 联络横通道观测点加速度时程曲线可知，联络横通道三个观测点 C1、C2 和 C3 均有相似的规律。在 0～1.1s 内，编组列车距离横通道较远，三个观测点仅出现轻微的振动，观测点振动加速度很小；在 1.1～3.6s 内，随着编组列车不断驶近横通道，观测点加速度逐渐增大；在 3.6～4.1s 内，列车车厢经过横通道，观测点振动最为剧烈，C1、C2 和 C3 加速度均在 3.7s 左右达到峰值，分别为 $0.51m/s^2$、$0.75m/s^2$ 和 $0.73m/s^2$；在 4.1～7.2s 内，列车驶离横通道，观测点加速度逐渐减小。

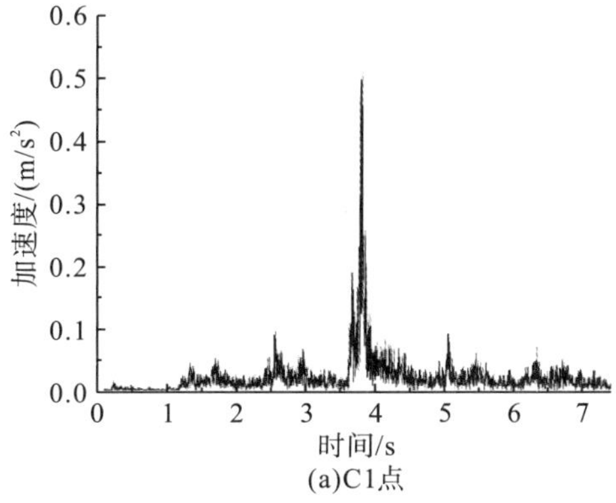

(a)C1点

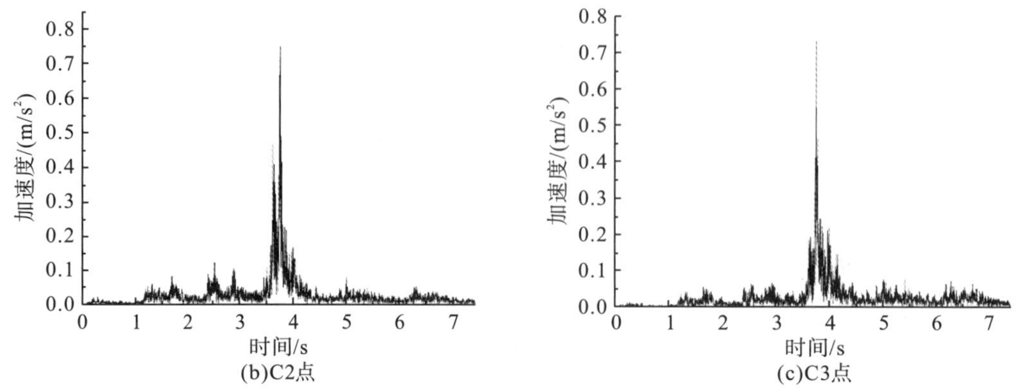

图 10-16　联络横通道观测点加速度时程曲线

对比联络横通道三个观测点 C1、C2 和 C3 的加速度，三个观测点的加速度分布规律较为一致，但 C2 加速度峰值最大，C3 次之，C1 最小。对比三个观测点加速度和最大主应力，观测点加速度在拱顶和两侧墙脚位置处分布规律较为一致，对位置的“敏感性”较弱，而观测点 C2 和 C3 的最大主应力分布规律较为一致，与 C1 差别较大；由于 C1 为联络横通道的拱顶位置，刚度相较边墙墙脚 C2 和 C3 点小很多，因此 C1 点加速度和最大主应力均较小；由于 C2、C3 与 C1 刚度差异较大，造成应力集中，因此 C2、C3 应力比 C1 大很多。

为了更加全面地分析联络横通道的应力和加速度分布情况，提取横通道与 A 隧道相交面各点第一主应力和加速度时程，并绘制其第一主应力和加速度在时程范围内的最大值包络线如图 10-17、图 10-18 所示。

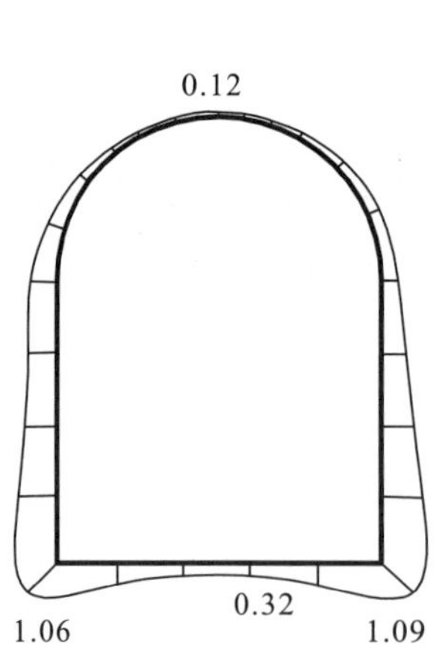

图 10-17　最大主应力包络线(MPa)

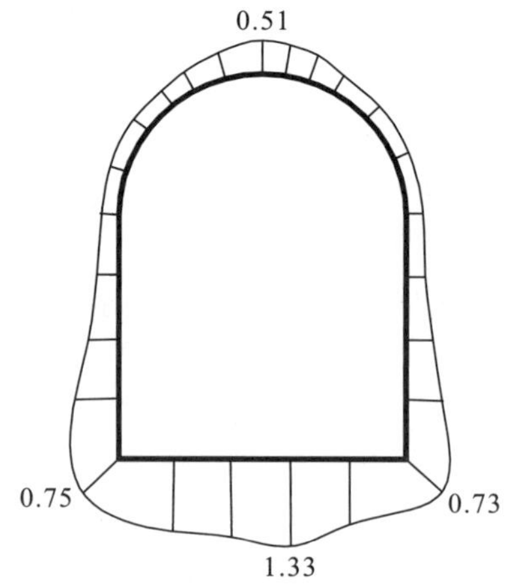

图 10-18　加速度包络线(m/s^2)

由图 10-17 最大应力包络线可知，联络横通道的主应力主要集中在两侧边墙墙脚附近，最大主应力在右边墙墙脚位置，达 1.09MPa，而在横通道底板中部和拱顶相对较小，最小值在拱顶位置，仅为 0.12MPa，约占右边墙墙脚最大主应力的 11.0%。结果说明联络横通道墙脚位置处相对薄弱，在设计中需要加强。

由图 10-18 加速度包络线可知，联络横通道的加速度主要集中在横通道底板中部位置处，最大值为 1.33m/s^2。加速度值沿着底板向两边逐渐减小，在横通道两侧左右边墙墙脚位置达到 0.75m/s^2、0.73m/s^2，接着加速度沿着两侧边墙向上不断减小，在横通道拱肩位置处达到最小值，约为 0.24m/s^2。加速度由拱肩位置向拱顶发展变大，加速度达到 0.51m/s^2，约占底板中部最大加速度值的 38.3%。

对比有列车行驶一侧的主隧道 A 和联络横通道在列车行驶过程中的最大主应力和加速度可以发现，主隧道 A 中间位置 A2 观测点振动加速度明显大于联络横通道两侧拱脚位置 C2 和 C3，而 A2 观测点最大主应力却与联络横通道两侧拱脚位置 C2 和 C3 相差不大，说明主隧道 A 和联络横通道连接位置由于结构刚度奇异性会造成连接面处应力集中，而对连接面加速度则影响不大。

10.3　结构交叉盾构隧道疲劳寿命

交叉盾构隧道首次受到列车振动荷载作用时，结构受到无规律的列车荷载作用，无法利用材料的 *S-N* 曲线直接进行寿命估算。

因此，采用 ANSYS FE-SAFE 疲劳分析软件计算结构疲劳寿命。FE-SAFE 软件由美国 ANSYS 公司与英国安全技术公司联合开发，是进行结构疲劳寿命分析的专业软件。该软件能有效处理快载荷谱，快速分析旋转载荷作用下的疲劳寿命；可仿真复杂的“试验场”载荷条件；可考虑残余应力对疲劳寿命的影响，能较为有效地分析列车振动荷载作用下交叉隧道结构寿命问题。

本章根据 ABAQUS 计算出的结构实际承受的应力，利用 ANSYS FE-SAFE 疲劳分析软件，采用线性损伤累积理论和雨流计数法，综合考虑结构平均应力、应力集中等影响因素，可以计算出结构受到复杂应力时的寿命。计算流程如图 10-19 所示。

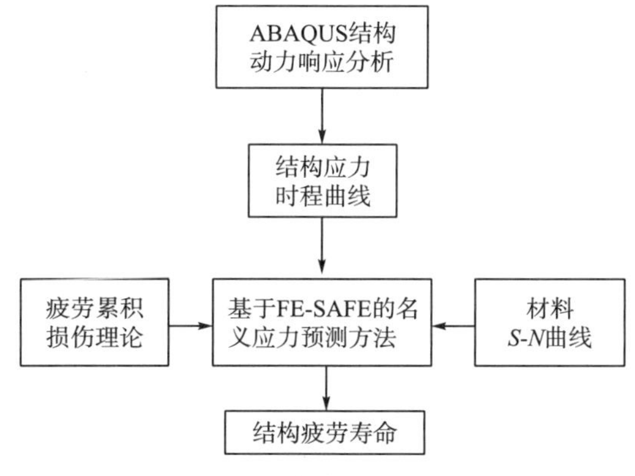

图 10-19　疲劳寿命计算流程图

混凝土受压疲劳寿命与疲劳荷载曲线采用 Tepfers 和 Kutti 通过混凝土单轴压缩试验得出的拟合公式[37]：

$$\lg N_{c,f}=\frac{1}{\beta}\left[\frac{1-\dfrac{f_{c,\max}}{f_{cu}}}{1-\dfrac{f_{c,\min}}{f_{c,\max}}}\right] \tag{10-1}$$

式中，β 为混凝土的材料常数，取值范围为 0.064~0.080，Teng 和 Wang[53]建议取平均值 0.072；$f_{c,\max}$、$f_{c,\min}$ 分别为循环荷载的最大压应力值和最小压应力值；f_{cu} 为混凝土抗压强度。

混凝土受拉疲劳寿命与疲劳荷载曲线采用如下[37]基于混凝土疲劳劈裂试验得到的拟合公式：

$$\lg N_{t,f}=\frac{1}{\beta}\left[1-\frac{1-\dfrac{f_{t,\max}-f_{t,\min}}{f_t}}{1-\dfrac{f_{t,\min}}{f_t}}\right] \tag{10-2}$$

式中，$f_{t,\max}$、$f_{t,\min}$ 分别为循环荷载的最大拉应力值和最小拉应力值；f_t 为混凝土抗拉强度。

将上节模拟编组列车在交叉盾构隧道中首次运行得到的交叉隧道结构的动力结果导入 FE-SAFE，根据式(10-1)、式(10-2)确定混凝土的 S-N 曲线，采用线性损伤累积理论和雨流计数法，可以计算出交叉隧道结构对数寿命分布云图，如图 10-20(彩图见附录)所示。

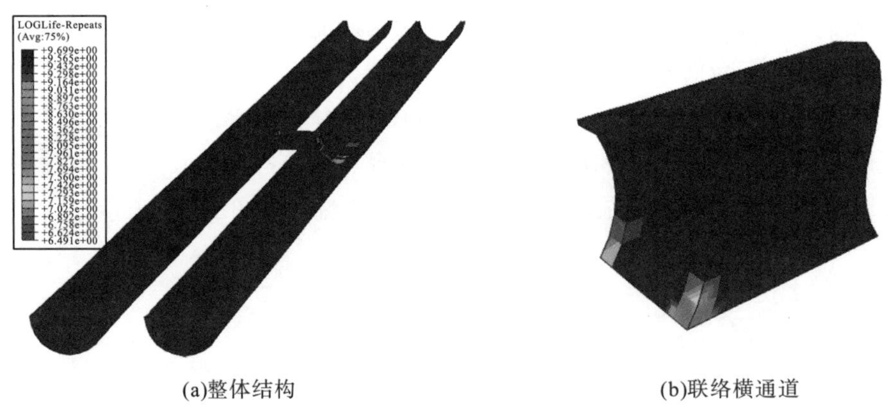

(a)整体结构　　(b)联络横通道

图 10-20　结构交叉盾构隧道疲劳寿命分布云图

由结构交叉盾构隧道疲劳寿命分布云图(图 10-20)可知，结构寿命最短的部位主要集中在有列车行驶的主隧道 A 的中部拱底位置和主隧道 A 与联络横通道相交处。根据上述对交叉结构的应力分析可知，这些位置也为结构受力较为不利的位置处。结构最短对数寿命为 6.491，可以计算出结构的寿命约为 3.10×10^{6} 次。其中，联络横通道的寿命最短的主要集中在横通道两侧边墙墙脚位置，且靠近主隧道 A 进口一侧的左侧边墙墙脚位置处寿命较小。

假定高速列车每天平均运行约 40 对次，由于结构的寿命约为 3.10×10^6 次，可知在现有的行车要求下，交叉隧道满足设计期 100 年的抗疲劳要求。

10.4　不同运营年限交叉结构动力响应

对于交叉盾构隧道复杂结构，设计寿命长达 100 年，在列车振动荷载作用下属于高周疲劳，分别计算每一次列车行驶对隧道的动力影响计算工作量是十分巨大的，几乎不可能实现。因此，为了分析不同运营年限交叉隧道结构的动力响应和累积损伤特性，采用 Petryna 和 Krätzig 提出的研究高周结构疲劳的思路[54]，基于之前所分析的列车首次振动荷载作用下结构的动力响应，计算交叉隧道结构的疲劳寿命；分析混凝土疲劳刚度退化、疲劳强度退化和疲劳残余应变演变规律，基于现行规范，给出混凝土剩余强度方程，随后利用式(9-50)、式(9-53)计算出改进的混凝土疲劳本构模型，得出混凝土经过 N 次疲劳荷载过后材料的劣化程度；然后考虑材料劣化，对结构施加列车振动荷载，模拟隧道交叉复杂结构在不同运营年限的动力响应与累积损伤，分析流程如图 10-21 所示。

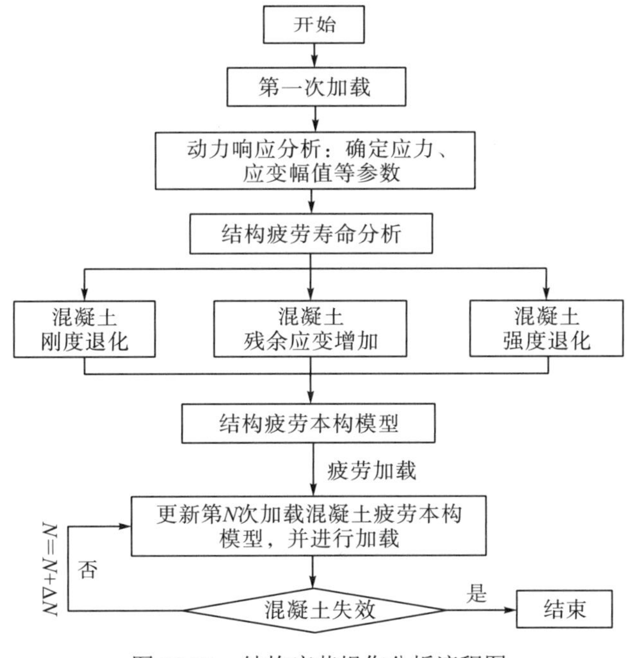

图 10-21　结构疲劳损伤分析流程图

根据编组列车在隧道中首次行驶时交叉隧道结构的动力响应情况，考虑在列车首次运行过程中混凝土结构的最大拉压应力、最大拉压应变和残余应变等参数，利用上节计算出的结构寿命 3.10×10^6 次，可以得到列车在隧道中行驶 N 次过后，混凝土的受压疲劳

剩余强度为

$$\sigma_{rc}(N)=\frac{32.4\cdot x_c(N)}{1.503\cdot\left[x_c(N)-1\right]^2+x_c(N)} \tag{10-3}$$

其中，$x_c(N)$ 为受压荷载作用下，与疲劳加载次数 N 有关的函数，可表示为

$$x_c(N)=0.190\cdot\lg N+1 \tag{10-4}$$

同理可得，列车在隧道中行驶 N 次过后，混凝土的受拉疲劳剩余强度为

$$\sigma_{rt}(N)=\frac{2.64\cdot x_t(N)}{2.175\cdot\left[x_t(N)-1\right]^2+x_t(N)} \tag{10-5}$$

其中，$x_t(N)$ 为受拉荷载作用下，与疲劳加载次数 N 有关的函数，可表示为

$$x_t(N)=0.124\cdot\lg N+1 \tag{10-6}$$

根据所得到的混凝土疲劳剩余强度、疲劳刚度和混凝土残余应变，可以利用式(9-60)和式(9-61)计算出列车在隧道中行驶 N 次过后混凝土的疲劳本构模型。在疲劳荷载作用下，考虑混凝土结构的能量耗散过程特点，采用能量等效性假设，利用式(9-14)计算出混凝土材料的损伤因子。可以利用混凝土塑性损伤理论，基于列车运行 N 次过后交叉隧道结构的损伤情况，通过在程序 INP 文件中修改关键字的方式，迭代计算列车运行 $N+\Delta N$ 次过后混凝土结构的本构关系，再次模拟列车在隧道中行驶的全过程，最后可以得出交叉隧道结构在运营一定年限后的动力响应与损伤效应。

基于此，本节主要分析在设计期内不同运营年限交叉盾构隧道的动力响应，为复杂隧道结构设计提供参考。

10.4.1 主隧道

考虑高速列车在隧道中运行 1、1.0×10^3、1.0×10^4、1.0×10^5、2.0×10^5、5.0×10^5、1.0×10^6、1.5×10^6 次后，针对目前我国高速列车每天平均运行约 40 对次，分别考虑隧道运营年限为 0、0.07、0.69、6.85、13.70、34.25、68.49、102.74 年，选取主隧道 A 上 A1、A2、A3 三个观测点和主隧道 B 上振动响应较大的中部位置 B2 观测点，提取四个观测点在列车行驶过程中的最大主应力幅值，如表 10-5 所示。

表 10-5 主隧道观测点最大主应力幅值

运行次数/次	运行时间/年	A1/MPa	A2/MPa	A3/MPa	B2/MPa
1	0	0.5083	1.2542	0.4303	0.1828
1.0×10^3	0.07	0.5150	1.3902	0.4424	0.1950
1.0×10^4	0.69	0.6164	1.4615	0.4481	0.2057
1.0×10^5	6.85	0.6725	1.5480	0.4636	0.2098
2.0×10^5	13.70	0.6900	1.6120	0.4640	0.2162
5.0×10^5	34.25	0.7219	1.6173	0.4840	0.2174
1.0×10^6	68.49	0.7257	1.6298	0.5023	0.2176
1.5×10^6	102.74	0.7833	1.6498	0.5858	0.2181

由不同运营年限主隧道观测点最大主应力幅值(表 10-5)可知，随着交叉盾构隧道运营年限的增加，主隧道四个观测点最大主应力幅值均有一定程度的增加，在运营前段时间最大主应力增长最快，在运营后半段时间则增长较慢。在隧道运营 102.74 年后，A1、A2、A3 和 B2 最大主应力幅值分别达到 0.78MPa、1.65MPa、0.59MPa 和 0.22MPa，相对于列车首次运行时最大主应力增长比例分别为 54.1%、31.5%、36.1%和 19.3%。

对比主隧道上 A1、A2、A3 和 B2 四个观测点，A2 位于有列车行驶的主隧道 A 的中部位置，最大主应力最大，A1 次之，A3 较小，而 B2 观测点位于邻近主隧道 B，属于被动振动区域，因此 B2 观测点最大主应力最小。为了较为细致地分析 A1、A2、A3 和 B2 点最大主应力随时间的发展规律，绘制四个观测点随隧道运营年限的最大主应力变化曲线，如图 10-22 所示。

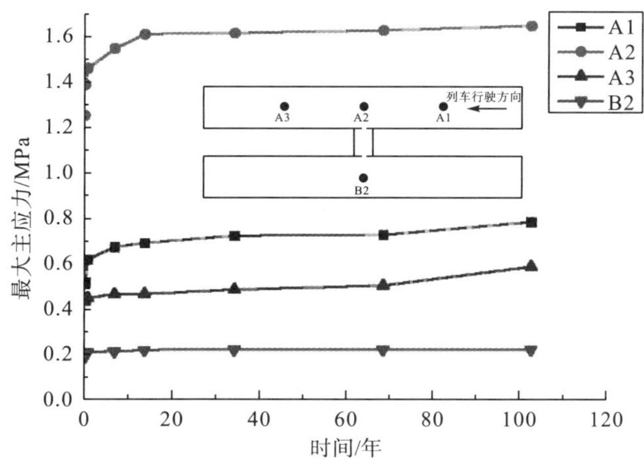

图 10-22　观测点最大主应力变化曲线

根据图 10-22 观测点随隧道运营年限的最大主应力变化曲线可知，在交叉盾构隧道运营 0～13.7 年，有列车行驶的主隧道 A 三个观测点最大主应力增长速度较快，相对于列车首次运行时，A1、A2、A3 三个观测点增长幅值分别为 0.18MPa、0.36MPa 和 0.03MPa；在 13.7 年后，观测点最大主应力增长较为平缓，大致随运营年限呈线性增长规律，可以用来预测结构最大主应力的发展规律。邻近主隧道 B 由于没有列车在上面行驶，属于被动振动，在隧道运营期间内最大主应力基本处于线性变化趋势，在隧道运营 102.74 年以后，最大主应力仅增长 0.04MPa。

提取隧道运营 0、0.07、0.69、6.85、13.70、34.25、68.49、102.74 年后，主隧道上四个观测点 A1、A2、A3 和 B2 在列车行驶过程中的加速度幅值如表 10-6 所示。

表 10-6　主隧道观测点加速度幅值

运行次数/次	运行时间/年	A1/(m/s²)	A2/(m/s²)	A3/(m/s²)	B2/(m/s²)
1	0	0.8948	1.1397	0.7319	0.3453
1.0×10^3	0.07	0.9056	1.1450	0.7582	0.3465
1.0×10^4	0.69	0.9339	1.1491	0.7701	0.3467
1.0×10^5	6.85	0.9381	1.1510	0.8051	0.3533
2.0×10^5	13.70	0.9420	1.1646	0.8682	0.3575
5.0×10^5	34.25	0.9445	1.1810	0.8897	0.3695
1.0×10^6	68.49	0.9517	1.2129	0.9023	0.3906
1.5×10^6	102.74	0.9851	1.2358	0.9382	0.3934

由主隧道观测点加速度幅值(表 10-6)可知，随着交叉盾构隧道运营年限的增加，主隧道观测点振动加速度幅值都有了一定程度的增加，且大致呈两阶段变化：在隧道运营前半段时间加速度增长较快，在隧道运营后半段时间加速度增长较为缓慢。在隧道运营102.74年后，A1、A2、A3和B2的加速度幅值分别达到$0.99m/s^2$、$1.24m/s^2$、$0.94m/s^2$和$0.39m/s^2$，相对于列车首次运行时加速度幅值增长比例分别为10.1%、8.4%、28.2%和13.9%。

对比主隧道上的四个观测点，A2位于有列车行驶的主隧道A的中部位置，加速度幅值最大，A1次之，A3较小，而B2观测点位于邻近主隧道B，属于被动振动区域，因此B2观测点加速度幅值最小。为了较为细致地分析A1、A2、A3和B2点加速度幅值随时间的发展规律，绘制四个观测点随隧道运营年限的加速度幅值变化曲线，如图10-23所示。

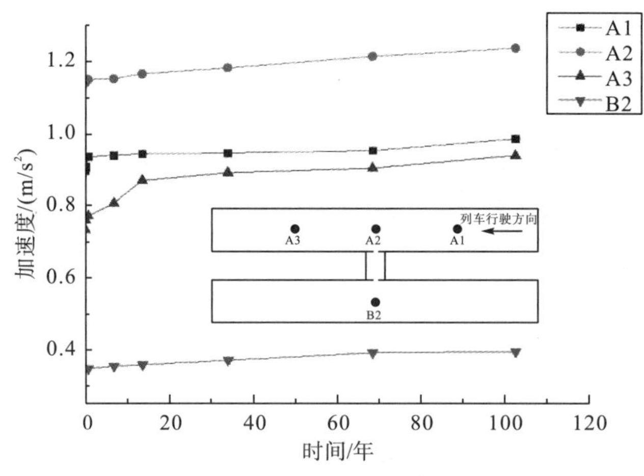

图 10-23　观测点加速度幅值变化曲线

根据图10-23观测点随隧道运营年限的加速度幅值变化曲线可知，观测点加速度发展大致呈两阶段变化：在交叉盾构隧道运营0～13.7年内，有列车行驶的主隧道A三个观测点加速度幅值增长速度较快，相对于列车首次运营时，A1、A2、A3三个观测点加速

度增长幅值分别为 4.72×10^{-2}m/s^2、2.49×10^{-2}m/s^2 和 1.36×10^{-1}m/s^2；在 13.7 年以后，观测点加速度幅值增长较为平缓，大致随运营年限呈线性增长规律，可以用来预测结构加速度幅值的发展规律。邻近主隧道 B 属于被动振动，在隧道运营期间加速度幅值基本处于线性变化趋势，在隧道运营 102.74 年以后，加速度幅值仅增长 4.82×10^{-2}m/s^2。

10.4.2　联络横通道

联络横通道与主隧道组成的交叉结构由于两种结构的刚度差异性造成结构连接面的应力集中现象，在列车振动荷载的长期作用下极易造成结构破坏。因此本节主要分析联络横通道与有列车行驶的主隧道 A 的连接面上拱顶和两侧边墙墙脚 C1、C2 和 C3 这三个观测点。提取隧道运营 0、0.07、0.69、6.85、13.70、34.25、68.49、102.74 年后，三个观测点在列车行驶过程中的最大主应力，如表 10-7 所示。

表 10-7　联络横通道观测点最大主应力幅值

运行次数/次	运行时间/年	C1/MPa	C2/MPa	C3/MPa
1	0	0.1200	1.0634	1.0946
1.0×10^3	0.07	0.1255	1.1630	1.1985
1.0×10^4	0.69	0.1386	1.2353	1.2672
1.0×10^5	6.85	0.1605	1.3045	1.3315
2.0×10^5	13.70	0.1737	1.3376	1.3821
5.0×10^5	34.25	0.1743	1.4097	1.4278
1.0×10^6	68.49	0.1744	1.5527	1.5540
1.5×10^6	102.74	0.1754	1.6401	1.6597

由不同运营年限联络横通道观测点最大主应力幅值(表 10-7)可知，随着交叉盾构隧道运营年限的增加，联络横通道三个观测点最大主应力幅值均有一定程度的增加。在隧道运营 102.74 年后，C1、C2 和 C3 最大主应力幅值分别达到 0.18MPa、1.64MPa 和 1.66MPa，相对于列车首次运行时最大主应力增长比例分别为 46.2%、54.2%和 51.6%。对比联络横通道的三个观测点 C1、C2 和 C3，C1 位于联络横通道拱顶位置，最大主应力最小，C2 和 C3 振动响应规律较为一致，但 C3 最大主应力幅值稍大。

为了较为细致地分析 C1、C2 和 C3 点最大主应力随时间的发展规律，绘制三个观测点随隧道运营年限的最大主应力变化曲线，如图 10-24 所示。

根据图 10-24 观测点在隧道运营年限下的最大主应力变化规律图可知，在交叉盾构隧道运营 0~13.7 年内，联络横通道三个观测点最大主应力增长较快，相对于列车首次运行时，增长率分别为 44.8%、25.8%和 26.3%，但横通道拱顶位置 C1 点变化略微缓慢；在 13.7 年以后，观测点最大主应力增长较为平缓，大致随运营年限呈线性增长规律。

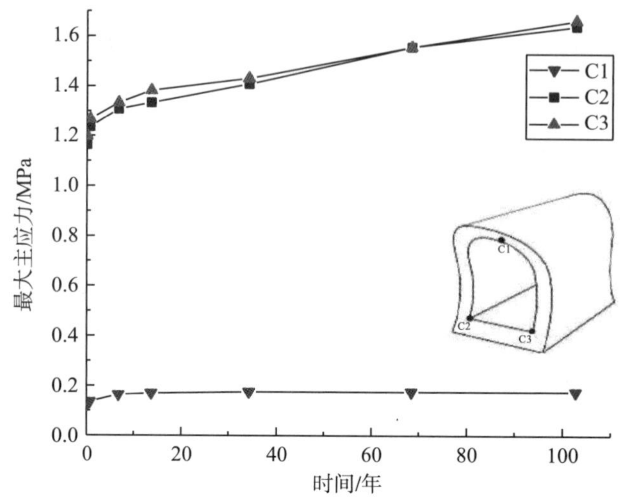

图 10-24 观测点最大主应力变化规律

提取隧道运营 0、0.07、0.69、6.85、13.70、34.25、68.49、102.74 年后，联络横通道三个观测点 C1、C2 和 C3 在列车行驶过程中的加速度幅值如表 10-8 所示。

表 10-8 联络横通道观测点加速度幅值

运行次数/次	运行时间/年	C1/(m/s^2)	C2/(m/s^2)	C3/(m/s^2)
1	0	0.5123	0.7499	0.7332
1.0×10^3	0.07	0.5377	0.7508	0.7747
1.0×10^4	0.69	0.5637	0.7534	0.7890
1.0×10^5	6.85	0.5662	0.7549	0.7928
2.0×10^5	13.70	0.5673	0.7624	0.7941
5.0×10^5	34.25	0.5683	0.7674	0.8112
1.0×10^6	68.49	0.5798	0.8021	0.8159
1.5×10^6	102.74	0.5838	0.8131	0.8176

由表 10-8 可知联络横通道观测点加速度在隧道运营前半段时间内增长较快，后半段时间加速度增长较为缓慢。在隧道运营 102.74 年后，C1、C2 和 C3 加速度幅值分别达到 0.5838m/s^2、0.8131m/s^2 和 0.8176m/s^2，相对于列车首次运行时加速度幅值增长比例分别为 14.0%、8.4%和 11.5%。

对比联络横通道的三个观测点 C1、C2 和 C3，C1 位于联络横通道拱顶位置，刚度较小，因此振动加速度幅值最小，C2 和 C3 振动规律较为一致，但 C3 加速度幅值稍大。为了较为细致地分析 C1、C2 和 C3 点加速度幅值随时间的发展规律，绘制三个观测点在隧道运营年限下加速度幅值变化，如图 10-25 所示。

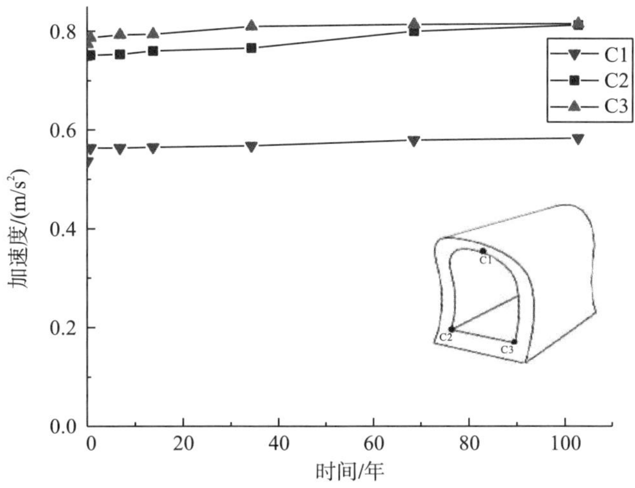

图 10-25　观测点加速度幅值变化规律

根据图 10-25 观测点在不同隧道运营年限下的加速度幅值变化规律图可知，在交叉盾构隧道运营 0～0.69 年内，联络横通道三个观测点加速度幅值增长速度较快，相对于列车首次运营时，C1、C2 和 C3 三个观测点加速度增长幅值分别为 5.14×10^{-2}m/s^2、3.40×10^{-3}m/s^2 和 5.58×10^{-2}m/s^2；在 0.69 年以后，观测点加速度幅值增长较为平缓，大致呈现随运营年限线性增长规律。

由以上分析可知，由于主隧道与联络横通道的刚度奇异性，它们连接位置处为结构的薄弱部位。因此，以联络横通道与主隧道 A 连接面作为分析截面，提取隧道运营典型时间(分别为 0.07、13.70、68.49、102.74 年)连接面的加速度和最大主应力幅值，并绘制不同隧道运营年限下结构最大主应力和加速度最大值包络线，如图 10-26、图 10-27 所示。

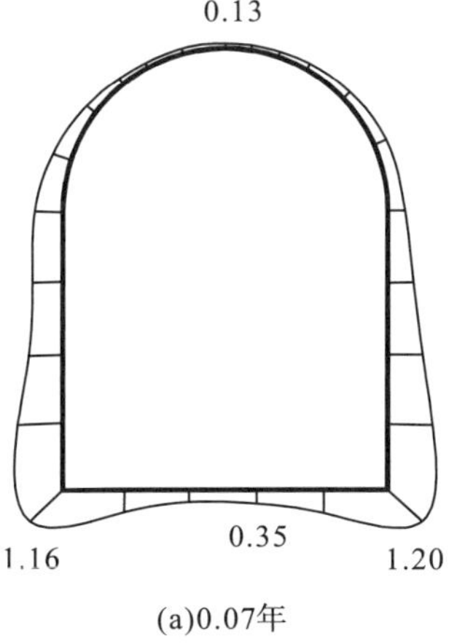

(a)0.07年

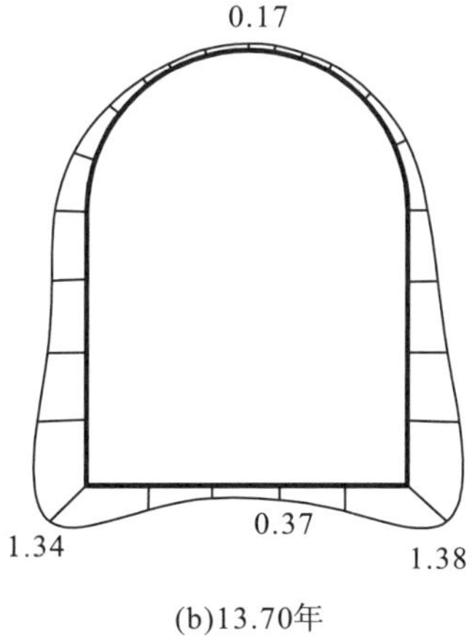

(b)13.70年

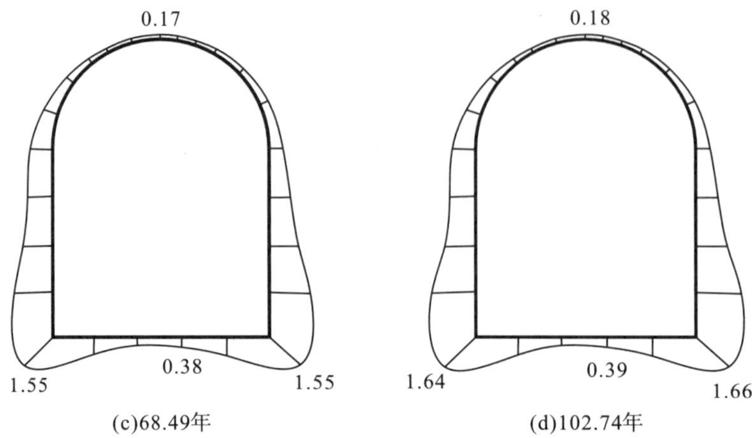

(c)68.49年　　(d)102.74年

图 10-26　不同运营年限结构最大主应力包络线(MPa)

由图 10-26 不同运营年限结构最大主应力包络线可知，随着交叉盾构隧道运营年限的增加，联络横通道与主隧道 A 连接面的最大主应力分布规律基本一致，应力从拱顶位置沿着两侧拱墙和边墙向下不断增加，并在横通道两侧边墙墙脚位置达到极大值，随后从两侧墙脚沿着横通道底板向中部位置，最大主应力值不断减小，在横通道底板中部达到极小值。从图中可以看出，随着运营年限的增加，横通道最大主应力值均有一定程度的增加，应力较大值区域沿着两侧边墙墙脚位置不断延伸，其中横通道拱顶和底板中部主应力极小值点随运营年限仅有略微增长。在 0.07、13.70、68.49、102.74 年横通道连接面主应力最大值分别为 1.20MPa、1.38MPa、1.55MPa 和 1.66MPa。

由图 10-27 不同运营年限结构加速度包络线可知，随着交叉盾构隧道运营年限的增加，联络横通道与主隧道 A 连接面的加速度分布规律基本一致，横通道加速度主要集中在横通道底板位置，其中在底板中部加速度达到最大值，在不同运营年限下分别为 $1.36m/s^2$、$1.37m/s^2$、$1.37m/s^2$ 和 $1.42m/s^2$。此外，从横通道底板位置沿着边墙往上，结构加速度不断减小，并在拱腰位置加速度达到最小，随后沿着拱墙不断增大，并在横通道拱顶位置达到极大值，在不同运营年限下分别为 $0.54m/s^2$、$0.57m/s^2$、$0.58m/s^2$ 和 $0.58m/s^2$。

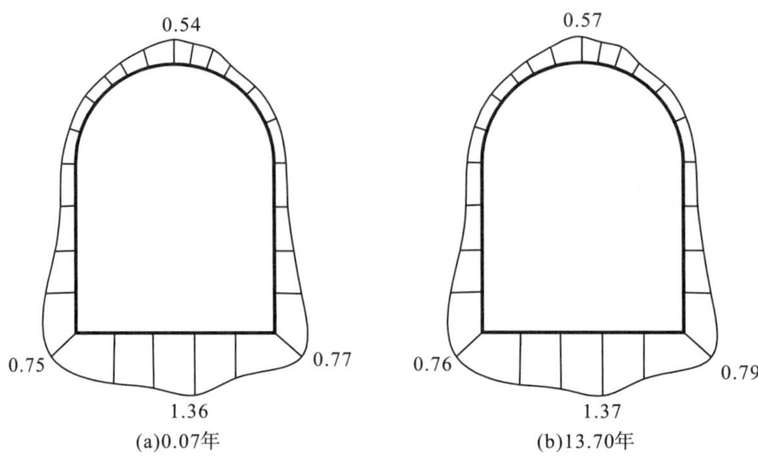

(a)0.07年　　(b)13.70年

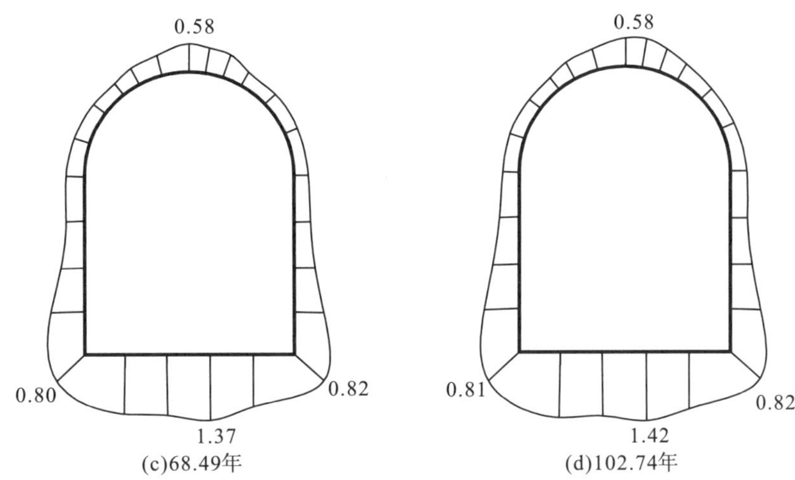

(c)68.49年　(d)102.74年

图 10-27　不同运营年限结构加速度包络线(m/s^2)

10.5　不同运营年限交叉结构累积损伤

在交叉盾构隧道长期运营过程中，由于列车振动荷载的长期作用，混凝土结构不断劣化，极易造成结构损伤，甚至开裂破坏，危及行车安全。因此本节主要分析不同运营年限交叉盾构隧道的累积损伤，为复杂隧道结构设计提供参考。

10.5.1　主隧道

为了研究在不同运营年限下交叉盾构隧道的累积损伤情况，提取隧道运营典型时间(分别为 0.07、13.70、68.49、102.74 年)交叉盾构隧道的压致损伤和拉致损伤云图分别如图 10-28、图 10-29(彩图见附录)所示。

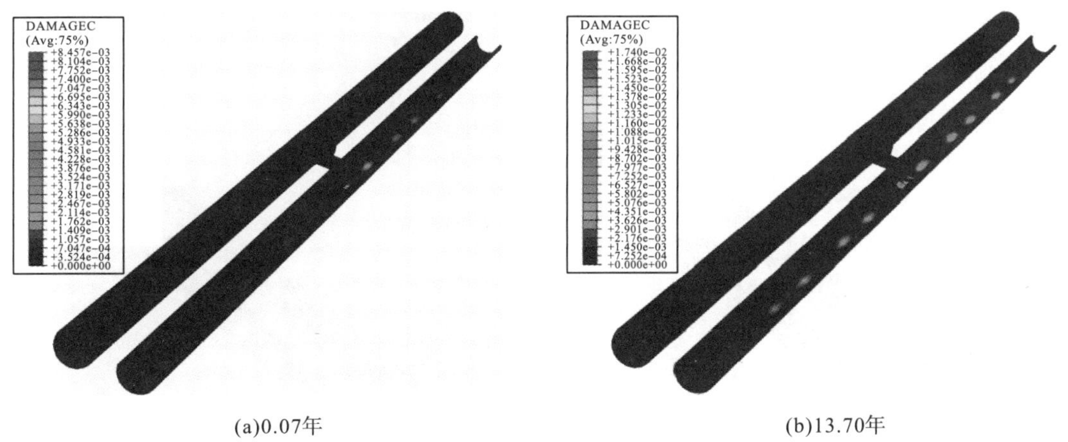

(a)0.07年　(b)13.70年

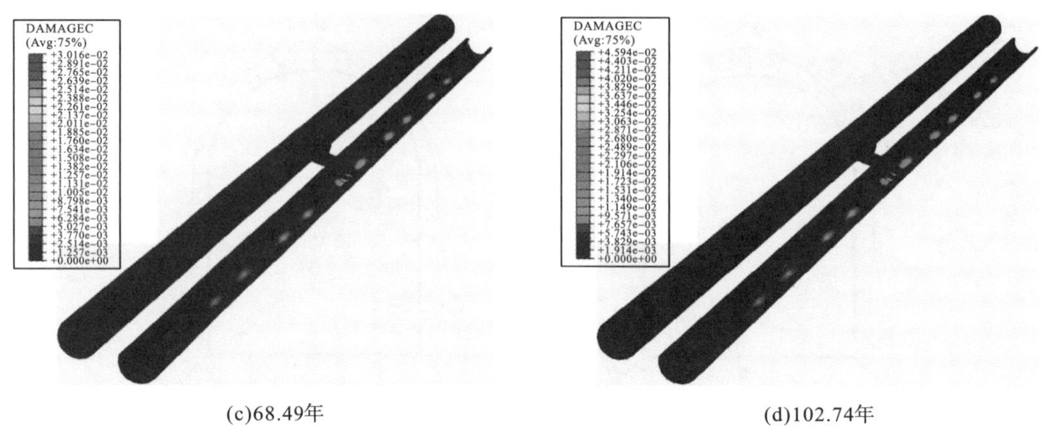

(c)68.49年　　(d)102.74年

图 10-28　不同运营年限交叉盾构隧道压致损伤云图

由不同运营年限交叉盾构隧道压致损伤云图(图 10-28)可知，随着隧道运营年限的增加，交叉盾构隧道压致损伤在范围和数值上均有明显的增加。在隧道运营 0.07 年，结构压致损伤主要集中在有列车行驶的主隧道 A 中部拱底附近，最大损伤值仅为 8.46×10^{-3}；在 13.70 年后，结构损伤由中部拱底附近扩展至主隧道 A 全长，并按一定间距分布在隧道 A 仰拱附近，最大压致损伤值增长至 1.74×10^{-2}；随后，隧道压致损伤范围在原损伤的位置上不断扩展，损伤数值增长较为明显，在 102.74 年时达到 4.59×10^{-2}。此外，图中可以发现：在隧道运营期内，由于结构受压损伤范围和数值较小，联络横通道几乎未出现压致损伤。

由不同运营年限交叉盾构隧道拉致损伤云图(图 10-29)可知，随着隧道运营年限的增加，交叉盾构隧道拉致损伤在范围和数值上均有明显的增加，且损伤主要集中在列车行驶的主隧道 A 仰拱附近。在隧道运营 0.07 年，结构拉致损伤主要集中在隧道中部位置，最大损伤值仅为 0.19；在 13.70 年后，结构损伤扩展至主隧道 A 全长范围并按一定间距分布在隧道 A 仰拱附近，此外损伤也沿着隧道仰拱发展至横通道两侧边墙，最大拉致损伤值增长至 0.24；随后，隧道拉致损伤范围在原损伤的位置上不断扩展，损伤数值明显增大，在 102.74 年时达到 0.35。

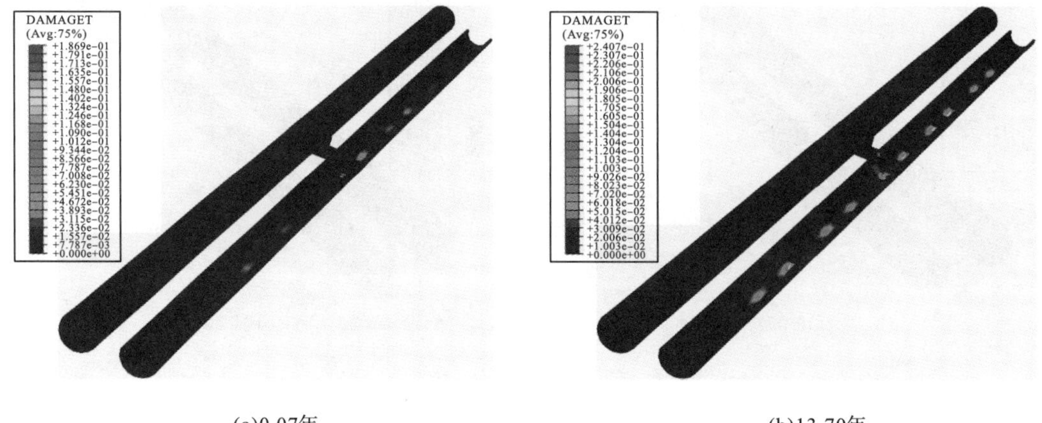

(a)0.07年　　(b)13.70年

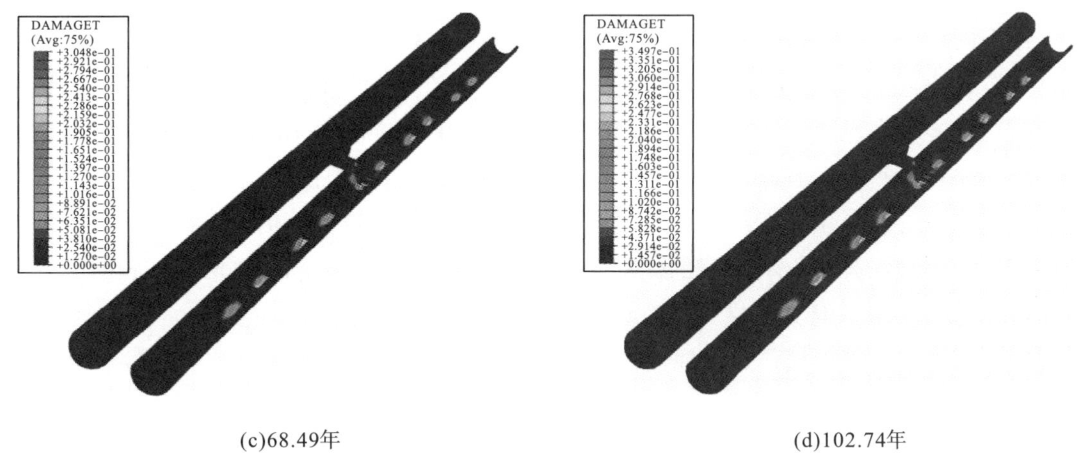

(c)68.49年　　(d)102.74年

图 10-29　不同运营年限交叉盾构隧道拉致损伤云图

对比交叉盾构隧道在不同运营年限的压致损伤和拉致损伤，隧道的压致损伤和拉致损伤均主要分布在有列车行驶的主隧道 A 仰拱位置，尤其是隧道中部损伤值最大；隧道的拉致损伤的大小和范围均远大于其压致损伤，从上图可以看出随着隧道运营年限的增加，隧道的拉致损伤逐渐发展到联络横通道两侧边墙，而隧道压致损伤则主要在仰拱附近发展；在 102.74 年时，隧道的压致损伤最大值为 4.59×10^{-2}，而拉致损伤最大值为 0.35，约为压致损伤的 7.6 倍，证明混凝土的受拉敏感性。

提取主隧道不同运营年限(分别为 0、0.07、0.69、6.85、13.70、34.25、68.49、102.74 年)交叉盾构隧道的压致损伤和拉致损伤最大值，并绘制不同运营年限主隧道损伤发展曲线图，分别如图 10-30、图 10-31 所示。

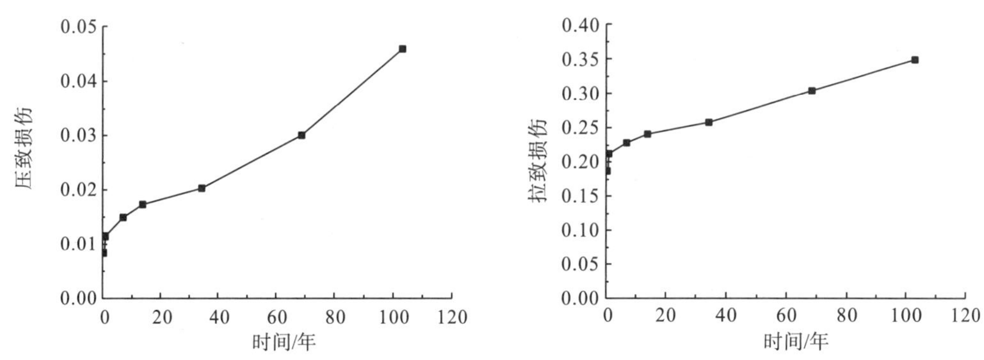

图 10-30　不同运营年限主隧道压致损伤发展曲线　图 10-31　不同运营年限主隧道拉致损伤发展曲线

由不同运营年限主隧道压致损伤发展曲线(图 10-30)可知，随着隧道运营年限的增加，主隧道压致损伤大致呈两阶段变化：第一阶段，在隧道运营 0～13.70 年内，主隧道压致损伤发展较为迅速；第二阶段，在隧道运营 13.70 年以后，主隧道压致损伤发展较为平缓，且接近线性发展。

由不同运营年限主隧道拉致损伤发展曲线(图 10-31)可知，随着隧道运营年限的增加，主隧道拉致损伤大致呈两阶段变化：第一阶段，在隧道运营 0～13.70 年内，主隧道拉致损伤发展较为迅速；第二阶段，在隧道运营 13.70 年以后(损伤超过 0.24)，主隧道拉致损伤发展较为平缓，且接近线性发展，可以用来预测结构损伤发展。分析认为：在隧道运营的第一阶段，由于混凝土本身的初始缺陷，混凝土材料内部会出现初始微裂缝，这些初始微裂缝在列车振动荷载的往复作用下，不断产生发展，且纵向发展较快；第二阶段，在外力作用下混凝土材料微裂缝不断扩大，但由于其他骨料的约束，微裂缝数量不再明显增加，混凝土损伤近似线性发展。

10.5.2 联络横通道

联络横通道是连接两条主隧道的重要结构，由于刚度的差异性，是交叉盾构隧道的薄弱部位。因此，为了研究在不同运营年限下联络横通道的累积损伤情况，提取隧道运营典型时间(分别为 0.07、13.70、68.49、102.74 年)横通道的压致损伤和拉致损伤云图，分别如图 10-32、图 10-33 所示。

由不同运营年限联络横通道压致损伤云图(图 10-32，彩图见附录)可知，联络横通道的压致损伤主要发生在横通道两侧边墙墙脚位置，其中，横通道的左侧外边墙墙脚在损伤发展过程中均为压致损伤最大值位置。随着隧道运营年限的增加，横通道的压致损伤首先产生在横通道左侧外边墙墙脚(靠近主隧道 A 进口一侧)，随后在横通道右侧外边墙墙脚处产生，接着沿着底板和两侧边墙，并顺着横通道向另一侧发展，在 102.74 年损伤达到 2.06×10^{-5}。

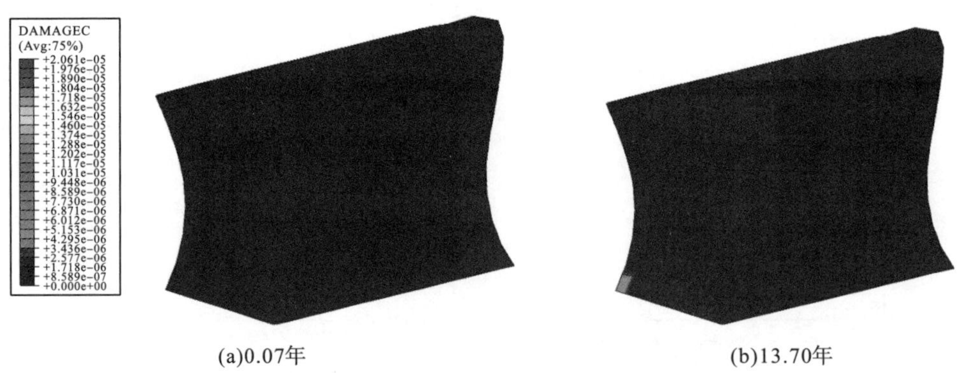

(a)0.07年　　(b)13.70年

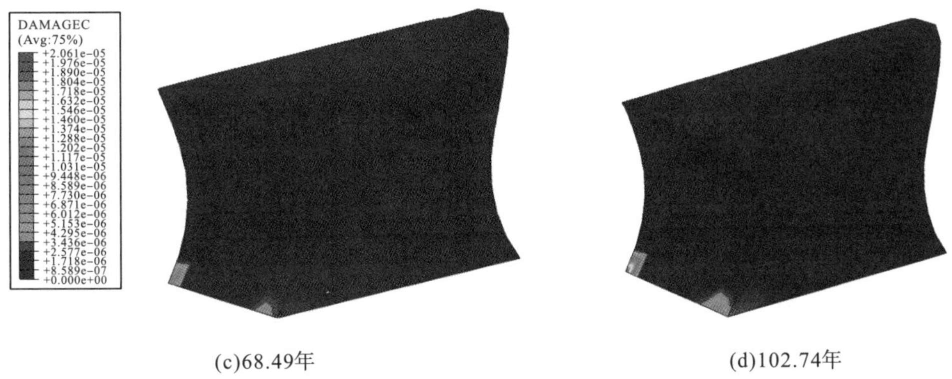

(c)68.49年　　(d)102.74年

图 10-32　不同运营年限联络横通道压致损伤云图

由不同运营年限联络横通道拉致损伤云图(图 10-33，彩图见附录)可知，联络横通道的拉致损伤主要发生在横通道两侧边墙墙脚位置，其中，横通道的左侧内边墙墙脚在损伤发展过程中均为拉致损伤最大值位置。横通道的拉致损伤发展规律与压致损伤较为一致，随着隧道运营年限的增加，横通道的拉致损伤首先产生在横通道左侧内边墙墙脚，随后在横通道右侧内边墙墙脚处产生，接着沿着底板和两侧边墙，并顺着横通道向另一侧发展，并在 102.74 年损伤达到 0.26。

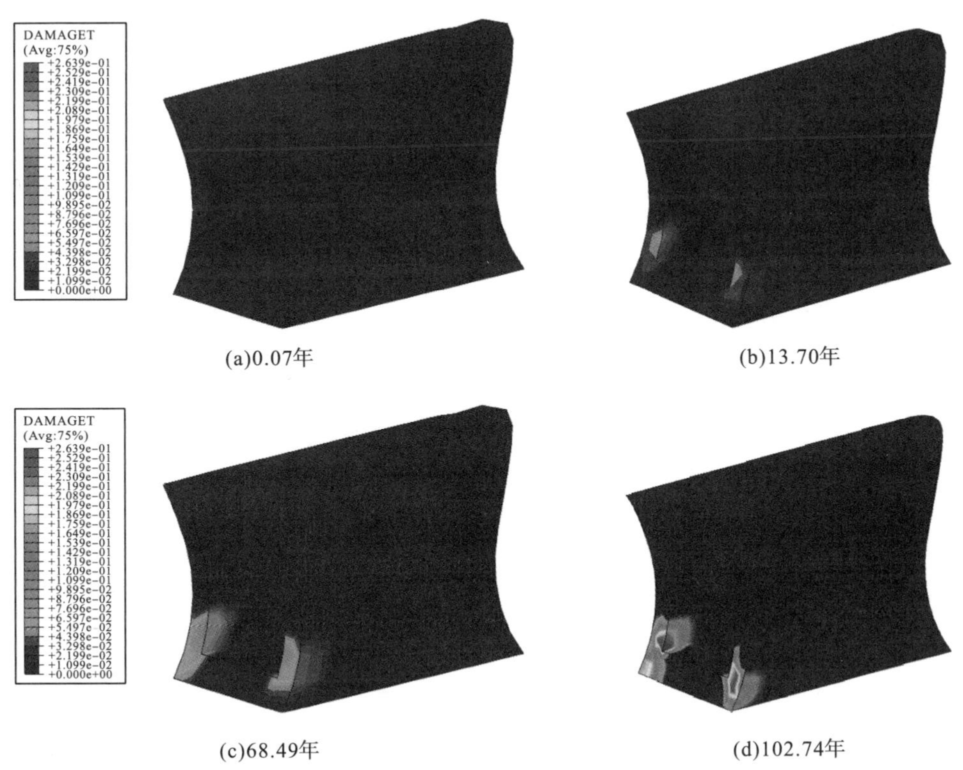

(a)0.07年　　(b)13.70年

(c)68.49年　　(d)102.74年

图 10-33　不同运营年限联络横通道拉致损伤云图

对比横通道的拉致损伤与压致损伤，横通道的压致损伤最大值集中在左侧外边墙墙脚位置，而拉致损伤最大值分布在左侧内边墙墙脚；横通道的拉致损伤大小和范围均远大于压致损伤，其中拉致损伤最大值约为压致损伤的 12 811 倍，说明横通道的拉致损伤为结构破坏的主要因素。

通过上述分析可知，联络横通道左侧外边墙墙脚(靠近主隧道 A 进口一侧)是结构的压致损伤最大值位置，左侧内边墙墙脚是其拉致损伤最大值位置。因此为了进一步分析联络横通道损伤变化情况，提取不同运营年限横通道左侧外边墙墙脚的压致损伤值(即最大压致损伤值)和左侧内边墙墙脚的拉致损伤值(即最大拉致损伤值)，并绘制损伤发展曲线，如图 10-34、图 10-35 所示。

由图 10-34 不同运营年限观测点压致损伤发展曲线可以看出，横通道压致损伤发展可分为三阶段变化：在隧道运营第一阶段 0～6.85 年内，持续时间仅为 6.85 年，压致损伤发展较快，主要为混凝土材料内部初始微裂缝的不断产生发展；隧道运营第二阶段 6.85～68.49 年内，持续长达 61.64 年，在这一较长时间内损伤发展较为平缓，接近于线性发展；隧道运营第三阶段 68.49 年以后，横通道压致损伤发展剧烈，表现为非线性发展趋势。

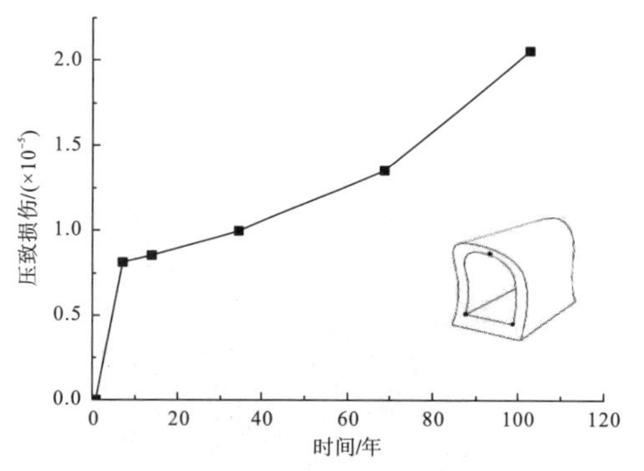

图 10-34　不同运营年限观测点压致损伤发展曲线(最大值)

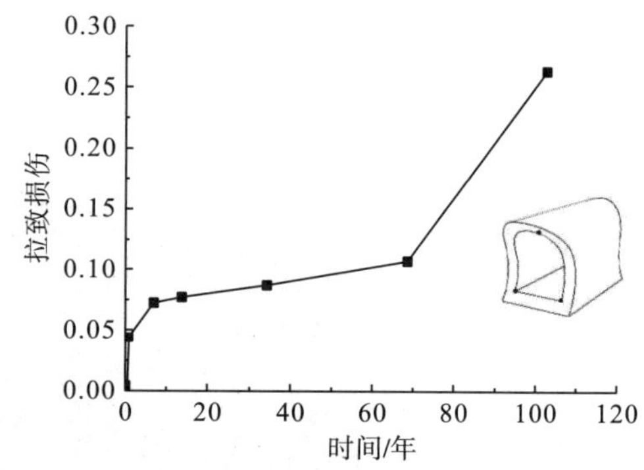

图 10-35　不同运营年限观测点拉致损伤发展曲线(最大值)

由图 10-35 不同运营年限观测点拉致损伤发展曲线可以看出，横通道拉致损伤发展可分为三阶段变化：在隧道运营第一阶段 0～6.85 年内，持续时间仅为 6.85 年，拉致损伤发展剧烈，主要为混凝土材料内部初始微裂缝的不断产生发展；隧道运营第二阶段 6.85～68.49 年内，持续长达 61.64 年，在这一较长时间内损伤发展较为平缓，接近于线性发展，主要为混凝土材料微裂缝的不断扩大，这一阶段可以用于预测横通道损伤情况；隧道运营第三阶段 68.49 年以后，横通道拉致损伤发展迅速，表现为非线性发展趋势，主要为混凝土材料裂缝的扩展连接。

对比横通道观测点的压致损伤和拉致损伤发展曲线，可以看出观测点的压致损伤和拉致损伤在隧道运营期内均呈现出三阶段变化规律，即第一阶段 0~6.85 年内和第三阶段 68.49 年以后的剧烈发展，第二阶段 6.85～68.49 年较长时间内的损伤线性发展。并且观测点的拉致损伤发展远比其压致损伤发展剧烈，损伤数值也远大于其压致损伤。

联络横通道与主隧道刚度差异性造成其交接面有较大的应力集中现象，表现为交接面处应力与加速度相对较大，并且伴随着损伤的出现。因此列车行驶过后，横通道必然会出现一定的残余应力，提取隧道运营典型时间(分别为 0.07、13.70、68.49、102.74 年)横通道残余应力如图 10-36(彩图见附录)所示。

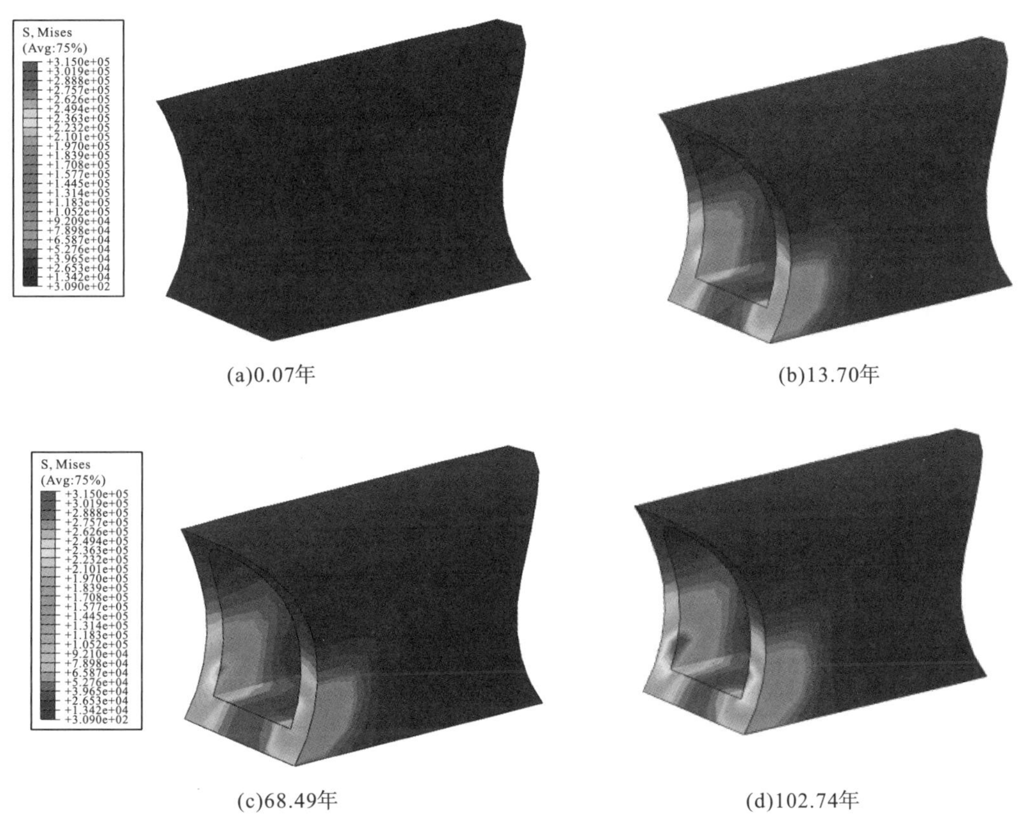

(a)0.07年　(b)13.70年

(c)68.49年　(d)102.74年

图 10-36　不同运营年限联络横通道残余应力云图(Pa)

由图 10-36 可知，联络横通道的残余应力首先在与主隧道 A 连接一侧的左边墙墙脚处产生，随后在横通道右边墙墙脚处产生，沿着横通道底板和两侧边墙，并沿着横通道向邻近隧道发展。随着隧道运营年限的增加，联络横通道的残余应力在数值上和范围上具有明显的增加，在 102.74 年，横通道残余应力达到 0.32 MPa。

此外，可以发现横通道残余应力与压致损伤和拉致损伤发展规律基本一致，且均主要集中在横通道的两侧边墙墙脚。分析发现，结构损伤是混凝土结构内部微裂缝数量、大小等缺陷的集中体现，是结构破坏的“内因”；残余应力则为结构损伤过后结构的宏观体现，是横通道的损伤导致了其残余应力的出现，它们之间的发展及分布规律基本一致。

为了分析结构残余应力发展过程，提取联络横通道在高速列车不同运营年限下的残余应力最大值，并绘制残余应力最大值发展过程曲线，如图 10-37 所示。

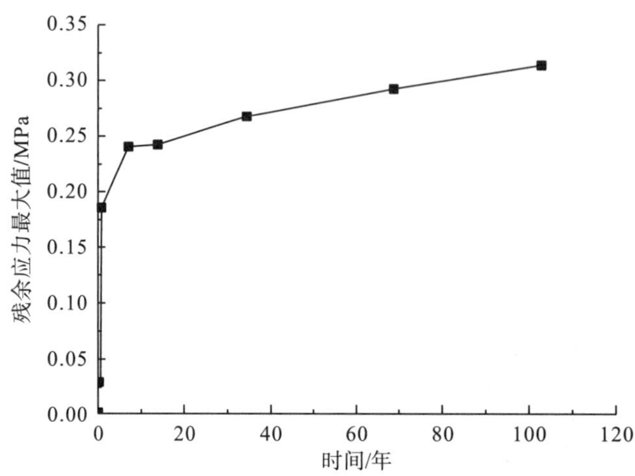

图 10-37 横通道残余应力最大值发展过程曲线

由图 10-37 横通道残余应力最大值发展过程曲线可知，随着运营年限的增加，伴随着损伤的增加，横通道残余应力不断单调增加，在 0～6.85 年内，结构残余应力发展迅速，并在 6.85 年时横通道最大残余应力为 0.24MPa；在 6.85～102.74 年内，结构的残余应力发展缓慢，在长达 95.89 年内基本呈线性发展趋势，在 102.74 年时残余应力达到 0.07MPa。

10.6 本 章 小 结

(1) 基于改进的混凝土疲劳本构模型，考虑高速列车空间位置变化和荷载时程变化，在列车轮轨上施加实测的列车振动荷载，模拟了高速列车在带联络横通道的交叉隧道中行驶的全过程。

(2) 基于列车首次在交叉盾构隧道中行驶的动力响应特性，采用疲劳分析软件计算了结构的疲劳寿命，验证了结构满足设计期的抗疲劳要求；计算出了混凝土在疲劳荷载作用 N 次过后的疲劳本构模型，并分析了不同运营年限段结构交叉隧道结构的动力响应与累积损伤效应。

(3) 高速列车在交叉隧道结构中行驶，主隧道中间区域振动较为剧烈，且振动对邻近主隧道的影响较小；联络横通道最大主应力主要集中在横通道两侧边墙墙脚附近，而加速度主要集中在横通道底板中部位置处，拱顶位置最大主应力和加速度则相对较小。

(4) 随着隧道运营年限的增加，联络横通道最大主应力和加速度都有了一定程度的增加，其中加速度在横通道底板中部、两侧边墙墙脚和拱顶位置增加明显，而最大主应力仅在两侧边墙墙脚位置发展明显。

(5) 在设计期内，交叉结构主隧道压致损伤和拉致损伤随着运营年限大致呈两阶段变化规律，而连接两个主隧道的横通道由于结构刚度差异性，在设计期内大致呈三阶段变化规律。其中，主隧道和横通道损伤发展的第二阶段持续较长时间，且大致呈线性发展规律，可以用来预测结构损伤发展规律。

(6) 联络横通道损伤主要分布在横通道两侧边墙墙脚位置，随着运营年限的增加，损伤朝着边墙和底板发展，发展范围与大小均有了明显的增加，其中左边墙墙脚的损伤大小和范围均大于右边墙墙脚。

(7) 横通道的压致损伤主要分布在两侧外边墙墙脚位置，而拉致损伤主要分布在内边墙墙脚，且在列车运营的第二阶段发展较为平缓，接近于线性发展。对比横通道的拉致损伤与压致损伤，拉致损伤大小和范围均大于压致损伤，说明横通道的拉致损伤为结构破坏的主要因素。

(8) 横通道残余应力首先在左边墙墙脚处产生，接着在右边墙墙脚处产生，随着运营年限的增加，沿着底板和边墙，向横通道另一侧发展。此外，横通道的拉致损伤是产生其残余应力的根本原因。

第 11 章 空间交叉盾构隧道动力响应与累积损伤

本章建立了两条呈空间垂直交叉形式的盾构隧道模型，计算了地铁列车的振动荷载，并在列车轮轨上施加地铁列车振动荷载，模拟了地铁列车在空间交叉盾构隧道中行驶的全过程，分析了列车首次在隧道中行驶时结构的动力响应，并利用疲劳分析软件计算了结构的疲劳寿命。根据获得的混凝土疲劳本构模型，针对空间交叉盾构隧道的上部隧道和下部隧道，详细地分析了在不同运营年限下盾构隧道的应力、加速度、压致损伤和拉致损伤等相关力学参数的分布规律与发展趋势，为空间交叉盾构隧道结构设计提供参考。

11.1 空间交叉盾构隧道数值模型

11.1.1 计算模型

以某城市地铁空间交叉盾构隧道为例，考虑盾构隧道结构的管片幅宽、连接螺栓、管片拼装等因素，分析列车行驶过程中结构的动力响应与累积损伤特性。该交叉隧道结构由两条呈垂直交叉形式的盾构隧道组成，上、下隧道垂直净距为 4.0m，模型长×宽×高为 300.0m×70.0m×45.0m，上边界为自由地面，其他边界为黏弹性人工边界，计算模型如图 11-1 所示。隧道穿越Ⅳ级粉质黏土，上部隧道埋深为 14.5m。两条垂直交叉的盾构隧道外径为 6.0m，内径为 5.4m，管片衬砌厚度为 300mm，空间交叉盾构隧道模型如图 11-2 所示。

不考虑编组列车车厢之间的连接，列车编组为 6 节，采用 B 型地铁列车，单节车厢长度 19.0m，每节车厢前后各有两对靠近的轮轴，总计 24 对轮轴，假定地铁列车每天运行 40 对次，列车编组模型如图 11-3 所示。

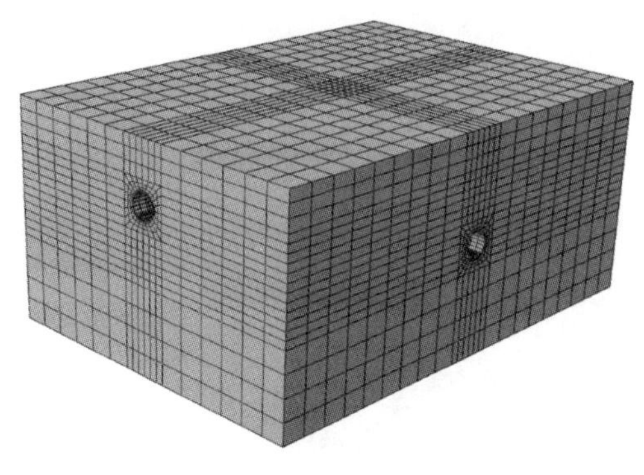

图 11-1 整体模型图

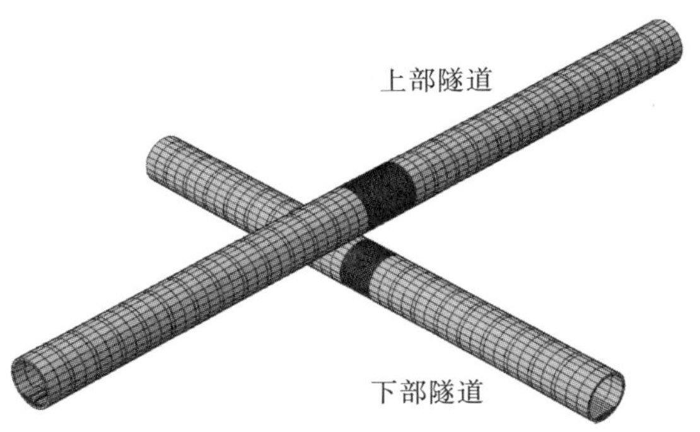

图 11-2　空间交叉盾构隧道模型

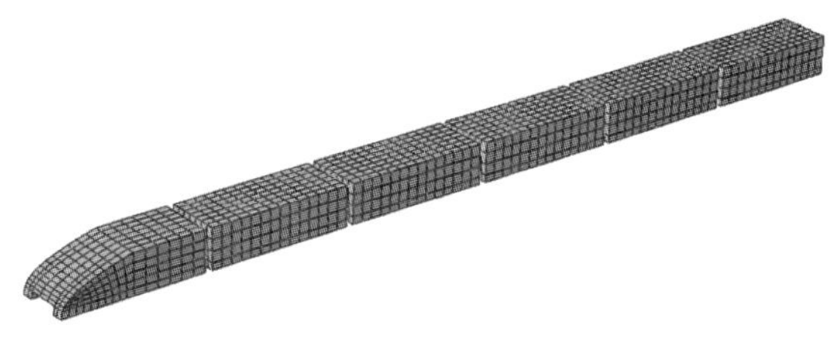

图 11-3　列车编组模型图

管片幅宽 1.5m，全环采用“3+2+1”的分块方式：3 块标准块 B1～B3(67.5°)，2 块邻接块 L1、L2(67.5°)和 1 块封顶块 F(22.5°)，利用目前地铁常用的错缝拼装方式拼装成隧道结构。管片接头采用螺栓进行连接，利用程序中 embeded 技术，将螺栓嵌入相应的管片单元中，其中环向接缝用 16 个环缝连接螺栓(M27)，纵向接缝采用 12 个纵缝连接螺栓(M27)，管片拼装示意图如图 11-4 所示。为了简化模型，仅考虑上部隧道中间位置的五环管片和下部隧道中间位置的三环管片，其余位置不考虑管片的影响，引入刚度折减系数 0.8，并在主隧道中等间隔地设置减弱带，模拟纵向接头的影响。此外，管片内部根据现场实际要求，设置构造和受力钢筋，并嵌入在相应的管片中，管片钢筋构造示意图如图 11-5 所示。

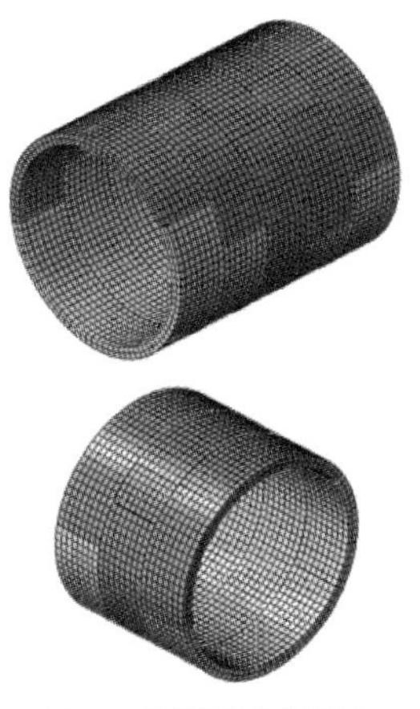

(a)上、下隧道中部管片

(b)上部隧道五环管片

图 11-4　管片拼装示意图

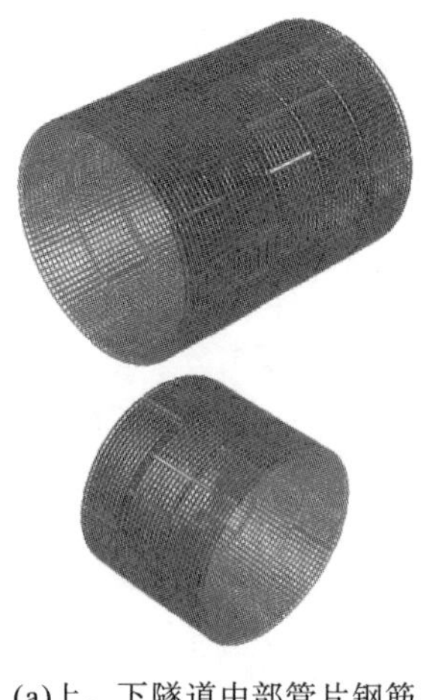

(a)上、下隧道中部管片钢筋

(b)单环管片钢筋

图 11-5 管片钢筋构造示意图

11.1.2 材料参数

该空间交叉盾构隧道穿越Ⅳ级粉质黏土，考虑土体的弹塑性特点，围岩采用 Mohr-Coulomb 弹塑性本构模型；轨道为目前常用的 Q235 钢材，采用弹性本构模拟；隧道结构衬砌材料为 C50 混凝土，弹性模量为 34.5GPa，抗压强度为 32.4MPa，抗拉强度为 2.64MPa，为了模拟混凝土的非线性性质，采用混凝土塑性损伤本构模型；采用我国《混凝土结构设计规范》中推荐的混凝土应力-应变曲线，针对列车首次运行阶段，根据式(9-50)～式(9-53)、式(9-58)和式(9-60)，可获得 ABAQUS 软件中混凝土塑性损伤本构模型的应力与非弹性应变的对应关系以及损伤因子与非弹性应变的对应关系[143]。盾构隧道管片主筋采用 HRB335 螺纹钢，直径为 18mm，构造钢筋采用 HPB235 钢筋，直径为 10mm，螺栓采用等级 5.8 级的弯螺栓，考虑钢筋的屈服状态，主筋、构造钢筋和螺栓均采用弹塑性本构模型模拟。围岩、螺栓、钢筋、管片混凝土及轨道的物理力学参数见表 11-1，其中主筋、构造钢筋和螺栓的本构曲线如第 7 章图 7-5、图 7-6 所示。

表 11-1 模型物理力学参数表

材料名称	密度/(kg/m^3)	弹性模量/GPa	泊松比	摩擦角/(°)	膨胀角/(°)	黏聚力/MPa
主筋	7850	210.0	0.17	—	—	—
构造筋	7850	210.0	0.17	—	—	—
螺栓	7850	210.0	0.23	—	—	—
管片	2500	34.5	0.20	43.0	41.0	1.10
轨道	2500	35.5	0.20	46.0	44.0	1.30
围岩	2200	3.65	0.32	33.0	30.0	0.45

11.1.3 三维接触

模型中由于管片的存在，在盾构隧道环向接头、纵向接头、管片外表面和围岩设置摩擦接触，具体的三维接触关系见图 7-8。管片间的环向和纵向接头，在法向，接触属性为“硬接触”，即不限制接触面传递的接触压力，且允许接触面分离；在切向，考虑管片之间的摩擦，采用式(7-3)库仑摩擦，管片之间摩擦系数取为 0.62。

由于为了简化模型，空间交叉盾构隧道只设置了总共 8 环管片，因此在管片环和两侧的衬砌之间采用绑定约束(tie)，使得两个结构之间共同受力变形。

管片与围岩之间的接触属性，在法向采用式(7-4)惩罚刚度模型。在切向，管片与围岩仍采用库仑摩擦，摩擦系数取 0.8。

11.1.4 地铁列车振动荷载

对于列车振动荷载，车辆与轨道这两方面是影响其数值大小的主要因素。其中，车辆因素包括轨道接头状态、车轮擦伤和几何不平顺等；轨道因素包括轨面的局部凹凸不平顺、轨下基础的空洞等，因此列车振动荷载具有较大的不确定性。

根据一般经验，目前国内外所研制的高速列车轴重一般在 16～17t 之间，通常较为安全地取为 17t，簧下质量 M_0=750kg。根据我国高速铁路隧道的运行标准，对应行车平顺性、线路上动力附加荷载、波形磨耗三种控制条件的不平顺振动波长和矢高分别取为[15]：L_1=10.0m，a_1=3.5mm；L_2=2.0m，a_2=0.4mm；L_3=0.5m，a_3=0.08mm。

地铁列车振动荷载采用目前国际通行的时程拟合公式(2-40)，根据目前国内常用的地铁列车参数，可以得到以速度 72km/h 行驶的地铁列车振动荷载曲线，如图 11-6 所示。考虑地铁列车行驶过程中空间位置变化和振动荷载时程变化，对地铁列车施加 72km/h 的行驶速度，并在列车轮轨上施加随时间变化的列车振动荷载，荷载施加如图 11-7 所示。

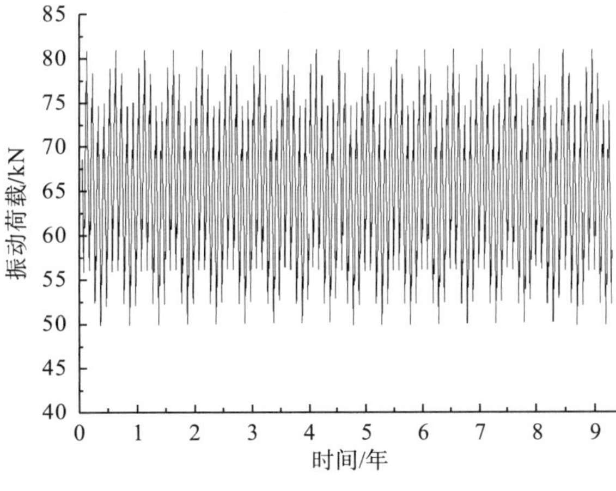

图 11-6 地铁列车振动荷载曲线(72km/h)

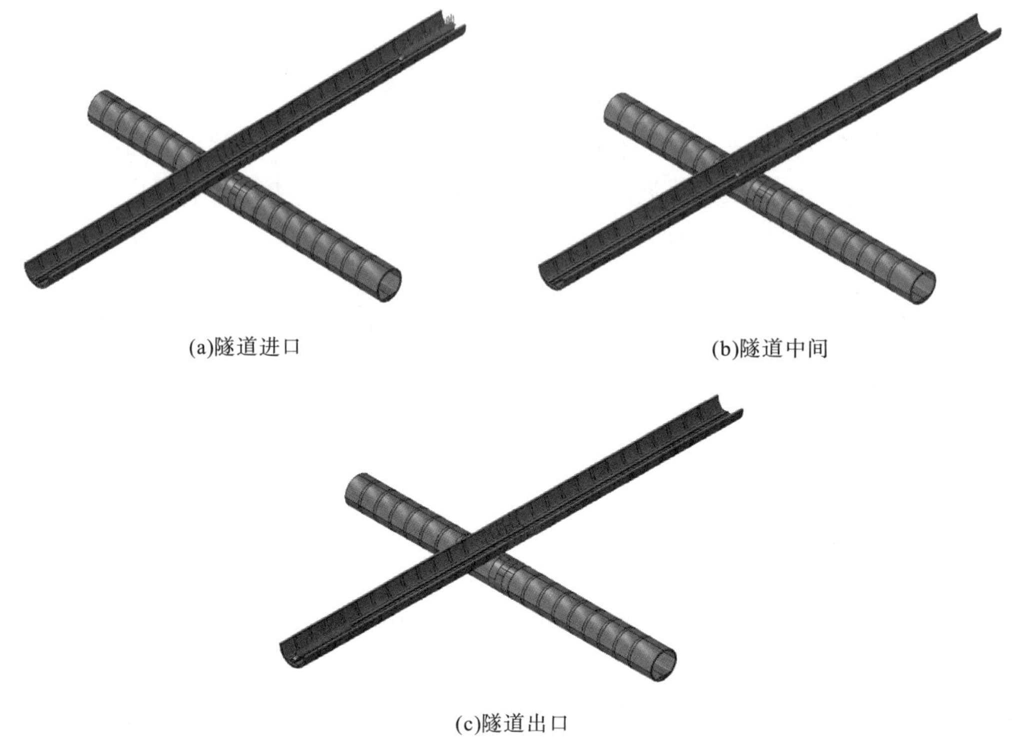

(a)隧道进口　　(b)隧道中间

(c)隧道出口

图 11-7　地铁列车振动荷载施加示意图

11.2　列车首次运行结构动力响应

在空间交叉盾构隧道模型中，对地铁列车施加 72km/h 的速度场，并在列车轮轨上施加如图 11-6 所示的振动荷载(72km/h)，采用混凝土塑性损伤本构模型，在 ABAQUS 软件中模拟地铁列车在上部隧道中行驶的全过程，分析在列车首次行驶过程中上部隧道和下部隧道的动力响应。

11.2.1　上部隧道

为了分析地铁列车在空间交叉隧道中行驶的全过程，本节选取六个时间点(分别为第 0.9s、第 1.8s、第 3.5s、第 4.65s、第 6.5s 和第 8.4s)，其中第 0.9s、4.65s 和 8.4s 分别为列车车厢中部位置行驶到上部隧道第一个四分点、中部位置和最后一个四分点时刻。提取地铁列车运行不同时刻的交叉盾构隧道应力云图，如图 11-8(彩图见附录)所示。

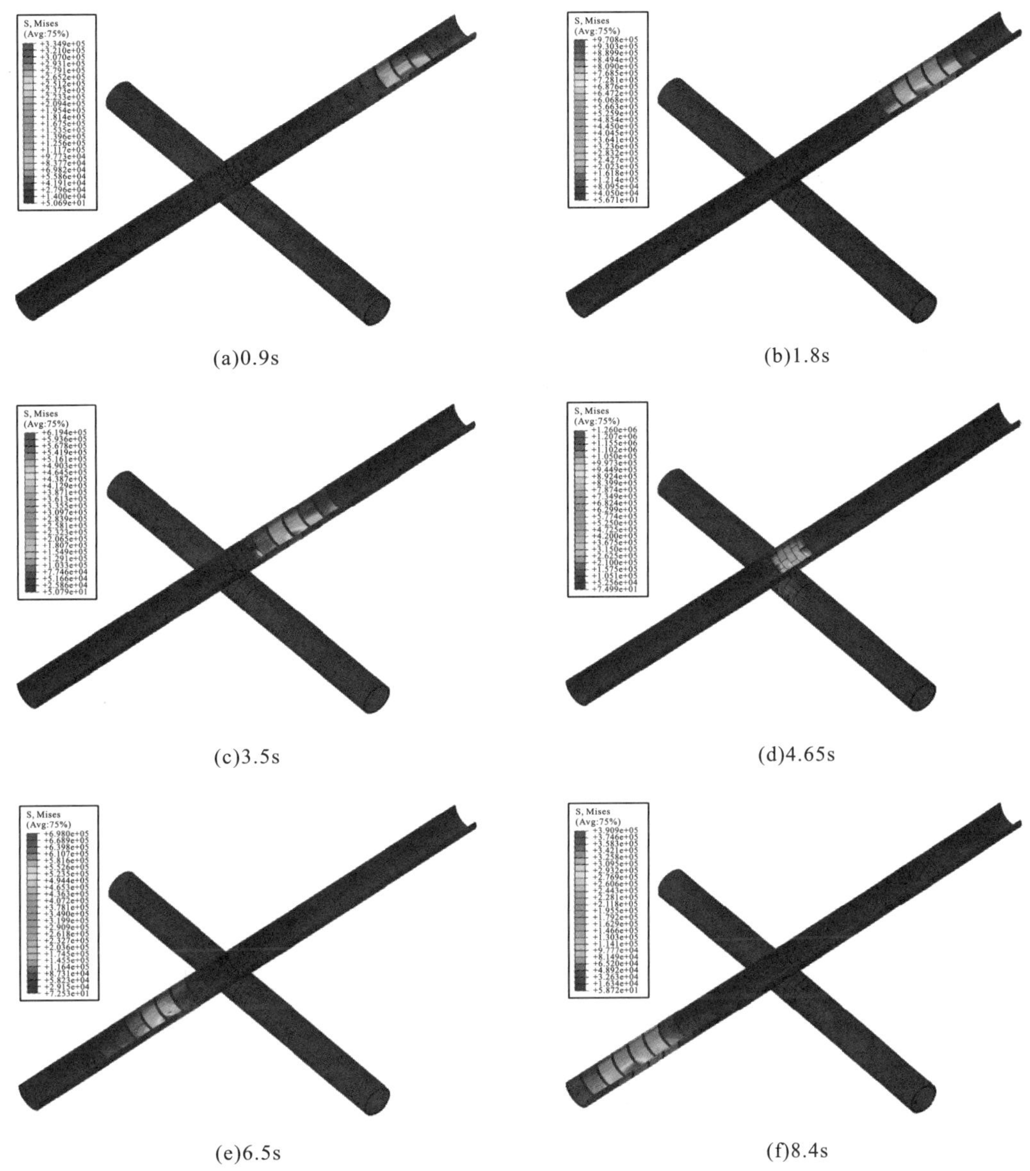

(a)0.9s　(b)1.8s

(c)3.5s　(d)4.65s

(e)6.5s　(f)8.4s

图 11-8　空间交叉盾构隧道上部隧道不同时刻应力云图(Pa)

由图 11-8 空间交叉盾构隧道在列车运行不同时刻的应力云图可知，应力主要集中在有列车行驶的上部隧道，尤其是隧道的仰拱附近。随着时间的增加，在上部隧道内地铁列车位置不断变化，衬砌上在地铁列车位置附近出现较为明显的应力集中，即隧道在列车行驶位置附近应力较大。此外，当列车驶向隧道中部位置时，隧道受到的应力不断增大，并在列车车厢行驶在隧道中部位置时，达到最大，约为 1.26MPa，应力主要集中在上部隧道中部的较小区域。研究发现：隧道应力的分布范围并非减小，在隧道中部的较大范围内应力仍保持一定的数值，只是隧道中部较小区域应力远大于周边区域，使得应力云图展示出主要集中在中部较小区域的现象。在列车驶离隧道中部后，隧道的应力不断减小。

此外，从图中可以发现：地铁列车在上部隧道内行驶，对邻近下部隧道有一定的影响，但下部隧道的应力数值和范围远小于上部隧道，说明当列车在上部隧道行驶时，从应力角度来看，列车振动对下部隧道影响较小。

通过计算发现，有列车行驶的上部隧道较邻近下部隧道振动效应更为明显，因此提取上部隧道内三个观测点 A1、A2、A3，为了研究邻近下部隧道的被动振动效应，提取下部隧道内中间截面拱顶观测点 B，观测点布置如图 11-9 所示。其中四个观测点 A1、A2、A3 以及 B，分别位于上部隧道拱底位置和下部隧道拱顶位置处，A1、A2、A3 各点之间纵向间距为 75m，观测点 A2 和 B 分别为上部隧道纵向中剖面拱底位置和下部隧道纵向中剖面拱顶位置。

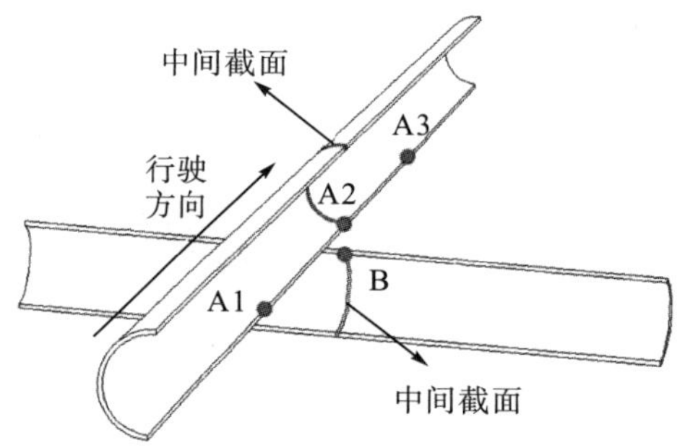

图 11-9 空间交叉盾构隧道观测点布置图

根据计算结果，考虑混凝土的受拉敏感性，提取上部隧道内三个观测点 A1、A2、A3 的最大主应力时程，并绘制上部隧道三个观测点 A1、A2、A3 的最大主应力时程曲线，如图 11-10 所示。

由图 11-10 上部隧道观测点最大主应力时程曲线可知，A1、A2 和 A3 三个观测点最大主应力时程曲线均有明显的峰值，且在地铁列车行驶至观测点附近时，观测点的振动最为剧烈，最大主应力达到最大值。

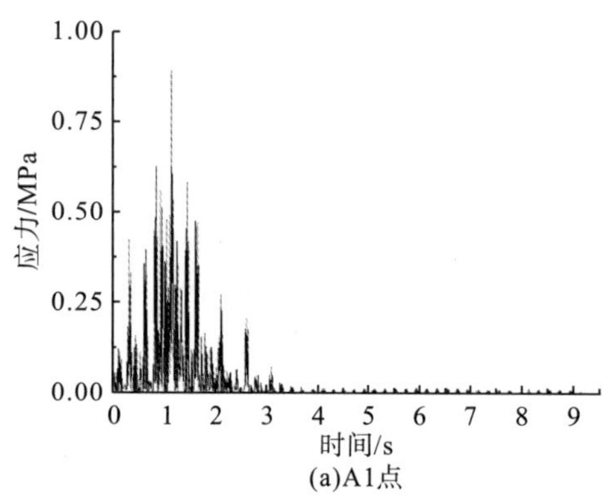

(a)A1点

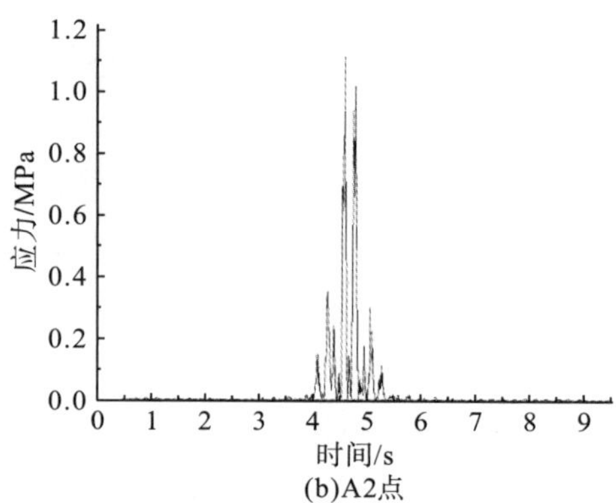

(b)A2点

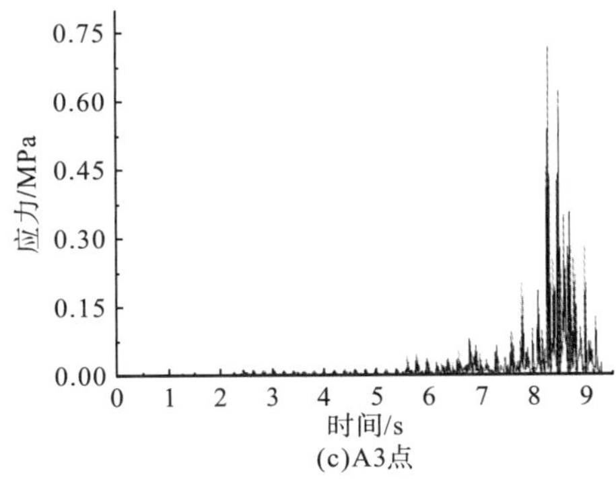

(c)A3点

图 11-10　上部隧道观测点最大主应力时程曲线

A1 点位于上部隧道的第一个四分点位置，在列车行驶 0～3.3s 内，列车正在经过观测点，观测点振动最为剧烈，并在约 1.1s 达到峰值，最大主应力达到最大值，约为 0.89MPa，此时编组列车中部靠后位置正在驶过观测点；在 3.3～9.3s 内，列车驶离观测点，因此观测点振动逐渐减弱，残余的振荡波在结构内不断振荡，造成观测点维持较小的振动，最后观测点应力趋近于零。

A2 点位于上部隧道的中间截面的拱底位置，在列车行驶 0～4.1s 内，列车逐渐驶近观测点，观测点开始振动；在 4.1～5.4s 内，列车经过观测点，观测点振动最为剧烈，并在 4.6s 达到振动峰值，约为 1.12MPa；在 5.4～9.3s 内，列车驶离观测点，随着能量的耗散，观测点振动逐渐减弱，并趋近于零。

A3 点位于上部隧道的最后一个四分点位置，在列车行驶 0～5.6s 内，列车逐渐驶近观测点，观测点逐渐开始振动；在 5.6～9.3s 内，列车经过观测点，观测点振动最为剧烈，并在 8.3s 左右达到最大主应力峰值，约为 0.72MPa。

对比上部隧道的三个观测点 A1、A2 和 A3，A2 点处于主隧道 A 的中点位置，振动最为剧烈，且持续时间较短。A1、A2 和 A3 观测点最大主应力峰值分别为 0.89MPa、1.12MPa 和 0.72MPa，其中 A2 点最大主应力峰值最大，A1 次之，A3 最小。

以上从应力角度分析了列车在上部隧道中行驶时上部隧道的受力情况，此处从加速度角度分析列车行驶过程中上部隧道的振动情况。提取上部隧道观测点 A1、A2、A3 的加速度值，并绘制加速度时程曲线如图 11-11 所示。

由图 11-11 上部隧道观测点加速度时程曲线可知，A1、A2 和 A3 三个观测点加速度时程曲线均有明显的峰值。当列车车头经过观测点时，观测点开始出现明显的振动；当地铁列车车厢中部到达观测点时，振动达到峰值；随后，当列车车尾远离观测点时，观测点振动明显减弱，最后趋于平缓。

A1 点位于上部隧道的第一个四分点位置，在列车行驶 0～3.4s 内，观测点振动最为剧烈，并在约 0.92s 达到峰值，加速度达到最大值，约为 1.26m/s^2，此时地铁列车车厢中部位置正在驶过观测点；在 3.4～9.3s 内，列车驶离观测点，因此观测点振动逐渐减弱，并维持较小的振动，最后加速度趋于零。

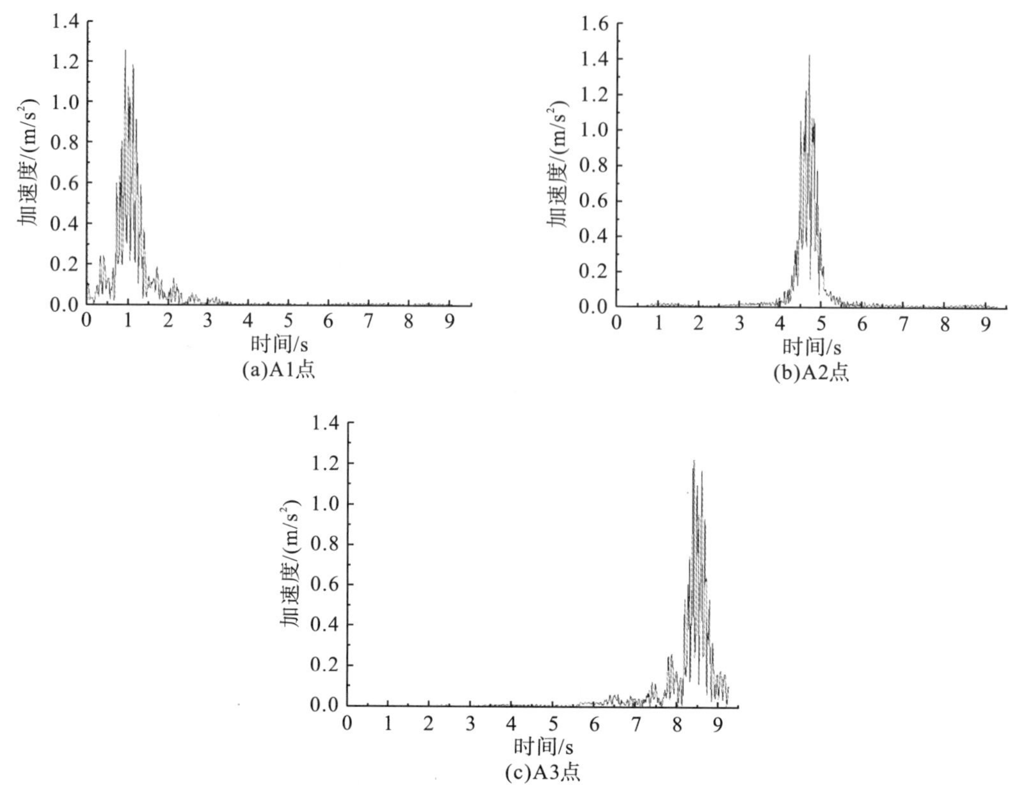

图 11-11 上部隧道观测点加速度时程曲线

A2 点位于上部隧道的中部拱底位置，在列车行驶 0~3.9s 内，观测点仅出现微小的振动；在 3.9~5.6s 内，列车经过观测点，观测点振动最为剧烈，并在 4.7s 达到加速度峰值，约为 1.43m/s^2；在 5.6~9.3s 内，列车驶离观测点，随着能量的耗散，观测点振动逐渐减弱，并趋近于零。

A3 点位于上部隧道的最后一个四分点位置，在列车行驶 0~5.6s 内，列车距离观测点较远，观测点仅出现微小的振动；在 5.6~9.3s 内，列车经过并驶离观测点，观测点振动最为剧烈，并在 8.4s 左右达到最大加速度峰值，约为 1.22m/s^2。

对比上部隧道的三个观测点 A1、A2 和 A3 的加速度曲线，A2 点处于主隧道 A 的中点位置，振动最为剧烈。观测点 A1、A2、A3 加速度幅值分别为 1.26m/s^2、1.43m/s^2、1.22m/s^2，其中 A2 点加速度峰值最大，A1 次之，A3 最小。

11.2.2 下部隧道

根据计算结果，提取列车运行不同时刻(分别为第 0.9s、第 1.8s、第 3.5s、第 4.65s、第 6.5s 和第 8.4s)，空间交叉盾构隧道下部隧道的应力云图如图 11-12(彩图见附录)所示。

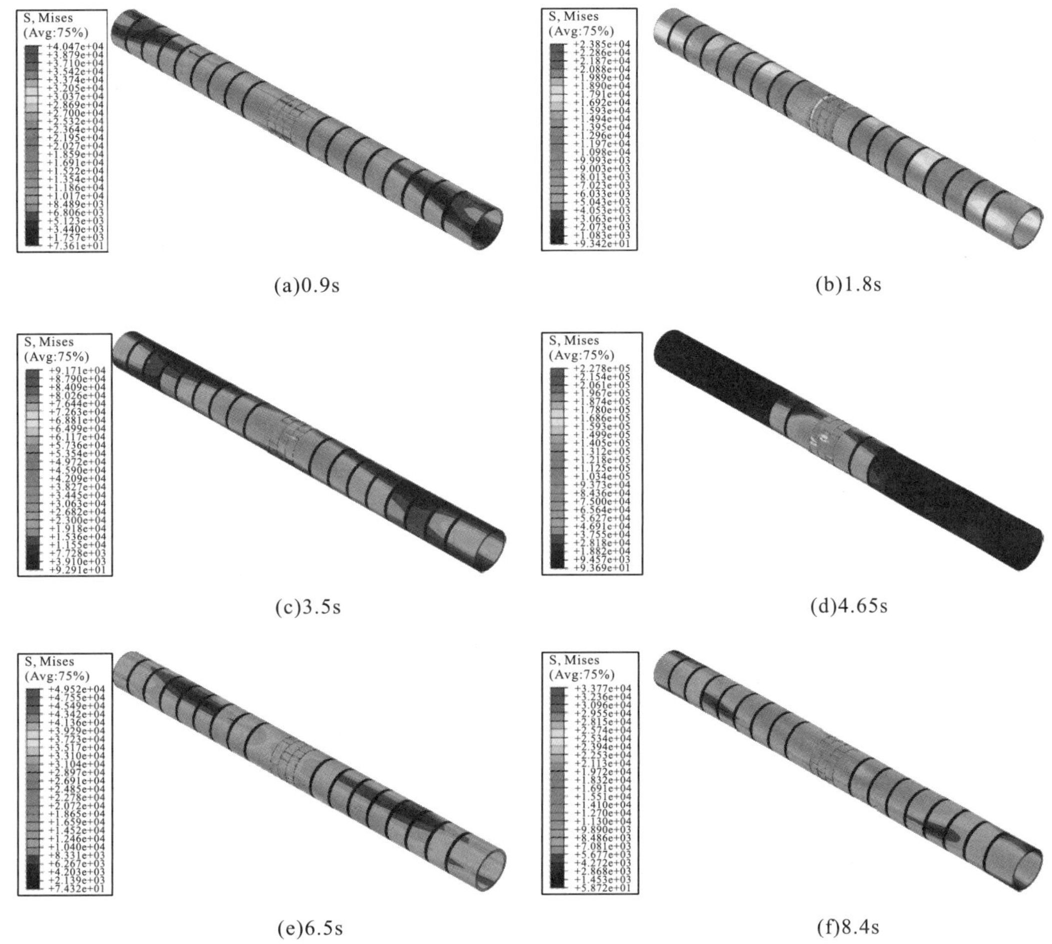

图 11-12　空间交叉盾构隧道下部隧道不同时刻应力云图(Pa)

由图 11-12 空间交叉盾构隧道下部隧道在列车运行不同时刻的应力云图可知，应力主要集中在隧道的拱顶附近。随着时间的增加，上部隧道内地铁列车位置不断变化，当列车驶向隧道中部位置时，下部隧道受到的应力不断增大，并在列车车厢行驶到隧道中部位置时，达到最大，约为 0.22MPa，应力主要集中在下部隧道中部的较小区域，尤其是隧道的拱顶接头位置处应力最大；在列车驶离隧道中部后，下部隧道的应力不断减小。

此外，从图中可以发现：地铁列车在上部隧道内行驶，邻近下部隧道最大应力数量级仅为 1×10^5，而上部隧道的最大应力数量级为 1×10^6，约为下部隧道的 10 倍，因此上部隧道列车行驶对下部隧道的应力影响较小。

提取下部隧道内中间截面拱顶观测点 B 最大主应力和加速度，观测点布置如图 11-9 所示。为了研究上部隧道列车行驶对下部隧道的影响，考虑上部隧道的中间截面观测点 A2 最大主应力和加速度，绘制 A2 和 B 观测点的最大主应力和加速度时程曲线如图 11-13 和图 11-14 所示。

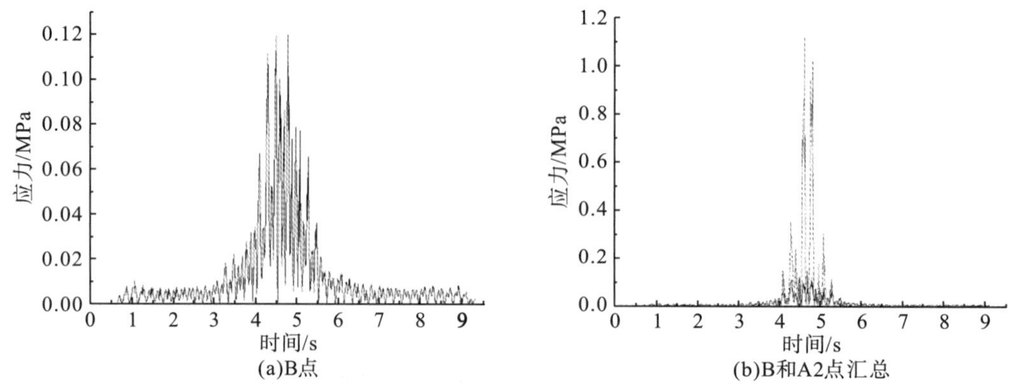

图 11-13 观测点最大主应力时程曲线

由图 11-13 观测点 B 的最大主应力时程曲线可知，在列车行驶 0～0.6s 内，列车逐渐驶近观测点，由于观测点 B 距离列车还较远，观测点并未出现振动；在 0.6～3.2s，列车驶近并经过观测点，观测点开始振动；在 3.2～6.3s 内，列车经过观测点，观测点振动最为剧烈，并在 4.8s 达到振动峰值，此时列车车厢中部刚好经过观测点，最大主应力约为 0.12MPa；在 6.3～9.3s 内，列车驶离观测点，随着能量的耗散，观测点振动逐渐减弱，并趋近于零。

对比 B 和 A2 点最大主应力时程曲线可知，B 和 A2 观测点均位于隧道的中部位置，在地铁列车行驶过程中，两个观测点的最大主应力变化规律较为一致，均为两边弱，中间振动剧烈，但 A2 点位于有列车行驶的上部隧道拱底位置，最大主应力幅值为 1.12MPa，而 B 点位于下穿上部隧道的下部隧道拱顶位置，应力幅值为 0.12MPa，仅为 A2 点幅值的 10.7%，说明从应力角度来看，下部隧道属于被动振动，上部隧道列车行驶效应对下部隧道的影响很小。

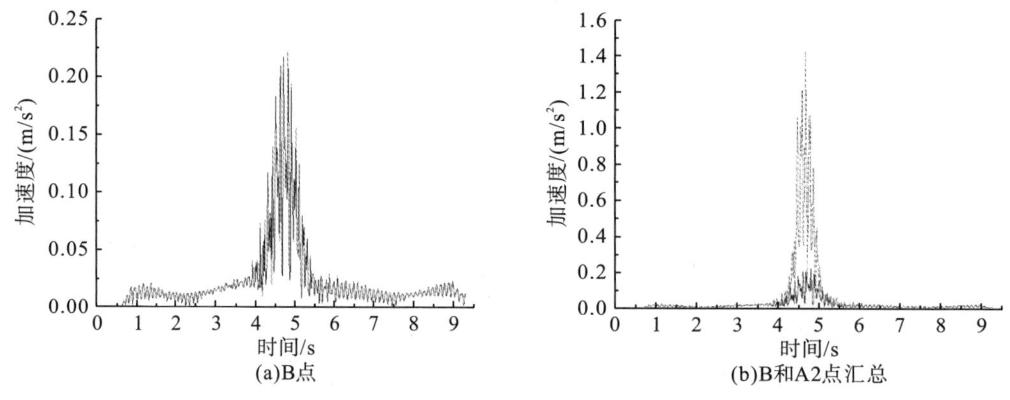

图 11-14 观测点加速度时程曲线

由图 11-14 观测点 B 的加速度时程曲线可知，在列车行驶 0～0.6s 内，列车逐渐驶近观测点，由于观测点距离列车还较远，观测点并未出现振动；在 0.6～3.5s 内，列车驶近并经过观测点，观测点开始振动；在 3.5～5.6s 内，列车经过观测点，观测点振动最为剧烈，并在 4.8s 达到加速度峰值，此时列车车厢中部刚好经过观测点，最大加速度约为 0.22m/s^2；在 5.6～9.3s 内，列车驶离观测点，随着能量的耗散，观测点振动逐渐减弱，加速度逐渐趋近于零。

对比 B 和 A2 点加速度时程曲线可知，B 和 A2 观测点均位于隧道的中部位置，在地铁列车行驶过程中，两个观测点的加速度变化规律较为一致，均为两边弱，中间振动剧烈，但 A2 点位于有列车行驶的上部隧道拱底位置，加速度幅值为 1.43m/s^2，而 B 点位于下穿上部隧道的下部隧道拱顶位置，加速度幅值为 0.22m/s^2，仅为 A2 点幅值的 15.4%，说明从加速度角度来看，下部隧道属于被动振动，上部隧道列车行驶效应对下部隧道的影响很小。

为了确定空间交叉盾构隧道衬砌内部钢筋与螺栓的受力情况，提取高速列车行驶至上部隧道中部位置时，上部隧道和下部隧道钢筋与螺栓的最大主应力云图如图 11-15 和图 11-16(彩图见附录)所示。

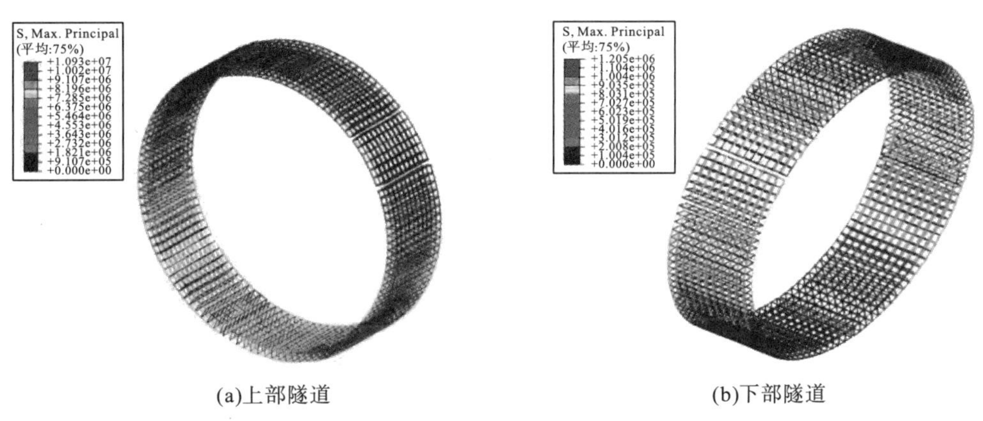

(a)上部隧道　　(b)下部隧道

图 11-15　钢筋最大主应力分布云图(Pa)

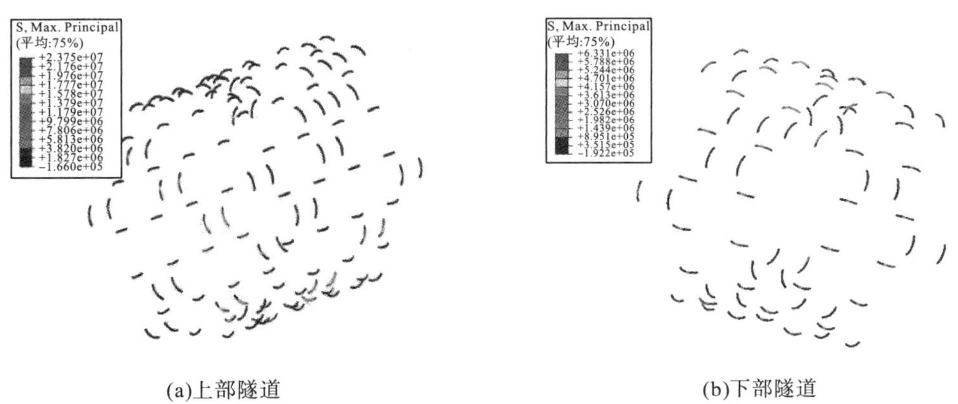

(a)上部隧道　　(b)下部隧道

图 11-16　隧道中部位置螺栓最大主应力分布云图(Pa)

由图 11-15 和图 11-16 可知，当列车运行到上部隧道中部时，钢筋与螺栓应力在上部隧道拱底位置附近达到最大值。其中，钢筋最大主应力主要集中在上部隧道拱底外侧区域，而螺栓最大主应力主要集中在上部隧道拱底附近连接管片的螺栓上。对于下部隧道，钢筋与螺栓的最大主应力在其拱顶位置附近达到最大值。从图中可以发现，上部隧道钢筋的最大主应力为 10.93MPa，约为下部隧道钢筋应力最大值的 9.0 倍，而上部隧道螺栓的最大主应力为 23.75MPa，约为下部隧道螺栓应力最大值的 3.8 倍，说明下部隧道钢筋与螺栓受到上部隧道列车振动的影响相对较小。

为了研究空间交叉隧道钢筋和螺栓在列车行驶过程中的动力响应特性，提取列车在上部隧道行驶时，上部隧道拱底位置处的钢筋与螺栓最大应力和下部隧道拱顶位置处的钢筋与螺栓最大应力，并绘制上部隧道和下部隧道钢筋和螺栓最大主应力时程曲线，见图 11-17 和图 11-18。

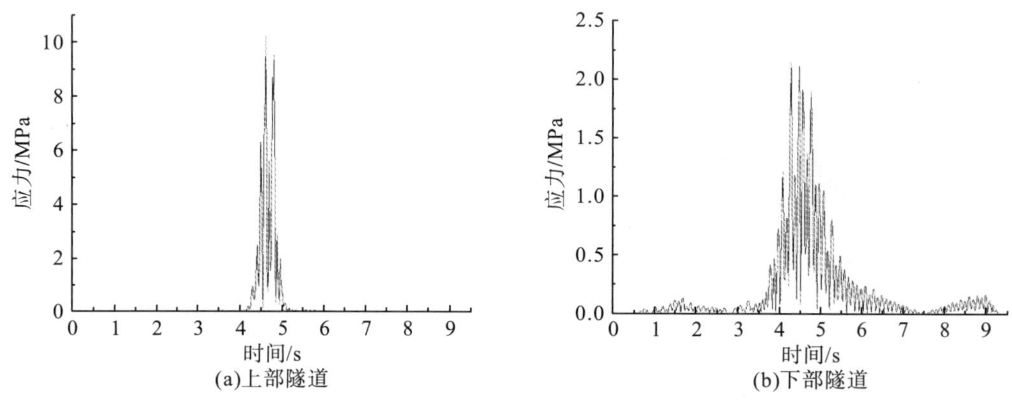

图 11-17 钢筋最大主应力时程曲线

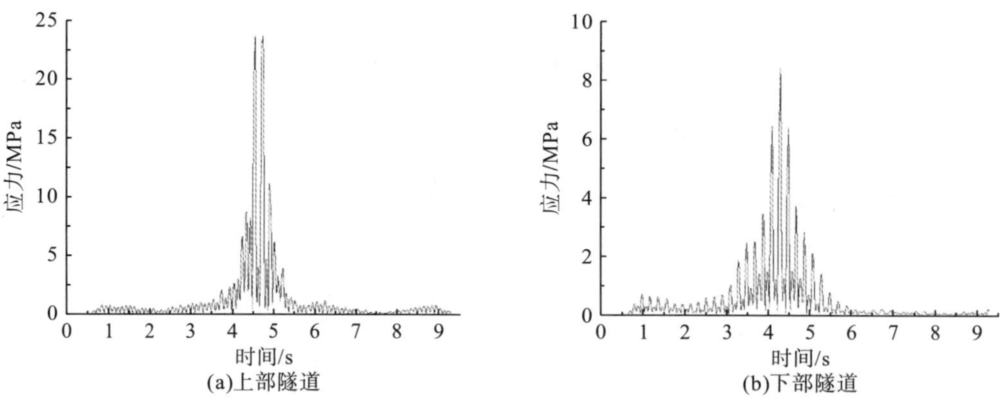

图 11-18 螺栓最大主应力时程曲线

由上图可知，列车在上部隧道行驶过程中，隧道中部位置的钢筋与螺栓的振动规律大致相同，且振动响应具有明显的阶段性。随着列车逐渐驶近中部隧道，钢筋与螺栓的应力逐渐增大；在列车行驶至隧道中部位置，即列车运行 4.5s 左右钢筋与螺栓的应力达到最大值；随后随着列车逐渐驶离隧道中部位置，钢筋与螺栓应力逐渐减小。在列车行驶过程中，上部隧道钢筋与螺栓最大主应力分别为 10.25MPa、23.77MPa，分别为下部隧道钢筋与螺栓最大主应力的 4.8 倍和 2.8 倍。上部隧道及下部隧道钢筋和螺栓最大主应力值分别为 10.25MPa、23.77MPa，远远小于其材料的屈服强度，因此钢筋与螺栓在使用过程中处于弹性阶段。

11.3　空间交叉盾构隧道疲劳寿命

空间交叉盾构隧道受到地铁列车振动荷载的作用，采用 ANSYS FE-SAFE 疲劳分析软件计算结构疲劳寿命。

根据 ABAQUS 计算出的结构实际承受的应力，利用 ANSYS FE-SAFE 疲劳分析软件，根据公式(10-4)、式(10-5)确定混凝土的 *S-N* 曲线，采用线性损伤累积理论和雨流计数法，综合考虑结构平均应力、应力集中等影响因素，可以计算出空间交叉盾构隧道对数寿命分布云图如图 11-19 所示。

由空间交叉盾构隧道疲劳寿命分布云图 11-19(彩图见附录)可知，寿命最短的部位主要集中在有列车行驶的上部隧道的中部拱底位置，尤其是管片外侧区域。根据上述对空间交叉盾构隧道的应力分析可知，这些位置也为结构受力较为不利位置处。从图中可以看出，结构最短对数寿命为 6.583，可以计算出结构的寿命约为 3.83×10^6 次。

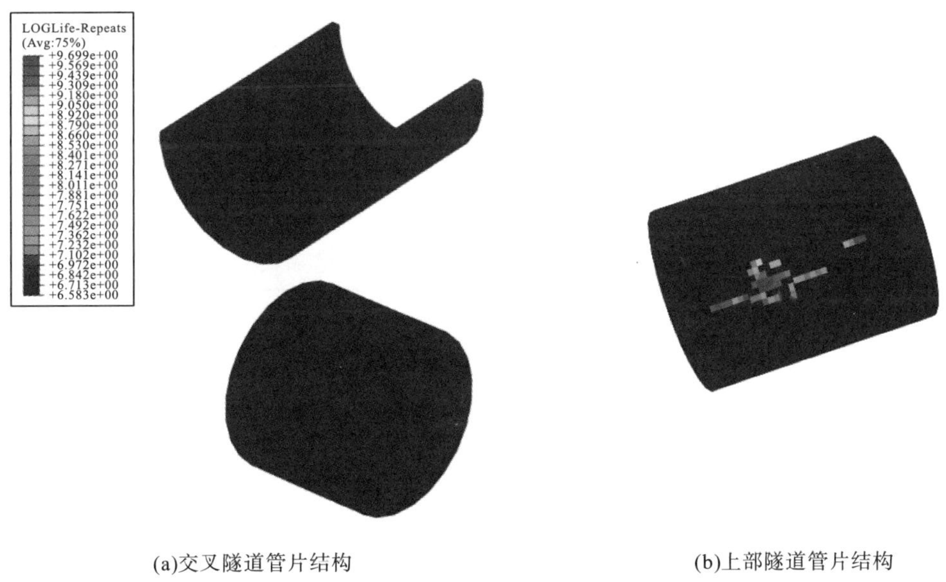

(a)交叉隧道管片结构　　(b)上部隧道管片结构

图 11-19　空间交叉盾构隧道疲劳对数寿命分布云图

假定地铁列车每天平均运行约 40 对次，由于结构的寿命约为 3.83×10^6 次，可知在现有的行车要求下，空间交叉盾构隧道满足设计期 100 年的抗疲劳要求。

11.4 不同运营年限交叉结构动力响应

基于地铁列车首次振动荷载作用下空间交叉隧道结构的动力响应和疲劳寿命，利用式(9-60)、式(9-61)计算出在地铁列车振动荷载作用下混凝土疲劳本构模型，得出混凝土经 N 次疲劳荷载过后材料的劣化程度；然后考虑材料劣化，对结构施加地铁列车振动荷载，模拟空间交叉盾构隧道在不同运营年限下的动力响应与累积损伤，分析流程见图 10-19。

本节主要分析在设计期内不同运营年限空间交叉盾构隧道结构动力响应。

11.4.1 上部隧道

考虑地铁列车在隧道中运行 1、1.0×10^3、1.0×10^4、1.0×10^5、2.0×10^5、5.0×10^5、1.0×10^6、1.5×10^6 次后，考虑我国地铁列车每天平均运行约 40 对次，分别考虑隧道运营年限为 0、0.07、0.69、6.85、13.70、34.25、68.49、102.74 年，选取上部隧道上三个观测点 A1、A2 和 A3，提取三个观测点在列车行驶过程中的最大主应力幅值如表 11-2 所示。

表 11-2 上部隧道观测点最大主应力幅值

运行次数/次	运行时间/年	A1/MPa	A2/MPa	A3/MPa
1	0	0.8921	1.1174	0.7171
1.0×10^3	0.07	0.8968	1.2355	0.7716
1.0×10^4	0.69	0.9009	1.3421	0.8229
1.0×10^5	6.85	0.9043	1.4425	0.8713
2.0×10^5	13.70	0.9060	1.4947	0.8883
5.0×10^5	34.25	0.9065	1.5912	0.8950
1.0×10^6	68.49	0.9070	1.7036	0.8990
1.5×10^6	102.74	0.9071	1.7409	0.9170

由不同运营年限上部隧道观测点最大主应力幅值表 11-2 可知，随着空间交叉盾构隧道运营年限的增加，上部隧道三个观测点 A1、A2 和 A3 最大主应力幅值均有一定程度的增加，且在运营前段时间最大主应力增长最快，在运营后半段时间则增长较慢。在隧道运营 102.74 年后，A1、A2 和 A3 最大主应力幅值分别达到 0.91MPa、1.74MPa 和 0.92MPa，相对于列车首次运行时最大主应力增长比例分别为 1.7%、55.80%和 27.9%。

对比上部隧道上的三个观测点，A2 位于有列车行驶的上部隧道中部位置，应力最大，A1 次之，A3 较小。为了较为细致地分析 A1、A2 和 A3 点最大主应力随时间的发展规律，绘制三个观测点随隧道运营年限的最大主应力变化曲线如图 11-20(彩图见附录)所示。

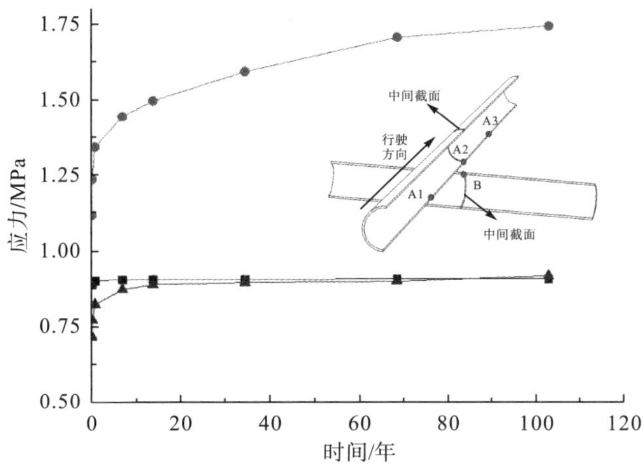

图 11-20　观测点最大主应力变化曲线

根据图 11-20 观测点随隧道运营年限的最大主应力变化曲线可知，在空间交叉盾构隧道运营 0~13.7 年内，有列车行驶的上部隧道三个观测点最大主应力增长速度较快，相对于列车首次运行时，A1、A2、A3 三个观测点主应力增长幅值分别为 0.01MPa、0.38MPa 和 0.17MPa；在 13.7 年以后，观测点最大主应力增长较为平缓，大致随运营年限呈线性增长规律，可以用来预测结构最大主应力的发展规律。

提取隧道运营 0、0.07、0.69、6.85、13.70、34.25、68.49、102.74 年后，上部隧道上三个观测点 A1、A2、A3 随不同隧道运营年限的加速度幅值如表 11-3 所示。

表 11-3　上部隧道观测点加速度幅值

运行次数/次	运行时间/年	A1/(m/s^2)	A2/(m/s^2)	A3/(m/s^2)
1	0	1.2621	1.4278	1.2230
1.0×10^3	0.07	1.2621	1.4278	1.2406
1.0×10^4	0.69	1.2624	1.4331	1.2418
1.0×10^5	6.85	1.2645	1.4422	1.2418
2.0×10^5	13.70	1.2668	1.4580	1.2472
5.0×10^5	34.25	1.2740	1.4748	1.2554
1.0×10^6	68.49	1.2865	1.4927	1.2698
1.5×10^6	102.74	1.2996	1.5045	1.2848

由上部隧道观测点加速度幅值表 11-3 可知，随着空间交叉盾构隧道运营年限的增加，上部隧道观测点振动加速度幅值都有了一定程度的增加，且在隧道运营前半段时间加速度增长较快，在隧道运营后半段时间加速度增长较为缓慢。在隧道运营 102.74 年后，A1、A2、A3 点加速度幅值分别达到 $1.30m/s^2$、$1.50m/s^2$ 和 $1.28m/s^2$，相对于列车首次运行时加速度幅值增长比例分别为 3.0%、5.4%和 5.1%。

对比上部隧道上三个观测点，A2 位于有列车行驶的上部隧道中部位置，加速度幅值最大，A1 次之，A3 较小。为了较为细致地分析 A1、A2、A3 点加速度幅值随时间的发展规律，绘制上部隧道三个观测点随隧道运营年限增加，加速度幅值变化曲线如图 11-21(彩图见附录)所示。

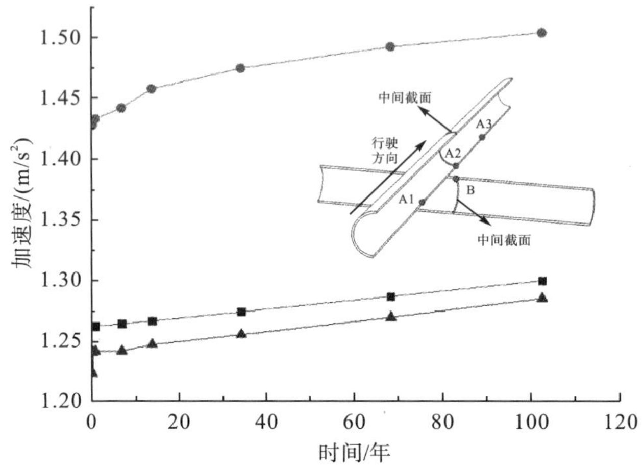

图 11-21 观测点加速度幅值变化曲线

根据图 11-21 观测点加速度幅值变化曲线可知，观测点加速度发展大致呈两阶段变化：在交叉盾构隧道运营 0~13.7 年内，有列车行驶的上部隧道三个观测点加速度幅值增长速度较快，相对于列车首次运营时，A1、A2、A3 三个观测点加速度增长幅值分别为 4.70×10^{-3}m/s^2、3.02×10^{-2}m/s^2 和 2.42×10^{-2}m/s^2；在 13.7 年以后，观测点加速度幅值增长较为平缓，大致随运营年限呈线性增长规律，可以用来预测结构加速度幅值的发展规律。

11.4.2 下部隧道

为了分析地铁列车在上部隧道中行驶对下部隧道的影响，提取隧道运营 0、0.07、0.69、6.85、13.70、34.25、68.49、102.74 年后，下部隧道中间截面拱顶位置一个观测点 B 不同隧道运营年限的最大主应力幅值，将 A2 和 B 点最大主应力幅值汇总如表 11-4 所示。

表 11-4 上部隧道观测点最大主应力幅值

运行次数/次	运行时间/年	A2/MPa	B/MPa
1	0	1.1174	0.1196
1.0×10^3	0.07	1.2355	0.1196
1.0×10^4	0.69	1.3421	0.1205
1.0×10^5	6.85	1.4425	0.1215
2.0×105	13.70	1.4947	0.1230
5.0×10^5	34.25	1.5912	0.1233
1.0×10^6	68.49	1.7036	0.1242
1.5×10^6	102.74	1.7409	0.1249

由不同运营年限隧道观测点最大主应力幅值表 11-4 可知，随着空间交叉盾构隧道运营年限的增加，下部隧道最大主应力幅值均有一定程度的增加，且在运营前段时间最大主应力增长最快，在运营后半段时间则增长较慢。在隧道运营 102.74 年后，B 点最大主应力幅值达到 0.12MPa，相对于列车首次运行时最大主应力增长比例为 4.4%。

对比上部隧道和下部隧道观测点 A2 和 B，A2 位于有列车行驶的上部隧道的中部位置，其最大主应力远远大于下部隧道观测点 B 的最大主应力。当隧道运营 102.74 年时，下部隧道 B 观测点最大主应力为 0.12MPa，仅为 A2 的 7.2%。

为了分析上部隧道列车行驶对下部隧道的影响，考虑隧道的中间截面观测点 A2、B 的最大主应力和加速度，绘制 A2 和 B 观测点的最大主应力和加速度时程曲线如图 11-22 和图 11-23 所示。

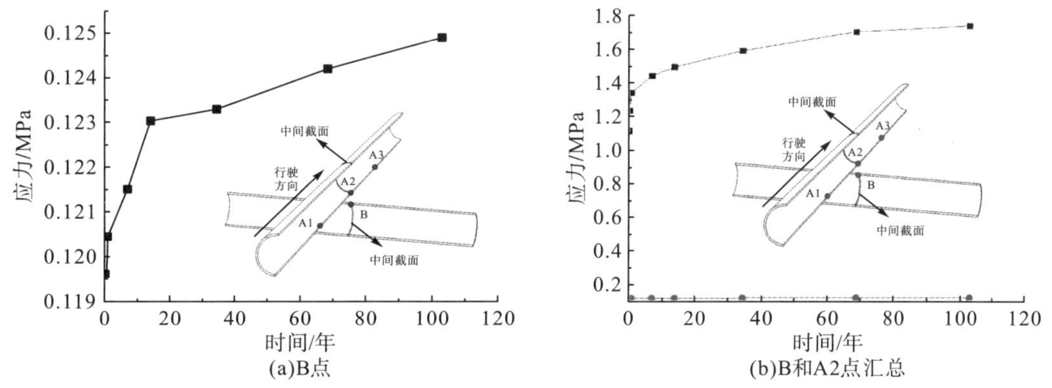

图 11-22　观测点最大主应力时程曲线

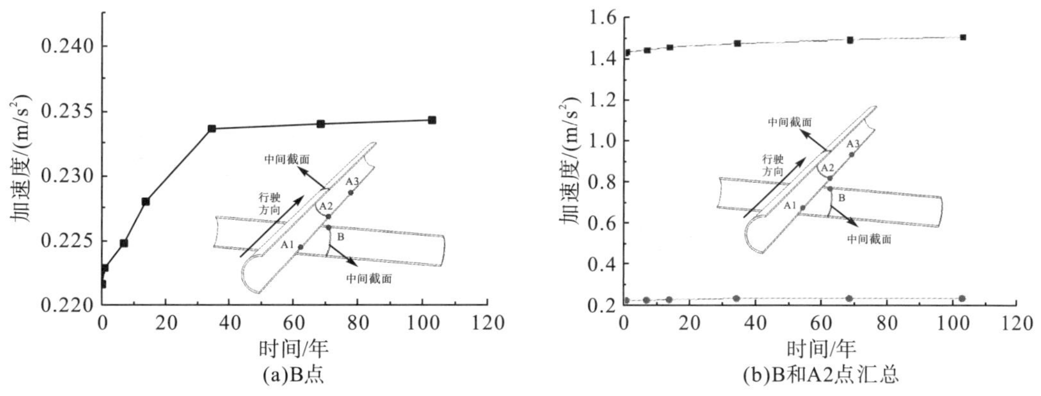

图 11-23　观测点加速度时程曲线

由图 11-22 观测点 B 的最大主应力变化曲线可知，随着运营年限的增加，其最大主应力也有一定程度的增加。在隧道运营 0～13.7 年内，观测点 B 最大主应力增长速度较快，相对于列车首次运行时，观测点主应力增长幅值为 3.4kPa；在 13.7 年以后，观测点最大主应力增长较为平缓，大致随运营年限呈线性增长规律。对比 B 和 A2 点的最大主应力，上部隧道 A2 点应力远大于下部隧道 B 点，从应力角度来看，下部隧道属于被动振动，上部隧道列车行驶效应对下部隧道的影响很小。

根据图 11-23 观测点的加速度幅值变化曲线可知，在交叉盾构隧道运营 0~34.25 年内，下部隧道 B 观测点加速度幅值增长速度较快，相对于列车首次运营时，B 观测点加速度增长幅值为 $1.20\times10^{-2}m/s^2$；在 34.25 年以后，观测点加速度幅值增长较为平缓，大致随运营年限呈线性增长规律。从加速度角度来看，下部隧道属于被动振动，上部隧道列车行驶效应对下部隧道的影响很小。

11.5 不同运营年限交叉结构累积损伤

空间交叉盾构隧道通过螺栓将管片拼装而成，在地铁列车振动荷载的长期作用，盾构隧道管片之间、管片和螺栓之间、管片与围岩之间长期的相互作用下，极易造成结构损伤开裂，甚至破坏，危及行车安全。因此本节主要分析不同运营年限下的空间交叉盾构隧道累积损伤，为空间交叉隧道结构设计提供参考。

为了分析在不同运营年限下空间交叉盾构隧道的累积损伤情况，提取隧道运营典型时间(分别为 0.07、13.70、68.49、102.74 年)空间交叉盾构隧道的压致损伤和拉致损伤云图分别如图 11-24、图 11-25(彩图见附录)所示。

(a)0.07年

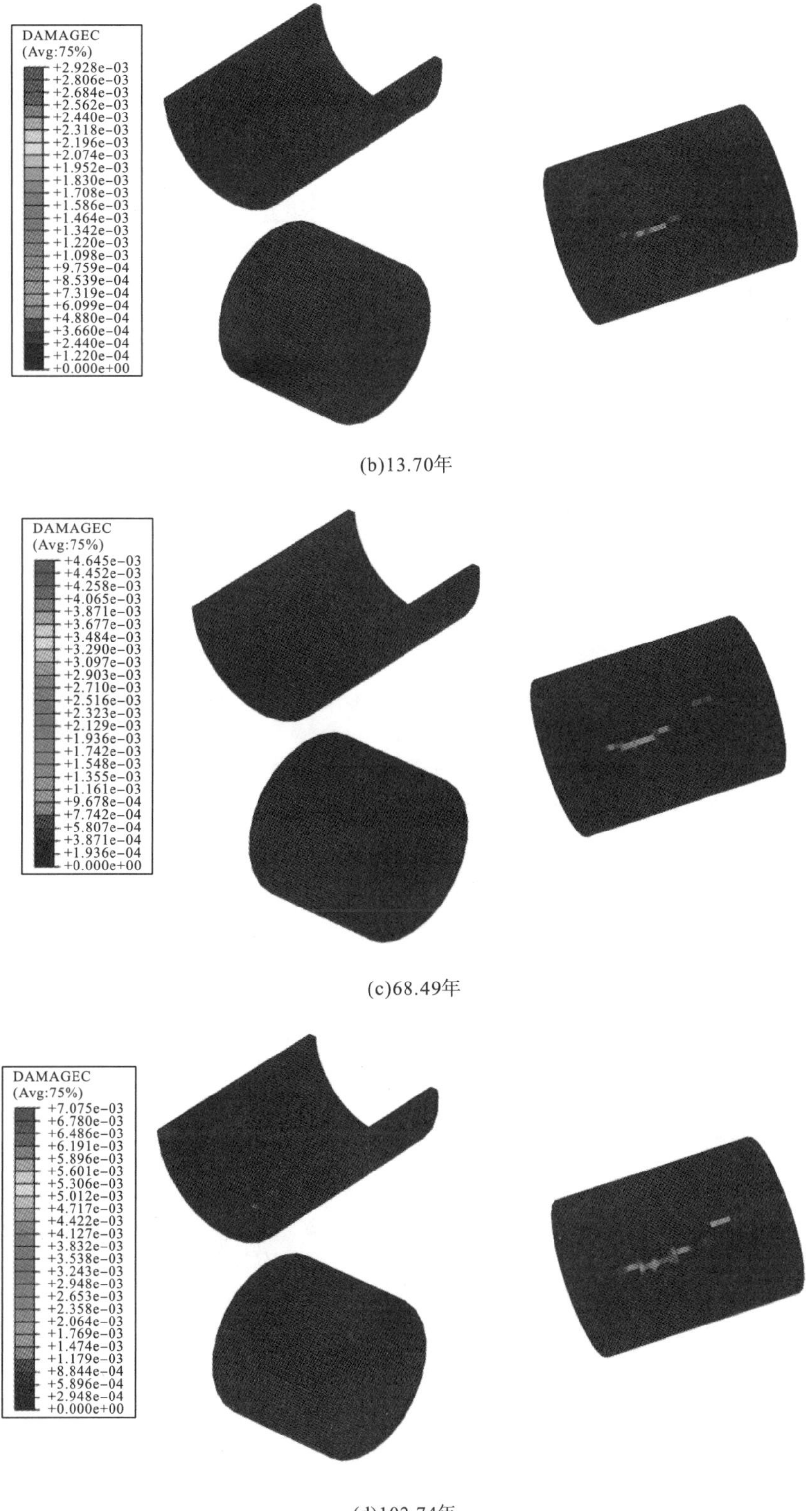

(b)13.70年

(c)68.49年

(d)102.74年

图 11-24　不同运营年限空间交叉盾构隧道压致损伤云图

由不同运营年限空间交叉盾构隧道压致损伤云图 11-24 可知，随着隧道运营年限的增加，结构压致损伤在范围和数值上均有较为明显的增加，且主要集中在有地铁行驶的上部隧道拱底区域。

当隧道运营 0.07 年时，结构压致损伤主要集中在有列车行驶的上部隧道中部拱底附近，最大损伤值仅为 2.80×10^{-4}；在 13.70 年后，结构损伤沿着上部隧道纵向方向有较大的延伸，最大损伤值增长至 2.91×10^{-3}；随着运营年限的增加，结构损伤沿着上部隧道的纵向和环向发展，在 102.74 年时，最大损伤值增长至 7.08×10^{-3}。

此外，图中可以发现：在隧道运营期内，由于地铁主要在上部隧道中行驶，下部隧道属于被动振动，下部隧道几乎未出现压致损伤。

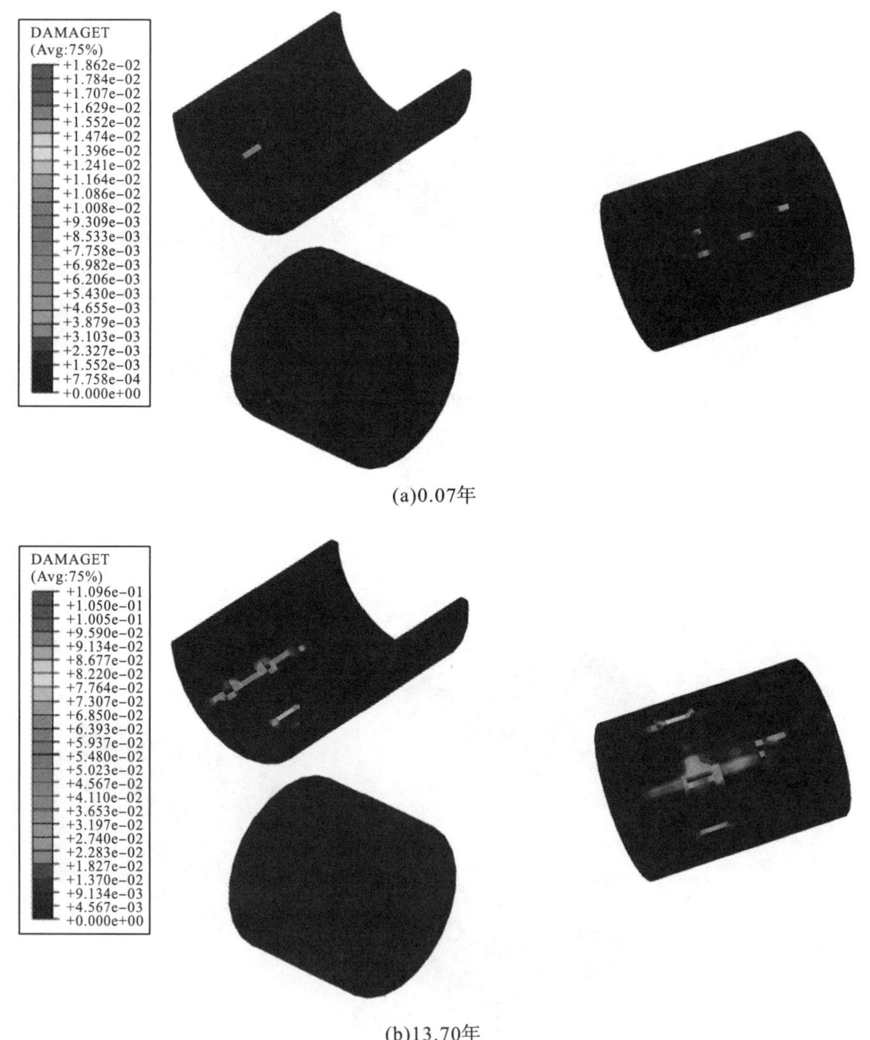

(a)0.07年

(b)13.70年

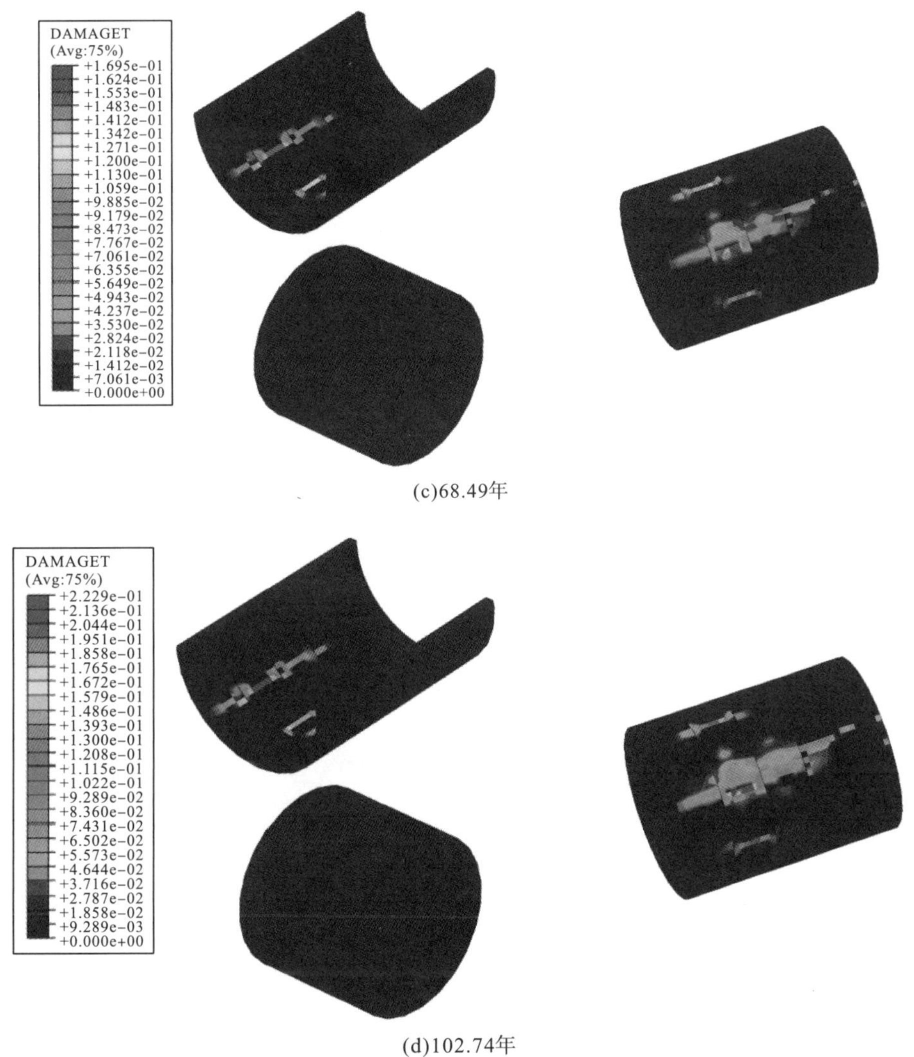

(c)68.49年

(d)102.74年

图 11-25 不同运营年限空间交叉盾构隧道拉致损伤云图

由不同运营年限空间交叉盾构隧道拉致损伤云图 11-25 可知，随着隧道运营年限的增加，结构拉致损伤在范围和数值上均有较为明显的增加，且主要集中在有地铁行驶的上部隧道拱底区域，尤其是下部管片外侧。

当隧道运营 0.07 年时，结构拉致损伤主要集中在有列车行驶的上部隧道中部拱底附近，此外在仰拱与管片接触边缘处也有一定的拉致损伤，最大损伤值为 1.86×10^{-2}；在 13.70 年后，结构损伤沿着上部隧道纵向方向有较为明显的延伸，主要发展到上部隧道中部四环管片，最大损伤值增长至 0.11，约为 0.07 年拉致损伤的 5.9 倍；接着损伤区域不断增大，隧道中部拱底位置、仰拱与管片接触边缘处损伤不断发展，在 102.74 年时，最大损伤值增长至 0.22，覆盖至上部隧道的五环管片区域。此外，从图中可以发现：在隧道运营期内，下部隧道也几乎未出现拉致损伤。

对比空间交叉盾构隧道的压致损伤和拉致损伤图可知，结构的损伤均主要发展在有列车行驶的上部隧道中部拱底位置，但无论从损伤数值还是损伤发展范围来看，隧道的拉致损伤均远远大于其压致损伤。在隧道运营 102.74 年后，隧道的拉致损伤达到 0.22，约为其压致损伤的 31 倍。其中，隧道的压致损伤仅在上部隧道拱底的纵向方向发展明显，而拉致损伤在隧道环向方向也有明显的发展。

由于在隧道运营过程中，交叉结构的损伤主要产生在有地铁列车行驶的上部隧道，因此本节主要分析有列车行驶的上部隧道的压致损伤和拉致损伤。提取上部隧道不同运营年限(分别为 0、0.07、0.69、6.85、13.70、34.25、68.49、102.74 年)空间交叉盾构隧道上部隧道拱底位置的压致损伤和拉致损伤最大值，并绘制不同运营年限主隧道损伤发展曲线图分别如图 11-26、图 11-27 所示。

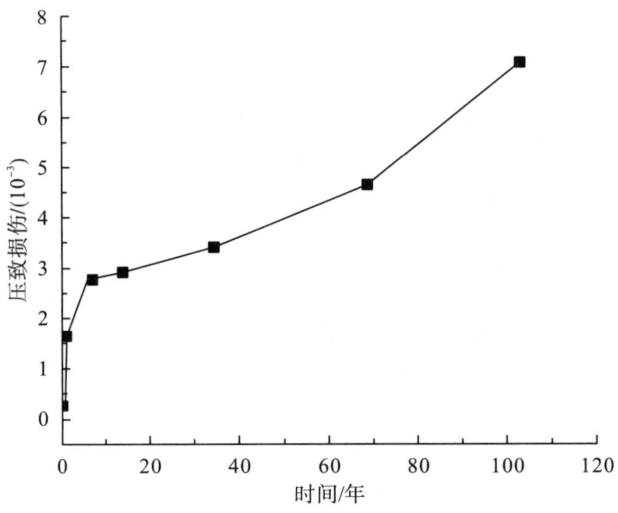

图 11-26 不同运营年限上部隧道最大压致损伤发展曲线

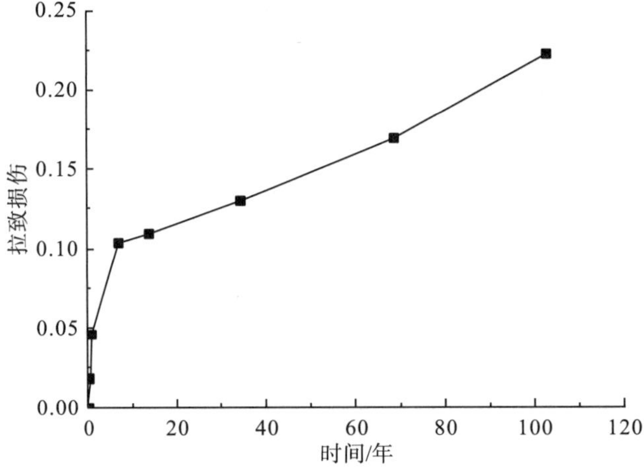

图 11-27 不同运营年限上部隧道最大拉致损伤发展曲线

由不同运营年限上部隧道压致损伤发展曲线图 11-26 可知，随着隧道运营年限的增加，上部隧道压致损伤大致呈两阶段变化：第一阶段，在隧道运营 0~6.85 年内，持续时间 6.85 年，隧道压致损伤发展较为迅速；第二阶段，在隧道运营 6.85 年以后，主隧道压致损伤发展较为平缓，且接近线性发展。

由不同运营年限上部隧道拉致损伤发展曲线图 11-27 可知，随着隧道运营年限的增加，隧道拉致损伤大致呈两阶段变化：第一阶段，在隧道运营 0~6.85 年内，持续时间 6.85 年，隧道拉致损伤发展较为迅速，当隧道运营 6.85 年时，拉致损伤从 0 增长至 0.10；第二阶段，在隧道运营 6.85 年以后，隧道拉致损伤发展较为平缓，且接近线性发展，可以用来预测交叉盾构隧道损伤发展，在隧道运营 102.74 年后，隧道拉致损伤增长至 0.22，在长达 95.89 年时间里，损伤仅增长 0.12。

分析认为：在隧道运营的第一阶段，由于混凝土本身的初始缺陷，混凝土材料内部会出现初始微裂缝，这些初始微裂缝在列车振动荷载的往复作用下，不断产生发展，且纵向发展较快；第二阶段，在外力作用下混凝土材料微裂缝不断扩大，但由于其他骨料的约束，微裂缝数量不再明显增加，混凝土损伤近似线性发展。

11.6　本 章 小 结

(1) 基于改进的混凝土疲劳本构模型，考虑地铁列车空间位置变化和荷载时程变化，在列车轮轨上施加地铁列车振动荷载，模拟了地铁列车在空间交叉隧道结构中行驶的全过程。

(2) 基于地铁列车首次在空间交叉盾构隧道中行驶的动力响应特性，采用疲劳分析软件计算了结构的疲劳寿命，验证了结构满足设计期的抗疲劳要求；利用混凝土疲劳本构模型，分析了不同运营年限空间交叉盾构隧道的动力响应与累积损伤效应。

(3) 地铁列车在空间交叉盾构隧道行驶过程中，应力主要集中在有列车行驶的上部隧道仰拱位置，且当列车行驶至隧道中部位置时，隧道结构的振动最为剧烈。从加速度和应力角度来看，列车振动荷载对邻近下部隧道的影响较小。

(4) 随着隧道运营年限的增加，空间交叉盾构隧道的最大主应力和加速度都有了一定程度的增加。在隧道运营初期较小时间段内，隧道最大主应力和加速度发展较为迅速，而后面较长的运营年限内，则接近于线性发展规律。

(5) 空间交叉盾构隧道的损伤主要分布在有列车行驶的上部隧道中部仰拱附近，尤其是管片外侧区域，而邻近的下部隧道则几乎没有损伤。对比隧道的压致损伤和拉致损伤，结构的拉致损伤在数值和范围方面远远大于其压致损伤，说明结构的拉致损伤是结构破坏的主要因素。

(6) 在设计期内，交叉盾构隧道的压致损伤和拉致损伤随着运营年限大致呈两阶段变化规律。其中，隧道损伤发展的第二阶段持续较长时间，且大致呈线性发展规律，可以用来预测交叉盾构隧道结构损伤发展规律。

参 考 文 献

[1]张玉娥，白宝鸿. 地铁列车振动对隧道结构激振荷载的模拟[J]. 振动与冲击, 2000, 19(3)：68-70.

[2]胡宗允，李晶晶. 地铁列车荷载分析方法[J]. 路基工程, 2006(5):18-20.

[3]王启云，张家生，孟飞，等. 高速铁路路基模型列车振动荷载模拟[J]. 振动与冲击, 2013, 32(6):43-46.

[4]王祥秋，杨林德，高文华. 铁路隧道提速列车振动测试与荷载模拟[J]. 振动与冲击, 2005, 24(3): 99-102.

[5]梁波，蔡英. 不平顺条件下高速铁路路基的动力分析[J]. 铁道学报, 1999, 21(2): 84-88.

[6]Dawn T M. Ground vibrations from heavy freight trains[J]. Journal of Sound & Vibration, 1983, 87(2):351-356.

[7]Vrouwenvelder T. Stochastic modelling of extreme action events in structural engineering[J]. Probabilistic Engineering Mechanics, 2000, 15(1):109-117.

[8]Vrouwenvelder T. The Fundamentals of Structural Building Codes[C]//Proceedings of the International Conference on Structural Engineering. South Africa: Mechanics and Computation, 2001:183-193.

[9]丁伯阳，党改红，袁金华. Green 函数对饱和土隧道内集中荷载作用振动位移反应的计算[J]. 振动与冲击, 2009(11):110-114.

[10]白冰，李春峰. 地铁列车振动作用下交叠隧道的三维动力响应[J]. 岩土力学, 2007(S1):715-718.

[11]陈卫军，张璞. 列车动载作用下交叠隧道动力响应数值模拟[J]. 岩土力学, 2002, 23(6):770-774.

[12]高峰，关宝树，仇文革，等. 列车荷载作用下地铁重叠隧道的响应分析[J]. 西南交通大学学报, 2003, 38(1):38-42.

[13]李亮，张丙强，杨小礼. 高速列车振动荷载下大断面隧道结构动力响应分析[J]. 岩石力学与工程学报，2005，24(23)：4259-4265.

[14]段景川. 列车振动荷载下复杂空间与结构形态盾构隧道的动力特性[D]. 成都：西南交通大学, 2013.

[15]晏启祥，陈诚，黄希，等. 盾构隧道与横通道交叉结构的列车振动响应特性分析[J]. 土木工程学报, 2015(S1):228-235.

[16]张厚贵，刘维宁，刘卫丰，等. 北京地下直径线运营对地铁 2 号线隧道结构振动影响控制标准的研究[J]. 隧道建设, 2007, 8(S):93-97.

[17]徐海清，傅志峰，梁立刚，等. 列车荷载作用下紧邻垂直多孔隧道环境振动分析[J]. 岩土力学, 2011, 32(6):1869-1873.

[18]于艳丽，徐海清，李振伟，等. 列车荷载作用下紧邻平行多孔隧道的环境振动分析[J]. 岩土工程学报，2011，33(11)：1801-1806.

[19]张曦，唐益群，周念清，等. 地铁振动荷载作用下隧道周围饱和软黏土动力响应研究[J]. 土木工程学报, 2007, 40(2)：85-88.

[20]张波，李术才，张敦福，等. 岩石介质中地铁列车运行引起的环境振动响应研究[J]. 岩石力学与工程学报，2011，30(S)：3341-3347.

[21]马龙祥. 基于无限-周期结构理论的车轨耦合及隧道-地层振动响应分析模型研究[D]. 北京：北京交通大学, 2014.

[22]莫海鸿，邓飞皇，王军辉. 营运期地铁盾构隧道动力响应分析[J]. 岩石力学与工程学报, 2006, 25(S2):3507-3512.

[23]Bigaj A, Kooiman A. Monitoring durability aspects of the Green Heart Tunnel lining[J]. Iabse Symposium Report, 2003,

87(2):51-57.

[24]Lee S, Kim D, Ryu J, et al. An experimental study on the durability of high performance shotcrete for permanent tunnel support[J]. Tunnelling & Underground Space Technology, 2006, 21(3):431-431.

[25]曹茂森, 任青文, 翟爱良, 等. 混凝土结构损伤的分形特征实验分析[J]. 岩土力学, 2005, 26(10):1570-1574.

[26]单仁亮, 黄博, 耿慧辉, 等. 爆破动载作用下新喷射混凝土累积损伤效应的模型实验[J]. 爆炸与冲击, 2016, 36(3):289-296.

[27]Burlion N, Gatuingt F, Pijaudier-Cabot G, et al. Compaction and tensile damage in concrete: constitutive modelling and application to dynamics[J]. Computer Methods in Applied Mechanics & Engineering, 2000, 183(3-4): 291-308.

[28]村上澄男, 大野信忠. 微視的空げきによる有効面積の減少を陽に表した多軸クリープ損傷変数[J]. 日本機械学會論文集:a 編, 1980, 46(409):940-946.

[29]Loland K E. Concrete damgae model for load-response estimation of concrete[J]. Cement and Concrete Research,1980(10):393-492.

[30]Mazars J. A description of micro and macroscale damage of concrete sructure[J]. Engineering Fracture Mechanics, 1986, 25(6): 729-737.

[31]Sidoroff F. Description of anisotropic damage application to elasticity[C]// Proceedings IUTAM Symposium on Physical Nonlinearites in Structural Mechanics. Berlin: Springer Pub., 1981: 237-244.

[32]余天庆. 损伤理论及其应用[M]. 北京: 国防工业出版社, 1993.

[33]李淑春, 刁波, 叶英华. 反复荷载作用下的混凝土损伤本构模型[J]. 铁道科学与工程学报, 2006, 3(4):13-17.

[34]王中强, 余志武. 基于能量损失的混凝土损伤模型[J]. 建筑材料学报, 2004, 7(4):365-369.

[35]Chang T S, Kesler C E. Fatigue behavior of reinforced concrete beams[J]. ACI Structural Journal, 1958, 55:245-254.

[36]Aas-Jakobsen K. Fatigue of concrete beams and columns[J]. NTH Institute of Betonkonstruksjoner, Trondheim, 1970.

[37]Tepfers R, Kutti T. Fatigue strength of plain, ordinary and lightweight concrete[J]. ACI Journal, 1979, 76(5):635-652.

[38]Holmen J O. Fatigue of concrete by constant and variable amplitude loading[J]. ACI Special Publication, Fatigue of Concrete Structures, 1982, 75(4):71-110.

[39]Tepfers R. Tensile fatigue strength of plain concrete[J]. ACI, 1979, 76(8): 919-933.

[40]Zielinski A J, Reinhard H W, Koermeling G A. Experiments on concrete under repeated uniaxial impact tensile loading[J]. Material Constrution and Material Structure, 1981, 14(8):163-169.

[41]Tepfers R. Fatigue of plain concrete subjectd to stress reversal[J]. ACI Special Publication, 1982, 75(9):195-215.

[42]Cornelissen H A W, Reinhardt H W. Fatigue of plain concrete in uniaxial tension and in alternating tension compression loading[J]. Fatigue of steel and concrete structures, IABSE Collogium, 1982:273-282.

[43]Hanson J M. Handbook of structure concrete: design for fatigue[M]. London:Piterman Publishing INC., 1983.

[44]李永强, 车惠民. 在等幅重复应力作用下混凝土弯曲疲劳性能研究[J]. 铁道学报, 1999(2):76-79.

[45]王瑞敏, 赵国藩, 宋玉普. 混凝土在变幅重复应力作用下的疲劳性能研究[C]// 混凝土结构基本理论及应用学术讨论会, 1990.

[46]王瑞敏，赵国藩，宋玉普. 混凝土的受压疲劳性能研究[J]. 土木工程学报，1991，24(4): 38-47.

[47]李朝阳，宋玉普，赵国藩. 混凝土疲劳残余应变性能研究[J]. 大连理工大学学报, 2001，41(3): 355-358.

[48]王时越, 张立翔, 徐人平, 等. 混凝土疲劳刚度衰减规律试验研究[J]. 力学与实践, 2003, 25(5): 55-57.

[49]赵光仪, 吴佩刚, 詹巍巍. 高强混凝土的抗拉疲劳性能[J]. 土木工程学报, 1993(6): 13-19.

[50]曾志斌，李之榕. 普通混凝土梁用钢筋的疲劳 S-N 曲线研究[J]. 土木工程学报，1999，32(5)：10-14.

[51]朱红兵. 公路钢筋混凝土简支梁桥疲劳试验与剩余寿命预测方法研究[D]. 长沙: 中南大学, 2011.

[52]吴瑾, 王晨霞, 徐贾, 等. 疲劳荷载下锈蚀钢筋混凝土梁弯曲性能试验研究[J]. 土木工程学报, 2012(10): 118-124.

[53]Teng S, Wang F. Finite element analysis of reinforced concrete deep beams under fatigue loading[J]. ACI Structural Journal, 2001, 98(3):315-323.

[54]Petryna Y S, Krätzig W B. Computational framework for long-term reliability analysis of RC structures[J]. Computer Methods in Applied Mechanics & Engineering, 2005, 194(12-16):1619-1639.

[55]Zhang R, Shi Z F. Numerical simulation of rabar/concrete interface debonding of FRP strengthened RC beams under fatigue load[J]. Materials and Structures, 2008, 41(10): 1613-1621.

[56]朱劲松, 朱先存. 钢筋混凝土桥梁疲劳累积损伤失效过程简化分析方法[J]. 工程力学, 2012, 29(5):107-114.

[57]王青, 卫军, 刘晓春, 等. 钢筋混凝土梁疲劳累积损伤过程的等效静力分析方法[J]. 中南大学学报(自然科学版), 2016(1):247-253.

[58]黄娟. 基于损伤理论的高速铁路隧道结构振动响应分析及疲劳寿命研究[D]. 长沙: 中南大学, 2010.

[59]晏伟光. 重载铁路隧底结构动力响应及疲劳寿命研究[D]. 长沙: 中南大学, 2014.

[60]刘强. 列车荷载下地铁管片及接头动力响应及疲劳寿命研究[D]. 长沙: 中南大学, 2014.

[61]刘宁, 彭立敏, 施成华. 基岩软化条件下仰拱结构疲劳寿命的预测分析[J]. 振动工程学报, 2016(5):936-944.

[62]Cefis N, Comi C. Chenmo-mechanical modelling of the external sulfate attack in concrete[J]. Cement and Concrete Research, 2017, 93(3):57-70.

[63]Niu D T, Wang Y D, Ma R, et al. Experiment study on the failure mechanism of drying-wetting cycles[J]. Construction and Building Materials, 2015, 81(4):74-80.

[64]Huang Q, Wang C, Yang C H. Accelerated sulfate attack on mortars using electrical pulse[J]. Construction and Building Material, 2015, 95(10):875-881.

[65]孙迎召, 牛荻涛, 姜磊, 等. 干湿循环条件下混凝土硫酸盐侵蚀损伤分析[J]. 硅酸盐通报, 2013, 32(7):1405-1409.

[66]袁晓露, 李北星, 崔巩, 等. 硫酸盐侵蚀环境下混凝土强度的经时变化模型[J]. 长江科学院院报, 2010, 27(3):59-61.

[67]梁咏宁, 袁迎曙. 硫酸盐腐蚀后混凝土单轴受压本构关系[J]. 哈尔滨工业大学学报, 2008, 40(4): 532-535.

[68]Ahmad S, Bhattacharjee B. Empirical modeling of indicators of chloride induced rebar corrosion[J]. J. Struct. Eng., 2000, 27(3):195-207.

[69]Liu T, Weyers R W. Modeling the dynamic corrosion process in chloride contaminated concrete structures[J]. Cem. Concr. Res., 1998, 28(3): 365-379.

[70]姬永生, 袁迎曙, 李富民, 等. 混凝土内钢筋锈胀力发展及钢筋锈蚀速率的时变性[J]. 河海大学学报(自然科学版), 2009, 37(4): 430-436.

[71]耿欧, 袁迎曙, 蒋建华, 等. 混凝土中钢筋锈蚀速率的时变模型[J]. 东南大学学报(自然科学版), 2010, 40(6): 1293-1297.

[72]Al-Sulaimani G L. Influence of corrosion and cracking on bond behavior and strength of reinforced concrete members[J]. ACI Structural Journa1, 1990, 87(2):220-231.

[73]李斌, 何鲜峰, 罗志敏, 等. 锈蚀对钢筋混凝土粘结力的影响[J]. 工业建筑, 2001, 31(5): 12-13.

[74]张国学, 宋建夏, 刘晓航. 钢筋锈蚀对钢筋混凝土构件粘结力的影响[J]. 工业建筑, 2000, 30(2): 37-39.

[75]Song H, Bian X, Chen Y, et al. An analytical approach for slab track vibration with train-track-ground coupling effect[C]//Proceedings of the 8th international con-ference on structural dynamics, Belgium, Leuven, 2011.

[76]王勖成. 有限单元法[M]. 北京: 清华大学出版社, 2003.

[77]ABAQUS Inc. Abaqus analysis user’s manual[M]. ABAQUS Inc., 2007.

[78]Lee K M, Hou X Y, Ge X W, et al. An analytical solution for a jointed shield - driven tunnel lining[J]. International Journal for Numerical & Analytical Methods in Geomechanics, 2001, 25(4):365-390.

[79]Lee K M, Ge X W. The equivalence of a jointed shield-driven tunnel lining to a continuous ring structure[J]. Journal of Canadian Geotechnical Engineering, 2001, 38(3):461-483.

[80]钟小春, 朱伟, 季亚平, 等. 盾构衬砌管片环弯曲等效刚度的一种确定方法[J]. 地质与勘探, 2003, 39(z2):185-189.

[81]黄宏伟, 徐凌, 严佳梁, 等. 盾构隧道横向刚度有效率研究[J]. 岩土工程学报, 2006, 28(1):11-18.

[82]曾东洋. 盾构隧道衬砌结构力学行为及施工对环境的影响研究[D]. 成都: 西南交通大学, 2005.

[83]叶飞, 何川, 朱合华, 等. 考虑横向性能的盾构隧道纵向等效刚度分析[J]. 岩土工程学报, 2011, 33(12):1870-1876.

[84]中华人民共和国国家标准. GB50010-2010 混凝土结构设计规范[S]. 北京: 中国建筑工业出版社, 2010.

[85]Gu Y. Theoretical analysis of the efficient numerical method for soil-structure dynamic interaction and its application[D]. Beijing: Tsinghua University, 2005.

[86]Esmaeily A, Xiao Y. Behavior of reinforced concrete columns under variable axial loads: analysis[J]. Structure Journal, 2005, 102(5): 736-744.

[87]杨文波, 陈子全, 徐朝阳, 等. 盾构隧道与周围土体在列车振动荷载作用下的动力响应特性[J]. 岩土力学, 2018(02): 1-9.

[88]Yang W B. An experimental study of ground-borne vibration from shield tunnels[J]. Tunnelling and Underground Space Technology, 2018, 71: 244-252.

[89]吴宗臻. 地铁列车振动环境影响的传递函数预测方法研究[D]. 北京: 北京交通大学, 2016.

[90]Kurzwei L G. Ground borne noise and vibration from underground rail systems[J]. Journal of Sound and Vibration, 1979, 66(3): 363-370.

[91]何川, 封坤, 杨雄. 南京长江隧道超大断面管片衬砌结构体的相似模型试验研究[J]. 岩石力学与工程学报, 2007, 26(11): 2260-2269.

[92]边学成. 高速列车运动荷载作用下地基和隧道的动力响应分析[D]. 杭州: 浙江大学, 2005.

[93]Zhai W M, Wang K Y, Cai C B. Fundamentals of vehicle－track coupled dynamics[J]. Vehicle System Dynamics, 2009, 47(11):1349-1376.

[94]韦凯, 翟婉明, 肖军华. 软土地铁盾构隧道垂向随机振动分析模型[J]. 工程力学, 2014(6):117-123.

[95]Wei K, Wang P, Yang F, et al. The effect of the frequency-dependent stiffness of rail pad on the environment vibrations induced by subway train running in tunnel[J]. Proceedings of the Institution of Mechanical Engineers, Part F: Journal of Rail & Rapid Transit, 2016, 230(3):171-178.

[96]赵光宙. 信号分析与处理[M]. 北京: 机械工业出版社, 2016.

[97]刘维宁, 马蒙. 地铁列车振动环境影响的预测、评估与控制[M]. 北京: 科学出版社, 2014.

[98]Yang W, Hussein M F M, Marshall A M. Centrifuge and numerical modelling of ground-borne vibration from an underground tunnel[J]. Soil Dynamics and Earthquake Engineering, 2013, 51: 23-34.

[99]杨文波, 徐朝阳, 陈子全, 等. 列车振动荷载作用下管片接缝对盾构隧道衬砌结构与周围软土地层动力响应影响研究[J]. 岩石力学与工程学报, 2017, 36(08): 1977-1988.

[100]黄希. 交叉盾构隧道列车振动响应及其累积损伤研究[D]. 成都: 西南交通大学, 2017.

[101]谷音, 刘晶波, 杜义欣, 等. 三维一致粘弹性人工边界及等效粘弹性边界单元[J]. 工程力学, 2007, 24(12): 31-37.

[102]赵武胜, 何先志, 陈卫忠, 等. 盾构隧道地震响应分析方法及工程应用[J]. 岩土力学, 2012, 33(8): 2415-2421.

[103]杜应吉, 李元婷. 高性能混凝土抗硫酸盐侵蚀耐久寿命预测初探[J]. 西北农林科技大学学报(自然科学版), 2004, 32(12): 100-102.

[104]王海彦, 仇文革, 杜立峰, 等. 隧道衬砌混凝土抗硫酸盐侵蚀耐久寿命预测模型研究[J]. 现代隧道技术, 2014, 51(03): 91-97.

[105]余红发. 盐湖地区高性能混凝土的耐久性、机理与使用寿命预测方法[D]. 南京: 东南大学, 2004.

[106]杨艳青. 运营隧道健康诊断及剩余寿命评估研究[D]. 北京: 北京交通大学, 2012.

[107]杜健民, 梁咏宁, 张风杰. 地下结构混凝土硫酸盐腐蚀机理及性能退化[M]. 北京: 中国铁道出版社, 2011.

[108]李沛. 钢筋锈蚀对混凝土梁构件力学行为影响的研究[D]. 长沙: 中南大学, 2012.

[109]Morinaga S. Prediction of service life of reinforced concrete buildings based on rate of corrosion of reinforcing steel[R]. Special Report of Institute of Technology, Shimizu Corporation, Tokyo, 1988.

[110]张伟平, 商登峰, 顾祥林. 锈蚀钢筋应力-应变关系研究[J]. 同济大学学报(自然科学版), 2006, 34(5): 586-592.

[111]Ferguson P M, Thempson J N. Development length for large high strength reinforcing bars[J]. Journal ACI, 1965, 62: 71-93.

[112]Mohamed H, Haraj L, Bilal S, et al. Effect of confinement of bond strength between steel bars and concrete[J]. ACI Structural Journal, 2004: 595-603.

[113]全明研. 老化和损伤的钢筋混凝土构件的性能[J]. 工业建筑, 1990(2): 15-19.

[114]王林科, 陶峰, 王庆霖, 等. 锈后钢筋混凝土粘结锚固的试验研究[J]. 工业建筑, 1996, 26(4): 14-16.

[115]张伟平, 张誉. 锈胀开裂后钢筋混凝土粘结滑移本构关系研究[J]. 土木工程学报, 2001, 34(5): 40-44.

[116]潘振华, 牛荻涛. 钢筋锈蚀开裂条件的试验研究[J]. 工业建筑, 1999(5): 46-49.

[117]赵羽习, 金伟良. 混凝土构件锈蚀胀裂时的钢筋锈蚀率[J]. 水利学报, 2004, 35(11): 97-101.

[118]张誉, 蒋利学, 张伟平, 等. 混凝土结构耐久性概论[M]. 上海: 上海科学技术出版社, 2003.

[119]惠云玲, 李荣, 林志伸, 等. 混凝土基本构件钢筋锈蚀前后性能试验研究[J]. 工业建筑, 1996, 27(4): 14-18.

[120]Andrade C, Alonso C, Molina F J. Cover cracking as a function of rebar corrosion: Part I-experimental test[J]. Materials and

Structures, 1993, 26(163): 453-464.

[121]Capozucca R, Cerri M N. Identification of damage in reinforced concrete beams subjected to corrosion[J]. ACI Structural Journal, 2000, 97(6): 902-909.

[122]Almusallam A A, Al-Gahtani A S, Aziz A R, et al. Effects of reinforcement corrosion on flexural behavior of concrete slabs[J]. Journal of Materials in Civil Engineering, 1996, 8(3): 123-127.

[123]Ting S C, Nowak A S. Effect of reinforcing steel area loss on flexural behavior of reinforced concrete beams[J]. ACI Structural Journal, 1991, 88(3): 309-314.

[124]小泉淳. 盾构隧道管片设计——从容许应力设计法到极限状态设计法[M]. 官林星, 译. 北京: 中国建筑工业出版社, 2011.

[125]Collepardi M , Marcialis A , Turriziani R. Penetration of chloride ions into cement pastes and concrete[J]. American Ceramic Society, 1972, 55(10):534-535.

[126]Helland S. Assessment and prediction of service life of marine structure: a tool for performance-based requirements[M]. Dura Net Work-shop on Design of Durability of Concrete, Berlin, 1999.

[127]Yan Q X, Song L Y, Chen H, et al. Dynamic response of segment lining of overlapped shield tunnels under trian-induced vibration loads[J]. Arabian Journal for Science and Engineering, 2018.

[128]徐俊祥，刘西拉．混凝土初始损伤模拟和在混凝土重力坝抗震分析中的应用[J]. 上海交通大学学报，2006, 40(6):1038-1041.

[129]杨光松. 损伤力学与复合材料损伤[M]. 北京: 国防工业出版社, 1995.

[130]鞠杨, 谢和平. 基于应变等效性假说的损伤定义的适用条件[J]. 应用力学学报, 1998(1):43-49.

[131]Loland K E. Continuous damage model for load-response estimation of concrete[J]. Cement & Concrete Research, 1980, 10(3):395-402.

[132]余天庆. 混凝土的分段线性损伤模型[J]. 岩石、混凝土断裂与强度, 1985 (2):14-16.

[133]钱济成, 周建方. 混凝土的两种损伤模型及其应用[J]. 河海大学学报(自然科学版), 1989(3):43-50.

[134]黄希, 晏启祥, 陈诚, 等. 列车振动荷载作用下交叉盾构隧道动力响应与损伤分析[J]. 铁道建筑, 2016(8):60-64.

[135]张战廷, 刘宇锋. ABAQUS 中的混凝土塑性损伤模型[J]. 建筑结构, 2011(S2):229-231.

[136]李杰, 吴建营. 混凝土弹塑性损伤本构模型研究Ⅰ:基本公式[J]. 土木工程学报, 2005, 38(9):14-20.

[137]汝海峰, 张茜, 梁春祥. CFRP 加固钢筋混凝土梁疲劳刚度的试验研究[J]. 铁道工程学报, 2008, 25(6):53-55.

[138]高丹盈, 张明, 朱海堂. 钢筋钢纤维高强混凝土梁疲劳试验研究及刚度计算[J]. 建筑结构学报, 2013, 34(8):143-149.

[139]雷俊卿, 肖赟, 张坤, 等. 预应力混凝土梁变幅疲劳性能试验研究[J]. 振动与冲击, 2013, 32(18):95-100.

[140]Kim J K, Kim Y Y. Experimental study of the fatigue of high strength concrete[J]. Cement and Concrete Research, 1996, 26(10): 1513-1523.

[141]Park Y J. Fatigue of concrete under random loadings[J]. Journal of Structural Engineering, 1990,116(11): 3228-3235.

[142]钱卫, 祁德庆, 薛伟辰. 预应力 CFRP 筋混凝土梁疲劳全过程分析[J]. 振动与冲击, 2008, 27(5): 125-129.

[143]晏启祥, 黄希, 吴聪, 等. 混凝土腐蚀后列车振动对水下交叉隧道的影响分析[J]. 铁道标准设计, 2017(03):113-119.

附　录

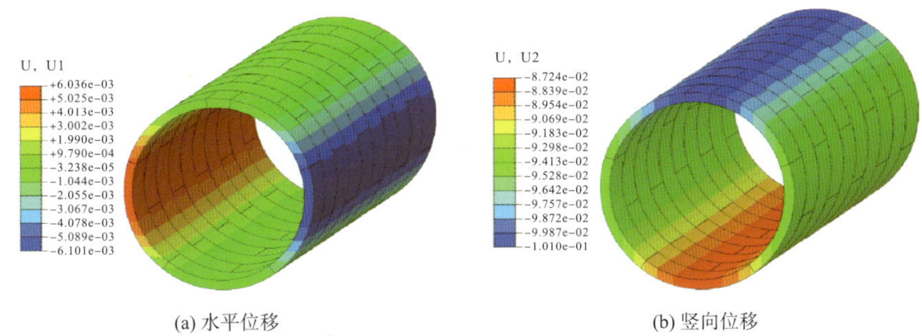

(a) 水平位移　　(b) 竖向位移

图 2-14　管片衬砌位移云图(m)

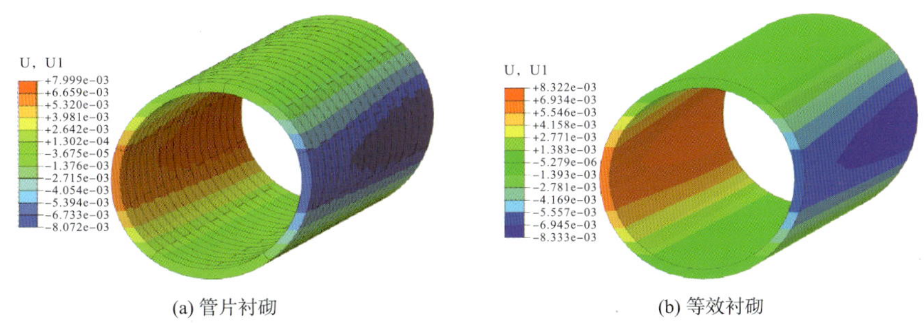

(a) 管片衬砌　　(b) 等效衬砌

图 2-21　渐变荷载下隧道衬砌水平位移云图(m)

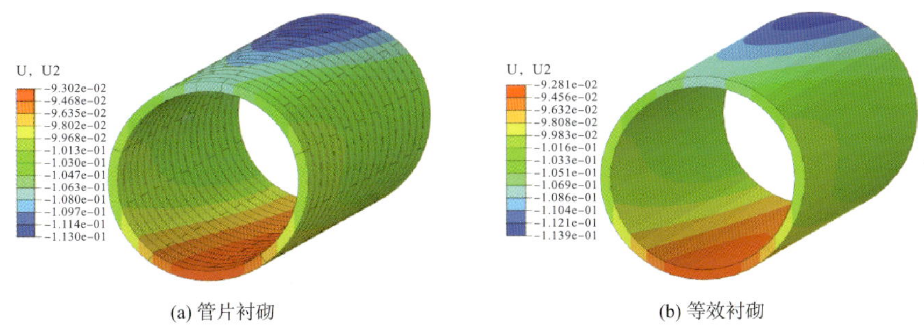

(a) 管片衬砌　　(b) 等效衬砌

图 2-22　渐变荷载下隧道衬砌竖向位移云图(m)

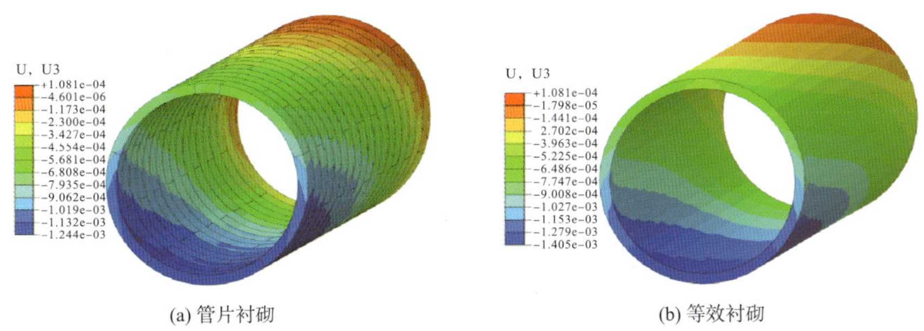

(a) 管片衬砌　　(b) 等效衬砌

图 2-23　渐变荷载下隧道衬砌纵向位移云图(m)

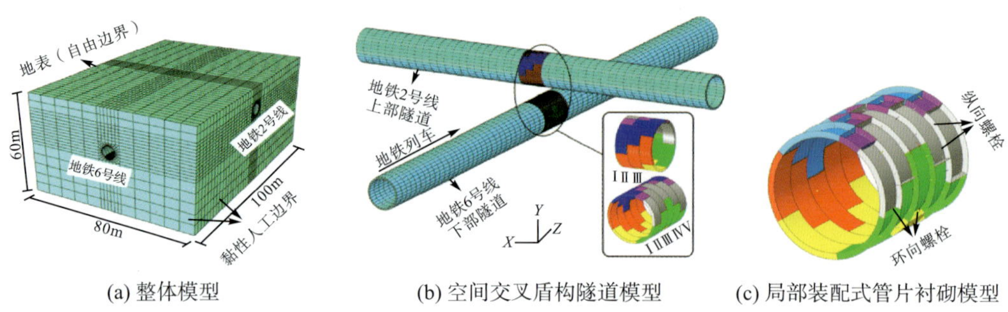

(a) 整体模型　(b) 空间交叉盾构隧道模型　(c) 局部装配式管片衬砌模型

图 2-24　数值模型

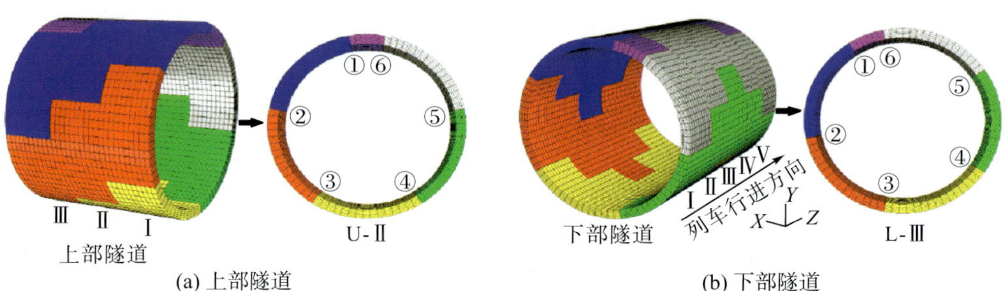

(a) 上部隧道　(b) 下部隧道

图 2-29　管片环及接头编号示意图

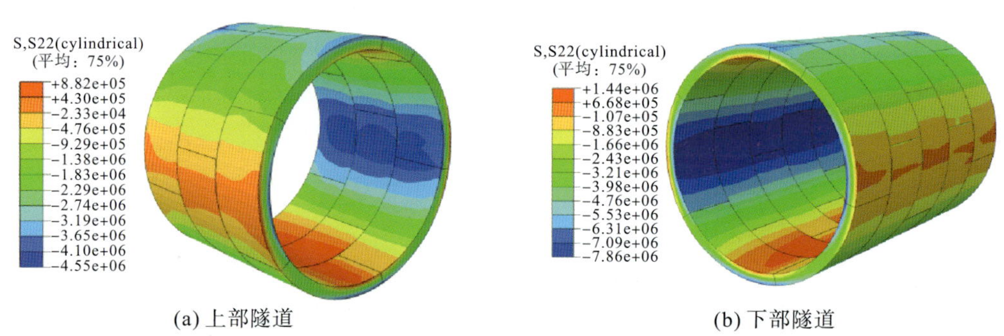

(a) 上部隧道　(b) 下部隧道

图 2-32　交叉隧道衬砌环向应力云图(Pa)

图 2-37　L 隧道竖向位移及接头变形图(单位：m)

图 2-38　L-Ⅲ-③接缝面接触状态

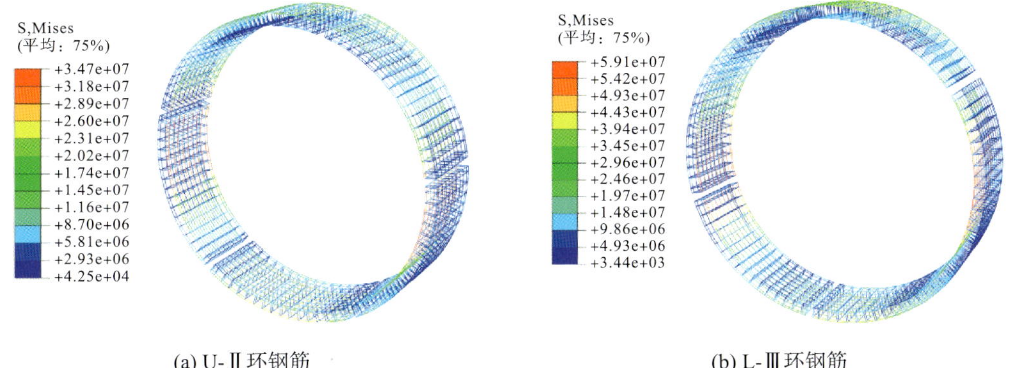

(a) U-Ⅱ环钢筋　　(b) L-Ⅲ环钢筋

图 2-41　管片衬砌环钢筋应力云图(Pa)

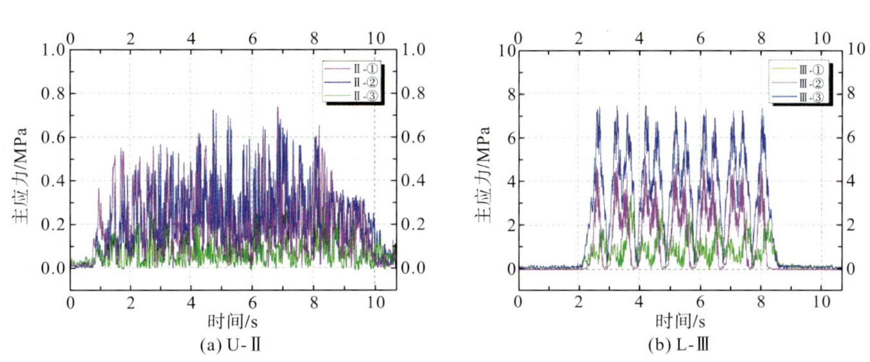

(a) U-Ⅱ　　(b) L-Ⅲ

图 2-42　螺栓附加主应力响应

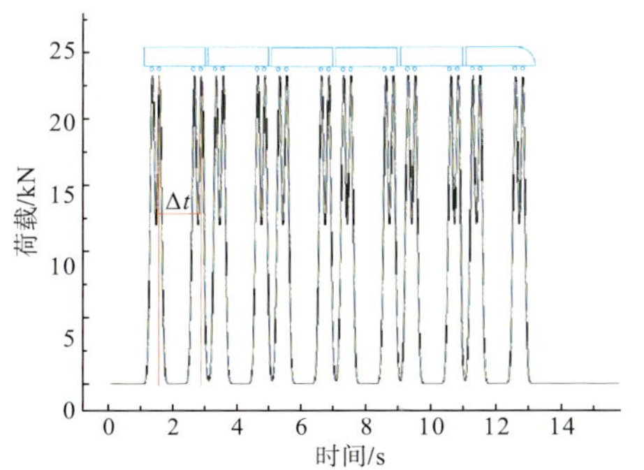

图 4-4　列车扣件荷载图

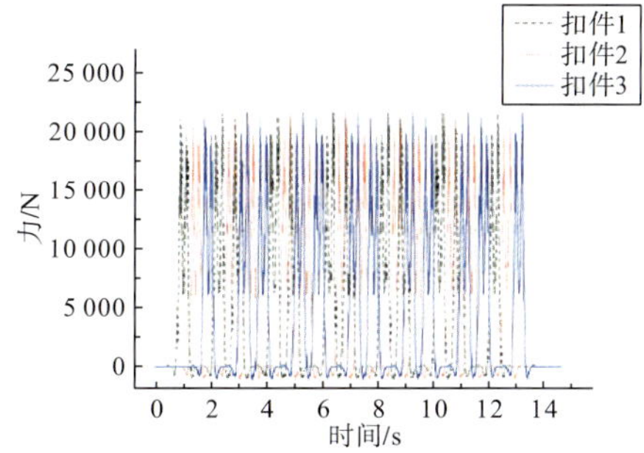

图 4-34　考虑平顺性的扣件荷载

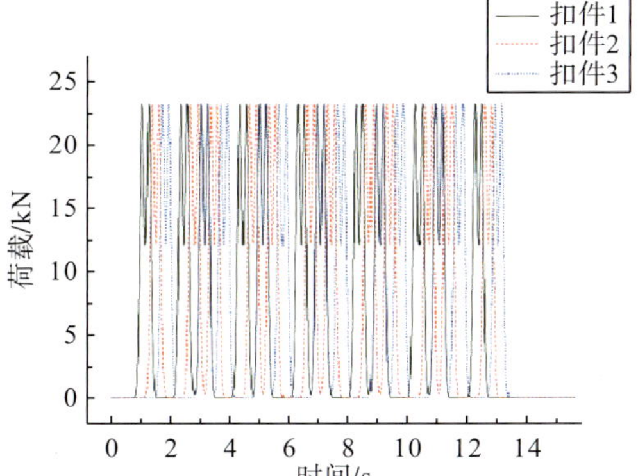

图 4-39　不考虑平顺性的扣件荷载

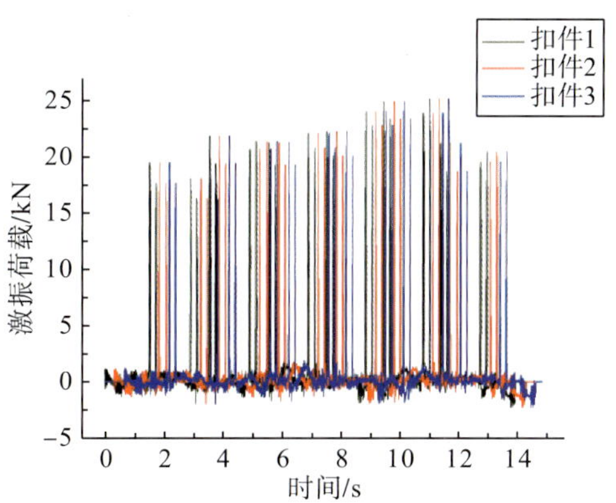

图 4-42　实测荷载

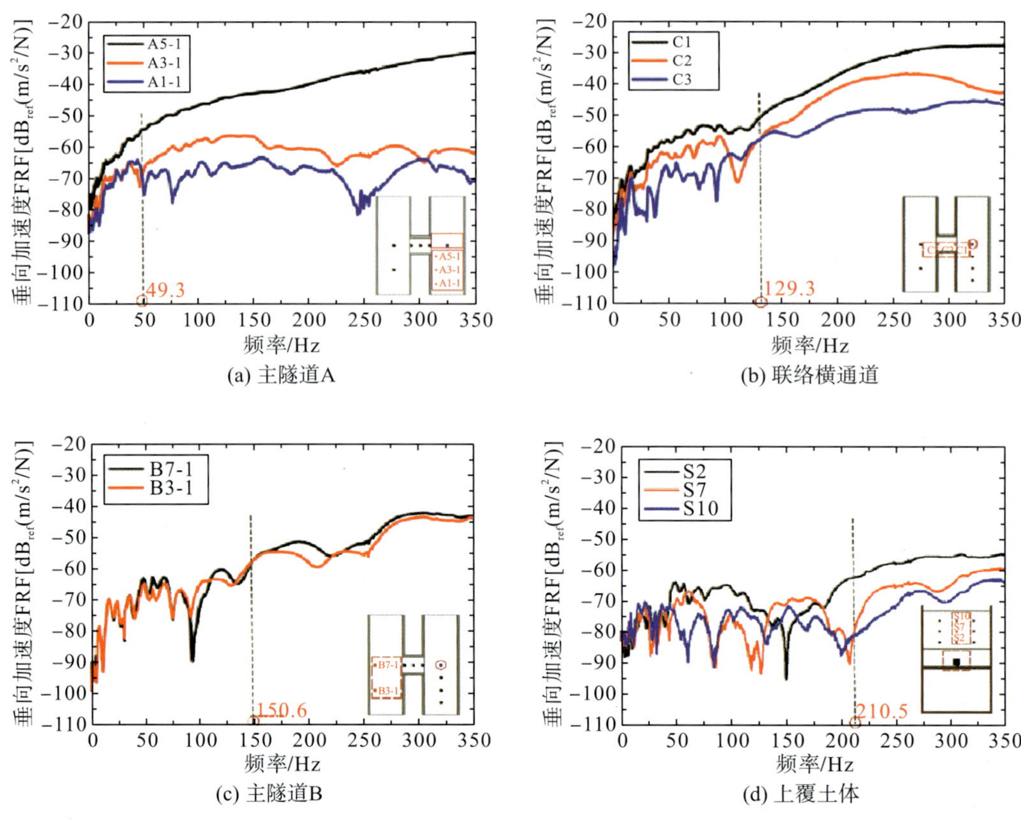

(a) 主隧道A
(b) 联络横通道
(c) 主隧道B
(d) 上覆土体

图 4-50 隧道及土层中各监测点的动力响应 FRF 函数

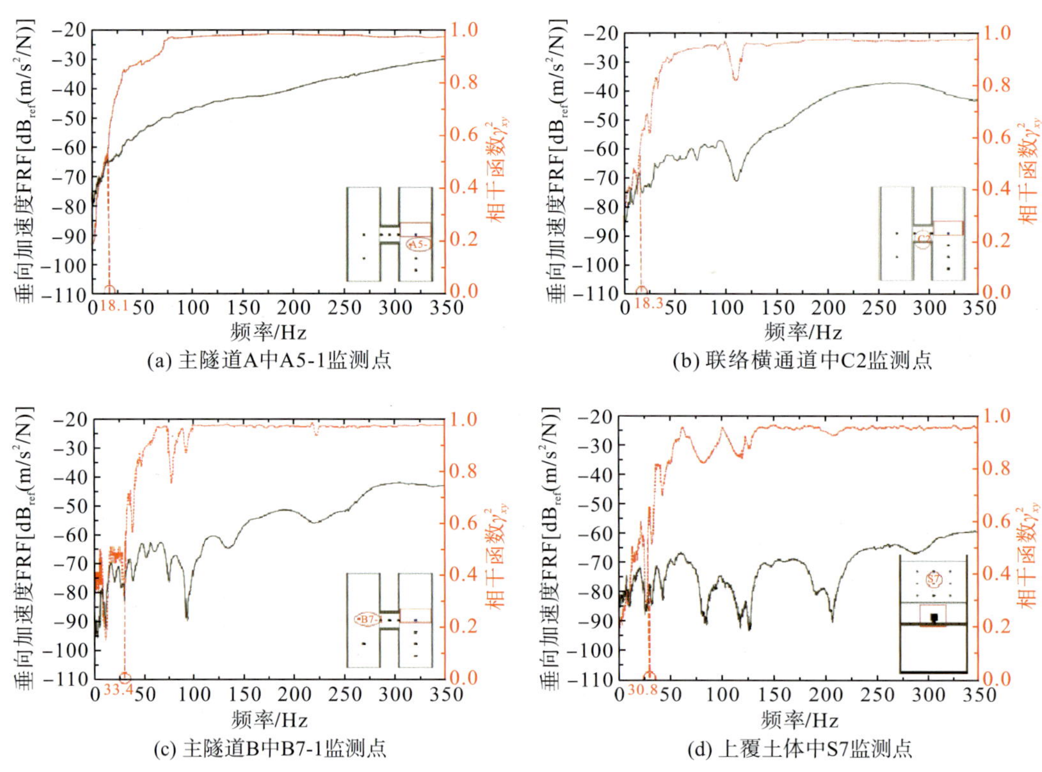

(a) 主隧道A中A5-1监测点
(b) 联络横通道中C2监测点
(c) 主隧道B中B7-1监测点
(d) 上覆土体中S7监测点

图 4-51 隧道及土层中监测点的动力响应 FRF 函数及其对应的相干函数

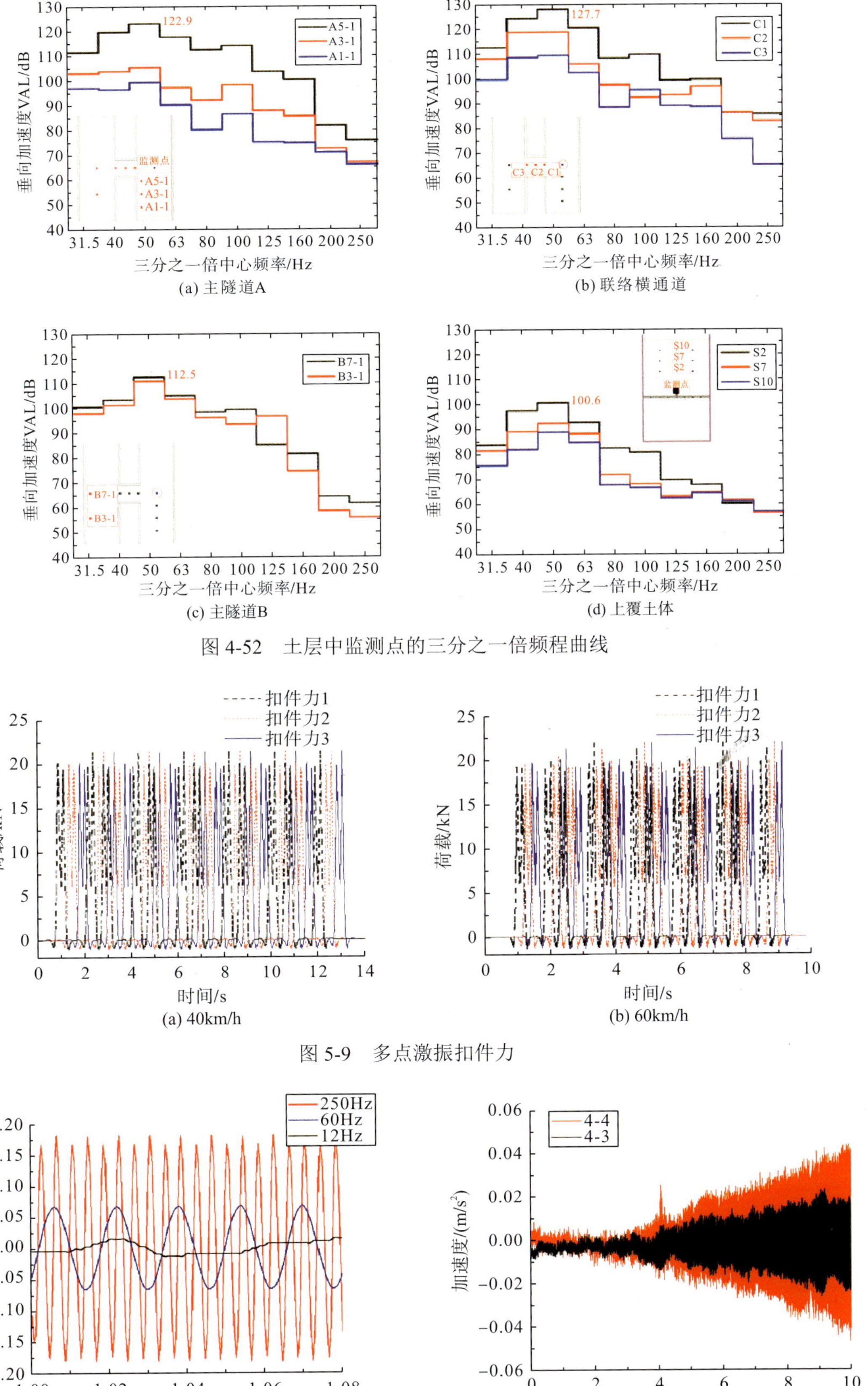

(a) 主隧道A

(b) 联络横通道

(c) 主隧道B

(d) 上覆土体

图 4-52　土层中监测点的三分之一倍频程曲线

(a) 40km/h

(b) 60km/h

图 5-9　多点激振扣件力

图 5-11　不同频率正弦荷载下上隧道振源处的加速度响应

图 5-13　扫频荷载下上隧道振源处的加速度响应

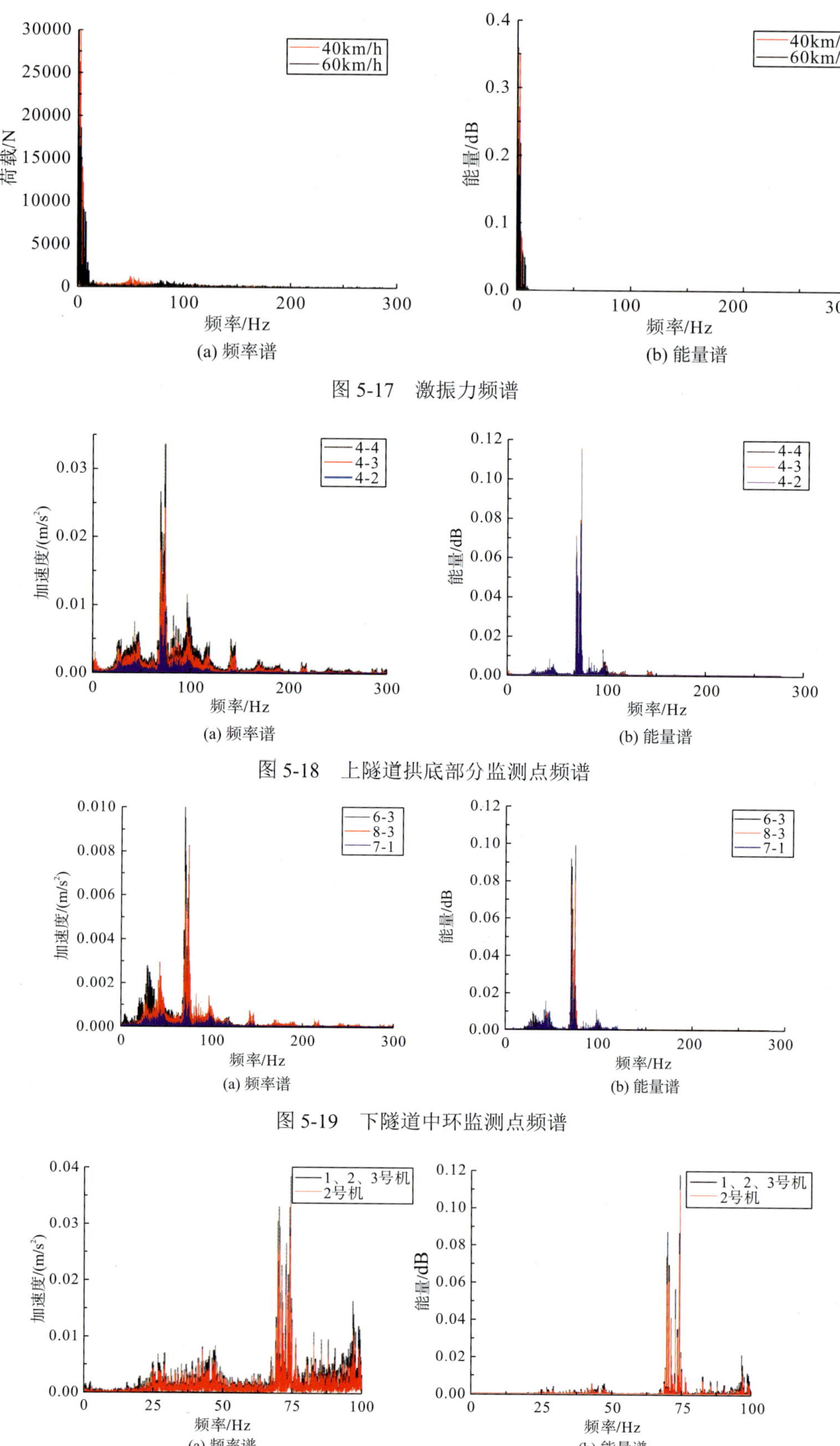

(a) 频率谱　　(b) 能量谱

图 5-17　激振力频谱

(a) 频率谱　　(b) 能量谱

图 5-18　上隧道拱底部分监测点频谱

(a) 频率谱　　(b) 能量谱

图 5-19　下隧道中环监测点频谱

(a) 频率谱　　(b) 能量谱

图 5-20　不同荷载施加模式下监测点 4-4 频谱

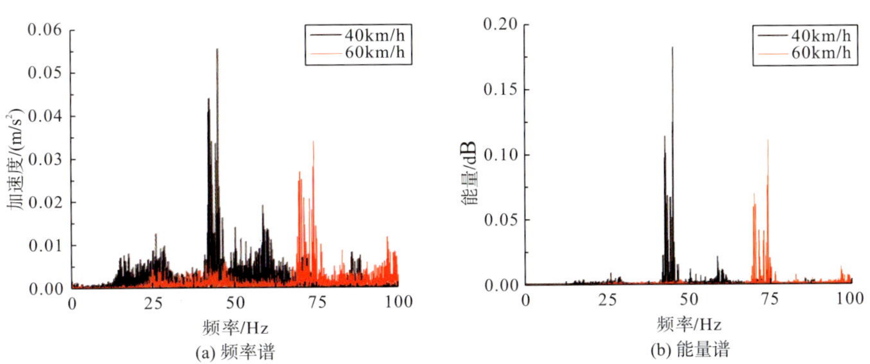

图 5-21　不同行驶时速下监测点 4-4 频谱

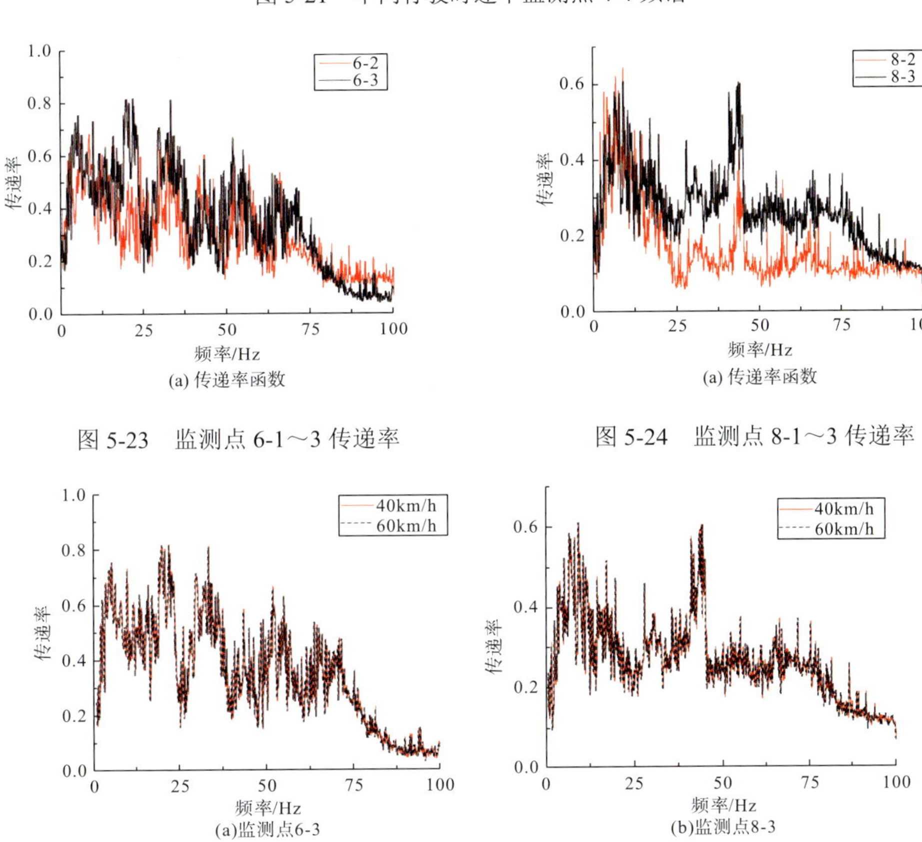

图 5-23　监测点 6-1～3 传递率

图 5-24　监测点 8-1～3 传递率

图 5-25　不同时速大小监测点传递率

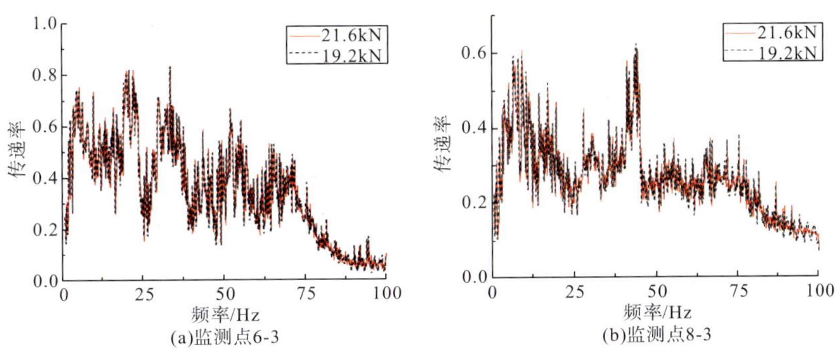

图 5-26　不同荷载大小监测点传递率

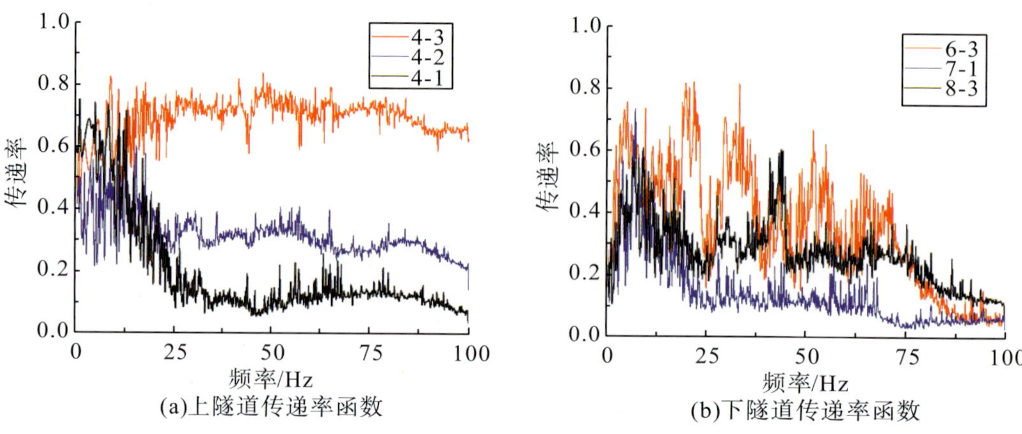

(a)上隧道传递率函数　(b)下隧道传递率函数

图 5-27　上隧道和下隧道的传递率函数

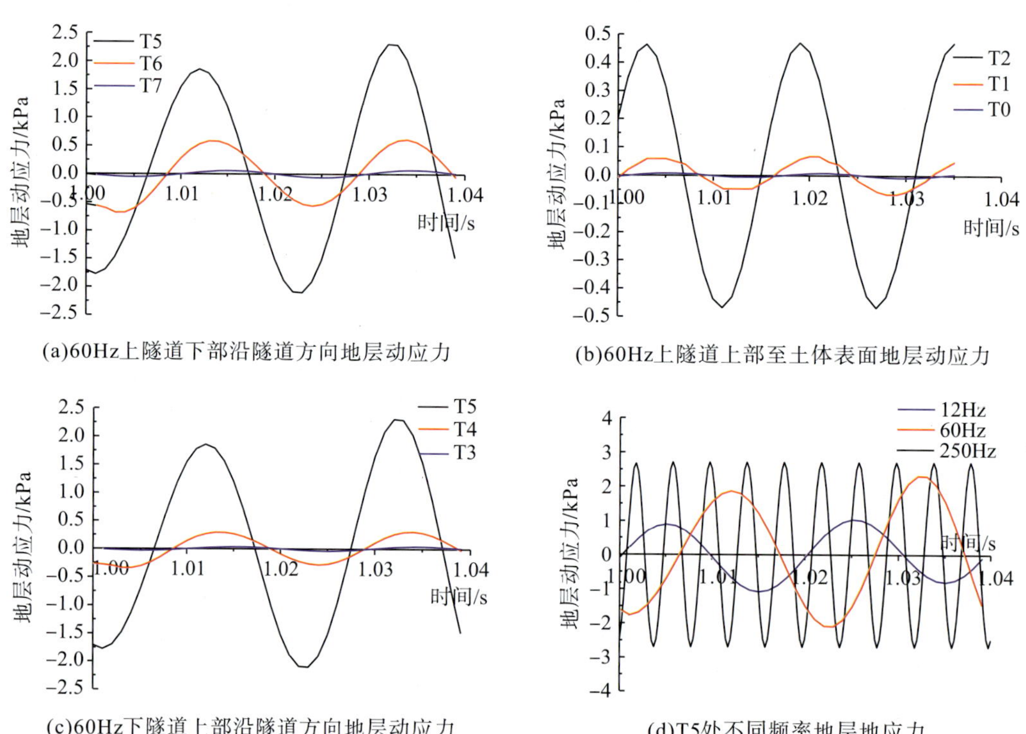

(a)60Hz上隧道下部沿隧道方向地层动应力　(b)60Hz上隧道上部至土体表面地层动应力

(c)60Hz下隧道上部沿隧道方向地层动应力　(d)T5处不同频率地层地应力

图 5-35　正弦荷载地层动应力变化

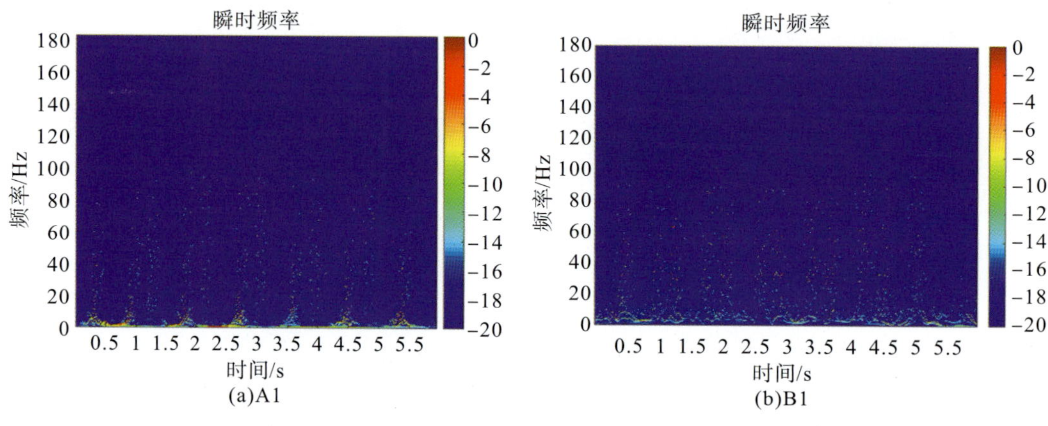

(a)A1　(b)B1

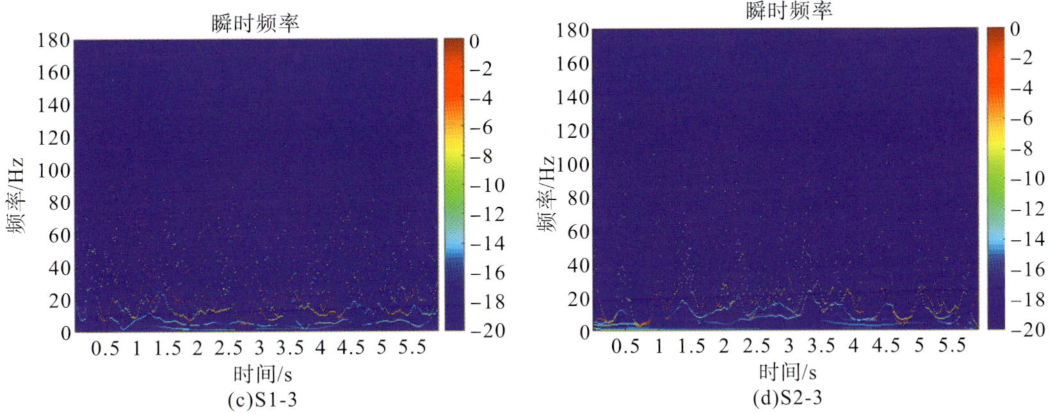

图 5-39　列车荷载(80km/h)作用下隧道-土体结构的瞬时频率

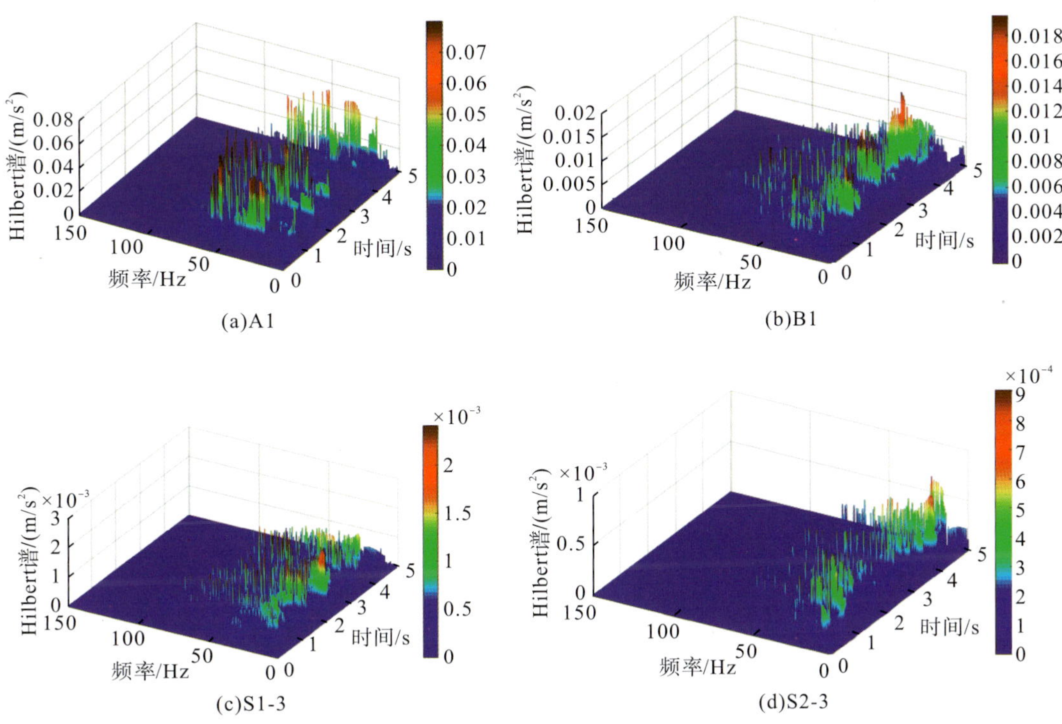

图 5-40　隧道-土体结构 Hilbert 谱的三维分布图

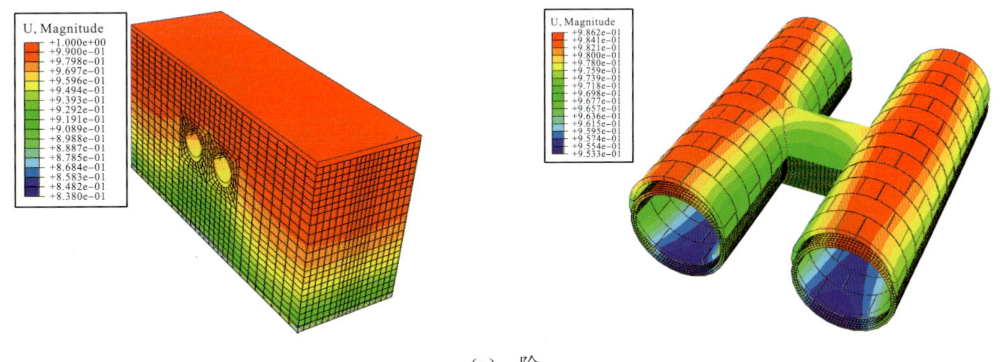

(a)一阶

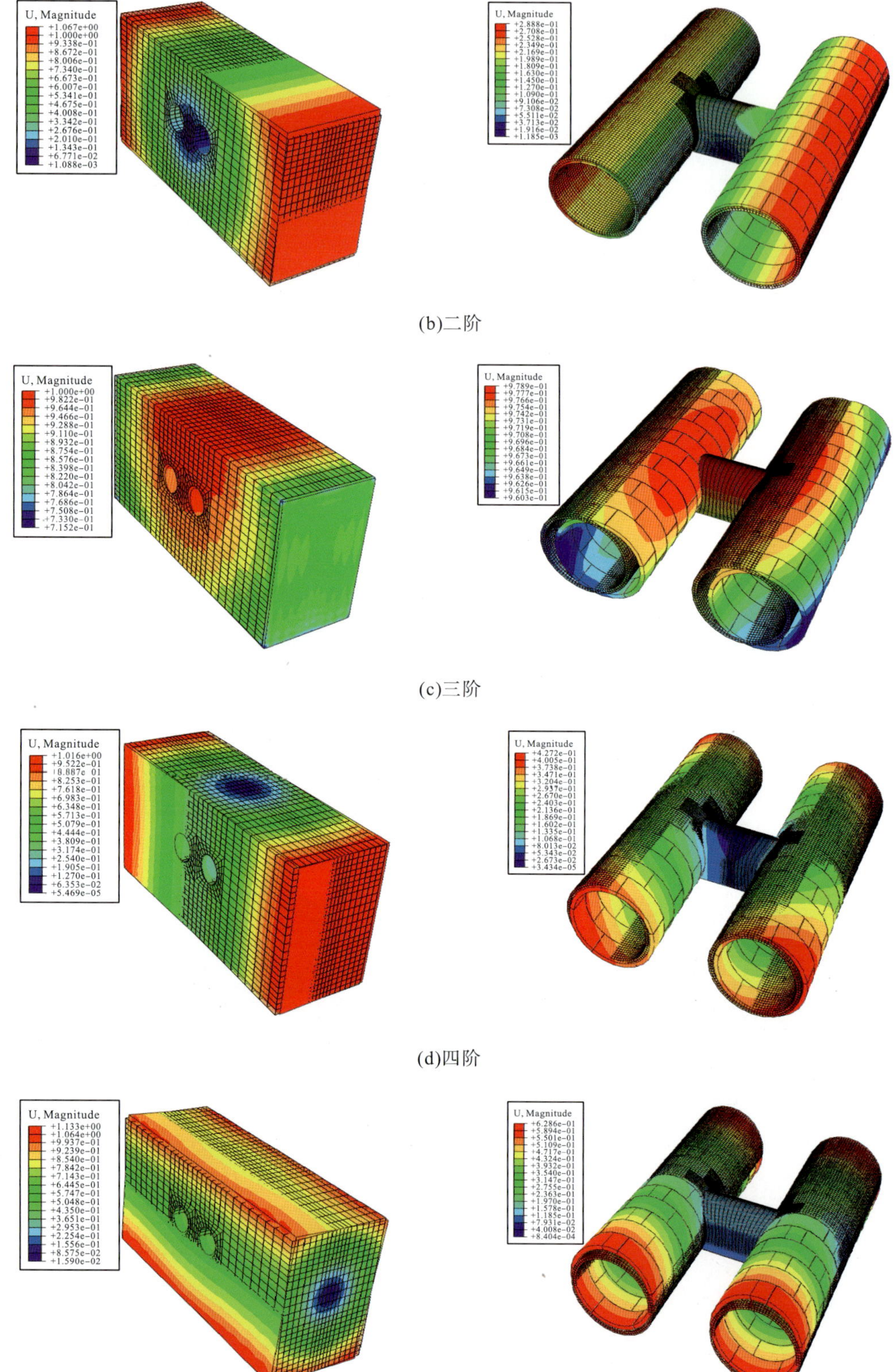

(b)二阶

(c)三阶

(d)四阶

(e)五阶

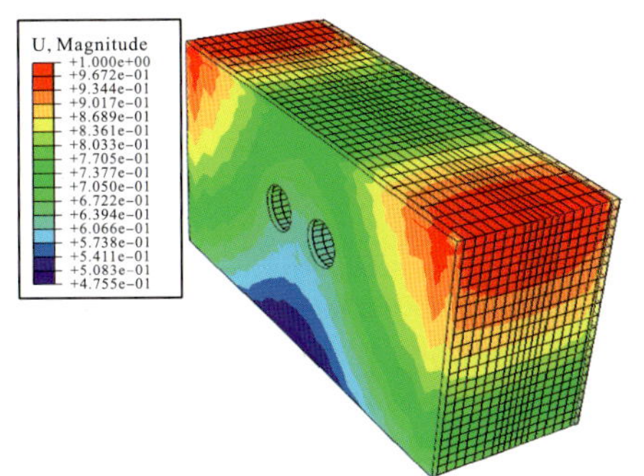

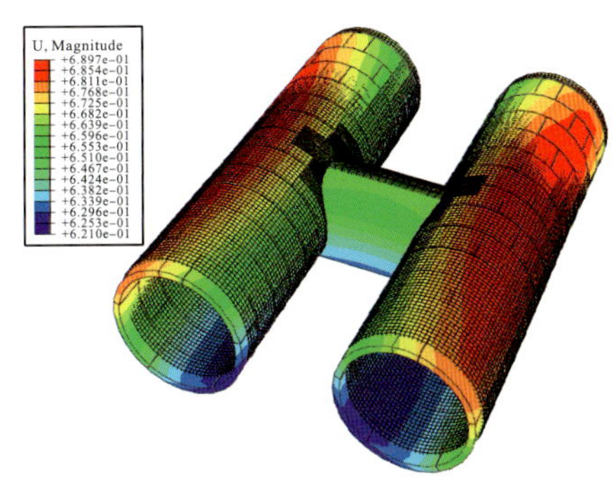

(f)六阶

图 6-3　结构交叉隧道-围岩系统振型

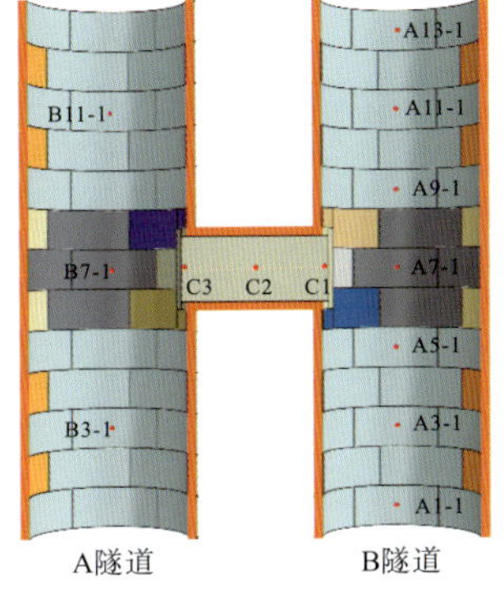

图 6-4　交叉盾构隧道测点位置

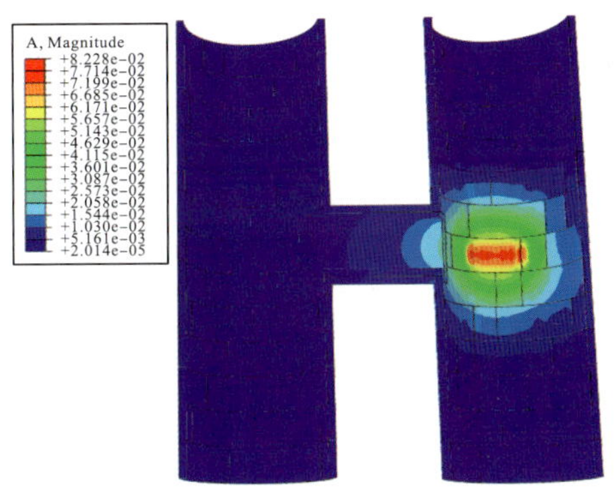

图 6-5　交叉盾构隧道振动加速度云图

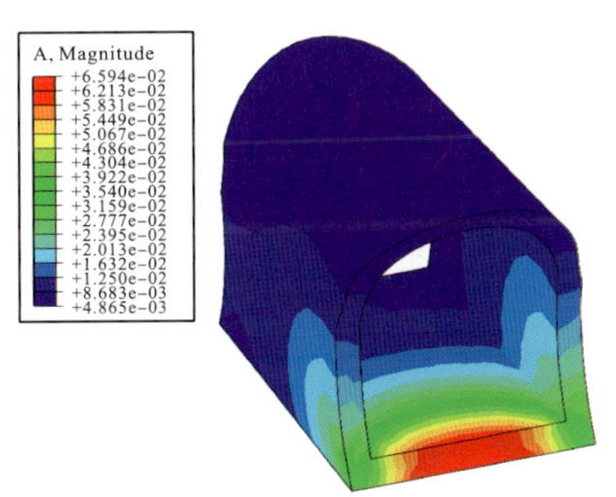

图 6-8　横通道振动加速度云图

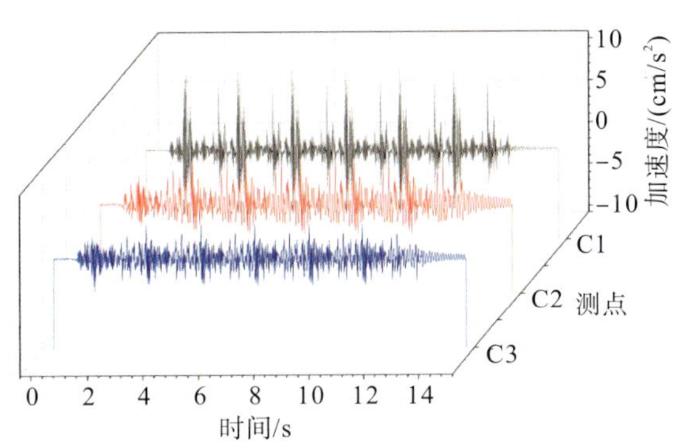

图 6-9　横通道测点振动加速度时程曲线

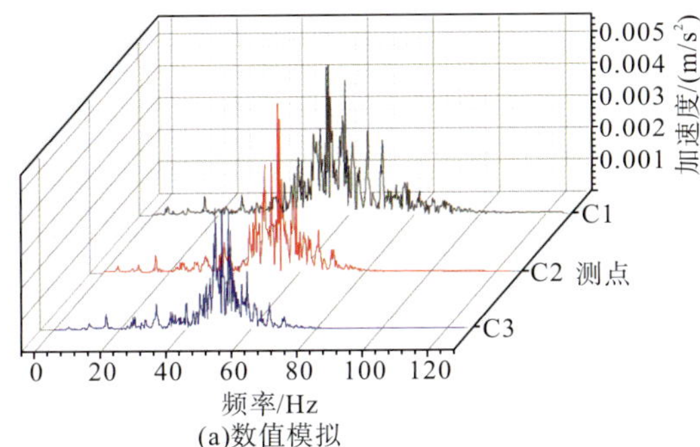

(a)数值模拟

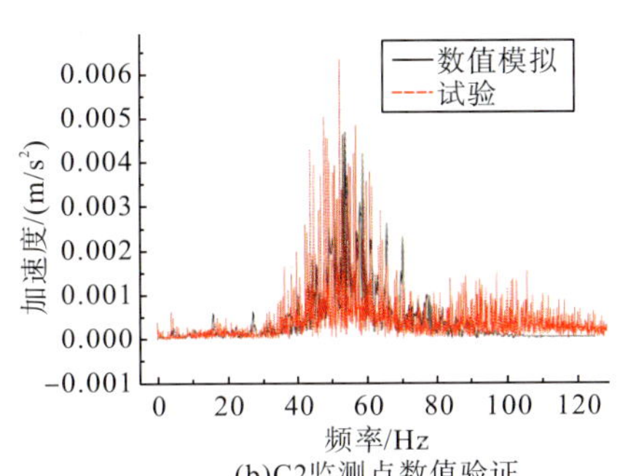

(b)C2监测点数值验证

图 6-24　　横通道测点的频谱曲线

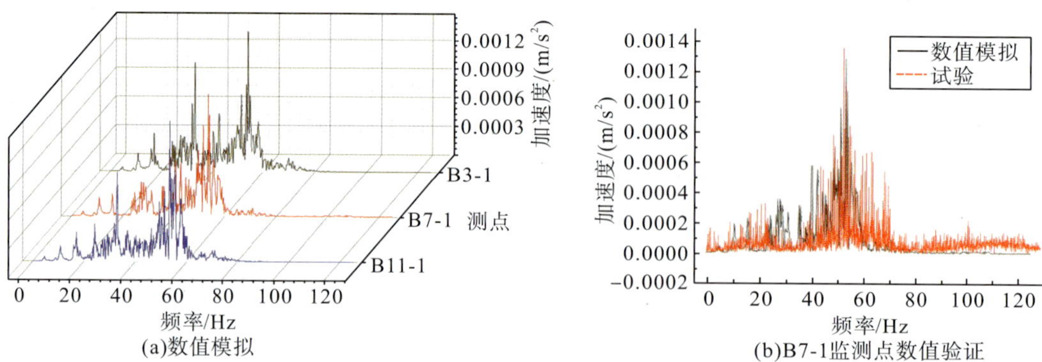

0.0012
0.0009
0.0006
0.0003
加速度/(m/s^2)
B3-1
B7-1 测点
B11-1
0 20 40 60 80 100 120
频率/Hz

(a)数值模拟

0.0014
0.0012
0.0010
0.0008
0.0006
0.0004
0.0002
0.0000
−0.0002
加速度/(m/s^2)
数值模拟
试验
0 20 40 60 80 100 120
频率/Hz

(b)B7-1监测点数值验证

图 6-25 B 隧道测点的频谱曲线

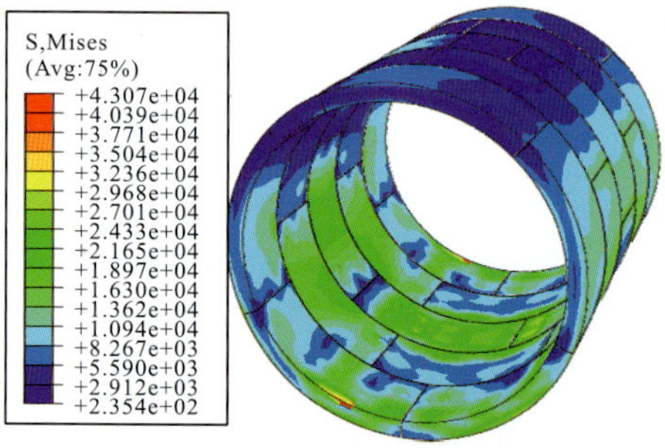

S,Mises
(Avg:75%)
+4.307e+04
+4.039e+04
+3.771e+04
+3.504e+04
+3.236e+04
+2.968e+04
+2.701e+04
+2.433e+04
+2.165e+04
+1.897e+04
+1.630e+04
+1.362e+04
+1.094e+04
+8.267e+03
+5.590e+03
+2.912e+03
+2.354e+02

(a)4.25s上隧道

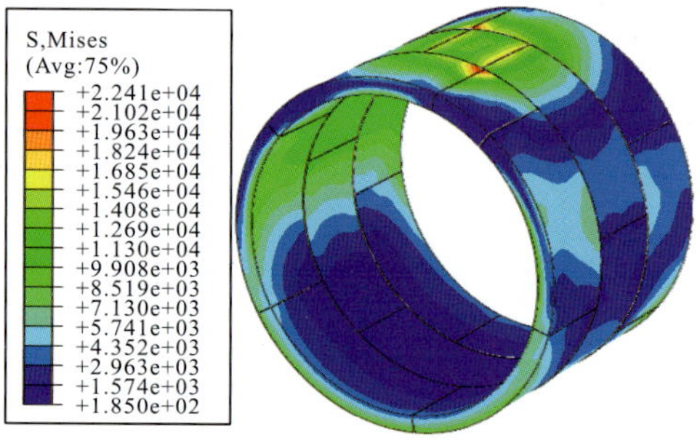

S,Mises
(Avg:75%)
+2.241e+04
+2.102e+04
+1.963e+04
+1.824e+04
+1.685e+04
+1.546e+04
+1.408e+04
+1.269e+04
+1.130e+04
+9.908e+03
+8.519e+03
+7.130e+03
+5.741e+03
+4.352e+03
+2.963e+03
+1.574e+03
+1.850e+02

(b)4.25s下隧道

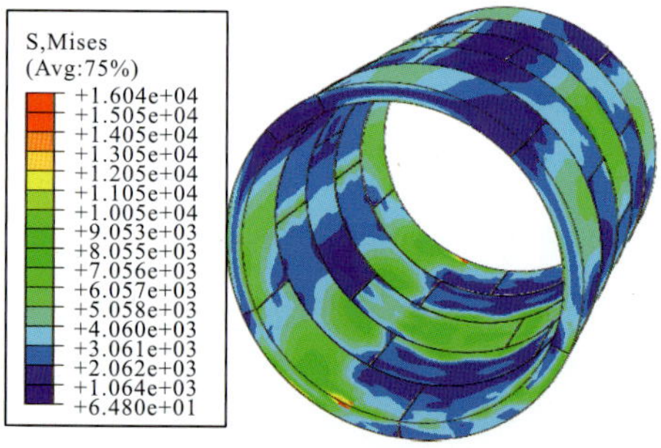

S,Mises
(Avg:75%)
+1.604e+04
+1.505e+04
+1.405e+04
+1.305e+04
+1.205e+04
+1.105e+04
+1.005e+04
+9.053e+03
+8.055e+03
+7.056e+03
+6.057e+03
+5.058e+03
+4.060e+03
+3.061e+03
+2.062e+03
+1.064e+03
+6.480e+01

(c)4.34s上隧道

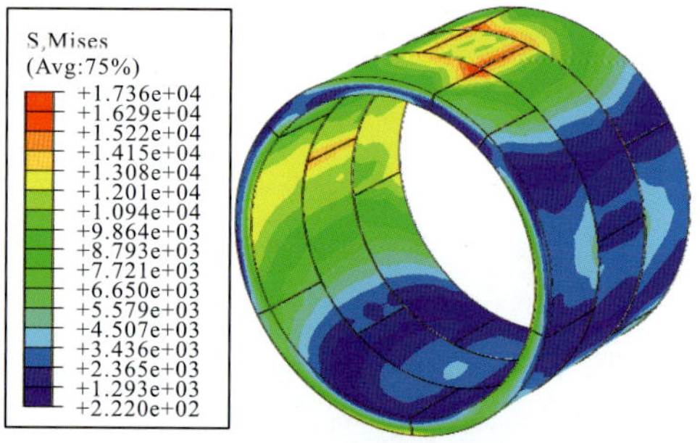

S,Mises
(Avg:75%)
+1.736e+04
+1.629e+04
+1.522e+04
+1.415e+04
+1.308e+04
+1.201e+04
+1.094e+04
+9.864e+03
+8.793e+03
+7.721e+03
+6.650e+03
+5.579e+03
+4.507e+03
+3.436e+03
+2.365e+03
+1.293e+03
+2.220e+02

(d)4.34s下隧道

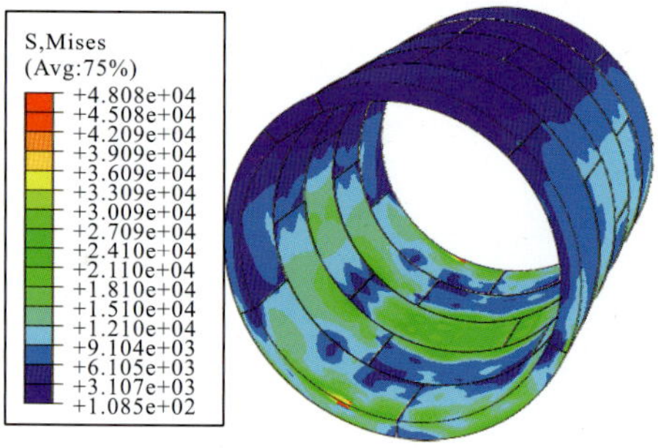

S,Mises
(Avg:75%)
+4.808e+04
+4.508e+04
+4.209e+04
+3.909e+04
+3.609e+04
+3.309e+04
+3.009e+04
+2.709e+04
+2.410e+04
+2.110e+04
+1.810e+04
+1.510e+04
+1.210e+04
+9.104e+03
+6.105e+03
+3.107e+03
+1.085e+02

(e)4.47s上隧道

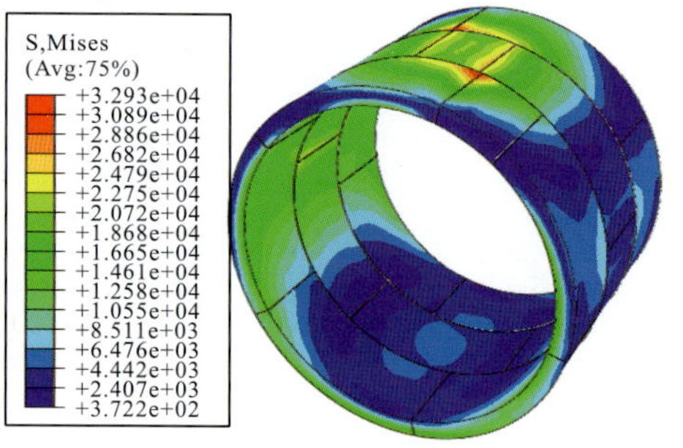

S,Mises
(Avg:75%)
+3.293e+04
+3.089e+04
+2.886e+04
+2.682e+04
+2.479e+04
+2.275e+04
+2.072e+04
+1.868e+04
+1.665e+04
+1.461e+04
+1.258e+04
+1.055e+04
+8.511e+03
+6.476e+03
+4.442e+03
+2.407e+03
+3.722e+02

(f)4.47s下隧道

图 7-11 模型一管片环衬砌应力云图

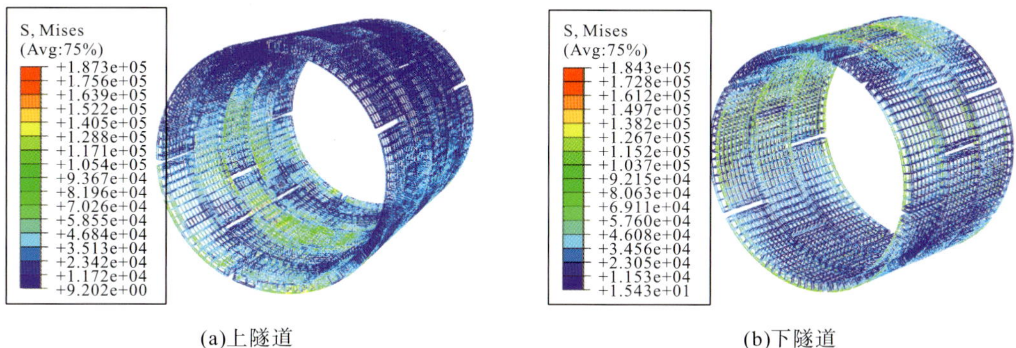

(a)上隧道　　(b)下隧道

图 7-12　4.47s 模型一管片环钢筋应力云图

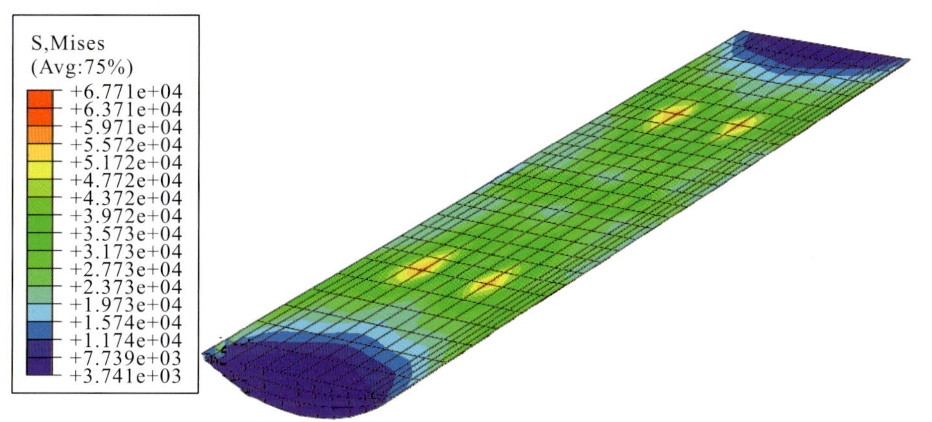

图 7-13　4.47s 模型一上隧道仰拱应力云图

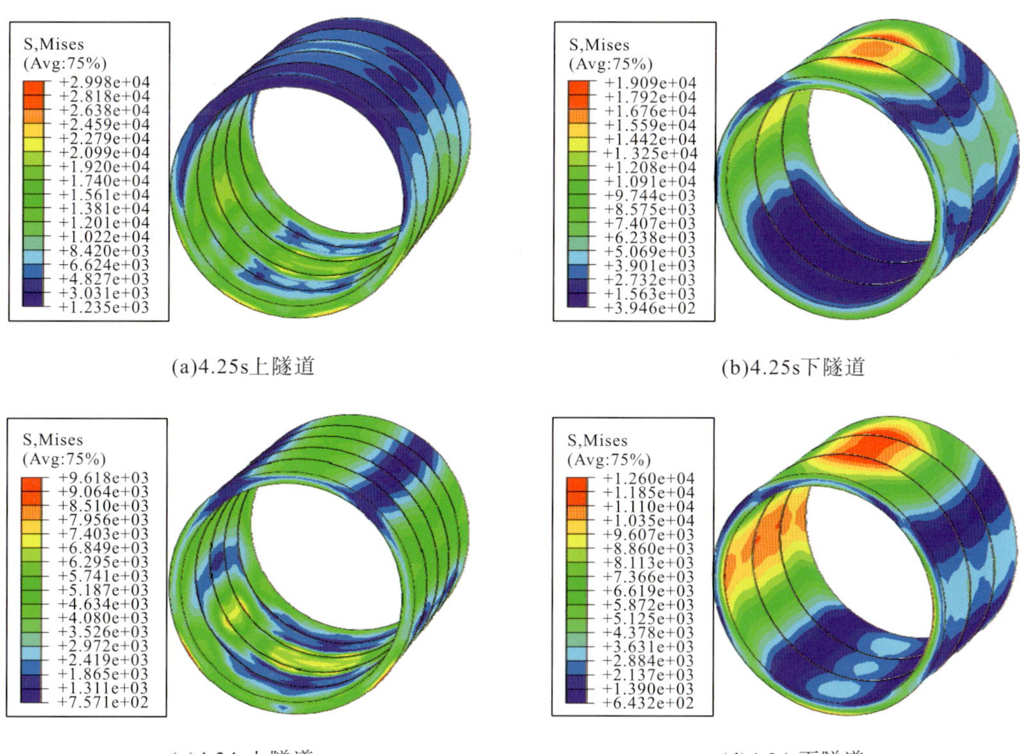

(a)4.25s上隧道　　(b)4.25s下隧道

(c)4.34s上隧道　　(d)4.34s下隧道

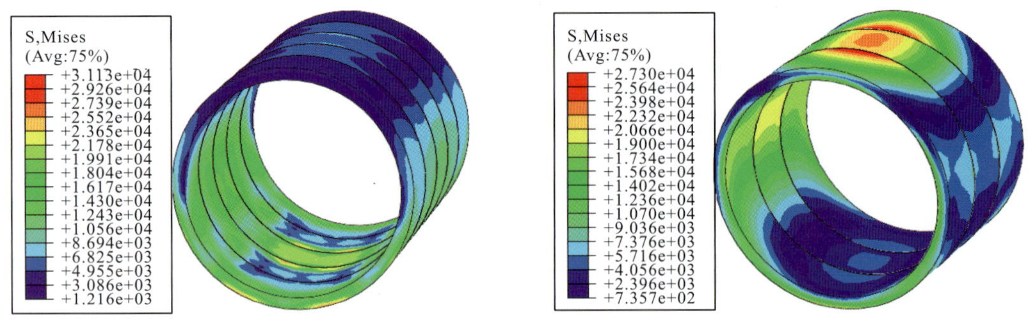

(e)4.47s上隧道　　　　(f)4.47s下隧道

图 7-16　模型二管片环衬砌应力云图

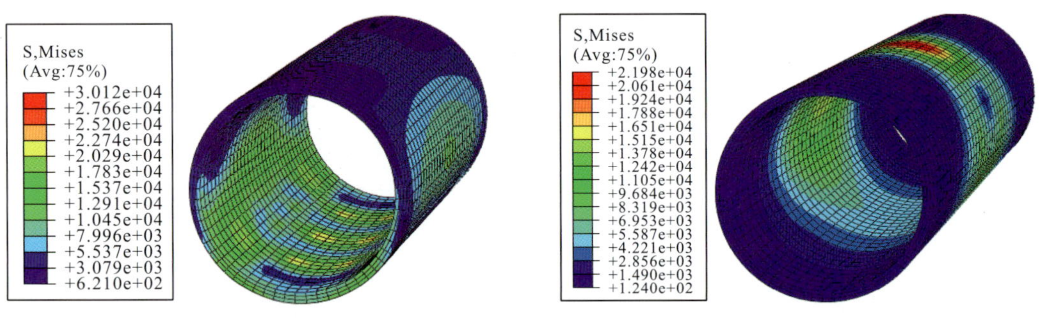

(a)4.47s上隧道　　　　(b)4.47s下隧道

图 7-17　模型三隧道衬砌应力云图

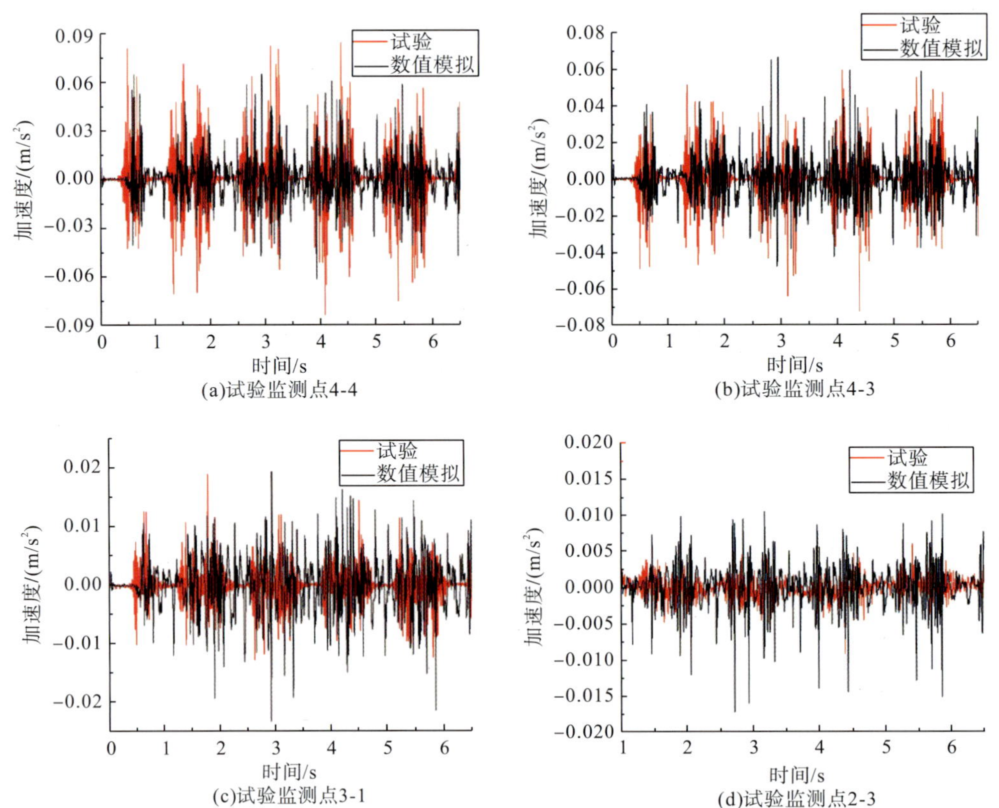

图 7-18　上隧道加速度数值模拟同试验对比

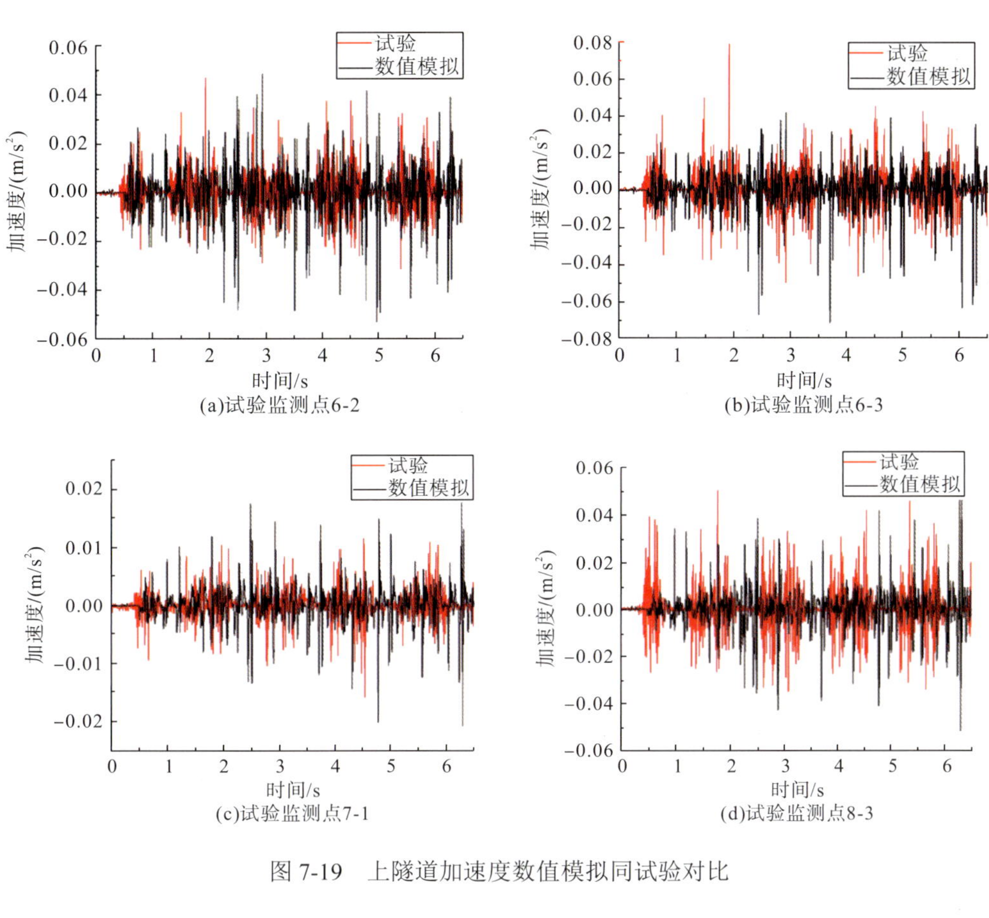

(a)试验监测点6-2

(b)试验监测点6-3

(c)试验监测点7-1

(d)试验监测点8-3

图 7-19 上隧道加速度数值模拟同试验对比

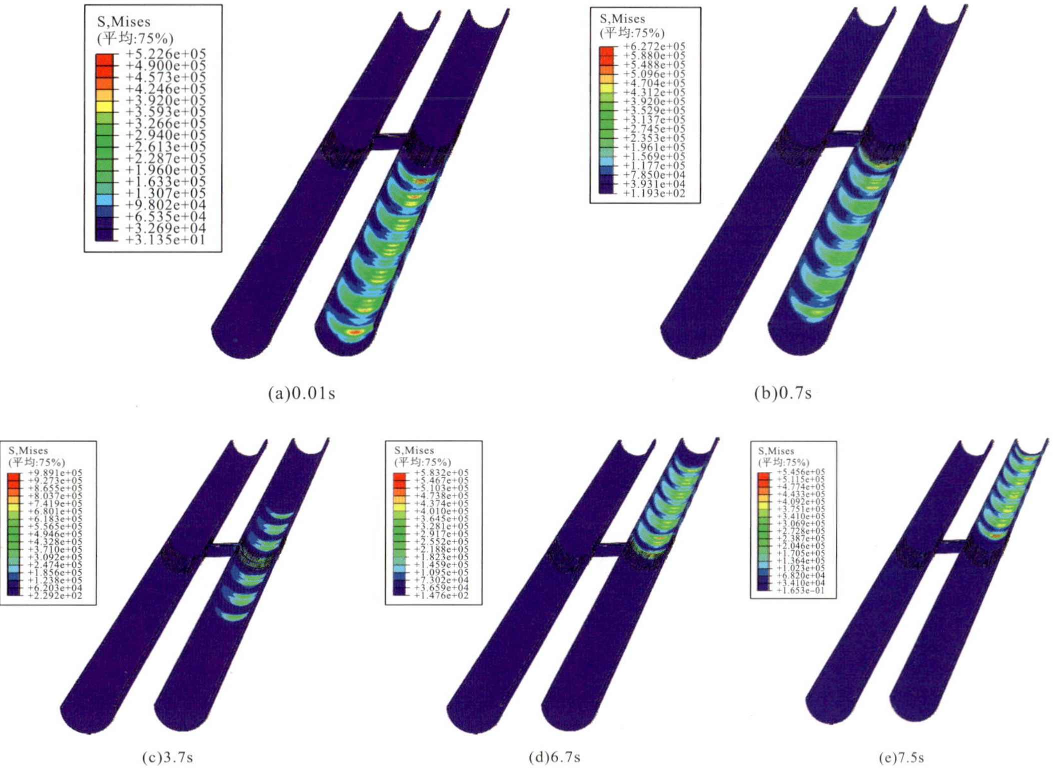

(a)0.01s

(b)0.7s

(c)3.7s

(d)6.7s

(e)7.5s

图 8-6 第一次运行(即腐蚀 0 年时)交叉盾构隧道应力云图(Pa)

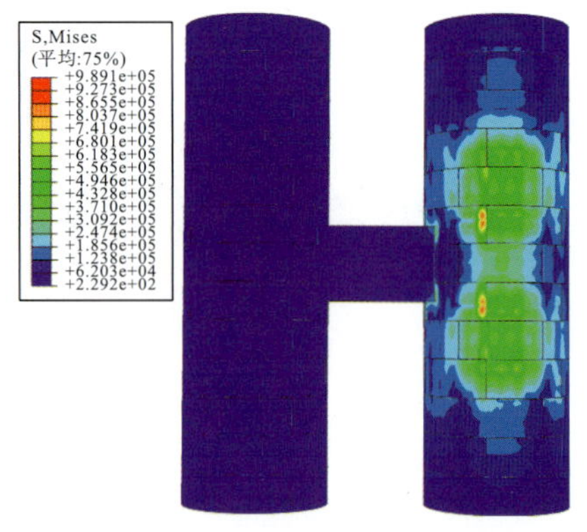

图 8-15　交叉隧道管片底部外侧应力云图(Pa)

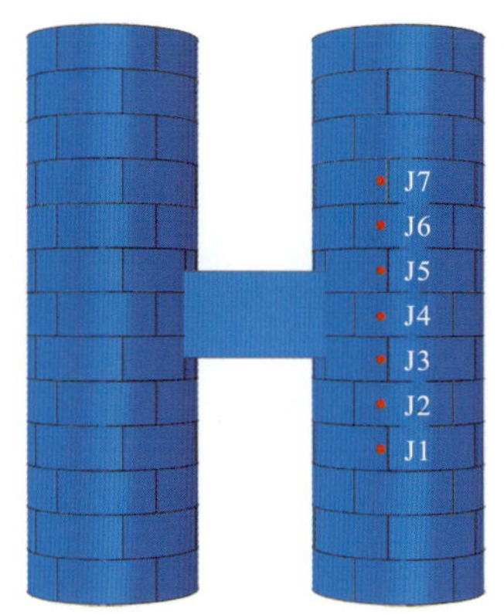

图 8-16　管片底部外侧测点位置

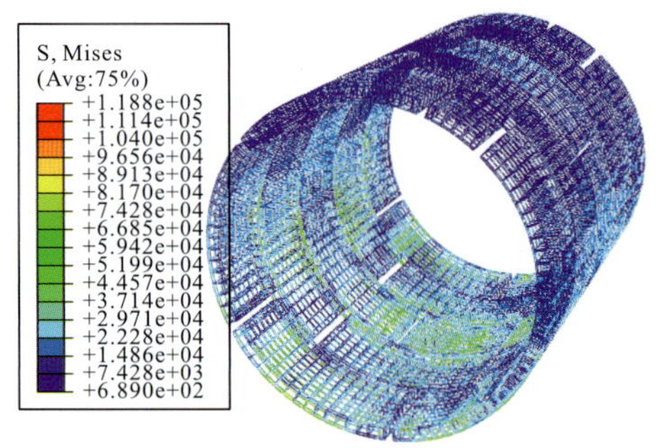

(a)上隧道钢筋

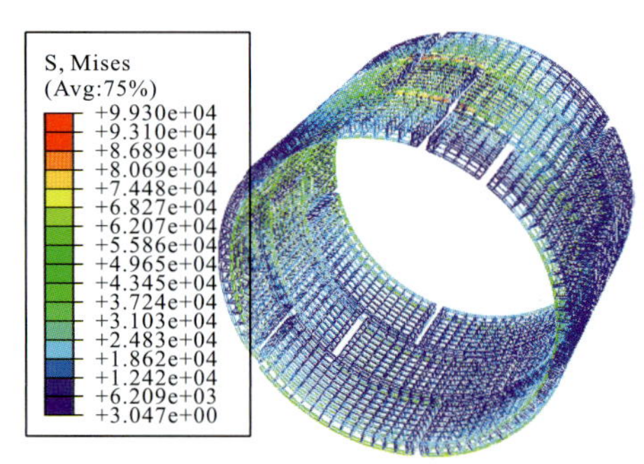

(b)下隧道钢筋

图 8-26　隧道中部钢筋应力

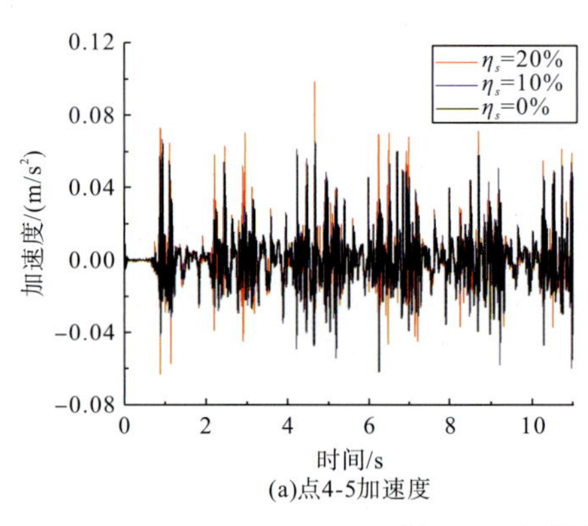

(a)点4-5加速度

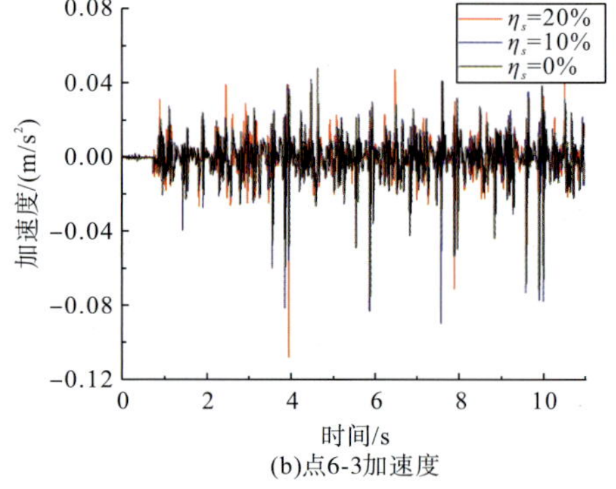

(b)点6-3加速度

图 8-27　不同锈蚀率下的加速度

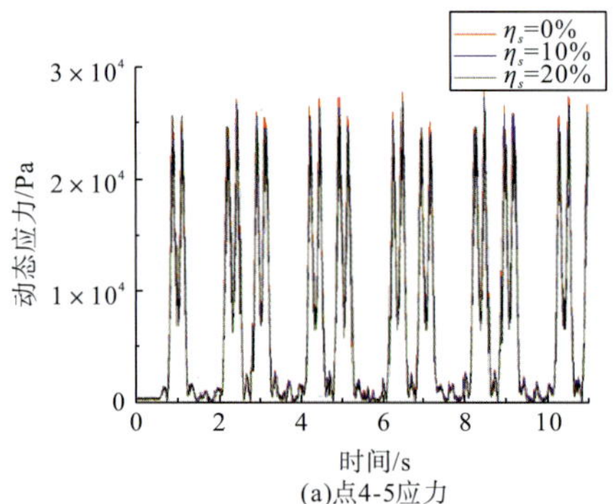

(a)点4-5应力

时间/s

(b)点6-3应力

图 8-28　不同锈蚀率下的应力

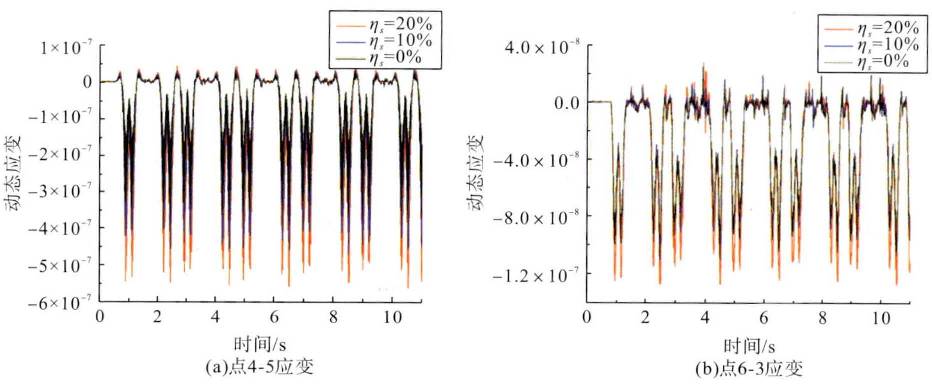

(a)点4-5应变　　(b)点6-3应变

图 8-29　不同锈蚀率下的应变

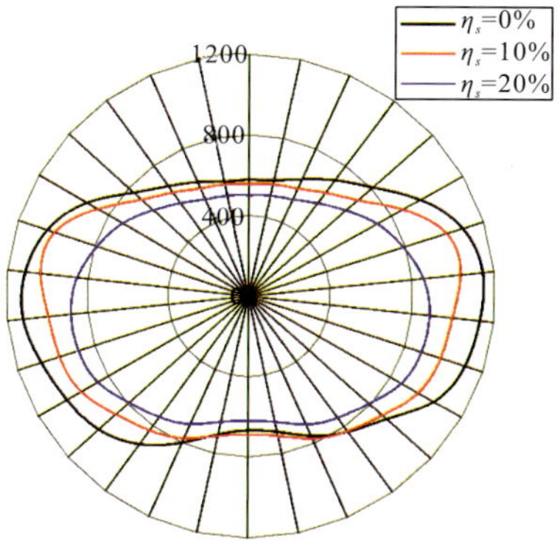

(a)上隧道中环管片轴力(kN) 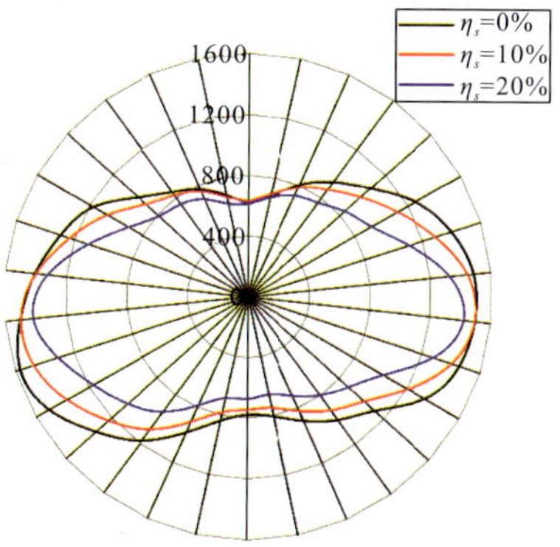　　(b)下隧道中环管片轴力(kN)

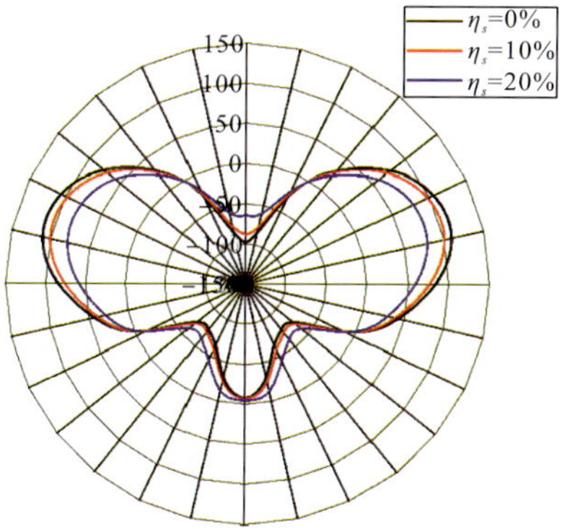

(c)上隧道中环管片弯矩(kN·m) 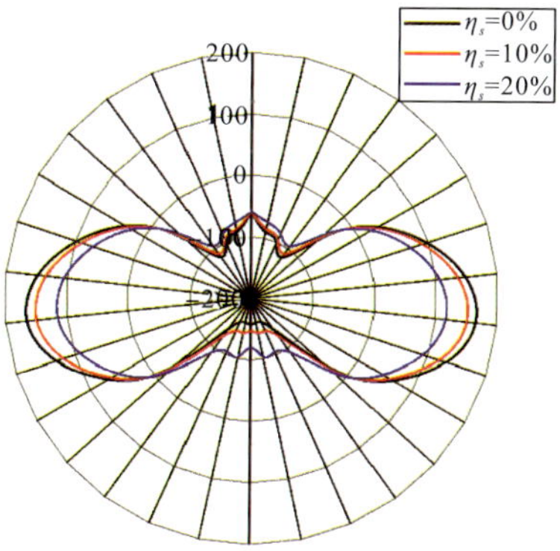　　(d)下隧道中环管片弯矩(kN·m)

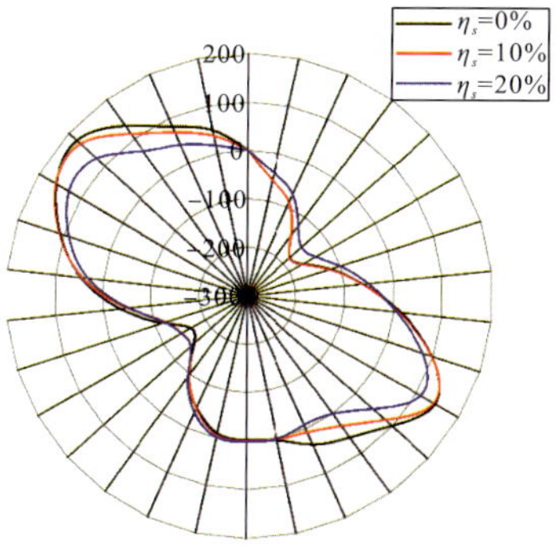

(e)上隧道中环管片剪力(kN) 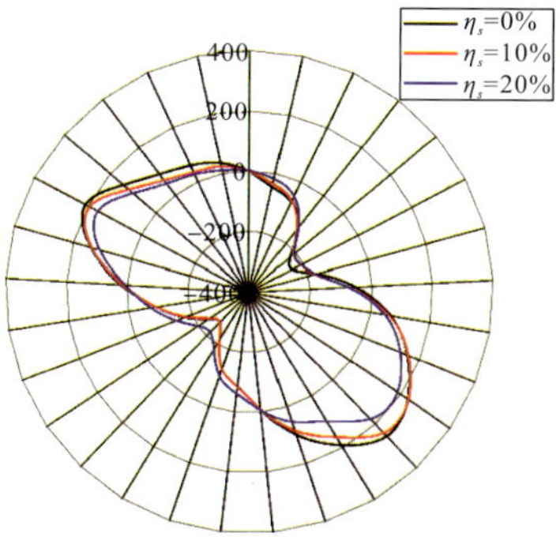　　(f)下隧道中环管片剪力(kN)

图 8-30　上、下隧道管片中环管片内力图

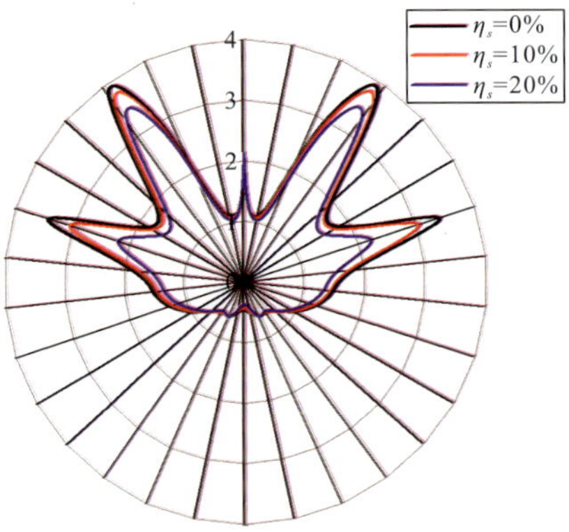

(a)上隧道中环管片轴力(kN)

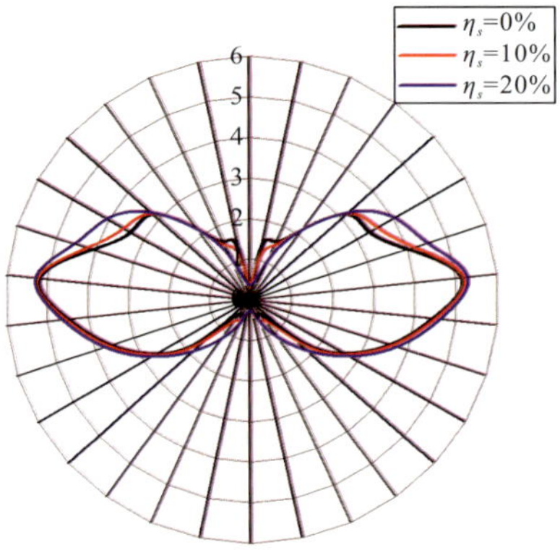

(b)下隧道中环管片轴力(kN)

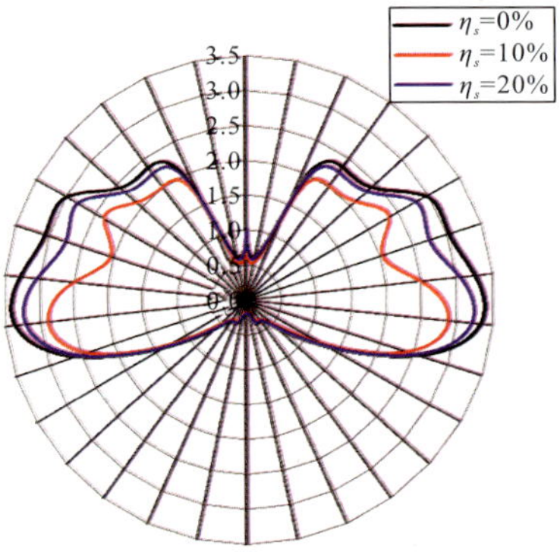

(c)上隧道中环管片弯矩(kN·m)

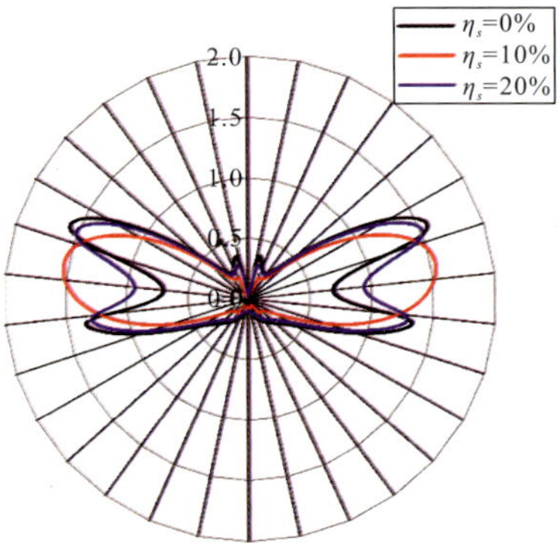

(d)下隧道中环管片弯矩(kN·m)

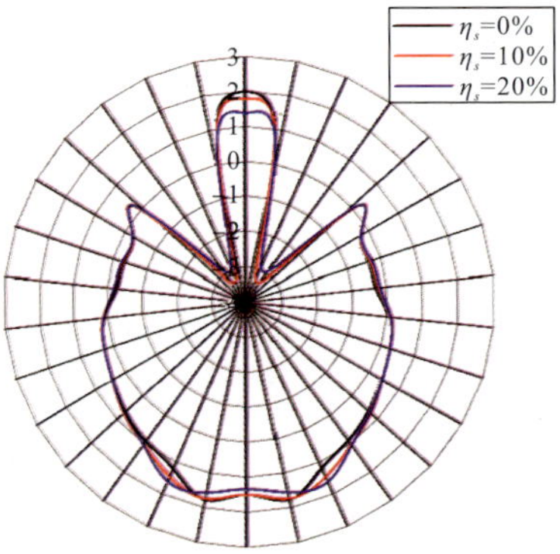

(e)上隧道中环管片剪力(kN)

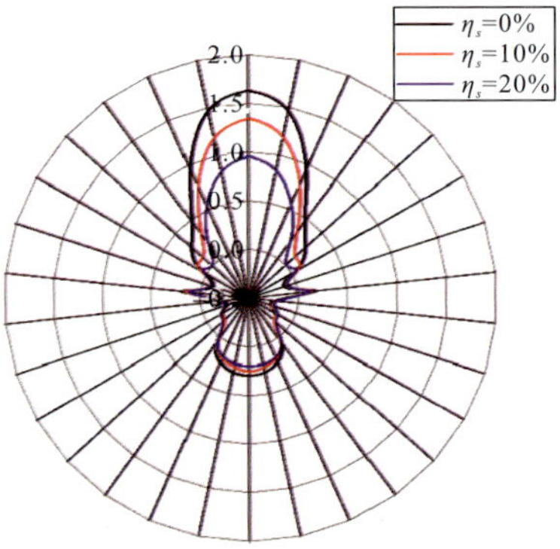

(f)下隧道中环管片剪力(kN)

图 8-31　上、下隧道管片中环管片内力图

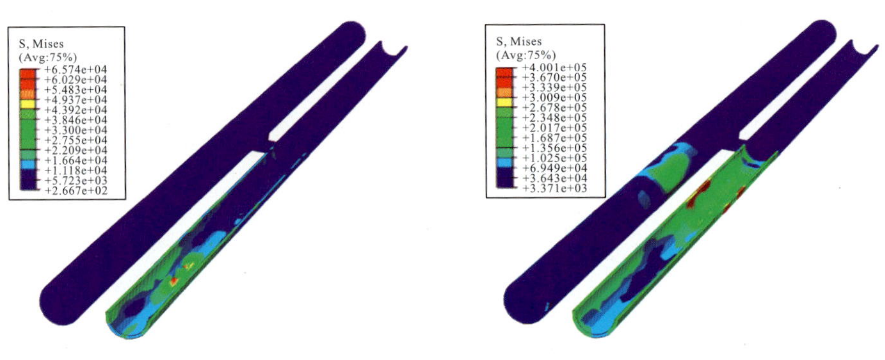

(a)1.0s　　(b)2.5s

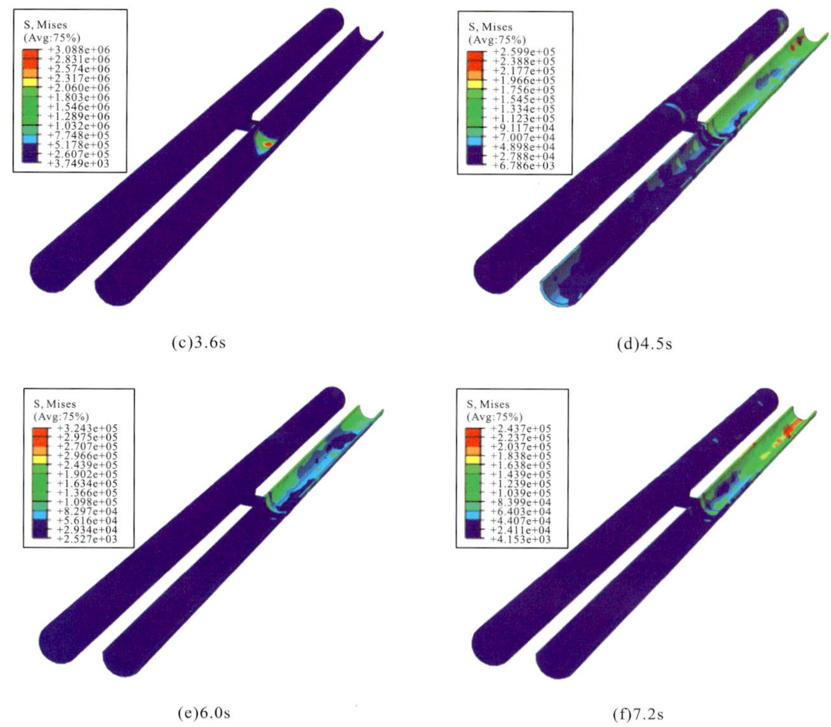

图 10-7　交叉盾构隧道不同时刻应力云图(Pa)

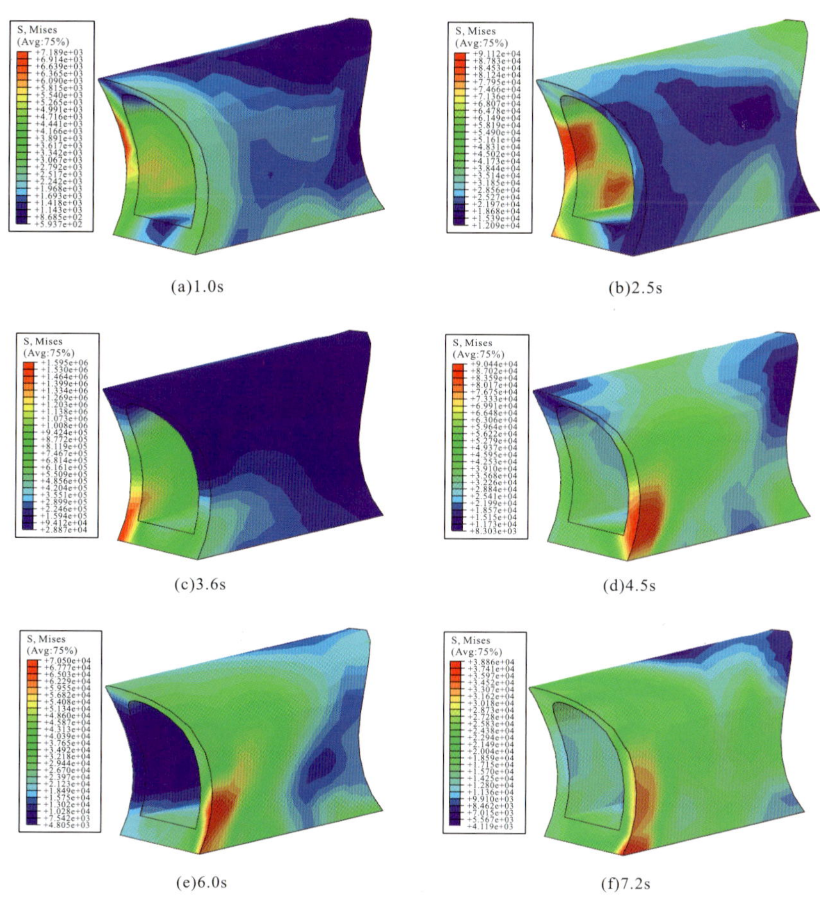

图 10-13　联络横通道不同时刻应力云图(Pa)

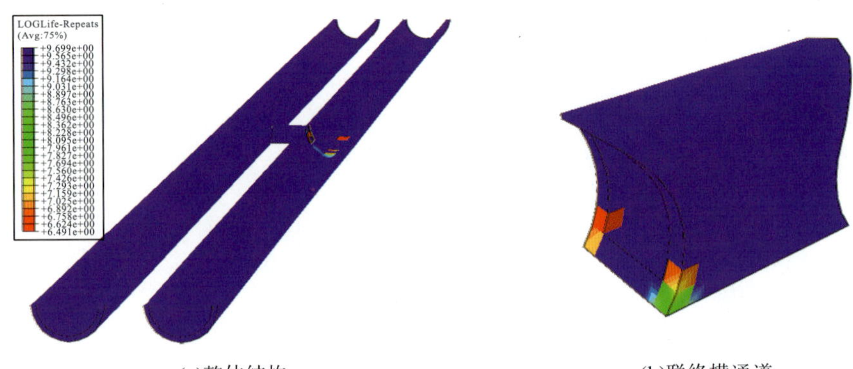

(a)整体结构　　(b)联络横通道

图 10-20　结构交叉盾构隧道疲劳寿命分布云图

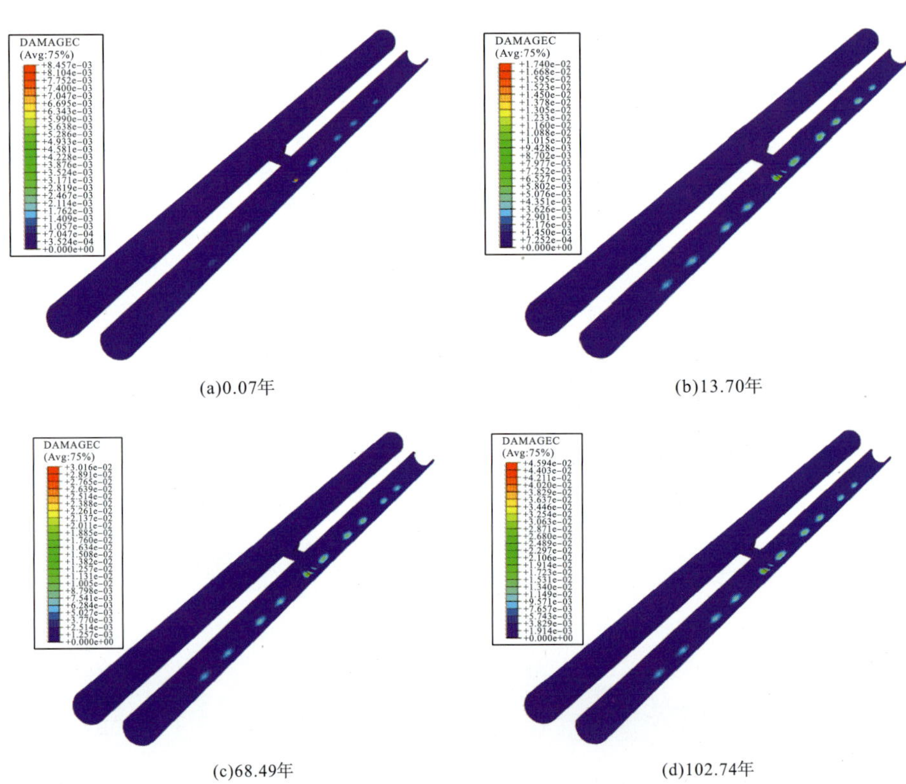

(a)0.07年　　(b)13.70年

(c)68.49年　　(d)102.74年

图 10-28　不同运营年限交叉盾构隧道压致损伤云图

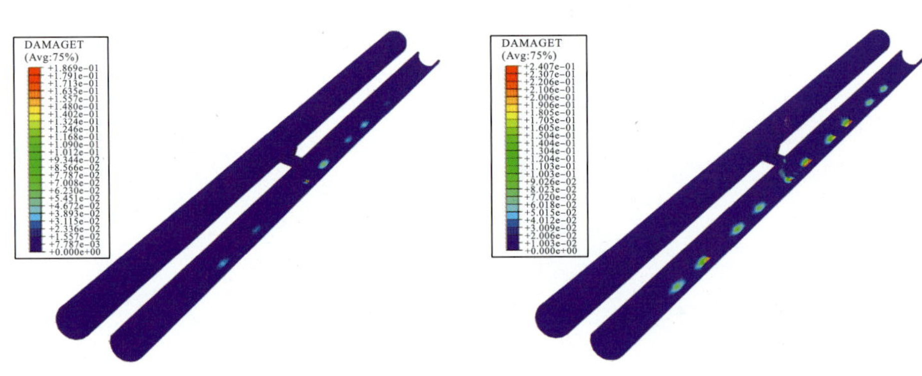

(a)0.07年　　(b)13.70年

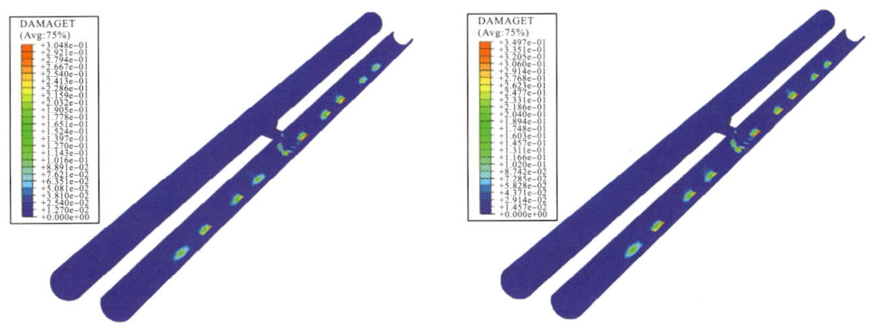

(c)68.49年　　　　(d)102.74年

图 10-29　不同运营年限交叉盾构隧道拉致损伤云图

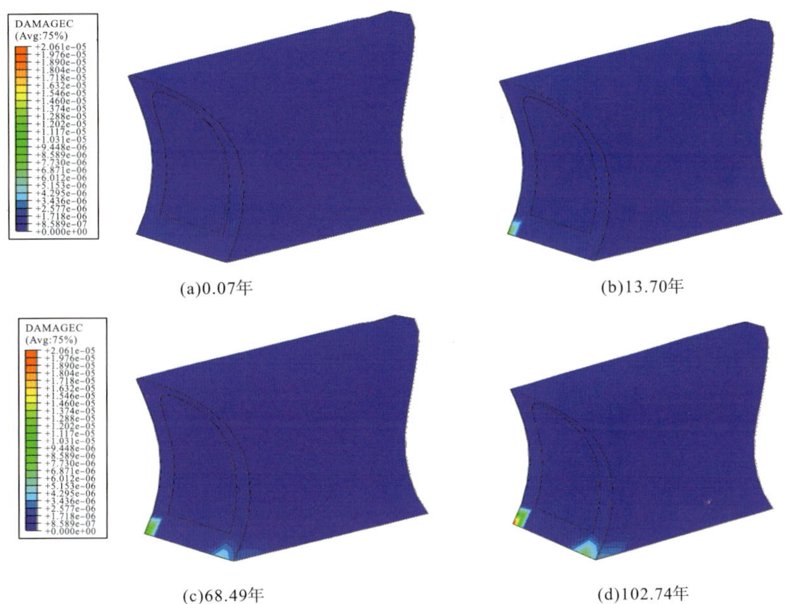

(a)0.07年　　　　(b)13.70年

(c)68.49年　　　　(d)102.74年

图 10-32　不同运营年限联络横通道压致损伤云图

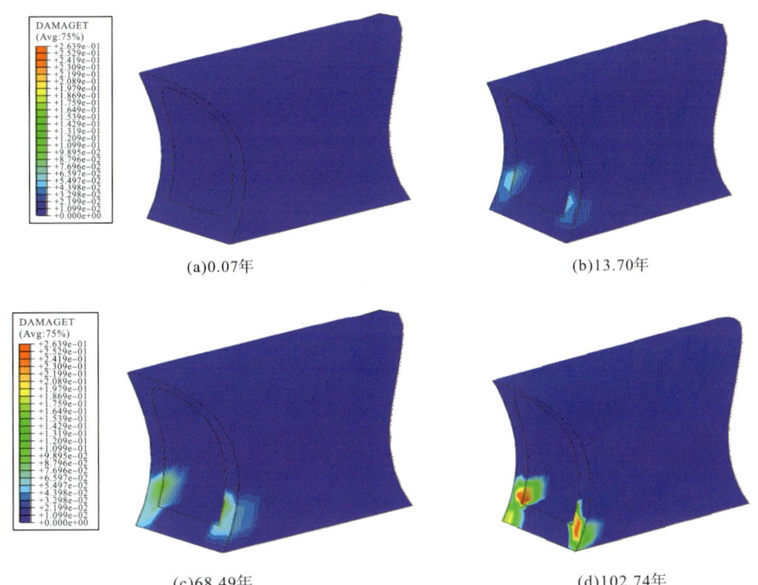

(a)0.07年　　　　(b)13.70年

(c)68.49年　　　　(d)102.74年

图 10-33　不同运营年限联络横通道拉致损伤云图

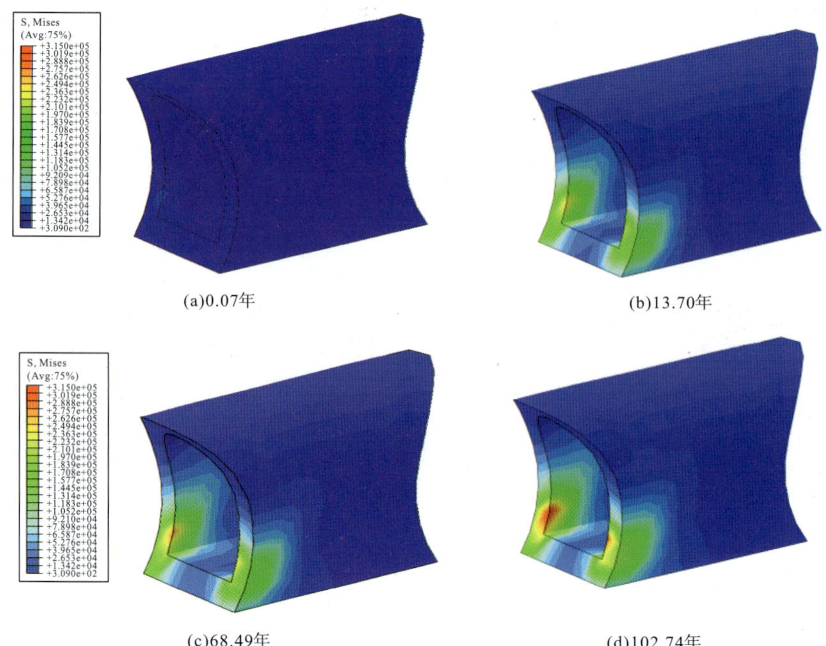

(a)0.07年　(b)13.70年

(c)68.49年　(d)102.74年

图 10-36　不同运营年限联络横通道残余应力云图(Pa)

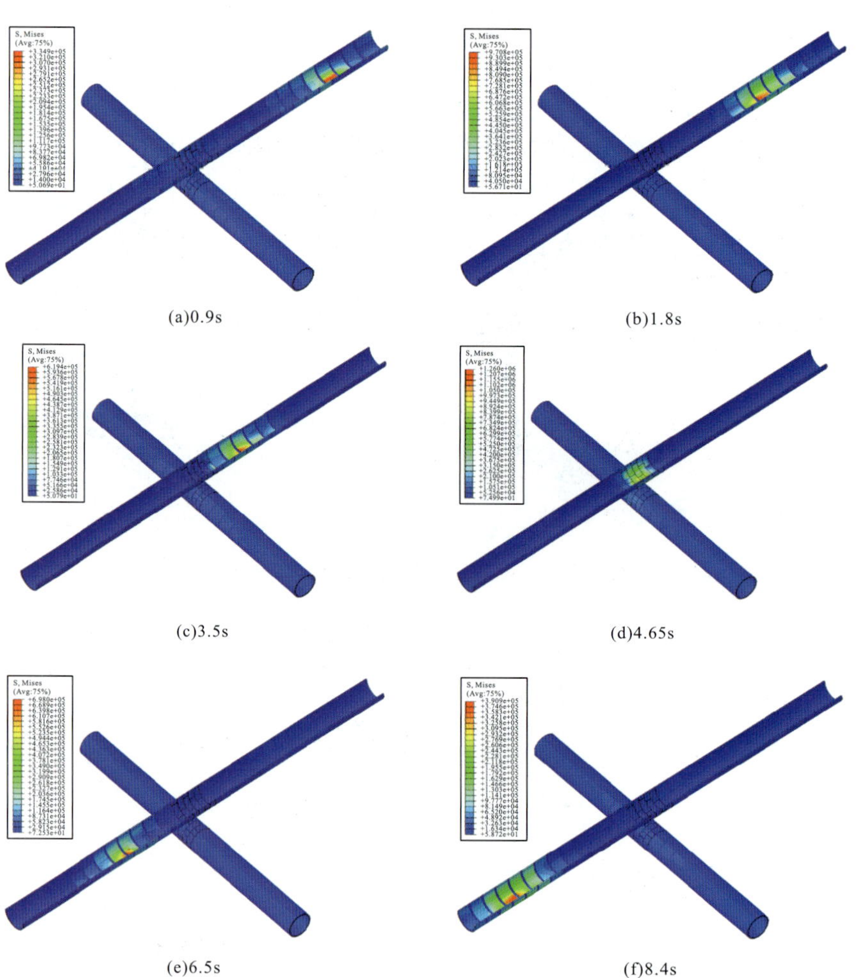

(a)0.9s　(b)1.8s

(c)3.5s　(d)4.65s

(e)6.5s　(f)8.4s

图 11-8　空间交叉盾构隧道上部隧道不同时刻应力云图(Pa)

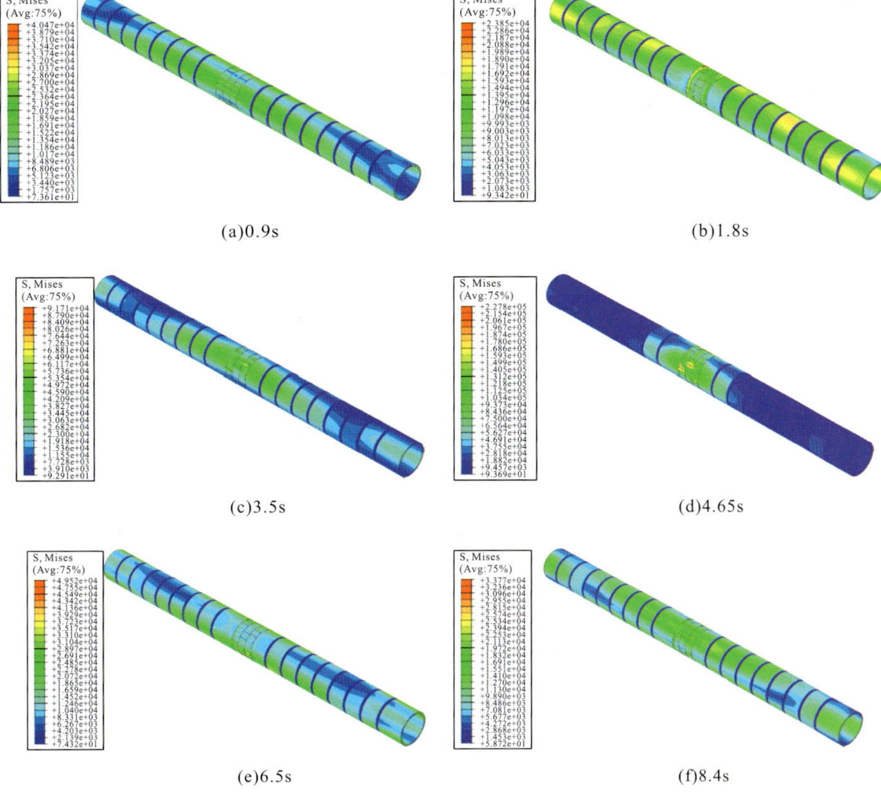
(a)0.9s (b)1.8s (c)3.5s (d)4.65s (e)6.5s (f)8.4s

图 11-12　空间交叉盾构隧道下部隧道不同时刻应力云图(Pa)

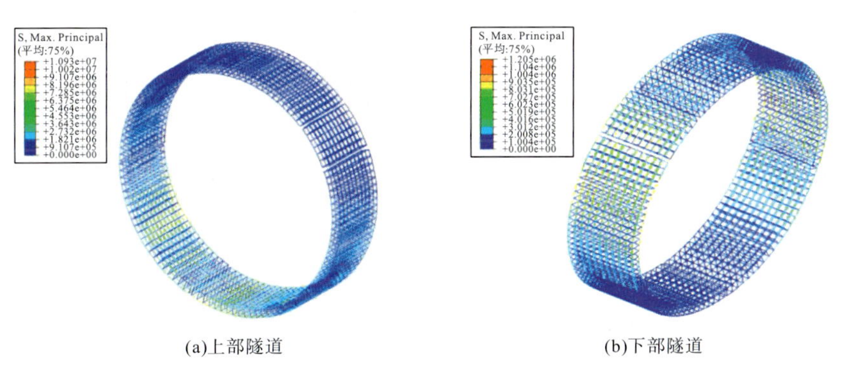
(a)上部隧道 (b)下部隧道

图 11-15　钢筋最大主应力分布云图(Pa)

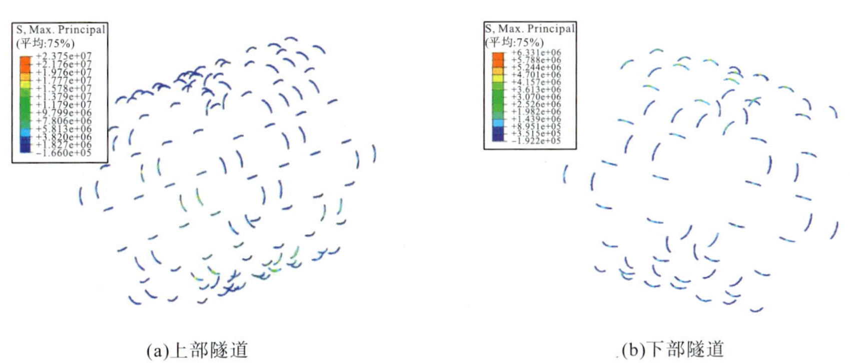
(a)上部隧道 (b)下部隧道

图 11-16　隧道中部位置螺栓最大主应力分布云图(Pa)

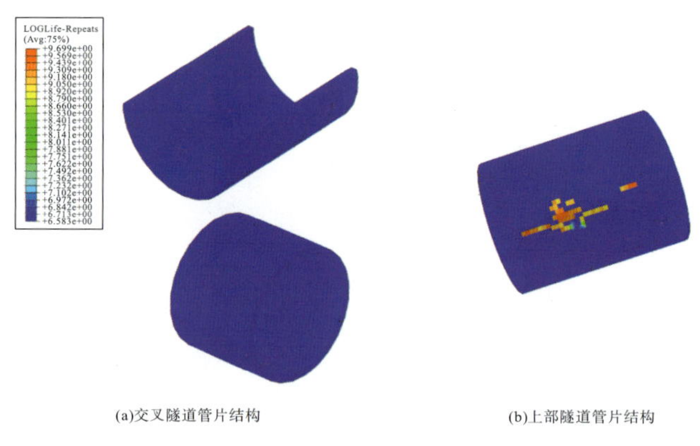

(a)交叉隧道管片结构　　(b)上部隧道管片结构

图 11-19　空间交叉盾构隧道疲劳对数寿命分布云图

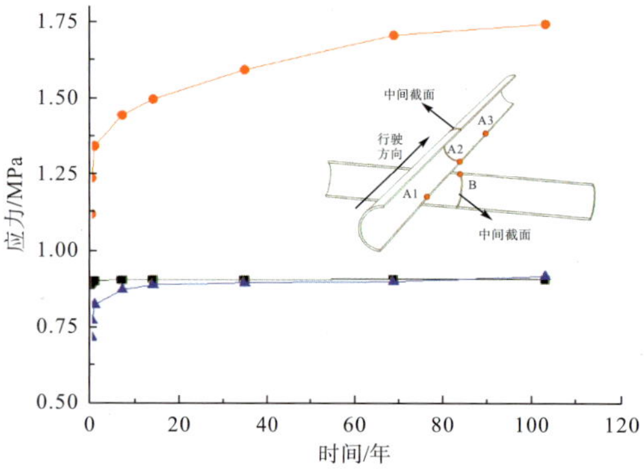

图 11-20　观测点最大主应力变化曲线

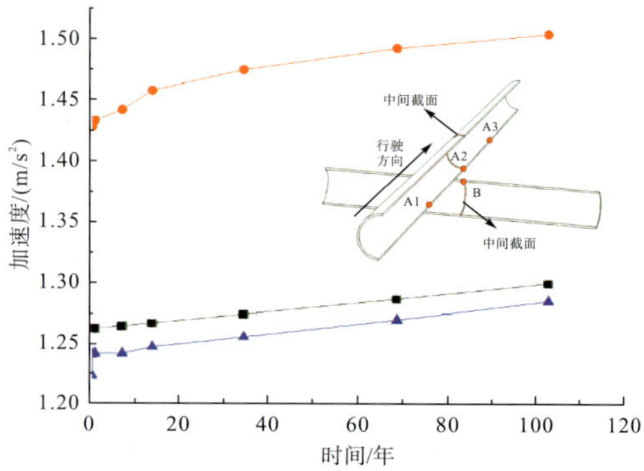

图 11-21　观测点加速度幅值变化曲线

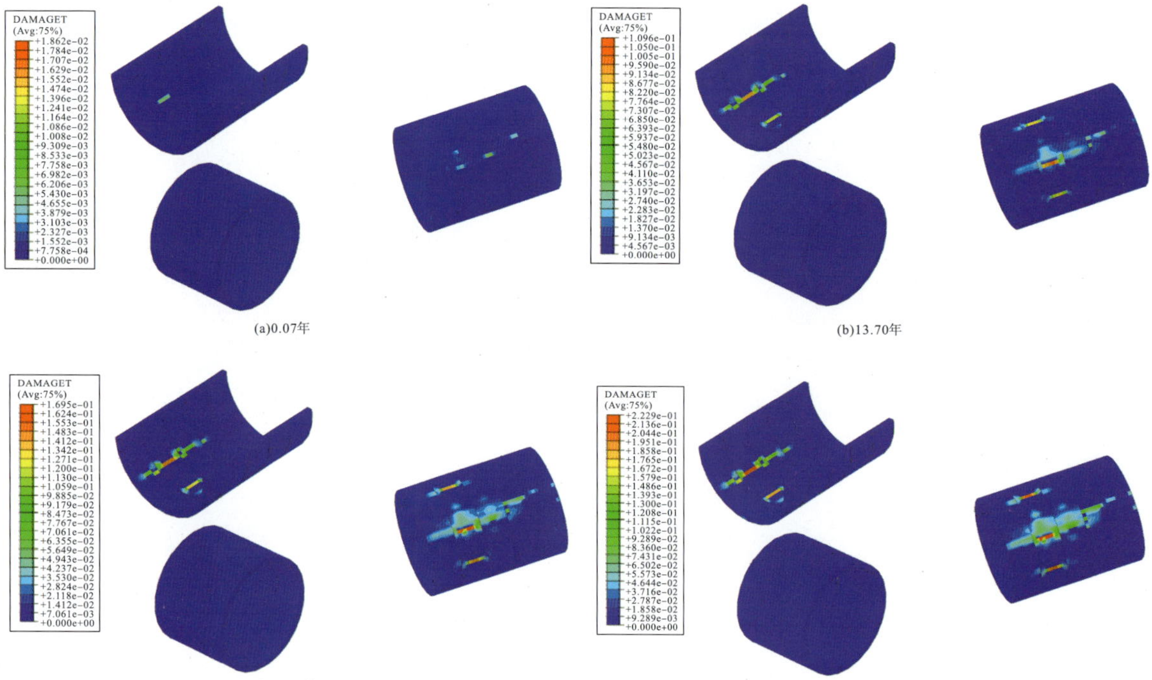

(a)0.07年　　(b)13.70年

(c)68.49年　　(d)102.74年

图 11-25　不同运营年限空间交叉盾构隧道拉致损伤云图